DÉBUT D'UNE SERIE DE DOCUMENTS
EN COULEUR

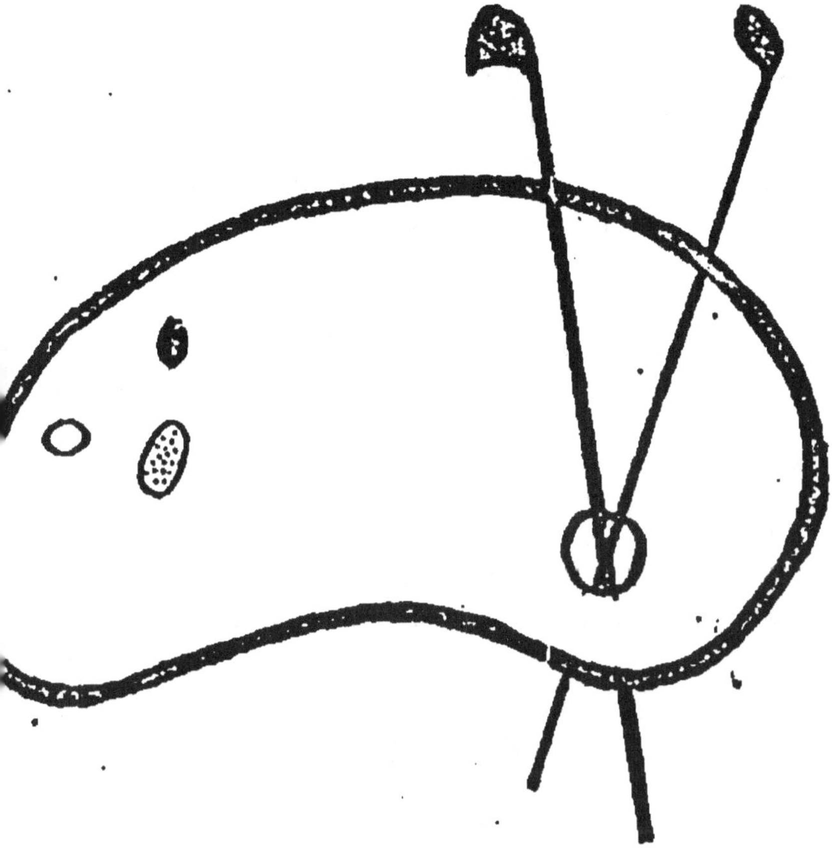

ALLIANCE DES MAISONS D'ÉDUCATION CHRÉTIENNE

COURS ÉLÉMENTAIRE

DE

PHILOSOPHIE CLASSIQUE

RÉDIGÉ CONFORMÉMENT AU PROGRAMME

DU 22 JANVIER 1885

PAR

LE P. REGNAULT

EUDISTE

PROFESSEUR DE PHILOSOPHIE
ANCIEN SUPÉRIEUR DE L'ÉCOLE SAINT-JEAN, A VERSAILLES

TROISIÈME ÉDITION
ENTIÈREMENT REFONDUE ET CONSIDÉRABLEMENT AUGMENTÉE

PARIS
LIBRAIRIE POUSSIELGUE FRÈRES
CH. POUSSIELGUE, SUCCESSEUR
RUE CASSETTE, 15

1888

CLASSIQUES DE L'ALLIANCE DES MAISONS D'ÉDUCATION CHRÉTIENNE

Ouvrages du même auteur :

Philosophie (Histoire de la). Édition conforme aux programmes du 2 août 1880 et du 22 janvier 1885. In-8°. . . . .

Philosophie (Tableaux de) et d'Histoire de la philosophie, rigoureusement conformes au programme du 22 janvier 1885, suivis de l'Analyse sommaire des ouvrages de philosophie. In-8°. 2 50

Philosophie (Notions de). Nouvelle édition, rédigée conformément au programme du baccalauréat ès sciences. In-8° broché. 1 75

Analyse sommaire des ouvrages de philosophie, inscrite au programme du baccalauréat ès lettres du 22 janvier 1885, complément des Tableaux de philososophie et d'Histoire de la philosophie. In-6° jésus. . . . . » 75

Manuel de piété à l'usage des écoles catholiques. In-32 raisin, sur papier teinté, broché. 1 25

Précis de l'histoire de la philosophie, rédigé d'après le nouveau programme du baccalauréat ès lettres, par M. l'abbé P. JARRE. . . . . 2 »

Philosophie (Éléments de), par Mgr de PERETTI . . . . 2 »

Bossuet. — De la Connaissance de Dieu et de soi-même. Métaphysique ou Traité des Causes. Nouvelle édition, avec une introduction et des notes, par M. l'abbé J. MARTIN. 1 80

Condillac. — Traité des sensations. Liv. I. Edition classique accompagnée de notes historiques et philosophiques, précédée d'une étude préliminaire, par M. l'abbé DRIOUX. 1 40

Descartes. — Discours de la Méthode, pour bien conduire sa raison et chercher la vérité dans les sciences, avec une étude sur la philosophie de Descartes et des notes, par M. l'abbé J. MARTIN. . . . . 1 »

Descartes. — Première Méditation, avec une notice biographique, une étude sur la philosophie de Descartes et sur les six méditations, texte revu et annoté par M. l'abbé J. MARTIN. » 60

Descartes. — Les Principes de la philosophie. Liv. I. Edition classique, accompagnée de notes historiques et philosophiques, précédée d'une analyse du livre premier et d'une introduction renfermant un exposé critique de la doctrine de Descartes, par M. l'abbé DRIOUX. . . . 1 50

Fénelon. — Traité de l'existence de Dieu et de ses attributs, avec une notice, une étude sur la philosophie de Fénelon et des notes, par M. l'abbé J. MARTIN. 1 80

Leibniz. — La Monadologie, précédée d'une notice biographique sur Leibniz, sur ses travaux, ses ouvrages, et d'une importante étude sur sa doctrine ; texte revu et annoté par M. l'abbé J. MARTIN. 1 25

Leibniz. — Nouveaux Essais sur l'entendement humain, avant-propos et liv. I. Edition revue et annotée par M. J.-H. VÉRIN. . . . . 1 »

Malebranche. — De la Recherche de la vérité, liv. II (De l'imagination) : *Première partie*, ch. I et V ; *deuxième et troisième parties* en entier. Edition classique, avec notes historiques et philosophiques, précédée d'une étude préliminaire par le R. P. LARGENT. 1 50

Pascal. — Opuscules philosophiques. — De l'esprit géométrique. — De l'art de persuader. — De l'autorité en matière de philosophie. — Entretien avec M. de Saey sur Epictète et Montaigne par M. l'abbé VIALARD. . . . . » 75

Algèbre (Éléments d'), augmentés de trois cents exercices, placés à la fin sous forme de supplément, par M. l'abbé PARINET. 2 25

Arithmétique raisonnée (Traité d'), pour les classes de la division supérieure, par M. l'abbé DESAUNEY. 1 75

Arithmétique (Cours d'), théorique et pratique, rédigé conformément au programme officiel et contenant un grand nombre d'exercices et de problèmes, par M. l'abbé PARINET. . . 3 »

Géométrie (Éléments de), édition rédigée spécialement pour la préparation au baccalauréat ès lettres, par M. l'abbé CARTON. 3 75

Géométrie (Éléments de), rédigés conformément aux programmes officiels des examens du baccalauréat ès sciences et du baccalauréat ès lettres, comprenant : un petit traité d'arpentage, un grand nombre d'exercices résolus ou à résoudre, ainsi que des notions sur les principales méthodes employées pour leur résolution, par M. l'abbé L. CARTON. . . . . 5 »

Chimie (Éléments de), avec de nombreuses figures dans le texte, contenant les matières du programme du baccalauréat ès lettres, par M. l'abbé LORIDAN. . . . . 3 »

Physique (Cours élémentaire de), contenant le programme des matières du baccalauréat ès lettres avec 285 exercices, par M. l'abbé LORIDAN. 6 25

Cosmographie (Cours de), avec une carte de l'hémisphère boréal et de nombreuses figures dans le texte, par Dom Ernest LAURENT, tenu au courant des progrès de la science et augmenté de problèmes donnés au baccalauréat ès sciences, par M. l'abbé VAUTRÉ. . . . 3 »

Tableaux d'histoire naturelle pour la classe de philosophie, dressés conformément aux programmes du baccalauréat ès lettres du 22 janvier 1885, par M. l'abbé A. THOLIN. . . . 2 50

Législation usuelle (Cours de), par M. PAULMIER. 2 75

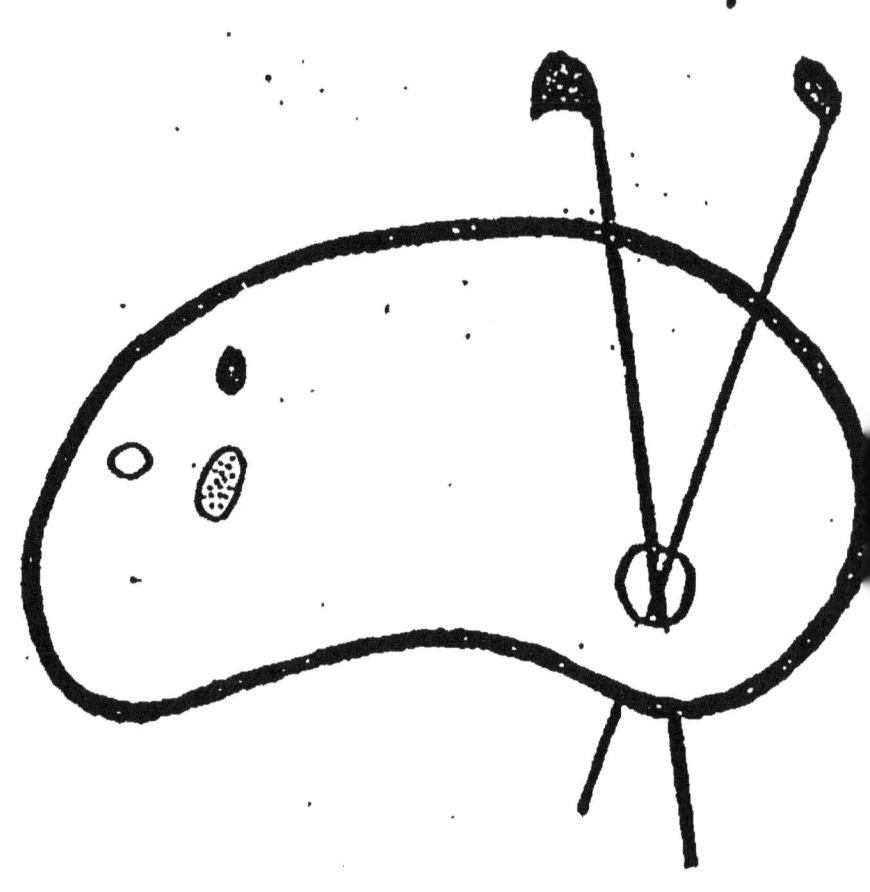

FIN D'UNE SERIE DE DOCUMENTS
EN COULEUR

COURS ÉLÉMENTAIRE

DE

PHILOSOPHIE CLASSIQUE

PROPRIÉTÉ DE

OUVRAGES DU MÊME AUTEUR

Philosophie (Histoire de la). Édition conforme aux programmes du 2 août 1880 et du 22 janvier 1885. In-8°. . . . . 2 fr.

Tableaux de Philosophie et d'histoire de la Philosophie, rigoureusement conformes au programme du 22 janvier 1885, avec l'*analyse sommaire des ouvrages de philosophie* inscrits au programme du baccalauréat ès lettres. In-8° jésus. . . . . 2 fr. 50.

Philosophie (Analyse sommaire des ouvrages de), inscrits au programme du baccalauréat ès lettres, arrêté du 22 janvier 1885, complément des *Tableaux de Philosophie et d'Histoire de la Philosophie*, du même auteur. In-8° jésus, broché. 75 c.

Philosophie (Notions de). Nouvelle édition, redigée conformément au programme du baccalauréat ès sciences. In-8°, broché. . . . . 1 fr. 75.

Manuel de piété à l'usage des écoles catholiques. In-32 raisin, sur papier teinté, broché. . . . . 1 fr. 25.

ALLIANCE DES MAISONS D'ÉDUCATION CHRÉTIENNE

COURS ÉLÉMENTAIRE

DE

PHILOSOPHIE CLASSIQUE

RÉDIGÉ CONFORMÉMENT AU PROGRAMME

DU 22 JANVIER 1885

PAR

LE P. REGNAULT, EUDISTE

PROFESSEUR DE PHILOSOPHIE
ANCIEN SUPÉRIEUR DE L'ÉCOLE SAINT-JEAN, A VERSAILLES

TROISIÈME ÉDITION

ENTIÈREMENT REFONDUE ET CONSIDÉRABLEMENT AUGMENTÉE

PARIS

LIBRAIRIE POUSSIELGUE FRÈRES
CH. POUSSIELGUE, SUCCESSEUR
RUE CASSETTE, 15

1888

Droits de reproduction et de traduction réservés.

AVERTISSEMENT

Ce *Cours élémentaire de Philosophie classique* n'est pas une simple réédition de celui que j'avais publié en 1883. C'est véritablement un *nouvel ouvrage* que j'offre aux élèves de nos maisons d'éducation chrétienne pour leur préparation au baccalauréat.

Le but que je me suis proposé m'a obligé à prendre pour guide le programme universitaire; j'ai traité *toutes* les questions qui y sont indiquées, et je les ai traitées en général dans *l'ordre prescrit;* il m'a semblé que cet ordre ne nuisait pas à la division méthodique des matières, et qu'il pouvait offrir de nombreux avantages à nos élèves, en même temps qu'il ferait concorder les *Tableaux synoptiques* et le *Cours.*

L'ouvrage est aussi complet que peut l'être un traité élémentaire. J'espère cependant que l'abondance des matières ne nuira pas à la clarté de l'exposition. Rester toujours à la portée des élèves, et ne jamais voiler sous une pompeuse phraséologie des raisonnements peu concluants, a été l'une de mes principales préoccupations.

Est-il besoin de dire que je n'ai point eu la prétention d'exposer des idées nouvelles? C'est une philosophie classique que j'ai voulu faire. Pour la rédiger je me suis inspiré non seulement des ouvrages antérieurs de plusieurs auteurs religieux, mais des travaux philosophiques de divers membres de l'université et surtout des notes précieuses, fruit de longues années d'enseignement, que des confrères ont bien voulu mettre à ma disposition.

Un livre de philosophie touche à mille questions qui intéressent la foi; il est donc de mon devoir de déclarer que s'il m'était échappé d'énoncer quelques propositions contraires à l'enseignement de l'Église, je les condamne et les désavoue d'avance. Je ne veux que la vérité, et la vérité ne peut jamais être contraire à l'enseignement divin.

Dimanche, 1er janvier 1888, fête de la Circoncision de Notre-Seigneur.

E. REGNAULT,
Prêtre-Eudiste.

Sur le rapport très favorable qui nous a été fait d'une nouvelle édition du *Cours de philosophie* du R. P. Regnault, prêtre de la Congrégation de Jésus et Marie, supérieur de l'école Saint-Jean, à Versailles, nous en autorisons bien volontiers l'impression, et nous souhaitons vivement que ce livre soit adopté, non seulement dans les collèges de notre Congrégation, mais aussi dans les autres maisons catholiques d'enseignement secondaire.

Le succès obtenu par la première édition, et l'accueil si flatteur qui a été fait à celle-ci par l'Alliance des maisons d'éducation chrétienne, prouve que ce travail présente toutes les garanties désirables dans ces sortes d'ouvrages.

Ange LE DORÉ,
Supérieur général des Eudistes.

Paris, le 6 mai 1883.

PROGRAMME DE PHILOSOPHIE [1]

INTRODUCTION

La science, p. 1. — Les sciences, p. 2. — La philosophie, p. 5. — Objet et division de la philosophie, p. 7, 14.

PSYCHOLOGIE

Objet de la psychologie, p. 17. — Caractères propres des faits qu'elle étudie, p. 19. — Les faits psychologiques et les faits physiologiques, p. 20.

Méthode de la psychologie, p. 23. — Méthode subjective : la réflexion, p. 24; — méthode objective : les langues, l'histoire, etc.. p. 27. — De l'expérimentation en psychologie, p. 29.

Classification des faits psychologiques, p. 31. — Sensibilité, intelligence, volonté, p. 32.

Sensibilité, p. 36. — Le plaisir et la douleur, p. 36. — Sensations. p. 39. — Sentiments, 42.

Les inclinations, p. 43. — Les passions, p. 49.

Intelligence, p. 53. — Acquisition, conservation, élaboration de la connaissance, p. 53. — Les données de l'expérience et l'activité de l'esprit, p. 135.

Les sens, p. 54. — La conscience, p. 67.

La mémoire, p. 86. — L'association, p. 93. — L'imagination, p. 97. L'abstraction, p. 106. — La généralisation, p. 108. — Le jugement, p. 112. — Le raisonnement, p. 115.

Principes directeurs de la connaissance, p. 82. — Peut-on les

---

[1] « Il ne faudrait pas croire que par cela seul que certaines questions sont omises dans le programme, elles doivent par là même disparaître du Cours; mais seulement que le professeur n'est plus tenu de leur donner un développement particulier et d'en faire l'objet d'une étude spéciale. » (*Extrait du rapport de M. P. Janet.*)

expliquer par l'expérience? p. 125, — l'association? p. 128, — et l'hérédité? p. 130.

La volonté, p. 138. — Instinct, p. 140. — Liberté, p. 149. — Habitude, p. 145.

L'expression des faits psychologiques : les signes et le langage, p. 167.

Le beau, p. 213. — L'art, p. 223.

Les rapports du physique et du moral, p. 188.

Notions très sommaires de psychologie comparée ; l'homme et l'animal, p. 200.

LOGIQUE

Logique formelle. — Des termes, p. 238. — Des propositions, p. 240. — Des différentes formes du raisonnement, p. 246.

Logique appliquée. — Méthode des sciences exactes, p. 271 : axiomes, p. 272; définitions, p. 273; démonstration, p. 280.

Méthode des sciences physiques et naturelles, p. 284 : observation, p. 285; expérimentation, p. 287; hypothèse, p. 296; induction, p. 289; classification, p. 300; analogie, p. 295; définitions empiriques, p. 277.

De la méthode dans les sciences morales, p. 303, 314. — Le témoignage des hommes, p. 305, 318; la méthode historique, p. 308.

Des erreurs et des sophismes, p. 321.

MORALE

Principes de la morale, p. 336. — La conscience, p. 356. — Le bien, p. 358. — Le devoir, p. 361.

Examen des doctrines utilitaires, p. 348.

La responsabilité et la sanction, p. 375, 379.

Les devoirs, p. 383. — Devoirs envers soi-même, p. 384 : sagesse, p. 385; courage, p. 386; tempérance, p. 384.

Devoirs envers nos semblables, p. 392 : le droit et la justice, p. 394; la charité, p. 405.

Devoirs particuliers envers la famille, p. 406. L'éducation, p. 407.

Devoirs envers la patrie, p. 409 : obéissance aux lois, p. 415; l'éducation des enfants, p. 416; l'impôt, 415; le vote, p. 417; le service militaire, p. 418; dévouement à la patrie, p. 414.

Des rapports de la morale et de l'économie politique, p. 441. — Le travail, p. 421. — Le capital, p. 426. — La propriété, p. 402.

ÉLÉMENTS DE MÉTAPHYSIQUE

De la valeur objective de la connaissance : dogmatisme, p. 462; scepticisme, p. 472; idéalisme, p. 478.
De l'existence du monde extérieur, p. 479.
De la nature en général : diverses conceptions sur la matière, p. 487, et sur la vie, p. 494.
De l'âme, p. 503. — Matérialisme, p. 510, et spiritualisme, p. 509.
Dieu, p. 534. — La Providence, p. 556. — Le problème du mal, p. 559.
L'immortalité de l'âme, p. 527. — La religion naturelle, p. 567.

INTRODUCTION

La philosophie étant une science, et la plus excellente des sciences purement humaines, il convient, avant d'en aborder l'étude, de dire ce qu'est la science en général.

I

LA SCIENCE. — LES SCIENCES

I. — La science en général.

Ses caractères essentiels. — Toute science suppose des *connaissances certaines*. Mais des connaissances quelconques, même certaines, ne suffisent pas à constituer la science. Si on se borne à observer les phénomènes qui se succèdent dans les êtres, si on se contente de recueillir des faits isolés, disparates, on possède peut-être les matériaux d'une science, on n'a pas la science.

Vere scire, per causas scire, dit Bacon après Aristote, et saint Thomas exprime la même pensée. Savoir, c'est donc se rendre compte des choses, en pénétrer la *raison*, le *pourquoi*, le *comment*, c'est-à-dire en déterminer la *cause*, la *fin*, la *loi*. Tout le monde peut voir un navire sillonner la mer, un ballon s'élever dans l'air; le savant seul, « interprète de la nature, » peut expliquer le fait; seul il en a une *connaissance scientifique*.

Ajoutons que la science véritable ne s'appuie dans cette étude des causes que sur les propriétés *générales* et *permanentes* des êtres, ne recherche que les *conditions immuables* de leurs actions, en faisant abstraction des circonstances particulières de temps et de lieu. De là cette pensée d'Aristote : « Il n'y a pas de science du particulier, » ou cet axiome, identique au fond, des scolastiques : *Non est fluxorum scientia*. Et, comme l'observe saint Thomas : *Nihil est adeo contingens, quod in se aliquid necessarium habeat.* (S. Th., I, 86, 3.)

Enfin la science parfaite doit s'efforcer de coordonner toutes les connaissances relatives à *un même objet;* elle aspire même à rattacher toutes les causes particulières à des principes supérieurs qui les dominent et les *ramènent à l'unité;* mais cette synthèse à laquelle elle tend, bien loin de méconnaître la variété des êtres, la suppose ; et ce serait une grave erreur d'exagérer cette idée d'unité jusqu'à prétendre, avec les panthéistes allemands, que la science doit être l'*affirmation de l'identité universelle.*

Sa définition. — On a défini la science : « la connaissance des causes et des lois, » et encore : « un ensemble de connaissances déduites de principes certains; » mais la première de ces définitions convient plus spécialement aux sciences que nous appellerons expérimentales, la seconde aux sciences dites de raisonnement.

Littré, à un point de vue très général, la définit : « un ensemble de connaissances certaines sur un même objet. »

« Quand par le raisonnement, dit Bossuet, on entend certainement quelque chose, qu'on en comprend les raisons, et qu'on a acquis la facilité de s'en ressouvenir, c'est ce qui s'appelle science. »

Nous dirons plus brièvement : *La science est un ensemble de connaissances certaines et raisonnées.* Cette définition nous paraît renfermer les divers éléments qui constituent la science et suffit à la distinguer nettement de l'*opinion*, de la *connaissance intuitive* et de la *croyance.*

II. — Classification des sciences.

L'universalité des choses est l'objet dernier de la science; mais, cet objet immense, l'esprit humain a dû le décomposer, d'abord à cause de *sa propre faiblesse,* impuissante à embrasser un horizon aussi étendu; puis à cause de la *distinction réelle des différents êtres de l'univers,* qui offrent autant de sujets d'étude séparables : Dieu, l'homme, les esprits et les corps; enfin à cause de la *diversité des points de vue* auxquels on peut se placer pour les étudier.

De là le partage de la science humaine en une multitude de sciences particulières ayant chacune son *objet propre* et sa *méthode déterminée*.

Classification d'Aristote. — Dans l'antiquité, Aristote, considérant les sciences proprement dites d'après leur **fin**, les distribue en deux classes : 1° sciences *théoriques* ou *spéculatives*, qui ne tendent qu'à la connaissance de la vérité; 2° sciences *pratiques,* qui ont pour but de diriger nos actions. Les premières se subdivisent en sciences *rationnelles* (mathématiques, théologie, philosophie première) et en sciences *expérimentales* (physique, histoire naturelle, psychologie). Les secondes sont *morales,* quand elles ont pour fin de régler les déterminations mêmes de la volonté (morale, politique, économique); *poétiques,* ποιητικαί, quand elles donnent des préceptes pour la réalisation d'œuvres extérieures (poétique, rhétorique).

Aucune science n'est purement spéculative, aucune purement pratique; aussi cette division, quand on veut l'approfondir, n'a-t-elle point la rigueur et la netteté qui semblaient la caractériser tout d'abord.

Classification de Bacon. — Au XVI° siècle, Bacon, pour « sa description du globe intellectuel », a pte le principe de la **distinction des facultés** de l'âme (mémoire, imagination, raison) mises en jeu dans l'acquisition des diverses sciences, et ramène toutes les connaissances humaines à trois branches : l'*histoire,* la *poésie* ou *littérature,* et la *philosophie,* qui ont leurs divisions et subdivisions.

Cette classification, adoptée par les encyclopédistes du XVIII° siècle, a été longtemps célèbre, mais paraît tombée dans l'oubli; le principe sur lequel elle repose est inadmissible.

Classification de A. Comte. — De nos jours, A. Comte, chef de l'école positive, a proposé une classification assez remarquable fondée sur **le degré de simplicité** et de généralité que présentent les idées, les faits ou les lois, et de plus conforme, selon lui, à l'ordre logique, didactique et historique. Les six ordres de sciences qu'il reconnaît sont, en allant du simple au complexe : les *mathématiques,* l'*astronomie,* la *physique,* la *chimie,* la *biologie* et la *sociologie.*

H. Spencer reproche à A. Comte de vouloir faire dériver les sciences les unes des autres, et de prétendre expliquer les phénomènes de l'ordre le plus élevé par les propriétés élémentaires des nombres. Nous lui reprocherons surtout d'exclure à peu près complètement les sciences morales, et de proclamer que le monde et la matière marquent les bornes du savoir humain.

Classification d'Ampère. — Dans son *Essai sur la philosophie des sciences*, Ampère se place au véritable point de vue, et, appuyé sur ce double principe de la **nature des objets et de la distinction des méthodes**, il partage d'abord les sciences en deux grandes classes : les sciences *cosmologiques*, qui se rapportent aux réalités sensibles ou au monde des corps, et les sciences *noologiques*, qui se rapportent aux réalités immatérielles, au monde des esprits.

Les sciences COSMOLOGIQUES sont *concrètes* quand elles ont pour objet l'étude des corps eux-mêmes; *abstraites*, quand elles étudient certaines notions se rapportant aux corps. — Les premières se subdivisent en sciences *physiques*, qui comprennent la physique, la chimie, l'astronomie, et en sciences *naturelles*, dans lesquelles on place la minéralogie et la géologie, la physiologie, la botanique et la zoologie. — Les sciences cosmologiques abstraites, ou sciences mathématiques, selon qu'elles considèrent les corps comme nombrables, comme étendus ou comme mobiles, constituent l'*arithmétique*, la *géométrie*, la *mécanique*. — A la suite des mathématiques pures viendraient les mathématiques appliquées, où l'analyse cesse d'être purement spéculative.

En dehors de l'*étude de Dieu*, qui est leur premier objet, les sciences NOOLOGIQUES, quand elles considèrent l'esprit dans l'*homme individuel*, se divisent en psychologie, logique et morale; quand elles considèrent l'esprit dans la *société humaine*, elles comprennent l'histoire, la politique, l'économie politique, la législation; quand elles considèrent l'esprit dans *la parole* qui exprime ses manifestations, elles renferment la grammaire, la littérature, la rhétorique, la poétique, et, si l'on veut, l'esthétique.

Au-dessus de ces diverses sciences qui étudient les êtres matériels et spirituels, il faut placer la *métaphysique*, regardée comme le but le plus élevé de la science; elle a pour objet l'être dans sa notion la plus générale; elle recherche la cause et les principes même de tous les êtres, étudie par conséquent l'essence même des choses.

Cette classification, excellente dans ses divisions les plus générales, devient arbitraire dans les détails, compliquée et embarrassée de termes obscurs.

Autre classification. — On peut citer encore comme ayant fait des travaux remarquables sur cette question Mgr Gerbet, Laurentie, le P. Ventura, l'abbé Moigno. Mais il est inutile de poursuivre plus loin cette étude. Le plus souvent on se borne à distribuer les sciences en quatre groupes : 1° sciences *mathématiques* ou *exactes;* 2° sciences *physiques* et *naturelles;* 3° sciences *morales* et *politiques;* 4° sciences *historiques,* qui rentreraient par leur objet dans les sciences morales, mais s'en distinguent par leur méthode.

C'est cette division qu'adopte le programme.

II

LA PHILOSOPHIE

I. — Objet et définition de la philosophie.

I. — Objet de la philosophie.

L'objet de la philosophie n'a pas toujours été le même.

Dans l'antiquité. — A l'origine, la philosophie, conformément au sens même du mot, avait pour objet l'amour, et par conséquent la recherche de la *sagesse* et de la *science :* mais sagesse toute pratique, bornée à la conduite de la vie; science mal définie, exclusivement préoccupée du problème de l'origine des choses.

Socrate, selon l'expression de Cicéron, « fit descendre la philosophie du ciel sur la terre et la fit entrer dans les cités et dans les maisons. » Pour lui la sagesse et la science se confondent et se résument dans l'*étude pratique de soi-même.*

Sous les successeurs de Socrate, Platon, Aristote, Zénon, l'étude de l'homme demeure l'objet principal, mais non plus l'objet exclusif de la philosophie. Celle-ci étend son domaine; ses limites sont celles du savoir humain, son objet embrasse l'*universalité des choses,* et, dans les choses, ce qu'elle tend par-dessus tout à connaître, ce sont *les causes et les principes.* *Sapientia autem est, ut a veteribus philosophis definitum est, rerum divinarum et humanarum, causarumque quibus hæ res continentur scientia.* (*De Officiis*, l. II, c. II.)

Au moyen âge. — Le domaine de la foi se distingue du domaine de la raison, la théologie de la philosophie. La première a pour objet les vérités révélées et repose sur la parole de Dieu; la seconde s'appuie sur la raison et s'étend à toutes les choses qui peuvent être connues par la lumière naturelle. La philosophie comprend encore *l'ensemble des sciences purement humaines;* mais saint Thomas ne manque pas d'insister, comme Aristote, sur le point de vue spécial qui doit attirer l'attention du philosophe : *Sapientis est altissimas causas considerare.* (S. Th., I, 1, 6.)

Dans les temps modernes. — Bacon et Descartes conservent à la philosophie son caractère de science universelle. Mais, aux XVII° et XVIII° siècles, les sciences physiques et mathématiques se développent tellement, qu'elles doivent bientôt cesser d'en faire partie, du moins dans leurs détails.

Dès lors un double courant se produit.

Pour les uns, la philosophie tend à n'être qu'une science particulière et se réduit à *l'étude de l'entendement humain* (Locke), au *problème de l'origine des idées* (Condillac), à la *connaissance expérimentale de l'âme* (Thomas Reid, Jouffroy).

Pour les autres, elle doit conserver son caractère d'universalité; elle est la science de la science, et c'est ou dans la *critique des lois de l'entendement et de la volonté* (Kant), ou dans l'*analyse des idées dont le principe et le dernier fondement est en Dieu* (Cousin), qu'il faut aller chercher la raison dernière de toutes choses.

La philosophie actuelle semble vouloir réunir ces deux points de vue; elle poursuit un double objet: *l'étude de l'âme* et *l'étude des premières causes.*

II. — Définition de la philosophie.

Définitions diverses. — Toute science se définissant par son objet, la philosophie a dû être définie très diversement, selon que les philosophes l'ont envisagée comme une science particulière ou comme une science universelle.

Au premier point de vue se rapporte celle de Jouffroy : *science de l'homme intellectuel et moral dans ses rapports avec*

INTRODUCTION

Dieu et le monde, et celle de Bonald : *science de l'homme et de la société*.

Au second point de vue se rapportent les définitions d'Aristote, de Descartes et de Spinoza : *science des premiers principes et des premières causes ;* celle des scolastiques : *scientia rerum ex primis principiis deducta ;* celle de Kant : *science nécessaire des lois et des causes de l'activité primitive*.

La philosophie comme science particulière. — « La sagesse, dit Bossuet, consiste à connaître Dieu et à se connaître soi-même ; la connaissance de nous-même doit nous élever à la connaissance de Dieu. » Nous inspirant de ces belles paroles, nous définirons la philosophie comme *science particulière :* LA SCIENCE RATIONNELLE DE L'AME ET DE DIEU.

Nous disons : *science de l'âme et de Dieu*, parce que si la philosophie, dans les limites qu'on lui a tracées, étudie l'homme et Dieu, elle n'embrasse point la connaissance de l'homme tout entière, mais se borne presque exclusivement à l'étude nécessairement imparfaite de son âme, sans s'étendre aux sciences physiologiques, historiques ou philologiques, qui cependant lui apporteront souvent leur précieux concours.

En ajoutant *science rationnelle,* nous voulons indiquer que la philosophie s'appuie sur la lumière naturelle de la raison, et la distinguer ainsi de la théologie, dont le fondement est la parole de Dieu. Mais loin de nous la pensée de rêver une *philosophie séparée de la foi,* qui repousserait le complément de la révélation, et de regarder cette science comme le fruit de « la réflexion entièrement émancipée, définitivement sortie des liens de l'autorité, et ne s'appuyant que sur elle-même dans la recherche de la vérité ». (Cousin.)

Impossible et impie, comme l'a démontré le cardinal Pie, une telle prétention serait encore *antiphilosophique ;* car, d'une part, ce serait méconnaître ce principe élémentaire de la raison, que Dieu sait beaucoup de choses que nous ne savons pas, et qu'il sait mieux que nous les choses que nous savons ; et de l'autre, ce serait laisser de côté des faits que la philosophie ne peut pas, ne doit pas logiquement négliger : la déchéance et la réparation. « Séparer la foi de la raison, dit Lamartine, c'est éteindre le soleil pour substituer à la lumière de l'astre permanent et universel la lueur d'une lampe que l'homme porte en chancelant, et que l'on peut cacher avec la main. »

La philosophie comme science universelle. — Si la philosophie, en devenant une science particulière, a abandonné aux autres sciences les *détails* de leurs objets respectifs, elle s'en réserve les côtés les plus élevés et ramène toutes les questions relatives au monde, à l'homme ou à Dieu, à des principes supérieurs qui dominent toutes les sciences, les relient entre elles, et maintiennent l'unité rompue par la diversité des objets.

A ce point de vue, la philosophie continue d'être la *science universelle*, et nous pouvons la définir : LA SCIENCE DES PRINCIPES PREMIERS DE TOUTE CONNAISSANCE, DE TOUTE MORALITÉ ET DE TOUT ÊTRE.

Cette seconde définition, bien comprise, n'est point aussi éloignée qu'elle pourrait le paraître de celle que nous avons donnée tout d'abord ; car, selon la remarque de M. Joly, « dans quelque ordre de réalités que nous nous placions, nous ne trouvons en définitive que deux causes véritables : *l'homme*, avec ses passions, ses idées, son activité ; *Dieu*, avec sa toute-puissance créatrice, sa providence et les lois universelles de la nature, qui ne sont que l'expression de la pensée divine. » C'est dans *l'analyse de l'âme humaine* que nous découvrirons les notions (notions d'*unité*, de *substance*, de *force*, de *vrai*, de *beau*, de *bien*), et les principes (principes de *contradiction*, de *causalité*, de *substance*), qui sont les véritables fondements de toute science, quel qu'en soit l'objet ; et c'est en *Dieu*, comme nous le verrons, que toutes ces notions et tous ces principes ont leur raison dernière et leur réalité parfaite.

Ainsi nos deux définitions, loin de s'opposer, se répondent, loin de se contredire, se complètent ; dans l'explication de toutes choses, notre point de départ sera l'étude de l'âme, notre dernier terme l'étude de Dieu ; et, selon la pensée de M. Janet, notre philosophie sera une ÉTROITE UNION DE LA PSYCHOLOGIE ET DE LA MÉTAPHYSIQUE, dont le point culminant est la *théodicée*.

II. — Importance de la philosophie.

L'importance de la philosophie peut se déduire de l'excellence de son objet, de l'influence qu'elle exerce et de ses rapports avec les autres sciences

I. — Excellence de son objet.

Pour apprécier l'importance de la philosophie, il suffit de rappeler le double objet de cette science et les questions qu'elle traite : — l'âme humaine avec ses facultés, sa nature, son origine, sa destinée ; — les lois de son intelligence dans la recherche de la vérité, c'est-à-dire les principes de toute science ; — les lois de sa volonté dans la recherche du bien, c'est-à-dire les fondements de toute justice ; — enfin, au-dessus de tout cela, Dieu, cause première et fin suprême de toute créature. Peut-on contester l'importance d'une science qui s'occupe de semblables questions et s'efforce de les résoudre ? « De toutes les sciences, dit Aristote, c'est la plus élevée, la plus excellente et la plus divine. »

Ajoutons cependant que les solutions qu'elle donne sont quelquefois obscures, souvent incertaines et incomplètes, et qu'en présence de l'impérieux besoin que nous éprouvons de savoir à quoi nous en tenir sur ces questions vitales, nous pouvons légitimement affirmer la nécessité d'une révélation.

Pour nous du moins, qui avons la foi, et qui en savons plus sur les vérités fondamentales que la philosophie ne peut nous en apprendre, cette science n'est-elle point sans intérêt ? Non, elle répond au besoin qu'a toute intelligence qui se développe de raisonner sa foi, ses croyances, de s'expliquer les choses, d'en chercher la raison dernière. La foi nous enseigne ce que nous devons croire ; mais la philosophie a pour but de nous montrer la conformité de nos croyances avec la raison, en faisant voir d'une part comment ces vérités se rattachent à des principes que la raison humaine ne peut révoquer en doute sans se renoncer elle-même ; et, d'autre part, combien sont vaines, et quelquefois absurdes, les objections de l'incrédulité.

II. — Influence de la philosophie.

Cette influence est immense au point de vue intellectuel, au point de vue moral et au point de vue social ; mais, il faut le reconnaître, si le caractère de cette influence dépend avant tout de la direction que suit la science, il dépend aussi des dispositions qu'on y apporte. *Philosophiæ vis non idem potest apud omnes. Tum valet multum quum est idoneam complexa naturam.* (Tuscul. V.)

Au point de vue intellectuel. — En exerçant l'*intelligence* à la discussion des questions abstraites, la philosophie la fortifie et l'accoutume à réfléchir; en donnant à l'homme des principes, elle lui permet de penser par lui-même, de se soustraire à l'empire des préjugés et de juger la parole de ses semblables; elle exerce, forme et développe la raison, et sert comme de gymnastique à l'esprit humain. De là vient ce qu'on appelle l'*esprit philosophique*, c'est-à-dire l'habitude de soumettre toutes les opinions à un examen réfléchi, de procéder avec méthode dans les recherches scientifiques, de saisir les choses d'une vue d'ensemble au lieu de s'arrêter au détail, de remonter enfin aux principes et de suivre facilement l'enchaînement des causes et des effets.

Au point de vue moral. — « L'action de la philosophie sur l'intelligence ne peut manquer de se faire sentir à la *volonté* et de contribuer ainsi à la perfection morale de l'homme. Les questions qu'elle traite, en imprimant à l'âme une direction ascensionnelle, la prédisposent à l'amour de tout ce qui est beau et élevé. Et si les saines notions qu'elle donne sur la liberté, sur la loi et ses sanctions, ne rendent pas l'homme vertueux, elles l'aident du moins à résister à l'entraînement de ses passions. » (Abbé Dagorne.) La connaissance de soi-même, selon l'antique adage, est le commencement de la sagesse; aussi Cicéron a-t-il raison d'appeler la philosophie *vitæ dux*... en même temps que *liberalis quædam oblectatio*.

Au point de vue social. — « Les principes reçus ont une influence décisive au sein des sociétés. La littérature d'un peuple, on l'a dit, est l'expression de ses mœurs. On peut dire, avec la même vérité, les mœurs d'un peuple sont l'expression de sa philosophie. Comme la philosophie a le redoutable privilège de toucher à la base même des choses, elle est éminemment propre, si elle est saine, à procurer le bien d'une nation en établissant les esprits dans le vrai. Mais si elle dénature les éternels principes sur lesquels repose l'ordre social, politique ou domestique, elle doit inévitablement tout bouleverser; elle élève des générations révolutionnaires. » (Abbé Dagorne.)

Importante à toutes les époques, la philosophie paraît absolument nécessaire de nos jours pour faire contrepoids dans les esprits de la génération nouvelle aux doctrines qui, sous le spécieux prétexte de renfermer la science dans le cercle des idées *positives*, rajeunissent à l'usage de notre siècle les vieux dogmes du matérialisme.

C'est donc uniquement d'une fausse philosophie, conduisant au doute et à l'incrédulité, qu'on doit entendre le mot de Pascal : « La philosophie ne vaut pas une heure de peine. » Car pour la vraie philosophie elle est bien, comme le dit Mgr Dupanloup, « le digne et ferme couronnement des humanités, la grande et dernière préparation à toutes les sciences et à toutes les carrières. »

III. — Rapports de la philosophie avec les autres sciences.

L'importance de la philosophie, sous le triple point de vue que nous venons de signaler, peut ressortir encore de ses rapports avec les autres sciences. C'est une seconde manière de traiter la même question. Bornons-nous à quelques indications très générales et très sommaires.

Rapports généraux. — Cicéron l'appelle « la mère et la créatrice des sciences humaines[1] »; selon Bossuet, « toutes les les sciences sont renfermées dans la philosophie, » et, considérée comme science des principes, elle est véritablement « la science première dont toutes les autres sont sorties, comme les rameaux d'un même tronc ». (Bacon.) « C'est d'elle, dit encore le même auteur, que se tire tout le suc, toute la force qui se distribue à toutes les autres professions et à tous les autres arts. »

L'âme humaine, objet principal de nos études philosophiques, est le sujet de toutes les sciences ; ses facultés sont les instruments au moyen desquels elle les acquiert ; or l'étude du sujet et des instruments de toutes les sciences n'est pas sans rapport avec ces sciences elles-mêmes. On appliquera avec plus de succès aux diverses sciences des facultés qu'on aura appris à connaître et à diriger.

---

[1] Non te fugit artium omnium procreatricem quamdam et quasi parentem eam quam philosophiam Græci vocant, ob hominibus doctissimis judicari. (*De Orat.* 1, III.)

Rapports particuliers. Mais il y a deux rapports particuliers qu'il importe de préciser :

Rapport de principes. — Toutes les sciences, en effet, reposent sur certaines notions fondamentales : les mathématiques sur les notions de nombre, d'étendue et de force; les sciences physiques, sur les notions de substance, de cause; les sciences morales, sur les notions de bien, de loi, de mérite, etc.; or c'est à la philosophie qu'il appartient d'éclaircir ces notions, d'en préciser la nature.

Outre ces notions fondamentales, au commencement de chaque science on trouve encore des principes connus sous le nom d'axiomes, et c'est à la philosophie qu'il appartient d'établir la certitude et la valeur de ces grands principes qui régissent l'ordre physique, intellectuel et moral.

Rapport de méthodes. — Toute science a non seulement ses principes, mais encore sa méthode, c'est-à-dire une certaine voie qu'il faut suivre sous peine de s'égarer, soit dans la recherche, soit dans la démonstration de la vérité. Or c'est à la philosophie qu'il appartient de chercher, dans l'analyse de l'esprit humain, la méthode convenable à chaque science ou au but spécial que l'on se propose d'atteindre.

C'est à elle encore de tracer les règles de détail qu'il faut suivre dans l'application de telle ou telle méthode, d'établir la légitimité des procédés qu'elle conseille.

On pourrait pousser plus loin cette étude des rapports de la philosophie avec les autres sciences et considérer quels rapports spéciaux la philosophie peut avoir avec les mathématiques, avec la physique, avec l'histoire, etc.; quels services elle reçoit de ces sciences, quels services aussi elle leur rend. Mais il nous suffit d'avoir indiqué la question.

Philosophie des sciences. — L'esprit humain, tourmenté du besoin de s'expliquer les choses, ne s'arrête pas toujours à l'objet déterminé d'une science particulière; il dépasse souvent ces étroites limites. Quand il s'élève jusqu'à ces considérations générales qui expliquent les lois et les données d'une science par les raisons les plus hautes, en les ramenant aux principes communs d'où dérive toute connaissance, il fait ce qu'on appelle la *philosophie de la science*.

Qu'un mathématicien, par exemple, entreprenne de sonder la nature des idées de nombre, d'étendue, de mouvement, qu'il s'efforce de démontrer la légitimité des divers procédés du calcul supérieur, d'en établir la valeur, il ne fera plus seulement des mathématiques, mais la *philosophie des mathématiques.*

Qu'un historien, au lieu de se borner à enregistrer les faits et à en indiquer les causes particulières et immédiates, s'efforce de découvrir les raisons plus profondes qui expliquent le développement des institutions d'un peuple, la suite des événements politiques d'une grande époque, la marche de l'humanité à travers les siècles, afin d'en tirer des leçons précieuses sur la conduite de la Providence, il fait la *philosophie de l'histoire.* C'est l'œuvre de saint Augustin dans la *Cité de Dieu*, de Bossuet dans son *Discours sur l'histoire universelle*, de Montesquieu dans les *Considérations sur la grandeur et la décadence des Romains.*

Chaque science a de même sa philosophie. La *philosophie de la religion* cherche à pénétrer la raison des dogmes et leurs harmonies; la *philosophie du droit* approfondit les motifs des lois; la *philosophie de la grammaire* rend compte des règles générales auxquelles sont soumises les langues; la *philosophie des sciences physiques et naturelles* essaye de ramener toutes les lois du monde à l'unité et de sonder le mystère de la matière et de la vie; la *philosophie des beaux-arts* remonte au principe même du beau et tente d'en déterminer les conditions essentielles.

III. — Division de la philosophie; ordre de ses parties; méthode à suivre.

I. — Division de la philosophie.

Les anciens, au rapport de Sénèque [1], s'accordaient pour la plupart à diviser la philosophie en trois grandes parties : *mo-*

---

[1] Philosophiæ tres partes esse dixerunt et maximi et plurimi auctores (stoici) : *moralem, naturalem* et *rationalem*... Cæterum inventi sunt et qui in pauciora philosophiam et qui in plura diducerent.
Quidam ex peripateticis quartam partem adjecerunt, *civilem*... quidam partem quam Græci οἰκονομικὴν vocant... quidam et de *generibus vitæ*... Nihil autem horum non in illâ parte morali reperietur.
Epicurei duas partes philosophiæ putaverunt esse, *naturalem* atque *moralem*... Cyrenaici contenti fuerant *moralibus*...; sed hi omnes, quæ removent, alio nomine inducunt. (*Epist. ad Lucil.* 89.)

rale, *physique* et *logique*. Telle était en particulier la division que Cicéron nous dit avoir été adoptée par Platon : *Fuit ergo jam accepta a Platone philosophandi ratio triplex : una, de vita et moribus; altera, de natura et rebus occultis; tertia, de disserendo et quid verum et quid falsum.* (Académ.)

Pour les scolastiques, la philosophie comprenait assez ordinairement la *logique*, la *physique*, la *métaphysique* et la *morale*.

La métaphysique se subdivisait en *métaphysique générale*, dans laquelle on traitait des notions qui servent de fondement à toutes les sciences, et en *métaphysique spéciale*, dans laquelle on étudiait l'âme et Dieu.

Depuis Descartes, la philosophie n'a plus guère été que la science des esprits, et on l'a divisée le plus souvent en trois parties : *logique*, *métaphysique* et *morale*.

Actuellement elle comprend la *psychologie*, la *logique*, la *morale* et des *éléments de métaphysique*. Cette division découle tout naturellement des définitions qui déterminent pour nous l'objet propre de la philosophie.

Que nous envisagions, en effet, la philosophie comme une science particulière ou comme la science des premiers principes, elle nous offre toujours un double objet d'étude : *l'âme* et *Dieu*.

L'étude de l'AME se subdivise et comprend une première partie spéculative : la *psychologie expérimentale* dont l'objet spécial est la connaissance générale de l'esprit humain, de ses opérations et de ses facultés; puis deux sciences pratiques : la *logique*, dont le but est de diriger notre intelligence vers le vrai, et la *morale*, qui trace les règles que la volonté doit suivre pour arriver au bien.

L'étude de DIEU ou *théodicée* rentre dans la *métaphysique*, dont elle est le couronnement naturel, parce qu'elle nous donne la raison dernière de toutes choses. Mais, avant de l'aborder, nous traiterons dans la *métaphysique générale* des premiers principes de toute connaissance et de tout être, et dans la *métaphysique spéciale* des principes les plus essentiels de la science des corps et de celle de l'âme.

II. — Ordre des parties de la philosophie.

L'ordre à suivre dans l'étude des diverses parties de la philosophie ne saurait être indifférent; car, loin d'être indépendantes les unes des autres, ces parties ont entre elles des rapports très étroits, et si nous les plaçons dans leur ordre logique, l'étude des premières ne manquera pas de jeter une lumière favorable sur les suivantes, et de préparer ainsi la solution des difficultés qu'elles peuvent offrir.

Quelques auteurs revendiquent la première place pour la métaphysique et la théodicée, parce que, disent-ils, Dieu préexistant à tout le reste, la connaissance de Dieu, cause suprême, doit éclairer toutes les autres connaissances. Mais si, logiquement, la cause précède l'effet, il est évident qu'en réalité c'est de l'effet que nous remontons à la cause, et que nous nous connaissons avant de connaître Dieu. « Nous commencerons donc par l'étude de l'âme, comme par la recherche la plus aisée, aussi bien que la plus solide » (Bossuet), et la psychologie sera pour nous la base de la théodicée et de toute la métaphysique.

Quelques-uns commencent l'étude de l'âme par la logique. C'est, disent-ils, la science fondamentale; car toute autre science suppose la connaissance des lois de la raison, des conditions de la certitude et des règles à observer pour atteindre la vérité. Mais l'ordre du programme a aussi sa raison d'être, car ce sont nos facultés intellectuelles que la logique a pour but de diriger vers la vérité; or pour diriger ces facultés il faut les connaître, et pour les connaître il faut les étudier; c'est l'objet de la psychologie.

La logique vient naturellement avant la morale; il faut éclairer l'intelligence pour régler sagement la volonté.

Le programme ne place la métaphysique et l'étude de Dieu qu'après la morale. Nous suivrons cet ordre, qui a l'avantage de ne pas scinder l'étude de l'âme et de renvoyer à la fin du cours les questions les plus abstraites et les plus difficiles de la philosophie. Mais, en l'acceptant, nous ne devons pas laisser croire que la morale pourrait être *indépendante* de la vérité religieuse. Pour nous, Dieu est tout à la fois le fondement, la règle et la sanction de la morale; et cette science suppose logiquement la théodicée.

Psychologie, logique, morale, métaphysique et théodicée: telles sont donc, dans l'ordre où nous les étudierons, les parties qui constituent ce *Cours de philosophie*. Mais, pour répondre à toutes les questions du programme, nous devrons encore insérer entre la psychologie et la logique quelques notions d'*esthétique*, et ajouter à la morale des notions sommaires d'*économie politique*.

III. — Méthode à suivre.

Il serait prématuré de traiter ici de la méthode à suivre dans les sciences philosophiques. Disons en deux mots que nous rejetons également la méthode *empirique*, qui veut se borner à constater les faits, et la méthode *idéaliste*, qui prétend faire dériver la science des pures conceptions de la raison; nous nous efforcerons d'allier dans une juste mesure la connaissance expérimentale et l'emploi des procédés rationnels. C'est le conseil de Bacon.

L'empirique, dit-il, semblable à la *fourmi*, se contente d'amasser et de consommer ensuite ses provisions. L'idéaliste, pareil à l'*araignée*, ourdit des toiles dont la matière est extraite de sa propre substance, admirables par la délicatesse du travail, mais sans solidité ni usage. L'*abeille* garde le milieu; elle tire la matière première des fleurs et des jardins, puis, par un art qui lui est propre, elle la travaille et la digère... Ainsi la vraie philosophie doit unir dans un hymen légitime la méthode empirique et la méthode rationnelle, les conceptions *a priori* et les recherches expérimentales de la nature.

PSYCHOLOGIE EXPÉRIMENTALE

GÉNÉRALITÉS

Ces généralités seront distribuées sous trois titres : 1° *objet* de la psychologie expérimentale; 2° *méthode* qu'il convient de suivre dans cette étude; 3° *division* de cette science, fondée sur la classification des faits et des facultés de l'âme.

I

OBJET DE LA PSYCHOLOGIE EXPÉRIMENTALE.

I. — Préliminaires.

Objet de la psychologie en général. — Dans son existence réelle et concrète, l'homme n'est point un pur esprit comme les anges, lié au corps *par accident ;* il est, disent les scolastiques, *un composé,* et pour employer l'expression de Bossuet, « *un tout naturel* formé de deux parties, qui sont l'âme et le corps. »

Pour connaître l'homme tout entier, il faudrait donc joindre à l'étude de l'âme l'étude du corps, s'arrêter à décrire la structure de ses organes (anatomie), à exposer leurs diverses fonctions (physiologie), afin d'essayer ensuite de pénétrer la nature du *composé humain* et de rechercher les lois de sa vie.

La psychologie ne poursuit pas ce but complexe ; elle n'étudie qu'une partie de nous-même, mais c'est la plus noble et la meilleure partie de notre être, celle que nous appelons l'âme.

La psychologie, hâtons-nous de le dire, n'est point encore la science complète de l'âme. Il y a trois vies dans l'âme : la vie animale, la vie spirituelle, la vie surnaturelle; l'âme vit dans le corps, elle vit en elle-même, elle vit en Dieu. « Laisser de côté l'une de ces trois vies, c'est mutiler la psychologie; car ces trois vies sont ou doivent être en mutuelle pénétration, de sorte que la vie de l'âme en Dieu, ou la vie surnaturelle, vivifie la vie propre de l'âme dans l'âme, et même la vie de l'âme dans le corps. » (Abbé Farges.)

La vie *naturelle* de l'âme comprend ce que nous venons d'appeler sa vie animale et sa vie spirituelle; elle est l'*objet propre de la psychologie*..

La psychologie telle que nous devons l'étudier peut donc se définir *la science naturelle de l'âme.*

Distinction de la psychologie expérimentale et de la psychologie rationnelle. — Les philosophes associationistes de l'école anglaise, Stuart Mill, A. Bain, et les psycho-physiciens de l'école allemande, Wundt, Fechner, réduisent cette science de l'âme à l'étude des faits internes, à la recherche de leurs lois ou des rapports que ces faits peuvent avoir soit entre eux, soit avec les faits physiologiques ou physiques auxquels ils sont associés. L'âme, c'est-à-dire le principe de ces faits, ou n'existe pas ou ne peut être connu ; il en est de même de ses facultés.

C'est là une grave erreur; nous percevons immédiatement l'existence de notre âme, et si nous ne saisissons pas directement sa nature intime, nous pouvons arriver à la connaître en observant les innombrables phénomènes qui se passent en nous, les diverses modifications qu'elle éprouve, les différents actes qu'elle accomplit. De l'étude attentive de ces *faits* nous pouvons nous élever à la connaissance des *facultés* qui en sont les principes immédiats, essayer d'en déterminer les lois pour arriver ensuite à saisir la *nature* de l'âme elle-même, à pénétrer le secret de son *origine* et de ses *destinées*, à nous rendre compte du mystère de son union avec le corps.

Les premières questions seules sont l'objet de la *psychologie expérimentale;* les secondes sont du domaine de la *psychologie rationnelle*, qui se rattache à la métaphysique. Distinctes par leur *objet*, ces deux sciences ou, si on aime mieux, ces deux parties d'une même science diffèrent encore par leur *méthode :* la première est avant tout, comme son nom l'indique, une science d'*observation;* la seconde, sans négliger les données de l'expérience, emploie surtout le *raisonnement.*

Objet de la psychologie expérimentale. — Nous n'avons à nous occuper ici que de la psychologie expérimentale, qui a pour objet l'*étude des* FAITS *et des* FACULTÉS *de l'âme.*

II. — Des faits psychologiques.

Caractère propre des faits psychologiques. — Notre âme, nous le dirons plus tard, est le principe de tous les faits *vitaux* qui s'accomplissent en nous, qu'ils se rapportent à la vie végétative, qui nous est commune avec les plantes, ou à la vie animale, qui nous est commune avec les animaux, ou à la vie spirituelle, qui nous est commune avec les anges et nous rapproche de Dieu. Mais tous ces faits ne sont pas indistinctement l'objet de la psychologie expérimentale : les uns sont purement *organiques*, c'est-à-dire n'affectent que le corps; les autres purement *spirituels*, et sont propres à l'âme; d'autres enfin, qu'on peut appeler *mixtes*, se rapportent à l'âme et au corps considérés dans leur union, au composé humain.

Les premiers, relatifs à des fonctions telles que la digestion, la respiration, la circulation, les sécrétions, l'assimilation, etc., sont l'objet exclusif de la physiologie et sont appelés *physiologiques*.

Les faits purement spirituels, tels que la pensée sous ses différentes formes, le jugement, le raisonnement, les résolutions de la volonté, etc., — et les faits mixtes, comme le plaisir et la douleur, les passions, etc., sont l'objet propre de la psychologie, qui les observe, les analyse, les classe, et s'efforce d'en déterminer les lois. On les appelle, d'une dénomination commune, *faits psychologiques*, bien qu'ils ne méritent ce nom qu'à des degrés différents.

Leur caractère essentiel est d'être *connus par la conscience*. « Mais cette parole, remarque M. Joly, ne doit pas s'entendre trop étroitement. Toutes les fois qu'un fait nous est révélé par la conscience, un peu plus tôt ou un peu plus tard, d'une façon plus ou moins claire ou obscure, durable ou fugitive, ce fait appartient à la psychologie. Non seulement les actes accomplis en pleine possession de nos facultés, mais encore ceux qui se passent presque à notre insu, pour peu qu'ils aient été accompagnés de conscience, ne fût-ce qu'un moment; les actes instinctifs, les actes d'habitude, les divers accidents de l'état mental dans le sommeil et la folie, tout cela fait partie de la psychologie. Les faits sur lesquels la conscience ne nous dit absolument rien et qui ne tombent que sous les sens restent seuls en dehors de cette science. Telle est l'étendue, telles sont les limites de la psychologie. »

Distinction des faits psychologiques et des faits physiologiques. — Plusieurs philosophes, les positivistes, contestent cette distinction et veulent absorber la psychologie dans la physiologie, sous prétexte que les faits psychologiques ne sont, comme les faits physiologiques, que des fonctions de nos organes. Mais ces deux ordres de faits sont profondément distincts.

Par leur nature. — Les faits psychologiques sont spirituels; ils excluent toute idée d'étendue; ils ne sont ni figurés, ni divisibles, ni mesurables. « On a pu essayer, il est vrai, remarque M. Rabier, de mesurer leur durée, leur vitesse; admettons qu'on y ait réussi, ce n'est encore que mesurer le temps durant lequel ces faits s'accomplissent, et non les faits eux-mêmes. » Les faits physiologiques, au contraire, sont matériels; ils occupent un lieu déterminé dans l'espace, se traduisent par une modification de l'organisme humain, ont une forme, se réduisent à un mouvement et peuvent être mesurés.

Par le sujet dans lequel ils se produisent. — L'âme est le sujet des premiers; les seconds s'accomplissent dans nos organes. Nous avons, il est vrai, distingué à ce point de vue des faits que nous avons appelés mixtes. Mais ces faits se rapportent premièrement et nécessairement à l'âme; ce n'est que secondairement et par participation que le corps en est le sujet. Nous sommes donc fondés à les rapprocher des faits purement spirituels.

Par leur destination. — Les premiers se rapportent directement à la vie intellectuelle et morale; ils tendent à la connaissance de la vérité, à la pratique du bien, à la poursuite du bonheur; les seconds n'ont pour fin immédiate que l'entretien de la vie animale, la conservation du corps. « La distinction de ces deux fins, dit Jouffroy, est si réelle, que souvent elles sont en opposition, et qu'en allant à sa fin le moi compromet le bien du corps, et dans certains cas le sacrifie. »

Par la manière dont ils sont connus. — Les premiers nous sont connus par la conscience, qui nous révèle en même temps leur cause; les seconds nous sont donnés par les sens, qui peuvent nous révéler leurs transformations successives, mais ne nous disent rien du principe auquel nous devons les rapporter.

On le voit, la distinction des faits psychologiques et des faits physiologiques est profonde, « et l'analyse, au lieu de combler l'intervalle qui les sépare, semble l'élargir à l'infini. » (Taine.)

Relation des faits psychologiques et des faits physiologiques. — Quelque tranchée que soit la distinction de ces deux classes de faits, l'unité du composé humain établit entre elles des relations nombreuses. La question des *rapports du physique et du moral* nous les fera connaître, et nous verrons qu'il n'est pas jusqu'aux faits purement *spirituels*, dont l'âme est le sujet exclusif, qui ne soient intimement liés aux fonctions organiques, non pas sans doute comme à leurs causes, mais du moins comme à des conditions indispensables de leur production.

Nulle part cependant ces relations ne nous apparaîtront plus intimes que dans les faits que nous avons appelés *mixtes*. Tous ces faits, sensations, passions, perceptions des sens, mouvements volontaires, renferment deux éléments, l'un matériel et l'autre spirituel : dans les *sensations et les passions*, l'émotion que l'âme subit n'est que le contre-coup de l'impression que reçoit le cerveau à la suite de l'action d'un objet étranger sur les nerfs ; dans les *perceptions et les mouvements volontaires*, l'activité de l'âme est le principe, soit de la connaissance sensible, soit du mouvement que les nerfs doivent communiquer aux organes. Dans tous les cas, ces deux éléments sont inséparables.

On conçoit dès lors que la psychologie et la physiologie, quoique parfaitement distinctes, doivent demeurer unies et soient appelées à se prêter un mutuel secours.

III. — Des facultés de l'âme.

Notion de la faculté en général. — Le mot *faculté* éveille l'idée d'un pouvoir dont peut disposer l'être qui en est doué. *Facultas est potestas qua aliquid habetur ad nutum.* (S. Thomas, I, 83, 2.) Cette notion implique donc deux éléments distincts :

1° L'idée d'une force ou d'une *aptitude permanente*, qui persiste alors même qu'elle ne s'exerce pas, et que l'on conçoit comme la source ou la cause immédiate des divers phénomènes de l'âme (actes ou simples modifications);

2° L'idée de la *libre disposition de cette force* dans l'être qui la possède. Tous les êtres inférieurs, les animaux, les plantes, et même les corps bruts jouissent de certaines forces ou aptitudes, mais ne les dirigent pas; ce sont des *propriétés*, des *vertus*, des *fonctions*. L'homme seul a des facultés, parce que seul il a conscience de ses aptitudes et peut les diriger. « La capacité de marcher, dit Jouffroy, ne serait en nous qu'une simple fonction, comme celle de sécréter la bile, si nous n'avions le pouvoir de marcher ou de ne pas marcher, de marcher vite ou lentement, à droite ou à gauche, selon notre volonté. Mais comme nous gouvernons cette capacité naturelle, elle est en nous une faculté. »

Nature des facultés de l'âme. — Les facultés de l'âme sont les pouvoirs que l'âme possède d'opérer certains actes, ou d'éprouver certaines modifications. On peut les définir avec saint Thomas : « les causes immédiates des faits psychologiques, *principium proximum operationum animæ.* » (S. Th., I, 77, 4.)

Il y a donc lieu de distinguer un double principe des opérations de l'âme : un principe *médiat et éloigné*, qui est l'âme elle-même considérée dans son être propre, et un principe *immédiat et prochain*, les facultés. « C'est par l'intermédiaire des facultés que l'âme exerce ses opérations, à peu près comme le tronc de l'arbre produit les fleurs et les fruits par l'intermédiaire des branches et des rameaux. »

De là résulte, contrairement à la doctrine de la plupart des philosophes modernes, et spécialement des panthéistes, que les facultés sont réellement distinctes de l'essence de l'âme, comme nos opérations sont distinctes de notre être.

Nécessité d'étudier nos facultés. — Une science ne consiste pas dans un amas de faits; elle ne commence qu'au moment où on quitte l'ordre des phénomènes pour s'élever aux causes, aux lois, aux raisons dernières. Si donc la psychologie expérimentale se bornait à constater, observer et décrire des faits, elle serait le fondement d'une science possible, non une science réelle; il faut, quand on est en possession des faits, remonter aux facultés qui les produisent, chercher à découvrir les circonstances qui accompagnent invariablement l'exercice de ces facultés, c'est-à-dire leurs lois, enfin coordonner les diverses facultés de l'esprit pour établir entre elles une sorte de hiérarchie et découvrir leurs relations.

Tel est le travail qui seul peut conduire à la science véritable.

II

MÉTHODE PSYCHOLOGIQUE

Spinoza « veut étudier les actions et les appétits des hommes, comme s'il était question de lignes, de plans et de solides »; Fichte, Schelling et Hégel prétendent « déduire *à priori* de la définition de l'esprit les phases nécessaires de l'âme dans son développement progressif »; Herbart définit la psychologie « la mécanique de l'esprit, et cherche dans la méthode mathématique le type de la méthode psychologique ».

Écartons ces erreurs.

La psychologie expérimentale repose sur la connaissance des faits; or, pour connaître les faits, il n'y a pas à raisonner, il ne faut que les regarder et les constater. « L'homme est ce qu'il est, dit Royer-Collard; observons-le, ne l'imaginons pas. » L'*observation*, tel est donc le point de départ de la psychologie.

Mais pouvons-nous observer et saisir les faits psychologiques en eux-mêmes, ou sommes-nous réduits à ne les étudier que dans leurs manifestations physiologiques et sociales? Si l'observation directe est possible, nous sera-t-il donné de la compléter ici comme en physique, par l'expérimentation?

Pour répondre à ces questions, nous devons traiter des deux modes d'observation connus sous les noms de *méthode subjective* et de *méthode objective*, puis ajouter quelques mots sur l'*expérimentation en psychologie*.

I. Méthode subjective.

Définition de la méthode subjective. — « A quelles sources puiserons-nous une exacte connaissance de l'esprit et de ses facultés? Je réponds que la principale et la plus naturelle de ces sources est la *réflexion* ou l'*observation attentive des* *opérations de notre esprit.* » (Thomas Reid.) C'est la *méthode subjective.*

Socrate avait posé sans doute comme fondement de sa philosophie la maxime du temple de Delphes : γνῶθι σεαυτόν; mais elle n'était pour lui qu'un principe de logique ou un précepte de morale.

C'est Thomas Reid, le fondateur de l'école écossaise, qui le premier a érigé cette étude de soi-même en méthode philosophique, et c'est grâce à l'application de cette méthode que la psychologie a fait depuis un siècle de si rapides progrès.

On peut la définir : *l'étude attentive de soi-même au moyen de la conscience.*

L'observation interne en elle-même. — La *conscience* est la faculté que possède l'âme d'être informée de *ce qui se passe présentement en elle.* L'existence de cette faculté est un fait primitif, de sens commun, qu'il est impossible de nier; la certitude qu'elle nous donne est absolue, la conviction qui s'attache à son témoignage irrésistible; avec elle, la psychologie devient possible.

Il ne faudrait pas croire cependant que la science de l'âme n'offre aucune difficulté. Tout homme sans doute est perpétuellement informé de l'existence en lui d'une foule de sensations, de désirs, de pensées, de déterminations volontaires, qui se succèdent sans interruption; mais il ne suffit pas, pour l'étude de l'âme, de cette vue vague et confuse de la conscience, que nous avons tous et toujours.

Ce n'est que par l'attention, et une attention persévérante, que le naturaliste ou le physicien parvient à une connaissance un peu complète de la nature; de même, pour connaître véritablement l'âme, il faut être attentif à ce qui se passe en soi, *réfléchir sur soi-même,* observer les faits, les analyser, afin de les bien connaître, pour pouvoir ensuite les classer et déterminer les facultés auxquelles ils se rapportent.

L'observation interne comparée à l'observation externe. — On le voit, l'observation psychologique n'est pas sans analogie avec l'observation physique, dont les sens sont les instruments. Mais un caractère remarquable la distingue et la rend plus intime et plus immédiate : la conscience *perçoit directement la cause* des phénomènes qu'elle observe, ce que ne peuvent faire les sens.

Elle a d'*autres avantages* encore sur l'observation externe : les faits internes, en effet, se passent au *dedans de nous* sans que nous ayons besoin d'aller les chercher aux extrémités du globe ou dans les entrailles de la terre. Ils se présentent à nous *continuellement*, sans qu'il faille attendre la révolution des siècles ou des années pour les observer. Enfin ils s'offrent à nous *sans être altérés* par mille influences extérieures, comme ceux qui sont l'objet de la physique et de la chimie, ou par des opérations douloureuses, comme la plupart des phénomènes physiologiques. Pour connaître l'âme, il n'est point nécessaire de troubler ses fonctions; il faut, au contraire, laisser la vie intérieure se manifester naturellement d'après ses lois, et se contenter, selon l'heureuse expression de Maine de Biran, de « se regarder passer ».

Elle a aussi *quelques difficultés* particulières, venant de la peine que nous avons à nous arracher aux sollicitations des sens pour fixer notre attention sur les faits internes; de la variété, de la complexité et de la rapidité de ces phénomènes; de la tyrannie des passions et des préjugés, à laquelle il est si difficile de se soustraire. Mais, quelque sérieuses que soient ces difficultés, elles ne sont point insurmontables : avec des *efforts persévérants* nous pouvons peu à peu nous habituer à réfléchir et à nous replier sur nous-mêmes; la *mémoire* nous permet de faire revivre les faits de conscience que nous n'avons pas eu le temps d'observer; et quand un fait trop complexe se présente à nous, nous avons toujours la ressource de le décomposer par l'*analyse* en ses divers éléments.

Objections contre la méthode subjective. — On a cependant fait différentes objections, soit contre la *possibilité*, soit contre le *caractère scientifique* de la méthode subjective.

1° *Contre sa possibilité.* — Il en est de l'intelligence, a-t-on dit, comme de l'œil qui voit les objets, mais *ne peut se voir lui-même* : *Ut oculus, sic animus se non videns, alia cernit.* (Cicéron.) — Il répugne à la nature de la connaissance que l'*objet soit identique au sujet.*

Il est vrai que l'œil ne peut voir son propre regard et qu'aucun sens ne peut percevoir l'acte par lequel il perçoit; la raison en est que ces facultés, étant organiques, n'opèrent pas sans le concours intrinsèque des organes, et que ceux-ci ne peuvent se replier que sur une étendue distincte de leur propre étendue.

Mais Locke et A. Comte ont tort de pousser trop loin cette assimilation de l'intelligence à la vue. L'intelligence est une faculté inorganique; rien n'empêche que ses actes soient réfléchis, qu'elle se replie sur son acte propre et se *compénètre*, pour ainsi dire, elle-même.

Quant à la distinction entre le sujet et l'objet que suppose toute connaissance, ce n'est point nécessairement une distinction substantielle, une dualité d'aspects et de points de vue suffit; or personne ne peut contester cette dualité dans les perceptions de la conscience.

2° *Contre le caractère scientifique de ses résultats.* — Les résultats de la méthode subjective sont, dit-on, dépourvus de *certitude*, de *constance*, de *généralité*.

Dépourvus de certitude; car, relevant de la seule conscience individuelle, ils ne peuvent être vérifiés par aucun autre observateur. Mais cette assertion est fausse; tous les jours nous pouvons vérifier en nous l'exactitude des descriptions que tel moraliste, tel poète, tel psychologue a faites sur lui-même.

Dépourvus de constance et de généralité; car, d'un côté, rien n'est plus variable, plus mobile que les faits psychologiques; et, d'autre part, nul n'ayant conscience que de soi, les faits observés sont tout individuels. La méthode subjective ne peut conduire qu'à des « mémoires purement personnels », à une « sorte de monographie » inutile pour la connaissance de l'espèce humaine.

Pour réfuter l'objection, il suffit de distinguer ce qui est essentiel à un être d'avec ce qui lui est accidentel; ce qui est essentiel se retrouve *constamment* dans *tous les individus* de la même espèce, tandis que ce qui est accidentel varie avec les individus, est propre à chacun d'eux. Or la psychologie cherche à connaître dans l'âme ce qui est essentiel, invariable : les facultés, leurs opérations, leurs lois; elle laisse de côté ce qui n'est qu'accidentel, comme le développement plus ou moins grand de ces facultés.

Du reste, le psychologue ne doit pas s'enfermer dans l'observation interne; il peut et il doit observer aussi ses semblables, les hommes de tous les siècles, de toutes les races et de toutes les civilisations, compléter la méthode subjective par la méthode objective. Il assurera de la sorte la valeur scientifique et le caractère vraiment universel des résultats obtenus par l'observation psychologique.

II. — Méthode objective.

Sa nature; ses deux formes principales. — La méthode objective part du dehors pour essayer de pénétrer au dedans; elle méconnaît l'autorité de la conscience, n'emploie que l'observation externe et prétend n'étudier les faits psychologiques que dans leurs manifestations, soit *physiologiques*, soit *sociales*. De là ses deux formes particulières.

1° *Méthode physiologique.* — De nombreux philosophes allemands, avec Wundt, Fechner, de l'école psycho-physicienne, appuyés sur ce principe « que tout état psychique déterminé est invariablement associé à un ou à plusieurs faits physiques ou physiologiques », ses conditions ou ses effets, dont on ne doit jamais le séparer, s'efforcent de créer une psychologie dont la physiologie est l'unique fondement. Ils opposent à la connaissance *naturelle* de la conscience, qui est *directe*, la connaissance *scientifique*, qui est *indirecte*, et prétendent, à l'aide de ce changement de méthode, obtenir une psychologie non plus simplement *descriptive*, mais *explicative*.

Sans rejeter aussi complètement l'observation directe des phénomènes de l'âme, plusieurs associationistes anglais, A. Bain, H. Spencer, tendent à accorder une importance excessive à l'analyse de leurs conditions physiques ou physiologiques, et se rapprochent sous ce rapport des psycho-physiciens.

2° *Méthode ethnique.* — Frappés des limites relativement restreintes dans lesquelles cette méthode est applicable, mais toujours résolus à chercher l'homme *hors de lui-même*, d'autres philosophes allemands, Waitz, Steinthal, partant de ce fait « que l'esprit s'exprime dans ses œuvres, s'y montre tel qu'il est, y réalise ses lois », s'attachent à l'étude des langues et des mœurs, de la littérature et des arts, des civilisations et des religions, des races et des peuples, et prétendent fonder ainsi une psychologie nouvelle, la psychologie ethnologique, la seule qui soit vraiment une psychologie de l'espèce humaine. (Ribot, *Psych. allem.*)

Avantages que peut offrir cette méthode. — Si la méthode objective doit être rejetée comme expression de la tendance positiviste qui prétend se borner aux phénomènes et faire « une psychologie sans âme », il serait injuste cependant de méconnaître les précieux avantages qu'on peut retirer des diverses sources d'information qu'elle préconise, pour compléter et contrôler les données de la conscience.

Le vrai philosophe ne répudie pas les procédés physiologiques de la *psychologie comparée;* et comme le physiologiste demande souvent les secrets de la vie organique à l'étude des maladies et des monstruosités, lui cherche à surprendre les lois de notre esprit jusque dans ses types dégénérés et dans ses incomplètes ébauches. Il observe l'enfant qui n'a pas encore l'usage de sa raison, le pauvre fou qui l'a perdue; il étudie le malade chez lequel cette raison est troublée, le sauvage chez lequel elle n'est pas développée; il compare même les animaux avec l'homme, recherche quelles opérations sont communes à leurs deux natures, quelles opérations sont propres à l'une ou à l'autre. Et ses observations l'éclairent souvent sur la nature et les lois des facultés humaines.

L'*histoire* est une des sources où il puise plus volontiers; car l'humanité tout entière, selon la pensée de Pascal, peut être considérée comme un seul homme qui subsiste et agit toujours. Cet homme universel manifeste sa vie par les mêmes sentiments, les mêmes passions, les mêmes facultés, les mêmes procédés logiques que l'individu, et n'offre avec ce dernier d'autres différences que la durée et la grandeur qui rendent l'observation plus facile.

Les *langues* lui offriront aussi de précieuses ressources. Une langue, en effet, est la manifestation directe de la pensée d'un peuple. Elle révèle toutes ses idées, fait connaître ses habitudes de réflexion; et l'étude, soit des langues des divers peuples, soit de la langue d'un même peuple aux différents siècles de son histoire, ne peut manquer de donner lieu aux observations les plus intéressantes sur les diverses formes de la vie intellectuelle et son développement progressif.

Stérilité de son emploi exclusif. — Toutefois, quelle que soit l'importance de l'observation externe, « elle ne nous dirait rien, remarque avec raison M. Rabier, sans les révélations préalables de la conscience. Elle ne nous montre, en somme, que des *phénomènes physiques,* qu'il faut *traduire en langue psychologique;* comment le pourrait-on, si on n'avait appris d'ailleurs cette langue ? Otez la conscience, tout perd sa signification : les actions humaines ne m'offrent aucun sens ; l'histoire reste pour moi lettre morte ; les animaux m'apparaissent comme de purs automates. » Les procédés de la méthode objective ne sont donc que des moyens auxiliaires, et l'observation de soi-même par la conscience demeure le fondement principal et essentiel de toute étude psychologique.

III. — L'expérimentation en psychologie.

Ses difficultés. — Le physicien ne se borne pas à observer, il expérimente, c'est-à-dire qu'il *provoque ou modifie artificiellement les phénomènes extérieurs* en vue de les mieux connaître et de découvrir plus facilement les lois qui sont l'objet de ses investigations. Cette expérimentation serait incontestablement utile ; mais est-elle possible en psychologie ?

Plusieurs philosophes ne le croient pas. Le propre des faits internes, disent-ils, est d'être spontanés ; on ne peut se les procurer à volonté, comme on se procure de la chaleur ou de l'électricité. Ce serait perdre son temps que se mettre artificiellement en colère pour étudier la colère ; bien plus, la passion la plus violente se tait quand on veut l'interroger. Opérer sur les phénomènes psychologiques pour les isoler, en modifier les conditions, en éliminer divers éléments, c'est, ajoutent-ils, défigurer ces phénomènes, altérer essentiellement leur nature. Telle est l'opinion de M. Jules Simon.

Il faut reconnaître que les difficultés de l'expérimentation psychologique sont sérieuses ; qu'il n'est point toujours en notre pouvoir de provoquer les phénomènes internes ; que la complexité des phénomènes produits défie quelquefois toute analyse ; qu'enfin les résultats auxquels on peut parvenir, n'étant pas susceptibles d'expressions numériques, n'offrent ni la même précision ni la même garantie que dans les sciences physiques. Toutefois elle n'est point impossible.

Sa possibilité. — « Le sujet, dit M. Janet, peut *se mettre lui-même* dans les circonstances où il sait que les phénomènes se produiront pour les mieux étudier ; il peut faire un raisonnement pour étudier l'opération du raisonnement ; il peut exercer un sens dans des conditions différentes pour en dévoiler les habitudes diverses. »

A l'aide de la *mémoire*, nous pouvons faire revivre nos états de conscience, « évoquer un phénomène du sein de la nuit où il s'est évanoui, pour le considérer plus à loisir, en rappeler telle partie plutôt que telle autre, laisser celle-ci dans l'ombre pour faire paraître celle-là, varier les aspects pour les parcourir tous, et embrasser l'objet tout entier. » (Cousin.) N'est-ce pas là une expérimentation véritable ?

C'est encore expérimenter que d'étudier avec le *politique* l'influence des diverses institutions sociales sur les peuples; avec le *législateur*, les conséquences de telle loi pour la moralité ou la richesse publique; avec l'*instituteur* de la jeunesse, les avantages ou les inconvénients des différents systèmes d'éducation.

Ajoutons que dans l'étude des faits que nous avons appelés *mixtes*, et qui participent à la double nature de l'homme, certaines expériences physiologiques peuvent n'être pas sans intérêt. Les modifications que subissent les opérations de certaines facultés quand on fait varier dans un sens déterminé les conditions organiques auxquelles elles sont assujetties, permettent souvent de déterminer leurs lois. On doit à M. Flourens des résultats intéressants sur les rapports du cerveau et de la pensée; et bien qu'on soit fondé à se tenir en garde contre les tendances de la psycho-physique, on peut espérer de sa méthode expérimentale quelques renseignements utiles.

Conclusion : légitimité de la psychologie. — Les faits psychologiques sont distincts des faits physiologiques ; leur réalité est incontestable; l'observation aidée de l'expérimentation peut nous les faire connaître avec certitude. De plus, ces faits ont des causes, sont soumis à des lois que nous pouvons arriver à déterminer, comme les causes et les lois du monde extérieur, à l'aide de procédés rationnels que nous décrirons plus tard. Enfin les résultats obtenus en psychologie peuvent être exprimés et transmis par le langage aussi bien que les découvertes faites dans les autres sciences; nous avons donc le droit de dire que la psychologie est une science véritable, tout aussi légitime que la physiologie, sa sœur, et qu'elles doivent demeurer distinctes sans cesser d'être unies.

III

DIVISION DE LA PSYCHOLOGIE EXPÉRIMENTALE

La *division* de la psychologie expérimentale repose tout naturellement sur la classification des *faits* et des *facultés* que cette science étudie.

I. — Classification des faits psychologiques.

Principes sur lesquels elle repose. — La plupart des philosophes s'appuient, pour classer les faits psychologiques, sur *les ressemblances ou les différences intrinsèques* qui les caractérisent ; ils rapprochent dans un même groupe les phénomènes qui leur paraissent avoir des caractères identiques ou communs, séparent ceux qui leur offrent des caractères différents ou opposés.

Quelques-uns cependant, avec Garnier, jugent ce principe insuffisant et prétendent que la différence des phénomènes ne suffit pas pour qu'on les rapporte à des causes différentes, ni leur ressemblance pour qu'on les attribue à une même cause. Pour eux, le vrai principe de la distinction des phénomènes est leur *indépendance réciproque plus ou moins absolue*.

Distribution des faits psychologiques en trois classes. — D'après ces deux principes, tous les phénomènes de l'âme, malgré leur multitude et leur variété presque infinies, peuvent se ranger en trois grandes classes :

Les *faits sensibles*, qui ont pour caractère commun d'être de simples modifications de l'âme, de l'affecter agréablement ou désagréablement, et comprennent nos sensations, nos sentiments et passions ;

Les *faits intellectuels*, qui ont pour caractère commun d'être des connaissances, des idées, des notions, quel que soit d'ailleurs l'objet de ces connaissances, de ces idées. Dans cette catégorie rentrent tous nos jugements, nos souvenirs, nos raisonnements ;

Les *faits actifs et volontaires*, par lesquels notre âme tend librement ou non à se rapprocher ou à s'éloigner d'un objet. Ils comprennent toutes nos actions, les mouvements de notre activité spontanée et les déterminations de notre volonté libre.

Légitimité de cette classification. — La légitimité de cette classification est évidente :

D'une part, elle comprend tous les phénomènes qui se produisent dans notre âme; pour s'en assurer, il n'y a qu'à prendre au hasard quelqu'une des innombrables opérations de notre esprit, et on verra qu'il n'y en a aucune qui ne vienne se ranger dans l'une ou l'autre de ces classes.

D'autre part, chacune de ces trois classes se distingue parfaitement des deux autres :

Les faits SENSIBLES sont *passifs*, c'est-à-dire que nous les subissons, et purement *subjectifs*, c'est-à-dire qu'ils n'ont pas d'objet en dehors de l'âme; de là le caractère essentiellement relatif, individuel, des sensations, des affections de toutes sortes. — Les faits INTELLECTUELS sont *actifs*, mais cette activité de notre esprit qui saisit la vérité est fatale; *objectifs*, c'est-à-dire qu'ils supposent toujours deux termes : le sujet connaissant et l'objet connu. Une idée est toujours l'idée de quelque chose, et cet objet de notre pensée se distingue de nous; de là une certaine dualité qui n'a pas lieu dans le phénomène sensible. — Les faits VOLONTAIRES sont *personnels*, c'est-à-dire qu'ils sont notre œuvre propre, qu'ils partent et procèdent de nous. De plus, ce sont les seuls qui puissent être *libres*, produits à notre gré.

II. — Classification des facultés de l'âme

Diverses classifications. — Aucune question n'a été résolue plus diversement que celle de la classification de nos facultés.

1° *Parmi les anciens :*

Socrate et *Cicéron* semblent ramener toutes nos facultés aux sens et à la raison.

Platon en distingue trois principales : la raison, faculté des idées et de l'amour idéal; l'irascible, faculté des notions et de l'amour mélangé; le concupiscible, faculté des sensations et des appétits sensuels.

D'après *Aristote*, l'âme possède quatre puissances ou énergies : la puissance végétative, la puissance sensitive, la puissance motrice et la puissance raisonnable.

Les *scolastiques* suivent Aristote, mais ils attribuent aux

puissances sensitive et raisonnable une double opération : l'une
appréhensive, et l'autre appétitive.

Bossuet se rapproche encore des anciens et distingue les facultés sensitives et les facultés intellectuelles. Ces dernières, élevées au-dessus des sens, comprennent l'entendement et la volonté.

2° *Parmi les modernes :*

Les uns diminuent le nombre de nos facultés : *Locke*, par exemple, n'admet que deux principes de nos pensées, la sensation et la réflexion ; *Condillac* simplifie encore cette théorie, et ne voit dans tous les faits internes que des sensations transformées ; *Laromiguière*, après avoir distingué de nombreuses facultés de l'âme, les fait toutes dériver de l'attention.

Les autres exagèrent ce nombre outre mesure, comme *Thomas Reid*, qui énumère neuf facultés intellectuelles et sept facultés actives, et même *Jouffroy*, qui range au nombre des facultés primitives la volonté, la sensibilité, les facultés intellectuelles, la faculté locomotrice, la faculté d'expression et les penchants primitifs.

Classification généralement adoptée. — Locke et Condillac veulent que nos facultés soient connues en elles-mêmes et par elles-mêmes. Mais à l'exception de notre volonté, dont nous avons peut-être une conscience immédiate, il est certain que nos diverses facultés ne nous sont connues que par leurs opérations : *Nec ipsa potentia cognoscitur nisi per actum.* Dès lors, comme l'enseigne saint Thomas, la distinction des facultés doit être basée sur la distinction des opérations.

D'après ce principe, puisque nous avons distingué trois classes distinctes de faits internes, nous devons admettre aussi l'existence de trois facultés distinctes auxquelles ces faits se rapportent. Ces trois facultés sont :

La *sensibilité*, cause des faits sensibles, faculté ou capacité qu'a notre âme d'éprouver des émotions agréables ou désagréables ;

L'*intelligence*, cause des faits intellectuels, faculté que nous avons de connaître la vérité, d'acquérir des idées, de les conserver, de les développer. Elle comprend de nombreuses facultés secondaires désignées sous le nom de facultés intellectuelles ;

La *volonté*, ou plus généralement l'*activité*, cause de la troisième classe de faits internes, est la puissance d'agir que l'âme exerce, tantôt librement, dirigée et éclairée par l'intelligence, et tantôt d'une manière fatale, sous l'influence de la seule sensibilité.

Cousin, le chef de l'école française éclectique, revendique l'honneur d'avoir, le premier, distingué dans l'analyse du *moi* trois classes de faits internes, et par conséquent ces trois facultés principales : sensibilité, intelligence et volonté.

Quelques philosophes veulent y ajouter la faculté *motrice* par laquelle l'âme meut le corps ; mais nous considérerons ce pouvoir comme un simple mode de l'activité que l'âme exerce soit au dedans, soit au dehors d'elle-même.

Harmonie des facultés de l'âme. — Les trois facultés que nous admettons sont distinctes, comme les trois ordres de phénomènes dont elles sont les causes immédiates, et tout le monde saisit facilement la différence de ces trois actes : sentir, penser et vouloir.

Mais, si distinctes que soient nos facultés, n'oublions pas qu'elles ne sont que les pouvoirs d'un seul et même sujet, et écartons bien loin de notre esprit la pensée d'une divison dans notre âme, essentiellement une et simple.

Bien plus, elles ne s'exercent point isolément; souvent, il est vrai, l'une d'elles domine les deux autres, au point que celles-ci disparaissent presque entièrement : tantôt c'est l'intelligence, comme dans la réflexion; tantôt la sensibilité, comme dans une souffrance aiguë; tantôt la volonté, comme dans la lutte contre un obstacle; mais, en réalité, il n'y a pas une manifestation de notre vie psychologique à laquelle toutes trois ne participent au moins dans quelque mesure.

Nos facultés, placées dans une dépendance mutuelle, sont encore subordonnées les unes aux autres : la sensibilité n'a d'autre but que de solliciter l'âme à agir; l'intelligence a pour fonction d'éclairer la volonté et de la diriger dans ses déterminations; la volonté libre accomplit l'acte conforme ou opposé à la raison, mérite ou démérite, et par sa résolution même tend à réaliser ou à compromettre, pendant le temps d'épreuve, la destinée de l'âme.

Telle est l'harmonie de nos facultés, manifestation éclatante de l'unité de notre être.

III. — Division de la psychologie expérimentale.

Ordre à suivre dans l'étude de nos facultés. — Nos trois facultés sont contemporaines ; dès le premier instant de son existence, toute âme humaine est douée de sensibilité, d'intelligence et de volonté ; mais ces facultés ne se développent que successivement et dans des conditions déterminées.

Comme notre âme doit être excitée à agir avant d'agir, la partie de la psychologie qui traite de la sensibilité et de l'intelligence doit précéder celle qui traite de la volonté et de l'activité. De plus, quoique l'intelligence seule rende compte de la sensibilité, comme celle-ci acquiert un grand développement dans l'enfance, alors que celle-là sommeille encore, il convient, pour suivre l'*ordre du développement de chacune de nos facultés*, de placer en premier lieu l'étude de la *sensibilité*, en second lieu celle de l'*intelligence*, en troisième lieu enfin celle de la *volonté*.

L'homme a une autre faculté, celle d'exprimer ses pensées, le *langage*; à certains égards, cette faculté se rattache à l'intelligence ; toutefois, comme elle nous permet d'exprimer non seulement nos idées, mais l'ensemble des faits internes qui constituent la vie de notre âme, nous en traiterons à part, après avoir achevé l'étude de nos autres facultés.

Division de la psychologie expérimentale. — La psychologie expérimentale comprendra cinq grandes parties :

1° De *la sensibilité ;*
2° De *l'intelligence ;*
3° De *la volonté ;*
4° Du *langage ;*
5° Dans la cinquième partie nous traiterons à titre de complément *des rapports du physique et du moral et de la psychologie comparée.*

SENSIBILITÉ

Définition. — La sensibilité est la *faculté ou capacité que nous avons d'éprouver des émotions et de réagir fatalement par suite de l'émotion reçue*. Ces derniers mots de la définition introduisent un élément qui n'est pas purement sensible, puisque l'activité s'y manifeste, mais qui fait néanmoins partie du phénomène total de la sensibilité. On peut remarquer encore que la sensibilité est plutôt une capacité qu'une faculté; on lui conserve cependant ce dernier nom, parce qu'elle n'échappe pas complètement à toute direction de la volonté.

Caractères distinctifs. — La sensibilité se distingue de l'intelligence et de la volonté par plusieurs caractères qu'il suffit d'indiquer : elle est *passive :* l'homme ne produit pas ses émotions, il les subit; — *purement subjective :* elle n'a point d'objet distinct d'elle-même; c'est une simple modification intérieure; — *aveugle :* elle n'apporte à l'esprit aucune notion intellectuelle, quoiqu'elle serve au développement de l'intelligence; — *variable* d'un peuple à un autre peuple, d'un individu à un autre individu, et dans chacun elle dépend de l'âge, du tempérament, et s'émousse par l'habitude; — *expressive,* c'est-à-dire que les émotions reçues se traduisent au dehors par des signes extérieurs, dont l'ensemble constitue ce que nous appellerons le langage naturel.

Division. — Pour répondre au programme, nous avons à étudier successivement :

1º L'émotion en elle-même (*plaisir* et *douleur*);
2º Ses principales espèces (*sensations* et *sentiments*);
3º Les diverses tendances naturelles (*besoins* et *inclinations*) qui sont la raison d'être des émotions ressenties ;
4º Les divers mouvements réactifs (*appétits* et *passions*) qui en sont la conséquence.

I

PLAISIR ET DOULEUR

Les faits sensibles, émotions ou affections, quelque nom qu'on leur donne, sont essentiellement agréables ou désagréables et se résument dans le *plaisir* et dans la *douleur*, deux phénomènes que tout le monde connaît par expérience, mais qu'il est difficile, sinon impossible de définir.

Nature du plaisir et de la douleur. — Pour les uns, le plaisir n'est qu'un fait négatif, l'absence de la douleur (*indolentia, carentia doloris*); il résulte toujours de la satisfaction d'un besoin. La douleur, disent-ils, est le fond de la vie humaine et le fait primitif de la sensibilité.

Pour les autres, le plaisir est quelque chose de positif, la manifestation d'une activité satisfaite, le complément d'un acte parfaitement proportionné à l'énergie de nos facultés. La douleur n'étant que l'opposé du plaisir résultera de toute influence contraire ou disproportionnée à nos facultés et à nos tendances.

Épicure dans l'antiquité, Verri et Kant au XVIII° siècle, A. Bain et les pessimistes au XIX°, admettent la *première opinion*. « Le plaisir, dit Kant, est la conscience de l'effort vital; or tout effort suppose empêchement, et tout empêchement est une peine; donc tout plaisir suppose une peine antérieure. » — L'effort vital dont parle Kant peut être mélangé de quelque douleur; rien ne prouve qu'il en soit nécessairement précédé et que le plaisir se réduise ainsi à la non-douleur. En fait, s'il est des plaisirs qui naissent de la satisfaction d'un besoin et sont par conséquent précédés d'une souffrance (le repos après la fatigue, l'apaisement de la faim), il en est d'autres qui manifestement ne succèdent à aucun besoin, comme la vue d'un beau spectacle qui s'offre soudain à nos yeux. En outre, si l'hypothèse était vraie, nous ne pourrions éprouver ni deux plaisirs consécutifs ni un plaisir prolongé; or l'expérience démontre le contraire. Enfin il n'est point prouvé que la douleur soit le fait primitif de notre nature, car il y a des douleurs qui naissent de la suppression du plaisir (douleur de l'enfant auquel on enlève brusquement ses jouets); « l'expérience, d'accord avec le raisonnement, semble montrer plutôt que toute douleur ou même toute série de douleurs a dû avoir et a eu un premier terme, qui est le plaisir. » (Bouillier.)

La *seconde opinion* est soutenue après Aristote et Platon [1]

---

[1] Aristote attribue à Platon l'opinion contraire; mais quand ce dernier dit « que le plaisir n'a pas de réalité propre, qu'il n'est qu'un mouvement, qu'il est toujours en génération », il ne parle que des plaisirs grossiers du corps

par Descartes, Bossuet, Hamilton, Spencer et la plupart des philosophes contemporains. « Le plaisir, dit Aristote, n'est pas l'acte même ni une qualité intrinsèque de l'acte; il l'achève et le complète; c'est un surcroît, mais un surcroît indispensable, une perfection qui s'y ajoute, comme à la jeunesse sa fleur. » Nous souscrivons volontiers à ces paroles, et pour préciser le sens de ces mots *plaisir* et *douleur*, nous dirons avec Bossuet « que le plaisir est une émotion agréable qui convient à la nature, et que la douleur est une émotion pénible qui lui est contraire ».

Y a-t-il des émotions indifférentes? — La question a été soulevée principalement à l'occasion de ces émotions que nous appellerons tout à l'heure des sensations; mais elle peut être résolue d'une façon générale.

Que bien souvent des sensations, agréables ou désagréables de leur nature, s'affaiblissent de manière à disparaître presque complètement, à devenir ce qu'on appelle *indifférentes*, sous l'influence de l'habitude et des dispositions d'esprit où nous nous trouvons au moment où notre sensibilité s'exerce, ce n'est pas contestable. Mais y a-t-il, oui ou non, des émotions de leur nature indifférentes? Le langage, d'accord avec le bon sens, répond négativement.

Ceux qui admettent des émotions indifférentes, induits en erreur par l'équivoque du mot SENTIR, qui signifie tantôt *percevoir* et tantôt *éprouver une émotion*, supposent que toute perception est accompagnée d'une émotion; mais ces deux phénomènes, essentiellement distincts, même quand ils s'accompagnent, sont séparables et souvent existent l'un sans l'autre.

Rôle du plaisir et de la douleur. — Dans une certaine mesure, et au point de vue abstrait, on peut dire avec M. Rabier que le plaisir est le *signe du bien* (physique, intellectuel et moral), qu'il est tout à la fois un *guide*, un *stimulant* et une *récompense* de l'action. Mais notons cependant que le *plaisir n'est pas le bien*. Depuis la déchéance originelle, ces deux

---

dont le caractère propre est, d'après lui, d'être nécessairement précédés de la douleur. Il ajoute ailleurs : « Je ne suis nullement de l'opinion de ceux qui veulent que tous les plaisirs ne soient qu'une cessation de la douleur; il y en a beaucoup, et ce sont les plaisirs vrais qui ne viennent à la suite d'aucune douleur. » (Voy. Bouillier.)

termes, loin de se confondre, sont souvent opposés, et l'homme vertueux se fait une loi de sacrifier toujours le plaisir à ce que la raison ou la foi lui dit être le bien.

Dans le même sens, la douleur peut être considérée comme le *signe du mal*, et à ce point de vue elle est aussi un *guide* et un *stimulant* en même temps qu'un *châtiment*. Mais elle n'est pas le mal ; souvent même elle est un bien, car elle nous détache des choses de la terre, et, généreusement acceptée, elle peut servir à purifier l'âme et à expier ses fautes.

Diverses sortes de plaisirs. — Les écoles d'Aristippe et d'Épicure ont rendu célèbre la distinction du *plaisir stable* (ἡδονὴ καταστηματική) et du *plaisir en mouvement* (ἡδονὴ ἐν κινήσει) ; au premier se rapporte le bonheur de la paix, de l'habitude ; au second le bonheur de l'action, du changement.

D'autres philosophes ont essayé de classer les plaisirs d'après leurs caractères intrinsèques ou extrinsèques, et ont distingué les plaisirs vifs et les plaisirs modérés, les plaisirs purs et les plaisirs mélangés, les plaisirs certains et les plaisirs incertains, les plaisirs réels et les plaisirs imaginaires, les plaisirs honnêtes et les plaisirs honteux. Mais ces distinctions peu scientifiques n'ont guère d'importance qu'au point de vue moral.

Il nous parait préférable de classer nos émotions, quelles qu'elles soient, *d'après leur cause*, et de les ranger ainsi en deux groupes : SENSATIONS et SENTIMENTS.

II

SENSATIONS ET SENTIMENTS

Les émotions que nous éprouvons peuvent naître ou à l'occasion d'un ébranlement des organes auxquels notre âme est unie, ou à l'occasion d'un fait intellectuel, d'une idée, d'une connaissance. Les premières sont des *sensations*, les secondes des *sentiments*.

I. — Sensations.

Nature de la sensation. — La sensation peut se définir une *émotion produite en nous par une modification de nos organes*. Elle tient à la fois de l'âme et du corps. Radicalement elle réside dans l'âme, mais le corps y participe par suite de son union avec l'âme qui le rend capable de jouir et de souffrir : *Sentire convenit animæ per corpus.* (S. Thomas.)

La sensation, puisqu'elle appartient au *moi,* ne doit point être confondue, malgré la similitude des noms (odeur, saveur, chaleur, etc.), avec les *qualités des corps* qui la provoquent par leur action médiate ou immédiate sur nos organes. Mais il faut surtout la distinguer avec soin de l'*impression organique,* qui en est l'antécédent nécessaire, et de la *perception sensible,* qui l'accompagne ordinairement.

La sensation et l'impression organique sont des phénomènes d'un ordre tout différent. L'impression organique, son nom l'indique, est un fait matériel, une modification du tissu nerveux qui, produite d'abord à la surface des organes, est transmise par les nerfs et se communique au cerveau. La sensation, au contraire, est quelque chose de tout à fait immatériel : c'est un état de l'âme, une émotion. Aussi la conscience, qui nous révèle la sensation, ne nous dit-elle rien de l'impression organique, de même que les sens qui nous font connaître cette impression ne nous disent rien de la sensation. Négliger cette distinction, ce serait ouvrir la voie au *matérialisme.*

La sensation diffère aussi de la perception des propriétés matérielles. Cette perception est une connaissance, elle a un objet en dehors d'elle, elle est objective; la sensation, au contraire, est une émotion, elle n'a point d'objet distinct d'elle-même, elle est purement subjective. Confondre ces deux faits conduirait à l'*idéalisme ;* car, si la perception n'était qu'une sensation, celle-ci n'ayant point d'objet distinct du moi, il s'ensuivrait que nous ne connaîtrions que nos manières d'être, et le monde extérieur ne serait plus qu'une vaine apparence.

Cette confusion de la sensation et de la perception est d'autant plus facile, que l'ambiguïté du mot *sensation* y donne lieu. Ce mot, en effet, est indifféremment employé dans le langage ordinaire pour exprimer tantôt la connaissance (perception) de telle ou telle propriété, tantôt le plaisir ou la douleur (sensation proprement dite) qui peut accompagner cette connaissance. Les philosophes eux-mêmes prennent quelquefois le mot sensation dans ces deux sens, mais ils distinguent alors la sensation en tant qu'*affective* (sensation proprement dite), et la sensation en tant que *représentative* (perception).

Pour éviter cette obscurité de langage, nous prendrons toujours le mot sensation dans sa signification propre.

Diverses espèces de sensations. — Considérées d'après *leur origine,* nos sensations sont *externes* ou *internes:* externes, quand elles naissent sous l'action d'un excitant extérieur; internes, quand elles proviennent d'un état anormal et souvent inconnu de l'organisme. Les premières sont aussi variées que les plaisirs et les douleurs dont nos cinq sens peuvent être la source. Les secondes comprennent, d'après A. Bain, les sensations des muscles, des nerfs, de la circulation, de la digestion, de la respiration, etc., et se résument dans une sensation unique qu'on pourrait appeler *sensation vitale.*

Ces deux classes de sensations diffèrent de plusieurs manières. 1° Les sensations externes nous mettent en rapport avec les corps étrangers; les sensations internes, avec notre propre corps; c'est par elles que nous nous sentons vivre. 2° Les premières sont ordinairement suivies de quelque connaissance et peuvent être dites instructives; les secondes ne nous font par elles-mêmes rien connaître et sont purement affectives. 3° Nous pouvons au moins indirectement empêcher celles-là, tandis que sur celles-ci nous n'avons presque aucun pouvoir. 4° Les sensations externes sont toujours accidentelles; les sensations internes sont souvent périodiques. 5° Enfin les unes ont des organes spéciaux (yeux, oreilles, épiderme, etc.); les autres n'ont pour organe que le système nerveux en général.

Localisation des sensations. — Le but providentiel des sensations est d'intéresser l'âme à la conservation du corps. Mais, pour tirer tout l'avantage possible des sensations qu'elle éprouve, l'âme avait besoin d'être informée des points précis où elle devait porter secours; aussi, par une attention spéciale, Dieu a-t-il localisé dans nos divers organes le plaisir et la douleur que déterminent dans notre âme les impressions produites en notre corps.

Sans expliquer cette localisation, dont le mystère nous échappe, remarquons que l'âme rapporte toujours la sensation à l'extrémité de la fibre nerveuse qui lui apporte l'impression; ainsi un malade amputé peut éprouver une souffrance dans le membre qu'il a perdu.

II. — Sentiments.

Nature des sentiments. — Le sentiment est une *émotion que l'âme éprouve à la suite d'un fait intellectuel.*

Le sentiment et la sensation diffèrent :

Par leur cause.—Le sentiment a pour principe immédiat un fait intellectuel : idée, souvenir, etc.; la sensation provient d'une modification organique. Aussi, tandis que le sentiment croît et varie avec la culture intellectuelle, la sensibilité physique en est indépendante.

Par leur nature intime.—Les sensations sont des faits mixtes, ressentis par le *moi*, et localisés dans ses organes. Les sentiments sont des faits purement spirituels; ils affectent directement l'*âme*, et ne sont rapportés à aucun organe particulier; le plaisir et la douleur qui les accompagnent s'appellent proprement *joie* et *tristesse*.

Par leur fin. — Les sensations se rapportent au développement de la vie organique; les sentiments tendent au perfectionnement de l'âme, de son intelligence et de son cœur.

Diverses espèces de sentiments. — D'après la *diversité de leurs causes* ou des idées qui les excitent, on distingue les sentiments *intellectuels,* que font naître en nous la vérité, le doute, l'erreur; les sentiments *esthétiques,* produits par la vue du beau ou du laid; les sentiments *moraux,* joies ou peines de la conscience, occasionnés par la vue du bien ou du mal; les sentiments *religieux* enfin, qui découlent de la pensée de Dieu.

A ces sentiments, ordinairement compris sous la désignation commune de sentiments *rationnels* ou *impersonnels,* parce qu'ils dérivent des idées du vrai, du beau, du bien et de l'infini, que la raison nous révèle, on peut joindre les sentiments *égoïstes,* qui se rapportent à l'amour de soi, et les sentiments *sociaux,* qui se rattachent à l'amour de nos semblables. Tous ces sentiments correspondent aux inclinations diverses que nous allons étudier.

III

BESOINS ET INCLINATIONS

Les faits sensibles, sensations ou sentiments, que nous venons d'analyser, ont leur raison dernière dans certaines tendances ou inclinations *primitives* qui nous portent à rechercher un objet parce que la nature le réclame, et cela *avant toute expérience* du bien qu'il procure. Satisfaites, ces tendances engendrent le plaisir; contrariées, elles produisent la douleur; un être qui n'aurait de lui-même aucun attrait pour rien demeurerait insensible à tout.

Nos tendances ou inclinations naturelles sont *physiques* ou *morales*, selon qu'elles se rapportent au corps ou à l'âme. Nous étudierons les premières sous le nom de *besoins*, réservant aux secondes le terme d'*inclinations*.

I. — Besoins.

Les tendances physiques naturelles que nous appelons *besoins*, pour les distinguer des appétits qui suivent la sensation, tendent exclusivement à la conservation et au développement de l'organisme. Ils sont assez variés.

On peut en compter d'abord autant que de fonctions essentielles à la vie : digestion, circulation, sécrétion, respiration, etc.; car tout être vivant éprouve le besoin d'exercer ces fonctions.

L'exercice même de ces fonctions n'est possible que dans certaines conditions; de là de nouvelles exigences : besoin de nourriture, et d'une nourriture que l'organisation puisse s'assimiler; besoin de boisson, besoin d'air, et d'un air pur; besoin de fraîcheur, besoin d'activité musculaire, etc.

On pourrait aller plus loin et dire, avec M. Joly, que chaque organe qui concourt à une fonction, quelle qu'elle soit, aspire à un certain état, a son besoin propre, ses exigences particulières qu'il importe de satisfaire.

Mais ce serait sortir du domaine propre de la philosophie que d'insister sur l'étude de nos *besoins :* abordons celle des *inclinations* qui tendent au développement de la vie intellectuelle et morale.

II. — Inclinations.

Acceptant, avec Thomas Reid, comme base de classification la diversité même des objets vers lesquels nos inclinations nous portent, nous distinguerons : les inclinations *égoïstes* ou *per-*

sonnelles, dont le but est notre bien propre; — les inclinations *sociales* ou *sympathiques*, qui tendent au bien de nos semblables; — les inclinations *rationnelles* ou *impersonnelles*, dont l'objet est le vrai, le beau, le bien, l'infini, considérés en eux-mêmes.

A. — INCLINATIONS ÉGOÏSTES OU PERSONNELLES

Leur racine commune est l'*amour de soi*, « qui est au fond du cœur la garde de la personne, le fond même de notre être. » Excessif, il devient *égoïsme*, absorbe tout; et la législation, l'industrie, la politique, la littérature, ne sont souvent que des formes variées qu'il revêt.

Nul ne s'aime sans *aimer la vie*, première manifestation de l'amour de soi, et cette vie nous l'aimons, même au milieu des souffrances, de toute l'horreur que nous inspire la mort, horreur instinctive que l'abandon de toutes choses ne saurait expliquer, que la raison ne peut vaincre, et dont le principe est sans doute, au point de vue naturel, la terrible incertitude de l'avenir.

On ne désire pas la vie sans la désirer douce, agréable; c'est l'*amour du bien-être*, nouvelle manifestation de l'amour de soi; et parce qu'on ne trouve le bien-être nulle part, on aspire au changement dans l'espoir de trouver mieux ailleurs.

Une troisième manifestation de l'amour de soi est ce penchant qui nous porte *à développer nos facultés*. — *Êtres sensibles*, nous cherchons partout des émotions, au théâtre surtout et dans la lecture des romans; nous en demandons au passé, que nous faisons revivre par le souvenir; nous en supposons dans l'avenir, sur lequel nous anticipons par nos craintes et nos espérances; — *êtres intelligents*, nous voulons tout connaître, c'est la curiosité; légitime, elle s'attache à la connaissance de l'homme, à celle de la nature et à celle de Dieu, et prend ensuite une direction spéciale en rapport avec les aptitudes de l'être; vaine et frivole, elle cherche à savoir toutes les nouvelles du jour; — *êtres doués d'une volonté libre*, nous sentons le besoin de manifester cette force dont nous avons conscience, de dompter les résistances, d'assujettir la nature physique en l'appropriant à nos usages, d'étendre notre action sur les autres hommes en les amenant à exécuter nos volontés.

B. — INCLINATIONS SOCIALES OU SYMPATHIQUES

Elles prennent le nom de *désirs* ou d'*affections*, selon qu'elles ont pour objet immédiat certains *biens* que nous offre l'état social, ou des *personnes* avec lesquelles nous sommes en relation.

(A) *Désirs sociaux*. — Bornons-nous à citer le désir de *société*, le désir de *propriété*, le désir d'*estime*, le désir du *pouvoir* et le désir de *supériorité*.

L'*émulation* a un objet plus étendu que le désir de supériorité; car elle ne tend pas seulement à nous élever au-dessus des autres, mais encore à nous maintenir à leur niveau. Dans le premier cas, elle a pour mobile l'amour de la gloire; dans le second, la crainte de la confusion. En elle-même elle est louable, ne suppose ni haine ni aversion, et est un des plus puissants ressorts du développement intellectuel et moral. Quand elle dégénère, elle devient rivalité ou envie.

La plupart de ces désirs, en ce qu'ils ont de purement instinctif, nous sont communs avec plusieurs animaux, mais ils demeurent soumis chez nous à l'action de la volonté libre.

(B) *Affections désintéressées*[1]. — Elles peuvent être particulières ou universelles.

Parmi les affections PARTICULIÈRES, contentons-nous de nommer les affections *de famille*, la *pitié*, la *reconnaissance*, l'*amitié*.

L'amitié est une affection complexe et suppose, outre le penchant à s'attacher et le besoin de répandre son âme, une affection fondée sur l'estime et sur une certaine convenance d'humeur ou de caractère, enfin la réciprocité; ajoutons qu'elle demande à être confirmée par une longue habitude et un échange mutuel de services. Rien de plus précieux qu'un ami véritable, « c'est un ange qu'on se donne pour la garde de sa vie; » mais on doit le choisir entre mille, et l'illusion ici est aussi facile que dangereuse.

Parmi les affections UNIVERSELLES, nous remarquerons : la *philanthropie* ou humanité, affection pour tous ceux qui ont la qualité d'homme, suivant ce vers de Térence :

> Homo sum; humani nihil a me alienum puto;

---

[1] Nous renvoyons à la Morale (analyse de nos divers motifs d'action) la réfutation de cette théorie de la Rochefoucauld, qui regarde l'amour de soi comme l'unique principe des affections humaines.

Le *patriotisme* ou amour de la patrie, affection complexe, qui comprend l'amour du sol natal, l'attachement à la société dont nous sommes membres, et quelquefois la fidélité au gouvernement;

Enfin l'*esprit de corps*, qui unit ensemble ceux qui appartiennent à une même corporation, à un même parti politique ou religieux.

Affections bienveillantes et malveillantes (*Remarques générales*). — A côté des affections dont nous avons parlé et qu'on peut appeler *bienveillantes*, il faut signaler quelques penchants qui nous disposent à vouloir du mal à certaines personnes, et qu'on a appelés *affections malveillantes* : par exemple, l'envie, le mépris, le ressentiment, la misanthropie, l'esprit de contradiction, la cruauté.

Impossible d'analyser en détail tous ces penchants si variés, qui se modifient du reste par l'éducation; bornons-nous à quelques remarques.

Une première observation générale est que l'intensité des affections bienveillantes ou malveillantes est le plus souvent en raison inverse de leur extension.

Comme leur nom l'indique, les affections bienveillantes nous disposent à vouloir du bien, les affections malveillantes à vouloir du mal; mais il y a cette différence entre ces deux penchants, que nous pouvons désirer le bien pour le bien, tandis que nous ne désirons jamais le mal pour le mal.

La Providence a voulu que les affections bienveillantes fussent accompagnées d'un sentiment agréable, et les affections malveillantes d'un sentiment pénible, afin de nous porter plus efficacement à produire les actes qui importent au bien de la société, et à éviter ceux qui lui sont contraires.

Aussi les affections bienveillantes sont-elles une disposition permanente et générale de notre nature, tandis que les affections malveillantes ne sont ordinairement qu'une disposition passagère et particulière à certains hommes.

Enfin, comme le remarque Thomas Reid, outre le bien-être que procurent à l'âme les affections bienveillantes, les signes qui les expriment sont le plus doux des spectacles et le principal élément de la beauté humaine, tandis que toute affection malveillante trouble l'âme et enlaidit le visage.

C. — INCLINATIONS RATIONNELLES OU IMPERSONNELLES

Les inclinations qui précèdent peuvent jusqu'à un certain point nous être communes avec les animaux; les inclinations rationnelles ou impersonnelles nous sont exclusivement propres. Elles se ramènent à quatre types : 1° l'amour du vrai, principe de la science; — 2° l'amour du beau, principe de l'art; — 3° l'amour du bien, principe de la morale; — 4° l'amour de Dieu, principe de la religion. Expliquons-les brièvement.

Amour du vrai. — La vérité, c'est la vie de notre intelligence, aussi la cherchons-nous avec ardeur; quand elle nous apparaît, elle nous réjouit et produit en nous cette émotion agréable qu'on appelle sentiment du vrai. Le doute, au contraire, nous est insupportable; l'erreur nous répugne.

Cet amour du vrai a des traits communs avec la curiosité ou désir de savoir, mais pourtant il en diffère : il cherche avant tout à savoir la vérité, la curiosité à beaucoup savoir; celle-ci tend directement à satisfaire le besoin que nous avons de connaître; l'amour du vrai se propose la connaissance même de la vérité.

Cet amour du vrai est en nous le principe de deux autres penchants importants, regardés par quelques philosophes comme le fondement de la certitude historique : *véracité*, ou penchant à dire la vérité, et *crédulité*, ou penchant à croire que les autres disent la vérité.

Amour du beau. — En même temps que notre intelligence perçoit le beau, notre âme en est agréablement affectée et manifeste par ce sentiment l'amour pur et désintéressé qui la porte à la contemplation et à l'admiration de la beauté perçue.

Uni à l'imagination créatrice et dirigé par un goût sûr, cet amour donne naissance aux beaux-arts, qui, s'ils ne sont pas détournés de leur but, peuvent singulièrement contribuer au perfectionnement moral de l'homme en l'élevant au-dessus de la terre et en lui faisant chercher le type et le modèle de toute beauté en Dieu.

Amour du bien. — Malgré la tendance malheureusement trop certaine qui incline notre nature déchue vers le mal et l'infraction de la loi, il faut reconnaître en nous un penchant opposé qui nous porte à faire le bien. Ce penchant, si profond qu'il n'est guère au pouvoir de l'homme de le déraciner entièrement, se manifeste par l'émotion agréable que nous fait éprouver la vue d'une bonne action, l'émotion pénible que nous ressentons à la vue du mal. Quand nous sommes nous-mêmes les auteurs de la bonne ou de la mauvaise action, ce double sentiment devient la joie de la conscience ou le remords.

Amour de Dieu, de l'infini. — L'amour du vrai, l'amour du beau et l'amour du bien ne sont que trois faces différentes d'un même amour, l'amour de l'infini, de Dieu.

Il y a un amour intéressé de la Divinité ; on la redoute pour le mal qu'on lui impute, on l'aime pour le bien qu'elle nous accorde. Mais l'âme humaine peut s'élever à un amour désintéressé ; un penchant instinctif la porte vers Dieu, elle a besoin de l'aimer, et c'est avec bonheur qu'elle se jette à ses pieds pour lui rendre les devoirs de respect, d'adoration, de louange et d'amour.

Les hommes les plus impies, quand l'adversité les oblige à rentrer en eux-mêmes, sont surpris d'y retrouver cet amour instinctif de la Divinité. Quoi qu'il fasse, l'homme demeure, comme l'a dit Aristote, un animal religieux.

IV

APPÉTITS ET PASSIONS

Nos tendances primitives, besoins et inclinations, selon qu'elles sont satisfaites ou contrariées, expliquent nos jouissances et nos souffrances ; mais, à leur tour, le plaisir et la douleur ressentis donnent à ces tendances naturelles un nouvel élan et les transforment en mouvements réactifs, dont nous avons à parler maintenant sous le nom d'*appétits* et de *passions*, pour compléter notre étude de la sensibilité.

I. — Appétits.

Leur nature. — « Le mot *appétit*, dit Thomas Reid, est tantôt restreint au désir de nourriture, et tantôt il s'étend à tout désir violent, quel que soit son objet. »

Nous le prenons ici pour désigner *le mouvement réactif qui naît en nous à la suite de la sensation,* qu'il soit attractif ou répulsif. — Dans le langage ordinaire, le mouvement répulsif est une répugnance.

Toutes les fois que nous éprouvons une sensation agréable ou désagréable, nous nous sentons *poussés* et comme *entraînés* à rechercher ce qui nous plaît, à éloigner ce qui nous fait souffrir. C'est ce fait que les Latins appelaient *impulsus, appetitus, appetitio*. Nous pouvons bien, nous devons même souvent faire effort pour résister à cette première impulsion, nous ne pouvons pas l'empêcher de naître.

Leurs diverses espèces. — Les appétits peuvent se diviser en appétits *périodiques* et appétits *accidentels*. Les appétits périodiques sont ceux qui naissent en nous à des époques déterminées et sont la conséquence de sensations périodiques; exemple : la faim, le sommeil. Les appétits accidentels n'ont rien de régulier; ils naissent à la suite de sensations purement fortuites. Tous nos appétits physiques sont périodiques ou accidentels; il n'en est pas un seul qui soit constant.

Les appétits périodiques se divisent à leur tour en appétits *naturels*, qui résultent des lois de notre organisme, et en appétits *factices*, qui sont le résultat de l'habitude (faim, sommeil, — tabac, liqueurs fortes). Toute irritation du système nerveux laisse après elle une langueur; cette langueur tend à faire désirer le retour de la cause qui a produit l'excitation primitive, et la répétition de l'acte engendre bientôt un besoin véritable, l'appétit.

Leurs lois. — Thomas Reid mentionne deux lois universelles des appétits. — La première est qu'ils ne se produisent jamais qu'après une sensation; mais il n'est pas nécessaire que la sensation soit actuellement éprouvée, le souvenir ou la représentation de la sensation suffit pour les faire naître. — La seconde loi est que leur énergie est en raison directe de celle des sensations qui les excitent; ce n'est là qu'un cas particulier de cette loi générale d'après laquelle l'énergie de tout mouvement réactif dans la sensibilité est en raison directe de l'émotion reçue.

II. — Passions.

Nature des passions. — Le mot *passion* a reçu bien des significations différentes.

Dans son sens étymologique il indique le contraire de l'action, c'est-à-dire une manière d'être dont le sujet est purement passif.

Pour l'école cartésienne, d'accord en ce point avec les scolastiques, les passions sont les émotions qu'éprouve l'âme par suite de son union avec le corps.

Pour nous, la passion est le mouvement réactif qui naît à la suite du sentiment, et nous le définirons volontiers en modifiant légèrement une expression de Bossuet : « un mouvement de l'âme qui, touchée du bien ou du mal ressenti ou imaginé dans un objet, le poursuit ou s'en éloigne; » ou, plus simplement : *un mouvement de l'âme pour fuir un mal ou rechercher un bien.*

Ajoutons que, dans le langage ordinaire, le mot *passion* est pris en mauvaise part et ne désigne guère que les mouvements violents qui ont assez de force pour troubler notre raison, paralyser notre liberté : *perturbationes mentis*, dit Cicéron. « Ils ont de l'analogie avec des tempêtes sur l'Océan, des orages dans l'air. » (Thomas Reid.)

Ainsi entendue, la passion diffère et de l'appétit et de l'inclination.

D'abord elle n'est pas de même nature que l'appétit, car l'appétit n'est qu'une simple attraction ou répugnance de l'âme à l'égard des êtres physiques qu'elle regarde comme agréables ou désagréables, tandis que la passion est un attachement ou une inimitié ayant pour cause le bien ou le mal que nous supposons dans les êtres avec lesquels nous sommes en rapport.

Elle diffère aussi de l'inclination : celle-ci est primitive, la passion est acquise; elle naît d'une inclination satisfaite ou contrariée; la passion est violente, excessive, ou tend à le devenir, tandis que l'inclination demeure maîtresse d'elle-même; la passion est exclusive, jalouse, tandis que diverses inclinations peuvent se développer harmonieusement; enfin la passion a pour but la jouissance, elle est égoïste, tandis que l'inclination est simplement spontanée; si toute tendance se résume dans l'amour, on peut dire que les inclinations sont les *espèces diverses* de l'amour, et que les passions sont les *formes variées* que peut revêtir chaque inclination ou chaque espèce d'amour. (Janet.)

Naissance et développement des passions. — Le germe

de toutes les passions est en chacun de nous ; mais jamais elles ne se développent sans notre concours personnel, et en définitive nos passions sont notre propre ouvrage : la *complaisance* prise en la jouissance ressentie, la *recherche* et la *répétition* de cette jouissance, qui finit par engendrer avec l'habitude le besoin du plaisir, par-dessus tout l'*imagination* avec ses fictions trompeuses, voilà les trois causes qui les font naître dans l'âme.

L'analyse qu'a faite Jouffroy des divers degrés de la passion nous montrera leur développement : « Dès que notre âme, dit-il, éprouve une émotion agréable, elle s'ouvre, pour ainsi dire, se dilate pour mieux goûter le plaisir et s'en laisser pénétrer ; c'est la *dilatation*. Aussitôt après, elle sort d'elle-même et se porte vers l'objet qui lui cause du plaisir ; c'est l'*expansion*. Enfin elle fait effort pour attirer à elle cet objet et par là augmenter le plaisir et en prolonger la durée ; c'est l'*attraction*. Les termes qui correspondent le mieux dans le langage ordinaire à ceux de dilatation, d'expansion, d'attraction, que nous venons de donner, sont ceux de *joie, amour, désir*. »

Pour le mouvement répulsif, nous aurons, d'une façon analogue, *contraction, concentration, répulsion*, expressions auxquelles correspondent à peu près celles de *tristesse, haine, aversion*.

Classification des passions. — Quelques modernes semblent vouloir classer les passions comme les inclinations, d'après la diversité des objets vers lesquels elles nous portent ; mais il paraît plus logique de chercher à les distinguer, soit d'après la nature des circonstances qui peuvent faciliter ou entraver le mouvement de notre âme, soit d'après la diversité des impressions que les objets peuvent produire en nous.

Dans l'antiquité, les stoïciens distinguaient quatre passions principales, qu'ils subdivisaient à l'infini : la douleur et la crainte (*ægritudo, metus*), relatives à un mal actuel ou futur, puis la joie et le désir (*lætitia, libido*), qui répondent au bien présent ou à venir.

Au moyen âge, saint Thomas et tous les scolastiques, s'inspirant d'Aristote, admettent onze passions principales et les rangent en deux groupes, qu'ils rapportent à l'*appétit concupiscible* ou à l'*appétit irascible*, selon que leur objet se présente simplement *sub ratione boni* ou *sub ratione ardui*. Les premières, au nombre de six, sont : amour et haine, désir et aversion, joie et tristesse; elles ne supposent que la présence ou l'absence d'un objet bon ou mauvais. Les cinq autres : espérance et crainte, audace et désespoir, enfin colère, ajoutent à ces idées celle d'un obstacle à vaincre.

Bossuet accepte la division de saint Thomas, mais s'attache à montrer comment toutes les passions secondaires se rapportent à une ou à plusieurs des passions principales, et comment celles-ci se ramènent à deux : l'amour et la haine, et même au seul amour : « Otez l'amour, il n'y a plus de passions; posez l'amour, et vous les faites naître toutes. Ainsi l'amour est la première des passions et la source de toutes les autres. »

Descartes admet six passions simples et primitives : l'*admiration*, l'amour, la haine, le désir, la joie et la tristesse. Mais l'admiration, remarque Bossuet, n'est point une passion simple; car « elle comprend ou la joie d'avoir vu quelque chose d'extraordinaire et le désir d'en savoir les causes aussi bien que les suites, ou la crainte que sous cet objet nouveau il n'y ait quelque péril caché, et l'inquiétude causée par la difficulté de le connaître ». Elle n'est pas davantage une passion primitive, car elle suppose beaucoup de connaissances acquises : la croyance à la stabilité des lois, la science commune, la découverte enfin d'une nouveauté qui nous procure plaisir ou peine. On peut même contester qu'elle soit une passion, ses éléments appartenant à l'intelligence beaucoup plus qu'à la sensibilité.

Malebranche et *Spinoza* sont cartésiens; toutefois ils rejettent l'admiration et n'admettent que trois passions primitives : le désir, la joie et la tristesse; ils mettent à part, sous le nom de *passions mères*, l'amour et l'aversion.

Il faut s'en tenir, sur cette question, à la doctrine de saint Thomas et de Bossuet.

Lois des passions. — Les lois générales des passions sont les mêmes que celles des appétits; elles paraissent, en outre, soumises à quelques lois particulières de moindre importance. La plus remarquable est la *loi de contagion :* « Les passions se communiquent de proche en proche, de sorte que les hommes réunis éprouvent des passions beaucoup plus vives que les hommes isolés. » (M. Janet.) On pourrait ajouter que les effets sensibles des passions sont contagieux comme les passions elles-mêmes.

INTELLIGENCE

Définition. — L'intelligence ou entendement est la faculté de connaître.

Elle est *objective* et *active*, et se distingue par là de la sensibilité. Mais son activité est *fatale*, et ce caractère la sépare de la volonté, avec laquelle l'école cartésienne tend à la confondre. La volonté peut devenir la condition, mais n'est jamais le principe de la connaissance.

Malgré la diversité des êtres et des choses intelligibles, la vérité, objet de l'intelligence, est une, comme, malgré la diversité des objets et des couleurs, la lumière est l'unique objet de la vue; il n'y a donc, à proprement parler, qu'une seule faculté intellectuelle, l'*intelligence*.

Division. — Toutefois, dans cette faculté générale, on peut distinguer plusieurs facultés ou pouvoirs, modes particuliers de l'activité de l'entendement.

Et d'abord trois facultés principales que nous pouvons appeler PERCEPTIVES, parce qu'elles sont comme une simple vue de l'intelligence; c'est par elles que nous *acquérons* tous les éléments primitifs de nos connaissances.

Mais là ne se borne pas l'activité de notre esprit, l'intelligence a le pouvoir de *conserver* et de rappeler les connaissances acquises, de les *associer* ensemble, de les *combiner* dans des rapports nouveaux. Nous étudierons ces pouvoirs spéciaux sous le titre de FACULTÉS SECONDAIRES de l'entendement.

L'analyse de l'intelligence nous conduit encore à reconnaître plusieurs autres opérations que l'esprit accomplit dans le but d'*élaborer*, c'est-à-dire, d'*éclaircir*, d'*étendre* et de *développer* ses connaissances acquises; ce sont : l'attention, l'abstraction, la généralisation, la comparaison, le jugement et le raisonnement; on ne les rapporte point communément à des facultés distinctes; nous les étudierons sous le nom d'OPÉRATIONS INTELLECTUELLES.

Ce ne sera qu'après avoir achevé cette étude des facultés et opérations intellectuelles que nous traiterons la question DES IDÉES (*nature et origine*); elle sera alors facile à résoudre.

Nous rangerons donc sous quatre titres ce que nous avons à dire de l'entendement :
1° Des facultés perceptives ;
2° Des facultés secondaires ;
3° Des opérations intellectuelles ;
4° Des idées.

I

DES FACULTÉS PERCEPTIVES

Il faut se garder de confondre ces deux expressions : *perception* et *conception*.

La perception suppose l'existence actuelle et réelle de son objet, indépendamment de la pensée. La conception, au contraire, n'affirme cette existence que dans la pensée : je *conçois* une montagne d'or, et je *perçois* un objet qui est sous mes yeux.

La perception peut se définir, d'une façon générale : *l'acte par lequel l'esprit acquiert les premières notions des choses.*

Elle se fait au moyen de trois facultés; tout ce que nous pouvons connaître, en effet, est *nécessaire* ou *contingent*. La perception du nécessaire, ou perception rationnelle, se fait par la *raison*, faculté supérieure de l'entendement. La perception du contingent, ou perception expérimentale, se subdivise, et, selon que l'objet de cette perception est en nous ou hors de nous, on a la *perception de conscience*, ou perception interne, et la *perception des sens*, ou perception externe. L'esprit ne peut rien connaître en dehors et au delà de ces trois termes.

1. — Les sens.

Après quelques définitions préliminaires, nous traiterons des différents sens de l'objectivité de leurs perceptions, des erreurs des sens et de quelques théories de la perception.

1. — Définitions préliminaires.

Définition de la perception des sens. — Distinguons tout d'abord ces trois mots : perception des sens, sens et organes.

La *perception des sens* est la faculté générale que nous avons de connaître la matière et ses modifications ; le même mot, remarquons-le, désigne aussi l'acte de cette faculté et quelquefois les connaissances qu'elle nous donne.

Les *sens* sont des subdivisions de cette faculté générale ; ce sont des facultés spéciales destinées à connaître telle ou telle classe de qualités sensibles.

Enfin les *organes des sens* sont les instruments matériels au moyen desquels les sens exercent leurs fonctions. Les organes font partie du corps ; les sens font partie du moi.

Distinction de la perception et de la sensation. — La perception des sens et la sensation ont cela de commun qu'elles ne se produisent qu'à la suite d'une impression organique. Mais il y a entre ces deux phénomènes des différences profondes qu'il faut de nouveau indiquer pour dissiper l'obscurité du langage de l'école cartésienne.

La sensation est un fait de sensibilité, une *émotion* ; la perception est une *connaissance*, un acte de l'esprit. La première est passive et purement subjective ; la seconde, quoique fatale, est active, et de plus objective.

Ces deux faits sont indépendants l'un de l'autre ; ils peuvent exister l'un sans l'autre, et si quelquefois ils se trouvent réunis, on remarque que la vivacité de la sensation nuit à la clarté de la perception. Un philosophe écossais, Hamilton, a même formulé cette loi : *La sensation est en raison inverse de la perception.*

Une autre observation qui doit empêcher de les confondre, c'est que l'habitude, qui développe et perfectionne la perception, tend à affaiblir la sensation et peut la faire totalement disparaître. C'est donc à tort que Bossuet confond ces deux termes, quand il définit la sensation : « la première perception qui naît en notre âme, à la présence de certains corps et ensuite de l'impression qu'ils font sur nos organes. »

Perceptions primitives et perceptions acquises. — Les perceptions *primitives* ou naturelles dérivent immédiatement de la nature de chaque sens ; elles ne sont jamais erronées, et sont à peu près identiques chez tous les individus. Exemple : perception de la lumière, du son. Les perceptions *acquises* résultent d'un travail de l'esprit ; elles sont la source des nombreuses erreurs attribuées aux sens, et diffèrent suivant les habitudes de chacun.

Les perceptions acquises sont elles-mêmes de deux sortes. Quelquefois elles ne sont que des perceptions primitives rendues plus distinctes et plus précises par la réflexion et l'exercice. C'est ainsi que le peintre, le musicien, *acquièrent* dans le discernement des nuances ou des sons une délicatesse merveilleuse dont n'approchent point ceux qui n'ont pas exercé leurs sens au même degré. Plus communément on entend, par perceptions acquises, des conclusions spontanées que nous tirons d'une perception primitive à la suite de comparaisons répétées et de rapprochements établis par l'exercice, simultané ou successif, de plusieurs sens. Ce sont, à vrai dire, des *inductions* plutôt que des perceptions. Tels sont les jugements que nous portons, d'après les données de la vue, sur la forme, la grandeur ou la distance des objets. Ces perceptions sont dues à ce qu'on appelle l'*éducation des sens*, qui consiste à élargir leur champ d'action au moyen des données qu'ils se prêtent mutuellement.

Parmi les qualités de la matière que nous connaissons par les sens, les anciens distinguaient les sensibles *propres*, qui ne nous sont donnés que par un sens ; par exemple : le son, donné par l'ouïe ; et les sensibles *communs*, que plusieurs sens peuvent nous faire connaître, comme le mouvement, la pluralité et la forme. Mais cette distinction peut se ramener à celle des perceptions primitives et des perceptions acquises.

Qualités primaires et qualités secondaires. — De nombreux philosophes, Démocrite et Épicure dans l'antiquité, Descartes, Malebranche, Berkeley, Thomas Reid et ses disciples dans les temps modernes, distinguent aussi les qualités *primaires* et les qualités *secondaires* de la matière. L'étendue, la forme, le mouvement, la pluralité, la solidité, sont communément rangées parmi les qualités primaires ; le chaud et le froid, la couleur, le son, l'odeur et la saveur, sont regardées comme des qualités secondaires.

Les premières sont essentielles à la matière ; elles sont perçues par nous directement et en elles-mêmes ; elles sont absolues, c'est-à-dire qu'elles existent dans les corps indépendants de notre perception. Les secondes, au contraire, ne sont point essentielles à la matière ; nous ne les connaissons que par leurs effets ; par suite, elles sont relatives et supposent l'existence de l'âme qui les perçoit.

Plusieurs philosophes rejettent cette distinction: les uns (Garnier, A. Farges) veulent que toutes les qualités des corps soient absolues; les autres (Kant, Joly), que toutes, sans exception, soient relatives. Nous croyons cependant, avec M. Janet, qu'elle doit subsister *dans ses bases essentielles*, et que les données les plus récentes de la science la supposent.

II. — Des différents sens.

On distingue les *sens externes* et les *sens internes :* les premiers nous mettent en relation avec le monde extérieur; les seconds n'atteignent que des modifications organiques.

1° — *Sens externes.* Ils sont au nombre de cinq : le toucher, la vue, l'ouïe, l'odorat et le goût. Ils n'exercent leurs fonctions qu'au moyen d'appareils spéciaux qu'on appelle *organes des sens*.

Le toucher. — Le toucher s'exerce d'une certaine façon dans tout l'épiderme qui recouvre la superficie du corps; mais la main, faite pour se plier à toutes les formes des divers objets, en est l'organe principal. « Sa mobilité, dit Maine de Biran, la rend le premier des instruments d'analyse. »

De tous les sens, c'est le toucher qui nous donne le plus grand nombre de notions, et les notions les plus précises; aussi est-il souvent appelé à compléter ou rectifier les données des autres sens, et mérite-t-il bien le nom de sens PHILOSOPHIQUE ou *scientifique* qu'on lui donne quelquefois.

Il nous fait connaître en premier lieu l'*étendue*, à laquelle se rapportent la pluralité, la forme, le mouvement, la grandeur, la distance (toutes les anciennes mesures de longueur étaient tirées de nos organes tactiles); en second lieu, la *résistance* sous toutes ses formes, dureté, pression, poids, traction; enfin le *froid* et le *chaud*, que nous apprécions en comparant la température de nos organes et celle des corps extérieurs.

Par le toucher nous acquérons encore la notion de notre propre corps, grâce à la double perception que ce sens nous donne, quand, par exemple, de la main nous touchons notre bras : nous touchons et nous sentons que nous sommes touchés.

Plusieurs de ces notions, quoique primitives, ne s'acquièrent qu'avec le secours de la mémoire, de la comparaison, etc.

La vue. — La vue nous fait connaître la lumière, et cette lumière est brillante ou terne, blanche ou colorée, peut présenter enfin toutes les variétés de nuances dont les sept couleurs du spectre sont les types fondamentaux.

Avec la lumière, la vue perçoit encore directement l'étendue éclairée ; mais cette étendue visible n'a que deux dimensions, longueur et largeur. Toutes les couleurs que nous voyons se peignent sur un seul plan perpendiculaire à l'axe visuel ; et dès lors il est facile de comprendre que la vue, impuissante à nous donner par elle-même la notion de profondeur, ne saurait nous faire connaître directement ni la solidité, ni la distance des corps.

En présence d'une sphère, les yeux n'aperçoivent qu'une surface plane graduellement décolorée vers les bords. Ce n'est qu'après avoir associé les perceptions du tact avec celles de la vue, après avoir remarqué, par exemple, que telle teinte correspond à telle profondeur, tel agrandissement d'apparence visuelle à l'approche plus ou moins rapide d'un corps, qu'aidés de la mémoire, nous pouvons conclure par induction la figure et la position des objets. Par suite de l'habitude, cette opération intellectuelle devient de plus en plus facile et rapide, en sorte qu'à la fin nous croyons voir la forme des objets et leur distance ; mais en réalité nous les concluons.

Cette analyse est confirmée par l'expérience du jeune aveugle opéré de la cataracte par Cheselden. La première fois qu'il vit la lumière, il eut conscience d'acquérir des perceptions nouvelles et objectives ; mais tous les objets colorés qu'il percevait lui parurent placés sur un plan vertical qui touchait son œil, et il étendit la main pour les écarter.

Tous les principes de la perspective, les illusions de la fantasmagorie, sont fondés sur ces associations du tact et de la vue ; on peut le vérifier sur une foule d'exemples qu'il serait trop long de rappeler ici.

La vue, instruite par le toucher et devenue, selon l'expression de Buffon, « un toucher lointain, » est peut-être le sens le plus délicat et le plus riche, surtout quand on tient compte des idées dont l'écriture est pour nous la source.

L'ouïe. — L'ouïe nous fait connaître les sons, dans lesquels on peut distinguer la tonalité ou la hauteur, l'intensité, le timbre et l'articulation.

La *hauteur* du son dépend de la rapidité des vibrations sonores. Les perceptions musicales se rapportent à cette hauteur, et atteignent quelquefois une perfection prodigieuse. M. Bain cite des oreilles musicales qui perçoivent la différence entre 1149 et 1145 vibrations; des chefs d'orchestre arrivent aussi dans la perception de l'harmonie à une délicatesse extrême.

L'*intensité* tient à l'amplitude des vibrations; sous ce point de vue, les sons sont forts ou faibles.

Le *timbre* varie avec la nature des instruments. Des expériences récentes ont ramené la perception du timbre à la perception d'une note fondamentale, qui est la même pour tous les instruments, et de notes supplémentaires plus faibles, qui diffèrent suivant les instruments, et qu'on appelle harmoniques.

L'*articulation* est la modification que l'homme fait subir aux sons qu'il produit, au moyen des organes de la parole.

Instruite par le toucher, l'ouïe nous donne, au moins approximativement, la distance des corps sonores et leur direction.

L'ouïe est un des premiers éléments de la perfectibilité humaine; c'est le sens de la musique, de l'éloquence et de la poésie; c'est par lui que la parole de nos semblables arrive à notre âme, par lui que le langage devient possible. C'est le sens social par excellence; il a sur la vue l'avantage de pouvoir s'exercer dans les ténèbres.

L'odorat et le goût. — Ces deux sens nous font connaître les odeurs et les saveurs.

On a donné bien des classifications de ces deux qualités: M. Bain distingue les odeurs *fraîches* (parfum des bois), les odeurs *suffocantes* (une foule entassée dans un lieu fermé), les odeurs *douces* ou *fragrantes* (fleurs), *piquantes* (ammoniaque), etc. Parmi les saveurs on peut signaler les saveurs *douces* (sucre), les saveurs *amères* (sulfate de quinine), les saveurs *acides* (vinaigre), les saveurs *ardentes* (alcool), etc.

Toutes ces classifications sont incomplètes et arbitraires. On peut dire que chaque corps a sa saveur et son odeur particulières.

L'odorat et le goût ont entre eux d'étroites relations, et le premier de ces sens est souvent consulté pour l'appréciation des aliments. « Les yeux et les narines étant fermés, dit Longet, on ne distinguera pas une crème à la vanille d'une crème au café; elles ne produiront qu'une sensation commune de saveur douce et sucrée. »

Ces deux sens instruits par les autres, et spécialement par le toucher, deviennent capables, avec l'aide de la mémoire, de nous faire connaître la présence de tel ou tel corps, son éloignement et la direction dans laquelle il se trouve.

Importance relative des sens. — Les cinq sens dont nous avons indiqué les données ont une importance relative fort inégale.

Les deux derniers, toujours accompagnés de sensations, sont appelés *affectifs* et se rapportent presque exclusivement à la vie animale. Les trois autres sont *instructifs*, mais à des degrés inégaux. Si le toucher nous donne, dans le principe, plus d'idées élémentaires, l'ouïe et surtout la vue deviennent dans la suite des sources beaucoup plus abondantes d'instruction, soit par elles-mêmes, soit comme conditions de l'enseignement oral ou écrit. En outre, ces deux sens sont les plus nobles, étant les seuls auxquels s'adressent les beaux-arts, comme nous le verrons dans l'esthétique.

2° — *Sens internes.* Outre les sens externes dont nous avons parlé, plusieurs philosophes admettent deux sens internes : le sens *vital* et le sens *commun* (*sensorium commune*).

Sens vital. — On lui donne pour organe l'ensemble du système nerveux.

Son rôle est de nous faire connaître la façon plus ou moins pénible dont s'accomplissent les fonctions de la vie; il nous témoigne du jeu de la sensibilité, de l'activité musculaire et des différents besoins de la vie animale; c'est lui qui nous avertit qu'une lumière trop vive, un son trop aigu blessent nos organes; c'est lui qui, joint au toucher, nous donne connaissance du poids des corps, de leur mollesse ou solidité; c'est lui enfin qui nous fait connaître les besoins de la faim, de la soif, du sommeil, etc.

Sens commun. — Il a pour siège le cerveau, et saint Thomas le considère comme la source de toute la sensibilité physique : *communis radix et principium exteriorum sensuum*. Son rôle principal consiste à centraliser toutes les sensations éparses, pour les comparer, les distinguer, les compléter l'une par l'autre, et faire l'*éducation* des sens. Il apprend à chaque sens à contrôler ses perceptions confuses par les perceptions plus claires d'un autre sens sur un objet commun, à interpréter par les données d'un autre sens ses propres perceptions, et à étendre ainsi son domaine primitif.

Les scolastiques étaient unanimes à admettre ce sens, que la plupart des modernes rejettent, tandis qu'ils jugeaient inutile le sens vital, communément accepté de la philosophie contemporaine.

III. — De l'objectivité de nos perceptions.

Solutions extrêmes. — Écartons d'abord deux solutions extrêmes, que nous appellerons théorie de l'*objectivité absolue* et théorie de la *subjectivité*.

Théorie de l'objectivité absolue. — Faut-il admettre, selon la croyance commune des hommes, que les qualités sensibles que nous percevons soient réellement existantes dans les objets matériels *telles qu'elles* nous apparaissent ? Cette opinion, acceptée sans restriction, serait contraire aux données actuelles de la science.

Le dernier mot de la science, en effet, sur la nature intime des propriétés matérielles que nous pouvons percevoir : son, lumière, chaleur, électricité, magnétisme, c'est qu'elles se réduisent à un mouvement. « Abstraction faite de l'animal qui perçoit, dit M. Janet, il n'y a dans la nature ni chaud ni froid, ni lumière ni obscurité, ni bruit ni silence : il n'y a que des mouvements variés dont la mécanique détermine les lois et les conditions. »

La physiologie vient à l'appui de la physique pour établir le caractère relatif de nos perceptions. « La même cause, dit Müller, peut produire des perceptions différentes dans des sens différents, et, réciproquement, les causes les plus différentes peuvent produire la même perception dans un sens donné. » C'est ainsi que l'électricité mise en contact avec nos divers sens détermine dans l'œil des phénomènes lumineux, dans l'oreille des sons, dans la bouche des saveurs, dans l'épiderme des picotements, et que, réciproquement, la sensation lumineuse est produite dans l'œil par la vibration de l'éther, par un choc, par l'électricité, par des actions chimiques.

Théorie de la subjectivité. — Dirons-nous que l'objet de nos perceptions sensibles est un phénomène tout subjectif, une pure modification du moi, « que nous ne percevons pas les objets extérieurs, mais seulement les sensations et les représentations qu'ils produisent en nous? »

Alors, comme le remarque Garnier, « la perception des sens n'est plus la rencontre de l'âme avec l'objet extérieur, c'est seulement une *conception* plus vive, une pure idée qui ne prouve pas plus que le rêve et la folie l'existence du monde. » Elle ne sera, Taine l'avoue, « qu'un fantôme hallucinatoire », tout au plus « une hallucination vraie ». Les corps ne seront plus que « la cause inconnue de nos sensations », leurs qualités que « des sensations projetées au dehors ».

C'est l'idéalisme ou la négation de toute réalité objective des corps; et cette théorie va contre la propension universelle, constante, invincible, qui nous porte à croire que nous percevons des objets bien réellement existants et parfaitement distincts de nous.

Solution de la question. — Personne ne met en doute le caractère relatif des perceptions du goût et de l'odorat; il faut en dire autant, dans une certaine mesure, de la plupart des perceptions de nos autres sens. Les qualités sensibles, appelées secondaires, ne peuvent pas être conçues comme indépendantes de l'action exercée sur nos organes, et la nature de cette action est elle-même subordonnée à la nature de nos organes. Il faut donc dire que *le plus souvent* nos sens ne perçoivent que les *rapports des qualités de la matière avec nos organes,* et admettre cette théorie d'Aristote que la perception est *l'acte commun du sensible et du sentant.*

Gardons-nous bien d'en conclure qu'il n'y a rien d'objectif dans nos perceptions et qu'il y a lieu de douter de la réalité du monde extérieur. Nous pouvons ignorer ce que sont en elles-mêmes les qualités sensibles, mais nous en percevons directement l'existence par l'action qu'elles exercent sur nos sens, et autant que cette action les représente.

Ajoutons que si les qualités secondaires de la matière, les seules auxquelles s'appliquent les réflexions précédentes, sont relatives, à un certain point de vue, les qualités primaires sont absolues, c'est-à-dire indépendantes de nos sens, directement connues de nous telles qu'elles sont en dehors de nous. Une tendance invincible nous porte à affirmer cette objectivité de l'étendue et de la solidité ; et de plus on ne saurait la nier sans porter atteinte aux sciences mathématiques, physiques et naturelles; Hamilton lui-même le reconnaît.

« Or ce point est décisif pour la question qui nous occupe; car, d'une part, c'est le toucher qui saisit directement l'étendue, et, d'autre part, tous les sens reposent sur le toucher : *Omnes alii sensus fundantur supra tactum.* (Saint Thomas.) Sans doute, des sons harmonieux, le parfum des fleurs ne représentent pas une *surface* ni un *volume* odorant ou sonore; et cependant, impossible de concevoir une odeur, un son, une couleur, etc., en dehors d'un sujet étendu. » (Abbé Vallet.)

Objet propre de la perception. — Les sens nous assurent de l'existence des corps en dehors de nous; mais que connaissons-nous des corps par la perception des sens? S'arrêtent-ils aux qualités sensibles, ou pénètrent-ils jusqu'à la substance ? Toutes les qualités que nous percevons par les sens sont concrètes, déterminées, existant dans tel ou tel sujet particulier; en les connaissant, nous ne pouvons pas ne pas connaître de quelque manière la réalité substantielle qui en est le sujet. Cette réalité, disent les scolastiques, ne nous est pas connue directement en elle-même; elle nous apparaît *par accident,* dans les modes qui manifestent son *existence individuelle*, en vertu d'une application spontanée de ce principe que nous analyserons plus tard : *Tout mode suppose une substance.*

IV. — Des erreurs des sens.

Les prétendues erreurs des sens. — A la doctrine que nous venons d'exposer on entend souvent opposer les *illusions* et les *erreurs* des sens. Dans les rêves, par exemple, dit-on, nous croyons voir, entendre, ce que nous ne voyons pas, ce que nous n'entendons pas, etc. Mais il est clair que ces faux jugements ne tiennent point aux sens, qui le plus souvent ne sont pas alors en exercice. Ce sont des illusions de notre imagination, dont le témoignage n'est certainement point infaillible et doit être soumis à la critique d'une raison plus sévère.

D'autres erreurs plus sérieuses sont attribuées aux sens : ainsi, dans l'état de veille, une tour carrée, vue de loin, paraît ronde; une longue avenue semble toujours aller se rétrécissant, bien qu'elle soit formée de deux lignes d'arbres parallèles; le disque du soleil nous paraît très petit; le soleil nous paraît tourner autour de la terre ; un bâton plongé obliquement dans l'eau nous paraît brisé au point d'immersion, etc.

Il serait trop long d'examiner en détail ces difficultés; mais nous pouvons dire qu'à proprement parler les sens ne nous trompent jamais, qu'ils ne peuvent même pas nous tromper, parce qu'il est impossible que l'organe reçoive l'impression d'un objet qui n'existe pas et que l'âme perçoive une impression différente de celle que produit l'objet. « La perception est toujours ce qu'elle doit être en raison de notre organisation et des conditions physiques où le sujet et l'objet sont placés. L'erreur qui peut vicier nos jugements *ne vient pas des sens, mais de la raison*, qui conclut des phénomènes plus ou autre chose que ce qu'ils contiennent, et qui ainsi dépasse ses prémisses ou ses données. C'est tout simplement un mauvais raisonnement. » (Bautain.)

Lois de la perception des sens. — La perception des sens a du reste ses lois précises; il faut les observer pour être assuré d'éviter l'erreur.

1° Que nos organes soient *sains*, en bon état; ce dont nous pouvons nous assurer, soit par notre propre expérience, lorsque nous ne sentons en eux aucun dérangement, soit en comparant nos jugements actuels avec ceux des autres hommes ou avec nos jugements d'autrefois sur le même sujet.

2° Que les objets soient *de nature à être perçus* par nos sens, et *à leur portée*. Nous devons tenir compte des imperfections et des limites de nos sens. Si, par exemple, l'ouïe ne perçoit pas la différence de hauteur, mathématiquement certaine, entre deux sons, c'est ignorance, ce n'est pas erreur. On ne peut dire que l'œil se trompe parce qu'il ne voit pas les rayons ultra-violets, mais seulement qu'il n'est pas organisé pour les voir.

3° Que nous ayons soin de ne rien affirmer au delà de ce que nos sens perçoivent distinctement ou de ce que nous pouvons légitimement conclure de leur perception, en nous appuyant sur les lois physiques. L'ignorance ou l'oubli de ces lois est la principale cause des erreurs que nous attribuons faussement aux sens; il suffit d'en tenir compte pour voir s'évanouir toutes les difficultés que nous avons rappelées.

4° Ajoutons enfin qu'il est prudent de compléter autant que possible les données d'un sens par celles des autres, de réitérer plusieurs fois l'examen dans des circonstances variées et pendant un temps plus ou moins long.

V. — Théorie de la perception.

La théorie de la perception des sens est une des questions les plus obscures de la psychologie. Sans prétendre qu'elle résolve toutes les difficultés, nous acceptons l'explication des scolastiques; mais, avant de la résumer, nous devons donner quelques indications sommaires sur diverses théories erronées.

Idées-images. — Dans l'antiquité, Démocrite et Épicure imaginèrent que les corps émettent incessamment des corpuscules, qui, détachés de tous les points de leur surface, en reproduisent l'*image*. Cette image, frappant les organes, s'y introduit et arrive jusqu'à l'âme, composée elle-même d'atomes comme tout ce qui existe. — Cette hypothèse, longuement exposée par Lucrèce, présente, outre son matérialisme, mille impossibilités particulières.

Idées intermédiaires. — Presque tous les philosophes modernes, Locke, Descartes, Malebranche, Leibnitz, s'accordent à dire que nous n'atteignons les corps qu'à l'aide d'un *intermédiaire* qui est l'*idée*, seul objet immédiat de la perception.

Pour *Locke*, l'idée est une certaine *représentation* ou image qui se produit en nous par suite de l'action des corps. — Mais l'existence de cette image n'est qu'une hypothèse; et de plus, quelle en est la nature? Est-elle conforme à l'objet? Locke évitait le matérialisme, mais son système conduisait à l'idéalisme (Berkeley) et au scepticisme (Hume).

D'après *Descartes*, les idées des corps naissent dans l'âme à l'occasion des impressions que produisent en nos organes les objets extérieurs. — Qui nous assure que ces idées correspondent à la réalité? Le *penchant* irrésistible, répond Descartes, qui nous porte à y croire, et la *véracité divine*, qui nous garantit que ce penchant invincible n'est pas trompeur.

Malebranche croit mieux expliquer la connaissance en disant que nos idées sont les idées divines elles-mêmes que Dieu nous découvre, selon des lois fixes, à l'occasion des impressions faites sur notre corps. — D'après lui, la révélation seule nous assure de l'existence réelle des corps.

Leibnitz ne réussit pas mieux à rendre compte de la perception des corps avec ses hypothèses des monades représentatives de l'univers et de l'harmonie préétablie... Le vice radical de tous ces systèmes est de regarder l'idée comme un *intermédiaire* entre nous et les objets extérieurs.

Perception immédiate. — Adversaire déclaré des idées représentatives, *Thomas Reid* rejette tout intermédiaire entre l'esprit et l'objet; sa théorie est celle de la perception immédiate; mais, pour lui, cette perception se réduit à deux éléments : la *conception* de l'objet perçu, et la *croyance* irrésistible à son existence.

Thomas Reid confond ici deux opérations distinctes : la perception, qui implique l'existence actuelle de l'objet, et la conception, qui ne la suppose pas nécessairement. De plus, il ne donne aucun fondement rationnel à la croyance irrésistible que nous avons à l'existence des corps. Enfin son analyse n'implique pas la connaissance, car la conception et la croyance réunies ne font pas la perception.

Théorie des scolastiques. — Aucun objet ne peut être connu, dit saint Thomas, s'il n'entre de quelque façon dans le sujet connaissant. Mais les qualités sensibles de l'objet, la lumière, le son, l'odeur, etc., ne peuvent pénétrer directement des organes extérieurs à l'intelligence qui perçoit. La pénétration de l'objet n'est possible que par une image immatérielle qui le représente. Cette image ne peut être niée, elle est un fait. Comment se forme-t-elle?

Elle ne vient pas de nous; car, pour avoir l'idée d'un objet, il faut que nous ayons été mis en communication avec cet objet par un sens; elle n'est pas non plus quelque chose de réel existant dans les objets, et s'en détachant au contact des organes; elle est produite en nous par l'action des objets extérieurs. Et c'est l'union de notre intelligence avec l'objet par son image qui produit le merveilleux phénomène de la connaissance.

C'est comme la forme d'un cachet qu'on prend avec de la cire, et qu'on reprend ensuite avec le plâtre sur la cire. La lumière extérieure fait l'office de cire; elle se moule sur l'objet et en emporte la figure; elle-même reflète comme un miroir la forme qu'elle a prise, et une autre lumière tout intérieure se moule à son tour sur cette forme qu'elle communique à l'âme.

« Dans cette théorie, l'intelligence atteint *directement les corps* eux-mêmes, et les perçoit selon le mode de connaissance propre à sa nature. Or ce mode de connaissance, propre à à l'âme, consiste à s'en former une représentation immatérielle dans l'acte même de la perception. L'âme ne va pas de l'image à l'objet, mais c'est sur l'objet même, immédiatement perçu par elle, qu'elle s'en crée une image par son activité propre, image qui demeure en elle lorsque le corps a cessé d'agir sur ses sens, et qui sera la forme de sa pensée pour se souvenir de l'objet. » (San Severino.)

II. — La conscience.

Définition. — La conscience, avons-nous dit en parlant des faits psychologiques, est la faculté qu'a l'âme de se connaître elle-même, de *savoir ce qui se passe présentement en elle*. On l'appelle pour cette raison conscience *psychologique,* et il faut la distinguer avec soin de la conscience *morale,* dont on parle dans la vie ordinaire, et qui nous guide dans le discernement du bien et du mal. Cette dernière n'est pas un simple témoin, comme la conscience psychologique; elle est un juge, elle approuve ou elle condamne.

Nous grouperons les diverses questions relatives à la conscience sous trois titres principaux : — des divers degrés de la conscience; de l'inconscience ; — de la nature de la conscience ; — de l'objet de la conscience, son étendue, ses limites.

I. — Des divers degrés de la conscience; de l'inconscience.

Pour nous bien rendre compte des diverses connaissances que la conscience psychologique nous fournit, il est essentiel d'analyser attentivement cette faculté et de distinguer ce que les philosophes ont appelé les différents degrés de la conscience, ou les formes diverses sous lesquelles se manifeste cette faculté.

Degrés de la conscience. — Assez communément on en admet trois principaux.

Conscience spontanée. — La conscience spontanée, à laquelle on peut réserver le nom de *sens intime,* et que Kant appelle conscience *empirique,* n'est, pour ainsi dire, qu'un contrecoup ou avertissement des changements qui ont lieu dans notre être; c'est le sentiment vague et confus que tout homme possède à tout instant de l'état de son âme; c'est une connaissance primitive, élémentaire, obscure et toujours fugitive. « Dans la conscience spontanée, dit M. Janet, le moi sujet ne se distingue pas du moi objet, ou, pour mieux parler, il n'y a pas encore de moi. Le moi ne s'est pas dégagé des phénomènes où il est enveloppé; il ne se nomme pas encore. »

Conscience proprement dite. — La conscience *proprement dite,* ou conscience *de soi,* appelée par Kant conscience *pure,* « commence avec le premier *je;* elle se détermine, elle se précise, elle se complète avec la différence du *je* et du *me,* lorsqu'on dit : *Je me* connais moi-même. » Elle donne à l'homme la conscience de son existence personnelle, et lui permet de se distinguer parfaitement de tout ce qui n'est pas lui. L'animal en est dépourvu.

Conscience réfléchie. — La conscience *réfléchie,* ou *réflexe,* est, comme son nom l'indique, un retour du moi sur les modifications qu'il subit et sur les actes qu'il accomplit, afin de les mieux connaître. Par elle il sait distinctement, non seulement qu'il sent, qu'il pense et qu'il veut, mais encore ce qu'il sent, ce qu'il pense et ce qu'il veut.

Cette forme de la conscience relève de l'activité libre, et ne s'exerce ni à tous les instants, ni relativement à tous les faits internes. Quelques philosophes la rejettent, sous prétexte que la réflexion est un acte spécial de l'intelligence, que son objet est, non pas le présent, mais le passé, et que son véritable instrument n'est pas la conscience, mais la mémoire. Avec le très grand nombre des auteurs, nous admettrons néanmoins les *trois* formes ou degrés de la conscience que nous venons de définir.

Inconscience et faible conscience. — Ces degrés de la conscience nous expliquent comment la perception des faits internes est tantôt parfaitement claire, tantôt fort obscure, et comment elle peut présenter les mille nuances intermédiaires qui séparent ces deux points extrêmes. Faut-il aller plus loin et admettre, avec quelques philosophes allemands et anglais, des faits psychologiques absolument inconscients? C'est une question controversée.

Leibnitz est l'auteur de la théorie des *perceptions insensibles :* « Il y a, dit-il, à tout moment en nous une infinité de perceptions dont nous ne nous apercevons pas, parce que ces impressions sont, ou trop petites et en trop grand nombre, ou trop unies...; mais, jointes à d'autres, elles ne laissent pas de faire leur effet.., et elles sont de plus grande efficacité qu'on ne pense. » Les exemples cités à l'appui de cette assertion sont nombreux : dans l'état de veille, nous ne prenons pas garde au tic tac d'un moulin, au mugissement des vagues de la mer, au bruit d'une foule, aux mille objets qui frappent nos regards tant que nous demeurons sous l'empire d'une préoccupation plus ou moins vive; dans le sommeil profond, l'inconscience est presque complète; c'est à peine si nous connaissons quelques-uns de nos rêves, la plupart nous échappent entièrement; dans l'idiotisme, la folie et quelques autres états du même genre, la conscience semble de même être paralysée ou suspendue.

Mais ces perceptions insensibles sont-elles des faits d'*inconscience absolue* ou seulement des faits de *faible conscience*?

La question est d'un médiocre intérêt, et il nous paraît difficile d'y répondre; toutefois Leibnitz lui-même semble incliner vers la seconde hypothèse, quand il appelle ces perceptions insensibles de petites perceptions, des perceptions sourdes, infiniment petites. C'est dans le même sens que Kant parle des représentations sans conscience : « Elles sont, dit-il, sur le seuil de la conscience, elles ne sont point au dehors. »

Du moins faut-il affirmer sans crainte qu'on ne saurait accepter comme le dernier mot de la science de l'homme et de l'univers, ni la pensée inconsciente de Schelling, ni la volonté inconsciente de Schopenhauer, ni le principe inconscient de Hartmann; ce serait nier la sagesse de Dieu et soumettre le monde des esprits comme celui des corps aux lois de la nécessité et de l'aveugle destin.

II. — Nature de la conscience.

Deux opinions ont été émises sur la nature de la conscience.

La conscience coextensive à nos diverses facultés. — D'après plusieurs philosophes, au nombre desquels il faut placer saint Thomas, Malebranche, Arnauld, Condillac, Hamilton, et de nos jours MM. Janet et Rabier, la conscience est moins une faculté spéciale qu'un mode inséparable de l'action de nos facultés intellectuelles, ou même de toutes les facultés de l'âme, la forme même de la vie intellectuelle.

Impossible, en effet, disent ces philosophes, de séparer la conscience de nos autres facultés : on n'a pas de conscience sans avoir conscience de quelque sensation ou sentiment, de quelque pensée, de quelque acte de volonté.

Impossible aussi de concevoir nos diverses facultés sans la conscience : on ne comprend pas un être qui sent sans savoir qu'il sent, un être qui pense et qui veut sans savoir qu'il pense et qu'il veut. « Sentir, dit Aristote, ce n'est pas seulement sentir, mais sentir que l'on sent; penser, ce n'est pas seulement penser, mais penser que l'on pense. » Si quelque opération de notre âme s'exerçait sans que nous en eussions conscience, nous n'en aurions par là même aucune connaissance; elle serait pour nous absolument comme si elle n'était pas.

De plus, la conscience n'a pas d'objet spécial, comme les sens; elle n'a pas d'autre domaine que l'exercice de toutes les autres facultés; son objet, ce sont les faits mêmes par lesquels ces facultés se manifestent.

La conscience est donc *coextensive,* non seulement à l'intelligence, comme le veut Hamilton, mais à toutes nos facultés. Elle n'est pas l'une d'entre elles, elle est la condition et la forme de toutes.

La conscience faculté spéciale. — D'autres philosophes répondent à ces arguments :

Nous avons peine à comprendre, il est vrai, des faits internes dont nous n'avons pas conscience, mais cependant nous sommes bien obligés d'en admettre un grand nombre, qui sont tels par leur nature, ou qui le deviennent par l'habitude, et qui constituent ce que les Allemands appellent, après Bacon, le côté *nocturne* de notre âme.

D'autre part, les actes mêmes de la conscience sont distincts de ceux de nos autres facultés; car si la parole d'Aristote est vraie *pratiquement,* il est certain *qu'en soi* une pensée se distingue de la connaissance qu'on a de cette pensée, et que toute connaissance réfléchie consiste dans un acte distinct de ceux sur lesquels elle s'exerce.

Enfin la conscience a son objet propre; deux mots, *actualité* et *subjectivité,* le caractérisent, car toutes nos autres facultés intellectuelles se rapportent, ou au non-moi, ou au moi perçu dans un temps passé.

Ainsi notre conscience ne paraît point inséparable de nos

autres facultés, et nous pouvons la regarder avec Descartes, Bossuet, Leibnitz, Locke, Thomas Reid, Jouffroy, Garnier, comme une faculté particulière ayant son objet propre. Quel est cet objet ?

III. — Objet de la conscience, son étendue, ses limites.

Perception des faits psychologiques. — L'objet premier et incontesté de la conscience, ce sont les faits psychologiques de quelque nature qu'ils soient, plaisirs ou douleurs, perceptions ou souvenirs, pensées ou résolutions. Mais *tous* ces faits sont-ils perçus par elle? Il ne paraît pas; dans l'état de veille comme dans l'état de sommeil, la conscience, au moins la conscience réflexe, a ses défaillances, et, suivant l'expression populaire, nous ne savons plus ce que nous faisons.

« Ce que la conscience nous *fait* connaître, remarque judicieusement M. Joly, ce n'est donc pas l'ensemble entier des phénomènes qui se passent en nous, c'est la *part que nous prenons* dans la production de ces phénomènes, soit pour les provoquer, soit pour les diriger. C'est là ce qui nous explique comment les lumières de la conscience augmentent, degré par degré, chez l'enfant, et comment aussi elles diminuent, degré par degré, chez le vieillard; » comment la nouveauté et l'intérêt rendent plus nettes nos perceptions, et comment aussi l'habitude les affaiblit et les fait quelquefois totalement disparaître.

Perception du moi. — Le rôle de la conscience se borne-t-il à nous faire connaître les phénomènes internes? Condillac, Thomas Reid, Kant l'ont pensé, mais à tort. Si l'âme ne se percevait pas elle-même, le mot *moi* n'eût jamais été créé, et jamais nous n'eussions pu dire : *Je* sens, *je* pense, *je* veux. La conscience atteint directement le moi; c'est s'en faire une idée fausse que de la réduire à une simple *succession de faits*, et de la définir, avec M. Bain: « l'enchaînement et l'association de nos états internes, » ou, avec Spencer : « une différentiation et une intégration continue de ces états. »

Si maintenant l'on demande sous quel rapport l'âme se saisit, la réflexion nous fait connaître que c'est comme *substance* et comme *cause* :

Comme substance douée de tels ou tels attributs, ou comme *sujet* éprouvant telle ou telle modification : Je souffre, je veux, je parle...; dans toutes ces phrases, le premier mot exprime la substance, le second l'attribut. C'est ce que Descartes voulait dire dans cette parole célèbre: « Je pense, donc je suis. » Il entendait que la conscience lui montrait le moi existant, par là même qu'elle le lui montrait pensant.

Comme cause de ses actes; la conscience me dit que c'est moi qui pense, moi qui veux, moi qui remue le bras; et elle m'atteste que tous ces actes sont le produit de mon énergie propre. Elle nous révèle ainsi une idée fondamentale, l'idée de cause, que les sens sont absolument impuissants à nous donner, puisqu'ils ne nous montrent dans le monde extérieur que des phénomènes qui se succèdent, et non point la cause qui les produit.

Il y a même en mon âme une force que la conscience me fait voir indépendamment des actes qu'elle produit, c'est la *volonté;* je sais que je puis vouloir, alors même que je ne veux pas; de là l'idée de cause à l'état de pure puissance. Mais il ne paraît pas que nous ayons la perception immédiate de nos autres facultés.

Perception des attributs essentiels du moi. — La conscience n'atteint pas seulement le moi sous le double point de vue que nous avons indiqué; elle perçoit encore ses attributs les plus essentiels, son unité, son identité, son activité libre :

Son unité. — Les sens ne nous font connaître que le composé et le multiple; la conscience, elle, nous révèle avec la multiplicité des actes internes l'*unité* du sujet qui les accomplit; elle nous affirme que le *moi* qui sent est bien le même que celui qui pense et qui veut. Aussi disons-nous forcément : *Je* perçois les sons, *je* me souviens, *je* me détermine; c'est toujours *je*, toujours *moi*, quel que soit l'acte accompli. Ce mot *je, moi*, qui se trouve dans tous les témoignages de la conscience, est l'expression de l'unité de notre âme, *unité vivante et concrète*, non point idéale et abstraite comme celle dont parle Fénelon.

L'école matérialiste objecte que cette unité du moi n'est qu'une *résultante*, comme celles d'*une* ville, d'*une* armée, d'*un* corps, qu'elle réside dans l'accord et la correspondance des parties. — Mais, s'il en était ainsi, la conscience qui nous atteste cette unité serait elle-même une résultante; et comment admettre que deux ou trois parties distinctes puissent avoir une conscience commune? Une individualité, factice et extérieure, peut résulter d'une combinaison de parties; mais cette individualité n'aura jamais conscience d'être un moi.

Son identité. — La conscience nous révèle de même, au moins à l'aide de la mémoire, l'*identité* du moi, en nous attestant la permanence de notre énergie personnelle et son unité persistante au milieu des phénomènes qui se succèdent en nous.

Son activité libre. — La conscience, par la perception du moi comme cause et comme force, nous a déjà manifesté l'*activité* de notre âme, et si le témoignage qu'elle nous rend de sa *liberté* n'a pas empêché certains philosophes de mettre en doute cette prérogative, il n'en est pas moins vrai que le sentiment intime que nous en avons a toujours prévalu contre les sophismes et demeure la preuve la plus solide de notre activité libre.

Autres notions attribuées à la conscience. — Plusieurs philosophes attribuent aussi à la conscience les idées de *durée* et d'*espace*. « Si je mesure, dit M. Joly, la *durée*, c'est uniquement en vertu des rapports que j'établis entre l'unité persistante de ma personne et les efforts successifs d'attention exigés de moi par les phénomènes; aussi est-il d'expérience que quand la lumière de la conscience s'affaiblit, le sentiment de la durée s'éteint... C'est aussi par la conscience que nous pouvons mesurer l'*espace*; moins nous avons à dépenser d'énergie pour aller d'un objet à un autre, moins ces deux objets nous semblent éloignés. »

Que des faits psychologiques attestés par la conscience soient le point de départ d'où l'esprit s'élève aux rapports de temps et d'espace, nous l'accordons volontiers; mais il ne nous paraît pas possible de rapporter ces notions, surtout celle de l'espace, à la conscience seule. Pour les produire, cette faculté a besoin du concours de la mémoire, des sens et de la raison.

Avons-nous conscience des objets extérieurs, de notre propre corps, de Dieu ? — Quelques philosophes vont plus loin encore, et soutiennent que nous avons conscience des *objets extérieurs*, de *notre propre corps* et de *Dieu* lui-même. « La conscience, dit Hamilton, est *coextensive* à nos facultés intellectuelles; elle doit dès lors s'étendre jusqu'où s'étendent ces facultés. Or nous avons la connaissance du monde extérieur, de notre propre corps et de Dieu; nous devons donc avoir con-

4

science de ces connaissances, qui impliquent elles-mêmes la conscience de leur objet; car, si vous anéantissez la conscience de l'objet, vous anéantissez la conscience de l'opération. »

Le vice du raisonnement est manifeste : la connaissance d'un objet ne suppose nullement la conscience de cet objet en lui-même, mais seulement la conscience de son idée présente à l'âme.

Tout ce que nous pouvons accorder pour les *objets extérieurs*, c'est que, dans l'exercice de son activité propre, le *moi* entrant à tout instant en conflit avec des forces étrangères se distingue par le fait même du *non-moi*, dont il perçoit indirectement l'existence. Mais ces *forces étrangères* elles-mêmes demeurent inconnues à la conscience.

Il n'en est plus de même s'il s'agit de *notre propre corps*. « Le moi se sent toujours uni à une étendue et à une résistance qui lui est en quelque sorte coessentielle; nous admettons donc qu'il y a en nous un sentiment subjectif du corps propre, et en ce sens une conscience de notre corps. » (Janet.) Mais cette conscience ou ce sentiment ne me révèle nullement ce qui se passe en mon corps; toutes les modifications qu'il peut subir sont du domaine des sens.

Quant à *Dieu*, il nous est connu par la raison, non par la conscience. Quelque présent, en effet, qu'il soit à notre âme, IL n'est pas nous, et nous n'avons pas conscience de LUI. Les imperfections que nous sentons en nous supposent l'idée de l'être parfait, absolu; elles peuvent être la condition de l'acte intellectuel par lequel nous percevons cet être lui-même, elles ne sont point sa révélation expérimentale.

III. — La raison.

Objet de la raison. — Les réalités contingentes que nous découvrent les sens ou la conscience ne sont pas les seules que nous puissions atteindre par notre intelligence. Nous avons le pouvoir de saisir des réalités plus hautes, des vérités nécessaires; cette faculté nouvelle est la *raison*, qu'on peut définir : *la faculté de connaître le nécessaire, l'absolu, l'universel*. On l'appelle souvent *raison pure*, pour indiquer que l'organisme ne participe en aucune manière à ses opérations.

C'est cette faculté qui joue le principal rôle dans l'acquisition de nos connaissances; la conscience, les sens, ne fournissent, si l'on peut parler ainsi, que des matériaux; c'est la raison qui élève l'édifice.

La raison a donc pour objet propre l'universel et l'absolu, et c'est en cela surtout qu'elle diffère des facultés perceptives expérimentales, qui ne perçoivent que l'individuel, le particulier. Mais elle ne perçoit son objet qu'en le dégageant, ou, comme disaient les scolastiques, en l'abstrayant de tous les caractères individuels qui l'enveloppent dans l'image sensible. *Operatio intellectus*, dit saint Thomas, *præexigit operationem sensus. Impossibile est intelligere nisi convertendo se ad phantasmata.*

Pour expliquer comment cette connaissance intellectuelle est produite en nous, concevons notre intelligence comme un reflet de la lumière incréée, par laquelle toutes choses sont intelligibles : *Participata similitudo luminis increati in quo continentur rationes æternæ;* et disons que ce reflet n'est en nous que la *puissance de rendre intelligibles* les images sensibles fournies par les sens. C'est cette puissance que les scolastiques appelaient l'*intellect actif*.

Excellence de la raison. — Saint Thomas, Bossuet, Fénelon, tous les docteurs catholiques sont d'accord avec les rationalistes pour proclamer l'excellence de cette faculté, qui nous élève au-dessus des animaux. « C'est, disent-ils, un rayon de l'intelligence divine..., la pensée de Dieu illuminant notre pensée..., le maître intérieur qui redresse toutes nos folies..., la lumière de Dieu brillant plus ou moins dans chacun, comme il n'y a qu'un soleil illuminant tous les regards. »

Toutes ces expressions paraissent proclamer l'*impersonnalité* de notre raison; « mais, dit Cousin lui-même, il ne faut pas la faire à ce point *impersonnelle*, qu'elle prenne la place de la vérité, qui est son objet, et de Dieu, qui est son principe. » C'est la vérité qui est absolument impersonnelle, et non pas la raison. La raison est dans l'homme, bien qu'elle vienne de Dieu; par là elle est individuelle et finie, capable sans doute de connaître la vérité, mais aussi sujette à l'erreur.

Rapports de la raison et de la foi. — Sans traiter complètement cette grave question, indiquons du moins quelques principes certains qui nous tiendront également éloignés des deux erreurs extrêmes : le rationalisme et le traditionalisme.

« La raison, dit Pie IX dans son Encyclique du 9 novembre 1846, doit démontrer la vérité de la foi, la maintenir et la défendre; la foi doit s'offrir à la raison pour la délivrer de toute erreur, l'illuminer, la confirmer et la perfectionner merveilleusement par la connaissance des choses divines. »

« Le philosophe, dit à son tour le cardinal Pie, peut par les seules lumières de sa raison découvrir les vérités, établir et développer les préceptes qui servent de fondement à l'ordre naturel. Mis en présence des faits historiques et des monuments publics sur lesquels repose la révélation divine, il peut encore par sa raison saisir l'évidence des témoignages qui démontrent l'existence d'un ordre surnaturel, et se sent obligé par la conscience à l'accepter.

« Mais, l'existence de l'ordre surnaturel établie, le philosophe ne peut sans impiété soutenir que la doctrine purement philosophique et naturelle donne aux hommes le dernier mot de leur destinée et de celle du genre humain; il ne peut sans sacrilège égaler sa science, science humaine, bornée et trop souvent faillible, à la révélation divine, communication de la science infinie et toujours infaillible de Dieu; il ne peut nier enfin qu'en cas de désaccord apparent l'esprit humain doit s'humilier devant l'autorité de la foi, assuré de rentrer ainsi dans la voie de la saine raison, puisque le Dieu de la révélation étant le Dieu de la nature, sa parole surnaturelle ne saurait jamais être en contradiction avec la vérité qu'il a primitivement déposée en nous, mais que nous savons trop souvent obscurcir. » (*Première Instruction synodale sur les erreurs des temps présents.*)

Diverses formes de la raison. — La raison reçoit différents noms, selon l'objet spécial auquel elle s'applique et selon la manière dont elle procède.

1° *Selon l'objet spécial auquel elle s'applique.*

Quand elle s'exerce dans le domaine de la vérité pure et en matière proprement scientifique, on l'appelle simplement *raison* ou *raison spéculative*. Appliquée à la perception du beau, à l'appréciation des merveilles de la nature ou de l'art, elle prend le nom de *goût* ou de *raison esthétique*. Quand enfin dans l'ordre moral on l'applique au discernement du bien et du mal, on lui donne le nom de *raison pratique* ou de *conscience morale*.

Envisagée sous sa forme la plus simple et la plus générale,

la raison prend le nom de *sens commun*. Elle embrasse alors cet ensemble de vérités que tout le monde admet, parce qu'elles sont accessibles aux intelligences les plus bornées. C'est le sens commun qui nous affirme, par exemple, que le bien est obligatoire, que l'homme est libre, que les sens ne nous trompent pas. D'après cela on peut voir que le sens commun n'est pas toute la raison; il n'en est que la forme spontanée. La philosophie et la science, qui cherchent à se rendre compte des choses par la réflexion, s'élèvent au-dessus de lui; mais ni la philosophie ni aucune science ne peuvent jamais le contredire. Il ne faut pas confondre non plus le *sens commun* et le *bon sens*, comme a fait Descartes en disant que « la puissance de bien juger est égale en tous les hommes ». C'est le sens commun qui est égal chez tous; le bon sens, lui, est une qualité individuelle plus ou moins développée, c'est l'habitude de juger sainement les choses ordinaires de la vie dans les cas particuliers.

2° *Selon la manière dont elle procède.*

A ce nouveau point de vue la raison est *intuitive* ou *discursive;* mais il faut remarquer qu'elle est prise alors dans un sens plus large que tout à l'heure, et désigne le pouvoir qu'a l'âme de connaître *en dehors de l'expérience.*

La raison *intuitive* perçoit immédiatement et sans travail la vérité nécessaire, comme font les sens et la conscience pour leur objet; elle nous révèle ces grandes *idées* de vérité, de justice, de bien, de beauté, qui nous rendent capables de juger et d'apprécier tout ce qui nous entoure, ces *principes* nécessaires et absolus qui servent de base à toute démonstration et sont eux-mêmes absolument indémontrables.

La raison *discursive* a une autre fonction : elle *juge* les faits recueillis par l'expérience en les rapprochant des règles universelles de la vérité, de la justice et de la beauté, et discerne ce qu'il y a en eux de vrai ou de faux, de bien ou de mal, de beau ou de laid; elle *compare* entre eux ces faits pour en dégager une *idée générale;* elle réfléchit sur ses idées pour en saisir les rapports et les développer en en tirant des idées nouvelles par le *raisonnement.*

Nous étudierons bientôt la raison discursive en traitant de l'*élaboration* de la connaissance par les diverses *opérations intellectuelles.* Bornons-nous ici à l'analyse de la raison intuitive.

Elle renferme deux éléments : des *notions premières* ou perceptions rationnelles, et des *vérités premières* ou principes de raison.

I. — Notions premières ou perceptions rationnelles.

Nature et caractères des notions premières. — On pourrait appeler notions premières celles qui dérivent de l'application immédiate des facultés de l'esprit à leur objet. En ce sens, il y aurait des notions premières dues aux sens et à la conscience aussi bien qu'à la raison. Mais plus communément on réserve ce nom de *notions premières* aux notions qui résultent de l'application immédiate de la *raison* à son objet propre, le nécessaire, l'absolu. Les notions premières ainsi entendues sont opposées aux notions expérimentales, et peuvent être appelées PERCEPTIONS RATIONNELLES. Ce sont les *idées innées* de Descartes, les *notions a priori* de Kant.

Ces notions ont pour caractères d'être :

Primitives. — Elles sont inhérentes à l'esprit humain, ne dérivent d'aucune autre, et toutes les autres les supposent. Elles se manifestent avec les premières lueurs de l'intelligence; on les acquiert sans effort, immédiatement et spontanément à l'occasion d'un fait particulier d'expérience interne ou externe.

Nécessaires. — On ne conçoit pas la non-existence de l'objet auquel elles correspondent; on ne comprend pas une intelligence qui ne les posséderait pas. « Elles sont dans l'esprit, a dit Leibnitz, ce que les muscles et les tendons sont dans le corps. »

Universelles. — On les retrouve chez tous les hommes; elles sont dans toutes nos pensées, président à tous nos jugements, sont la règle de tous nos actes.

Absolues. — Elles ne dépendent ni des sens, ni de la conscience, ni même de l'entendement, et subsisteraient encore quand il n'y aurait aucune intelligence humaine pour les concevoir. Elles ont leur réalité parfaite en Dieu, de qui elles émanent.

L'ensemble de ces notions constitue dans l'homme ce qu'on appelle l'usage de raison; tant qu'elles ne se sont pas fait jour, la raison n'est pas dans son intégrité.

Principales notions premières. — Les philosophes ne

s'accordent pas quand ils veulent dresser la liste complète de ces notions.

La classification de Kant est la plus célèbre. Le philosophe allemand admet trois ordres de *notions a priori :* les premières, condition de la sensation, rendent la perception possible, ce sont les *formes* de la sensibilité, l'*espace* et le *temps ;* les secondes, condition de nos jugements, rendent l'expérience possible, ce sont les *catégories* de l'entendement, parmi lesquelles il faut signaler la *substance,* la *cause ;* les troisièmes, condition du raisonnement, rendent la science possible, ce sont les *idées* de la raison, qui se résument dans l'*absolu.*

Sans prétendre à une énumération complète, nous rangeons parmi les notions premières, avec la plupart des auteurs, les idées d'infini, de substance, de cause, de fin, d'ordre, de vrai, de beau et de bien. Quelques-uns y ajoutent encore les idées d'espace et de temps.

Idée de l'infini.—L'idée de l'infini est l'idée de l'être absolu auquel aucune réalité ne manque ; elle n'est donc point négative, comme le prétend Hamilton, après Locke et Gassendi, mais bien plutôt essentiellement positive. Elle n'a de négatif que le mot qui l'exprime ; encore, à le bien prendre, ce mot *infini* est-il la négation d'une négation, et par suite une affirmation. L'idée de fini, en effet, positive en tant que son objet a quelque réalité, est essentiellement négative, parce que son objet est limité, c'est-à-dire néant sous un point de vue.

En second lieu, l'idée de l'infini diffère essentiellement de l'idée de l'indéfini, avec laquelle Locke l'a confondue par esprit de système ; car l'indéfini n'est qu'un fini toujours susceptible d'augmentation ou de diminution, tandis que l'infini est l'être absolu dans sa plénitude, l'être auquel on ne peut rien ajouter, dont on ne peut rien retrancher.

Ces deux remarques faites, il est clair que, logiquement, l'idée de l'infini précède celle du fini ; car le fini ne se conçoit que comme une privation de l'être ou de l'infini. Mais cette idée primitive de l'infini n'est qu'une idée vague et confuse commune à tous les hommes ; elle ne devient claire, distincte, qu'après celle du fini, et par son intermédiaire, dans les intelligences cultivées.

Idée de substance.—L'idée de substance est celle de l'être considéré en lui-même, indépendamment de toute modification, comme sujet permanent (*sub-stratum*) des manières d'être.

A part la substance de notre âme, dont la réalité nous est directement attestée par la conscience, l'expérience ne nous fait connaître que des qualités et des modes; c'est la raison seule qui, à l'occasion de ces modes, perçoit, mais perçoit nécessairement l'être qui leur sert de support. Dans l'ordre chronologique, l'idée de mode précède donc l'idée de substance; dans l'ordre logique, c'est le contraire.

Remarquons que la substance n'est point en général nécessaire *en soi*, elle ne l'est que *relativement au mode*, qui ne saurait exister qu'en elle ; seule la substance incréée, Dieu, est nécessaire absolument.

IDÉE DE CAUSE. — On appelle cause, en général, tout ce qui influe sur la production d'une chose. L'idée de la cause proprement dite ou de la cause efficiente est celle d'une force ou d'une énergie qui, par son action réelle, produit quelque chose.

Cette idée nous est donnée tout d'abord par la conscience que nous avons de notre volonté considérée comme puissance productive ; mais cette idée est toute particulière, individuelle. C'est la raison seule qui, dès que l'expérience constate un phénomène, perçoit, et perçoit nécessairement l'idée de cause, l'applique successivement à tous les faits quels qu'ils soient, puis à toutes les causes secondes elles-mêmes, et arrive ainsi à l'idée de cause première. Dans l'ordre chronologique, l'idée de phénomène précède donc l'idée de cause, et les causes contingentes sont connues avant la cause première. Dans l'ordre logique, la cause première précède toutes les autres, et toute cause précède les effets qui en découlent.

Comme la substance, la cause réelle peut n'être point nécessaire *en soi ;* elle ne l'est ordinairement que *relativement à l'effet* qui n'a pu se produire sans elle; seule la cause première, Dieu, est nécessaire absolument.

IDÉE DE FIN. — L'idée de fin est celle du but auquel tend une cause dans son action ; c'est le terme de l'action, et tout à la fois sa raison d'être. Quand l'agent est raisonnable, il se propose une fin et songe aux moyens de l'atteindre, mais il n'est point essentiel à la finalité d'être connue de l'agent.

L'idée de fin a, elle aussi, son fondement psychologique dans la conscience, qui nous révèle les motifs de nos actions ; mais seule la raison perçoit le rapport universel et nécessaire des moyens à la fin.

Idée d'ordre. — L'idée d'ordre est celle d'une harmonieuse disposition des choses en vue d'une fin déterminée; son élément essentiel est l'unité dans la variété. Que l'ordre soit physique, intellectuel ou moral, c'est toujours par la seule raison que nous pouvons le saisir. L'unité du moi, que nous atteste la conscience, semble être l'antécédent psychologique de cette idée.

Idées du vrai, du beau et du bien. — Les idées du vrai, du beau et du bien, qui dominent la science, les beaux-arts et la morale, ne sont que des aspects particuliers de l'idée de l'être absolu. L'être dans ses rapports avec l'intelligence, c'est le vrai, l'être en tant qu'intelligible. Dans ses rapports avec la sensibilité, c'est le beau, l'être réfléchi sous une forme sensible, la splendeur de l'être. Dans ses rapports avec la volonté, c'est le bien, c'est-à-dire l'être qui s'impose à nous pour être réalisé. Ces trois idées nous sont données par la raison, à l'occasion des vérités, des beautés et des biens imparfaits que nous remarquons.

Ces trois idées, de même que celles qui précèdent, et toutes les autres qui portent en elles le caractère de nécessité, ont en Dieu leur unité et leur réalité parfaites; car, selon la remarque profonde de Bossuet, « qui les voit imparfaitement en voit plusieurs; qui les verrait parfaitement n'en verrait qu'une seule. »

Idées d'espace et de temps. — Les idées d'espace et de temps ont soulevé bien des controverses.

L'idée d'espace est celle d'une étendue immense qui contient les corps. On distingue l'espace *réel* et l'espace *idéal* : la première est l'étendue limitée, occupée de fait par les corps existants ; l'espace idéal est l'étendue indéfinie que nous imaginons comme le lieu de tous les mondes qu'il pourrait plaire à Dieu de créer.

Nous nous représentons l'espace réel ou idéal comme le *lieu nécessaire des corps,* mais nous ne le concevons nullement comme *nécessaire en soi,* bien qu'il soit pour nous indépendant des corps.

L'idée de temps est celle de la durée successive des êtres

contingents. La durée successive des êtres contingents réalisés constitue le temps *réel*. Le temps *idéal* est indéfini et correspond à la durée successive des êtres contingents possibles ; il diffère essentiellement de l'éternité divine, qui est simultanée.

Nous reviendrons en ontologie sur ces diverses notions pour exposer plus amplement la nature de leurs objets.

II. — Vérités premières ou principes de raison.

Nature et caractères des vérités premières. — On appelle quelquefois *vérités premières* les jugements que nous portons en vertu d'un certain bon sens naturel, soit à l'aide de la conscience et des sens, soit à l'aide de la raison; par exemple : j'existe, il y a des corps autour de moi, deux et deux font quatre, etc. L'erreur de Descartes est d'avoir méconnu, au moins pour l'existence des corps, l'évidence qui s'attache à ces sortes de vérités. Mais ici nous n'avons en vue que les vérités premières nécessaires. Encore faut-il observer que les *vérités premières nécessaires qui ne dérivent d'aucune autre* sont seules désignées sous le nom de PRINCIPES DE RAISON pure ou de PRINCIPES DIRECTEURS de la connaissance, dont nous avons à parler.

Les vérités premières diffèrent des notions premières en ce qu'elles sont des jugements, des propositions, tandis que les notions premières sont de simples concepts de l'esprit. Les vérités premières ont leur fondement dans les notions premières, mais elles ajoutent à ces notions l'énoncé d'un rapport nécessaire conçu par la raison.

Leibnitz, et après lui Kant, ont parfaitement établi les caractères distinctifs des vérités premières : la *nécessité*, l'*universalité*, l'*impersonnalité*.

Elles sont *nécessaires*.—Non seulement la clarté de ces vérités force mon assentiment et rend toute démonstration inutile, mais en même temps que je cède à l'évidence de la proposition, je conçois clairement que le rapport énoncé ne pourrait être différent; que jamais, par exemple, le bien ne sera le mal, que jamais un fait n'existera sans une cause qui l'explique, etc.

Elles sont *universelles*. — Ces vérités sont le fond commun de toutes les intelligences; elles sont vraies partout et toujours.

« Entre l'intelligence d'un pâtre et celle de Leibnitz, il n'y a pas de différence touchant certains points. »

Elles sont *impersonnelles*. — Ces vérités sont en moi, mais elles ne sont pas moi; elles sont indépendantes de l'intelligence qui les conçoit. « Elles n'en existeraient pas moins, dit Fénelon, quoique nul esprit ne les connût, comme les rayons du soleil n'en seraient pas moins véritables quand même tous les hommes seraient aveugles, et que personne n'aurait des yeux pour en être éclairé. » — « Si je cherche maintenant où et en quel sujet elles subsistent éternelles et immuables comme elles sont, je suis obligé d'avouer un être où la vérité est éternellement subsistante et où elle est toujours entendue ; et cet être c'est Dieu. » (Bossuet.)

Principaux principes de raison. — On peut ramener tous les principes de raison à deux principaux : le *principe de contradiction* et le *principe de raison suffisante*.

Le principe de *contradiction* énonce la *loi logique* suivant laquelle toute pensée devant être d'accord avec elle-même, il y a nécessité d'affirmer d'un être ce qui est renfermé dans son idée. Il faut y rapporter les axiomes mathématiques.

Le principe de *raison suffisante* a une valeur *objective* et établit un rapport nécessaire entre une notion première et certaines données empiriques. Ce principe se subdivise en plusieurs autres.

PRINCIPE DE CONTRADICTION. — On le formule de diverses manières : « ce qui est, est, » *principe d'identité ;* « une même chose ne peut pas être et n'être pas en même temps sous le même rapport, » *principe de contradiction proprement dit ;* « une chose est ou n'est pas, » *principe du tiers exclus.*

Cette dernière formule découle immédiatement de la seconde, qui paraît bien préférable à la première. Le principe de contradiction proprement dit exprime, en effet, une idée de nécessité qui s'éloigne nettement du point de vue empirique, et qu'on chercherait vainement dans la perception de l'identité entre deux termes ou deux propositions. Le principe de contradiction, c'est la réflexion s'exerçant sur les conditions absolues de la certitude, reconnaissant l'impossibilité de nier ou d'affirmer en certains cas, et l'obligation pour la pensée d'être conforme à elle-même. Le prétendu principe d'identité ne nous paraît pas avoir cette portée philosophique. (Robert.)

L'acte par lequel l'enfant a conscience de lui-même et se

distingue des êtres qui l'entourent, tel est l'antécédent psychologique du principe de contradiction.

Ce principe de contradiction domine tout le travail intellectuel dans les sciences mathémathiques, qui n'ont pour but que de dégager ou d'établir des identités. Parmi ces identités, il en est qui apparaissent évidentes par elles-mêmes et qui se rapportent aux caractères essentiels des choses; on les appelle *axiomes*.

Tous les axiomes supposent le principe de contradiction, de telle sorte qu'on ne peut en nier un seul sans être conduit à nier le principe de contradiction lui-même. Dans tout axiome, en effet, l'idée du sujet renferme ou exclut celle de l'attribut, et toutes les fois que dans une proposition l'idée du sujet renferme ou exclut l'idée de l'attribut, en niant cette proposition on nie le principe de contradiction.

PRINCIPE DE RAISON SUFFISANTE. — Dégagé par Platon, mis en honneur surtout par Leibnitz, ce principe s'énonce ainsi : « Toute chose a sa raison; » son antécédent psychologique est la conscience que nous avons, par l'*effort*, de notre énergie personnelle. Mais la raison d'une chose, c'est tout ce qui l'explique et la rend intelligible, c'est-à-dire sa *substance*, sa *cause*, sa *fin* et sa *loi*. De là les principales subdivisions du principe général de raison suffisante.

Principe de substance. — Il se formule ainsi : « Tout mode suppose une substance, » ou plus explicitement encore : « Toute manière d'être suppose un être. »

Principe de causalité. — On l'a formulé de diverses manières: « Tout effet suppose une cause, » « tout être suppose une cause, » « tout phénomène suppose une cause; » mais, de ces formules, la première est tautologique, la seconde inexacte et la troisième incomplète. La vraie formule de ce principe est celle-ci : « Tout ce qui commence d'exister (substance ou mode) suppose une cause. »

Ces deux principes n'épuisent pas le principe premier de raison suffisante. En remontant, en effet, des phénomènes aux causes secondes qui les produisent immédiatement, de celles-ci progressivement jusqu'à une cause première qui soit la raison de tout et qui ait en elle-même sa raison d'être, nous sommes conduits nécessairement à l'idée d'une cause absolue, infinie, parfaite, et par conséquent *souverainement intelligente et sage*, qui ne peut rien produire d'inutile ou de capricieux ; de là deux autres principes.

Principe de finalité. — On peut l'énoncer en ces termes : « Tout être a un but, tout ce qui se produit a une fin; » ou, suivant la formule d'Aristote : « La nature ne fait rien en vain. »

Principe d'ordre. — Sa formule la plus simple est celle-ci : « Tout a sa loi. » Dans l'ordre physique, il conduit au *principe d'induction :* « Le monde est régi par des lois (constantes et générales); » et dans l'ordre moral, au *principe d'obligation :* « Il faut faire le bien et éviter le mal, » car tel est l'ordre fondé sur la nature même des choses, ainsi que nous le verrons plus tard.

Ces deux derniers principes, logiquement déduits des principes de causalité, ne sont pas toujours acceptés comme des vérités premières, de même que les notions de fin et d'ordre qu'ils impliquent sont exclues par plusieurs philosophes des notions premières. Toutefois, comme les principes de substance et de causalité, ils apparaissent spontanément avec le premier exercice des sens et de la conscience : un enfant, par exemple, juge que tel phénomène qu'il aperçoit a une cause, que telle qualité qu'il considère appartient à une substance, que telle action qu'il voit a un but, que tel fait qu'il observe se reproduira de la même manière. Mais le principe ne se présente alors que sous une forme individuelle ou concrète; c'est seulement plus tard que l'enfant saisit le principe sous une forme abstraite et universelle, qu'il prononce, par exemple, que *tout* ce qui commence d'exister a une cause.

Rôle et importance des principes de raison. — C'est à bon droit que les principes de raison sont appelés *principes directeurs* de la connaissance, car c'est par eux que nous sommes intelligents, que le monde nous devient intelligible et que la science est possible.

Nous ne sommes intelligents que par eux. Ils constituent comme le fond et l'essence même de l'intelligence; leur ensemble forme ce que nous nommons le sens commun, par lequel nous nous trouvons en commerce d'idées, en communauté de croyances avec tous les hommes, même avec ceux qui sont le plus éloignés de nous par le temps et l'espace. Les quelques déshérités qui sont dépourvus de ces principes portent un nom significatif : ce sont des *idiots,* c'est-à-dire des êtres *isolés* ou *séparés* du reste du genre humain.

Sans ces principes, rien ne nous serait intelligible. Supposez, en effet, un esprit qui n'aurait aucune idée du principe de substance et du principe de causalité; que serait le monde pour lui, sinon un chaos inintelligible, une collection ou une succession de phénomènes incohérents et inexplicables? Le lien qui les unit, le pourquoi, le comment des choses, tout lui échapperait; aucune connaissance ne lui serait possible.

La science serait, à plus forte raison, impossible. C'est, en effet, l'élaboration des premières connaissances qui constitue la science, et cette élaboration se fait par des opérations intellectuelles, comme nous le verrons bientôt. Mais qui ne sait que ces opérations sont impossibles sans les principes de raison qui soutiennent et dirigent tout le travail réfléchi de l'intelligence?

Les principes de raison sont donc la condition indispensable de toute pensée; mais l'habitude nous les a rendus si familiers et si naturels, « qu'ils nous dirigent, dit Bossuet, sans même que nous y fassions réflexion actuelle, à peu près comme nos nerfs et nos muscles nous servent à nous mouvoir sans que nous les connaissions. »

II

DES FACULTÉS SECONDAIRES

Nous avons analysé les facultés perceptives, qui nous donnent les premières idées des choses; nous devons étudier maintenant les facultés secondaires, qui nous permettent de *rappeler, unir* et *transformer,* en les combinant, nos connaissances acquises.

1. — Mémoire.

Définition de la mémoire; ses divers degrés; son objet propre. — *Définition de la mémoire.* — On définit assez ordinairement la mémoire : *la faculté qu'a l'âme de conserver les connaissances acquises, de se les rappeler et de les reconnaître.* On pourrait peut-être dire avec plus de précision : la mémoire est *la faculté de faire revivre la conscience.*

La première de ces définitions marque les divers degrés de la mémoire; la seconde précise son objet.

Ses divers degrés. — Tantôt une idée reparaît dans notre esprit sans que nous songions seulement à nous demander si nous avons déjà eu cette idée : c'est une simple *conception de la mémoire;* tantôt une idée reparaît, et nous sommes assurés de l'avoir eue autrefois, mais les circonstances de sa première apparition nous échappent : c'est la *réminiscence;* tantôt enfin, l'idée qui se présente à nous est une connaissance antérieure que nous reconnaissons parfaitement dans tous ses détails : c'est le *souvenir.* Dans la simple conception de la mémoire, il n'y a que *conservation* d'une connaissance; dans la réminiscence, il y a *conservation* et *rappel;* dans le souvenir, il y a *conservation, rappel* et *reconnaissance* : c'est l'acte parfait de la mémoire.

Quelle est la nature de cet acte? Hume, quelques philosophes de l'école anglaise contemporaine et M. Rabier, pensent qu'il ne diffère de la connaissance primaire que par le degré de vivacité; Reid, Garnier, M. Janet, croient, au contraire, que le souvenir est un acte *sui generis*, spécifiquement distinct de la connaissance primaire. Nous nous rangeons sans hésiter à l'opinion de ces derniers philosophes.

Son objet propre. — La mémoire, avons-nous dit, est la faculté de faire revivre la conscience. Quel est donc bien l'objet propre de la mémoire? Ce n'est évidemment pas la chose même qui a été précédemment perçue, mais seulement la perception de cette chose. Quand nous disons, par exemple, que nous nous rappelons telle personne, nous voulons simplement dire que nous nous rappelons avoir vu cette personne. La faculté qui nous représente l'objet lui-même, cette personne, par exemple, sa physionomie, sa taille, le son de sa voix, etc., s'appelle souvent *mémoire imaginative.* Nous l'étudierons bientôt sous le nom d'imagination reproductrice.

La *mémoire intellectuelle*, dont nous parlons maintenant, atteint uniquement les phénomènes de l'âme, c'est en ce sens que Royer-Collard a dit que nous ne nous souvenions que de nous-mêmes. Pour être exact, nous devons même remarquer que la mémoire n'atteint pas les phénomènes de l'âme en eux-mêmes, mais dans la connaissance que nous en a donnée la conscience au moment de leur production. Il est clair, en effet, que la mémoire ne fait pas revivre le fait sensible ou volontaire; elle ne nous fait pas sentir de nouveau la douleur que nous avions éprouvée, elle ne renouvelle pas la résolution que nous avions prise, mais seulement la *conscience* que nous avons eue de cette douleur, de cette résolution. Nous sommes donc fondé à dire que la mémoire est la faculté de faire revivre la conscience.

Analyse du souvenir. — Analysons le souvenir et recherchons-en successivement les *éléments constitutifs* et les *lois*.

1° *Éléments constitutifs*. — Bien que le souvenir, ramené à une *perception du moi passé*, puisse tout d'abord paraître un fait simple et primitif, une analyse attentive y découvre trois choses qui sont comme les conditions de son existence, et que nous appelons ses éléments constitutifs : 1° une *connaissance antérieure* certaine et la possession actuelle de cette même connaissance; 2° l'idée plus ou moins précise d'un *temps écoulé* entre la première perception et son souvenir; 3° enfin l'idée de notre *identité personnelle*, c'est-à-dire de l'existence certaine du *moi* pendant ce temps.

Ces deux éléments du souvenir, un *temps écoulé* et l'*identité personnelle*, exigent quelques explications.

Le souvenir, disons-nous, suppose essentiellement un temps écoulé; autrement il n'y aurait pas lieu à *reconnaissance*. Mais si l'acte de la mémoire suppose logiquement un temps écoulé, il faut bien remarquer que la *notion de ce temps* nous est en réalité *donnée par la mémoire aidée de la conscience*. Ce sont ces facultés qui nous font connaître le changement, et par conséquent la succession de nos sentiments, de nos pensées, de nos volontés; cette succession opposée à la permanence du moi, qu'attestent les mêmes facultés, c'est le temps.

L'identité personnelle suppose l'*existence continue* de ce quelque chose d'invisible que j'appelle *moi;* c'est même la permanence de ce moi opposée à la multiplicité et à la succession de toutes les sensations, de toutes les pensées, de toutes les passions, de toutes les actions qui ne sont pas moi, mais que j'appelle *miennes*. Cette identité, faut-il le faire remarquer, ce n'est pas, comme le veut Locke, la mémoire qui la constitue, puisqu'elle est une condition de la mémoire; mais c'est la *mémoire qui, jointe à la conscience, nous la fait connaître*. Je ne suis pas la personne qui a fait cette chose parce que je m'en souviens, mais je puis m'en souvenir parce que c'est *moi* qui l'ai faite; et je ne saurais pas que c'est moi qui l'ai faite si je n'en avais le souvenir.

2° *Lois du souvenir.* — Nous appelons lois du souvenir les conditions auxquelles la mémoire paraît assujettie dans son exercice et son développement. Ces conditions sont de deux sortes, physiologiques et psychologiques.

Conditions physiologiques. — Que la mémoire dépende en grande partie d'un certain état du cerveau, c'est un fait qu'il n'est guère possible de révoquer en doute; car on a constaté souvent que telle altération de cet organe suffisait pour affaiblir ou détruire entièrement la mémoire; que telle autre pouvait, au contraire, accroître merveilleusement la lucidité et la puissance de cette faculté. Mais, dans l'état actuel de la science, il n'est pas possible de déterminer exactement les conditions physiologiques du souvenir; elles sont inconnues.

Conditions psychologiques. — On peut les ramener à deux principales : *l'attention* et *l'association des idées.* L'attention, a-t-on dit, est le burin de la mémoire; les connaissances confiées à cette faculté se gravent d'autant plus profondément, et par conséquent le souvenir est d'autant plus durable, que l'attention s'y est plus énergiquement et plus longtemps appliquée. De même, le souvenir sera d'autant plus facilement éveillé, que les choses apprises seront liées entre elles par des rapports plus nombreux et plus naturels. L'attention fixe le souvenir, l'association des idées en facilite le rappel.

Diverses formes de la mémoire. — La mémoire est *spontanée* ou *réfléchie.* Spontanée, quand nous nous rappelons instantanément, fatalement et sans effort; réfléchie, quand nous fouillons, pour ainsi dire, en nous-mêmes pour y retrouver la trace d'une connaissance qui nous échappe. Un premier souvenir spontané est évidemment nécessaire pour déterminer l'exercice de la mémoire réfléchie.

La mémoire offre de *grandes variétés selon les individus :* les uns ont la mémoire des faits, les autres la mémoire des mots; ceux-ci la mémoire des sons, ceux-là la mémoire des couleurs; beaucoup la mémoire des lieux, d'autres la mémoire des idées générales, ou, au contraire, celle des noms propres, etc. Pour expliquer cette diversité spécifique des mémoires, il n'est pas nécessaire de recourir à des facultés spéciales qu'on serait obligé de multiplier outre mesure ; la diversité des aptitudes naturelles organiques ou intellectuelles et celle des habitudes acquises par l'éducation et les associations d'idées suffisent à en rendre compte.

La mémoire varie aussi dans l'individu selon l'âge, les dispositions de l'âme et du corps. Plus vive et plus facile dans l'enfance, elle diminue dans l'âge mûr si on cesse de l'exercer, et s'affaiblit ou même disparaît complètement dans la vieillesse. En dehors de ces variations normales, certaines causes maladives peuvent encore amener les phénomènes les plus extraordinaires d'*amnésie* ou d'*hypermnésie*.

Les mémoires ne sont pas seulement variées, *elles sont inégales* et ne présentent pas toutes au même degré les mêmes qualités. D'après la définition même de la mémoire, on peut distinguer trois actes dans l'exercice de cette faculté : apprendre, retenir et se rappeler, auxquelles correspondent ces trois qualités d'une bonne mémoire : facilité à apprendre, fidélité ou ténacité à retenir, promptitude à rappeler. Rarement ces qualités se trouvent réunies ; on peut même dire que les deux premières sont assez souvent en raison inverse l'une de l'autre.

Importance de la mémoire. — Bien que la mémoire ne soit le principe générateur d'aucune de nos idées, et que ce soit une exagération de la considérer comme la première faculté de l'intelligence, on ne saurait méconnaître son importance capitale. Que serions-nous, réduits au présent ? Si les perceptions de la conscience et des sens n'avaient une sorte de prolongement dans la mémoire, à tout instant nos connaissances disparaîtraient et ne renaîtraient que pour périr. Aucune transformation des données expérimentales ne serait non plus possible ; car les diverses opérations, analyse, généralisation, comparaison, raisonnement, que notre esprit devrait exécuter dans ce but, exigent, comme nous le verrons, l'intervention de la mémoire.

Sans mémoire, point de réflexion, point de langage, point de responsabilité ; plus d'expérience ni de prévoyance ; pas de développement possible pour l'individu ni de progrès pour les peuples. L'imagination s'étonne, en vérité, à chercher ce que serait la connaissance réduite au présent.

Moyens de perfectionnement. — Si telle est l'importance de la mémoire, il n'est pas sans intérêt de connaître les moyens de perfectionner cette faculté.

1° *L'exercice.* — Qu'il suffise de citer ces paroles de Quintilien : *Si quis unam maximamque a me artem memoriæ quærat, exercitatio est et labor. Multa ediscere, multa cogitare, et si fieri potest, quotidie, potentissimum est. Nil æque, vel augetur cura, vel negligentia intercidit.*

2° *La méthode.* — Il faut classer ses connaissances, les ramener à des principes généraux, de peur de se perdre dans les détails : *Quæ bene composita sunt, sua serie memoriam ducunt*, dit encore Quintilien. Apprendre avec méthode est la manière d'apprendre et la plus facile et la plus utile; l'excès à craindre serait l'esprit de système.

3° *Une attention énergique.* — Nous avons même déjà dit que l'attention à quelque degré était une condition de la mémoire; on doit donc avoir soin de la soutenir en prenant intérêt à la science qu'on veut apprendre. Les signes sensibles, spécialement l'écriture, qui fixent l'attention, seront aussi de puissants auxiliaires de la mémoire. De là vient sans doute qu'on retient beaucoup mieux les choses qu'on a soi-même copiées ou résumées que celles qu'on ne connaît que par une simple lecture, fût-elle attentive. L'écueil à éviter est de se faire, comme dit Montaigne, une mémoire de papier.

On peut encore employer les procédés de la *mnémotechnie*, qui consiste à associer les idées et les faits qu'on veut retenir tantôt à des objets extérieurs (mémoire topique), tantôt à des mots qui fixent l'imagination, soit par eux-mêmes, soit par leurs combinaisons. Tels sont les vers techniques composés pour rappeler les radicaux de la langue grecque, les figures et modes du syllogisme. Le danger de tous ces artifices est de développer la mémoire à l'exclusion des autres facultés, et surtout du jugement. On s'expose à mériter cette épitaphe du P. Hardouin : *Hic vir beatæ memoriæ exspectans judicium.*

Théorie de la mémoire. — Les nombreuses théories relatives à la mémoire se ramènent assez naturellement à deux sortes : les unes, *physiologiques*, cherchent l'explication du souvenir dans des modifications organiques; les autres, *psychologiques*, prétendent la trouver exclusivement dans la nature de l'âme.

Explications physiologiques. — La première et la plus célèbre de ces explications repose sur l'hypothèse des traces, plis ou sillons, que laissent dans le cerveau les images des objets. « Toutes les fois, dit Bossuet, que les endroits du cerveau où les marques des objets sont imprimées sont agités par le cours des esprits ou par quelque autre cause que ce soit, les objets doivent revenir à l'esprit. » Cette théorie cartésienne est celle de tout le xvii° siècle (Descartes, Gassendi, Malebranche, Spinoza).

L'école psycho physique contemporaine semble y revenir avec son système des « impressions cérébrales distinctes, qui s'associent, se coordonnent et forment des groupes ou des séries tantôt connexes et tantôt isolées ». Mais ces théories physiologiques laissent sans explication le phénomène caractéristique de la mémoire, la reconnaissance.

Explications psychologiques. — Leibnitz, Maine de Biran, Damiron, s'efforcent d'expliquer la mémoire par une *survivance à l'état d'inconscience* ou de moindre conscience des perceptions du moi. Viennent quelques-unes des circonstances qui déterminent la mémoire, le moi reprend, disent-ils, la conscience de ses perceptions, et ces perceptions renouvelées, mais non nouvelles, lui apparaissent comme souvenirs. Mais cette théorie n'explique rien, et paraît se borner à constater un fait.

M. Janet, après Thomas Reid et Royer-Collard, admet que la mémoire *perçoit immédiatement le passé* et assimile le souvenir à la prescience. Mais le passé, objecte M. Rabier, c'est ce qui n'est plus là, et comment ce qui n'est plus là pourrait-il être un objet de perception immédiate et actuelle?

M. Joly, adoptant la théorie de Gratacap (1863), essaye de ramener tous les faits de mémoire à des *associations d'idées;* M. Rabier, avec quelques philosophes de l'école évolutionniste, insiste davantage sur le principe de l'*habitude,* « cette disposition permanente de l'âme à refaire ce qu'elle a déjà fait, à penser de nouveau les choses qu'elle a déjà pensées. » Les uns et les autres s'efforcent, mais en vain, de rendre compte à l'aide de *contrastes* du fait de la reconnaissance.

C'en est assez sur des théories impuissantes à expliquer un mystère qui probablement nous échappera toujours.

II. — Association des idées.

De l'association des idées en général. — *Définition.* — L'association des idées est la *faculté qu'a notre esprit d'unir plusieurs pensées en vertu des rapports qu'il saisit entre elles.* C'est à dessein que nous nous servons dans la définition du mot *pensée*, afin de bien marquer que ce ne sont pas seulement nos idées qui s'unissent les unes aux autres, comme pourrait le faire croire le terme reçu d'*association des idées.* Nos sentiments et nos résolutions aussi bien que nos idées, toutes nos pensées, tous les phénomènes de notre âme sont soumis à cette loi d'attraction mutuelle, qu'on a comparée à l'attraction physique.

Le fait de ces associations. — La tendance de nos pensées à s'exciter mutuellement est un fait connu de tout le monde et que chacun peut observer en soi-même. La vue d'un objet nous rappelle la personne à laquelle il appartenait; celle d'un lieu, la conversation que nous y avons eue; la lecture du *Misanthrope*, Molière, qui en est l'auteur. La liaison qui unit les mots et les phrases d'un discours que nous avons appris par cœur, celle des différentes notes d'un morceau de musique dans l'esprit de celui qui l'exécute de mémoire, nous offrent encore des exemples familiers de cette loi d'association qui fait partie essentielle de notre nature.

Leurs formes diverses. — Les suites de nos pensées résultent des associations diverses produites en notre esprit; tantôt, comme dans la rêverie, elles coulent d'elles-mêmes faciles et capricieuses; tantôt, comme dans la méditation ou dans le travail de la composition, elles sont réglées et dirigées vers un but par un effort de l'esprit. Le plus souvent ces deux espèces de suites d'idées se mêlent dans nos pensées ordinaires.

Lois de l'association des idées. — Nous en distinguons de deux sortes: les *lois fondamentales,* qui *déterminent* nos associations d'idées, et les *lois secondaires,* qui *facilitent* le retour de ces associations.

Lois fondamentales. — L'association des idées *n'est jamais absolument fortuite;* seulement les rapports qui la déterminent sont plus ou moins apparents, plus ou moins logiques.

De tout temps les philosophes ont essayé de réduire cette

loi générale de l'association de nos idées à quelques principes déterminés. Hume, par exemple, n'admet que trois principes d'association : la *ressemblance*, la *contiguïté* dans le temps ou dans l'espace, et la *causalité*; encore rattache-t-il en définitive ce dernier principe à la double relation de ressemblance et de succession.

Hamilton simplifie encore cette théorie, et prétend ramener les deux principes fondamentaux de Hume à une loi qu'il appelle loi de *redintégration* et qu'il formule ainsi : « Deux idées qui ont fait partie précédemment du même acte intégral de cognition se suggèrent naturellement. »

Avec la plupart des philosophes, nous rangerons les principes d'association en deux grandes catégories : 1° les *rapports naturels*, qui ont leur fondement dans la nature des choses ; 2° les *rapports arbitraires*, qui sont purement conventionnels.

1° *Rapports naturels*. — Ces rapports naturels sont eux-mêmes *essentiels* ou *accidentels*.

Les principaux *rapports essentiels*, qu'on pourrait encore appeler nécessaires, logiques, sont ceux de cause à effet, de moyen à fin, de principe à conséquence. C'est ainsi que l'éclair me fait songer à l'électricité, telle proposition de géométrie à telle autre qui en découle. — M. Janet regarde ces rapports logiques comme étrangers à l'*association de nos idées*. « Ces rapports logiques, dit-il, sont la loi générale de notre raison ; or, quand on parle de l'association des idées, on n'entend pas parler d'une loi générale de l'intelligence, mais d'un ordre de faits tout particulier, d'un genre de liaisons extérieures et, pour ainsi dire, mécaniques; autrement il n'y aurait pas lieu d'en faire l'objet d'une étude à part, ce serait l'étude de l'esprit humain tout entier. » La difficulté ne nous paraît pas sérieuse, et nous croyons que l'association des idées s'étend à *tous* les rapports que l'esprit peut saisir entre ses diverses pensées.

Les *rapports accidentels* peuvent se ramener à trois principaux. — *a. Rapport de contiguïté dans le lieu et dans le temps*. C'est en vertu d'un rapport de contiguïté dans le lieu qu'à la vue du château de Versailles surgissent dans l'esprit mille souvenirs historiques. C'est le rapport de contiguïté dans le temps qui est le principe des synchronismes, des éphémérides, des chronologies, des généalogies, etc. — *b. Rapport de ressem-*

blance, d'analogie, de contraste dans les choses ou dans les mots. C'est un rapport de ressemblance qui me fait associer la mort de Charles I*er* à celle de Louis XVI, un rapport de contraste qui me fait songer à Titus quand on parle de Néron, un rapport d'analogie qui me fait passer de l'idée de blancheur à l'idée d'innocence. C'est de ce principe que dérivent la plupart des figures de rhétorique. Ce sont des rapports de consonance qui donnent lieu aux jeux de mots ou calembours. Ce qu'on appelle esprit de conversation consiste en grande partie dans la faculté de saisir des rapports ingénieux, inattendus, trop souvent superficiels et faux, et de passer ainsi vivement d'un sujet à un autre. — *c. Rapport des signes naturels aux pensées qu'ils expriment.* C'est ce rapport qui me fait associer à la vue du rire la pensée de la joie. Pour nous, comme pour Jouffroy, ce rapport est un rapport *sui generis*, qu'il nous paraît impossible de ramener à un rapport de ressemblance ou de causalité.

2° *Rapports arbitraires.* — Les rapports arbitraires, qui peuvent servir de base à des associations d'idées, sont également très variés. Citons seulement comme exemples les rapports établis entre l'olivier et la paix, le drapeau et la patrie; et notons surtout que la parole et l'écriture n'ont d'importance que par le rapport arbitraire qui associe les mots aux idées qu'ils expriment.

Quels que soient ces rapports, il faut bien remarquer qu'ils n'unissent point les objets en eux-mêmes indépendamment de toute perception. Pour que les idées de deux objets puissent s'éveiller l'une l'autre, il faut que l'esprit ait perçu simultanément ces deux objets au moins une fois en saisissant leur rapport; mais, à cette condition, il n'y a pas de choses si différentes, si opposées qu'elles soient par leur nature, qui ne puissent s'appeler dans notre esprit.

Lois secondaires. — Certaines circonstances sont de nature à favoriser les associations d'idées.

Les objets sensibles les réveillent. — Tout le monde sait que la vue des lieux où se sont accomplis de grands événements, Rome, Jérusalem, suscite en l'âme une foule d'idées et de sentiments que la réflexion seule n'y eût jamais fait revivre avec la même vivacité.

L'habitude en facilite le retour. — C'est par un effet de l'habitude que certains hommes acquièrent la facilité de retrouver de nombreuses associations d'idées sur un sujet proposé, et d'*improviser* ainsi de longs discours. Mais là ne se borne pas l'influence de l'habitude sur nos associations d'idées ; elle est telle qu'on peut expliquer le caractère et le tour d'esprit d'un homme par la manière dont il a coutume d'associer ses pensées.

Pour quelques philosophes, non seulement l'habitude facilite et fortifie les associations d'idées, mais elle en est le principe et la raison dernière ; nous retrouverons cette théorie en traitant de l'habitude.

Importance de l'association des idées. — Hume et quelques philosophes de l'école anglaise associationiste, Thomas Brown, Stuart Mill, A. Bain, Spencer, ont exagéré l'importance de l'association des idées. Ils s'efforcent d'y ramener toutes les facultés intellectuelles et prétendent expliquer tous les principes de raison par de *simples associations d'idées* que l'habitude rend *inséparables*. Bien plus, pour les derniers représentants de l'école, tout corps n'est qu'un groupe de sensations *coordonnées*, et le monde extérieur tout entier n'est qu'une possibilité permanente de sensations diverses *liées entre elles*. Nous aurons bientôt à exposer et à réfuter cette théorie, manifestement fausse et trop exclusive.

Sans tomber dans cet excès, il faut bien reconnaître que l'importance de l'association des idées est immense.

Elle se trouve mêlée à la plupart des *opérations de l'esprit:* comparaison, généralisation, raisonnement, langage ; mais elle exerce une influence toute spéciale sur la *mémoire*, dont elle est d'ailleurs une condition essentielle. Quand on a l'habitude d'associer ses pensées par des rapports accidentels d'analogie, de contraste, etc., on a généralement la mémoire de l'homme d'esprit, du poète, de l'artiste, appelée *mémoire de mots*. Quand, au contraire, on a l'habitude d'associer ses idées d'après les rapports essentiels de cause à effet, de moyen à fin, on a la mémoire du philosophe, du logicien, la *mémoire de choses*.

L'association des idées intervient aussi d'une façon remarquable dans l'*imagination ;* c'est d'elle que dépendent et la nature des idées ou des images et leur mode de combinaison. Qu'on donne un même sujet à traiter à deux artistes, il sera facile de constater de nombreuses différences entre les deux œuvres, et de reconnaître dans l'œuvre de chacun ses pensées ordinaires et les rapports qui président à leur association.

Son influence est surtout capitale sur *les jugements et la conduite des hommes*. Notre vie tout entière dépend en grande partie des idées que nous avons associées ensemble dès notre première jeunesse. Quelle différence, par exemple, entre deux hommes, dont l'un a regardé comme inséparables les idées de bonheur et de richesses, d'incrédulité et d'esprit fort, d'indépendance et de liberté, de suicide et de force d'âme, de vengeance et d'honneur, tandis que l'autre n'aura jamais établi entre ces idées que des rapports légitimes !

Notre volonté libre exerce un empire incontestable sur toutes ces associations d'idées; travaillons donc à nous rendre familières les associations légitimes, à écarter les associations fausses dès qu'elles se présentent à l'esprit. C'est un des moyens les plus efficaces que nous puissions employer pour acquérir des habitudes sérieuses et tendre à notre perfectionnement intellectuel et moral.

III. — Imagination.

L'imagination peut se définir d'une manière générale : *la faculté que nous avons de nous représenter sous une forme sensible un objet qui n'affecte actuellement aucun de nos sens.*

Les formes sensibles dont se sert l'imagination ne sont point exclusivement des images, comme semblerait l'indiquer le mot *imagination*. Nous empruntons quelquefois ces formes sensibles aux données des autres sens. Ainsi, longtemps après l'avoir entendu, nous pouvons reproduire intérieurement un air de musique qui nous a charmé; il en est de même pour la parole. Par l'imagination nous pouvons faire revivre aussi, quoique plus difficilement, les perceptions du toucher, de l'odorat et du goût. Toutefois c'est la vue qui fournit à l'imagination les formes les plus belles et les plus riches.

On distingue plusieurs sortes d'imaginations.

I. — Imagination reproductrice, sensitive ou passive, encore appelée mémoire imaginative.

C'est la faculté que nous avons de *nous représenter sous une forme sensible des objets précédemment perçus*, mais qui n'affectent actuellement aucun de nos sens.

Je vois encore par cette imagination la personne que je viens de quitter, je me représente ses traits, sa manière de parler, le son de sa voix, etc. Cette faculté nous est commune avec les animaux.

Sa nature. — Quand Aristote, Descartes, Malebranche, Bossuet traitent de l'imagination ou de la *fantaisie*, c'est principalement de l'imagination reproductrice qu'ils entendent parler. Bossuet la définit : « une sensation renouvelée et affaiblie. » Ce n'est pas exact; il serait mieux de dire une perception sensible renouvelée. Et de plus, si quelquefois l'impression est affaiblie, diminuée, ce n'est point une loi générale, car plus souvent encore elle est augmentée et transformée. L'imagination, a-t-on dit, est « une façon de verre grossissant les images »; jamais ou presque jamais elle n'est purement passive.

L'imagination reproductrice a des rapports avec la perception des sens et la mémoire, mais elle se distingue aussi nettement de ces facultés. — Comme la *perception des sens*, cette imagination nous donne la représentation sensible des corps; mais, dans l'imagination reproductrice, l'image se forme sans l'action de l'objet extérieur, tandis que la perception suppose toujours l'action de cet objet sur l'organe. — Comme la *mémoire*, l'imagination reproductrice fait revivre quelque chose de passé; mais, tandis que la mémoire rappelle les faits internes dont nous avons eu conscience, l'imagination reproductrice fait revivre les formes sensibles que nous avions perçues par les sens.

Son importance. — Le rôle de cette faculté est capital dans notre vie. — En reproduisant les perceptions des sens, elle suffit à exciter notre *sensibilité*, et peut nous faire éprouver les sensations les plus vives et les plus variées. — Elle accompagne invariablement l'exercice de la *mémoire*, et d'autre part elle ne s'exerce point sans provoquer divers souvenirs; ainsi ces deux facultés sont intimement unies et se prêtent un mutuel concours. — Enfin l'imagination, remarque Bossuet, mêle son action à celle de l'*entendement* dans la considération des choses les plus spirituelles, par exemple de Dieu et des âmes; à ce point de vue elle peut être un principe d'erreur, mais elle peut être aussi d'une très grande utilité et servir beaucoup à empêcher les distractions en fixant la pensée sur un sujet.

II. — Imagination dite active.

C'est la faculté de donner une forme à ce qui ne tombe pas sous nos sens, *de représenter les choses spirituelles*, les émotions du cœur, les idées même de l'intelligence, et jusqu'aux plus abstraites, *sous une forme vive, originale et sensible*.

Cette imagination est nécessaire à tous les arts, mais surtout à la poésie : *Ut pictura poesis*.

Où pourrons-nous trouver les formes sensibles dont nous revêtons les objets spirituels? Nous devons nécessairement les emprunter aux images des objets matériels que nous avons vus précédemment. Quelquefois telle image, conservée dans le dépôt de l'imagination reproductrice, offre une analogie frappante avec la nature d'un objet spirituel et suffit à le représenter; plus souvent, il faudra *décomposer* diverses images, en prendre quelques traits, pour les *associer* à d'autres éléments empruntés à d'autres tableaux, et arriver ainsi à représenter sous une forme sensible l'objet spirituel que nous avons en vue.

Avec ce genre d'imagination, nous pouvons amoindrir les plus grandes choses et grossir les plus petites. Quand elle embellit tout ce qui nous entoure, elle procure le bonheur; mais quelquefois aussi elle assombrit tout et engendre une noire mélancolie.

L'hallucination consiste à percevoir comme réellement présents les objets qu'on imagine; l'illusion, à mêler aux données réelles des sens les rêves de l'imagination.

III. — Imagination inventive et créatrice.

L'imagination créatrice se présente sous deux formes principales.

1° Sa forme inférieure. — On définit souvent l'imagination créatrice : la faculté de *combiner les idées et les éléments de la réalité, d'après des rapports nouveaux*, de façon à produire une représentation qui ne corresponde à aucun objet réel. Ainsi entendue, l'imagination créatrice ne mérite pas son nom; elle n'est qu'un développement de l'imagination active; on pourrait peut-être l'appeler imagination *inventive*.

Cette imagination est commune à tous les hommes et se manifeste de mille manières.

Elle est le principe des récits merveilleux comme ceux des *Mille et une nuits*, des châteaux que nous rêvons en Espagne, des fictions de toutes sortes que produit notre esprit. C'est alors, suivant le mot de Pascal, « une maîtresse d'erreurs, » et si on n'a soin de l'assujettir à une surveillance sévère, elle devient facilement « la folle du logis ».

C'est elle aussi qui nous rend, à tous les âges, féconds en expédients; elle qui suggère au savant les hypothèses et les expériences dont les plus grandes découvertes sont quelquefois la conséquence; elle qui ouvre tous les jours de nouveaux horizons à la politique, au commerce, à l'industrie; elle qui suggère au général sur le champ de bataille, au ministre dans une crise financière, le moyen d'éviter un désastre.

Dans tous ces cas, l'imagination n'est point réellement créatrice, elle *combine* simplement, mais d'après des rapports nouveaux, les objets réels et leurs propriétés dénaturées.

2° SA FORME SUPÉRIEURE. — Sous sa forme supérieure, l'imagination tend à la réalisation du beau; elle est le privilège des artistes et le principe des beaux-arts. On peut la définir en deux mots : *la faculté de l'idéal.*

L'Idéal. — L'idéal est un type de beauté supérieure qui ne se rencontre pas dans la nature; c'est la transformation de la réalité, ou la réalité dégagée de ses imperfections. Sa notion sera plus amplement expliquée quand nous traiterons de l'art; mais nous devons bien remarquer dès maintenant que l'idéal de l'imagination n'est pas l'idéal du métaphysicien, c'est-à-dire une idée abstraite et générale, car alors, seule la raison pourrait le saisir; c'est celui du poète et de l'artiste, dans lequel *l'idée s'unit toujours à la forme sensible* qui l'exprime.

Tandis que la raison conçoit sans voiles et sans images les idées et les vérités éternelles, l'imagination nous présentera toujours ces données sous une forme concrète. Elle n'a pas même précisément pour objet la vérité; ce qui lui est propre, c'est d'exprimer une idée sous une forme sensible idéale, c'est-à-dire supérieure à la réalité. Ainsi Sénèque est philosophe quand il disserte sur la clémence: il nous expose une notion. Corneille est poète quand il nous peint la clémence d'Auguste : il révèle un idéal.

Nature de l'imagination créatrice. — Les produits de cette forme supérieure de notre imagination sont donc des idées revêtues d'images ou des images pénétrées d'idées, et comprennent deux éléments : l'*idée* et son *expression*. Mais ces deux éléments résultent d'un seul et même acte; pour le génie créateur, concevoir l'idée et l'exprimer c'est tout un : l'idée et sa forme sensible se présentent simultanément à son âme dans une parfaite unité.

En elle-même, l'imagination créatrice est donc une faculté à part, irréductible, dont la fonction propre est de *rapprocher dans unité supérieure le sensible et l'intelligible*, les données des sens et celles de la raison pure.

Toutefois, dans son exercice, elle suppose le concours de plusieurs facultés. Que ses conceptions soient empruntées à l'expérience ou à la raison, elle a toujours besoin de l'*abstraction*, de la *comparaison*, de l'*association des idées*, de la *mémoire* surtout, et de l'*imagination reproductrice*. Ces deux dernières facultés lui fournissent tous les matériaux qu'elle met en œuvre; elles sont comme le dépôt où elle puise sans cesse; et, par suite, le vrai moyen de féconder l'imagination créatrice, c'est d'enrichir la mémoire par un travail soutenu, l'imagination reproductrice par l'observation des beautés de la nature ou de l'art.

Ajoutons qu'elle doit encore consulter le *goût* dans la conception de son idéal et le choix des images qui l'expriment, et enfin faire appel au sentiment pour animer et vivifier son œuvre, car le sentiment est la source de l'*inspiration*, sans laquelle il n'y a pas de chef-d'œuvre.

Son pouvoir créateur. — On a souvent discuté pour savoir si l'imagination méritait son nom de faculté créatrice. Sans doute il y a une différence infinie entre les créations divines et les créations artistiques, puisque l'homme ne peut donner l'être à aucune substance; mais les œuvres de génie n'en sont pas moins des productions qui n'ont pas de modèle dans la nature. « Quand Phidias faisait la statue de Minerve, dit Cicéron, il n'avait pas sous les yeux un modèle particulier dont il s'appliquât à exprimer la ressemblance ; mais dans le fond de son âme résidait un type accompli de beauté sur lequel il tenait ses regards fixés et qui conduisait son art et sa main. »

Les chefs-d'œuvre d'Homère, de Raphaël ou de Mozart, ont le même cachet d'originalité. Quel autre terme pourrait mieux rendre ce caractère que le mot de création ?

Qualités de l'imagination. — Considérée spécialement à

ce point de vue de la littérature et des beaux-arts, l'imagination offre des qualités bien variées : elle est grande, sublime ou délicate, suivant que la *conception* est elle-même grande, sublime ou délicate; Bossuet est grand, Fénelon est plutôt délicat. Elle est brillante, forte ou sombre, selon la *nature des images* qui expriment la conception; à ce point de vue, l'imagination de Lacordaire est brillante, celle de Rousseau est sombre. Si l'œuvre est sans *goût*, elle sera grossière, désordonnée, grotesque. Enfin, si l'*inspiration* fait défaut, l'imagination est froide, languissante, et produit des œuvres comme la *Henriade* de Voltaire.

Modifications qu'elle subit. — Nous avons déjà dit quelle influence nos habitudes intellectuelles et nos associations d'idées exercent sur l'imagination; ajoutons qu'aucune faculté peut-être ne subit autant que l'imagination l'influence de l'organisme et des causes physiques qui agissent sur l'organisme.

Elle est profondément modifiée : — par l'âge : l'imagination est vaine et inconstante dans l'enfance; riche et féconde, mais fougueuse dans la jeunesse; plus sage, plus correcte et plus réglée dans l'âge mûr, elle devient lente et terne dans la vieillesse, souvent même elle s'éteint avant la mort; — par le tempérament : l'imagination de l'homme sanguin sera légère, celle du bilieux ardente, celle du mélancolique sombre et noire; — par la maladie : dans l'ardeur de la fièvre l'imagination s'exalte, et les images atteignent un tel degré de vivacité, que le malade les prend pour des réalités; c'est le délire ou le transport; — par le genre de vie, la température, le climat : quelle différence, par exemple, entre l'imagination des Orientaux et celle des peuples du Nord, entre celle de Dante et celle d'Ossian! Il semble, comme on l'a dit, que les œuvres de littérature ou d'art reflètent les couleurs du ciel qui les a vu naître.

Son rôle, son importance. — Nous n'insisterons pas sur le rôle et l'importance de l'imagination dans la vie humaine. Tout le monde sait de quels plaisirs innocents elle nous fait souvent jouir, et quelle puissance ont ses charmes pour rendre la vertu aimable et la vérité persuasive. Mais, d'autre part, elle est souvent un principe d'ennui, d'illusion, de fatigue et de dégoût, et c'est surtout quand elle devient rêverie ou qu'elle ne tend pas à l'action. Toute saine imagination doit s'efforcer de créer; c'est à ce signe que se reconnaissent les grands hommes. Ils ne sont jamais des rêveurs.

Retenons, en terminant, cette parole de Bossuet : « Pour faire un habile homme, il faut de l'imagination et de la raison; mais, dans ce tempérament, c'est la raison qui doit dominer. »

III

OPÉRATIONS INTELLECTUELLES

L'intelligence ne se borne pas à acquérir quelques notions isolées, ni à les *conserver* telles qu'elle les a reçues primitivement, elle les *élabore* au moyen de diverses opérations intellectuelles qui toutes peuvent se rattacher à la *raison discursive* comme à leur principe immédiat.

Bossuet et tous les anciens signalent trois opérations fondamentales de l'entendement : la *perception* ou *conception* des idées, le *jugement* et le *raisonnement*. Avec la plupart des auteurs modernes nous en distinguerons six, dont nous traiterons successivement, savoir : l'*attention*, l'*abstraction*, la *comparaison*, la *généralisation*, le *jugement* et le *raisonnement*.

I. — Attention.

Sa nature. — L'attention est *la direction et la concentration des forces de l'esprit sur un objet pour le mieux connaître*. Elle tient donc à la fois de l'intelligence et de la volonté; mais elle appartient formellement à l'intelligence, car elle a pour but la connaissance, et ce sont les forces de l'esprit qui agissent, quoique sous le commandement de la volonté.

A parler exactement, l'attention est moins une opération spéciale que la condition de toute action sérieuse de nos diverses facultés, et l'auxiliaire indispensable de toutes nos opérations intellectuelles.

Les faits d'attention sont indéniables. Qui ne comprend, par exemple, la différence qu'il y a entre voir et regarder, entendre et écouter, sentir et flairer, goûter et déguster, toucher et palper? Ces mots : regarder, écouter, flairer, déguster, palper, expriment des actes d'attention qui se produisent quand la volonté saisit, pour ainsi dire, nos sens pour les appliquer à un objet déterminé.

Erreur de Condillac. — Condillac méconnaît ce caractère propre des faits d'attention, et les réduit à n'être que des *sensations exclusives*. Qu'il suffise d'observer, avec Laromiguière, que la sensation peut bien précéder l'attention, mais qu'elle ne peut pas se changer en attention; que jamais il n'y aura identité entre ces deux faits, parce que l'un est actif, tandis que l'autre est passif; enfin qu'il n'est pas vrai de dire, avec Condillac, que c'est toujours une sensation exclusive qui provoque l'attention, parce que souvent c'est l'attention qui rend la sensation exclusive.

Diverses formes de l'attention. — L'attention suppose toujours quelque acte positif de la volonté; cependant, dans l'enfant, elle est le plus souvent *spontanée*, portée de tel ou tel côté par l'attrait d'une passion, le caractère insolite de tel ou tel objet qui s'offre à sa vue. Elle est plus communément *volontaire* et réfléchie dans l'homme mûr, et prend alors différents noms, suivant l'objet vers lequel l'âme dirige ses efforts.

Elle garde le nom d'*attention* toutes les fois qu'il s'agit de notions qui nous sont communiquées par nos semblables, au moyen de la parole, de l'écriture ou du geste.

Elle s'appelle *observation externe*, ou simplement observation, quand elle considère les phénomènes de la nature et les notions qui concernent les corps.

Appliquée aux phénomènes intérieurs de conscience, l'attention devient *observation interne* ou *réflexion* : observation interne, quand elle a pour objet la vie intime de l'âme ; réflexion, quand l'esprit se replie sur lui-même et sur sa pensée pour l'analyser.

Enfin, quand elle dirige son regard sur Dieu et sur les vérités éternelles, c'est la *contemplation*.

Importance de l'attention. — L'influence de l'attention sur l'intelligence est manifeste. Elle n'est pas la perception même, comme le prétend Laromiguière, elle ne donne pas les idées, car elle peut être infructueuse, mais elle *prépare à les acquérir*, puis les *éclaircit*, les distingue, les précise. « L'attention, dit Malebranche, c'est une prière que nous faisons à la vérité pour lui demander de se découvrir à nous, et la lumière en est la récompense. »

Nous l'avons déjà dit, elle est *une des conditions du souvenir;* celui qui apprend facilement et sans grand effort d'attention oublie facilement aussi pour l'ordinaire. Mais il faut ajouter qu'une application opiniâtre et une grande puissance d'attention sont de même la condition ordinaire du *développement de toutes nos facultés.*

Sans prétendre que d'elle seule dépende l'inégalité des esprits, sans dire avec Buffon que le génie n'est qu'une longue patience, on peut affirmer que l'attention multiplie les forces intellectuelles, et qu'à son défaut les plus heureuses dispositions demeurent stériles. « Au contraire, remarque Bossuet, dès que nous réfléchissons, nos progrès n'ont plus de bornes; l'esprit humain fait sans cesse de nouvelles découvertes; la seule paresse peut mettre des limites à ses connaissances et à ses inventions. »

L'attention n'est pas moins importante *au point de vue moral.* Les impressions auxquelles elle s'applique acquièrent une énergie prodigieuse, et la sensation la plus vive s'affaiblit quand l'attention est fortement dirigée ailleurs; aussi celui qui est devenu maître de son attention trouve-t-il dans cette disposition même un remède puissant contre la violence des passions. Le meilleur moyen de combattre n'est pas ordinairement de résister de front, mais de détourner l'esprit de l'objet qui le trouble en appliquant nos facultés à quelque autre chose. « Il en est, dit encore Bossuet, de la passion comme d'une rivière; on peut plus facilement la détourner que l'arrêter de droit fil. » Aussi le travail sérieux est-il peut-être, dans l'ordre naturel, le remède le plus efficace contre les passions, spécialement contre celles qui nous entraînent par l'attrait du plaisir.

Qualités de l'attention. — Pour offrir ces avantages, l'attention doit être :

Une, — c'est-à-dire se porter sur un seul objet à la fois; c'est la maxime ancienne : *Pluribus intentus, minor est ad singula sensus.* Êtres finis et bornés, nous sommes dans l'impossibilité de saisir d'un seul regard plusieurs objets ou plusieurs points de vue différents d'un même objet. L'attention suppose nécessairement l'abstraction.

Énergique. — Si l'effort de volonté n'est pas sérieux, la moindre distraction nous emportera loin de l'objet de nos études; nous en faisons souvent l'expérience. Quand à l'énergie s'ajoute la persévérance, c'est ce qu'on appelle l'*application*. Pour l'obtenir, il est utile de faire usage des signes sensibles et de l'écriture, qui provoquent et soutiennent l'attention.

Reposée. — Il faut savoir soulager son attention en prenant quelque repos, ou au moins en variant ses occupations, car l'esprit n'est pas capable d'une application longtemps soutenue sur un même objet. Un effort excessif produit la *contention*, « qui met l'âme au rouet, la rompt et l'empêche. » (Montaigne.)

Être *distrait*, *abstrait* ou *préoccupé*, sont autant de défauts opposés à l'attention.

II. — Abstraction.

Nature de l'abstraction. — L'abstraction consiste à *considérer isolément une propriété*, la séparant *mentalement* du sujet auquel elle appartient ou des autres propriétés dont elle est *inséparable en réalité*.

Ce ne serait pas proprement abstraire que de considérer isolément une partie *séparable* d'un tout, comme la fleur d'une plante, les membres d'un corps; et les logiciens de Port-Royal étendent trop le sens du mot *abstraction*, quand ils disent que « connaître par abstraction, c'est connaître par parties ». L'abstraction, c'est l'attention concentrée, non plus sur un objet, mais sur un de ses modes à l'exclusion des autres ou sur sa substance à l'exclusion des modes.

Son usage. — L'abstraction nous est très familière.

La plupart des sciences ont en définitive pour objet des abstractions, car chacune n'envisage les êtres que sous un point de vue particulier. Mais les mathématiques sont les sciences abstraites par excellence; elles laissent aux sciences physiques et naturelles l'étude des êtres matériels et de leurs propriétés, et se bornent à traiter : la mécanique, du mouvement; la géométrie, de l'étendue; l'arithmétique, du nombre.

Chacun de nos sens, ne percevant que certaines qualités des corps, est un instrument d'abstraction. Dans l'étude des phénomènes sensibles de notre âme et de nos diverses facultés intellectuelles, nous avons à tout instant pratiqué cette opération; et l'*analyse*, si fréquemment employée, n'est qu'*une suite d'abstractions méthodiques* en vue de l'étude d'un objet.

L'abstraction ne nous est pas seulement familière; elle est absolument indispensable à notre intelligence, trop bornée pour saisir clairement, sans le diviser, un objet d'étude un peu complexe. Le concret et l'individuel est ce qui existe réellement, ce qui nous apparaît tout d'abord, mais nous ne pouvons le connaître qu'à la condition de le décomposer.

Ses avantages et ses dangers. — Rien de plus faux d'ailleurs que le préjugé qui attribue l'obscurité aux idées abstraites; elles sont beaucoup plus claires que les idées concrètes, parce qu'elles sont beaucoup plus simples et plus précises. Si parfois quelques-unes nous paraissent obscures, c'est que nous voulons en juger par les sens et l'imagination au lieu de nous en rapporter à notre raison.

Mais l'abstraction a aussi ses dangers : c'est s'exposer à de graves erreurs que d'oublier la nature propre des idées abstraites, de leur *prêter une réalité* qu'elles n'ont pas, à plus forte raison de les *personnifier*. La mythologie est pleine de ces personnifications; le froid et le chaud, le sec et l'humide, étaient réalisés par l'ancienne physique, et les forces occultes du moyen âge, aussi bien que les fluides des sciences modernes, ne sont de même que des abstractions réalisées.

III. — Comparaison.

Nature de la comparaison. — La comparaison suppose des actes d'attention, mais elle n'est ni « une double attention », ni « une attention successive », comme le veut Malebranche; elle n'est pas non plus « une perception de rapports », puisque trop souvent elle n'arrive point à les découvrir. Nous la définirons donc : *une opération par laquelle l'esprit rapproche deux objets ou deux idées pour en saisir les rapports.*

Ses conditions. — Pour que la comparaison de deux objets soit possible, il faut entre ces deux objets *des ressemblances et des différences;* deux objets absolument identiques, ou qui n'auraient rien de commun, ne pourraient évidemment pas être comparés.

La comparaison suppose en outre *des abstractions successives,* car sans le secours de cette opération nous ne pourrions décomposer les idées que nous nous formons des choses, ni par suite trouver entre ces choses des points de comparaison; c'est le cas de l'animal, qui ne peut comparer parce qu'il ne peut abstraire.

Son importance. — La comparaison donne plus d'exactitude et de précision à nos connaissances, car les différents objets nous sont principalement connus par leurs ressemblances ou leurs contrastes.

En second lieu nous lui devons toute une classe d'idées fort nombreuses, les *idées relatives*, exprimées par des mots analogues à ceux-ci : grandeur, petitesse, infériorité, égalité, supériorité, etc.

Enfin elle est la condition des trois opérations dont il nous reste à parler.

IV. — Généralisation.

Nature de la généralisation. — C'est l'*opération par laquelle l'esprit comprend dans une notion unique des qualités communes et propres à plusieurs objets;* son caractère essentiel est de ramener la *multitude* à l'*unité*. Lorsque, par exemple, après avoir découvert dans plusieurs objets, tels que la neige, le lait, le papier, une propriété commune, la couleur blanche, j'en fais une notion unique, la blancheur, je généralise, et l'idée de blancheur est une idée générale.

L'idée générale résulte donc de la *comparaison de plusieurs idées abstraites*, et ne doit être confondue ni avec l'idée simplement *abstraite*, ni avec l'idée *universelle*. — L'idée abstraite, en effet, n'est pas nécessairement générale, bien qu'elle tende à le devenir; elle peut être individuelle, parce qu'on peut n'envisager la qualité abstraite que dans un objet, par exemple : la blancheur de cette rose. — L'*idée universelle* est nécessaire, absolue et perçue par la raison; l'idée générale, au contraire, est contingente et relative; elle ne vient directement ni de l'expérience ni de la raison, c'est un produit de l'activité de l'esprit qui la forme à la suite des perceptions expérimentales, à l'aide de l'abstraction et de la comparaison. Notons cependant que les philosophes du moyen âge qualifient toutes nos idées d'*universelles;* mais ce terme avait alors un sens plus étendu et signifiait, conformément à son étymologie, *une idée applicable à divers individus.*

Divers degrés de généralisation. — L'idée générale peut

être plus ou moins étendue, selon que les ressemblances perçues sont communes à un nombre plus ou moins considérable d'individus. C'est ainsi que l'on distingue :

1° L'idée d'*espèce*, qui est le plus bas degré de la généralisation. On l'obtient en prenant dans les êtres *individuels* l'ensemble des caractères qui leur sont communs. Ex. : triangles équilatéraux, isocèles, scalènes.

2° L'idée de *genre*, que l'on obtient en rapprochant les caractères, non plus cette fois individuels, mais *spécifiques*, pour recueillir ceux qui sont communs à plusieurs espèces et en former une idée plus simple et plus générale. Ex. : triangle.

Dans le langage ordinaire, ces mots *genre* et *espèce* sont purement relatifs. Ainsi un genre peut devenir espèce par rapport à des collections plus étendues, et de même une espèce peut devenir genre par rapport à des collections moins étendues; la possibilité de ces transformations ne cesse que quand on est arrivé au genre le plus élevé (*summum genus*), ou descendu à la dernière espèce (*species infima*), qui ne comprend au-dessous d'elle que des individus.

Les genres et les espèces dans lesquels rentre l'homme peuvent, d'après Porphyre, être coordonnés de la manière suivante :

ÊTRE
possible, EXISTANT,
accident, SUBSTANCE
incorporelle, CORPORELLE
inorganique, ORGANIQUE
insensible, SENSIBLE
dépourvu de raison, RAISONNABLE : HOMME { Pierre. Paul. Jacques.

Double propriété de l'idée générale. — Cette subordination des genres et des espèces a sa raison dans une double propriété des idées générales : leur *compréhension* et leur *extension*. La compréhension d'une idée générale est la somme des éléments ou des idées simples qui la constituent. Son extension est le nombre d'individus ou de faits auxquels elle s'applique. Ces deux propriétés sont évidemment en raison inverse l'une de l'autre : plus une idée générale comprend de qualités, moins sont nombreux les êtres auxquels elle convient, et réciproquement.

Ainsi, de toutes nos idées, celle qui a le plus d'extension, l'idée d'être, est aussi celle qui a le moins de compréhension. Si à l'idée d'être on ajoute successivement les idées de matière, de vie et de sensibilité, on obtient l'idée d'animal, dont la compréhension est plus grande, mais aussi dont l'extension est moindre, puisqu'elle ne s'applique qu'à une espèce d'êtres, celle que nous appelons l'espèce animale.

Importance de la généralisation. — La généralisation est la source, non de l'absolu, de l'universel, que donne la raison intuitive, mais des idées générales abstraites qui représentent toute une classe d'êtres, tout un ordre de qualités ou de propriétés.

Sans généralisation, *pas de science possible,* car sans elle nous n'aurions point d'idées générales; or, comme dit Aristote, il n'y a point de science de l'individuel; la pensée se perdrait dans la multiplicité et la variété infinie des détails.

Seule la généralisation peut arriver à déterminer l'objet véritable des *sciences expérimentales.* Elle est le principe immédiat des classifications, dont le rôle est si important dans les sciences naturelles; elle aide à réduire à l'unité les propriétés des corps (pesanteur, chaleur, lumière, électricité) que la physique étudie; elle permet de dégager ce qu'il y a de constant et d'uniforme dans la production d'un phénomène, c'est-à-dire la loi que la science recherche.

Les *sciences de raisonnement* seraient également impossibles sans la généralisation. Outre que leur objet est nécessairement une idée générale, il est évident que le raisonnement, dans lequel il y a toujours perception d'un rapport entre deux jugements, que la proposition même, qui renferme toujours au moins une idée générale, ne se conçoivent pas sans la généralisation.

Il faut aller plus loin et dire, avec Thomas Reid, que sans généralisation il n'y aurait *pas même de langage possible.* Il suffit d'ouvrir un dictionnaire, en effet, pour vérifier que les mots *communs,* c'est-à-dire les mots qui expriment des idées générales, forment l'immense majorité des termes que possède une langue. Et, pour peu qu'on réfléchisse, on reconnaîtra que ces mots sont les mots vraiment essentiels à l'expression de la pensée.

Les noms *propres* eux-mêmes, comme le remarquent Leibnitz et Max Müller, ont tous été à l'origine des noms appellatifs, c'est-à-dire des noms communs : Brutus, Lentulus, Cicéron, Rhin, Alpes, etc. Nous pouvons donc conclure que la généralisation est un des caractères essentiels de notre raison, suffisant à lui seul pour distinguer l'homme de la bête, et que dans cette faculté, comme dit Bossuet, est le principe de l'invention et du progrès.

Il faut seulement craindre de généraliser trop promptement, de regarder comme constant ce qui n'est qu'accidentel, de réunir en un seul groupe des êtres dont la ressemblance est plus apparente que réelle, ou d'attribuer à toute une espèce des caractères qui n'appartiennent qu'à un certain nombre d'individus de cette espèce.

Diverses espèces d'idées générales. — Nos idées générales semblent pouvoir se ranger en trois groupes : — les idées d'*êtres* : par exemple, homme, animal, etc. ; — les idées de *modes* ou manières d'être, qui peuvent se diviser en modes *simples*, comme le plaisir, la douleur, etc., et en modes *complexes*, tels que la vanité, le patriotisme, le tempérament ; — enfin les idées de *rapport*, comme convenance et disconvenance, cause et effet, moyen et fin.

Pendant longtemps on a admis cinq espèces d'idées générales qu'on appelait les cinq *universaux* : *genre, espèce, différence, propre* et *accident*. Le genre et l'espèce, disent les logiciens de Port-Royal, nous représentent leurs objets comme des choses, nous en avons parlé ; la différence, le propre et l'accident nous les représentent comme des choses modifiées : la *différence* est le caractère essentiel que chaque espèce ajoute à l'idée du genre ; le *propre* est une qualité qui découle nécessairement de l'essence, et qui par conséquent convient aussi à l'espèce ; l'*accident* est une qualité qui convient à l'espèce, mais qui ne découle pas nécessairement de son essence.

Querelle des universaux. — Au moyen âge, la question de la réalité des idées générales, et spécialement des genres et des espèces, donna lieu à la *querelle des universaux*, dans laquelle les philosophes se partagèrent en trois camps : les *nominalistes*, les *réalistes* et les *conceptualistes*.

Nous aurons à revenir sur cette querelle en étudiant l'histoire de la philosophie. Bornons-nous à dire ici que l'objet d'une idée générale est *réel* et *idéal* tout ensemble, et que chacun de ces trois systèmes a sa raison d'être, parce que — les idées générales sont réellement des productions de l'esprit qui a transformé les données de l'expérience; — que, sans les mots, ces idées seraient vagues et fugitives; — mais aussi qu'elles correspondent dans la nature à certains caractères constants (espèces), à certaines relations uniformes (lois), qui accusent un plan déterminé dont le principe est dans la pensée divine.

V. — Jugement.

Nature du jugement. — Dans la vie ordinaire, le jugement est souvent pris pour la *faculté générale de discerner le vrai du faux*, et on peut dire avec Descartes que c'est « la chose du monde la mieux partagée ». Mais d'autres fois on n'entend désigner par ce mot que le bon jugement ou la *justesse d'esprit*, et dans ce cas il faut dire, avec les logiciens de Port-Royal, que c'est « une qualité rare ».

Sa définition. — En philosophie, nous définissons le jugement : *l'acte par lequel l'esprit affirme ce qui est ou ce qu'il croit être la vérité*. Nous disons *acte* plutôt qu'*opération*, parce que le jugement est, en effet, un acte d'activité intellectuelle simple et souvent spontané; nous ajoutons : acte *par lequel l'esprit affirme,* pour indiquer que le jugement est toujours et essentiellement une affirmation, alors même que sa forme est négative.

Son rôle dans la vie intellectuelle. — Le jugement tel que nous venons de le définir parait être un élément essentiel et le complément de toute opération intellectuelle. A l'idée même d'un objet est toujours jointe quelque affirmation sur cet objet. Comment, par exemple, concevoir un cercle sans en affirmer l'égalité des rayons? comment percevoir un arbre sans en affirmer l'existence et quelques propriétés? A plus forte raison, nous ne pouvons ni abstraire, ni comparer, ni généraliser, ni nous souvenir, ni imaginer, sans porter une affirmation ou un jugement. Notre esprit ne peut pas penser sans affirmer quelque chose; quand il doute, il affirme encore au moins son doute. Vivre pour notre esprit c'est donc connaître, affirmer la vérité; le scepticisme est contre nature; si ce doute absolu était possible, ce serait la mort de l'intelligence, son anéantissement.

Le jugement est-il un acte de la volonté? — Descartes et Malebranche l'affirment. Rapporter le jugement à l'intelligence, ce serait, disent-ils, confondre la perception et l'adhésion donnée aux vérités perçues. Le jugement est un assentiment de l'esprit, et cet assentiment, l'esprit ne le donne que lorsqu'il le veut. Toute erreur vient en définitive de la volonté, qui affirme au delà de ce que l'intelligence a perçu.

La fausseté de cette théorie est manifeste : tout jugement a pour objet la vérité; or le *vrai* est l'objet propre que *perçoit* et *affirme* l'intelligence, comme le *bien* est l'objet propre que *veut* et *poursuit* la volonté.

Si le jugement était un acte de la volonté, il suffirait, selon la remarque de Leibnitz, d'avoir une volonté droite pour être doué d'un bon jugement.

Notre volonté influe certainement sur nos jugements en dirigeant dans un sens ou dans un autre l'application de notre intelligence; mais elle ne produit pas à son gré, comme le prétend Descartes, l'assentiment donné à la vérité perçue. Cet assentiment ne dépend pas de nous; nous sommes fatalement entraînés par l'évidence d'une vérité qui nous frappe, et d'autres fois, malgré tous nos efforts, il nous est impossible de sortir du doute.

Tout jugement suppose-t-il la comparaison de deux idées? — C'est la doctrine des scolastiques et de la plupart des philosophes jusqu'à Thomas Reid. Le jugement, dit Locke, est *un acte de l'esprit qui prononce sur la convenance ou disconvenance de deux idées;* il faut donc que l'esprit, quand il juge, soit toujours en possession de deux idées qu'il compare, pour saisir entre elles un rapport.

Plusieurs philosophes contemporains s'élèvent, à la suite de Thomas Reid et de Cousin, contre cette théorie.

L'abstraction, remarquent-ils, n'est pas le point de départ de l'esprit humain; ainsi il est évident que, quand j'ai porté ce jugement : « j'existe, » je n'ai pas rapproché les idées de moi et d'existence pour juger ensuite que j'existe ; j'ai commencé, au contraire, par affirmer mon existence, et c'est plus tard que dans ce jugement même j'ai pris les idées abstraites de « moi » et d'« existence ».

Du reste, il est impossible qu'en rapprochant par la comparaison les idées abstraites de moi et d'existence, je puisse arriver à une existence concrète et réelle exprimée par cette proposition : « je suis existant ; » le résultat de la comparaison de deux idées abstraites ne peut être qu'un rapport abstrait de convenance ou de disconvenance entre les deux idées, et dès lors ne peut donner qu'une existence idéale ou possible du moi, non son existence réelle. Ce que nous disons du jugement « j'existe, » peut se dire de tous les jugements qui affirment une existence particulière : « cet arbre existe, » etc.

Ses principales espèces. — Indiquons les divisions les plus importantes du jugement.

1° *Jugements non comparatifs et comparatifs.* — Des considérations précédentes résulte qu'on doit distinguer les jugements *non comparatifs* (appelés encore spontanés, primitifs, concrets) et les jugements *comparatifs* (appelés aussi réfléchis, ultérieurs, abstraits). Les jugements non comparatifs sont le résultat d'une intuition de notre esprit qui saisit une existence concrète; ils n'impliquent aucune comparaison, ex. : J'existe. Les jugements comparatifs, au contraire, sont toujours le résultat de la comparaison de deux idées, dont l'une au moins est abstraite, et entre lesquelles nous trouvons convenance ou disconvenance, ex. : Platon est un grand philosophe. Ces derniers seuls sont des *opérations intellectuelles;* les premiers sont des *perceptions concrètes* et des affirmations spontanées.

2° *Jugements analytiques et synthétiques.* — Au point de vue de la relation qui peut exister entre les idées que le jugement unit, on distingue les jugements *analytiques ou explicatifs,* qui affirment une qualité nécessairement comprise dans la notion du sujet, ex. : les corps sont étendus; et les jugements *synthétiques ou extensifs,* qui affirment une idée que ne renferme pas nécessairement le sujet, ex. : les corps sont pesants.

Kant a rendu cette division célèbre; il subdivise les jugements synthétiques en jugements synthétiques *a posteriori*, qui reposent sur l'expérience, ex. : les corps sont pesants ; et en jugements synthétiques *a priori*, qui ne reposent que sur la raison et sur *ses lois purement subjectives*, ex. : tout ce qui commence d'exister suppose une cause. Il faut rejeter cette distinction et soutenir que les jugements *synthétiques a priori* sont de véritables jugements analytiques.

3° On distingue encore : les jugements *rationnels*, qui sont le produit de la raison pure; les jugements *empiriques*, qui sont portés d'après les données de l'expérience (les uns et les autres peuvent être dits de *sens commun*, quand ils sont portés comme invinciblement par tous les hommes); les jugements de *croyance*, fruit de l'assentiment que nous donnons aux choses qui nous sont transmises par le témoignage.

4° Un jugement est *nécessaire*, s'il affirme un rapport dont nous ne pouvons pas concevoir la non-existence; exemple : tout effet a une cause; il est *contingent*, quand il affirme un rapport dont nous pouvons concevoir la non-existence; ex. : la terre tourne autour du soleil.

VI. — Raisonnement.

Définition. — Le raisonnement peut se définir: *une opération par laquelle l'esprit tire un jugement d'un ou de plusieurs autres jugements;* ou, d'une manière plus explicite: *une opération par laquelle l'esprit se prononce sur le rapport de deux idées après les avoir comparées avec une troisième.*

L'esprit, en effet, ne saisit pas toujours immédiatement le rapport qui existe entre deux idées; pour le découvrir il se voit souvent obligé d'avoir recours à une *idée intermédiaire*, et c'est là proprement ce qu'on appelle raisonner.

Rôle du raisonnement. — Ni Dieu ni les animaux ne raisonnent. Dieu n'en a pas besoin; les animaux en sont incapables.

Le raisonnement est donc tout ensemble chez l'homme un signe d'impuissance et de grandeur : un signe d'impuissance, puisque nous sommes obligés de recourir à ce moyen détourné pour arriver péniblement à la connaissance d'un grand nombre de vérités; un signe de grandeur et en même temps le secret de notre force intellectuelle, puisqu'il nous permet d'acquérir sans cesse de nouvelles connaissances et de donner de nouvelles démonstrations des vérités déjà connues.

Ses diverses espèces. — Le raisonnement va du connu

à l'inconnu. Or tantôt ce qui est connu est une vérité générale, et l'inconnu en est une conséquence ou une application particulière; tantôt les faits nous sont connus, mais nous ignorons la vérité générale à laquelle ils se rattachent; de là deux espèces de raisonnements : la *déduction* et l'*induction.*

1° *Déduction.* — Elle descend du général au particulier, du principe à la conséquence, et dégage d'une vérité générale ou universelle les vérités particulières qui y sont contenues. Elle repose sur ce principe, que tout ce qui est vrai d'une proposition générale est vrai des propositions particulières qu'elle contient.

2° *Induction.* — Elle va du phénomène à la cause, du particulier au général, et dégage d'un ou de plusieurs faits particuliers un fait constant et général qu'on appelle loi. Elle repose sur ce principe, que l'univers est régi par des lois constantes et universelles.

A l'induction se rattache le raisonnement par *analogie*, qui étend à toute une classe d'êtres les propriétés ou les rapports bien constatés dans quelques-uns d'entre eux. Il repose sur ce principe, que les lois de la nature sont simples et peu nombreuses.

La déduction est surtout employée dans les sciences exactes et dans les sciences morales; l'induction est en usage particulièrement dans les sciences physiques; l'analogie convient plus spécialement aux sciences naturelles et dans une certaine mesure aussi aux sciences morales.

Dans la logique, nous aurons à revenir sur ces diverses formes du raisonnement.

Le raisonnement et la raison. — Ces deux expressions répondent à peu près à la distinction que nous avons établie entre la raison discursive et la raison intuitive; il importe de ne pas les confondre.

La raison et le raisonnement ont des rapports intimes, comme l'indique la similitude des noms dans les diverses langues (*ratio* et *ratiocinatio;* — λογος et λογισμος), car le raisonnement ne se fait qu'à l'aide des principes fournis par la raison, et si la raison manquait, tout raisonnement deviendrait impossible.

Toutefois ces deux formes de la raison humaine diffèrent profondément. 1° La première *fournit les principes*, la seconde les *met en œuvre*, soit pour en tirer les conséquences, soit pour

éclairer sa marche dans la recherche de la vérité. — 2° La première a pour objet unique la *vérité nécessaire*, la seconde s'exerce en *matière contingente* comme en matière nécessaire.
— 3° L'*erreur est impossible* dans la perception immédiate des vérités premières par la raison ; elle est *possible dans le raisonnement* si l'esprit, au lieu d'enchaîner ses pensées par des rapports naturels, s'arrête à des liaisons d'idées imaginaires, subtiles ou capricieuses, que ne saurait approuver la saine raison. C'est le sens de ces deux vers célèbres de Molière :

> Raisonner est l'emploi de toute ma maison,
> Et le raisonnement en bannit la raison.
> (*Les Femmes savantes*, act. V, sc. vii.)

IV

DES IDÉES

Après avoir étudié les facultés et les opérations intellectuelles, nous devons parler des idées, produit de ces facultés.

Nous ferons connaître *leur nature et leurs diverses espèces;* puis nous traiterons de *leur origine* et nous exposerons brièvement, en les appréciant, les nombreuses *théories relatives à cette question.*

I. — Nature des idées. — Leurs diverses espèces.

I. — Nature des idées.

L'idée est la connaissance sous sa forme la plus simple, ou, mieux encore, l'élément même de la connaissance; on ne saurait donc la définir avec exactitude. Quand on dit que c'est une simple appréhension de l'intelligence, la notion plus ou moins claire d'un objet, la *représentation intellectuelle d'un objet considérée séparément du jugement dont elle fait partie*, on ne fait que donner des explications où les termes seuls sont changés ; mais de là résulte du moins que l'idée est spirituelle de sa nature, quel que soit l'objet auquel elle se rapporte. Un livre, par exemple, est matériel; l'idée que j'ai de ce livre est spirituelle.

L'image et l'idée. — L'*idée* que nous nous formons d'un objet matériel est distincte de l'*image* ou de la forme sensible sous laquelle nous nous représentons cet objet. Voici un triangle : son image me donne sa grandeur, la longueur de ses côtés, l'ouverture de ses angles, l'ensemble des caractères particuliers qui déterminent ce triangle que j'ai sous les yeux. Mais si je conçois le triangle comme une surface plane, limitée par trois droites, j'ai une notion du triangle applicable à tous les triangles du monde ; c'est proprement l'idée.

Au lieu de prendre pour exemple une figure géométrique, je pourrais prendre des objets réels, et l'idée que je m'en formerais n'en serait pas moins toujours parfaitement distincte de l'image.

La première, dit Bossuet, nous fait connaître la nature des choses, ce que la seconde ne peut pas faire. L'objet de l'image est variable, particulier ; celui de l'idée, constant, universel. L'image ne se rapporte qu'aux choses corporelles, tandis que l'idée s'étend aux choses spirituelles aussi bien qu'à celles qui tombent sous nos sens. Enfin, même dans la représentation des choses sensibles, l'idée s'étend plus loin que l'image ; car je puis facilement concevoir un polygone de mille côtés, et il m'est impossible de l'imaginer. Toutefois, ajoute Bossuet, encore que ces deux choses soient distinctes, elles se mêlent toujours ensemble, et « l'entendement ne se forme point l'idée du triangle ou du cercle que l'imagination ne s'en figure un ».

L'idée en elle-même. — Que sont maintenant les idées en elles-mêmes, dans leur nature intime ?

Sont-elles de *pures abstractions*, de simples mots, comme l'ont soutenu les nominalistes du moyen âge, et après eux Hobbes, Locke et tous les sensualistes ? Sont-elles des *concepts de l'esprit* dépourvus de toute réalité objective, comme le prétendaient Abélard et les conceptualistes ; des *formes purement subjectives de l'intelligence*, comme l'a professé Kant au XVIII° siècle ? Sont-elles des images détachées des corps, comme l'enseignaient Démocrite et Épicure ; ou des substances incréées et subsistant en elles-mêmes, distinctes du monde et de l'essence divine, comme Aristote prétend que Platon l'a pensé ? En un mot, ont-elles quelque réalité objective, et si on leur accorde une réalité, en quoi consiste-t-elle ?

Il faut donner une réponse à ces questions.

Les idées sont les divers types selon lesquels Dieu conçoit les différents êtres qu'il peut produire. Ces idées font partie de l'intelligence divine, de l'être même de Dieu; mais elles sont aussi réalisées dans les divers objets, les divers êtres créés; et de là elles passent dans l'intelligence qui connaît ces objets ou ces êtres, et cela sans cesser évidemment de demeurer dans l'objet. L'idée d'une machine, par exemple, existe dans l'intelligence de l'inventeur, dans la machine elle-même qui n'en est que la réalisation, dans l'intelligence enfin de l'observateur qui comprend cette machine.

L'idée d'un objet n'est donc point quelque chose de réel en dehors de l'objet et de ses qualités diverses, quelque chose qui émane de lui et soit transporté, ou comme une matière subtile ou comme un esprit sans corps, à travers l'espace, pour venir frapper nos sens, et par eux notre intelligence. Si l'idée n'était qu'un intermédiaire entre les réalités et nous, de telle sorte qu'en connaissant l'idée nous ne connussions que l'image de la vérité, nous ne pourrions pas facilement sortir du scepticisme. Mais l'idée n'ayant point d'existence réelle en dehors de l'objet et de ses qualités sensibles, c'est l'objet lui-même que nous connaissons par son idée, et dès lors, quelle que soit la façon dont se forme cette idée, ce que nous examinerons bientôt, la réalité objective de nos connaissances n'en est pas moins assurée.

De ce qui précède, il résulte que l'idée peut être envisagée sous un double point de vue : l'un objectif, que désigne plus spécialement le mot *idée;* l'autre subjectif, mieux exprimé par le mot *perception*. Donnons quelques classifications de nos idées à ce double point de vue.

II. — Leurs diverses espèces.

1° AU POINT DE VUE OBJECTIF, elles sont :

a. Contingentes ou nécessaires (au XVIIe siècle, relatives ou absolues). — Les idées contingentes sont les notions que nous avons des choses contingentes, c'est-à-dire qui pourraient ne pas être; ces notions elles-mêmes, prises séparément, pourraient manquer à notre esprit sans qu'il fût gêné dans ses opérations. Les idées nécessaires sont les notions qui se rapportent à un objet nécessaire, c'est-à-dire qui ne peut pas ne pas exister; exemple : idée de cause, idée de substance, etc.; aucune de ces notions ne peut manquer à notre esprit sans qu'il se trouve par là même dépouillé d'un principe essentiel à l'exercice de la raison.

b. Concrètes et abstraites. — Concrètes, quand elles correspondent à des choses existantes ou considérées comme attributs d'êtres existants; abstraites, quand elles expriment des choses qui n'ont aucune existence propre ou qu'on considère indépendamment des objets existants auxquels elles se rapportent.

c. Physiques, psychologiques et métaphysiques. — Physiques, quand elles se rapportent à la matière ou aux phénomènes matériels; psychologiques, quand elles se rapportent à l'âme ou aux phénomènes de l'âme; métaphysiques enfin, ou rationnelles, quand les choses qu'elles expriment sont en dehors de la portée de l'expérience. — Les idées *morales,* qu'on distingue aussi quelquefois, se rapportent à l'une des trois classes indiquées.

d. Individuelles ou singulières, particulières et générales. — Individuelles, quand elles ne représentent qu'une seule chose déterminée; exemple : Rome, Socrate; particulières, quand elles ont pour objet un ou plusieurs individus indéterminés; exemple : quelque homme, des Français; générales, quand elles s'appliquent à toute une classe d'individus; exemple : tous les hommes, tous les Français...

2° Au point de vue subjectif, on distingue les idées :

a. Directes et réflexes. — L'idée directe est celle que nous avons sans que nous nous rendions compte de sa présence; et l'idée réflexe, celle dont nous avons une connaissance réfléchie.

b. Claires et obscures. — L'idée claire, distincte, est celle qui nous fait bien séparer son objet de tout ce qui n'est pas lui; elle devient obscure et confuse quand on aperçoit cet objet d'une façon vague, indéterminée.

c. Complètes et incomplètes. — L'idée complète est celle qui nous fait connaître son objet dans toute son étendue; nous n'avons l'idée complète d'aucun être réel. L'idée est incomplète lorsqu'on ignore quelque chose de son objet.

d. On distingue encore quelquefois les idées *vraies* et les idées *fausses;* mais, comme l'a très bien observé Locke, l'idée ne comporte proprement ni vérité ni erreur; nos jugements seuls sont susceptibles d'être vrais ou faux. Ce qu'on nomme *idée fausse*, c'est ou une idée obscure, incomplète, ou une idée qu'on rapporte à un objet auquel elle ne convient pas.

II. — Origine des idées.

Demander quelle est l'origine de nos idées, c'est demander comment les idées font leur apparition dans l'âme, *par quelles facultés l'esprit humain peut les acquérir, et quelles sont les principales circonstances de leur formation.* Cette question a déjà sa solution dans ce que nous avons dit des facultés intellectuelles.

Il y a des idées que nous acquérons par une *perception*, d'autres, par une *élaboration* de l'intelligence. Traitons des unes et des autres séparément, en commençant par les dernières, dont il est plus facile d'assigner l'origine.

I. — Origine des idées élaborées par l'intelligence.

Les principales idées ainsi acquises sont les idées abstraites, individuelles et générales, et les idées factices ou fictions de l'imagination. Or ces idées sont manifestement un produit de l'activité de notre esprit s'exerçant par la faculté d'abstraire, de généraliser et d'imaginer. Mais comme notre esprit, à proprement parler, ne crée rien par ses opérations et ne fait que mettre en œuvre ce qu'il trouve en lui, il faut indiquer d'où lui viennent les matériaux qu'il transforme au moyen de ses facultés actives.

Notre esprit tire les idées *abstraites individuelles* des jugements spontanés, primitifs et concrets de la conscience ou des sens, qu'il décompose et dont il sépare les éléments. Les idées *abstraites générales* se forment, par comparaison, de plusieurs idées abstraites individuelles ayant des propriétés semblables. Enfin les idées *factices* se forment aussi d'éléments abstraits réunis par l'imagination, tantôt avec caprice et tantôt avec goût, pour former des conceptions nouvelles qui sont son œuvre propre.

De ces idées élaborées par l'intelligence, il faut rapprocher tous les *jugements comparatifs abstraits*, qui proviennent de la comparaison de deux idées, que cette comparaison d'ailleurs soit immédiate ou qu'elle suppose un moyen terme, comme dans le raisonnement.

II. — **Origine des idées perçues par l'intelligence.**

Tout ce que nous percevons est contingent ou nécessaire.

1° ORIGINE DES IDÉES CONTINGENTES. — Les idées contingentes se rapportent soit au *monde extérieur*, soit à l'*âme*. Les idées physiques, relatives au monde extérieur, nous sont données par les sens, qui perçoivent les différents phénomènes corporels, les diverses qualités de la matière. Les idées psychologiques nous sont données de même par la conscience, qui perçoit directement les phénomènes internes.

Mais l'expérience ne nous fournit aucune donnée contingente, sans qu'aussitôt la raison y ajoute sa donnée nécessaire. Ainsi, aux notions de phénomène, de qualité, d'effet, de variété, de multiplicité, correspondent inévitablement les idées de substance, d'être, de cause, d'identité, d'unité.

D'où nous viennent ces idées nécessaires, absolues, universelles? Là est le point capital de la question d'origine que nous traitons.

Avant de l'aborder, rappelons que nous ne saisissons point les idées à l'état isolé, séparément d'une affirmation. Nous ne les pensons qu'en les affirmant; et ainsi nos idées psychologiques ou physiques sont concrètes à l'origine et inséparables des *jugements primitifs* portés sur le monde extérieur ou sur l'âme.

2° ORIGINE DES IDÉES NÉCESSAIRES. — Le nécessaire, l'absolu, l'universel est perçu par la raison; mais cette perception comprend deux actes : *connaître* et *comprendre*. Au premier acte se rapporte la perception des *notions premières;* au second, la perception des *principes de raison*.

Origine des notions premières; perception rationnelle. — D'où nous viennent les idées de cause, de substance, d'unité, d'infini?

Il est impossible d'abord que ces idées nous soient données directement par l'expérience des sens ou de la conscience. Le caractère commun, en effet, de tous les objets de la conscience et des sens est d'être contingent, c'est-à-dire de pouvoir ne pas être, tandis que les idées dont nous recherchons maintenant l'origine ont pour objet le nécessaire, c'est-à-dire ce qui ne peut pas ne pas être... Les *sens* ne perçoivent que les qualités des corps, les couleurs, les saveurs; qu'y a-t-il de commun entre ces qualités sensibles et les idées métaphysiques, comme les idées du beau, de l'infini? Quel est le sens qui nous ferait connaître la substance, le bien?... La *conscience*, de même, qui ne nous fait connaître que les modifications de notre âme, ne peut pas nous donner les idées nécessaires; elle peut attester la présence en nous de ces idées, mais son rôle se borne là; elle ne les produit pas.

Par l'abstraction, la généralisation, notre esprit ne peut pas non plus dégager ces idées nécessaires des données mêmes de l'expérience interne ou externe, car ces données ne les contiennent pas. Comparez, abstrayez, généralisez tant qu'il vous plaira; jamais, par aucune opération logique, vous ne pourrez faire sortir le nécessaire du contingent, l'immuable du variable, l'absolu du relatif.

Il faut donc admettre une faculté supérieure, cette faculté si admirablement décrite par Platon, que saint Thomas, après Aristote, nomme l'*intellect actif*, et qu'avec les philosophes modernes nous appelons la *raison*, faible reflet de la lumière incréée toujours présente à notre âme. C'est elle qui saisit directement et spontanément, *par un acte qui lui est propre*, le nécessaire, l'universel, l'absolu, et est ainsi le principe de nos idées supérieures.

Mais ces idées, notons-le bien, n'apparaissent jamais que sous une forme concrète qui frappe tout d'abord les sens et donne, pour ainsi dire, l'éveil à notre raison. C'est *dans l'idée sensible que la raison perçoit l'idée nécessaire, rendue intelligible et dégagée, par une opération supérieure, de tous les caractères individuels* qui l'enveloppaient. Ces idées nécessaires ne se tirent pas des données des sens, mais sont produites avec leur concours et à leur occasion. *Impossibile est,* dit saint Thomas, *intellectum secundum præsentis vitæ statum, quo possibili corpori conjungitur, aliquid intelligere in actu, nisi convertendo se ad phantasmata.*

Cette explication, qui n'est autre que la théorie scolastique, « paraît, dit M. Janet, la plus simple, la moins conjecturale et la plus rapprochée des faits. » C'est aussi la seule qui s'accorde parfaitement avec la nature de notre âme, « née pour vivre dans un corps et lui être intimement unie. »

Origine des principes de raison; induction rationnelle. — À côté des notions premières, nous trouvons dans notre intelligence des vérités premières, des principes de raison qui offrent les mêmes caractères de nécessité, d'universalité. Quelle est leur origine?

Ce ne peut être l'expérience; car, dit Leibnitz, *les sens* ne nous donnent jamais que des exemples, c'est-à-dire des vérités individuelles; et ces vérités éternelles ne se lisent pas non plus dans *notre conscience,* comme l'édit du préteur se lit sur son album. Bien loin que ces principes de raison soient le fruit de l'expérience, ils sont la condition de tous nos jugements, expliquent toutes nos perceptions.

Ce ne sera pas davantage l'induction expérimentale ou baconienne qui nous permet de découvrir les lois du monde physique, car cette induction n'est que la généralisation de l'expérience; or l'expérience nous donne ce qui est, non ce qui doit être. Tous les exemples, dit encore Leibnitz, qui confirment une vérité générale ne suffisent pas pour établir la nécessité universelle de cette même vérité.

Ce ne sera pas enfin la déduction; car ces vérités premières, ces principes de raison dont nous cherchons l'origine sont le fondement de toute démonstration, le point de départ de toutes les sciences déductives.

La raison, avons-nous dit, n'est pas seulement la faculté de connaître, c'est encore la faculté de *comprendre,* c'est-à-dire de *saisir les conditions nécessaires* des choses; or les principes de raison expriment les conditions nécessaires de toute existence. Pourquoi donc la raison ne pourrait-elle pas concevoir par sa vertu propre ces vérités absolues? Pour qu'elle puisse ainsi s'élever de l'ordre sensible à l'ordre intelligible, du contingent au nécessaire, *il suffit qu'il y ait entre ces deux ordres,* si différents qu'ils soient, *une connexion logique;* et cette connexion existe.

Pour la saisir, la raison n'a pas besoin d'un travail lent et pénible comme pour arriver à déterminer les lois contingentes de la nature, il lui suffit d'analyser un fait particulier. J'ai vu quelqu'un tomber sous les coups d'un assassin; la raison comprend que les deux termes du rapport pouvant changer indéfiniment, le rapport même subsiste, universel et nécessaire; c'est le rapport de l'effet à la cause, et elle l'exprime ainsi : Tout ce qui commence a une cause. Voilà la loi métaphysique trouvée.

Ce procédé supérieur par lequel la raison s'élève à la connaissance des vérités premières a reçu le nom d'*induction rationnelle*.

Notions et vérités premières ne se développent donc qu'à la condition de certaines données expérimentales. En d'autres termes, c'est toujours à l'occasion du relatif que nous percevons l'absolu, à l'occasion du contingent que nous percevons le nécessaire, à l'occasion des phénomènes que nous percevons la substance, à l'occasion du fini que nous remontons à l'infini, etc. Par où l'on voit que, dans l'ordre de leur développement, les données rationnelles sont postérieures aux données expérimentales, bien que logiquement elles soient antérieures, et que même aucune connaissance ne soit possible sans quelque donnée rationnelle présente à notre esprit.

III. — Théories relatives à l'origine des idées.

La plupart des systèmes relatifs à cette question peuvent, quelles que soient les différences qu'ils présentent, être rangés en deux grandes classes : l'*empirisme* et l'*idéalisme*. Pour l'empirisme, toutes nos idées viennent de l'expérience; pour l'idéalisme, l'expérience n'y a aucune part.

Entre ces deux groupes de systèmes, nous placerons les théories contemporaines de l'*association* et de l'*hérédité*, qui se rattachent à l'empirisme, mais que nous étudierons à part, à cause de l'importance qu'on paraît leur attribuer.

I. — Empirisme.

Les philosophes de cette école admettent généralement ce principe de Zénon, quelquefois attribué à Aristote : *Nihil est in intellectu quod non prius fuerit in sensu;* mais cette maxime a été très diversement interprétée.

Exposé du système. — Nous laisserons de côté la *théorie matérialiste* de Démocrite et d'Épicure, renouvelée par Hobbes et Gassendi, pour nous borner à faire connaître l'*empirisme* de Locke, le *sensualisme* de Condillac et le *sentimentalisme* de Laromiguière.

a. Empirisme proprement dit ou *système des sensations réfléchies.* — D'après Locke, l'âme est au commencement comme une *table rase (tabula rasa)*, vide de tout caractère et sans aucune idée. Ses idées lui viennent toutes de l'expérience, c'est-à-dire des sens et de la conscience, ou, selon son langage, de la *sensation* et de la *réflexion.* Par la sensation, nous acquérons les idées de tout ce qu'on nomme qualités sensibles, et ce sont les premières qui se forment en notre esprit; tandis que, par la réflexion sur les opérations de notre âme, nous acquérons les idées de ce qu'on appelle percevoir, penser, douter, vouloir, et de toutes les diverses actions de notre âme. Ces idées, directement émanées de la sensation et de la réflexion, Locke les nomme *idées simples,* mais il ajoute que notre intelligence possède aussi des *idées complexes* (idées de substance, de cause, d'infini...), qui s'obtiennent en ajoutant, répétant et unissant ensemble les idées simples.

b. Sensualisme ou *système des sensations transformées.* — Condillac suppose *une statue* organisée intérieurement comme nous, mais n'ayant encore aucune idée; il ouvre successivement aux diverses impressions dont ils sont susceptibles les sens de cette statue, à commencer par l'odorat. *Les sensations éprouvées sont l'unique source de nos idées et de nos facultés.* La sensation devient attention, l'attention comparaison, la comparaison raisonnement; ainsi nos sensations se transforment en nos idées et en nos facultés, comme « le grain de blé se transforme en farine, puis en pain, puis en notre propre substance ».

c. Sentimentalisme. — Laromiguière définit l'idée un *sentiment distinct;* il convient, avec Locke, que de la sensation émanent les idées des choses matérielles, et que de la réflexion procèdent les idées qui ont pour objet les états et opérations de notre âme; mais il nie que la sensation ou la réflexion puisse jamais fournir les idées de rapport et les idées morales.

Pour lui donc quatre sources de nos idées, savoir : le sentiment-sensation, le sentiment de l'activité des facultés de l'âme, le sentiment de rapport et le sentiment moral. L'entendement, par le travail de l'une ou de l'autre de ses facultés (attention, comparaison, raisonnement) sur ces divers sentiments, en fait sortir les idées sensibles, les idées psychologiques, les idées de rapport et les idées morales.

Réfutation de l'empirisme. — Ces divers systèmes ont cela de commun qu'ils font, en définitive, dériver de l'expérience toutes nos idées et tous nos jugements. Réfutons-les simultanément en montrant que cette théorie est *fausse en elle-même* et *funeste dans ses conséquences.*

1° *Elle est fausse en elle-même*, car il est absolument impossible que les notions et vérités premières viennent, soit directement, soit indirectement, de l'expérience.

Elles n'en viennent pas directement; l'expérience, en effet, nous dit ce qui est, non *ce qui doit être;* elle nous fait connaître le particulier, non l'*universel;* elle perçoit le variable, non l'*absolu.* Les notions premières la dépassent absolument. Il en est de même des vérités premières qui expriment les rapports nécessaires des choses et les conditions absolues de leur existence; l'expérience ne les donne pas.

Elles n'en proviennent pas non plus indirectement, car nulle opération intellectuelle ne peut faire sortir des données expérimentales ce qui ne s'y trouve pas. Qu'on fasse intervenir la *réflexion* comme Locke, l'*attention* comme Condillac, l'*induction* comme Stuart Mill, l'*association*, l'*habitude* ou l'*hérédité* comme les écoles contemporaines dont nous parlerons bientôt, on pourra rendre plus précises, plus claires, les connaissances concrètes qu'on possède déjà; on pourra généraliser des faits particuliers fournis par l'expérience, se donner des habitudes intellectuelles qu'on n'avait pas, on ne produira ni l'universalité ni la nécessité absolues, et nos connaissances ne cesseront jamais d'avoir tous les caractères d'une création individuelle.

Aussi *les empiristes*, pour expliquer à leur manière la formation des principes rationnels, *sont-ils obligés d'altérer la nature de leurs éléments.* L'infini n'est plus pour eux que l'indéfini, qui s'obtient en ajoutant toujours le fini au fini; la substance n'est autre chose que la collection des qualités que nous font connaître les sens; l'idée de cause se réduit à la succession plus ou moins invariable et inconditionnelle constatée entre deux phénomènes dont le premier est supposé par nous cause du second; le vrai, le beau et le bien deviennent purement relatifs et dépendent de la sensation. Mais telle n'est point la vraie nature de ces notions fondamentales, ainsi que nous le verrons dans la métaphysique; et l'empirisme, qui ne peut les expliquer qu'à la condition de les dénaturer, est une théorie absolument fausse.

2° *Elle est funeste dans ses conséquences*, car elle conduit au scepticisme en philosophie, au *sensualisme* en morale, au *réalisme* dans les arts.

Admettre ce caractère purement individuel, variable, contingent de nos connaissances, comme le veut la théorie, c'est au point de vue spéculatif détruire la valeur absolue de toute vérité, et par conséquent de toute science, des sciences expérimentales aussi bien que des sciences rationnelles.

Au point de vue pratique, c'est enlever à la notion du bien son caractère absolu, détruire les principes immuables de la morale et leur substituer les calculs de l'intérêt ou les exigences de la passion.

Au point de vue artistique enfin, ce serait nier l'idéal, enlever au goût son élément impersonnel, et réduire la beauté à n'être que la satisfaction des caprices des sens ou de l'imagination.

II. — Théories de l'association et de l'hérédité.

Ces deux théories ont la prétention de rendre compte des caractères de nécessité et d'universalité qui caractérisent les principes de raison, et que l'expérience, même souvent répétée, est impuissante à expliquer.

Associationisme. — Pour les défenseurs de cette théorie, Stuart Mill et A. Bain en Angleterre, Taine en France, tous nos jugements absolus ne sont que des *associations inséparables*.

Exposé du système. — Il suffit, disent-ils, que deux faits ou deux idées aient été une fois perçus simultanément par notre esprit, pour que ces deux phénomènes aient une *tendance* à se reproduire en même temps. Si des circonstances amènent plusieurs fois le retour d'une même association, cette tendance première deviendra une *habitude;* cette habitude, se fortifiant par la répétition, deviendra irrésistible.

Les deux faits ou les deux idées ainsi indissolublement associés donnent naissance à des jugements que nous appelons *nécessaires*, parce qu'il nous est impossible de séparer les deux éléments qui les constituent; *universels*, parce que les associations sur lesquelles ils reposent sont communes à tous les hommes.

Telle est l'origine unique de tous les principes de raison sur lesquels reposent les sciences, soit expérimentales, soit rationnelles.

Les sciences expérimentales ou positives reposent sur l'induction, qui n'est que « l'invincible attente des mêmes conséquents après les mêmes antécédents ». Mais cette attente elle-même n'est qu'une habitude subjective progressivement formée, dont nous faisons la loi des choses, et qui résulte de ce fait d'expérience que tout m'atteste et que rien ne contredit, savoir « qu'au même antécédent succède toujours le même conséquent ». C'est le prétendu *principe de causalité*.

Les sciences mathématiques ou rationnelles dérivent également de l'expérience, et tous les axiomes ne sont que des vérités expérimentales : notre croyance au *principe de contradiction*, par exemple, n'est qu'une habitude contractée à la suite de la constatation répétée de ce fait que « la négation et l'affirmation sont deux actes de l'esprit qui s'excluent mutuellement »; si nous affirmons que *deux droites qui se coupent ne peuvent renfermer un espace*, « c'est que nous ne pouvons regarder deux lignes droites qui se croisent sans constater en même temps que de ce point de rencontre elles divergent de plus en plus. »

Réfutation. — Remarquons d'abord que toutes les objections qui s'élèvent contre l'empirisme de Locke reparaissent ici avec la même force, puisque l'associationisme ne fait pas intervenir de facultés nouvelles.

En second lieu, l'habitude, qui est la base de la théorie, se forme peu à peu, à la longue, par la répétition des actes; les principes de raison ne devraient donc acquérir que progressivement leur certitude invincible; or c'est un fait indéniable que l'enfant ne perçoit pas la vérité moins clairement que le vieillard, ni avec un caractère moindre de nécessité absolue.

En troisième lieu, cette théorie ne répond pas au dessein qu'on se proposait. Elle ne rend pas compte de l'*universalité* absolue des principes nécessaires, car les associations doivent varier selon les habitudes intellectuelles de chacun. Et si l'on prétend que certaines associations sont identiques chez tous les hommes, on doit expliquer cette identité, que tout semble contredire au point de vue subjectif.

La théorie n'explique pas davantage la *nécessité* de ces principes premiers, car cette nécessité est *objective, absolue,* tandis que l'habitude contractée d'associer indissolublement deux idées est un fait purement subjectif. Je ne puis pas, dit très bien M. Janet, par une simple habitude de mon esprit, imposer une loi aux choses. Mais je devrais pouvoir, par des actes de volonté énergiques, changer mes habitudes intellectuelles, mes associations d'idées, et cependant je ne puis cesser d'admettre la certitude des axiomes.

Ajoutons, pour ce qui concerne le principe de causalité en particulier, qu'il s'en faut de beaucoup que l'expérience nous fournisse une association inséparable de la cause et de l'effet. « Le nombre des cas, dit Helmoltz, cité par M. Janet, où nous pouvons démontrer le rapport causal, est bien peu considérable, par rapport au nombre des cas où cette démonstration nous est impossible. Si donc la loi causale était une loi d'expérience, sa valeur inductive serait bien peu satisfaisante... Nous sommes donc amenés à considérer la loi de causalité comme une loi de notre pensée préalable à toute expérience. »

Héréditarisme. — L'école évolutionniste dont Herbert Spencer est le principal représentant a essayé de remédier à la faiblesse du système précédent par la théorie de l'hérédité; elle fait de tous les principes de raison des *habitudes héréditaires*.

Exposé du système. — Pour Spencer comme pour Stuart Mill, l'habitude est le principe de toute explication; mais l'habitude ne reste pas individuelle. Toute perception, toute *association* fortifiée par *l'habitude,* tend d'après lui à devenir *organique,* c'est-à-dire transmissible par hérédité. L'habitude du père devient ainsi la nature de l'enfant. Chaque génération ajoute son action aux habitudes des générations antérieures qu'elle a reçues; les générations successives obéissent à la *loi suprême de l'évolution,* et ces habitudes, devenues ainsi constantes et immuables, expliquent ce qu'on appelle les *formes de la pensée,* les *principes de notre raison.*

Réfutation. — Que l'expérience soit l'œuvre d'un individu ou l'œuvre de l'humanité tout entière, son caractère essentiel ne varie pas. Et si, comme nous l'avons établi, aucune répétition de faits particuliers ne peut donner à l'individu, ni les notions de cause, de substance, d'infini, etc., ni les principes correspondants, cette répétition, prolongée même pendant des siècles, ne les procurera pas davantage à l'espèce.

L'hypothèse nouvelle rend plus indissolubles les associations formées, plus irrésistibles les habitudes contractées; elle n'explique pas plus que la précédente l'universalité absolue et la nécessité objective, qui caractérisent les principes de raison et les axiomes.

La théorie de Spencer donne lieu à quelques critiques spéciales :

Elle est *contraire aux faits;* car au premier âge de l'humanité, comme au XIX° siècle de l'ère chrétienne, les hommes usaient de leur raison, et ils appliquaient spontanément, aussi bien qu'aujourd'hui, tous les principes que Spencer veut expliquer par des habitudes séculaires.

Elle détruit ou affaiblit singulièrement la liberté en soumettant l'homme à la puissance *irrésistible* des habitudes intellectuelles et morales qu'il reçoit de ses ancêtres.

Enfin le principe même sur lequel elle repose, savoir la création de types vraiment nouveaux par les accumulations graduées de certains caractères accidentels héréditairement transmis, ce principe même, dis-je, est faux et opposé à la doctrine de l'immutabilité des espèces.

III. — Idéalisme.

Tous les philosophes que nous rangeons dans la catégorie des idéalistes, d'accord pour n'attribuer aucune part à l'expérience dans la production de nos idées, sont loin d'être unanimes dans la solution qu'ils donnent à cette question. La plupart cependant, avec quelques divergences dans les détails, admettent que nos idées sont *innées,* c'est-à-dire « que l'esprit les possède, non par un travail qui lui soit propre, non en vertu d'impressions venues du dehors, mais par un don immédiat du Créateur ». (Balmès.)

Exposé de la théorie de l'innéité. — Platon, Descartes, Leibnitz, Kant, peuvent, quoique à des titres différents, être rattachés au système de l'innéité des idées.

a. Réminiscences de Platon. — Platon distingue dans nos connaissances deux éléments : l'un contingent, relatif, auquel se rattachent les *images* et les *notions* qui nous viennent, soit de la sensation, soit des opérations de l'esprit; l'autre nécessaire, absolu, les *idées,* seul objet de la science et dont l'origine est toute différente.

L'âme, dit Platon, avant d'être renfermée dans un corps comme dans une prison, a contemplé en Dieu les idées éternelles de toutes choses. Unie à un corps, elle a oublié cette sublime vision ; mais la vue des objets sensibles la fait se ressouvenir, incomplètement toutefois, de ces types aperçus dans une vie antérieure; *nos idées sont donc des souvenirs incomplets, des réminiscences.* « L'âme est comme une tablette où un grand artiste a inscrit des caractères immortels, ensuite il l'a recouverte de cire; le soleil de l'expérience en se levant fait fondre la cire, les caractères reparaissent, mais légèrement effacés, car la cire n'est pas entièrement fondue. »

b. Idées innées de Descartes. — Descartes reprit la théorie de Platon en la modifiant. Il distingue les idées *adventices* (adventitiæ), qui nous sont données par l'expérience des sens et de la conscience; les idées *factices* (a me ipso factæ), produit des opérations intellectuelles et de l'imagination; enfin les idées *innées* (innatæ). Au nombre de ces dernières il range les idées de Dieu, de substance, de cause, de vertu, etc..., et les suppose *naturellement* déposées dans notre intelligence dès le commencement de la vie, comme le sceau de l'ouvrier divin sur son œuvre.

Pressé de s'expliquer sur la nature de cette innéité, il répond : « Je n'ai jamais écrit et pensé que ces idées fussent *actuelles* ou fussent je ne sais quelles *espèces* ou *entités* distinctes de la faculté même que nous avons de penser... Quand je dis que quelque idée est *née avec nous*, j'entends seulement que nous avons en nous-mêmes la faculté de la produire. »

Mais de quelles choses avons-nous des innées innées? Pourquoi ces idées n'apparaissent-elles pas simultanément? Comment nous assurer qu'elles correspondent bien à leur objet? Autant de questions embarrassantes qui furent faites à Descartes, et auxquelles Leibnitz s'efforça de répondre.

c. Idées innées de Leibnitz. — Pour Leibnitz, toutes nos idées sont innées, mais elles n'apparaissent que successivement, à mesure que l'âme accomplit la série des évolutions qui constituent sa vie. De plus, en vue d'assurer la certitude de nos connaissances et d'expliquer la correspondance de l'idée à son objet, il admit une *harmonie préétablie* par Dieu, de façon que telle sensation éveille dans l'âme telle idée et non pas telle autre. Mais contre cette nouvelle théorie s'élèvent précisément les idées *fausses*, c'est-à-dire qui ne correspondent point à l'objet. Puis il faudrait admettre que toutes les inventions mécaniques sont innées non seulement dans l'intelligence de celui qui les conçoit, mais encore chez tous ceux qui les comprennent...

Ce qui est inné en nous, suivant Leibnitz, ce ne sont pas les idées elles-mêmes *toutes formées;* ce n'est pas seulement non plus, comme l'avait dit Descartes, la *faculté de les concevoir* prise d'une façon générale, mais une certaine *disposition* ou tendance à les acquérir; tel est le sens de la restriction célèbre qu'il apporte à la maxime de l'empirisme : *Nihil est in intellectu quod non prius fuerit in sensu*, NISI IPSE INTELLECTUS. « Nos idées sont innées, dit-il, c'est-à-dire qu'elles sont dans notre âme à l'état virtuel, comme la statue dans un bloc de marbre *dont les veines en dessinent les contours.* »

c. *Formes vides de Kant.* — Kant tient encore au système des idées innées, mais il entend à sa manière cette innéité. Il part de ce principe qu'il y a deux sortes de connaissances : l'une sensible, l'autre intellectuelle pure; que la seconde n'est pas possible sans la première, que les *formes vides* de l'intellect (vérités rationnelles, nécessaires) doivent être remplies par les *intuitions sensibles* (notions expérimentales), et qu'ainsi seulement se produisent les concepts de l'entendement ou les idées. Mais, d'après lui, ces vérités rationnelles sont simplement des *lois de notre intelligence;* nous croyons tous nécessairement que tout phénomène a une cause, que toute qualité se rapporte à une substance, que le fini a sa raison dans l'infini, et par suite nous ne pouvons pas concevoir un fait sans lui supposer une cause, une qualité sans la rapporter à une substance, le fini sans l'expliquer par l'infini ; mais il ne s'ensuit pas qu'en réalité il y ait des causes, des substances et un être infini.

Réfutation de la théorie de l'innéité. — Les partisans de ce système ont raison de soutenir que nos idées ne viennent pas exclusivement des sens, mais ils vont trop loin en concluant de là que nos idées sont innées.

De quelque façon qu'on entende cette innéité, qu'on dise que les idées soient développées en nous dès le premier instant ou qu'elles soient simplement en germe, ce système est une *hypothèse gratuite.* Il repose, en effet, sur ce principe, que la pensée étant de l'essence de l'âme, on ne saurait, même dès le premier instant de son existence, l'en supposer privée sans l'anéantir. Mais ce n'est certainement pas la pensée actuelle qui est de l'essence de l'âme, c'est tout au plus la faculté de penser ; encore cette opinion n'est-elle point démontrée.

Ce système est *contraire à l'expérience*, qui nous montre que c'est toujours par l'intermédiaire des images sensibles que nous percevons les idées ; si l'un des sens vient à manquer, nous ne pouvons acquérir les idées qu'il ne nous apporte pas ; c'est donc bien des sens, non d'elle-même, que l'intelligence tire les idées.

Il *compromet la certitude :* si l'intelligence possédait en elle-même les idées, ce ne serait pas l'objet même qu'elle connaîtrait, mais son idée à elle ; il suffirait d'une impression sensible pour éveiller l'intelligence, qui pourrait fournir une idée tout autre que celle de l'objet, et il n'y aurait aucun moyen d'éviter l'erreur. Kant n'a été que logique en faisant de ces conceptions des *formes purement subjectives* de l'âme, posant ainsi les bases du scepticisme le plus irrémédiable.

Faut-il donc nier toute espèce d'innéité ? Non, et l'on doit incontestablement admettre, dans le sens des explications de Descartes et de Leibnitz, l'innéité en nous de certaines facultés et de certaines aptitudes. Mais, pour assurer la certitude, ce n'est pas assez d'accepter l'innéité de nos facultés, il faut admettre en outre que l'*expérience a une part nécessaire dans la génération de nos idées*, et n'est pas la *simple occasion* du développement de la raison. Si nos idées sont le produit de notre seule constitution intellectuelle, rien ne garantit plus leur réalité objective.

En dehors des systèmes qui se rattachent à la théorie de l'Innéité, bornons-nous à quelques indications.

Traditionalisme (de Bonald, Ventura, Bonnetty, etc.). — L'homme, incapable de s'élever par lui-même à la connaissance des idées rationnelles (spéculatives, morales ou religieuses), les reçoit de ses semblables *avec* et *par le langage*. Ces notions, communiquées originairement par Dieu au premier homme, seraient comme un dépôt confié à l'humanité pour être transmis de génération en génération, et auquel chaque individu participerait par le commerce avec les autres hommes.

Ce système nie, ou du moins tend à nier la puissance naturelle que nous avons d'arriver à la vérité, et rend par suite la révélation *absolument* nécessaire. De plus, en affirmant que la parole est la *source* de nos idées, il méconnaît, comme nous le verrons bientôt, les vrais rapports du langage et de la pensée.

Vision en Dieu (Malebranche). — Nous ne voyons pas les objets créés eux-mêmes, mais seulement leurs idées, en Dieu qui nous les révèle quand nous sommes attentifs ; les sensations sont de pures impressions par lesquelles Dieu nous avertit de leur existence et de leur présence. Les idées rationnelles *ne sont que les idées divines elles-mêmes* réfléchies dans l'intelligence humaine. Ainsi l'intelligence humaine connaît en Dieu tout ce qu'elle connaît ; *Dieu est le lieu des esprits*, comme l'espace est le lieu des corps.

L'*ontologisme*, soutenu dans la première moitié de ce siècle par divers philosophes (Gioberti, Rosmini, Ubaghs), a de nombreuses affinités avec le système de Malebranche. L'un et l'autre sont contraires au témoignage de la conscience ; ils ouvrent la voie au panthéisme, et supposent à tort que nous avons la vue immédiate de Dieu, tandis que nous n'en avons, dans la vie présente, qu'une connaissance médiate et discursive.

Bossuet et *Fénelon*, qu'on range ordinairement parmi les partisans des idées innées, sont placés par quelques auteurs au nombre de ceux qui admettent la vision en Dieu ; et peut-être cette dernière opinion n'est-elle pas sans fondement, du moins pour ce qui concerne les idées nécessaires : « C'est donc en Dieu, dit Bossuet, que je vois ces vérités éternelles. » — « C'est l'être infiniment parfait, dit Fénelon, qui se rend immédiatement présent à mon âme quand je le conçois. »

CONCLUSION DE L'ÉTUDE DE L'INTELLIGENCE

LES DONNÉES DE L'EXPÉRIENCE ET DE L'ACTIVITÉ DE L'ESPRIT.

Après avoir étudié successivement les diverses facultés intellectuelles et résolu la question générale de l'origine de nos idées, il peut n'être pas inutile de faire un retour sur les connaissances acquises, de les résumer, et d'indiquer en quelques mots les résultats des *données de l'expérience* et de l'*activité de* l'*esprit* relativement à la connaissance du *monde*, du *moi* et de l'*absolu*.

I. — Connaissance du monde.

1° C'est le monde extérieur que nous connaissons tout d'abord. Un corps, placé dans les circonstances favorables, produit en nos organes une *impression* qui, ressentie, devient la *sensation*. Nos *sens*, excités par cette impression, en tirent une *idée sensible* qui nous fait connaître les diverses *qualités particulières* de l'objet. Là se bornent les données de l'expérience.

2° Cette idée sensible ne peut pas exister sans donner l'éveil à la *raison;* et celle-ci, dans cette idée même, par un acte *illuminateur* qui lui est propre, perçoit l'universel, l'absolu, c'est-à-dire l'*essence même du corps*, en l'abstrayant de toutes les qualités particulières qui l'individualisent.

C'est par un retour sur lui-même, et en appliquant à l'idée sensible l'idée métaphysique qu'il a perçue, que l'esprit humain arrive à la *connaissance concrète* des objets matériels : *Singularia non cognoscuntur nisi per reflexionem quamdam intellectus ad imaginationem et sensum, dum scilicet intellectus speciem universalem, quam a singularibus abstraxit, applicat formæ singulari in imaginatione servatæ.* (Saint Thomas.)

De ces connaissances particulières, au moyen des diverses opérations intellectuelles, l'esprit arrive à la connaissance des *lois de la nature* et à la détermination des *genres et des espèces* qui sont l'objet des sciences physiques et naturelles.

II. — Connaissance du moi.

1° Les corps qui m'environnent exercent leur action sur mes organes; je ressens cette action, et j'ai *conscience* de la ressentir; de là l'idée du *moi* que j'oppose à celle du non-moi.

Ce *moi* je le perçois comme quelque chose de *réel*, comme le *sujet permanent*, le *principe indivisible* de tous les faits qui manifestent son existence. Je ne puis le réduire à n'être « qu'une file d'événements divers d'aspects, un flux perpétuel, un faisceau coordonné de sensations et d'impulsions, qui correspondent par certains côtés à un flux et à un faisceau de vibrations nerveuses ». (Taine.)

2° L'esprit exerçant son activité sur les données de la conscience parvient, au moyen de l'abstraction, de la comparaison et de la généralisation, à grouper les faits internes et à déterminer les diverses *facultés de l'âme* auxquelles ils se rapportent.

Puis, à l'aide du raisonnement, il s'élève à la connaissance des *lois de ces facultés*, pénètre la *nature de l'âme*, résout le problème de sa *destinée*, et découvre les lois qui régissent son *union avec le corps*.

III. — Connaissance de l'absolu.

1° Je sais que j'existe, et qu'il existe en dehors de moi des êtres matériels; mais je ne connais pas encore l'absolu, Dieu. Bien que l'être infini soit le principe de mon être et me soit intimement présent, je ne le connais pas directement, immédiatement.

2° C'est par la raison qu'à l'occasion des données de l'expérience, soit interne, soit externe, je puis, en allant de l'effet à la cause, m'élever jusqu'à la cause première et conclure l'*existence de Dieu* : J'existe, mais je n'ai pas en moi ma raison d'être. Où la trouver? Dans les êtres qui m'entourent? Mais ces êtres pas plus que moi ne sont *par eux-mêmes*. Il faut que je remonte à *une cause première* indépendante, absolue. *C'est Dieu.* Son idée m'est ainsi donnée par la raison discursive..

Nous verrons en théodicée que c'est par le raisonnement aussi que nous déterminons ses *attributs* métaphysiques et moraux.

Ce court exposé des résultats de l'expérience et de l'activité de l'esprit dans la connaissance de la vérité pourrait suffire à réfuter le criticisme de Kant, qui, en voulant donner à la vraie science de l'âme un *fondement pur de toute expérience*, vient aboutir sur le moi, le monde et l'absolu à des assertions contradictoires, à des difficultés insolubles.

ACTIVITÉ ET VOLONTÉ

Notions générales sur l'activité. — La troisième classe des faits internes que nous avons distingués dans notre âme comprend tout ce qu'on peut appeler un acte, et la faculté générale à laquelle ces faits se rapportent est l'*activité ;* la *volonté* en est la forme principale.

L'activité ne peut pas se définir rigoureusement; on peut dire, pour expliquer le mot, que l'activité est la vertu que l'âme possède de se porter vers certains objets ou d'en repousser d'autres, le *pouvoir qu'elle a de produire certains actes* ou d'*être cause.*

Cette activité a pour caractère distinctif d'être *personnelle ;* à la différence des faits sensibles et intellectuels, les faits qui relèvent de l'activité procèdent exclusivement de nous et sont absolument nôtres.

Que l'âme soit douée d'activité, c'est un fait évident. Nous sentons que notre âme veut, qu'elle pense, qu'elle fait effort pour mouvoir les organes auxquels elle est unie; ce sont là autant de manifestations de notre activité, et même, comme il n'y a pas un phénomène sensible ou intellectuel qui ne suppose au moins une réaction de notre âme, on peut admettre, avec Leibnitz, que notre âme est essentiellement active, que cette activité est le fond même de notre être : *Mens est vis sibi conscia.* Cette opinion paraît plus vraie que celle de Descartes, qui met l'essence de l'âme dans la pensée.

Quelques philosophes, à cause de cela même, vont jusqu'à nier que l'activité soit une *faculté particulière ;* mais s'il est incontestable qu'il y a une différence entre *sentir, penser* et *agir,* on doit également regarder comme distincts les principes immédiats de ces faits.

Nous traiterons deux questions :

1° Des principales formes de notre activité;
2° De la liberté morale.

I

DES PRINCIPALES FORMES DE NOTRE ACTIVITÉ

Assez communément on divise l'activité à un double point de vue :
1° D'après le terme de nos actes,
2° D'après leur nature intime.

Activité interne et externe. — Envisagée sous le premier aspect, c'est-à-dire selon que le terme de nos actes est *dans l'âme elle-même* ou *en dehors d'elle*, l'activité est dite *interne* ou *externe*.

1° *Activité interne.* — L'activité interne ou psychologique est le principe des phénomènes qui s'accomplissent et s'achèvent dans l'âme elle-même, sans se manifester au dehors. Cette activité, qui s'étend à la sensibilité, à l'intelligence et à la volonté, paraît essentielle à l'âme. C'est, en effet, une opinion commune que l'activité de l'âme est permanente, et que, pour elle, vivre c'est agir. Mais si l'on soutient, avec quelques philosophes, que *cette activité cesse de s'exercer* dans certains états, tels que le sommeil, la léthargie, il faut au moins admettre qu'elle *persiste à l'état de force* ou de tendance; autrement on ne concevrait pas le retour à l'action.

2° *Activité externe.* — L'activité externe ou organique, souvent désignée sous le nom de faculté motrice, est le principe des mouvements qui s'accomplissent dans le corps ou par le corps, mouvements de la vie animale ou de relation qu'il ne faut pas confondre avec ceux de la vie végétative, tels que sécrétion, digestion, circulation, auxquels notre âme préside aussi, mais sans en avoir conscience. Les mouvements dont nous parlons ici sont *volontaires*, et, comme l'impression organique dont ils sont la contre-partie, ils ont trois degrés, commencent dans le cerveau, se continuent dans les nerfs qui se distribuent aux membres, et se terminent dans l'organe qu'on veut mouvoir.

Activité spontanée et réfléchie. — Considérée, non plus relativement à ses effets, mais en elle-même, l'activité, selon qu'elle se rend compte ou non de son acte, est dite *réfléchie* ou *spontanée*.

L'*activité réfléchie* prend le nom de *volonté*.

L'*activité spontanée* se présente elle-même sous deux formes diverses, sous celle de l'*instinct* et sous celle de l'*habitude*.

Nous nous arrêterons à cette division, et nous traiterons successivement, en suivant l'ordre de leur développement : 1° de l'*instinct*; 2° de la *volonté*; 3° de l'*habitude*.

I. — Instinct.

Définition de l'Instinct. — L'instinct (*instigo*) est une *impulsion naturelle et aveugle qui nous porte à certaines actions*. C'est par instinct que l'enfant qui vient de naître respire avec une parfaite régularité. C'est par instinct que l'oiseau fait son nid, que le castor construit ses digues.

L'instinct est donc commun aux hommes et aux animaux, mais beaucoup plus développé chez ces derniers. Pour l'homme, l'instinct n'est le plus souvent que la matière d'une activité supérieure, et si, aux premiers jours de la vie, il apparaît seul, son imperfection relative nous dit assez que c'est dans l'enfant un état essentiellement transitoire.

Ses caractères. — L'instinct est :

Naturel ou *inné*, c'est-à-dire antérieur à toute éducation, il ne se forme pas progressivement; c'est par là qu'il se distingue surtout de l'habitude.

Spontané ou *irréfléchi :* il ne se rend compte ni du but qu'il poursuit, ni des moyens qu'il emploie; la réflexion n'y a aucune part.

Fatal : quand nous agissons par instinct, nous sommes emportés par une force irrésistible, nous n'avons pas conscience d'avoir pu agir autrement que nous avons agi.

Infaillible : il va droit et sûrement au but, sans tâtonnements et sans erreur. Les constructions si savantes et si précises des abeilles, des castors, fournissent chez les animaux un bel exemple de ce caractère.

Spécial : l'instinct n'est pas une aptitude générale qui puisse s'appliquer à mille fins différentes, il est essentiellement déterminé dans son objet.

Stationnaire, si les causes qui agissent sur lui et le dominent ne varient pas elles-mêmes : « Les abeilles recueillent leur miel et leur cire, construisent leurs rayons, élèvent de nouveaux essaims ni mieux ni plus mal qu'au temps où Virgile chantait si doucement leurs travaux. » (Th. Reid.)

Enfin *uniforme* dans tous les êtres d'une même espèce; les mêmes mœurs, les mêmes industries, les mêmes tendances naturelles, s'observent chez les êtres qui ont une même organisation.

Chez l'homme, ces caractères sont moins absolus que chez les animaux; tantôt l'instinct est modifié par la raison, dont on voit quelques lueurs dès la première enfance; tantôt il subit l'action de la volonté, qui en diminue quelquefois, et quelquefois, au contraire, en accroît l'énergie.

Classification de nos instincts. — Comme les penchants primitifs, dont ils ne diffèrent pas du reste spécifiquement, les instincts sont relatifs au *corps* ou à *l'âme*.

Les principaux actes instinctifs qui *se rapportent au corps* peuvent se ranger, d'après Thomas Reid, en trois classes : — les actes nécessaires à notre conservation, que nous accomplissons sans savoir comment ils doivent l'être; exemple : déglutition, marche...; — les actes qui doivent être si fréquemment répétés, que les concevoir et les commander expressément, chaque fois qu'il est nécessaire, occuperait trop notre pensée et ne laisserait point de place aux opérations de l'esprit; exemple : respiration, mouvements des paupières...; — les actes qui doivent être accomplis si subitement, qu'on n'aurait même pas le temps de les vouloir expressément; exemple : reprendre son équilibre, porter les mains en avant dans une chute, fermer les yeux menacés d'un coup.

Les instincts *relatifs à l'âme* peuvent se diviser en instincts *solitaires;* par exemple : l'amour de soi, l'amour du bien-être, le désir du bonheur; et en instincts *sociaux,* tels que le désir de société, le désir d'estime, le désir du pouvoir.

A leur origine, tous ces mouvements instinctifs du corps ou de l'âme sont irrésistibles et involontaires; mais ils tombent bientôt sous le domaine de la volonté libre, qui doit les diriger et les rendre moraux.

Opinions diverses sur la nature de l'instinct. — Les opinions les plus diverses ont été émises sur la nature de l'instinct.

Plutarque, Montaigne et bon nombre de philosophes positivistes de ce siècle assimilent l'instinct à l'intelligence; Montaigne, cédant à l'amour du paradoxe qui l'inspire trop souvent, va même jusqu'à prétendre que l'instinct est supérieur à l'intelligence.

Descartes et ses disciples ne voient, au contraire, dans l'animal qu'une machine admirablement faite; pour eux l'instinct est une force mécanique dont il faut aller chercher l'unique raison dans la disposition des organes.

Quelques-uns, avec Leibnitz, regardent la sensation comme la cause déterminante de l'instinct, qui ne serait qu'un mouvement réactif, naissant à la suite du plaisir.

Condillac affirme que les bêtes commencent par agir avec réflexion, puis qu'elles contractent insensiblement des habitudes qui deviennent des instincts. L'instinct, pour lui, n'est qu'une habitude privée de réflexion.

Lamarck, Darwin, Spencer, substituent à l'habitude individuelle l'habitude de l'espèce. L'instinct est une habitude héréditaire; il ne diffère par conséquent pas radicalement de l'intelligence dans la pensée de ces philosophes.

L'école allemande enfin ne voit dans l'instinct qu'une finalité sans conscience, et l'explique par la présence de l'*Inconscient* dans l'individu.

Toutes ces théories viennent échouer contre les faits; la nature de l'instinct demeure mystérieuse, et peut-être faut-il se borner à dire que, *chez l'animal,* l'instinct est le résultat d'une disposition providentielle qui a établi « une relation immédiate entre les besoins d'un être et ses organes », et qu'il n'est *chez l'homme* qu'un mode primitif et spontané de l'activité, destiné à suppléer l'intelligence.

II. — Volonté.

Nature de la volonté. — A côté et au-dessus de l'instinct, il y a dans l'homme une seconde activité qui n'est plus spontanée, mais réfléchie; c'est l'activité volontaire, ou simplement la volonté, *faculté qu'a l'homme d'agir d'après les lumières de la raison,* c'est-à-dire avec réflexion.

Les caractères qui la distinguent peuvent être opposés un à un aux caractères de l'instinct. La spontanéité est l'état primitif de notre activité; nous agissons par instinct avant d'agir par réflexion; ce n'est qu'après le développement de son intelligence que l'homme peut se diriger lui-même, qu'il devient *maître de ses actes*, qu'il manifeste sa volonté.

De nos trois facultés celle-ci est la plus importante; elle est la souveraine dans l'homme; elle est ce qu'il y a en lui de plus profond, de plus intime, et en même temps de plus élevé ; sentir et connaître ne sont que des moyens, *agir avec réflexion est le but de la vie humaine*. C'est la volonté qui constitue ce qu'on appelle le caractère et fait l'homme véritable; on peut admirer l'esprit, le talent, le génie, on n'estimera pas la personne quand à ces qualités intellectuelles se trouve jointe la faiblesse de volonté; mais, au contraire, les grands caractères, n'eussent-ils qu'une intelligence médiocre, obtiennent le respect, et ce sont eux qui, dans les moments critiques, peuvent sauver leurs semblables et reconstituer les sociétés désorganisées.

La volonté distincte du désir et du jugement. — Il importe de distinguer avec soin la volonté du désir et du jugement.

La volonté et le désir. — Malebranche semble avoir confondu ces deux principes d'action quand il définit la volonté : la faculté de *recevoir plusieurs inclinations*. La confusion est évidente chez Condillac, pour lequel la volonté n'est qu'un *désir dominant,* ou « *un désir absolu* et tel que nous pensons qu'une chose désirée est en notre pouvoir ».

La distinction de ces deux facultés ne saurait être niée, et Locke, Cousin, Maine de Biran, l'ont parfaitement établie. — 1° Le désir, comme toutes les tendances primitives de notre âme, est spontané et fatal; notre volonté, elle, est une cause libre et raisonnable. — 2° Nous pouvons avoir plusieurs désirs opposés et contradictoires, tandis qu'un acte de volonté sérieux exclut toute détermination contraire. — 3° La volonté n'a jamais pour objet qu'une chose qui dépend de nous et que nous jugeons possible; nous désirons souvent des choses qui ne sont point en notre pouvoir et que nous savons impossibles. — 4° Volonté et désir ne s'accordent pas toujours; nous pouvons désirer une chose sans la vouloir, et la vouloir contrairement à nos désirs. — 5° Le désir peut être un motif de vouloir, mais n'est jamais la volonté; autrement il faudrait dire que l'énergie de la volonté suit la vivacité du désir, tandis que, au contraire, la violence du désir peut quelquefois anéantir la volonté. — 6° Enfin nier cette distinction serait nier la responsabilité et la morale tout entière.

La volonté et le jugement. — Affirmer c'est vouloir, a dit Spinoza; rien de plus faux. Nous avons déjà, à propos du jugement, établi la distinction de ces deux actes : *Affirmer une chose*, remarque M. Janet, c'est dire qu'elle existe; *la vouloir*, c'est faire qu'elle soit; la différence est évidente.

Analyse de l'acte volontaire. — Dans tout acte volontaire il faut distinguer deux principes : un *principe subjectif*, la force ou la puissance d'action et de mouvement qui est en moi; et un *principe objectif*, l'objet même, conçu comme bon, vers lequel se porte ma volonté.

Je ne puis pas vouloir sans vouloir quelque chose, et ce quelque chose que je veux agit sur ma volonté, est l'un des principes de mon action.

L'acte volontaire produit sous l'influence de ces deux principes renferme deux éléments : l'élément de la *connaissance* et celui de la *volonté* : *Nil volitum, nisi præcognitum*, disait l'école: « On ne peut vouloir que ce qu'on connaît d'avance, » c'est-à-dire qu'un acte ne peut être volontaire qu'à la condition d'être connu par celui qui le fait; l'agent doit savoir ce qu'il fait, comment, pourquoi, et dans quel but il le fait. Vient ensuite la volonté, qui réalise ce que la raison n'a fait que concevoir.

Division des actes volontaires. — On peut donner plusieurs divisions des actes volontaires. — On les distingue d'abord en *parfaits* et *imparfaits* : l'acte volontaire parfait est celui qui s'opère avec pleine connaissance, sans répugnance; l'acte volontaire imparfait est celui qu'on accomplit sans inclination, avec le regret de ne pouvoir agir autrement, ou avec une connaissance imparfaite ; — en *directs* et *indirects* : l'acte volontaire est direct quand l'objet immédiat de la volonté est l'acte lui-même, et indirect quand l'acte n'est voulu que dans sa cause; — en *nécessaires* et *libres* : l'acte volontaire est nécessaire quand il est le résultat d'une tendance irrésistible de notre nature; c'est ainsi que nous voulons le bonheur avec toute l'énergie de notre volonté, mais de telle sorte que nous ne pouvons pas ne pas le vouloir. L'acte volontaire est libre quand on peut faire ou ne pas faire telle action. « Nous mettons une grande différence, dit Bossuet, entre la volonté d'être heureux et la volonté d'aller à la promenade; nous ne songeons pas seulement que nous puissions nous empêcher de vouloir être heureux, et nous sentons clairement que nous pouvons nous empêcher de vouloir aller à la promenade. »

La volonté est-elle une puissance absolue?—Notons, en terminant, cette opinion des stoïciens et des cartésiens, d'après laquelle notre volonté est une puissance *absolue* et tout d'une pièce, « une puissance qui, considérée précisément en elle-même, n'est pas plus grande en Dieu qu'en nous..., qui consiste dans une seule chose et comme dans un indivisible, en sorte qu'on ne saurait rien lui ôter sans la détruire. » (Descartes, IVe Méditation.)

Il y a de l'exagération dans cette thèse; la volonté est en nous un pouvoir relatif qui varie selon le tempérament, l'âge, le sexe, l'imagination, les rapports avec les autres hommes, qui peut être par conséquent diminué sans être nécessairement anéanti.

III. — Habitude.

Nature de l'habitude. — De même que l'instinct a précédé l'exercice de la volonté, la volonté précède l'habitude.

Définition. — Telle que nous l'entendons ici, l'habitude peut se définir : *une disposition acquise par la répétition des mêmes actes ou la continuité d'un même état;* toutefois il faut peut-être admettre, avec Albert Lemoine, qu'à parler exactement, *l'habitude naît dès le premier acte accompli;* la répétition ou la prolongation de l'acte ne ferait alors que la fortifier et la développer: *Vires acquirit eundo.* La marche, la parole, l'éducation musicale, l'insensibilité aux intempéries des saisons, peuvent devenir des habitudes.

Il est bon de remarquer que cette définition ne s'applique point aux habitudes surnaturelles ou infuses, telles que les vertus théologales, la foi, l'espérance et la charité. Ces habitudes sont mises en nous par Dieu même; c'est pour cela qu'on les dit infuses.

L'habitude et l'instinct. — L'habitude, du moins l'habitude invétérée, a cela de commun avec l'instinct qu'elle ne suppose point de réflexion; mais ces deux formes de notre activité n'en sont pas moins très différentes, et il est impossible de les ramener l'une à l'autre, comme ont essayé de le faire Condillac, Lamarck, Spencer. — 1° L'instinct est un *principe d'action primitif*, nous le recevons de la nature; l'habitude est une *disposition acquise*, nous la formons. — 2° Les instincts, considérés en eux-mêmes, sont *sans moralité;* les habitudes, ordinairement du moins, ayant été contractées volontairement, sont *bonnes ou mauvaises*. — 3° L'instinct est *invariable*, parfait dès le premier instant; l'habitude *passe par divers degrés* et se fortifie progressivement jusqu'à devenir une seconde nature, comme l'a dit Cicéron après Aristote : *Consuetudo altera natura*. — 4° Enfin, l'instinct est *permanent*, il résiste à tous les efforts; si puissante qu'elle soit, l'habitude peut être *modifiée ou détruite* par une habitude contraire.

Diverses espèces d'habitudes. — A différents points de vue on distingue :

1° Les habitudes *involontaires*, que nous contractons à notre insu et souvent malgré nous; exemple : habitude de certains gestes, d'une mauvaise prononciation...; et les habitudes *volontaires*, que nous contractons par un libre effort; exemple : habitude de lire, de composer la musique...;

2° Les habitudes *organiques,* contractées par l'activité vitale et relatives aux fonctions de nos organes : l'estomac se fait à tel ou tel régime; l'œil, à une obscurité plus ou moins grande...; — les habitudes *sensibles,* qui se rapportent à la sensibilité, comme l'habitude de supporter le froid, la chaleur, l'habitude du plaisir, des émotions factices... ; — les habitudes *intellectuelles,* qui se rapportent à la vie de l'esprit, comme l'habitude du raisonnement, de la parole...; — les habitudes *morales,* qui se rapportent à la vie morale, qu'elles soient d'ailleurs bonnes, comme l'habitude de l'aumône, de la prière; ou mauvaises, comme l'habitude de la dissimulation;

3° Les habitudes *passives,* qui naissent de sensations répétées ou *continues;* les habitudes *actives,* qui sont engendrées par la répétition ou la prolongation des actes. Les premières se rapportent à la sensibilité, les secondes à nos autres facultés. Les unes et les autres ont des lois différentes.

Lois de l'habitude. — Bichat, Maine de Biran, Ravaisson, ont contribué par leurs travaux à mettre en lumière les lois de l'habitude.

1° La loi fondamentale de l'habitude est que son *intensité croît en raison du nombre, de l'énergie et de la durée des actes* qui lui ont donné naissance.

2° *L'habitude affaiblit la sensibilité, et, s'il s'agit d'un plaisir, engendre le besoin.* Tout le monde sait qu'on s'endurcit à la douleur, que le plaisir engendre avec le temps la satiété, provoque même le dégoût. Les sensations périodiques qui tendent plus directement à nous solliciter aux actes nécessaires à la conservation du corps, *paraissent* échapper à cette loi.

3° *L'habitude développe les facultés actives et les transforme en tendances.* Nous l'avons déjà observé, les exercices corporels développent les forces et la souplesse; l'habitude du raisonnement, de la réflexion, perfectionne l'intelligence; l'habitude de produire tels ou tels actes développe la volonté dans un sens déterminé, et, par là même, rend l'exercice de la vertu plus aisé, comme aussi elle facilite le crime.

On peut donc formuler ces lois secondaires des habitudes actives : elles engendrent une certaine *propension* à tel ou tel genre d'actes ; elles les font produire plus *facilement*, et permettent de les accomplir plus *parfaitement*.

Les deux lois, en apparence opposées, qui régissent nos habitudes passives et nos habitudes actives peuvent se ramener à une seule : le *développement en nous par l'habitude d'une spontanéité nouvelle et irréfléchie.* Cette spontanéité nouvelle, « tout à la fois et également différente de la fatalité mécanique et de la liberté réflexive, » suffit à expliquer les effets différents de l'habitude sur la sensibilité et sur nos facultés actives.

Théorie de l'habitude. — Quelle est la cause efficiente de nos habitudes? Comment expliquer que la répétition de certains actes produise, soit dans le corps, soit dans l'âme, une disposition particulière à les accomplir?

On peut assigner, comme *principe des habitudes organiques,* cette loi générale que tout être matériel *est modifié* d'une façon constante par l'action des agents extérieurs dont il subit l'influence. En appliquant cette loi aux êtres vivants, il faut ajouter que non seulement ils sont modifiés, mais qu'ils peuvent *se modifier* eux-mêmes par une causalité interne. (Janet.)

Quel est le *principe des habitudes de l'esprit ?*

Pour Leibnitz, elles s'expliquent par les *perceptions insen-*

sibles, et ne sont que la conséquence nécessaire du déterminisme, de la loi de continuité et de l'harmonie préétablie : « Le présent, dit-il, est gros de l'avenir et chargé du passé. »

Pour d'autres philosophes (Dugald-Stewart, Spencer, M. Janet), le principe de ces habitudes est la faculté qu'a notre âme d'unir et d'*associer* entre eux les phénomènes internes, aussi bien les sentiments et les volitions que les idées et les passions; d'où il résulte que, quand un certain nombre de phénomènes internes ont été fréquemment reproduits, suivant un même ordre et dans les mêmes circonstances, ils finissent par s'unir si inséparablement entre eux dans notre esprit, qu'il suffit de la reproduction d'un seul de ces phénomènes pour amener la reproduction de la série tout entière.

Cette association plus ou moins étroite entre certains phénomènes de l'âme n'est-elle point, au contraire, le résultat d'une habitude contractée? C'est le sentiment de Thomas Reid, et cette opinion, défendue par M. Rabier, nous paraîtrait mieux fondée que la précédente, s'il est vrai, comme nous l'avons admis, que l'habitude commence avec le premier acte. Cette habitude rudimentaire, comment l'expliquer? On ne peut que la rattacher à ce principe très général, que tout être devient d'autant plus apte à un mouvement qu'il y a été exercé davantage.

Importance de l'habitude. — Pour l'école associationiste, l'habitude n'est plus seulement un mode de notre activité intéressant la morale, elle est un *principe général de la philosophie spéculative*, qui sert à rendre compte de toutes les lois de la raison, de toutes nos croyances.

Complétée par la loi d'hérédité, qui n'en est qu'une conséquence, elle concilie, selon Spencer, les théories opposées de l'empirisme et de l'innéité, et devient le *principe le plus général non seulement de l'intelligence, mais de la vie*. La nature en chaque être n'est que le résultat d'une évolution lente, d'habitudes progressivement développées et devenues héréditaires.

Nous avons démontré la fausseté de ces théories, mais nous n'en devons pas moins reconnaître l'importance capitale de l'habitude dans l'ordre intellectuel comme dans l'ordre moral.

Dans l'ordre intellectuel, c'est à l'habitude que nous devons la sagacité des sens et toutes les richesses des perceptions acquises, la puissance d'observation et de réflexion, les prodiges de la mémoire, les admirables ressources du raisonnement, les merveilleux résultats enfin auxquels l'homme peut atteindre dans les sciences, la littérature ou les arts.

Au point de vue moral surtout, l'influence de l'habitude est immense : salutaire quand elle est *bonne* et qu'elle nous dispose au travail, au respect, à la vertu, elle peut aussi, quand elle est *mauvaise*, nous entraîner presque infailliblement au mal, bien que nous conservions toujours le pouvoir radical de la rétracter de façon à n'être plus responsables de ses effets.

Quelle influence l'habitude exerce-t-elle sur la liberté? — La diminue-t-elle? En d'autres termes, les actes mauvais commis par l'entraînement de l'habitude sont-ils moins coupables que les autres? Oui et non. Oui, en ce sens que l'acte accompli par habitude participe à la nature de l'acte spontané, qu'on fait sans s'en apercevoir. Non, parce que si l'habitude est une seconde nature, elle est formée volontairement, et nous sommes coupables de l'avoir contractée. Plus l'habitude est forte, plus elle suppose des actes de volonté énergiques et fréquents; l'habitude du crime ne saurait donc être invoquée par le coupable comme circonstance atténuante.

II

DE LA LIBERTÉ MORALE

Nous rangerons sous trois titres les questions relatives à la liberté : — 1° Notions générales sur la liberté; — 2° Démonstration de la liberté; — 3° Réfutation des erreurs sur la liberté.

I — Notions générales sur la liberté.

I. — *Nature de la liberté en général.*

Définitions. — Quand nous agissons avec réflexion, c'est-à-dire quand nous *voulons*, nous avons conscience de pouvoir agir ou ne pas agir, de pouvoir agir dans un sens ou dans un autre. Nous sentons que notre volonté est maîtresse d'elle-même et de ses actes, qu'elle se détermine d'elle-même, *motu proprio*.

Cette indépendance au moins relative de notre volonté, ce domaine qu'elle exerce sur ses actes, ce *privilège qu'elle a de se posséder elle-même* est précisément ce qu'on nomme la *liberté*. La liberté n'est donc pas, comme le remarque très bien Cousin, un pouvoir spécial, une faculté à part : c'est une qualité inhérente à un pouvoir, c'est une *prérogative de notre volonté*.

Réunissant les idées de volonté et de liberté, on définira le libre arbitre ou la *volonté libre : le pouvoir qu'a l'âme de se déterminer, ou le pouvoir qu'elle a de choisir*.

II. — Diverses espèces de libertés.

La liberté peut se diviser, comme l'activité elle-même, en *liberté interne* ou psychologique, et *liberté externe* ou liberté d'action.

Liberté interne ou psychologique. — La liberté interne ou psychologique est la *faculté que nous avons de nous déterminer à une chose ou à une autre ;* on pourrait dire que c'est la *liberté de vouloir ;* elle ne regarde donc que la volonté et ses actes. Les autres facultés de l'homme, intellectuelles ou organiques, par lesquelles s'exécutent les résolutions de la volonté, peuvent être empêchées dans leurs opérations ; la volonté, exempte de toute contrainte extérieure comme de toute nécessité intérieure est indépendante de toute puissance créée. Sans doute, pour se déterminer, elle a besoin de motifs qui la sollicitent ; mais ces motifs, quelque puissants qu'ils soient, la laissent toujours maîtresse de ses déterminations.

Cette liberté est inamissible et essentielle à l'homme ; on ne peut concevoir qu'il en soit dépouillé, car, ne s'appartenant plus, il cesserait d'être une personne et ne serait plus un homme.

La liberté interne prend quelquefois le nom de *liberté métaphysique* quand on l'envisage au point de vue abstrait, *sans égard à la qualité de l'action* sur laquelle porte le choix. On l'appelle *liberté morale* quand elle s'exerce dans l'ordre moral ; c'est la *faculté de choisir entre le bien et le mal*.

La liberté et le pouvoir de faire le mal. — La liberté morale étant pour nous, dans le temps de l'épreuve, la source du mérite, quelques-uns ont cru que le pouvoir de pécher ou de faire le mal était de l'essence de la liberté ; c'est une erreur.

Il est vrai que notre liberté suppose la possibilité du choix entre ces deux contraires : le bien et le mal; c'est ce qu'on appelle *liberté de contrariété.* Mais la liberté ne consiste pas essentiellement dans cette alternative, elle ne s'y trouve que par accident; et quand même le mal n'existerait pas, elle pourrait encore choisir entre différents biens ou entre les divers moyens d'obtenir un même bien, entre agir et ne pas agir; c'est la *liberté de contradiction.*

« Cette liberté de contradiction, qui se meut uniquement dans le bien, renferme toute l'essence de la liberté; car, pour qu'un être soit libre, il faut et il suffit qu'il soit maître de ses actes. Or, dit saint Thomas, on est maître de ses actes par le seul pouvoir de les poser ou de s'en abstenir, bien qu'on n'ait pas la faculté de faire le *contraire.* » (Abbé Dagorne.)

Notre liberté actuelle n'est qu'une liberté imparfaite; soit défaut d'intelligence, soit défaut de rectitude de volonté, nous pouvons en mal user ; mais, retenons-le bien, ce pouvoir de mal faire n'est pas plus de l'essence de la liberté, que la possibilité de se tromper n'est de l'essence de l'entendement, que la possibilité d'être malade n'est de l'essence de la santé.

La liberté et le droit. — Êtres libres, nous avons le pouvoir naturel de choisir entre le bien et le mal; ce pouvoir est-il un droit? On le dit souvent; mais cette confusion du *pouvoir* et du *droit* conduit aux plus funestes conséquences. La liberté n'est un droit qu'autant qu'elle s'applique à un objet qui puisse être la matière d'un droit, c'est-à-dire au bien. Jamais le pouvoir qu'a l'homme de choisir entre le bien et le mal ne lui donnera le droit de choisir le mal, puisque la loi divine lui impose l'obligation de le rejeter. Notre liberté morale n'implique donc aucun droit de penser, à plus forte raison, de dire ou de faire quelque chose de mal.

La liberté et l'indépendance. — C'est encore une grave erreur que de confondre, comme on le fait souvent, la liberté et l'indépendance. Dieu seul est absolument libre ou indépendant; cette indépendance découle de son aséité. L'homme, au contraire, est dépendant en tout son être, en toutes ses facultés et en toutes ses opérations, de Celui dont il reçoit continuellement tout ce qu'il est, tout ce qu'il a et tout ce dont il a besoin pour agir; sa liberté ne saurait donc être absolue, illimitée, exempte de toute règle; elle est nécessairement dépendante de Dieu, et *doit* demeurer soumise à son autorité, quels qu'en soient les représentants. Ce n'est que dans ces limites du juste et de l'honnête que la liberté humaine peut se mouvoir avec indépendance. (Mgr Sauvé.)

Liberté externe ou liberté d'action. — La liberté d'action n'est que la *faculté d'exécuter extérieurement ce que nous avons résolu*. Cette liberté, à laquelle est opposée la *contrainte*, toute précieuse qu'elle est, n'est point essentielle à l'homme et peut être entravée de bien des manières : par la faiblesse de nos organes, par les résistances du dehors, par les violences d'autrui.

On doit donc bien se garder de la confondre avec la liberté morale, comme l'a fait Hobbes en définissant cette dernière : le *pouvoir de faire ce que nous avons voulu*. C'est s'exposer encore à la même confusion que de définir la liberté : le *pouvoir d'agir ou de ne pas agir,* parce que le mot *agir* étant assez vague et supposant un terme extérieur, on en pourrait conclure qu'un acte n'est libre qu'à la condition d'être produit au dehors.

A la liberté d'action se rapportent diverses sortes de libertés qu'il importe de connaître : la liberté civile, la liberté politique, la liberté de conscience, la liberté de penser, la liberté de la presse, etc...

Nous parlerons bientôt des graves erreurs cachées sous ces expressions, quand on les entend dans le sens du libéralisme moderne. Bornons-nous ici à de simples notions.

La liberté civile est la *puissance* de disposer de sa personne et de ses biens; elle est réglée par les lois, qui ne doivent défendre que ce qui nuirait à l'utilité commune ou ce qui violerait les droits des autres hommes.

La liberté politique est le *pouvoir* d'intervenir dans la formation et l'action du gouvernement; elle suppose une intelligence et une instruction à la hauteur des graves intérêts que l'on doit gérer. Ces deux libertés peuvent se rencontrer ensemble ; mais la liberté politique est loin d'être une garantie pour la liberté civile, qui importe surtout au bonheur de la vie.

La liberté de conscience serait, d'après l'opinion commune, le *pouvoir* de professer sans être inquiété telle religion qui convient. Cette liberté, érigée en principe, est impie, funeste (*libertas perditionis*), et par conséquent condamnable en elle-même, bien qu'elle puisse être l'objet d'une tolérance légitime.

La liberté de penser, la *liberté de la presse* est le *pouvoir* de manifester ouvertement ses pensées, d'imprimer tout ce qu'on veut. Cette liberté serait une folie (*deliramentum*) si elle était absolue.

III. — De l'acte libre.

Pour mieux connaître la liberté morale, il est utile d'analyser l'acte libre afin d'en rechercher les éléments constitutifs, et de déterminer ensuite les circonstances qui peuvent en modifier la nature.

Analyse de l'acte libre. — D'après ce que nous avons dit sur l'essence de la liberté, pour la possibilité même de l'acte libre, il faut tout d'abord supposer la *possession de soi*, état moral qui n'existe que quand l'âme a conscience d'elle-même et de sa responsabilité, qu'elle se sent par conséquent maîtresse de ses déterminations.

Mais la possession de soi n'est qu'une condition préalable et générale de tout acte libre. Cet acte libre a de plus ses conditions immédiates, qui sont, pour ainsi dire, ses parties intégrantes, ses éléments constitutifs.

1° *La conception* de l'*acte* à faire, du *but* qu'on se propose, des *moyens* à prendre pour l'atteindre. Rien de cela, en effet, ne peut être voulu s'il n'a d'abord été conçu : *Nil volitum, nisi præcognitum*.

2° *La délibération :* c'est un conseil que tient l'âme avec elle-même, dans le but de s'éclairer sur la valeur de son acte et sur ses conséquences. Elle considère les *motifs* qui se présentent à elle, c'est-à-dire les raisons qu'elle a d'agir dans un sens ou dans un autre; elle les met en face les uns des autres, les pèse, les juge et les compare. Les *mobiles*, c'est-à-dire les impulsions de la sensibilité, sentiments ou passions, empêchent, s'ils sont violents, toute délibération; mais, quand ils peuvent être appréciés par la raison, ils sont tour à tour, eux aussi, soumis à ses calculs. Après discussion, nous portons une sentence, et nous déclarons tel parti *préférable* à tel autre. Cette délibération suppose que nous croyons être libres, mais elle n'est pas proprement l'exercice de la liberté, elle dépend de *l'intelligence*.

3° *La détermination*, la *résolution* ou la *décision* est la préférence définitive donnée par l'âme à tel ou tel des motifs qui l'ont sollicitée; c'est l'*acte propre de la volonté libre* qui se prononce en souveraine *pour ou contre* le jugement de la raison, et, maîtresse d'elle-même, se détermine, sous sa propre responsabilité, à tel parti plutôt qu'à tel autre.

4° *L'exécution*, ou au moins le projet d'exécution suit toujours une résolution véritable. Cette exécution complète les opérations précédentes, mais n'est pas essentielle à l'acte libre. Dans la plupart des cas, en effet, elle dépend de l'activité organique, et bien des circonstances extérieures peuvent alors la rendre impossible en dépit de la volonté. L'acte de celle-ci n'en reste pas moins libre et parfait en lui-même.

Y a-t-il des actes libres qui soient spontanés? — La délibération, venons-nous de dire, est une des conditions de l'acte libre; les actes héroïques, comme celui du chevalier d'Assas, accomplis par une sorte d'inspiration, par un élan sublime de générosité, *spontanément*, et en apparence sans délibération, seraient-ils donc sans liberté et par conséquent sans mérite? Non, certes; quand on les supposerait absolument *spontanés et irréfléchis* en eux-mêmes, ils seraient du moins le résultat d'une noble habitude librement contractée, d'une vertu consommée qui ajouterait à leur mérite. Mais la *spontanéité de ses actes n'est pas l'irréflexion*, elle n'est en réalité que l'absence d'hésitation dans l'accomplissement du devoir; elle n'exclut ni la perception de l'acte, ni l'intuition de sa beauté morale, ni la décision *réfléchie, quoique soudaine*, de la volonté; elle s'accorde donc avec l'exercice parfait de la liberté.

Des obstacles à l'exercice de la liberté. — L'analyse de l'acte libre nous permet de déterminer les circonstances qui peuvent l'empêcher d'exister ou d'avoir toute sa perfection.

1° Dans la première enfance, dans l'ivresse complète, la folie, le sommeil naturel ou artificiel, *l'âme, n'étant plus maîtresse d'elle-même*, n'a pas la liberté. Dans tous ces états, par conséquent, nous ne sommes pas responsables de nos actes, à moins que par notre faute nous ne nous y soyons placés en prévoyant les conséquences de notre conduite.

2° *Du côté de l'intelligence,* l'*ignorance*, l'*inadvertance*, tout ce qui nous met hors d'état de délibérer ou de bien apprécier l'acte qu'il s'agit d'accomplir enlève complètement ou diminue notre liberté, et dans la même mesure notre responsabilité. Si toutefois l'ignorance et l'inadvertance sont coupables, les actes accomplis sont voulus dans leur cause et imputables par conséquent.

3° *Du côté de la volonté,* la pression qu'exercent sur nous les *passions* violentes peut atténuer jusqu'à un certain point notre responsabilité, mais non la faire disparaître, car en face de la passion la volonté reste en général maîtresse d'elle-même. Il faut en excepter seulement les cas où la violence d'une passion indépendante de nous, comme la crainte, irait jusqu'à nous enlever l'usage de la raison.

II. — Démonstration de la liberté.

« Est-il vrai qu'en présence d'un acte à faire, je peux vouloir ou ne pas vouloir faire cet acte? Là est toute la question de la liberté. » (Cousin.) Question de fait dont il faut avant tout demander la solution à l'expérience.

I. — **Preuve directe tirée du témoignage de la conscience.** — La conscience m'atteste la liberté. Je sens que j'ai le domaine de mes actes, que je puis à mon gré me déterminer à rester assis ou à me lever, à lire ou à écrire; et non seulement la conscience m'atteste cette liberté pour les déterminations de tout instant, mais aussi pour celles qui sont moins fréquentes et relatives à l'emploi de mes talents, aux différentes occupations de la vie, aux combats entre la vertu et le vice. Et si ma conscience est infaillible quand elle me dit que je sens, que je pense ou que je veux, pourquoi ne le serait-elle pas quand elle me dit que je pense et que je veux librement? « Que chacun de nous, dit Bossuet, se consulte soi-même, et il sentira qu'il est libre, comme il sentira qu'il est raisonnable. »

A vrai dire, cette preuve, fournie par la conscience, n'est pas une démonstration de la liberté; *elle montre plutôt qu'elle ne démontre la liberté;* mais la certitude qu'elle produit n'en est que plus irrécusable; aussi peut-on dire de ceux qui nient la liberté ce que Fénelon disait des pyrrhoniens, qu'ils sont une secte, non de philosophes, mais de menteurs.

Objection. — Cette assertion de Spinosa, *que la conscience de notre liberté n'est que l'ignorance des causes qui nous font agir*, mérite à peine d'être discutée; car l'expérience est là pour attester, non seulement que souvent nous ignorons les motifs qui nous font agir sans avoir pour cela la conscience d'avoir agi librement, mais encore que notre liberté nous est attestée par la conscience avec d'autant plus de force, que nos motifs d'action nous sont plus parfaitement connus. (Janet.)

II. — Preuve indirecte tirée de quelques faits moraux. — 1° Chacun entend en lui-même une voix impérieuse qui *commande* certaines actions et en *défend* d'autres. Chacun se sent obligé par ce commandement, et, s'il le transgresse, il éprouve le *remords*; s'il l'accomplit, il se sent *meilleur*, digne de louange et de récompense. Comment ces sentiments pourraient-ils exister sans la conviction irrésistible que nous avons la libre disposition de nos actions?

2° Chacun de nous éprouve le besoin de discuter, de consulter, de *peser ses raisons avant d'agir*. Chacun sent la force des *menaces* ou l'attrait des *promesses*, quand il doit se décider pour un parti. Tout cela ne serait-il pas inutile et même ridicule si l'action ne dépendait pas de nous? Consultons-nous, interrogeons-nous nos voisins pour savoir si nous devons grandir ou vieillir, ressentir les impressions de l'atmosphère ou l'aiguillon de la faim? (Liberatore.)

III. — Preuve indirecte tirée de quelques faits sociaux. — Chez tous les peuples on trouve que la *vertu est estimée*, que le vice est flétri; cela seul ne prouve-t-il pas la liberté? — Dans toutes les sociétés encore on trouve des *lois*, des *tribunaux*, des *châtiments* et des *récompenses;* tout cela ne serait-il pas absurde si l'homme n'était pas libre? — Un troisième fait à remarquer est celui de l'*instruction*, de l'*éducation* dans les sociétés; car comment instruire un homme s'il n'est pas maître de son attention? Qu'est-ce que le progrès moral, si le mouvement est fatal?

IV. — Preuve tirée de la croyance universelle des hommes. — Inutile, après ce que nous venons de dire, d'insister pour établir le fait de la *croyance de l'humanité;* il est évident. « La liberté, dit Fénelon, c'est ce que les bergers et les laboureurs chantent sur les montagnes, ce que les marchands et les artisans supposent dans leur négoce, ce que les acteurs représentent dans les spectacles, ce que les magistrats croient dans leurs conseils, ce que les docteurs enseignent dans leurs écoles, ce que nul homme sensé ne peut révoquer en doute sérieusement. »

On trouve pourtant dans l'histoire quelques philosophes, quelques sectes même philosophiques ou religieuses qui ont nié la liberté; « mais, dit Jouffroy, n'avons-nous pas le droit d'être rassurés contre la divergence de quelques hommes, quand nous voyons ces hommes eux-mêmes agir comme s'ils étaient de notre avis; quand nous voyons les plus illustres d'entre eux construire une morale; quand dans toutes les langues nous trouvons les mots de droit et de devoir, de punition et de récompense, de mérite et de démérite; quand partout nous trouvons des législateurs, des tribunaux et mille autres institutions qui supposent la liberté... ? »

V. — **Preuve tirée des conséquences du fatalisme.** — La fausseté manifeste de ces conséquences est une preuve de la fausseté du principe d'où elles découlent; indiquons les principales. Le fatalisme entraîne : — la négation de la *loi morale ;* si nous ne sommes pas libres, en effet, toutes les prescriptions de la loi sont inutiles; — la négation de la *vie future;* sans liberté point de mérite ni de démérite, plus de récompense ni de châtiment; la vie future n'a donc plus de raison d'être; — le renversement enfin de *toute société,* car cette doctrine légitime toutes les passions, détruit toutes les institutions qui lui servent de base. Les peuples soumis à Mahomet sont un exemple de ce que peut devenir une société qui obéit à la voix du destin.

III. — Réfutation des erreurs sur la liberté.

Nous en signalerons deux principales : le *fatalisme,* qui nie l'existence de la liberté; le *libéralisme,* qui méconnaît sa véritable nature et proclame qu'elle est un droit absolu.

I. — Le fatalisme.

Le fatalisme est le nom commun de tous les systèmes qui nient la liberté. Mais on distingue ordinairement le *fatalisme proprement dit* et le *déterminisme*.

Le fatalisme proprement dit soumet l'homme à l'action inévitable d'*une puissance extérieure*, soit aveugle et fatale, comme le destin des stoïciens et des mahométans, soit intelligente et libre, comme notre Dieu, dont la science infaillible ou le souverain domaine ne laisse aucune place, dit-on, à la liberté.

Le déterminisme affirme que tous nos actes sont inévitablement déterminés par *un principe intérieur*, tel que : l'enchaînement des causes (déterminisme physique); l'influence de l'organisme, du tempérament (déterminisme physiologique); l'influence du caractère, des passions (déterminisme moral); l'influence des motifs (déterminisme psychologique de Leibnitz).

a. — Fatalisme proprement dit.

Fatalisme des anciens. — Le fatalisme est au fond de toutes les religions anciennes; elles soumettaient les volontés des dieux et des hommes, tantôt à une puissance impersonnelle, le *destin*, qui dispose de l'avenir et dont les arrêts sont irrévocables; tantôt à la *fortune*, dont l'aveugle caprice déjoue tous les calculs, déconcerte tous les efforts.

Ces vieilles formes du fatalisme sont surannées; tout au plus peut-on dire que le *destin* représente ce que les événements ont d'*inévitable*, à raison des lois fixes qui régissent l'univers, et la *fortune*, ce qu'ils peuvent offrir d'*imprévu* à raison des coïncidences fortuites qui se produisent.

Fatalisme théologique. — On s'efforce de le fonder sur l'*incompatibilité prétendue de la liberté humaine et de la prescience divine.* « Dieu, dit-on, prévoit nos actions futures, et dès lors tous les actes que prévoit cet être infaillible ne sont-ils pas nécessaires? Le nier serait nier l'intelligence infinie, et par conséquent l'être même de Dieu. »

La prescience divine est un fait incontestable; d'autre part, l'homme est certainement libre; et si la nature bornée de notre esprit ne nous permet pas d'apercevoir l'accord de ces deux vérités, *nous ne sommes pas pour cela en droit de les rejeter.*

« Il ne faut jamais abandonner des vérités une fois connues, quelques difficultés qui surviennent quand on veut les concilier; mais il faut toujours tenir fortement les deux bouts de la chaîne, quoiqu'on n'en voie pas le milieu. » (Bossuet.)

On peut, du reste, répondre directement que Dieu prévoit sans doute nos actions, mais *que prévoir n'est pas déterminer ou contraindre*. Nos actions prévues n'en sont pas moins, par rapport à nous, moralement libres. Dieu prévoit que nous agirons de telle ou telle façon, mais librement. Les actions de l'homme n'arrivent pas parce que Dieu les prévoit, mais il les prévoit parce qu'elles arriveront. La vraie difficulté n'est donc pas de comprendre comment la liberté humaine, dont la prescience divine réfléchit et ne produit pas les manifestations, reste sauve, mais comment Dieu peut prévoir les actes libres d'une cause qui enveloppe dans sa puissance des effets multiples, dont quelques-uns seulement seront produits, quoique tous soient possibles; voilà ce qui dépasse toute intelligence humaine.

Aussi nous semble-t-il préférable de dire, avec Fénelon, que l'éternité divine doit se concevoir comme un éternel présent: *interminabilis vitæ tota simul et perfecta possessio*. (Boëce.) Dès lors il n'est pas vrai de dire que Dieu prévoit nos actions; *Il les voit simplement dans le vrai sens du mot*, car pour lui il n'y a ni passé ni futur. Il voit comme libre ce qui est libre, et comme nécessaire ce qui est nécessaire, ainsi que d'un même regard nous voyons un homme qui se promène librement et le soleil qui parcourt fatalement les cieux.

Du reste, quand il y aurait encore quelque difficulté, quelque obscurité dans l'explication des mystères divins, ce défaut, loin de déconcerter notre foi, devrait l'affermir.

b. — *Déterminisme.*

Déterminisme physique. — Cette première forme du déterminisme a Hume pour auteur, et pour défenseurs tous les positivistes.

C'est un principe universel, disent-ils, que tout a sa raison, c'est-à-dire sa cause déterminante, dans un fait antérieur; les phénomènes de l'âme comme les phénomènes physiques sont soumis à cette loi absolue et nécessairement déterminés par les circonstances de leur production. Un acte libre est donc impossible; ce serait un effet sans cause.

Tout a sa raison, nous l'accordons; mais à côté et au-dessus des causes physiques et aveugles, les seules que reconnaissent les positivistes, bien qu'elles ne soient, à vrai dire, que les intermédiaires par lesquels la force et le mouvement se propagent, nous admettons, nous, des causes spirituelles et libres qui se déterminent par elles-mêmes et sont réellement les principes de leurs actes.

Pourquoi rejeter ces dernières causes? Ce sont les seules que nous connaissions directement, et si nous n'avions pas cette conscience de la causalité en nous, qui est l'idée même de notre liberté, nous n'aurions pas la notion des causes physiques.

Déterminisme physiologique. — Gall et Cabanis prétendent trouver la raison dernière de la conduite morale de chaque homme dans son organisme, ou, comme on a dit depuis, dans son tempérament. Ils notent avec soin tous les faits qui montrent la dépendance où sont nos diverses facultés, du corps et des influences de climat, de température, etc., puis en concluent que les tendances de nos facultés sont déterminées par l'organisation.

Mais quand cela serait vrai, ce que nous sommes loin d'accorder, n'y a-t-il pas un assez grand nombre d'actions indifférentes, également propres à satisfaire nos tendances, pour laisser toute latitude au libre arbitre?

Déterminisme moral. — L'homme, dit-on souvent, est entraîné par son *caractère* et par ses *habitudes*. Il naît vicieux ou vertueux, comme il vient au jour avec une constitution bonne ou mauvaise; c'est en vain qu'il essayera de se soustraire à l'empire de sa nature, que des habitudes, bientôt inévitables elles-mêmes, viendront fortifier encore.

La conscience de chacun proteste contre l'exactitude de ces assertions; il est en notre pouvoir d'empêcher une habitude de se former et de se développer, et quand elle s'est fortifiée, nous avons encore le pouvoir de la détruire par des actes contraires. Quant au caractère naturel, il se compose d'inclinations variées, multiples, qu'on peut modifier de mille manières, et qui d'ailleurs laissent un vaste champ à la liberté.

Déterminisme psychologique ou déterminisme simplement dit. — Ce système mérite de nous arrêter davantage.

Exposé du système. — L'âme est ainsi faite, disent les déterministes, qu'elle ne se *détermine jamais sans motifs*, et que ce sont les motifs qui la déterminent. Si le motif est unique, la volonté le suit nécessairement; s'il y a plusieurs motifs opposés, c'est nécessairement le *plus fort* qui l'emporte.

Véritable fléau de balance, le libre arbitre attend que l'intelligence ait chargé le plateau et incline du côté des poids les plus lourds; *il ne se détermine pas, il est déterminé.*

A l'appui de leur théorie ils allèguent le principe de raison suffisante. « La valeur des motifs est, disent-ils, la seule raison suffisante que l'on puisse concevoir des déterminations de la volonté; l'âme suit donc nécessairement l'*inclination prévalente;* en d'autres termes, elle tend forcément *au plus grand bien.* »

Avant de réfuter ce système, remarquons que *Leibnitz*, son principal défenseur, ne croyait pas, en le soutenant, compromettre la liberté; mais il ne la sauvegardait qu'en la dénaturant et en la réduisant au fait *d'être déterminé par des motifs à soi.*

Réfutation. — Reprenons une à une les diverses assertions du déterminisme.

1º L'homme n'agit pas sans motifs. Quelques philosophes soutiennent le contraire et disent que la volonté est tellement maîtresse d'elle-même, qu'elle peut se déterminer et qu'elle se détermine quelquefois à agir sans être sollicitée par quelque motif que ce soit; c'est ce qu'on appelle la *liberté d'indifférence.* Thomas Reid est de cet avis, et à l'appui de son opinion il cite un fait : « Je dois, dit-il, une guinée à une personne qui la réclame, et j'ai dans ma bourse vingt guinées; quel motif ai-je de prendre l'une plutôt que l'autre? »

Thomas Reid confond une détermination libre, l'acte par lequel je veux prendre une guinée, et l'acte spontané, instinctif, par lequel j'ai pris telle guinée; cet exemple ne prouve donc rien. *A priori*, on ne peut pas se déterminer pour ce dont on n'a pas l'idée, et si on a l'idée d'un acte, cette idée même est un motif de se déterminer. Ainsi nous ne pouvons pas opposer au déterminisme une *liberté d'indifférence* qui n'existe pas; nous acceptons que l'homme n'agit pas sans motifs.

2º Mais est-il vrai que ces motifs soient déterminants de telle sorte que, si un seul se présente à nous, nous devions le suivre nécessairement? Non, un motif sollicite la volonté, la persuade, la conseille, quelquefois l'oblige, sans jamais la contraindre ou la nécessiter. La conscience est là pour nous attester qu'au moment où nous cédons à ce motif unique, nous avons le pouvoir d'agir autrement. Et qu'on ne dise pas, avec Spinoza, que c'est là une illusion dont nous sommes dupes, car c'est tomber dans le scepticisme le plus absolu.

Mais, ajoute-t-on, si les motifs ne déterminent pas les résolutions, s'ils rendent simplement l'acte possible et ne le réalisent pas, qu'est-ce qui détermine ces volitions, car il n'y a pas d'effet sans cause? Ce principe est vrai, et cette cause c'est l'âme, maîtresse de son mouvement, capable de se donner une impulsion et une direction propres, possédant l'initiative de ses actes, c'est-à-dire pouvant, au moment même où elle produit un acte, ne pas le produire.

Enfin, dans le cas de plusieurs motifs sollicitant notre volonté, suivons-nous toujours le motif le plus fort? L'erreur des déterministes repose sur une confusion : faute de bien observer, ils ne distinguent pas la préférence par laquelle la raison se prononce fatalement sur la valeur des motifs et la détermination par laquelle la volonté se décide librement. L'expérience est là pour prouver que nous faisons souvent ce que nous désapprouvons en théorie :

Video meliora proboque,
Deteriora sequor.   (Ovide.)

Qu'entend-on d'ailleurs par le motif le plus fort? On conçoit qu'on puisse comparer des plaisirs de même nature dont l'intensité seule varie, des produits utiles plus ou moins considérables; mais comment apprécier la force respective des différents motifs qui viennent du devoir, de l'intérêt ou de la passion? C'est chose impossible, et dire, par conséquent, que nous cédons toujours au motif le plus fort, c'est dire un non-sens, à moins qu'on n'entende par motif le plus fort celui auquel cède la volonté; mais c'est alors faire un sophisme puéril qui suppose la liberté. (Aulard.)

II. — Le libéralisme.

Le libéralisme repose sur une fausse notion de la liberté humaine. L'homme a dans cette vie le pouvoir de choisir entre le bien et le mal; c'est un fait. L'erreur fondamentale du libéralisme consiste à transformer ce *fait* en un *droit* imprescriptible, et à rendre l'homme indépendant de Dieu.

Il se présente sous deux formes : le *libéralisme philosophique* ou individuel, et le *libéralisme politique* ou social.

Libéralisme philosophique. — L'homme a reçu le *pouvoir* de choisir entre le bien et le mal. Cette magnifique et dangereuse prérogative de la liberté lui a été donnée pour lui permettre de tendre à sa destinée et de travailler à la réaliser par des actes vraiment personnels. Dans l'exercice de ce pouvoir, l'homme n'est donc point indépendant; il ne peut échapper au souverain domaine de Dieu sur toute créature, ni se soustraire à l'obligation rigoureuse qui lui est imposée de tendre vers sa fin. Se servir de sa liberté pour le bien, c'est en faire un usage légitime, c'est accomplir un devoir, c'est exercer un droit; mais se servir de sa liberté pour le mal, pour s'écarter de sa fin, c'est en abuser, c'est se rendre coupable.

Nous avons donc le *pouvoir* de faire le *bien et le mal*, mais nous n'avons de *droit* que celui de faire le *bien*. La possibilité de vouloir le *mal*, répétons-le, n'est point une perfection de notre liberté, c'en est une défectuosité.

Le *libéralisme radical*, au contraire, proclamant qu'user de sa liberté est pour l'homme un droit absolu, conduit logiquement à ces conséquences, que l'homme a le droit de soutenir l'erreur comme la vérité, de vouloir et d'accomplir le mal comme le bien, de changer, au gré de ses caprices, ses croyances religieuses. Dès lors plus de différence entre la vérité et l'erreur, entre le bien et le mal, entre le vice et la vertu; plus d'autorité, plus de respect des droits d'autrui. C'est le bouleversement de tout l'ordre intellectuel et moral

Peu de libéraux avouent ces conséquences extrêmes; la plupart acceptent dans l'ordre naturel l'autorité de la raison, mais ils se déclarent indépendants de tout ordre surnaturel, de toute révélation; et puisqu'ils sont libres, ils ont le droit, disent-ils, d'accepter ou de nier les dogmes du christianisme, de pratiquer ou de rejeter sa morale, de recevoir ou de refuser ses sacrements, de se soumettre, en un mot, aux prescriptions de l'Église, ou de s'en tenir aux pratiques de la religion naturelle. C'est là proprement le *libéralisme rationaliste*.

Dieu, par Jésus-Christ, a appelé l'homme à une fin surnaturelle. (C'est un fait que nous n'avons pas à démontrer ici.) De quel droit l'homme méconnait-il cette volonté souveraine de Dieu? De quel droit ose-t-il bien ne tenir aucun compte de la venue de Jésus-Christ sur la terre, de sa doctrine, de ses commandements, des moyens de sanctification qu'il a établis?

N'ayant pas le *droit* de choisir entre le bien et le mal, l'homme *n'a pas le droit d'accepter ou de rejeter Jésus-Christ*. Son unique droit est de n'être pas gêné dans l'accomplissement de son devoir, qui est la pratique de la religion révélée[1].

[1] Le libéralisme voudrait au moins que *l'homme n'acceptât l'Évangile qu'en connaissance de cause et par un acte personnel;* il ne peut admettre que l'enfant, être intelligent et libre, soit, en vertu du baptême et par le fait d'une volonté étrangère, lié irrévocablement et sous peine d'apostasie envers une doctrine qu'il ignore et une loi positive qu'il n'a pas personnellement acceptée.

Malgré les étonnements du rationalisme, répond Mgr Pie, il faut affirmer que *par le baptême l'enfant est légitimement adjugé à Jésus-Christ, dont il devient la propriété véritable.*

« L'ordre naturel, continue le grand évêque, nous offre à l'appui de cette doctrine un argument auquel on ne peut opposer rien de sérieux. L'enfant qui naît en ce monde n'a pas demandé la vie, et cependant il est tenu de se la conserver; il n'a pas choisi ses parents, sa patrie, et pourtant il doit à ses parents toutes sortes de devoirs, ses intérêts sont régis par les lois de son pays. Les choses de la vie temporelle se passent ainsi, et aucun philosophe n'en murmure, aucun n'y voit un attentat contre la raison et la liberté de l'homme; et si le jeune homme, aux intérêts duquel la famille et la société ont veillé avec un soin maternel, allait se plaindre de ce qu'on l'a rendu noble et riche, le genre humain tout entier ne serait-il pas d'accord pour lui crier qu'il blasphème contre Dieu et contre la société? Or on comprend tout d'abord que, s'il existe une naissance spirituelle, elle doive entraîner des conséquences analogues à celles de la naissance temporelle.

« Le baptême est cette naissance. L'enfant ne demande pas à naître ainsi divinement; mais, outre que s'il pouvait le demander il y serait rigoureusement tenu, il demeure précisément obligé, par rapport à sa naissance divine, aux mêmes devoirs que lui impose sa naissance humaine. Et d'abord il demeure obligé de conserver cette vie, c'est-à-dire la grâce, dont le plus indispensable élément est la foi. S'il la perd, il se suicide, et le crime est d'autant plus grand, que la vie détruite est plus précieuse. L'infidélité volontaire est plus qu'un homicide assurément; elle tient de la nature du déicide, car elle détruit une vie divine. De plus, Jésus-Christ étant son père et l'Église sa mère, le baptisé devra toujours à ses parents divins la soumission, le respect, la reconnaissance et l'amour. Se plaindre de la noblesse surnaturelle à laquelle Dieu l'élève, murmurer des richesses surnaturelles de la foi et de la grâce que Dieu lui confie serait, de sa part, une indignité.

« Il peut sans doute, en abusant de sa liberté, déshonorer son nom, dissiper son héritage; mais l'éternité entière sera témoin de la juste peine infligée à sa forfaiture. Et comme tous les gens de bien, ici-bas, murmurent des paroles de dégoût et d'horreur en voyant passer au milieu d'une populace ignoble l'héritier dégénéré d'un grand nom, le coupable dissipateur d'une grande fortune, ainsi les anges et les élus contempleront éternellement avec douleur et avec effroi le chrétien devenu démon par son apostasie. » (Voyez les instructions pastorales de Mgr Pie sur les *Erreurs du temps présent.*)

Le libéralisme politique. — Le libéralisme politique ne touche point aux questions des diverses formes de gouvernement, des privilèges de l'aristocratie, des progrès scientifiques modernes, des libertés industrielles ou commerciales. Il ne faut pas le confondre non plus avec le *radicalisme*, qui rejette Dieu de la société.

Le libéralisme politique consiste à prétendre que l'*État est indépendant, même dans l'ordre moral, de toute autorité surnaturelle.* Pour les nombreux partisans de ce système, l'autorité de Jésus-Christ et de l'Église s'arrête au seuil de la vie publique. Les individus dans leur vie privée peuvent être tenus de vivre selon l'Évangile. Mais les sociétés n'ont pas la même obligation; elles peuvent ne pas accepter la loi de Jésus-Christ; si elles ont été incorporées à l'Église dès leur naissance, elles peuvent renoncer à leur baptême national, et par une déclaration solennelle se replacer dans l'ordre naturel; elles sont *libres,* c'est-à-dire qu'elles ont le *droit* de décréter ce qu'elles veulent, sans s'inquiéter des prohibitions de l'Église. De là les prétendues conquêtes de la civilisation moderne : la liberté de penser, la liberté de la presse, la liberté de conscience, c'est-à-dire le *droit pour l'État et pour les hommes d'État* de soutenir toutes les doctrines, de publier toutes les erreurs, de professer tous les cultes [1].

---

[1] Nous ne pouvons pas nous étendre sur ce sujet si plein d'actualité; mais nous croyons utile de résoudre, en nous inspirant de Balmès, la plus spécieuse des objections que fait le libéralisme.

La liberté de conscience, disent-ils, est un principe sacré. *De quel droit le pouvoir civil peut-il empêcher un homme de bonne foi de professer et de pratiquer telle et telle doctrine?*

Observons d'abord que l'objection, si elle était fondée, rendrait impossible le châtiment d'une foule d'actes réprouvés comme mauvais, tels que crimes politiques, attentats contre la propriété, le mariage, violation des droits civils par l'athée, le fataliste, etc. Dans tous ces cas, les coupables prétextent la bonne foi. Mais on peut répondre directement, et il faut dire qu'*il y a des erreurs de l'entendement qui sont des fautes*. L'ignorance de telle ou telle vérité importante peut être réelle; mais dans certaines circonstances la loi déclare cette ignorance coupable, et si l'homme invoque le témoignage de sa propre conscience, la loi lui rappelle le devoir qu'il avait de rectifier sa conscience.

Dira-t-on que nos principes donneraient à un souverain hérétique *de bonne foi le droit* d'empêcher les catholiques de professer leur culte? Nous répondrons, avec Mgr Sauvé, que si la bonne foi ou une conscience invinciblement erronée peut imposer au prince hérétique *le devoir* d'empêcher le culte catholique, elle ne saurait lui en donner *le droit,* parce que le droit au mal répugne dans les termes et que *le droit a pour fondement nécessaire la vérité objective,* tandis que le devoir peut naître d'une erreur subjective.

Si Jésus-Christ est Dieu, sa souveraineté est absolue; personne n'a le droit de la restreindre. Il doit régner sur les sociétés et sur les familles comme sur les individus.

Dans l'exercice de leur liberté, les familles et les sociétés ont, par suite, l'obligation rigoureuse de se soumettre à son autorité souveraine, elles n'ont *aucun droit* de s'y soustraire; et les libertés modernes, dans la mesure où elles sont contraires à la loi divine même positive, doivent être condamnées comme impies. — Nous n'établissons ici que la *thèse* ou les principes, nous n'examinons pas dans quelle mesure ces libertés peuvent être en fait acceptées ou tolérées, comme conséquences nécessaires d'un ordre de choses établi.

LES SIGNES ET LE LANGAGE

Nous parlerons successivement :
1° Des signes et du langage en eux-mêmes;
2° Des signes et du langage dans leurs rapports avec la pensée;
3° De l'origine du langage.

I

DES SIGNES ET DU LANGAGE EN EUX-MÊMES

I. — Des signes.

Définitions. — Dans un sens général, un *signe* c'est tout phénomène sensible qui rappelle quelque chose : *Signum est quod sub sensum cadit et quiddam significat.*(Cicéron.)Exemple: Les nuages sont le signe de la pluie; la fumée, le signe du feu.

Dans un sens plus restreint, on appelle signe un fait extérieur qui *manifeste un fait intérieur;* exemple : sanglots, signe de tristesse. Il est évident pour tout le monde que les signes ainsi entendus sont une condition essentielle de la vie sociale; cette vie, en effet, suppose l'échange des idées, or nous ne pouvons connaître les pensées de nos semblables qu'autant qu'elles sont exprimées, et cette *expression* est le signe qui les manifeste.

Les signes ne sont point des phénomènes ayant une essence à part; « quand on regarde un certain objet comme en représentant une autre, l'idée qu'on en a est une idée de signe, et le premier objet est dit signe du second. » (Logique de Port-Royal.)

Le signe comprend donc trois éléments: 1° l'objet signifié ou l'*idée;* 2° l'objet qui signifie ou le *signe;* 3° le *rapport* entre ces deux objets, rapport qui doit être perçu pour qu'il y ait signe.

Diverses espèces de signes. — Les signes peuvent être classés d'après la *nature du signe lui-même* ou d'après la *nature du rapport qui unit le signe à la pensée*.

1° *D'après la nature du signe lui-même*, on distingue les signes *tactiles* perçus par le toucher : ce sont des contacts, pressions; — les signes *visuels*, qui s'adressent à la vue, comme les mouvements de toutes sortes, les dessins, figures; — les signes *auditifs* que l'oreille peut percevoir et qui se composent de cris et de sons articulés; ce sont les plus précieux pour l'expression de la pensée.

2° D'après *la nature du rapport qui unit le signe à la pensée*, on distingue les signes *naturels* et les signes *conventionnels* ou arbitraires. — Les signes *naturels* sont ceux qui nous font connaître certaines choses, en vertu d'un rapport fondé sur la nature; exemple : un portrait photographique, signe naturel de celui qu'il représente; le rire, signe naturel de joie. — Les signes *conventionnels* ou *arbitraires* sont ceux qui n'expriment les choses qu'en vertu d'une convention; exemple : la croix, signe de bravoure; les mots, signes des idées. Les signes conventionnels sont particuliers à telle ou telle société, souvent même à des individus, et ne se comprennent pas d'eux-mêmes, au lieu que les signes naturels sont constants, universels, et par suite facilement compris de tous.

On pourrait encore distinguer les signes *mixtes*, qui sont tout à la fois naturels et conventionnels; ils représentent les choses en vertu d'analogies plus ou moins frappantes, mais ils n'ont pas avec elles un rapport nécessaire; exemple : le serpent, signe de prudence; la blancheur, signe d'innocence. Ces signes, qui portent plus spécialement le nom de *symboles*, sont plus faciles à saisir que les signes arbitraires, mais ils n'ont pas l'universalité des signes naturels.

L'interprétation des symboles, des signes, constitue toute une science, le symbolisme; c'est le secret de lire les choses invisibles dans les choses visibles. Il y a un symbolisme dans les arts comme dans la création, un symbolisme fondé sur la nature même, comme un symbolisme de pure fantaisie.

II. — Du langage.

Le *langage* est un *ensemble de signes dont l'homme se sert pour* EXPRIMER *les divers phénomènes de sa vie intellectuelle et morale.*

Il est *naturel* ou *artificiel*, selon la nature du rapport qui sert de fondement à l'*expression*.

I. — Langage naturel.

Son existence. — Le langage naturel est un ensemble de signes employés spontanément par l'homme pour exprimer certaines pensées. Qu'il y ait un langage naturel, c'est un fait incontestable : tous les hommes savent, sans l'avoir appris, indiquer qu'ils ont faim ou soif; ils *expriment* spontanément par des cris et des gestes les diverses émotions qu'ils éprouvent, et cette faculté d'expression est si naturelle, qu'elle s'exerce souvent malgré nous; que de fois notre visage trahit au dehors les sentiments que nous voudrions cacher!

Tout homme *entend* ce langage aussi naturellement qu'il le parle; l'enfant lui-même sait lire sur le visage de sa mère les sentiments de mécontentement ou de satisfaction qu'il inspire. Est-ce en vertu d'une faculté naturelle d'interprétation, comme le supposent Jouffroy, Garnier, ou par suite d'une association fondée sur l'expérience, comme le veulent d'autres philosophes, Lemoine, Rabier? La première opinion nous semble plus probable.

Ses principaux éléments. — Les principaux éléments du langage naturel sont : — les *gestes*, qui comprennent les mouvements des bras et des mains dont la variété est propre à figurer les objets, l'attitude du corps entier, et enfin les diverses positions de la tête. L'importance de ce premier élément a souvent fait donner au langage naturel le nom de langage d'action; — *les cris inarticulés*, dont l'expression varie avec l'intensité, l'élévation; — le *jeu de la physionomie*, qui comprend le regard, où l'âme vient se peindre tout entière, les traits du visage, le changement de couleur, et ce dernier élément manifeste souvent des émotions qui n'avaient point altéré le calme des traits.

Son importance. — Le langage naturel est le moyen nécessaire qu'il faut employer pour *apprendre une langue à l'enfant nouveau-né*. Les mots d'une langue, quelle qu'elle soit, n'ont, en effet, qu'une liaison purement arbitraire avec les divers objets qu'ils désignent, et c'est le langage naturel qui permet de faire entendre à l'enfant cette liaison. Sa mère le voyant, par exemple, occupé à regarder fixement quelque objet, en prononce le nom, le répète en montrant l'objet et en l'approchant de l'enfant. Une association est bientôt formée entre l'objet et le son ; ce son sera désormais une parole.

Le langage naturel est surtout propre à exprimer les *phénomènes de sensibilité*, et à ce point de vue il réunit la force à la délicatesse, la clarté à la rapidité ; un geste, un regard en disent souvent plus que tout un discours. Il peut exprimer aussi, surtout par les gestes, les *phénomènes de volonté :* commandement, consentement, refus. Mais il est très insuffisant pour faire connaître les objets de nos pensées ; il ne peut que les montrer ou les imiter s'ils sont sensibles.

Quand la parole est acquise, le langage naturel vient encore lui donner de la *clarté*, de l'*agrément*, de la *vie ;* aussi l'orateur vraiment digne de ce nom ne doit-il pas négliger de joindre le langage naturel au langage artificiel.

II. — Langage artificiel.

Le langage artificiel est composé de signes conventionnels adoptés pour rendre la pensée.

Ses diverses espèces. — Parmi les différentes espèces de langage artificiel on peut citer : — la langue algébrique, la nomenclature chimique, la notation de la musique ; — le langage des sourds-muets, inventé par l'abbé de l'Épée et l'abbé Sicard ; — les langues secrètes usitées en diplomatie, inintelligibles pour ceux qui n'en ont pas la clef ; — enfin les langues parlées et l'écriture.

1° *Les langues parlées*. — La parole est un *ensemble de sons articulés que l'homme emploie pour manifester transitoirement sa pensée*. L'articulation qui caractérise la parole humaine est une modification que font subir aux sons des mouvements variés et volontaires de l'appareil vocal.

Une langue est un système de sons articulés usités pour une société.

Chaque peuple a d'ordinaire sa langue; et cette langue est une des choses qui marquent le mieux son existence indépendante, qui contribuent davantage à lui donner un caractère à part, parce qu'elle est précisément l'expression d'idées qui lui sont propres.

Les langues sont groupées assez communément par les philologues en trois familles : la famille *indo-européenne* ou *aryenne*, qui comprend les groupes indien, caucasique, slave, germanique, grec et latin; de ce dernier sont dérivés : l'italien, l'espagnol, le portugais, le français, le valaque et le roumain; — la famille *sémitique*, à laquelle se rattachent l'hébreu, le chaldéen, le syriaque et l'arabe; — la famille *touranienne*, dans laquelle on réunit diverses langues (mantchou, chinois, thibétain) « qui n'ont guère, dit Renan, qu'un seul caractère commun, c'est de n'être ni indo-européennes ni sémitiques ».

L'idiome a des règles moins précises que la langue et n'est usité que dans une province particulière ou chez une peuplade.

2° *L'écriture*. — L'écriture est un *système de signes permanents qui rendent la pensée sensible aux yeux*, comme la parole la rend sensible à l'ouïe. Elle complète admirablement le langage parlé; de fugitif qu'il est de sa nature, elle le rend durable et sert à mettre en communication les âmes séparées par l'espace et par le temps.

Elle est *idéographique* ou *phonétique*.

L'écriture *idéographique* représente directement les idées par une figure spéciale. Elle est dite: — *imitative*, quand cette figure est un dessin plus ou moins fidèle de l'objet lui-même; — *symbolique*, quand les figures qui représentent l'idée en sont le symbole; c'est ainsi que le chien exprimera la fidélité, le glaive la guerre, etc. (ces diverses sortes d'écriture peuvent se rattacher au langage naturel); — *indicative*, quand les idées sont représentées par des signes arbitraires et conventionnels qui n'ont avec elles aucun ou presque aucun rapport; exemple: chiffres arabes, écriture des Chinois. C'est également à ce genre d'écriture qu'est rapportée quelquefois l'écriture hiéroglyphique des Égyptiens, interprétée par M. Champollion; selon d'autres, sa nature serait très complexe, et résulterait d'un mélange de l'écriture idéographique et de l'écriture phonétique.

L'*écriture phonétique* représente directement les sons et indirectement les idées; elle n'est que signe de signe. *Hic est litterarum usus, ut voces custodiant*, dit Quintilien. Il faut ajouter maintenant que, grâce à l'imprimerie, l'écriture ne sert pas seulement à représenter la parole, mais à la multiplier et à la répandre indéfiniment.

L'écriture phonétique est essentiellement arbitraire et peut être syllabique ou alphabétique : — *syllabique*, quand elle exprime chaque syllabe par un signe particulier; c'est le cas de la plupart des systèmes de sténographie; — *alphabétique*, quand elle décompose non seulement les mots, mais les syllabes, en des sons élémentaires et simples, exprimés par des caractères appelés lettres, qui peuvent en se combinant former tous les mots des langues parlées.

L'écriture alphabétique est de tous les modes d'écriture le plus simple et le plus parfait; elle est usitée chez tous les peuples d'Europe, et peut expliquer en partie la différence de civilisation qui existe entre eux et les peuples de l'Asie.

Caractères distinctifs du langage artificiel. — Le langage artificiel offre deux caractères distinctifs opposés à ceux du langage naturel.

Le premier, c'est que le *rapport qui lie le signe à la chose signifiée est variable et accidentel;* de là la nécessité d'apprendre les idiomes des divers peuples dont on veut connaître les idées; on ne comprend pas et on ne parle pas une langue déterminée sans l'avoir apprise.

En second lieu, le langage artificiel est le *seul propre à bien rendre toutes les nuances de la pensée;* par lui nous pouvons exprimer nos pensées les plus abstraites, décomposer en leurs éléments les opérations les plus délicates et les plus complexes de l'intelligence. Mais il *perd en énergie ce qu'il gagne en précision*, et n'est pas comparable au langage naturel quand il s'agit de rendre les émotions de l'âme. Pour avoir l'expression complète de l'homme, il faut joindre ces deux sortes de langage.

III. — Le langage humain est-il naturel ou artificiel?

« Si par langage on entend la faculté de parler, d'exprimer la pensée, le sentiment, les choses par des signes extérieurs, tels que les gestes, les sons de la voix, soit inarticulés, comme sont les simples exclamations, soit articulés, comme sont les syllabes et les mots prononcés distinctement, *on peut dire que le langage est naturel à l'homme.* En vertu de son intelligence et de sa volonté, il possède le besoin de manifester ce qu'il pense, ce qu'il veut, ce qu'il sent; dans la flexibilité de son corps, surtout de ses mains, de son visage, de sa langue enfin et de ses lèvres, il trouve la facilité de rendre sensible, soit à l'œil, soit à l'oreille, ce qu'il désire manifester.

« D'une autre part, en vertu de sa sensibilité et par suite de la curiosité innée de son esprit, il est porté tout naturellement à regarder, à écouter, à observer les changements, les mouvements qu'il remarque, à en rechercher la cause, à comparer ce qui se manifeste hors de lui-même avec ce qu'il éprouve dans sa personne. Aussi, sans grande étude, il devine bientôt ce qu'expriment les signes extérieurs donnés par les autres hommes, ses semblables, au double point de vue sensible et intellectuel.

« S'agit-il, je ne dis pas d'articuler les mots, mais d'attacher à tel signe déterminé, à tel mot tel sens plutôt que tel autre, par exemple à ce mot *Dieu* l'idée de l'être absolu, à ce mot *vérité* l'idée de conformité entre l'esprit et l'objet connu, il faut dire que *ce langage précis, complet, déterminé, repose sur une convention tacite* qui résulte de l'usage. » (P. Marin de Boylesve.)

II

DES SIGNES ET DU LANGAGE DANS LEURS RAPPORTS AVEC LA PENSÉE

L'âme est tellement unie au corps en cette vie, qu'elle ne peut penser sans le secours de quelque signe sensible; c'est pour chacun de nous un fait d'expérience et de sens intime. Nous devons donc admettre l'indissoluble union de ces deux éléments, la *pensée* et l'*expression*.

Cette doctrine, introduite en philosophie par de Bonald, est admise et soutenue, dit M. Janet, par les représentants les plus autorisés de la philosophie moderne; Max Muller l'exprime par cet aphorisme fondamental : *sans le langage point de raison, sans la raison point de langage.*

Sans nous arrêter à approfondir la nature du rapport qui unit l'idée aux signes et aux mots, mystère, pour quelques-uns, analogue à celui de l'union de l'âme et du corps, nous étudierons successivement : — l'*influence de la pensée sur le langage*, — et l'*influence du langage sur la pensée.*

I. — Influence de la pensée sur le langage.

La pensée est la raison d'être de la parole ; il est évident, dès lors, que tout langage devra — réfléchir les *lois essentielles* de la pensée, — subir même l'influence de ses *modifications accidentelles.* — Le même principe nous permettra de déterminer *les qualités d'une langue bien faite.*

J. — Tout langage réfléchit les lois essentielles de la pensée.

La science de ces lois fondamentales du langage, de leurs rapports avec les formes essentielles de la pensée humaine, est ce qu'on appelle la GRAMMAIRE GÉNÉRALE, ou grammaire comparée.

Toutes les opérations de l'entendement se résolvent, en dernière analyse, en idées et en jugements; donc, à priori, toute langue doit se composer de *mots,* ou termes, expression des idées, et de *propositions,* expression du jugement.

De l'expression des idées, — des termes. — Les mots se composent de voyelles, simples émissions de la voix, et de consonnes, signes de l'articulation qui doit unir entre elles les voyelles. Les grammairiens ont rangé les divers mots en neuf ou dix classes, selon le rôle qu'ils jouent dans le discours; mais les logiciens n'en distinguent que trois essentiels, le *substantif,* l'*adjectif* et le *verbe,* parce qu'en effet toutes nos idées, sans exception, se rapportent ou à des *êtres,* ou à des *manières d'être,* ou affirment le *rapport de l'être à la manière d'être.* Le verbe est l'élément principal du langage. Les logiciens de Port-Royal le définissent : *Vox significans affirmationem alicujus attributi, cum designatione personæ, numeri et temporis.*

La *préposition,* qui indique le rapport entre deux termes, peut d'abord paraître essentielle, mais elle est souvent remplacée par des désinences spéciales qu'on appelle des cas. Toutes les autres classes de mots, telles que la conjonction, l'adverbe, l'article, le participe, l'interjection, le pronom, se rapportent à l'une des trois classes essentielles, et ne sont point d'ailleurs indispensables : l'*article* manque dans plusieurs langues; l'*adverbe* équivaut à un substantif joint à une préposition; l'*interjection* est une locution elliptique qui remplace une proposition entière; le *participe* tient de la nature du verbe et de celle de l'adjectif; le *pronom* se rapporte évidemment au substantif; la *conjonction* ne sert qu'à relier entre elles les diverses propositions.

Parmi les diverses espèces de mots, quelques-unes sont invariables; d'autres éprouvent des changements, comme le substantif, le pronom, l'adjectif, qui subissent des transformations de genre, de nombre et de cas; le verbe, qui subit des variations de temps, de mode, de nombre et de personnes. La raison de ces modifications est toujours dans la nature de la pensée que les mots expriment.

De l'expression des jugements, — des propositions. — La proposition est l'expression verbale d'un jugement.

On appelle *syntaxe* l'ensemble des règles qui président à la formation des propositions, et selon que ces règles se rapportent à l'accord des mots entre eux ou à leur subordination, on distingue la *syntaxe d'accord* et la *syntaxe de régime*.

Cette dernière indique deux constructions possibles de la phrase : l'une *logique, directe*, dans laquelle tous les mots sont rangés suivant l'ordre de la pensée. Cette construction, que Fénelon raille spirituellement dans sa lettre à l'Académie, est le caractère des langues modernes en général, spécialement de la langue française, et une des raisons de sa grande clarté. L'autre *indirecte* ou *inversive*, dans laquelle les mots sont rangés plutôt suivant le sentiment que suivant la pensée. C'est le caractère des langues anciennes, du grec et du latin en particulier, et une des causes pour lesquelles elles furent si propres à la poésie et à l'éloquence.

La construction de l'anglais est directe, celle de l'allemand inversive.

Les langues à construction directe sont ordinairement *analytiques*, c'est-à-dire qu'elles expriment chaque idée par un terme spécial; les langues à construction indirecte, au contraire, tendent à exprimer plusieurs idées sous une même forme composée et sont appelées *synthétiques*.

II. — **Le langage subit des modifications accidentelles en rapport avec les nuances de la pensée.**

Il varie selon le caractère des *individus* et des *peuples*.

Modifications individuelles. — « Spontanée et synthétique chez le poète, réfléchie et analytique chez le savant, commune et sans caractère déterminé chez le vulgaire, la pensée revêt tour à tour des formes poétiques, scientifiques et vulgaires : richesse, éclat, abondance, teintes pittoresques, vives couleurs, c'est la langue du poète; clarté, simplicité, analogie, c'est la langue du savant; signes ordinaires et communs, sans aucune saillie caractéristique, c'est la langue du vulgaire. » (Abbé Farges.) L'expression participe en général de la nature de la pensée, et dans une certaine mesure au moins, comme le dit Boileau :

> Ce que l'on conçoit bien s'énonce clairement,
> Et les mots pour le dire arrivent aisément.

Modifications nationales. — Tout le monde sait que les divers peuples parlent des langues différentes; on en connaît à ce jour plus de deux mille. Ce qu'on ne remarque pas assez, c'est que la raison dernière du génie de chaque langue est dans le caractère propre du peuple qui la parle, dans ses idées, ses mœurs, ses habitudes intellectuelles et morales. « Les langues méridionales, filles du plaisir, dit Rousseau, sont vives, sonores, accentuées; les langues du Nord, où la vie est plus dure, sont âpres et fortes, rudes et inarticulées. »

De là résulte que la langue d'un peuple suit les vicissitudes de l'existence de ce peuple, qu'elle reflète son état de prospérité ou de décadence, et manifeste nécessairement son degré de civilisation. Par là s'expliquent aussi les différences profondes qu'on remarque entre les langues anciennes créées avant la naissance de l'esprit scientifique, et les langues modernes formées sous l'influence de cet esprit.

III. — Des qualités d'une langue bien faite.

Trois qualités sont ordinairement requises pour qu'une langue soit bien faite, c'est-à-dire pour qu'elle soit *l'expression fidèle de notre pensée*.

1° **Clarté.** — La construction directe de la phrase y contribuera. Mais elle résulte principalement de la précision des termes. Cette précision exige que tous les mots de la langue aient une signification parfaitement déterminée. Il y aurait ambiguïté, confusion, si le même mot avait plusieurs significations.

2° **Richesse.** — Une langue est riche quand elle possède assez de termes pour exprimer toutes les idées reçues, sans qu'on soit obligé de recourir à des périphrases qui ne peuvent qu'embarrasser le discours. Mais n'est-ce pas un défaut, plutôt qu'un mérite, pour une langue d'avoir cette multitude de synonymes que Fénelon semble désirer pour la langue française?

Pour être toujours riche, une langue doit suivre le progrès des idées et des découvertes; il peut donc y avoir nécessité de créer de nouveaux mots, mais on ne doit pas pour cela changer le sens des anciens; ce serait introduire la confusion dans la langue; les langues ont besoin de fixité.

3° **Analogie.** — L'analogie demande qu'il y ait harmonie entre les modifications de la pensée et celle des mots; — que les mots qui expriment un groupe d'idées se rattachant à une idée principale aient tous la même racine (*equus, eques, equitatus, equitatio, equitare*); — que les mêmes variations de temps, de mode, de personne, de genre, de nombre soient constamment exprimées par les mêmes formes, les mêmes désinences. La parfaite analogie exclurait les irrégularités dans les conjugaisons, déclinaisons, formation des comparatifs et superlatifs. Elle demanderait qu'il n'y eût qu'une seule conjugaison et deux ou trois déclinaisons, selon le nombre des genres.

Aucune langue n'est parfaite et ne réunit au même degré ces trois qualités que nous venons d'indiquer. Le grec, très riche et très poétique, manque de précision; le latin, plus précis et plus régulier, est moins riche; enfin notre langue, inférieure peut-être aux précédentes comme instrument poétique, moins riche, moins élégante qu'elles, est beaucoup plus claire, grâce surtout au rejet de l'inversion. Aussi a-t-elle été universellement acceptée jusqu'à ce jour comme la langue de la philosophie et de la diplomatie.

De la création d'une langue universelle. — Leibnitz, à

la suite de quelques savants, avait rêvé de créer une langue universelle. Il voulait déterminer les *éléments* irréductibles de nos pensées, et les *rapports* variés que l'homme peut établir entre ces éléments, puis constituer pour les uns et les autres des *signes distinctifs* qu'il suffirait de combiner pour exprimer toute pensée. Mais cette langue universelle, quel homme pourrait la créer? Quand on la supposerait créée, comment l'imposer à tous les peuples? Quand elle serait imposée, comment la préserver de toute altération?

II. — Influence du langage sur la pensée.

L'influence du langage sur la pensée n'est pas moins profonde que celle de la pensée sur le langage. Nous en montrerons d'abord l'*étendue;* nous en indiquerons ensuite les *limites*.

I. — Son étendue.

Le langage est — un principe de précision et de clarté, — une condition de la mémoire et de l'association des idées, — un instrument d'analyse et de généralisation, — un moyen enfin de développement intellectuel et de communication avec les autres hommes.

Le langage principe de précision et de clarté.— C'est un fait d'expérience que personne ne conteste. Avant qu'on l'ait désignée intérieurement ou extérieurement par un mot, la pensée est vague, confuse, indécise, insaisissable; avec le mot qui l'exprime, elle prend un corps, une forme et des contours bien arrêtés. C'est pour cela même que les mots, expression des idées, sont appelés *termes* par les grammairiens, parce qu'en effet ils limitent et *circonscrivent* la pensée.

En même temps que le langage détermine la pensée, il l'*éclaircit;* on parle non seulement pour dire sa pensée, mais pour la mieux connaître soi-même; aussi est-ce un vieil adage que, pour bien posséder une science, il faut l'avoir enseignée.

Le langage condition de la mémoire et de l'association des idées. — Nous avons déjà dit, en parlant de la mémoire et de l'association des idées, qu'un signe sensible était une *condition de l'exercice de ces facultés*. Ajoutons seulement ici une autre remarque qui touche au même sujet; c'est que le langage *provoque la pensée* en facilitant des associations nombreuses. Du rapprochement des mots jaillissent souvent des idées ; c'est presque toujours en traçant des mots sur le papier que l'écrivain rencontre l'inspiration, en s'écoutant lui-même parler que l'orateur trouve dans l'improvisation ses meilleurs mouvements.

Le langage instrument d'analyse et de généralisation. — *Les langues*, a dit Condillac, *sont des méthodes analytiques*. L'expression est inexacte sans doute, mais la pensée est vraie, et les langues sont de puissants instruments d'analyse ; car la nécessité où nous sommes de prononcer successivement les mots nous oblige à *considérer l'un après l'autre les divers éléments de la pensée*, et à les exprimer séparément. Les idées, simultanées dans l'esprit, sont ainsi décomposées, analysées dans le discours, et présentées sous cette forme distincte à celui qui écoute la parole.

La conséquence immédiate de cette vertu analytique du langage est de rendre possible la *formation des idées abstraites et générales*. Essayez d'avoir une seule pensée abstraite et générale, relative soit à un objet sensible, soit à plus forte raison à un objet spirituel, sans avoir présent à l'esprit le mot qui l'exprime, vous n'y réussirez pas. Et cette impossibilité n'est point l'effet d'une habitude, car il n'y a point d'habitude si générale qui ne souffre quelque exception, si constante qui ne cède une fois ou l'autre aux efforts de la volonté. Dès qu'ils commencent à parler, les enfants acquièrent tout naturellement les idées abstraites ou générales ; chaque mot est pour eux un signe qui leur rappelle un groupe d'idées particulières.

Le langage moyen de développement intellectuel et de communication entre les hommes. — Non seulement le langage aide à la formation des idées abstraites et générales, mais aucune des opérations intellectuelles que nous devons accomplir sur ces idées, en vue d'élaborer et d'étendre nos connaissances, ne serait possible sans le langage. Il est la *condition nécessaire de toute réflexion*, et par là même de *tout développement intellectuel*. Essayez, sans le secours d'une notation artificielle, de raisonner en arithmétique ou en algèbre sur des idées abstraites, de faire des opérations complexes, vous n'y réussirez pas.

Enfin c'est par le langage que nous pouvons *communiquer*

nos idées à nos semblables et recevoir celles des autres hommes. Sans le langage, chacun n'aurait de maître que lui-même, et par conséquent toute science serait impossible, car la presque totalité de nos connaissances n'a pas d'autre origine que le commerce des autres hommes, l'enseignement oral ou les livres.

Comment s'opère cet échange de pensées entre les hommes? Faut-il admettre que la parole imprégnée de l'idée emporte celle-ci avec elle et la transmette à ceux qui l'entendent? Non, évidemment; la pensée n'est pas une réalité distincte de l'âme qui puisse se détacher d'elle; elle est *intransmissible*. Le rôle du maître, de l'orateur, est d'exciter seulement l'élève, l'auditeur à former en lui-même diverses idées par la vertu propre de son intelligence, et avec le secours des signes qui lui sont présentés. « La parole du maître, dit très bien l'abbé Farges, est à l'esprit des disciples ce que le soleil est au grain de blé : l'intelligence de l'élève, sans la parole du maître, est un germe qui ne peut s'épanouir; la parole du maître, sans l'intelligence de l'élève, c'est le soleil qui darde ses rayons sur un sol stérile. »

II. — Ses limites.

Si l'influence du langage est grande, elle a cependant ses limites, et c'est une erreur de dire qu'il n'y a point de pensée sans le langage. Deux philosophes, de Bonald et Condillac, malgré l'opposition de leurs tendances, sont tombés dans cette exagération et s'accordent à dire que *l'homme ne pense que parce qu'il parle.*

Le langage condition absolue de toute pensée. (De Bonald.) — « Les expressions, dit de Bonald, sont à notre esprit ce que le tain est à une glace ; sans le tain point d'image, et de même sans le mot pas d'idée : *l'homme pense sa parole avant de parler sa pensée...*, le mot est le générateur de l'idée. » Pour le philosophe traditionaliste, le langage est donc la condition absolue de toute pensée; « l'idée suppose le mot », m'est donnée par lui. Cette opinion est inacceptable.

Il faut admettre *l'antériorité de la pensée à la parole.*

C'est un fait d'expérience, que nous pouvons avoir une idée sans trouver de mots pour l'exprimer. « Un philosophe poursuit une démonstration; s'il lui arrive de concevoir fortement, l'idée se dresse devant lui avec une clarté et une précision qui le ravissent (?), mais quand il veut l'exprimer, les mots languissent; il les rejette, il les rappelle, il les efface, il les ressuscite; aucun ne peut calmer la fièvre qui le tourmente, jusqu'à ce qu'enfin il rende ce qu'il voit intérieurement par une expression hardie, qu'il nous plaira d'appeler, en dépit de l'Académie, un sublime barbarisme. » (P. Monsabré.)

Soutiendra-t-on qu'il faut des mots venus du dehors pour que nous ayons l'idée de notre propre existence, ou celle de l'existence du monde extérieur?

La nature même de la parole l'exige. Qu'est-ce, en effet, que la parole, sinon l'expression de la pensée, et, pour être exprimée, c'est-à-dire tirée du fond de l'âme et produite au dehors, ne faut-il pas que la pensée existe déjà?

Un mot, avons-nous dit encore, est un signe purement conventionnel, dont on ne peut acquérir l'intelligence qu'au moyen du langage naturel; le langage naturel précède donc le langage articulé; or la pensée elle-même préexiste au langage naturel, qui en est l'expression.

Enfin, remarquons-le bien, *si l'homme était incapable de toute pensée sans le langage, il ne pourrait en acquérir aucune par ce moyen;* il ne pourrait pas même apprendre à parler. Que serait, en effet, le langage pour un enfant qui n'aurait pas, antérieurement à la parole, quelques pensées, si vagues qu'on les suppose? Ce serait un vain bruit, qui s'arrêterait à ses oreilles; les mots, signes arbitraires, sont par eux-mêmes incapables de produire des idées dans l'esprit. Jamais, par exemple, on ne concevra que l'idée d'être fasse sa première apparition dans une intelligence par ces lettres: *ê-t-r-e,* qui l'expriment, ou par le son qui en résulte.

La science n'est qu'une langue bien faite. (Condillac.) — Condillac identifie la pensée et le langage, ou plutôt absorbe la pensée dans le langage. Pour lui, « les idées générales ne sont que des signes..., tout raisonnement n'est qu'un calcul mécanique qui consiste dans la *substitution* d'une expression à une expression différente en conservant la même idée... ; une suite de raisonnements ou une science n'est donc qu'une langue..., et l'imperfection du langage étant la seule cause de nos erreurs..., la *science* (parfaite) *n'est qu'une langue bien faite.* »

La fausseté de cette dernière proposition résulte déjà de la fausseté des principes dont elle est la conséquence; apprécions-la cependant en elle-même.

La grande preuve qu'apporte Condillac en faveur de son assertion, c'est son ouvrage de la *Langue des calculs*. « La lecture de cet ouvrage, dit-il, convaincra de cette vérité, car on verra les mathématiques se former à mesure que la langue se formera elle-même. » — Quand cette proposition, « une science n'est qu'une langue bien faite, » serait vraie des mathématiques, il ne faudrait rien en conclure des autres sciences, car les mathématiques sont une science abstraite, tandis que d'autres ont un objet réel (médecine, physique, chimie). Mais dans les mathématiques elles-mêmes, est-il vrai que la science ne soit qu'une langue bien faite? On ne le prouve pas en montrant que la science se forme en même temps que la langue, car ces deux choses peuvent être simultanées sans être identiques. Voilà cependant tout le fond de la preuve donnée par Condillac.

« Le vice de tous les raisonnements de Condillac a été signalé par Cousin : « Condillac, dit-il, confond continuellement dans l'explication d'un fait la *condition extérieure* avec le principe même ou la *cause productrice* du fait. » Le langage est certainement la condition de plusieurs opérations de la pensée, mais il n'en est pas le principe. Prendre la langue pour la science, c'est prendre l'effet pour la cause. Si les mathématiques ont une langue bien faite, c'est que la simplicité, la rigueur et la précision des idées ont produit la simplicité, la rigueur et la précision des signes. Pour parler exactement, il faudrait retourner la pensée de Condillac et dire : Une langue bien faite vient d'une science bien faite. » (Robert.)

III

ORIGINE DU LANGAGE

L'acquisition et la transmission du langage sont incontestablement l'œuvre de l'homme; mais cette question toute psychologique, à laquelle s'arrêtent certains auteurs, n'a rien de commun avec la question d'origine que nous avons à résoudre.

L'origine du langage peut être envisagée au double point de vue de l'*histoire* et de la *philosophie;* elle soulève par conséquent une double question : *question de fait :* l'homme a-t-il inventé le langage? *question de possibilité :* l'homme pourrait-il inventer le langage?

I. — Question historique ou question de fait.

L'hypothèse d'une époque de mutisme, dont l'homme serait peu à peu sorti par l'élaboration lente et pénible du langage articulé, est absolument fausse.

La plus ancienne et la plus véridique des histoires, la *Genèse,* nous atteste que le premier homme a fait usage de la parole aussitôt après la création, et par conséquent qu'il a reçu de son créateur le don d'exprimer ses pensées, sans avoir besoin de se faire un langage par son propre travail.

L'*histoire des peuples* et l'*étude des langues* viennent confirmer cette vérité.

L'*histoire et la tradition,* si soigneuses de conserver la mémoire de ceux qui ont fait les grandes découvertes, se taisent sur le nom, la patrie et la condition de l'auteur prétendu de l'invention du langage. — Bien loin de supposer une époque primitive de mutisme et d'état sauvage, comme le fait Condillac, elles s'accordent à parler d'un âge d'or, pendant lequel les premiers hommes conversaient familièrement avec Dieu.

La *philologie,* à son tour, d'après Max Muller, déposerait en faveur de l'existence d'une langue primitive, parfaite dès le principe. « Rien de nouveau, dit-il, n'a été ajouté à la substance du langage primitif; les changements n'ont porté que sur la forme. Et de même que, dans le monde des corps, pas un atome n'a pu être ajouté à la matière; de même, dans le monde de l'esprit, pas un seul élément primitif n'a été inventé, pas une seule racine n'a pu être ajoutée au langage. Dans un sens parfaitement exact, nous pouvons dire que les mots dont nous nous servons sont ceux qui furent employés par le premier homme, lorsqu'il fut appelé à donner lui-même un nom aux animaux. » Toutefois ces conclusions sont contestées par d'autres philologues, MM. Michel Bréal et Withney.

En dehors de cette dernière preuve, il reste établi que l'homme a parlé dès le commencement; mais la parole *n'a point été pour lui*, comme le voudrait de Bonald, *le résultat d'une révélation positive, distincte de la création;* elle est le produit d'une faculté naturelle que l'homme a reçue du Créateur avec la vie.

II. — Question philosophique ou question de possibilité.

Les anciens s'étaient bien demandé quelle est la nature des mots : les uns, avec Cratyle et Platon, voulaient qu'ils fussent conformes à la nature des choses; les autres, avec Démocrite et Hermogène, qu'ils fussent d'institution purement arbitraire ; mais ce n'est pas à ce point de vue que se placent les modernes, pour eux la question fondamentale est celle des *rapports de la pensée et du langage;* c'est à cette question que se rattache celle-ci : *les hommes pourraient-ils d'eux-mêmes se créer un langage ?*

Systèmes divers. — Trois solutions principales ont été proposées.

1º Pour de Bonald et les traditionalistes, la parole est nécessairement d'INSTITUTION DIVINE; elle a été l'objet d'une révélation positive. L'idée, en effet, suppose le mot; celui-ci est même « le générateur de l'idée »; bien loin donc d'avoir pu inventer le langage, l'homme ne pourrait même pas sans le langage avoir la première pensée de cette invention.

Le philosophe traditionaliste donne d'excellentes raisons pour montrer les difficultés presque insurmontables qu'offre à l'homme la formation d'un langage articulé; mais nous avons déjà dit que le principe sur lequel il s'appuie pour démontrer l'impossibilité absolue de cette formation n'est pas admissible, que l'homme peut avoir des pensées sans le langage, que le *mot* n'est pas le signe nécessaire pour la réflexion, à l'exclusion de l'image ou du geste.

2º Pour quelques philosophes, au nombre desquels on peut citer, dans l'antiquité, Hermogène, dans les temps modernes, Adam Smith, les langues sont PUREMENT ARBITRAIRES et le produit d'une convention expresse faite entre les hommes. Cette opinion ne compte plus aujourd'hui aucun défenseur.

Elle suppose une société déjà formée et un développement parfait des facultés humaines, deux choses qui sont impossibles sans le langage. C'est le cas de répéter avec Rousseau : « La parole est nécessaire pour inventer l'usage de la parole. »

3° Pour tous les autres philosophes, la parole semble être un FAIT PLUS OU MOINS NATUREL, mais ils sont loin de s'accorder sur son mode de formation.

a. — Thomas Reid, Garnier, Jouffroy, Renan, Max Muller, suppriment à peu près le problème en regardant le langage comme un *produit spontané et naturel de l'activité humaine;* c'est une faculté primitive qui s'est développée en même temps, d'après les mêmes lois et par les mêmes causes que l'intelligence.

Mais cette innéité d'une langue ne conduit-elle point à l'innéité de toutes les idées correspondant aux mots de cette langue?

b. — Condillac et les sensualistes du XVIII° siècle admettent que la parole peut résulter d'un *perfectionnement progressif du langage naturel.* Recevant ses premières idées de la sensation, l'homme se sert tout d'abord du langage d'action pour les analyser, puis les communiquer à ses semblables ; aux gestes il joint bientôt des cris dont il varie les inflexions, passe ensuite, mais lentement, à l'usage de quelques sons articulés et en vient enfin à prononcer des mots. Il peut alors exprimer et former ses idées, les idées des choses sensibles d'abord, plus tard, par analogie, les idées des choses qui ne tombent pas sous les sens.

Cette explication, insuffisante en elle-même, repose sur un postulatum, l'*innéité* du langage d'action, opposé aux principes de l'école sensualiste.

c. — Le président de Brosses s'attache au système de la *formation mécanique* des langues. Les articulations primitives ont leur raison d'être dans une loi naturelle nécessaire ; elles ont été déterminées d'une part par la structure des organes vocaux, d'autre part par la nature des objets, et n'ont pu être que des onomatopées. Le langage s'est ensuite étendu, de degrés en degrés, d'après les mêmes principes, jusqu'aux noms des choses les moins susceptibles d'être imitées par les sons.

Mais la multiplicité des idiomes permet difficilement d'accepter qu'une seule langue primitive soit possible, et de croire que le rapport qui unit telle ou telle articulation à telle ou telle pensée soit nécessaire.

Système des philosophes contemporains. — Les

études récentes de Ch. Bell et de Darwin sur la physiologie des signes naturels, la détermination des lois précises de l'altération phonétique des langues due au progrès de la philologie comparée, ont permis aux philosophes contemporains de donner au problème de l'origine du langage une solution plus satisfaisante, plus scientifique du moins, disent-ils, et « qui permet une conciliation relative des théories précédentes. » Nous l'emprunterons à MM. Janet et Rabier.

Toute idée de convention, de contrat, doit être écartée ; le langage apparaît de plus en plus comme une chose naturelle, vivante, qui doit s'expliquer par les lois de la vie.

Il n'a pas débuté, comme le voulait Max Muller, par des racines abstraites d'une articulation déterminée ; son premier moment a été l'emploi intentionnel d'un geste et de préférence d'un *cri* qui n'était d'abord qu'une sorte de mouvement réflexe.

Ses premiers éléments ont été des *interjections* naturelles qui, arrachées par l'émotion, la signifient, et des *onomatopées* qui, imitant les bruits particuliers produits en certains cas par les objets extérieurs, ont désigné ces objets.

C'est par *extension analogique* que l'homme, saisissant des rapports entre les objets qu'il a nommés et ceux qu'il veut nommer, applique à ceux-ci, en les modifiant plus ou moins, les noms qu'il a déjà donnés à ceux-là.

Ces rapports d'analogie, perçus par l'esprit, soit entre les divers objets eux-mêmes, soit entre des propriétés de ces objets et diverses modifications de la voix, sont innombrables et permettent de comprendre comment les interjections et les onomatopées ont pu faire souche de mots et devenir les *premières racines* des langues.

Ces mots ainsi formés et appliqués à des objets différents, en vivant d'une vie propre, ont dû subir, en vertu de lois précises et naturelles déterminées par la philologie, des modifications distinctes et indépendantes qui ont amené la *diversification des formes du langage*.

Conclusion. — Sans méconnaître les résultats acquis de la science et le parti qu'en ont su tirer les philosophes de nos jours pour proposer la nouvelle théorie que nous venons de résumer, nous devons déclarer que ni cette théorie, ni celles qu'elle prétend remplacer ne nous paraissent expliquer rationnellement l'institution humaine du langage. Les difficultés de cette institution sont telles qu'à nos yeux elles sont réellement insurmontables ; tout ce que nous pouvons concéder, c'est que l'*impossibilité absolue d'en triompher n'est peut-être pas scientifiquement démontrée.*

Nous devons, du reste, nous tenir en garde contre la tendance de presque tous les philosophes à prendre leur théorie comme l'expression de la vérité historique et à croire qu'en fait l'origine du langage a été celle qu'ils conçoivent comme possible. Pour nous, le premier homme a été créé dans un état de perfection, doué par conséquent d'un langage complet, et la question que nous venons de traiter n'a qu'un *intérêt spéculatif* dont il faut se garder d'exagérer l'importance.

Origine de l'écriture. — L'écriture alphabétique est sans doute une invention merveilleuse, et l'on comprend cette parole de Cicéron : « Assurément il n'appartenait pas à notre nature mortelle celui qui le premier renferma sous un petit nombre de caractères les combinaisons infinies de sons articulés que peut former la voix humaine. » Toutefois il ne faudrait pas aller jusqu'à soutenir, avec M. de Bonald, que l'invention de l'écriture est impossible à l'homme au même titre que celle du langage articulé.

La possibilité de cette invention ne paraît pas contestable. En fait les uns l'attribuent aux Phéniciens, les autres aux Égyptiens, d'autres à Moïse et aux Hébreux ; il nous paraît probable qu'elle remonte, comme la parole, à la création même de l'homme.

COMPLÉMENT

DE LA

PSYCHOLOGIE EXPÉRIMENTALE

C'est au témoignage de notre conscience que nous avons fait appel dans l'étude analytique de nos diverses facultés. Mais si ce témoignage est en psychologie la source d'information la plus précieuse, il est prudent, pour le confirmer et le compléter peut-être, de ne pas négliger totalement les renseignements que la physiologie peut nous fournir. Aussi les deux études — des *rapports du physique et du moral*, — et de la *psychologie comparée* que le programme nous prescrit se présentent-elle comme un complément assez naturel de la pyschologie expérimentale.

I

RAPPORTS DU PHYSIQUE ET DU MORAL

Plus tard, en métaphysique, après avoir établi l'extrême différence du corps et de l'âme, nous chercherons à *expliquer* leur étroite union. Actuellement, nous ne devons pas quitter le champ de l'expérience. *Cette union s'impose à nous comme un fait;* nous l'acceptons, et nous allons rechercher les relations intimes qu'elle établit entre l'âme et le corps. C'est là ce que le programme appelle les *rapports du physique et du moral.* « Dans cette question, dit M. Janet, on appelle *moral* ce qui est pour chacun de nous l'objet de sa propre conscience, et *physique* ce qui est l'objet de l'observation externe. »

Nous étudierons ces rapports :
1º Dans les principales opérations du moi ;
2º Dans quelques états particuliers : folie, sommeil, etc.,

I. — Les rapports du physique et du moral dans les principales opérations du moi.

Unité de l'homme. — Écartons d'abord l'idée de deux natures distinctes et *complètes*, qui exerceraient mutuellement leur action l'une sur l'autre; il est impropre de parler, comme on le fait souvent, d'une action de l'âme sur le corps, ou d'une action du corps sur l'âme.

L'homme est *un* d'une unité parfaite, *personnelle*, c'est-à-dire telle qu'entre les deux éléments qui le composent existe la plus étroite connexion, et qu'ils ne forment même qu'un seul principe d'action : *consensus unus, conspiratio una, consentientia omnia*, selon la sage formule d'Hippocrate. « L'âme et le corps, dit Bossuet, qu'il faut nécessairement entendre sur cette question, l'âme et le corps ne font ensemble qu'un tout naturel, et il y a entre les parties une parfaite et nécessaire communication. De sorte que, pour se connaître soi-même, il faut savoir discerner dans chaque action ce qui appartient au corps d'avec ce qui appartient à l'âme, et remarquer tout ensemble comment deux parties de différente nature s'aident mutuellement. »

Distinction des opérations sensitives et des opérations intellectuelles. — Dans cette étude, nous diviserons nos opérations en deux catégories, et nous distinguerons avec Bossuet « les opérations *sensitives*, immédiatement liées et assujetties à l'organisme, et les opérations *intellectuelles*, qui sont élevées au-dessus. »

Les premières nous sont plus ou moins communes avec les animaux, et constituent la vie *animale;* il faut y rapporter la sensibilité physique, la perception des sens, l'imagination reproductrice ou mémoire imaginative, l'instinct.

Les secondes sont propres à l'homme, et constituent la vie *raisonnable;* elles comprennent la sensibilité intellectuelle et morale, la raison avec les opérations qui en dépendent, et la volonté.

Entre les opérations sensitives et les opérations intellectuelles, comme transition des unes aux autres, nous mettrons les *passions*, qui, entendues dans le sens d'un mouvement violent de l'âme, ont un retentissement si profond dans toutes les parties de notre être.

Nous ne parlerons pas du langage, que nous venons d'étudier; contentons-nous de signaler la *parole*, cette faculté essentiellement et exclusivement *humaine*, comme l'espression la plus parfaite de ces rapports du physique et du moral qui nous occupent en ce moment.

I. — Opérations sensitives.

En quoi elles dépendent du corps. — Toutes les facultés sensitives, bien qu'elles aient dans l'âme leur racine dernière, sont nécessairement assujetties à l'organe dont elles ont besoin pour exercer leur opération. Elles subissent les mêmes modifications que l'organe, se perfectionnent avec lui, s'altèrent ou s'affaiblissent avec lui. Leur acte se proportionne toujours d'une part à la texture de l'organe, et d'autre part aux impressions qui sont produites en lui.

Citons quelques faits à l'appui de cette loi générale. « Les *sensations* sont attachées à l'ébranlement des nerfs, considérés dans toute leur étendue, depuis l'organe extérieur dans lequel ils se ramifient, jusqu'au cerveau (couches optiques) où ils aboutissent..., car les mouvements des corps qui n'ébranlent point les nerfs ne sont point sentis, et toute lésion des nerfs détruit ou altère la sensation. » (Bossuet.) — Les nerfs servent aussi à la *production volontaire des mouvements organiques;* mais les curieuses expériences de Magendie ont montré que les nerfs du mouvement ne sont pas les mêmes que ceux de la sensation, et que les premiers naissent des racines antérieures des nefs spinaux, tandis que les seconds sont formés de leurs racines postérieures. — Les *fonctions des sens* ne peuvent s'exercer que par des organes spéciaux, et la perfection relative des organes, leur délicatesse, leur développement, est, dans l'état normal, le principe de la perfection des fonctions. De là vient que certains sens sont plus développés chez certaines espèces animales que chez l'homme. — L'*imagination* est la suite ordinaire de la perception des sens; elle est attachée à l'ébranlement qui se fait dans le cerveau même, par suite de l'action des nerfs.

Ces simples indications nous permettent de comprendre comment toutes les opérations sensitives, assujetties à l'organisme, subissent, comme l'organisme lui-même, toutes les influences de l'âge, du climat, du tempérament, des maladies, de tous les agents extérieurs, en un mot. Il faudrait entrer ici dans des détails infinis; mais tout le monde sait et peut facilement décrire les variétés sans nombre qu'offrent dans les individus, et selon les circonstances, la sensibilité, l'imagination et les sens eux-mêmes. C'est le sujet que développent le plus volontiers les *manuels*, mais il nous suffit d'avoir indiqué les principes généraux auxquels on doit rattacher les faits particuliers.

En quoi elles dépendent de l'âme. — Il faut maintenant montrer la part de l'âme dans ces opérations. C'est elle d'abord, nous le démontrerons plus tard, qui *anime le corps* et le rend capable de sentir, de se mouvoir; mais elle peut intervenir, en outre, par une action volontaire en toutes nos opérations sensitives.

Indirectement, par le régime alimentaire auquel nous nous soumettons, par le genre de vie que nous adoptons, par mille influences extérieures qu'il dépend de nous de faire agir, nous *pouvons modifier profondément notre sensibilité*.

Nous exerçons déjà un grand empire sur *nos sensations et nos perceptions*, par la faculté que nous avons d'appliquer à notre gré les organes des sens à leurs objets; mais nous avons un autre pouvoir, celui d'agir sur ces organes eux-mêmes, pour les adapter aux circonstances, et rendre ainsi leurs perceptions plus précises.

Notre action *sur l'imagination* est plus remarquable encore. Nous pouvons ralentir et apaiser les imaginations que produit en nous l'impression des objets; mais surtout, remarque Bossuet, nous pouvons en l'absence même des objets nous appliquer expressément à les imaginer; et ces imaginations ont leur influence sur l'organisme. C'est ainsi que le seul souvenir du danger qu'on a couru peut donner le frisson; que la seule pensée d'un mets qui nous répugne peut provoquer le vomissement; que l'imagination suffit quelquefois, dans le vertige, par exemple, dans certaines maladies, à déterminer réellement en nous ce qu'elle nous représente.

Conclusion. — De tout ce qui précède résulte, nous semble-t-il, que nos opérations sensitives ont un caractère propre qui les distingue des opérations semblables chez les animaux. Elles portent le cachet de l'intervention d'un principe supérieur raisonnable; elles sont vraiment *humaines*, et attestent les rapports du physique et du moral.

II. — Les passions.

Par passions nous entendons ici, comme dans le langage ordinaire, les mouvements violents par lesquels l'âme se porte vers quelque objet ou s'en éloigne ; elles produisent dans l'homme les mêmes effets que la tempête dans l'air : *perturbationes mentis* (Cicéron); elles bouleversent tout son être, retentissent profondément dans toutes ses facultés, et ne peuvent s'expliquer que par l'union du *physique et du moral*.

Double principe de la passion. — « Tantôt les passions naissent de l'agitation du cerveau et correspondent à ce branle secret que reçoit le corps pour s'approcher ou s'éloigner de certains objets ; et tantôt elles sont produites parce que la raison et la volonté s'appliquent aux motifs qui peuvent les exciter. » Mais, comme le remarque Bossuet, le concours de l'âme et du corps est toujours visible dans la passion.

Part du corps dans la passion. — Le tempérament sanguin dispose à des accès de colère, à la passion du plaisir ; le tempérament bilieux, à la haine et aux passions violentes ; le tempérament mélancolique, à l'inquiétude, aux soupçons et à la jalousie ; le tempérament lymphatique, à la paresse et à la mollesse ; le tempérament nerveux, à l'inconstance.

Dans l'état de maladie, ajoute M. Janet d'après Bichat, les affections du foie, de la rate, de l'estomac, des intestins, du cœur, *déterminent également dans l'homme une foule de passions diverses.*

Les *passions excitées en nous réagissent sur l'organisme*, et principalement sur le cœur. « Elles font naître dans le cœur des battements, les uns plus lents, les autres plus vifs ; les uns inégaux et incertains, les autres plus mesurés, d'où résultent dans le sang divers changements. Selon que le sang arrive au visage ou s'en retire, il y apparaît ou rougeur ou pâleur. Ainsi on voit dans la colère les yeux s'allumer ; on y voit rougir le visage, qui, au contraire, pâlit dans la crainte. La joie et l'espérance en adoucissent les traits, ce qui répand sur le front une image de sérénité. La colère et la tristesse, au contraire, les rendent plus rudes et leur donnent un air ou plus farouche ou plus sombre. La voix change aussi en diverses sortes... » (Voyez Bossuet, *Connaissance de Dieu et de soi-même.*) Ces expressions communes, *sécher d'ennui, être rongé de remords, être consumé par la tristesse*, marquent bien le retentissement des passions dans l'organisme, et confirment une fois de plus le principe posé.

Action de l'âme sur la passion. — Il faut ajouter que la *volonté, qui peut faire naître les passions en nous*, peut encore, selon Bossuet, intervenir, ou pour en *empêcher le dernier effet*, ou même les *modérer dès le principe* par le moyen de l'attention qu'elle fera à d'autres objets. « Car, remarque le philosophe, il en est de la passion comme d'une rivière, on peut plus facilement la détourner que l'arrêter de droit fil; ce qui fait qu'on détruit mieux une passion en pensant à d'autres choses qu'en s'opposant directement à son cours, et qu'une passion innocente peut être utile pour vaincre une passion criminelle. »

III. — Opérations intellectuelles.

Ces opérations procèdent immédiatement de l'âme seule, et non, comme les opérations sensitives, de l'organisme animé. Cependant il est certain que chez l'homme vivant elles ne se produisent pas indépendamment de l'organisme, qu'elles en dépendent extrinsèquement, que par conséquent leur étude doit nous attester encore les rapports intimes du physique et du moral.

Rapports de l'Intelligence et de l'organisme. — Que l'intelligence soit *élevée au-dessus des sens*, c'est ce que Bossuet établit parfaitement après saint Thomas, en montrant qu'elle ne suit pas les dispositions des organes, qu'elle peut réfléchir sur elle-même, qu'elle perçoit l'universel, et enfin que son objet propre, la vérité, la réjouit toujours.

Mais d'autre part, pour exercer ses opérations *elle a besoin de l'imagination et de la mémoire*, qui lui fournissent les images sensibles au moyen desquelles, par une abstraction supérieure, se fait la connaissance intellectuelle. Aussi doit-on dire que si, de sa nature, l'intelligence est une faculté intrinsèquement inorganique, dans l'état présent, et chez l'homme, elle *dépend extrinsèquement, ou par accident, des organes.*

L'expérience la plus commune suffit pour nous en convaincre : un petit enfant, en qui l'organisme est encore imparfait, ne raisonne pas; en avançant en âge, à mesure que son corps va se perfectionnant, il devient plus capable de juger et de réfléchir, jusqu'à ce que, dans la vieillesse, l'esprit, lui aussi, décline et languisse. Dans cette marche à peine indiquée, l'observation constate que les phases différentes auxquelles l'intelligence est soumise procèdent immédiatement des modifications que subit l'imagination, dont le cerveau est l'organe, et non point d'une dépendance intrinsèque de l'organisme. (Liberatore.)

Rapports de la volonté et de l'organisme. — Il en est de la volonté comme de l'intelligence ; *elle est supérieure à la matière*, sur laquelle elle peut agir. Mais son action est limitée, car elle *ne peut s'exercer que par le corps* auquel elle est directement unie, et à l'aide du cerveau, où aboutissent les nerfs qui transmettent le mouvement. L'empire que l'âme exerce par le cerveau sur les membres est admirable, il est vrai, et peut la rendre maîtresse de beaucoup de choses qui par elles-mêmes semblaient ne lui être point soumises ; mais la paralysie d'un membre suffit à empêcher son effet, et certaines lésions organiques peuvent l'empêcher totalement de se produire.

La fatigue de tête qui suit un travail intellectuel prolongé prouve encore la dépendance accidentelle où nos opérations intellectuelles sont des organes ; et si, au lieu de consulter l'expérience journalière, nous interrogeons la science, elle nous dit que des recherches récentes ont démontré que le travail intellectuel est accompagné d'une véritable combustion de la substance cérébrale, ou plutôt du sang qui y circule, de même que le travail musculaire détermine une augmentation de la combustion dans le muscle qui agit.

Conclusion. — Dans l'exercice de nos facultés supérieures comme dans celui de nos facultés sensitives, nous trouvons donc une *intime connexion entre le corps et l'âme*, entre le physique et le moral, et nous pouvons affirmer, comme une loi générale, « qu'il n'est pas une maladie, quelle qu'elle soit, qui n'ait parmi ses symptômes quelque altération du caractère, de la sensibilité et par suite des facultés intellectuelles ; de même qu'il n'est pas une modification anormale de l'intelligence, des passions, de l'imagination, de la mémoire, qui ne corresponde à une altération organique profonde ou légère, fugace ou durable. » (D' Regnault.)

Les mêmes rapports intimes entre le physique et le moral apparaissent dans le sommeil et dans la folie, que nous devons étudier.

II. — Les rapports du physique et du moral dans le sommeil et dans la folie.

I. — Le sommeil. — Les rêves.

Nature du sommeil. — Quelques-uns ont prétendu que le sommeil n'avait lieu que pour le corps, et que l'âme demeurait alors dans un état absolument semblable à celui de la veille. D'autres, au contraire, que rien n'était changé à l'état du corps, et que l'âme seule se reposait. Le principe de l'union personnelle de l'âme et du corps ne nous permet pas d'adopter ces théories exclusives; pour nous, dans le sommeil naturel, en même temps que la conscience du moi cesse d'exister, les hémisphères cérébraux se reposent et les actes indispensables au maintien de la vie poursuivent seuls leur cours.

Élément physiologique. — Comment expliquer *ce repos du cerveau?* « Est-il dû à une simple fatigue du centre nerveux ? ou bien faut-il invoquer la circulation cérébrale, l'anémie, suivant les uns, la congestion, selon d'autres? Faut-il, avec Sommer, la rattacher à la diminution de la provision d'oxygène, qui s'accumulerait pendant le sommeil pour se dépenser pendant la veille? Aucune de ces hypothèses n'explique complètement les faits... » (Beaunis, cité par M. Janet.)

Élément psychologique. — Dans le sommeil profond, la *conscience du moi disparaît.* Comment expliquer ce fait? Faut-il dire que le repos des facultés supérieures est complet? Nous ne le croyons pas. Les sens, du moins, ne sont-ils pas absolument inactifs? Non encore ; l'âme peut recevoir quelques impressions vagues qui entretiennent ses rapports avec le monde extérieur.

Ce qui, pour nous, caractérise principalement le sommeil au point de vue psychologique, c'est la *suppression ou l'affaiblissement de la volonté*. Et si on se rappelle ce que nous avons dit, que l'objet propre de la conscience est de nous faire connaître « la *part* que nous prenons dans la production des phénomènes internes, soit pour les provoquer, soit pour les diriger », on concevra que dans le sommeil l'âme soit momentanément privée de la conscience (au moins de la conscience réflexe) de ses actes, puisqu'elle ne les dirige plus, sans que pour cela ses pensées cessent de suivre leur cours naturel.

En émettant cette opinion, que l'affaiblissement de la volonté caractérise psychologiquement le sommeil, nous ne voulons pas dire que la faculté de vouloir elle-même est suspendue ; nous croyons plutôt, avec Dugald-Stewart, que cette faculté cesse seulement d'exercer son empire sur nos diverses puissances, parce que les centres nerveux ne sont plus en état de recevoir son action.

Nous n'avons *aucune* conscience, nous ne gardons *aucun* souvenir des pensées auxquelles s'abandonne notre esprit dans le *profond sommeil*. Mais à cet état succède bientôt le *demi-sommeil*, dans lequel la volonté reprend peu à peu son empire, en même temps qu'apparaît une *demi-conscience* qui sera suivie d'un vague souvenir.

Les rêves. — Pendant le demi-sommeil se manifestent des rêves variés, souvent en rapport avec les occupations habituelles ou les dispositions antérieures de la personne, souvent aussi provoqués par l'état des fonctions digestives ou respiratoires, par les sensations vagues que l'âme ressent sous diverses influences.

Il ne faut pas confondre le rêve proprement dit avec les diverses pensées qui nous fatiguent quelquefois pendant le sommeil : ces pensées sont volontaires, nous faisons effort pour les suivre, en déduire les conséquences, en chercher la liaison ; de là un travail d'autant plus pénible que pendant le sommeil notre empire sur les organes de la pensée est plus faible, et nos efforts d'intelligence par conséquent plus infructueux. Le rêve ne produit aucune fatigue, car la volonté n'a point de part dans la *suite des pensées plus ou moins bizarres, plus ou moins incohérentes, qui se succèdent dans l'esprit ;* et c'est toujours l'attention qui est chez nous le principe de la fatigue de l'intelligence.

Toutes les pensées de nos rêves s'enchaînent d'après les lois générales de l'association ; il faut seulement ajouter à cette loi de Dugald-Stewart une remarque importante de M. Janet, c'est que l'enchaînement des images dans l'esprit *ne correspondant pas à l'enchaînement régulier des choses* et des événements dans la réalité, le désordre des pensées est inévitable dans les rêves.

Les rêves deviennent de plus en plus fréquents, laissent un souvenir de plus en plus durable à mesure que l'homme se rapproche du moment du réveil.

Somnambulisme. — Le sommeil est lié par une relation intime au somnambulisme. Cet état assez étrange est caractérisé par l'*exécution pendant le sommeil d'actes de la vie intellectuelle et animale* qui, dans l'état de santé, ne se produisent que pendant la veille. Aussi l'a-t-on appelé quelquefois *un rêve en action*.

Ses deux formes particulières. — Le somnambulisme *naturel* ne se produit que pendant le sommeil. Dans certaines natures prédisposées par leur constitution nerveuse, il peut être produit presque à volonté, soit par des passes magnétiques, soit par la fixation de corps brillants, soit même par la simple attente du résultat; c'est le somnambulisme *artificiel*. L'un des traits saillants de cette forme de somnambulisme est la dépendance presque absolue dans laquelle le patient se trouve placé à l'égard de son magnétiseur.

Ses caractères généraux. — Dans tous les cas, les somnambules, au réveil, ne conservent aucun souvenir de ce qui s'est passé pendant l'accès, et c'est là le trait caractéristique de cet état. Pendant l'accès, les somnambules peuvent se lever, ouvrir les portes, passer avec beaucoup d'adresse au travers d'endroits périlleux, quelquefois même parler ou se livrer à un travail qui exige de l'intelligence et de l'attention. Certains somnambules témoignent même, par leurs réponses, qu'ils jouissent, au moins quant à l'imagination et à la mémoire, d'une supériorité réelle sur ce qu'ils possèdent à l'état de veille.

L'accès se termine habituellement par la substitution insensible du sommeil naturel au sommeil somnambulique, et le lendemain le malade ne garde aucun souvenir de ce qui s'est passé. D'autres fois l'accès est brusquement interrompu par un réveil accidentel; alors le malade surpris ne comprend rien à sa situation. Si le réveil se produit dans un lieu difficile, le somnambule peut être précipité ou se trouver incapable de parcourir étant éveillé le chemin où il a passé endormi.

Il y a d'ailleurs beaucoup de degrés, depuis le somnambule qui s'assied dans son lit et répond quelques mots, jusqu'à celui qui escalade les murs, va au loin, écrit, prophétise, etc... (Dr Jousset.)

II. — Folie. — Hallucination.

Nature de la folie. Ses causes. — Ni les erreurs de l'intelligence, ni les désordres de la volonté ne suffisent à caractériser la folie ; on n'est pas fou pour être illogique ou vicieux. Les lésions organiques toutes seules n'expliquent pas davantage cette infirmité, qui atteint l'homme tout entier dans son âme et dans son corps.

La folie, comme toutes les autres maladies, se manifeste par un ensemble de symptômes et de lésions évoluant dans un certain ordre ; mais elle consiste proprement dans *le désordre persistant et organique de l'imagination*, qui, par la vivacité et le trouble de ses représentations, confond et déconcerte le jugement de l'intelligence.

La cause éloignée de la folie est presque toujours, ou bien un empoisonnement chronique par l'alcool, le mercure, l'opium ; ou bien une maladie constitutionnelle et héréditaire entraînant une véritable déchéance de toute la personne, une véritable dégénérescence de l'homme. La folie est ainsi le terme de plusieurs maladies graves dont les manifestations diverses, de plus en plus sévères à mesure que la vie se développe, finissent par l'extinction de la race.

Quelquefois aussi la cause de la folie est morale : des chagrins profonds, des passions violentes, certaines idées fixes exagérées par l'imagination peuvent produire des phénomènes d'innervation cérébro-ganglionnaire qui secouent profondément l'organisation, et altèrent les organes destinés à l'exercice de l'imagination et par suite de l'intelligence.

« Dans tous ces cas, il arrive en quelque sorte à l'entendement ce qui arriverait à un artiste si son instrument venait à lui manquer ou à se déranger. L'artiste resterait personnellement aussi habile, son art ne recevrait aucune atteinte ; toutefois il ne pourrait pas exécuter ses conceptions ou elles cesseraient d'être harmonieuses ; il y aurait des sons discordants, parce que l'instrument ne répond plus à ses désirs. » (Liberatoire.) Dans la folie, l'entendement, élevé au-dessus des sens, n'est pas directement atteint, mais il reçoit le contre-coup des désordres de l'imagination par suite du besoin qu'il a des images sensibles pour ses opérations.

La folie est caractérisée surtout par l'*aliénation*.

Ses éléments constitutifs. — L'aliénation est constituée par trois éléments : l'*hallucination*, l'*impulsion* et l'*idée délirante*.

L'*hallucination* est une perception dont l'objet n'existe pas. Elle peut se produire, soit à la suite d'une impression organique, soit même en l'absence de cette impression. Les hallucinations peuvent se rapporter à tous les sens extérieurs, mais celles de la vue et de l'ouïe sont beaucoup plus communes; très fréquemment les malades voient des objets imaginaires, entendent des conversations tantôt agréables et tantôt menaçantes.

Elle est le résultat d'un état morbide de l'imagination, qui dans la veille attribue une réalité objective à des images purement internes, malgré le témoignage contraire des sens extérieurs.

« Le phénomène qui se produit alors est exactement l'inverse de celui qui se passe lors de la perception régulière. Quand un objet frappe l'un de nos sens, les nerfs sensoriels transmettent au cerveau l'impulsion qu'ils ont reçue. Ici, au contraire, c'est le centre cérébral qui renouvelle spontanément cette impression et la communique, par une sorte de *choc en retour*, à l'organe sensoriel. Celui-ci, excité comme il l'est d'ordinaire par l'action des objets extérieurs, renvoie au cerveau l'impression qu'il en a reçue; et selon la loi commune une perception se produit. » (Janet.)

Le plus souvent l'hallucination trouble le jugement, c'est une forme de la folie; dans quelques cas très rares, l'esprit, sans pouvoir la faire disparaître, n'est pas dominé par elle et peut la reconnaître.

L'*impulsion* animale nous porte dans l'état ordinaire à produire certains actes en vue d'un plaisir que nous voulons atteindre, d'une souffrance que nous voulons éviter. L'impulsion morbide, inconsciente et instantanée, a pour caractère ou de n'avoir aucun mobile extérieur, ou de produire des actes, soit dépravés, soit contraires à la nature de son mobile, par exemple, l'impulsion à tuer, à voler, sans motifs, etc.

Parvenue à un certain degré d'exaltation, elle devient fureur.

L'*idée délirante* est une création pure de l'imagination, sans objet réel, consécutive ou non à l'hallucination. Le fou, par exemple, se croit roi, s'imagine recevoir les hommages de tout un peuple. Ces conceptions délirantes de la folie impressionnent la mémoire, et le malade s'en souvient une fois guéri. Elles se distinguent en cela du délire fébrile, pendant lequel la conscience est abolie, et qui ne laisse généralement pas de trace dans le souvenir.

Ses diverses formes. — Suivant l'association des symptômes, les aliénistes distinguent diverses formes de folie : — la *lypémanie*, folie avec prédominance d'idées tristes, de terreurs, de dégoût; — la *manie*, folie avec hallucinations variées, agitation continuelle, idées délirantes, bizarres, incohérentes, se succédant avec rapidité; — la *monomanie*, caractérisée par un petit nombre d'idées délirantes, toujours les mêmes, habilement systématisées; — la *démence*, ou affaiblissement progressif et général de toutes les facultés intellectuelles et même animales.

II

NOTIONS SOMMAIRES DE PSYCHOLOGIE COMPARÉE

Que faut-il entendre par ces éléments de psychologie comparée ? La question a sa raison d'être, car les auteurs qui semblent avoir quelque autorité dans l'interprétation du programme n'y font pas la même réponse; et, en effet, il faut reconnaître que, pris en eux-mêmes, ces mots « psychologie comparée », si on les serre de près, n'offrent aucun sens clair à l'esprit.

Les uns les interprètent uniquement de l'étude comparative des différents états dans lesquels peut se trouver l'homme.

Les autres leur donnent une extension plus grande, on pourrait dire une signification toute différente, et les entendent d'une étude comparative de l'homme et des animaux.

Nous réunirons les deux points de vue.

I. — Étude comparative des divers états de l'homme.

Cette étude est la seule, nous semble-t-il, qu'on puisse logiquement faire rentrer sous le titre du programme.

Car si, comme nous l'avons dit, la psychologie est l'étude de notre âme, du moi, *au moyen de la conscience*, la psychologie comparée ne saurait être que l'étude comparative des êtres qui ont comme nous conscience de leurs actes, c'est-à-dire de nos semblables, des autres hommes. Elle doit étudier les divers états dans lesquels peut se trouver la nature humaine, les diverses transformations qu'elle peut subir, sous les influences multiples auxquelles elle est soumise.

Utilité de cette étude. — Ainsi entendue, la psychologie comparée est le complément naturel de nos études précédentes, et son utilité est incontestable. Elle répond à ce besoin qu'a toute intelligence finie de contrôler et de développer ses connaissances en multipliant les observations qui l'aident, d'une part à mettre en lumière les côtés jusque-là plus ou moins obscurs d'un être ou d'un phénomène, et d'autre part à mieux saisir les ressemblances qui rapprochent les êtres d'un même groupe et les différences qui les distinguent; à déterminer par suite leurs caractères essentiels, la loi de leur développement et les conditions de leur perfectionnement.

Les grands avantages que les sciences physiques et naturelles, et tout particulièrement la physiologie, ont retirés de l'application intelligente des procédés de la méthode comparative, nous donnent le droit de présumer que cette méthode ne sera pas moins féconde pour perfectionner la connaissance que nous avons déjà de la nature humaine.

Méthode à suivre. — Toutefois il faut faire une remarque importante sur les procédés de cette méthode appliquée à la psychologie.

Nous nous connaissons par la conscience, mais nous ne pouvons connaître les autres hommes que par le dehors; nous ne pouvons que les voir agir, les entendre parler, observer leurs mœurs, etc. Le principe intérieur de tous leurs actes échappe à nos moyens d'observation; nous ne le percevons pas directement; nous n'affirmons son existence, ses caractères que par un secret raisonnement dont le fondement est l'*analogie;* ana-

9*

logie, ajoutons-le cependant, qui nous donne la certitude, et a toute la valeur d'une induction véritable, quand nous ne l'appliquons qu'à des êtres de même espèce, et que nous sommes attentifs à observer toutes les règles tracées par la logique.

On n'attend pas de nous que nous traitions toutes les questions que soulève l'étude comparative des divers états dans lesquels peut se trouver la nature humaine. Nous venons de parler du sommeil et des rêves, de la folie et de l'hallucination ; quelques autres remarques ont déjà trouvé ou trouveront leur place naturelle dans les diverses parties du cours ; nous nous bornerons ici à quelques mots sur le *petit enfant* et sur l'*homme sauvage*.

Observation. — Une observation générale préliminaire qui n'est pas sans importance est l'*étroite connexion qui existe entre les études de psychologie comparée* et l'étude que nous avons déjà faite des *rapports du physique et du moral*. C'est une opinion, en effet, soutenue par quelques auteurs, que toutes les âmes seraient égales en elles-mêmes, et que les différences qu'on remarque entre elles proviendraient uniquement de l'organisme auquel elles sont substantiellement unies. Si cette assertion peut être contestée comme trop absolue, il faut du moins reconnaître que le développement, la perfection et l'état des organes expliquent, dans la plupart des cas, les modifications plus ou moins profondes qui se manifestent dans l'état intellectuel et moral des hommes, et que par conséquent ces études de psychologie comparée ont leur fondement nécessaire dans la physiologie humaine.

I. — L'enfant.

Premières sensations. — Pendant les premières semaines, la douleur que l'enfant nouveau-né exprime par des gémissements n'est qu'une sensation qu'on pourrait appeler corporelle, semblable à celle des animaux. Vers le quarantième jour, le rire et les larmes manifestent des sensations d'un ordre plus élevé, et qui paraissent supposer que l'action de l'intelligence a commencé de se développer. C'est par ses premiers sourires que l'enfant montre à celle qui le nourrit qu'il la reconnaît, qu'il l'aime et la désire.

Ses yeux commencent bientôt à distinguer aussi les autres objets qui l'environnent; de là des images variées qui plaisent à l'enfant, alimentent son intelligence et paraissent être pour lui la source d'une jouissance assez vive, car il tourne sans cesse les yeux vers la partie la plus éclairée de l'endroit qu'il habite.

Premières connaissances. — C'est entre le dixième et le quinzième mois que l'enfant commence à bégayer quelques syllabes, celles qu'il peut le plus facilement prononcer. Mais ce n'est que vers la troisième année qu'il articule distinctement tous les mots, qu'il répète ce qu'on lui dit, qu'il parle avec facilité. A cet âge, l'enfant reçoit des impressions nombreuses. Les notions les plus variées peuvent dès lors, sous une forme sensible, être reçues par son intelligence; mais les organes, très faibles encore, doivent être ménagés, on les fatiguerait par une attention prolongée; la mobilité d'esprit paraît aussi nécessaire au développement intellectuel du tout petit enfant que celle du corps à son développement physique. Vers l'âge de six à sept ans, l'enfant devient capable de réflexion; il atteint l'âge de raison.

Son éducation. — L'éducation proprement dite ne doit pas être retardée jusqu'à cet âge comme l'instruction. Elle doit commencer avec l'éducation physique, ou, pour mieux dire, elle en est inséparable. Elle s'opère souvent à l'insu, quelquefois contre le gré de ceux qui surveillent l'enfant; elle est le résultat des circonstances qui l'environnent, des objets qui peuvent agir sur lui, mais surtout des exemples dont on l'entoure. Dès le principe, si on veut donner à cette éducation un fondement solide, il faut parler à l'enfant au nom de Dieu, lui rappeler qu'il ne peut échapper au regard de celui qui voit tout, lui faire comprendre que ce Dieu sera son juge, que l'unique chose nécessaire est de le bien servir ici-bas.

L'enfant est capable de toute vérité et de toute erreur, de tout bien et de tout mal; *il sera très généralement ce qu'on le fera.*

II. — Le sauvage.

Le sauvage n'est pas l'homme primitif. — C'est une croyance assez répandue que l'état sauvage est l'état primitif de l'humanité, et que les peuples ne sont sortis de cet état malheureux qu'à la suite de longs siècles d'efforts, par un progrès lent et continu dont le terme a été notre civilisation moderne. Il faut protester contre cette erreur, et, sans entrer dans les détails d'une comparaison entre les peuples civilisés et les peuples sauvages, poser au moins le principe mis en lumière par J. de Maistre, que *les peuples sauvages sont des peuples dégénérés et dégradés.*

Sur l'état primitif de l'humanité, dit ce philosophe, il n'y a pas de dissonance : les initiés, les philosophes, les poètes, l'histoire, la fable, l'Asie et l'Europe n'ont qu'une voix pour attester non seulement que *les hommes ont commencé par la science,* mais par une science différente de la nôtre et supérieure à la nôtre. Les pyramides d'Égypte, antérieures aux époques historiques, sont debout avec *les mystères qu'elles révèlent* (voyez *les Splendeurs de la foi,* par l'abbé Moigno, t. II, chap. III), pour attester que des peuples étaient dès lors éminents dans tous les arts, dans toutes les sciences, et savaient même *nécessairement* une foule de choses que nous ne savons pas.

« *Le sauvage n'est donc pas l'homme primitif,* conclut le même auteur; c'est un homme dégradé en qui la flamme de l'intelligence ne jette qu'une lueur pâle et intermittente. Une main redoutable appesantie sur ces races dévouées efface en elles les deux caractères distinctifs de notre grandeur : la prévoyance et la perfectibilité.

« Le sauvage coupe l'arbre pour cueillir le fruit; il dételle le bœuf que les missionnaires viennent de lui confier et le fait cuire avec le bois de la charrue. Depuis plus de trois siècles, il nous contemple, sans avoir voulu rien recevoir de nous, excepté la poudre pour tuer ses semblables et l'eau-de-vie pour se tuer lui-même; encore n'a-t-il jamais imaginé de fabriquer ces choses; il s'en repose sur notre avarice, qui ne lui manquera jamais. Comme les substances les plus abjectes sont cependant encore susceptibles d'une certaine dégénération, de même les vices naturels de l'humanité sont encore viciés dans le sauvage. Il est voleur, il est cruel, il est dissolu, mais il l'est autrement que nous. Pour être criminels nous surmontons notre nature; le sauvage la suit; il a l'appétit du crime, il n'en a point les remords... Il est frappé dans les dernières profondeurs de son essence morale; il fait trembler l'observateur qui sait voir; mais voulons-nous trembler nous-mêmes et d'une manière très salutaire, songeons qu'avec notre intelligence, notre morale, nos sciences et nos arts, nous sommes précisément à l'homme primitif ce que le sauvage est à nous. » (*Soirées de Saint-Pétersbourg*, 2º entretien.)

II. — Étude comparative de l'homme et des animaux.

Importance de cette étude. — La psychologie comparée, dit-on, ne doit pas s'arrêter à l'étude des hommes; elle doit embrasser aussi celle des animaux.

Il y aurait sans doute quelques remarques à faire sur l'impropriété de ce titre « Psychologie » appliqué à l'étude des animaux, sur les tendances matérialistes que révèle le nouveau programme. Mais n'insistons pas. L'étude comparative de l'homme et des animaux, qu'on retrouve dans toutes les philosophies animées de l'esprit chrétien, est des plus intéressantes; elle peut nous conduire à mieux connaître l'*importance relative de nos diverses opérations*; surtout elle nous permet de *déterminer scientifiquement la place de l'homme* dans le plan de la création.

L'homme doit-il rentrer dans le règne animal? Et s'il est le premier des animaux dans l'état actuel des évolutions progressives de la nature, n'est-il, après tout, qu'un animal? *ou bien*, séparé de tous les êtres inférieurs par une barrière infranchissable, celle de l'intelligence, forme-t-il un règne à part, non seulement au-dessus, mais en dehors de toutes les autres espèces animales?

La question se pose d'elle-même à l'heure présente; *elle est*, dit M. Joly, *au fond de toutes les controverses philosophiques ou scientifiques du siècle*.

Fausse induction des positivistes. — On ne peut nier, en effet, que les animaux n'offrent avec l'homme de nombreuses ressemblances extérieures. « On les voit, dit Bossuet, manger, boire, aller et venir à propos, à peu près comme font les hommes, et selon que les besoins du corps le demandent; éviter les périls, chercher les commodités, attaquer et se défendre aussi industrieusement qu'on le puisse imaginer, ruser même; et, ce qui est plus fin encore, prévenir les finesses. D'ailleurs, on les dresse, on les instruit, ils s'instruisent les uns les autres... Ils gémissent et crient de façon à nous faire connaître leurs besoins, et il semble qu'on ne puisse leur refuser quelque espèce de langage. »

« Cette ressemblance des actions des bêtes aux actions humaines trompe les hommes, continue Bossuet ; ils veulent à quelque prix que ce soit que *les animaux raisonnent*, et tout ce qu'ils peuvent accorder à la nature humaine, c'est d'avoir un peu plus de raisonnement. » Telle est la conclusion de Plutarque, de Celse, de Montaigne, cités par Bossuet, et à notre époque, de MM. Robin et Littré, les chefs de l'école positiviste ; de Michelet, dans ses deux livres de *l'Oiseau* et de *l'Insecte*.

Méthode à suivre. — Pour apprécier cette doctrine, dont le but trop avéré est de relever l'animal pour rabaisser l'homme, et ramener ainsi à la matière toutes les manifestations de l'esprit, il faut analyser les actions des animaux, c'est-à-dire rechercher si elles sont de même nature que les actions humaines. Quel est le but, en effet, que nous devons nous proposer dans cette étude ? Ce n'est pas de savoir si les animaux font tels ou tels actes, mais de *connaître quelle est la vraie signification psychologique de ces actes*. Or cette connaissance, l'expérience directe est impuissante à nous la donner ; elle ne peut être que *la conclusion d'un raisonnement par analogie* que nous faisons en nous appuyant sur la connaissance de nous-même. « Il n'y a donc rien de meilleur, comme dit Bossuet, pour bien juger les animaux que de se connaître soi-même ; c'est en nous étudiant nous-même, en observant ce que nous sentons, que nous devenons juge compétent de ce qui est hors de nous. Et quand nous aurons trouvé dans les animaux ce qui est en nous d'animal, ce ne sera pas une conséquence que nous devions leur attribuer ce qu'il y a en nous de supérieur. »

Deux erreurs à éviter. — Entrons dans l'étude comparative de l'homme et des animaux en nous gardant de ces deux excès : *élever les animaux jusqu'à l'homme,* les rabaisser jusqu'à *l'automatisme.*

La vérité ici est dans un juste milieu : nous devons refuser à l'animal l'intelligence et la liberté ; mais il faut reconnaître en lui l'ensemble de ces opérations que nous trouvons en nous-même et que nous avons déjà désignées sous le nom commun d'*opérations sensitives.*

I. — Les animaux ne sont pas des automates.

Descartes avait soutenu cette doctrine que les animaux ne sont que des automates, et que leurs opérations ne présentent que des effets mécaniques produits par l'action des objets extérieurs sur les organes de *machines merveilleusement disposées*.

Bossuet remarque déjà que « cette opinion entre peu dans l'esprit des hommes »; ne faut-il pas même dire qu'elle est contraire au sens commun? Quel homme sensé admettra qu'un chien qui se plaint sous les coups ne souffre pas plus qu'une cloche qui résonne quand on la frappe, qu'une montre dont on brise les pièces avec un marteau?

Mais raisonnons; c'est une double loi en mécanique qu'il y ait toujours quelque rapport entre la cause et l'effet, et que la même cause dans les mêmes circonstances produise toujours le même effet. En est-il ainsi dans les opérations des animaux? Un berger dit un mot, et déjà son chien est parti comme un trait pour réunir au troupeau la brebis qui s'était éloignée. Y a-t-il ici proportion entre l'ébranlement de l'air produit par la voix du berger et les bonds rapides du chien vers une brebis déterminée? — Et puis, qu'un étranger profère les mêmes mots, avec le même timbre de voix, l'animal restera immobile. D'où vient cette différence de résultat avec la même impulsion donnée aux organes? Évidemment l'animal n'est pas un pur automate. Qu'est-il donc? Un être sensible. (L'abbé Farges.)

Nous reviendrons sur cette question en traitant du *principe vital*, dans la métaphysique.

II. — Les animaux ont des facultés sensitives.

Similitudes entre l'homme et l'animal au point de vue des opérations sensitives. — Nous avons déjà remarqué que plusieurs des facultés de l'homme sont intrinsèquement dépendantes de l'organisme. Toutes ces facultés peuvent être accordées aux animaux. Les principales sont :

La sensibilité physique. — A la suite d'une excitation de leurs organes, les animaux peuvent éprouver la *sensation*, plaisir ou douleur; et cette sensation, bien que localisée, retentit chez eux, comme chez nous, dans l'être tout entier. Qu'un animal soit blessé dans l'un de ses organes, ses cris, son regard, son attitude, tout en lui atteste qu'il souffre. Personne ne peut s'y méprendre.

La perception des sens. — Les animaux, du moins ceux qui se rapprochent le plus de l'homme, jouissent des cinq sens, et, comme nous, perçoivent les diverses qualités de la matière. Chez quelques espèces même, le développement et la perfection de l'organe attestent un développement tout spécial de la faculté correspondante. Mais il faut remarquer que si nos sens se trouvent inférieurs bien souvent à ceux de tel ou tel animal sous le rapport de la puissance et de la sûreté, ils sont en retour plus complets, plus en harmonie les uns avec les autres, et susceptibles d'acquérir, par l'éducation, une délicatesse merveilleuse pour saisir mille nuances que l'animal ne distinguera jamais.

L'imagination reproductrice ou *mémoire imaginative.* — L'animal conserve l'image sensible des objets qu'il a perçus et peut la faire revivre en l'absence de ces objets. Rappelons-nous que ce mot *image* ne doit pas s'entendre seulement des perceptions visuelles, mais de toute perception; ainsi par l'imagination nous entendons des sons qui ne vibrent point à nos oreilles, nous sentons notre poitrine accablée sous un poids qui n'existe pas en réalité, nous goûtons des saveurs qu'aucun mets ne développe actuellement. Ainsi en est-il de l'animal; comme nous il a la puissance de faire revivre ses perceptions, d'imaginer; comme nous il peut rêver; et ses rêves dépendent, comme les nôtres, de la vivacité des perceptions premières, de leur répétition plus ou moins fréquente, de leur mode d'association.

L'association des images sensibles. — Pour l'animal, il ne peut être question d'association d'idées, puisque les idées, nous le dirons tout à l'heure, lui font défaut. Mais les images sensibles qu'il a perçues et qu'il conserve peuvent s'exciter les unes les autres, et s'associer de mille manières, tantôt en vertu d'une loi physiologique, la sympathie particulière qui unit les organes auxquels elles correspondent; tantôt en vertu d'une loi physique, la ressemblance de ces images, leur contiguïté dans le temps et dans l'espace, au moment de leur première apparition.

Les tendances instinctives. — Ces tendances instinctives suppléent chez l'animal au défaut d'intelligence, et doivent être par conséquent plus parfaites dans leur genre que les tendances analogues de l'homme. Ce sont des impulsions déterminées, toujours en rapport avec les dispositions particulières de l'organisme, et que peuvent seules modifier les influences extérieures auxquelles l'animal est soumis. L'animal y obéit fatalement, il n'a pas l'initiative de ses actes; il ne peut y avoir en lui d'autre progrès que celui qui résulte de la répétition des associations d'images et des mouvements.

Différences entre l'homme et l'animal au point de vue des opérations sensitives. — Nous accordons aux animaux les opérations sensitives, mais il faudrait bien se garder de croire qu'elles sont chez eux identiquement les mêmes que chez nous. Aux observations que nous avons déjà pu faire sur ce sujet, ajoutons quelques remarques pour signaler les divergences qui résultent, soit de la *différence même des organismes*, soit de l'*intervention* chez l'homme *de l'activité libre*.

Différence des organismes. — Toutes les opérations sensitives dépendent de l'organisme; or chez l'homme cet organisme semblable, ou à peu près, *en apparence*, à celui des animaux, atteint une délicatesse et une perfection qu'on chercherait en vain dans tous les êtres sensibles d'un ordre inférieur, et qui ne peut manquer d'influer sur les opérations.

Cette perfection resplendit dans la beauté de la forme, la régularité et la symétrie des parties, la position droite et verticale du corps, et encore plus dans les fonctions de nutrition et de relation. Car les systèmes nerveux et musculaire ont dans l'homme une extrême délicatesse de texture; les articulations de ses membres sont mieux disposées pour l'exécution de quelque mouvement que ce soit. N'oublions pas de noter la conformation particulière de son cerveau, proportionnellement plus volumineux que celui de tout autre mammifère, et dont les anfractuosités sont plus profondes, les circonvolutions plus nombreuses. (Liberatore.)

Intervention de l'activité libre. — En second lieu, tandis que dans les animaux tout dérive de la sensation et de l'organisme; dans l'homme, au moins dans l'homme adulte, *l'intelligence est toujours présente à un degré quelconque.* L'organisme humain dans son ensemble est sans doute soumis aux lois de la vie animale; il a ses appétits, ses instincts. Mais de bonne heure, dès que l'âme prend possession d'elle-même, a conscience de ses facultés, surgit dans l'homme une vie nouvelle. Nous dominons nos instincts, nous les dirigeons, nous les modifions; ce ne sont plus des tendances aveugles, mais des inclinations morales qui *relèvent* d'une certaine manière de l'*activité libre*.

Enfin ajoutons que l'*animal n'a pas conscience de ses opérations, du moins la conscience réflexe*. Il sent, il imagine, mais il ne sait pas qu'il sent, qu'il imagine; il perçoit les divers objets qui l'environnent, des instincts variés le poussent à telle ou telle action, mais il ne connaît ni ses perceptions ni ses instincts. Ses facultés, essentiellement organiques, ne peuvent connaître leurs propres opérations.

III. — Les animaux n'ont pas d'intelligence.

Erreurs des positivistes. — Les chefs de l'école positiviste, avons-nous dit, prétendent le contraire, et soutiennent volontiers que la raison humaine et la raison des animaux sont des facultés de même ordre, arrivées seulement à un degré différent de perfection. « Les animaux, disent MM. Littré et Robin, ont la raison comme l'homme; mais seule la raison humaine a le pouvoir d'abstraire et de généraliser, source nécessaire du langage articulé et de l'invention... Ce qui montre le passage entre ces deux raisons, c'est que l'homme sauvage ne possède que dans un degré infiniment petit ce quadruple pouvoir. » Bichat, pour citer un nom parmi les physiologistes, tombe dans la même erreur et s'exprime ainsi : « Il est inutile, je crois, de s'arrêter longuement à prouver que la méditation, la réflexion, le jugement, tout ce qui tient, en un mot, à l'association des idées est du domaine de la vie animale. »

Les animaux ont une imitation de l'intelligence. — Précisons d'abord la part de vérité que peut renfermer la doctrine positiviste. Nous ne craignons pas d'accorder aux animaux un degré de connaissance assez parfait dans l'ordre sensitif, une *sorte d'imitation de l'intelligence,* ce que saint Thomas appelle la faculté *estimative*, qui saisit *certains rapports déterminés et concrets*, ce que les choses ou les personnes peuvent offrir d'utile ou de pernicieux, d'agréable ou de pénible. C'est ainsi qu'un animal discerne que telle substance est douce au goût, qu'une brebis voit dans le loup son ennemi, qu'un chien reconnaît son maître. Nous accordons même que toutes ces connaissances supposent quelque *comparaison*, quelque *juge-*

ment; mais elles se rapportent exclusivement aux objets matériels, au particulier, au concret. Ce n'est pas là l'intelligence.

Ils n'ont ni l'intelligence ni les facultés qui s'y rapportent. — Le caractère propre de cette faculté supérieure est *l'universalité,* comme celui des sens est la détermination *ad unum.* Faite pour saisir l'essence des choses, l'intelligence reconnaît l'unité dans la multiplicité, la ressemblance commune dans la variété, l'élément universel dans les individualités particulières. De là, grâce à la fécondité de ces conceptions universelles qui produisent incessamment des conséquences nouvelles, la perfectibilité de l'homme et le progrès continu, soit de la science, soit de l'art.

Cette intelligence est tout entière en réalité, bien qu'en germe seulement dans le sauvage; l'animal le plus parfait, dans les circonstances les plus favorables, n'arrivera jamais à la perception d'une *idée.* Entre les deux, au point de vue *intellectuel,* il y a toute la différence du néant à l'être.

L'animal dépourvu de l'intelligence ne saurait avoir les facultés humaines qui supposent celle-là : *il n'a pas la volonté véritable,* c'est-à-dire la volonté libre, il n'a que des appétits qui le dominent entièrement et auxquels il obéit sans pouvoir s'y soustraire; il n'a pas la *sensibilité intellectuelle et morale,* le sentiment du vrai lui est étranger, comme le sentiment du beau et le sentiment du bien; il n'éprouve point d'affections véritables, tout ce qui paraît s'en rapprocher en lui a sa raison d'être dans le plaisir physique; enfin *il n'a pas la parole,* et ne peut émettre que des sons inarticulés pour exprimer les besoins qu'il ressent.

Objection. — Quand nous refusons l'intelligence aux animaux, on nous objecte les *merveilles de l'instinct.* Mais cet instinct a précisément pour but de suppléer dans l'animal au défaut d'entendement; et pour s'en convaincre il suffit de considérer le caractère des faits qu'on allègue.

Ils révèlent une telle perfection de travail qu'ils supposent un développement intellectuel égal ou supérieur à celui de l'homme, et cependant ils sont accomplis souvent par des animaux d'une classe inférieure, tels que les insectes. De plus, ces ouvrages si merveilleux et si difficiles, les abeilles, les castors, les oiseaux, les araignées les font dès le premier instant, sans apprentissage; ils les continuent sans faire aucun progrès.

Disons donc, avec Bossuet, que sans doute toutes choses se font très convenablement dans la nature, mais que le principe de cette convenance est dans la raison divine, et non dans les animaux.

Inutile d'insister plus longuement. Nous avons reconnu que l'homme, seul être doué d'intelligence parmi les créatures visibles, occupait un rang à part dans la création; restons à notre place, et cultivons en nous-même le principe de notre grandeur naturelle, cette raison qui doit *humainement* présider à toutes nos actions.

NOTIONS SOMMAIRES D'ESTHÉTIQUE

Le mot esthétique (αἴσθησις, *sensation*) est employé par Kant, dans la critique de la raison, pour désigner l'étude de la sensibilité. L'usage, depuis Baumgarten (disciple de Leibnitz, 1714-1762), lui a donné une autre signification consacrée aujourd'hui.

L'esthétique est la *science pratique du beau;* elle relève en partie, mais non pas exclusivement, de la sensibilité.

Ces notions d'esthétique se divisent naturellement en deux parties : — une partie théorique, de la connaissance du *beau*, — et une partie pratique, de sa réalisation, ou de l'*art*.

I

LE BEAU

Nous étudierons le beau : — 1° dans sa nature ; — 2° dans ses formes diverses ; — 3° dans ses rapports avec l'âme.

1. — Nature du beau.

Le beau se rencontre dans des choses si diverses et d'une nature si opposée, qu'il est difficile de dire en quoi il consiste. Peut-être même est-il tout à fait impossible d'en donner une définition précise. Nous essayerons au moins d'en déterminer les principaux éléments, après avoir indiqué ses caractères essentiels.

I. — Caractères du beau.

1° Le caractère propre du beau est de produire en nous un *sentiment de plaisir* désintéressé, *mêlé* d'admiration.

Toute chose donc qui ne nous plaît qu'à raison des avantages que nous en pouvons retirer ne saurait avoir à nos yeux le caractère de la beauté; tout objet qui n'éveille pas en nous, au moins à quelque degré, le sentiment d'admiration, ne mérite pas le nom de beau.

2° *Le beau a une* **réalité objective.** — Aristote semble le nier; pour lui, le beau n'est qu'une simple conception de notre esprit, une idée générale purement subjective. C'est une erreur grave; le beau a un objet réel, distinct du moi qui le perçoit et des individus que nous jugeons être beaux; sa réalité parfaite est en Dieu, beauté infinie.

3° *Le beau est* **absolu, universel.** — En lui, rien de relatif comme serait l'utilité ou la convenance; c'est, dit Kant, « une finalité sans fin. » La beauté comme la vérité n'appartient à personne; c'est un bien commun. Aussi, quand nous jugeons qu'un objet est beau, nous ne voulons pas dire qu'il est beau seulement pour nous, nous prétendons qu'il est beau en soi, qu'il est beau pour tous; les jugements que nous portons sur la beauté des choses, comme ceux que nous portons sur leur vérité, ont un caractère absolu et universel, malgré la diversité des impressions qu'une même beauté peut produire sur des individus différents.

Ces principes vont nous permettre de déterminer la nature du beau. Mais, pour atteindre plus facilement notre but, écartons d'abord les notions *fausses* ou *incomplètes* qu'on en a données, pour arriver ensuite, par voie d'élimination, à la *notion véritable*.

II. — Notions fausses.

Le beau n'est ni l'*agréable*, ni l'*utile*, ni le *nouveau*, ni l'*excessif*.

Le beau et l'agréable. — Le beau n'est pas l'*agréable*, comme le veulent les matérialistes. L'agréable, c'est ce qui plaît aux sens; et tout ce qui plaît aux sens n'est pas beau par cela même. On ne parlera jamais d'une *belle* odeur, d'une *sublime* saveur; deux sens seulement, la vue et l'ouïe, ont le privilège d'exciter en nous l'idée de beauté; encore faut-il ajouter que les sensations agréables qui peuvent résulter de l'exercice de ces sens sont loin d'être proportionnées à la beauté des objets. Non seulement la sensation ne produit pas l'idée du beau, mais quelquefois, remarque Cousin, elle l'étouffe; en agréant aux sens, la volupté trouble et révolte en nous l'idée chaste de la beauté.

L'agréable et le beau ne sont donc point identiques, puisqu'ils ne sont ni inséparables ni proportionnés l'un à l'autre. Ils diffèrent même essentiellement, puisque le beau, nous l'avons dit, est universel et absolu, tandis que l'agréable est variable, personnel et relatif.

Le beau et l'utile. — Le beau n'est pas l'*utile*, comme le prétendent les sophistes grecs et les philosophes du xviii° siècle; car l'utile est variable et relatif comme le plaisir. Il ne tend qu'à nous procurer certains avantages personnels, et la jouissance du beau est désintéressée. L'utile et le beau peuvent se trouver unis, mais ils sont souvent séparés; et si le beau peut ajouter à la valeur d'une chose utile, jamais l'utile ne sera un principe de beauté. Le charbon n'est pas plus beau que le diamant, la pomme de terre plus belle que le lis.

Le beau et le nouveau. — Le beau ne consiste pas dans la *nouveauté*. Autrement tout ce qui est nouveau serait beau pour nous, et tout ce qui ne serait pas nouveau serait laid. Or il n'en est point ainsi : un monstre, semblable à celui que décrit Horace au commencement de son *Art poétique*, serait nouveau, le jugerions-nous beau? Et le spectacle de la nature, pour n'être pas nouveau, perd-il tous ses charmes?

La nouveauté est quelque chose d'extrinsèque à l'objet, de relatif à nous, et la beauté est quelque chose d'universel, d'absolu. On ne peut pas confondre ces choses.

Le beau et l'excessif. — Le beau ne consiste pas dans l'*excessif*; cette opinion de quelques partisans de l'école romantique en France est manifestement fausse : ce qui est laid en soi, comme le vol, ne saurait devenir beau en prenant des proportions excessives; refuser tout caractère de beauté à ce qui, dans son genre, n'excède pas la mesure, répugne au sens commun.

III. — Notions incomplètes.

Nous avons dit ce que le beau n'était pas; mais qu'est-il en lui-même? *Facilius intelligi quam explanari potest*, dit Cicéron. Pour préparer la véritable réponse, nous donnerons encore quelques définitions du beau qui, bien qu'*incomplètes*, nous découvriront déjà ses éléments véritables.

Le beau et le vrai. — Le vrai, sans doute, est une condition du beau :

Rien n'est beau que le vrai, le vrai seul est aimable.

Mais tout ce qui est vrai n'est pas nécessairement beau : quoi de plus vrai que les propositions mathématiques? dira-t-on qu'elles sont toutes belles? On ne pourrait pas même dire que le beau est la *splendeur du vrai,* selon la définition attribuée à Platon et à Plotin; car il ne suffit point d'ajouter un certain éclat à la vérité pour lui donner la beauté. Il existe entre le vrai et le beau des différences qui ne permettent pas de les assimiler l'un à l'autre.

Le beau et le bien. — L'alliance du beau et du bien n'est pas moins intime que celle du beau et du vrai; les Grecs l'exprimaient dans cette heureuse expression : καλοκαγαθία. Toutefois on ne peut point dire que le beau est le *bien,* ni même la *splendeur du bien,* car cette définition ne s'appliquerait qu'à l'ordre moral, et dans cet ordre même le bien n'a pas toujours le degré d'excellence que suppose la beauté.

Le beau et l'ordre. — Pour saint Augustin, le principe de la beauté est dans l'*unité, omnis pulchritudinis ratio, unitas.*

Le P. André, suivi par V. Cousin et Th. Jouffroy, y ajoute l'idée de variété, et dit que le beau c'est l'*unité dans la variété.* C'est à la même pensée qu'il faut rattacher la définition de Kant, le beau *c'est ce qui satisfait le libre jeu de l'imagination sans être en désaccord avec les lois de l'entendement.*

Pour saint Thomas, la beauté consiste dans l'*harmonie des proportions, pulchrum in debita proportione consistit.*

Bossuet et Fénelon se rapprochent de cette opinion; pour eux le beau est surtout dans la *convenance,* dans l'*adaptation des moyens à la fin.*

Toutes ces notions, malgré la variété des formules, paraissent pouvoir se ramener à l'idée d'*ordre.* Mais l'ordre, en quelque sens qu'on l'entende, ne s'identifie pas avec la beauté, bien qu'il en soit une condition.

Le beau et la grandeur. — Quelques philosophes enfin, s'appuyant sur certains textes tirés de la morale et de la politique d'Aristote, font consister le beau dans la *grandeur;* hâtons-nous d'ajouter qu'ils répudient toute parenté avec le système des proportions exagérées de l'école romantique.

Toutes ces définitions, nous l'avons dit, renferment une part de vérité; leur défaut commun est de n'être pas adéquates à leur objet et de méconnaître le caractère essentiellement complexe du beau dont elles prétendent déterminer la nature. Le beau, en effet, suppose le vrai, le bien, l'ordre, l'harmonie, la proportion, la grandeur, la variété, l'unité; mais aucune de ces qualités, séparée des autres, ne suffit à constituer la beauté. Qu'est-ce donc que le beau? Nous pouvons maintenant répondre à la question.

IV. — Notion vraie.

Deux éléments du beau. — Remarquons d'abord que le beau renferme deux éléments parfaitement distincts quoique inséparables : l'*idée* et son *expression*, et qu'il réside dans l'harmonieuse union de ces deux termes. Le beau, c'est, dit Jouffroy, l'invisible devenu visible; et Hégel : la manifestation sensible de l'idée; disons mieux : la *splendeur de l'être*.

De ces deux éléments, l'*idée* est le fond et le principe premier du beau; quelle est précisément sa nature?

L'idée elle-même. — Cette idée est, avons-nous dit, très complexe; mais une analyse approfondie a permis au savant auteur de la *Science du beau* de ramener à la *grandeur* et à l'*ordre* tous les éléments qui la constituent. Il est remarquable qu'Aristote formule expressément cette même doctrine au chapitre VII de sa *Poétique* : τὸ γὰρ καλὸν ἐν μεγέθει καὶ τάξει ἐστί.

L'idée ou la réalité qui resplendit dans le beau, dit M. Ch. Lévêque, que nous suivons ici, suppose avant tout la GRANDEUR, c'est-à-dire quelque chose qui dépasse l'ordinaire et le commun en *étendue*, en *délicatesse* ou en *énergie*, soit dans les choses de la nature, soit dans les œuvres de l'intelligence et de la volonté. Mais la grandeur ne suffit pas à elle seule pour constituer l'idée du beau, il faut l'ORDRE dans le déploiement de cette grandeur, c'est-à-dire, selon les cas particuliers, l'*unité*, la *variété*, l'*harmonie*, la *proportion*, la *convenance*.

Cette idée se résume donc dans *l'action puissante (ou grande) et ordonnée d'une force.*

L'expression de l'idée. — Mais pour produire en nous le sentiment du beau, cette *force puissante et ordonnée* doit se *manifester d'une façon sensible*, frapper les sens pour éveiller l'attention et exciter l'admiration. L'expérience atteste, en effet, que le sentiment du beau est d'autant plus vivement excité dans notre âme que l'expression de la beauté est plus parfaite; et dans certains cas, où la pure raison perçoit directement l'idée d'une beauté invisible, nous donnons sans doute notre assentiment au jugement qu'elle porte sur cette beauté, mais nous ne la goûtons pas, nous ne sommes pas touchés, nous n'éprouvons pas le sentiment du beau, ou, si nous l'éprouvons à quelque degré, ce n'est qu'en donnant à la beauté perçue quelque forme sensible par un travail de notre imagination.

D'autre part les formes sensibles ne suffisent pas à constituer la beauté; elles ne sont belles que par la réalité ou l'idée qu'elles expriment et que la raison perçoit. S'il en était autrement, l'animal, qui perçoit comme nous les phénomènes sensibles, devrait aussi percevoir la beauté des objets.

Le beau suppose donc les deux éléments que nous avons analysés, l'*idée* et son *expression;* sa nature est mixte, tout à la fois rationnelle et sensible : par l'idée qui le constitue dans son fond, le beau parle à l'intelligence; par la forme qui en est l'expression, il s'adresse à la sensibilité.

V. — Le joli et le sublime. — Le laid.

Le joli. — Le *joli* est au fond de même nature que le beau, et renferme les mêmes éléments. « La seule différence essentielle qui sépare le joli ou le charmant du beau, dit encore M. Lévêque, réside dans le degré de la puissance. Le joli, c'est encore le beau, mais le beau moins la grandeur complète, moins l'ampleur, moins l'éclat de l'énergie largement déployée. Le joli ou le charmant, la puissance s'accroissant ou se complétant, égalerait la grande beauté elle-même. »

Le sublime; sa nature. — Le *sublime*, d'après Burke et Kant, ne diffère pas seulement du beau en *degré*, il constitue un *genre à part*. Le beau, disent-ils, a toujours une forme déterminée, le propre du sublime est l'*illimitation;* le beau est accompagné d'un sentiment mêlé de charme, le sublime d'un sentiment mêlé de douleur et d'accablement; enfin le beau paraît en proportion avec nos facultés d'imaginer et d'entendre, le sublime paraît discordant avec ces facultés.

Malgré la justesse de ces observations, il nous semble que le sublime n'est que le beau à un degré supérieur. C'est le beau avec une « *grandeur* qui surpasse toute mesure des sens ou de l'imagination, et un *ordre* qui se dérobe aux sens, soit par sa grandeur indéterminée, soit par l'apparence du désordre, soit par l'un et l'autre à la fois ». L'indéfini, l'indéterminé, voilà ce qui distingue le sublime du beau; c'est l'image la moins imparfaite que nous ayons de l'infini.

Cette remarque nous permet d'apprécier dans quelle mesure on peut dire avec Kant que « le sublime ne réside dans aucun des objets de la nature, mais seulement dans notre esprit ».

Ses diverses espèces. — Kant distingue le sublime de *grandeur*, qu'il appelle sublime mathématique, et le sublime de *puissance* ou sublime dynamique.

Le sublime, n'étant pour nous qu'un degré supérieur de la beauté, se divise comme la beauté elle-même, dont nous étudierons tout à l'heure les formes diverses.

Le laid. — Le *laid*, c'est l'absence de la beauté ou d'un degré de beauté qu'un être devrait avoir. Mais, pour préciser davantage, disons que le laid n'implique pas nécessairement la privation de tous les éléments de la beauté; le laid peut avoir la puissance, l'énergie; ce qui lui manque, c'est l'ordre. C'est le désordre qui fait la laideur. Cette laideur, du reste, a des degrés : dans l'ordre physique, la laideur ou la difformité consiste dans l'imperfection d'un être qui n'est pas conforme à son type; dans l'ordre moral, elle consiste dans l'opposition d'une action ou d'une vie avec la loi divine. La laideur suprême pourrait se définir : « La force ou l'âme réalisant par toutes ses puissances tout le désordre qu'elle peut réaliser sans périr immédiatement. » Satan a cette laideur.

II. — Les formes du beau.

La beauté n'a sa réalité parfaite qu'en Dieu. Il est le beau absolu, incréé, éternel; et toutes les choses belles ne sont belles que par un rayonnement de sa beauté. Mais cette beauté suprême et vraiment infinie est invisible de sa nature.

Le beau visible, conforme à notre nature actuelle, revêt deux formes : — la *nature*, reflet de la beauté divine dans les *choses* sensibles; c'est le *beau réel;* — l'*art*, reflet de la beauté divine dans l'*idée* de l'artiste d'abord, puis dans son œuvre ; c'est le *beau idéal*.

I. — Beau réel.

Le beau réel varie et s'élève selon les degrés de perfection que présentent les objets. Il y a :

La *beauté physique;* elle rayonne déjà dans les êtres inanimés de la terre, dans la majesté des fleuves, l'immensité des mers et les splendeurs des cieux. — Bien au-dessus de ces *beautés purement matérielles,* il faut placer les *beautés vivantes :* la beauté des plantes d'abord, celle des riantes prairies et des sombres forêts; plus haut, la beauté des êtres animés qui vivent sur la terre, dans l'eau et dans l'air, et qui nous offrent une si étonnante variété de types différents; enfin, au plus haut degré de la beauté sensible, l'homme, dont le corps, chef-d'œuvre des mains de Dieu, renferme tant de merveilles.

La *beauté intellectuelle;* « si belle que soit la nature physique, qui ne sait que les choses de l'esprit surpassent en beauté les choses matérielles? Ne suffit-il pas de considérer le reflet de la pensée sur le visage de l'homme pour sentir que l'homme est le roi de la nature? Non, tous les rayonnements de la matière n'égaleront jamais le rayonnement de l'intelligence; le soleil, si beau qu'il est, brille-t-il jamais comme l'œil de l'homme des feux du génie? »

La *beauté morale;* « cependant, plus haut encore que la beauté intellectuelle, il faut placer la beauté morale, parce qu'elle vient de cette région de notre être qui fait resplendir sur le visage humain un éclat supérieur à celui de l'intelligence elle-même; parce qu'une belle action nous émeut plus qu'une belle pensée; parce que le rayonnement de la vertu et de l'amour est la suprême dignité, la suprême beauté de notre âme. » (M*gr* Dupanloup.)

La *beauté divine;* elle est devenue visible en Jésus-Christ : *Speciosus forma præ filiis hominum.* Jésus-Christ au Thabor, et surtout dans la gloire, est le dernier mot de la beauté sensible; il est l'infinie beauté manifestée dans le corps le plus expressif, le plus intelligible, le plus parfait que nous puissions concevoir. Sa contemplation est une des joies du ciel.

II. — Beau idéal.

Le **beau idéal** est celui que l'artiste se propose de réaliser. Nous en parlerons tout à l'heure en traitant de l'art.

III. — Rapports de l'âme avec le beau.

Nous jugeons la beauté, et la beauté nous charme ; bornons-nous à ce double rapport.

I. — Nous jugeons la beauté. — Le goût.

En présence d'une œuvre qui nous apparaît belle, notre devoir est de ne pas nous livrer à la première impression ressentie ; *nous devons juger l'œuvre*, elle relève de notre goût.

Le goût. — Le goût semblerait tout d'abord dépendre de la sensibilité : à chacun son goût, dit-on ; et, de fait, la forme transparente à travers laquelle le beau nous apparaît et nous charme, est du domaine des *sens* et de *l'imagination ;* ne semble-t-il pas dès lors que l'appréciation de la beauté soit abandonnée à ces facultés capricieuses ?

Qu'il y ait un élément sensible et par conséquent variable dans le goût, on ne peut pas le contester. « Mais, dit Bossuet, c'est proprement à l'esprit qu'il appartient de juger de la beauté, car juger de la beauté, c'est juger de l'ordre, de la proportion, choses que l'esprit seul peut apercevoir. » Le *goût,* par lequel nous jugeons les œuvres d'art, *relève donc lui-même de l'esprit et de la raison ;* et les règles du beau ne sont pas moins immuables que celles du vrai.

A chacun son goût ! dans les détails de peu d'importance qui ne touchent point à l'essence des choses, peut-être ; mais au delà l'accord est nécessaire. Et s'il y a des divergences d'appréciation dans des cas particuliers, ces divergences s'expliquent par le mauvais emploi des facultés constitutives du goût : de la *raison*, qui peut être viciée par toutes les causes ordinaires d'erreurs, préjugés, passions, sophismes, etc. ; de la *sensibilité,* qui peut être émoussée par des émotions factices, des impressions trop vives ; de l'*imagination* enfin, qui peut se dépraver par des fantaisies extravagantes, des lectures folles.

Le goût est donc susceptible d'être perfectionné; il peut l'être par la réflexion et par l'étude. Les qualités qu'il doit avoir sont: — la *sûreté*, qui discerne toujours le beau véritable de ce qui n'en a que l'apparence; — la *promptitude*, qui le perçoit à première vue; — la *délicatesse*, qui en saisit les moindres nuances.

II. — La beauté nous charme. — L'inspiration.

Quand nous nous livrons à la contemplation du beau, tout d'abord une émotion indéfinissable se produit en nous. Ce n'est pas une sensation, ce n'est pas un sentiment quelconque, c'est un sentiment d'un genre à part, d'une nature particulière, mêlé d'admiration : le *sentiment du beau*.

Au second degré, le beau nous attire, un mouvement ascensionnel se fait en notre âme; notre cœur, c'est-à-dire la puissance que nous avons de jouir et d'aimer, se développe dans le sens de la *grandeur* et de l'*ordre; l'amour du beau* nous élève vers un monde supérieur.

L'Inspiration. — L'action du beau est d'autant plus vive que le regard de l'âme est plus intelligent et plus attentif. Ce regard est tel quelquefois, qu'une explosion de vie se fait dans l'âme; c'est l'enthousiasme, l'*inspiration*, ce que Boileau appelait « du ciel l'influence secrète », souffle vivifiant dont le principe, en effet, est divin. Si cette inspiration vient féconder un génie créateur, elle produira un chef-d'œuvre, *vivos ducet de marmore vultus.*

Bien loin d'être désordonnée, comme le supposerait cette qualification de « diable au corps » que lui donne Voltaire, « la véritable inspiration, dit M. Ch. Lévêque, n'est que l'ordre animé et vivant. Dans l'inspiration le cœur est chaud, la pensée nette, la main sûre; toutes les puissances de l'artiste, disciplinées et mises d'accord, marchent au but d'un même élan ; elles négligent momentanément les détails et le fini; mais elles trouvent et tracent ces lignes générales et ces indications essentielles d'où dépend l'ordre du sujet, ou plutôt qui sont cet ordre même. »

II

L'ART

Entendu dans un sens très général, le mot *art* réveille l'idée d'un ensemble de moyens propres à réaliser une fin déterminée.

On divise ordinairement les arts en *arts mécaniques* ou métiers et en *arts libéraux;* ce qui les distingue, dit Bossuet, c'est que « les premiers travaillent de la main plutôt que de l'esprit, et les autres travaillent de l'esprit plus que de la main ».

Les arts libéraux se subdivisent eux-mêmes en *arts utiles*, dont le but immédiat est l'utile, v. g. : la chirurgie, l'éloquence, la grammaire, et en *beaux-arts*, qui n'ont d'autre objet que le beau.

Le mot art est souvent pris comme synonyme de beaux-arts, et c'est dans ce sens précis et restreint que nous le prenons ici.

Nous parlerons de *l'art en lui-même* et de *ses principales espèces*.

I. — De l'art en lui-même.

Nous nous bornerons à faire connaître sa *fin* et sa *nature*.

I. — Fin de l'art.

L'objet propre de l'art est l'expression du beau sous une forme sensible.

Fin immédiate : le beau. — La fin immédiate de l'art découle de son objet, c'est d'exciter dans l'âme l'émotion esthétique. Tel est le but que se proposent directement tous les artistes en quelque genre que ce soit. Charmés par la contemplation intérieure de la beauté qu'ils ont conçue, ils aspirent à lui donner un corps, à la rendre sensible pour faire partager aux autres leur propre jouissance et leur admiration. Mais ce n'est qu'à l'esprit que l'art doit parler; s'il cherche à émouvoir les sens, il se dégrade.

L'art, remarque avec justesse M. Rabier, ne saurait donc être indépendant ni du vrai ni du bien; qu'il tombe dans le faux ou qu'il soit immoral, dans les deux cas il ne produit plus la satisfaction esthétique ; « le vrai et le bien sont pour l'artiste ce que les axiomes sont pour le géomètre, c'est-à-dire, non pas les *principes féconds* qui l'inspirent, mais les *limites* qu'il ne saurait dépasser sans choquer la raison ou scandaliser la conscience, et par conséquent sans manquer le beau. Ainsi que l'art cherche le beau, mais dans les limites du vrai et du bien, voilà tout ensemble et sa fin et sa loi. » Voilà aussi dans quel sens on peut accepter comme vraie la maxime : *l'art pour l'art*. Elle serait fausse si on entendait par là que l'artiste doit avoir pour *but exclusif de plaire*, sans se soucier d'autre chose.

Fin ultérieure : le bien. — Ajoutons même, avec l'auteur déjà cité, que l'artiste, étant un agent moral, a le droit et souvent le devoir « de se proposer par delà la satisfaction esthétique un but moral ou religieux ». Ce but, bien loin d'être opposé à la fin immédiate de l'art, en découle directement : si toute beauté, en effet, couvre, comme nous l'avons dit, la beauté d'une âme, en l'exprimant sous cette forme supérieure qu'on appelle l'idéal, l'art ne peut pas se borner à nous charmer, il nous élève nécessairement, et par conséquent nous perfectionne et nous rapproche de Dieu.

Mais, en général, pour atteindre ce but, l'artiste « se confie à l'harmonie naturelle du beau et du bien ; il cherche le beau sans préoccupation étrangère, et, s'il l'atteint, le bien est obtenu par surcroît. »

II. — Nature de l'art.

Par quels moyens l'art tendra-t-il à sa fin ? Deux écoles sont en présence : l'école *réaliste*, qui réduit l'art à n'être que l'*imitation du réel*, et l'école *idéaliste*, qui veut que l'art tende à l'*expression de l'idéal*.

École réaliste. — « Exagérant ce principe vrai que la nature exprime Dieu, cette école en a conclu que l'art ne devait être autre chose que l'imitation de la nature, et que, la nature venant tout entière de Dieu, il fallait tout imiter et tout reproduire, par conséquent mettre dans les œuvres d'art, comme dans la nature, le laid à côté du beau, le difforme près du gracieux, le grotesque près du sublime. Ne rien omettre, ne rien cacher, voilà le système. » L'art est tout entier dans l'*imitation;* et cette imitation entraîne pour l'art l'obligation de s'attacher par-dessus tout à la reproduction des formes sensibles *extérieures* et *particulières.*

École idéaliste. — Partant de ce principe que la beauté réelle est toujours limitée, imparfaite, mélangée, l'école idéaliste ne veut pas se borner à la reproduire, elle cherche à la dépasser en concevant et en réalisant la *beauté idéale*, c'est-à-dire le type de perfection d'après lequel toute chose a été faite. C'est vers cette idée, vers cette lumière qu'il aperçoit briller sur tout objet réel que l'idéaliste s'élance, et c'est en l'exprimant que dans un certain sens très acceptable il devient créateur.

Vraie nature de l'art. — La perfection de l'art est dans l'harmonieuse unité de l'idéal et du réel.

1° L'art a commencé par l'imitation; en un sens même, dit Cousin, l'art est une imitation, car la création absolue n'appartient qu'à Dieu; et c'est dans la nature que le génie va chercher les éléments qu'il met en œuvre, c'est de la nature qu'il s'inspire, c'est à la nature qu'il doit se conformer toujours sous peine de s'égarer. Mais l'imitation, qui est le premier mot de l'art, en est-il le dernier? L'art n'est-il que le copiste de la réalité? Sa perfection consiste-t-elle à produire illusion? A ce compte le chef-d'œuvre de la peinture ce sont les raisins de Zeuxis, que les oiseaux venaient becqueter. Il n'en est point ainsi.

2° On ne peut méconnaître le plaisir que nous fait éprouver l'imitation parfaite de la nature; mais ce plaisir n'est pas *un sentiment esthétique.* Peu importe que l'objet soit beau, laid ou insignifiant; l'imitation est d'autant plus intéressante qu'elle est plus difficile, parce que ce qui nous plaît dans une œuvre qui reproduit les choses telles qu'elles sont, ce n'est pas précisément l'illusion produite, mais bien l'excellence du talent de l'artiste que nous manifeste la difficulté vaincue.

Telle est aussi la raison philosophique pour laquelle des objets qui dans la nature excitent l'horreur nous plaisent dans les œuvres d'art.

Il n'est point de serpent ni de monstre odieux
Qui, par l'art imité, ne puisse plaire aux yeux.

L'illusion n'est donc pas la perfection de l'art. « Il y a plus, remarque Cousin, lorsque l'illusion va trop loin, le sentiment de l'art disparaît pour faire place à un sentiment naturel, mais insupportable. Si je croyais qu'Iphigénie est en effet sur le point d'être immolée par son père à vingt pas de moi, je sortirais de la salle en frémissant d'horreur. »

3° L'imitation n'est pas le tout de l'art; car s'il y a des arts imitatifs, il y en a d'autres, comme la musique et l'architecture, qui n'ont évidemment pas pour objet d'imiter la nature; s'ils la rappellent quelquefois, ce n'est que par accident et bien souvent en vertu de conventions. La poésie elle-même, d'après cette théorie, tendrait à disparaître et devrait du moins se borner au genre descriptif.

4° Le principe exclusif de l'imitation du réel condamnerait l'art à une infériorité nécessaire, car enfin jamais l'art ne pourra reproduire les délicatesses infinies de la nature, ni les mille mouvements qui la transforment, ni surtout la vie qui l'anime. « Si l'art, dit Cousin, est un écolier servile, il est condamné à n'être jamais qu'un écolier impuissant. »

5° A la condition de ne pas se borner à la reproduire, l'art peut dépasser la nature. Toute créature, en effet, est nécessairement défectueuse, elle n'exprime pas toute la beauté de son type, de son idée; le degré même de beauté qu'elle possède ne se manifeste pas toujours ni en toutes circonstances. Le beau, selon la remarque d'Hégel, est mélangé dans la nature à toutes sortes d'éléments étrangers, insignifiants, prosaïques, qui le souillent en altérant sa pureté. L'artiste doit *purifier* le beau réel et le *transfigurer*. C'est à cela que tend l'idéal.

« Le saisir et le réaliser est l'effort suprême du génie. Direz-vous que c'est mutiler la nature? non, c'est l'épurer et l'ennoblir; que c'est vouloir rectifier l'œuvre de Dieu? non, c'est la comprendre, l'interpréter, la retracer. » (Mgr Dupanloup.)

L'idéal, l'abstrait, la fiction. — L'idéal, c'est la perfection de chaque chose en son genre; il ne doit être confondu ni avec l'*abstrait* ni avec la *fiction*.

L'*abstrait* est le propre de la science, la raison seule le saisit; l'idéal est l'objet de l'art et le produit de l'imagination créatrice. L'abstrait est une idée qu'on conçoit dégagée de toute forme sensible; l'idéal, au contraire, suppose deux termes, l'invisible et le visible, l'idée et la forme qui l'exprime; ce qui le constitue essentiellement, c'est la fusion intime et harmonieuse de ces deux termes, le lien vivant qui les unit.

La *fiction* semble avoir le même objet que l'idéal; mais en fait il y a une différence notable entre l'un et l'autre. La fiction est un simple rapprochement, tout au plus une combinaison souvent capricieuse et arbitraire de divers éléments empruntés à la réalité. L'idéal se compose des éléments essentiels qui constituent un être; il suppose l'unité, et pour le trouver l'artiste n'interroge pas le monde extérieur, il se recueille au dedans et s'interroge lui-même.

La fiction est un pur fantôme de l'imagination, souvent contraire à la nature des choses et auquel rien de réel peut ne correspondre. L'idéal, au contraire, est la suprême réalité; il est, en un sens, plus *vrai* que le réel lui-même, car il n'est pas la nature telle qu'elle est, mais la nature avec toute la perfection, et par conséquent avec toute la vérité qu'elle pourrait avoir. Ainsi plus le corps de l'homme est parfait, plus il se rapproche de l'Apollon du Belvédère, qui, au point de vue de la forme, en est le type idéal, et plus il s'éloigne du Sphinx et du Centaure, qui sont de pures fictions.

Les arts, et en particulier la poésie, ne sauraient se passer de l'idéal. La fiction ne leur est pas indispensable, souvent même elle leur est nuisible. Cela est encore plus vrai quand il s'agit de peindre la vie humaine, comme dans les romans de mœurs. Autant un idéal est utile, autant la fiction est dangereuse. L'un nous place en face d'un but sublime, mais possible et raisonnable; l'autre nous jette dans un monde chimérique où tout est sacrifié, jusqu'au devoir. (P. Clair.)

II. — Division des beaux-arts.

On peut diviser les beaux-arts, soit d'après leur *perfection intrinsèque*, soit d'après la *distinction des sens* auxquels ils s'adressent.

1° *D'après leur perfection intrinsèque*. — L'art, dit M. Ch. Lévêque, s'élève et grandit comme grandissent et s'élèvent les beautés exprimées et les signes qui expriment ces beautés. Ce double principe : le degré de beauté exprimée et le degré de puissance expressive, semble donc être le fondement le plus rationnel d'une division des beaux-arts.

Partant de là, nous aurons, dans un ordre ascendant, l'architecture, la sculpture, la peinture, la musique et la poésie.

L'architecture n'exprime nettement que la puissance ordonnée de la matière inorganique, la beauté physique.

La sculpture peut exprimer la puissance ordonnée de l'animal et même de l'homme, mais ses moyens d'expression sont grossiers et imparfaits. La statuaire est sa forme la plus élevée.

La peinture exprime le même genre de beauté que la sculpture, mais ses moyens d'expression sont plus riches et plus variés.

La musique exprime directement l'âme, ses sentiments, ses passions. Mais, pour sortir du vague qui la caractérise et atteindre toute sa puissance, elle a besoin du concours de la parole.

La poésie surpasse incontestablement tous les autres arts, parce que le domaine de son interprétation est illimité, et que son instrument, la parole, est le mode le plus parfait d'expression pour l'invisible.

2° *D'après la distinction des sens auxquels ils s'adressent.* — Tous les arts ayant pour but commun l'expression de la beauté, et chacun l'exprimant par des moyens qui lui sont propres, on pourrait aussi, comme V. Cousin et Lamennais, prendre pour base de la division des beaux-arts la distinction même des sens auxquels l'art s'adresse pour pénétrer jusqu'à l'âme. De là la division des arts en deux grandes classes : arts de l'ouïe, arts de la vue. D'un côté la musique et la poésie; de l'autre la peinture, la sculpture et l'architecture.

Terminons par ces paroles de V. Cousin : « Toute œuvre d'art, du reste, quelle que soit sa forme, petite ou grande, figurée, chantée ou parlée, vraiment belle ou sublime, jette l'âme dans une rêverie gracieuse ou sévère qui élève vers l'infini. L'infini, c'est là le terme commun où l'âme aspire sur les ailes de l'imagination comme de la raison, par le chemin du sublime et du beau, comme par celui du vrai et du bien. »

LOGIQUE

Définition. — Le mot logique signifie art de penser ou de raisonner; mais on a plus ou moins restreint ou étendu le champ de cette partie de la philosophie.

Les uns, avec Kant et Hamilton, en font la « science des lois de la pensée »; les autres, avec Bossuet et les logiciens de Port-Royal, la définissent « l'art de conduire sa raison dans la connaissance des choses, tant pour s'en instruire soi-même que pour en instruire les autres ». Il faut joindre ces deux points de vue, car la logique est à la fois une science et un art, et, ainsi entendue, elle peut se définir : *une science pratique dont le but est de diriger l'esprit dans la recherche et la démonstration de la vérité.*

Son objet propre est *l'étude de nos opérations intellectuelles* considérées, non pas en elles-mêmes, comme en psychologie, mais *dans leurs rapports avec la connaissance de la vérité.*

Importance. — Avoir défini l'objet de la logique, c'est en avoir montré l'importance et l'utilité. Les attaques qui ont été quelquefois dirigées contre elle ne portent en général que sur les abus et les subtilités qu'on y a introduits.

1° L'importance de la logique résulte d'abord de *ses rapports avec les autres sciences*. La logique étudie les opérations même au moyen desquelles l'esprit humain acquiert les sciences quelles qu'elles soient; c'est elle qui recherche les lois de ces opérations, qui en trace les règles, qui en établit la légitimité; on peut donc dire en un sens très vrai que toutes les sciences relèvent d'elle, que la logique est la science des sciences, c'est-à-dire des procédés que les sciences emploient.

2° « L'objet de la logique, dit Thomas Reid, est d'apprendre aux hommes *à parler, à juger et à raisonner avec précision et exactitude.* Que ce soit là un art important, personne ne sera tenté d'en disconvenir. » On objecterait en vain qu'il est possible de raisonner juste sans avoir étudié la logique et qu'il y a eu de bons dialecticiens avant Aristote. La même chose se pourrait dire de la poétique et de la rhétorique, et cependant on ne soutiendra pas que ces traités sont inutiles.

La logique ne donne pas l'intelligence, elle ne peut suppléer à la rectitude naturelle de nos facultés, mais elle est destinée à les diriger et peut les développer. *Ingenii vis præceptis alitur et crescit,* dit Sénèque; l'expérience, en effet, nous montre que par la logique nos idées deviennent plus nettes, nos jugements plus prudents, nos raisonnements plus suivis, nos définitions plus exactes, notre langage plus précis.

3° L'importance de la logique est *pratiquement reconnue* par tous les hommes qui journellement l'invoquent en leur faveur. « Tout le monde la reconnaît, dit Damiron, et la preuve, c'est qu'il n'est personne qui, pour soutenir son droit, ou ce qu'il suppose son droit, pour prendre ou garder ses avantages, ne l'invoque en sa faveur. »

4° Enfin on ne peut oublier que les grands philosophes, Aristote, Bacon, Descartes, Malebranche, Kant, pour ne citer que les plus célèbres, ont presque tous *composé des traités de logique* et proclamé ainsi l'importance capitale de cette partie de la philosophie.

Division. — La logique se divise assez naturellement en deux parties : *logique formelle* et *logique appliquée.*

La première est la *science des lois formelles de la pensée.* Elle étudie les conditions essentielles de la légitimité de nos opérations intellectuelles, abstraction faite des objets que nous pouvons connaître.

La seconde tient compte de la nature de ces objets, et détermine *les lois particulières qu'impose à l'esprit leur diversité.* C'est la question des méthodes.

Quelques notions préliminaires sur *les divers états de l'esprit par rapport à la vérité* précéderont l'étude de ces deux parties; et comme complément de la logique tout entière, nous signalerons en terminant *les causes de nos erreurs et les remèdes à y apporter.*

Conformément au programme, nous renvoyons à la métaphysique, sous le nom de *critériologie*, le traité de la certitude ou de la légitimité de nos connaissances.

Nous parlerons donc ici :

1° *Des divers états de l'esprit par rapport à la vérité* (notions préliminaires);

2° DE LA LOGIQUE FORMELLE;

3° DE LA LOGIQUE APPLIQUÉE;

4° *Des causes de nos erreurs et des remèdes à y apporter* (complément).

NOTIONS PRÉLIMINAIRES

DES DIVERS ÉTATS DE L'ESPRIT PAR RAPPORT A LA VÉRITÉ

Nous rangerons les diverses notions préliminaires indispensables à l'intelligence des questions de logique sous ces trois titres principaux :
1° De la vérité et de l'erreur en général ;
2° Des divers degrés d'assentiment à la vérité ;
3° Des diverses espèces de certitude.

I. — De la vérité et de l'erreur en général.

La vérité. — « L'entendement, dit Bossuet, est fait pour connaître le vrai, » et, ajoute Cousin, « dès que la raison a connu la vérité, l'âme s'y attache et l'aime. » La vérité, tel est donc l'objet propre de l'intelligence; on peut la considérer au double point de vue *objectif* et *subjectif*.

Au point de vue objectif. — La vérité considérée en elle-même à un point de vue objectif s'identifie avec l'être; c'est l'*être considéré comme perceptible à l'intelligence,* comme intelligible. « Son domaine est l'univers; l'existence des choses, leurs attributs et leurs rapports; la nature, l'homme et Dieu considérés sous ce triple aspect : voilà tout ce qu'est le vrai. »

Mais le vrai n'est point au même degré dans tous les êtres : Dieu seul est la *vérité absolue,* parce que seul il est l'être absolu; les choses qui sont hors de Dieu n'ont d'être, et par conséquent de *vérité,* qu'autant qu'elles *répondent aux idées divines* qui sont leur principe.

« La vérité est faite pour l'esprit, mais non par l'esprit; les choses sont, et les vérités subsistent indépendamment de l'esprit; de même, à son tour, l'esprit est fait pour la vérité, et non par la vérité; de l'un à l'autre, il y a affinité et harmonie, mais non génération et identité; ils se conviennent, mais ne s'unifient pas. » (Damiron.)

Au point de vue subjectif. — Plus ordinairement on considère la vérité à un point de vue subjectif en la rapportant au jugement; c'est la *vérité logique*, qu'on peut définir : *la conformité de la connaissance à l'objet,* ou, selon l'expression de saint Thomas, *adæquatio rei et intellectus;* à ce même point de vue, la parole est vraie quand elle est conforme à la pensée.

La vérité logique, venons-nous de dire, n'existe que dans le jugement. « Mais rappelons-nous bien que le jugement n'est point un phénomène à part, qu'il se lie à toutes les facultés, à toutes leurs opérations, qu'il en est le complément et la terminaison naturelle, en sorte qu'il est bien moins un mode distinct de la pensée que la condition finale des divers modes de la pensée. » (Damiron.) En un mot, nous ne pouvons penser sans juger, ni juger sans être dans la vérité ou tomber dans l'erreur.

L'erreur, l'ignorance, le préjugé. — L'erreur est un jugement opposé à la vérité; nous y tombons de deux manières, en affirmant ce qui n'est pas, ou en niant ce qui est.

L'erreur diffère de l'*ignorance* et du *préjugé.* L'ignorance consiste à ne pas connaître la vérité; l'erreur, à juger contre la vérité. Ignorer, c'est simplement ne pas savoir; errer, c'est affirmer ce qui n'est pas. Le préjugé est un jugement formé sans examen; il peut être vrai, mais le plus souvent il est faux, et le mot lui-même est pris en mauvaise part.

Il est très difficile de redresser les jugements faux; toutefois on peut arriver à se débarrasser d'une erreur raisonnée par de nouvelles considérations plus profondes et plus vraies que les premières. Mais rien n'est tenace comme un faux préjugé, par cela même qu'il est sans fondement. « Quand les hommes, dit Hobbes, ont une fois acquiescé à des opinions fausses, et qu'ils les ont authentiquement enregistrées dans leur esprit, il est tout aussi impossible de leur parler intelligiblement que d'écrire lisiblement sur un papier déjà brouillé d'écriture. »

On voit ainsi que l'*erreur* et le *préjugé* sont beaucoup plus loin de la vérité que la simple ignorance, et qu'il est plus facile d'instruire un ignorant qu'un demi-savant, parce que l'intelligence du premier est prête à recevoir la vérité, tandis qu'il faut extirper de celle du second une foule de préjugés pour la rendre seulement capable de recevoir et de comprendre la vérité.

II. — Des degrés d'assentiment.

Notre esprit tend à se reposer dans la possession de la vérité, mais il n'y arrive pas toujours; de là ce que Bossuet nomme les *diverses dispositions* de notre esprit, et ce que nous appelons, avec Leibnitz, les *degrés d'assentiment* à la vérité.

Certitude. — La certitude est une *inébranlable adhésion de notre esprit à la vérité, excluant toute crainte d'erreur.*
Elle est : *absolue*, c'est-à-dire qu'elle ne comporte pas de degré, elle existe entière ou n'existe pas du tout; *identique* à elle-même et toujours égale, quelle que soit la nature des vérités connues ou des facultés qui les perçoivent; *fatale*, parce que, étant données les conditions qui la produisent, nous ne sommes pas maîtres de ne pas adhérer à la vérité.

« La connaissance certaine et raisonnée de quelque chose, dit Bossuet, est ce qu'on appelle la *science*. La croyance qui repose sur le témoignage d'autrui constitue la *foi;* et alors, ou c'est Dieu qu'on croit, et c'est la foi divine, ou c'est l'homme, et c'est la foi humaine. La première n'est sujette à aucune erreur, parce qu'elle s'appuie sur le témoignage de Dieu, qui ne peut tromper ni être trompé; la seconde, en certains cas, peut aussi être indubitable, mais elle ne l'est pas toujours. »

L'opinion. — Ce degré d'assentiment tient le milieu entre la certitude et le doute. C'est une affirmation de l'esprit appuyée sur des motifs plus ou moins graves, mais insuffisants pour exclure toute crainte d'erreur. Elle est, du reste, plus ou moins ferme, selon la valeur des motifs sur lesquels repose notre croyance, et peut passer par tous les degrés, depuis le simple soupçon jusqu'à l'assurance voisine de la certitude.

On appelle *probabilité* cette valeur imparfaite et variable des motifs sur lesquels s'appuie l'opinion. Dans certains cas, où les *motifs* d'une opinion, les *chances* d'un événement sont des quantités numériques, comme dans les loteries, dans les assurances, les degrés de probabilité peuvent être calculés mathématiquement. « L'expression mathématique de la probabilité, dit Laplace, est une fraction dont le numérateur est le nombre des cas favorables, et le dénominateur le nombre de tous les cas possibles. » Si tous les événements étaient favorables, la probabilité, qui deviendrait la certitude, serait exprimée par l'unité.

Mais le plus souvent la probabilité ne peut s'apprécier que *moralement*, surtout dans les faits de l'ordre moral où intervient la liberté humaine.

Le doute. — Le doute est la suspension de tout jugement; il peut se produire de deux manières : « car on doute premièrement d'une chose avant que de l'avoir examinée; et on en doute quelquefois encore plus après l'avoir examinée. Le premier doute peut être appelé un *simple doute;* le second peut être appelé un *doute raisonné*, qui tient beaucoup du jugement, parce que, tout considéré, on prononce avec connaissance de cause que la chose est douteuse. » (Bossuet.)

Dans le simple doute ou doute négatif, qui se distingue à peine de l'ignorance, nous n'avons aucun motif de croire; dans le doute raisonné ou doute positif, les motifs qui s'offrent à nous nous semblent d'égale force et se détruisent.

Le *doute raisonné* est: *naturel* ou *systématique*. Il est naturel quand, faute de lumière suffisante, nous ne pouvons pas discerner la vérité de l'erreur; la prudence en ce cas commande de suspendre son jugement, et Bossuet a eu raison de dire : « C'est une partie du bien juger, que de douter quand il faut. » Le doute est systématique quand il est réfléchi, voulu et adopté à dessein.

Le *doute systématique lui-même est de deux sortes : méthodique* ou *sceptique*. Le doute méthodique prôné par divers philosophes, mis en pratique par Socrate et Descartes, n'est que provisoire et fictif; c'est une méthode qui doit, dit-on, préserver l'esprit de toute erreur, un moyen artificiel d'asseoir ses connaissances sur un fondement plus solide. Bien qu'il ne soit pas sans danger pour la plupart des esprits, le doute méthodique est légitime à la condition de ne pas s'étendre aux vérités premières, qu'on ne peut rejeter sans renoncer à sa raison. — Le doute sceptique est tout autre; il est réel, universel, absolu, définitif. Les sceptiques, doutant pour douter, se proposent d'établir qu'il n'y a rien de vrai, ou que le vrai est inaccessible à notre intelligence; leur doute est « un doute de ténèbres qui ne conduit point à la lumière, mais qui en éloigne toujours, tandis que le premier naît de la lumière et aide en quelque sorte à la produire à son tour ». (Malebranche.)

III. — Des diverses espèces de certitude.

La certitude, en tant qu'elle exclut toute crainte d'erreur, est absolue et ne comporte point de degrés. Toutefois on peut dans la certitude distinguer quelques éléments variables : les *objets* auxquels elle se rapporte, les *conditions* dans lesquelles elle se produit, les *facultés* qui nous la donnent ; de là les diverses espèces de certitude.

Certitude physique, métaphysique, psychologique et morale. — A considérer la diversité des *objets* sur lesquels elle porte, la certitude est psychologique, physique, métaphysique ou morale.

Elle est *psychologique*, si elle regarde les faits de conscience, comme quand on dit : je me souviens, je souffre.

Elle est *physique*, quand elle concerne les faits sensibles, comme les corps et leurs propriétés.

Elle est *métaphysique* ou rationnelle, quand elle a rapport aux vérités nécessaires, soit spéculatives, comme les vérités mathématiques ; soit pratiques, comme les vérités de l'ordre moral.

Elle est *morale* enfin, quand il s'agit de vérités historiques transmises par le témoignage des hommes.

Une règle importante, c'est que, pour les vérités de chacune de ces classes, il faut se contenter des preuves spéciales qui leur conviennent ; il serait ridicule de vouloir exiger une démonstration géométrique des vérités expérimentales ou historiques ; il y a aussi des gens qui ne veulent rien croire ni admettre que ce qu'ils voient de leurs yeux et touchent de leurs mains ; d'autres, enfouis dans l'étude de l'antiquité et de l'histoire, n'accordent rien qu'on ne le leur prouve par quelque document historique ou l'autorité de quelque auteur ancien. « Voilà, dit Euler, un triple égarement, qui arrête bien des gens dans la connaissance de la vérité. Il faut être indifférent pour les diverses espèces de preuves que chaque classe exige, et pourvu qu'elles soient suffisantes, on doit les admettre. »

Remarquons cependant que si ces diverses espèces de certitude excluent également tout doute, elles offrent des degrés au point de vue de l'excellence des motifs qui font adhérer l'esprit à la vérité. Et, sous ce rapport, la certitude métaphysique et la certitude psychologique sont au premier rang, tandis que la certitude physique et surtout la certitude morale, reposant sur des lois qui peuvent dans un cas particulier subir des exceptions, ne donnent qu'une certitude conditionnelle.

Certitude médiate et immédiate; intrinsèque et extrinsèque. — Au point de vue des *conditions* dans lesquelles la certitude peut se produire on distingue la certitude médiate et immédiate, et la certitude intrinsèque et extrinsèque.

Certitude médiate et immédiate. — La certitude immédiate résulte d'une simple intuition de l'esprit, qui saisit directement l'évidence de la vérité, comme dans la perception des faits sensibles, la perception des faits de conscience, ou la conception des vérités nécessaires.

La certitude médiate résulte d'une série d'opérations intellectuelles; elle se produit quand nous n'atteignons pas la vérité directement, mais seulement à l'aide du raisonnement. Citons, comme exemples, les démonstrations de la géométrie, les preuves expérimentales des lois physiques, les vérités transmises par le témoignage.

La certitude immédiate est évidemment le fondement de la certitude médiate, et celle-ci est impossible sans celle-là. D'autre part, il faut bien remarquer que la certitude médiate est aussi absolue que la certitude immédiate; ce qui la caractérise, c'est de n'apparaître qu'après le travail de la réflexion ou du raisonnement, puis de s'affaiblir avec le temps, comme le souvenir de la démonstration qui l'a produite.

Certitude intrinsèque et extrinsèque. — La certitude intrinsèque est produite en nous par la manifestation de la vérité même qui en est l'objet; peu importe d'ailleurs que cette certitude soit médiate ou immédiate, qu'elle soit donnée par les sens, par la conscience ou par la raison.

La certitude extrinsèque provient, non pas de la manifestation de la vérité en elle-même, mais de l'autorité incontestable du témoignage qui nous la fait connaître.

Certitude de nos diverses facultés. — Une division de la certitude plus complète que les précédentes est celle qui correspond à *nos diverses facultés : conscience, mémoire, sens, raison*. Ces facultés sont, en effet, des moyens que nous avons de connaître la vérité, et chacune d'elles a sa certitude propre en ce sens qu'elle est soumise à des conditions d'exercice ou à des lois particulières. En métaphysique, nous reviendrons sur cette division pour constater la légitimité de nos diverses facultés.

LOGIQUE FORMELLE

La logique formelle, dit M. Rabier, fait abstraction des objets qui sont la *matière* de la connaissance, pour s'attacher à la *forme* de la connaissance en général, c'est-à-dire aux opérations même de la pensée.

Dans ces opérations elles-mêmes, ce qui l'intéresse ce n'est ni la manière dont elles s'accomplissent (psychologie), ni le rapport qu'elles peuvent avoir avec les divers objets (logique appliquée); c'est uniquement leur validité intrinsèque. Elle se propose d'en rechercher les conditions essentielles, ou de déterminer les lois absolues de nos opérations intellectuelles.

Ces opérations sont au nombre de trois principales : *concevoir*, *juger* et *raisonner*. Pour les étudier dans leur *ordre logique* nous devrons traiter :

1º De l'idée et des termes qui en sont l'expression;
2º Du jugement et des propositions;
3º Du raisonnement et des arguments.

En psychologie nous avons parlé de l'*idée*, du *jugement* et du *raisonnement*; nous nous bornerons donc ici à considérer les *termes*, les *propositions* et les *arguments* qui en sont l'expression. C'est à ce point de vue que les logiciens s'arrêtent le plus ordinairement de préférence.

I

DES TERMES

On appelle *terme* l'*expression d'une idée*; et l'idée, avons-nous dit, est la représentation intellectuelle d'un objet considéré séparément du jugement dont elle fait partie.

Des termes en général. — Les termes, ayant les mêmes qualités que les idées qu'ils expriment, peuvent se partager en divers groupes comme les idées elles-mêmes. Bornons-nous à indiquer ou à rappeler les divisions qui intéressent le plus la logique. Les termes sont :

Positifs ou négatifs. — Les termes positifs renferment une idée d'affirmation : *vertu, santé;* les termes négatifs indiquent une privation : *ingrat, incurable.*

Abstraits ou concrets. — Les termes abstraits expriment une qualité considérée mentalement en dehors de tout sujet : *humanité, science, blancheur;* les termes concrets représentent leur objet comme existant en un sujet déterminé : *savant, blanc.*

Incomplexes et complexes. — Les termes incomplexes se réduisent à un seul mot : *homme, philosophie;* les termes complexes sont formés de l'union de plusieurs mots qui tous ensemble n'expriment qu'une idée : *vertu théologale, foi en Jésus-Christ.*

Généraux, particuliers et singuliers. — C'est la division la plus importante. Les termes généraux expriment une idée commune à tous les individus d'un genre : *homme, français;* les termes particuliers ne s'appliquent qu'à un ou plusieurs individus indéterminés : *un homme, quelques Français;* les termes singuliers n'offrent à l'esprit qu'un seul objet déterminé : *Léon XIII.*

La seule loi des termes est que la pensée qu'ils expriment ne renferme rien de contradictoire.

Des termes généraux ; leurs propriétés. — Ces propriétés sont *absolues* ou *relatives*, selon qu'on considère les termes généraux *en eux-mêmes* ou dans *leurs rapports.*

Propriétés absolues. — Deux propriétés, l'*extension* et la *compréhension* déterminent un terme général; nous les avons définies, rappelons seulement qu'elles sont en raison inverse l'une de l'autre.

Propriétés relatives. — On en distingue cinq principales :

1° La subordination; deux termes généraux sont *subordonnés* quand l'un a plus d'extension que l'autre : Européen, Français.

2° La coordination; deux termes généraux sont *coordonnés* quand ils sont également subordonnés à un terme plus général : prudence et courage — vertu.

3° L'équipollence; deux termes généraux sont *équipollents* quand ils expriment une même idée : fondateur du Lycée et précepteur d'Alexandre.

4° L'opposition; elle peut avoir lieu de deux manières : les termes sont *contraires* quand l'opposition est aussi grande que possible : douceur et cruauté; ils sont *contradictoires* quand l'un n'est que la négation de l'autre : douceur et manque de douceur.

5° La disjonction; deux termes généraux sont *disjonctifs* quand, subordonnés à un terme commun, ils sont opposés entre eux : blanc et noir — couleur.

Des termes généraux; leurs principales espèces. — Bornons-nous à citer les *universaux* et les *catégories*.

Les universaux. — Les universaux, catégories ou prédicables, sont les diverses manières dont une notion générale peut être attribuée à un être; les scolastiques en comptaient cinq : le genre, l'espèce, la différence, le propre et l'accident. Nous les avons définis en traitant de la généralisation.

Les catégories. — Les catégories sont divers groupes auxquels on ramène toutes les idées générales. Aristote en compte dix, savoir :

1° La *substance* ou l'être qui existe en soi sans avoir besoin d'adhérer à un autre; — 2° la *quantité* ou l'étendue; — 3° la *relation* ou les rapports avec d'autres êtres; — 4° la *qualité* ou les propriétés; — 5° l'*action* ou la cause d'un effet; — 6° la *passion* ou l'état d'un être qui subit l'influence d'une cause; — 7° le *lieu* ou la place d'un corps dans l'espace; — 8° le *temps* ou la durée; — 9° la *situation* ou la manière dont un corps est placé; — 10° la *possession* ou l'état d'un être qui a quelque chose à soi.

II

DES PROPOSITIONS

Nous exposerons brièvement ce qui concerne — 1° leur nature, — 2° leurs diverses espèces, — 3° leurs propriétés essentielles.

I. — Nature de la proposition.

La proposition est l'expression verbale du jugement.

Ses éléments. — En psychologie nous avons dû distinguer les jugements *non comparatifs* des jugements *comparatifs;*

mais *logiquement*, tout jugement suppose trois idées, et par conséquent toute proposition comprend trois termes ou trois éléments : le *sujet*, dont on affirme quelque chose; l'*attribut* ou *prédicat*, expression de la qualité affirmée, et le *verbe*, qui exprime l'affirmation même. Les deux premiers éléments constituent la *matière* de la proposition, le verbe en est la *copule* ou la *forme*.

Comme l'essence du jugement se trouve dans l'affirmation, de même l'essence de la proposition est dans le verbe. Ce verbe est toujours le verbe *être*; mais il faut, remarque Bossuet, entendre avant toutes choses la force de ce mot, car il a deux significations très différentes. Quand il accompagne simplement un nom, il marque l'existence actuelle des choses : Dieu est; mais, placé entre deux termes, il n'exprime que le rapport de ces termes et ne prononce rien touchant l'existence du sujet : Dieu *est* bon. Cette dernière signification est la seule qu'ait le verbe *être* comme forme de la proposition.

Sa nature. — Quelle est précisément la nature du rapport affirmé par le verbe entre le sujet et l'attribut? On peut l'envisager à deux points de vue différents. Prenons un exemple : la neige est blanche; cette proposition peut signifier ou que la neige rentre dans la catégorie des choses blanches, ou que la blancheur est une des qualités de la neige. Dans le premier cas, l'attribut est pensé en extension, c'est-à-dire conçu comme une classe, et la proposition est une sorte de classification. Dans le second cas, l'attribut est pensé selon sa compréhension, c'est-à-dire conçu comme une qualité déterminée, et la proposition est une véritable analyse. Hamilton, M. Janet, avec la plupart des scolastiques, tiennent pour la première interprétation; Stuart Mill, MM. Lachelier et Rabier, d'accord, disent-ils avec Aristote, tiennent pour la seconde.

Au point de vue psychologique, il nous paraît incontestable que la proposition peut recevoir ces deux interprétations selon les cas. Dans cette proposition, par exemple : le fer est un métal, je veux exprimer que le fer rentre dans la catégorie des métaux; mais si je dis : le fer est malléable, je veux affirmer qu'il a cette qualité d'être malléable. Au point de vue logique, la question ne nous paraît pas avoir l'importance que lui donnent quelques-uns des auteurs cités, puisqu'en aucune hypothèse on ne conteste la rigueur des *formules* syllogistiques; nous n'y insisterons pas davantage.

II. — Diverses espèces de propositions [1].

On peut considérer les propositions sous divers points de vue.

1° A raison de l'importance qu'elles ont dans la phrase, les propositions sont : *principales* ou *incidentes*.

Les propositions *principales* sont celles qui renferment la pensée dominante ; il peut s'en trouver plusieurs dans une même phrase. Les propositions *incidentes* servent à compléter le sujet ou l'attribut d'une proposition principale, et sont de deux sortes, *déterminatives* ou simplement *explicatives*.

2° A raison de la nature de leurs termes, les propositions sont : *complexes* ou *incomplexes*, *simples* ou *composées*.

Les propositions *complexes* sont celles dont le sujet ou l'attribut est un terme complexe; elles renferment toujours implitement ou explicitement plusieurs propositions, dont l'une incidente. Quand la complexité, au lieu de tomber sur la matière de la proposition, tombe sur le verbe, la proposition est dite *modale* : Dieu est *nécessairement* juste; il est *possible* que les planètes soient habitées.

Les propositions *composées* sont celles qui ont un double sujet ou un double attribut; les principales sont les propositions *copulatives*, qui renferment plusieurs sujets ou plusieurs attributs unis, soit par la particule copulative-affirmative (et), soit par la copulative-négative (ni). Quelquefois la composition, bien que réelle, n'est pas expressément marquée; les propositions sont alors dites *exponibles* : Dieu *seul* est parfait; le péché est *le plus grand* des maux.

3° A raison du mode d'affirmation, les propositions sont : *catégoriques*, *conditionnelles* ou *disjonctives*.

Elles sont *catégoriques*, quand l'attribut est affirmé ou nié absolument; *conditionnelles*, quand l'affirmation ou la négation est sous condition; elles contiennent alors deux membres qui prennent le nom d'antécédent et de conséquent; *disjonctives*, quand plusieurs attributs sont liés à un même sujet, de telle sorte qu'un de ces attributs lui convenant, tous les autres doivent nécessairement être exclus.

---

[1] On trouvera tous les développements désirables sur cette question dans la *Logique de Port-Royal*.

III. — Propriétés essentielles des propositions.

Les propositions peuvent être considérées en elles-mêmes ou dans leurs rapports; de là deux sortes de propriétés : *propriétés absolues* et *propriétés relatives.*

1° *Propriétés absolues des propositions: quantité et qualité.*

Quantité. — La quantité d'une proposition est son caractère d'*universalité* ou de *particularité*, et résulte de l'*extension* de son sujet.

Les propositions seront donc *universelles*, quand le sujet sera pris dans toute son extension; *particulières*, quand il ne sera pris que dans une partie indéterminée de son extension.

Les propositions dont le sujet est *singulier* ou individuel sont considérées logiquement comme universelles. Les propositions dont le sujet a une extension *indéfinie* sont universelles si la proposition est en matière nécessaire; elles peuvent être universelles ou particulières quand la proposition est en matière contingente; c'est par le sens total de la pensée qu'il faut alors en juger.

Au point de vue de la quantité, il n'y a donc que deux sortes de propositions : l'*universelle* et la *particulière;* et leur caractère dépend expressément de l'universalité ou de la particularité du sujet.

Qualité. — La qualité d'une proposition est sa forme *affirmative* ou *négative*. A ce point de vue, la proposition sera donc *affirmative* ou *négative*, selon que l'attribut sera affirmé ou nié du sujet.

Comme la quantité d'une proposition révèle l'extension du sujet, ainsi sa qualité révèle l'extension de l'attribut; de là ces deux règles : 1° l'attribut d'une proposition affirmative n'est jamais pris que dans *une partie de son extension*, sauf le cas des définitions réciproques, mais il est affirmé selon toute sa compréhension; 2° l'attribut d'une proposition négative est toujours nié dans *toute son extension*, mais il peut n'être pas pris selon toute sa compréhension.

Hamilton a longuement insisté dans sa logique sur cette théorie de la *quantification du prédicat;* il n'a rien ajouté de fait à la théorie d'Aristote et des scolastiques.

Quatre sortes de propositions. — Toutes les propositions considérées selon leur quantité *et* leur qualité peuvent donc être rangées en quatre groupes : elles seront universelles-affirmatives, universelles-négatives, particulières-affirmatives ou particulières-négatives. Les logiciens ont représenté ces quatre sortes de propositions par les quatre lettres A, E, I, O, dont ils ont indiqué la signification dans les deux vers suivants :

> Asserit A, negat E, verum generaliter ambo.
> Asserit I, negat O, sed particulariter ambo.

Si on désigne par S le sujet et par P l'attribut ou prédicat, ces quatre sortes de propositions auront leurs symboles dans ces quatre figures géométriques :

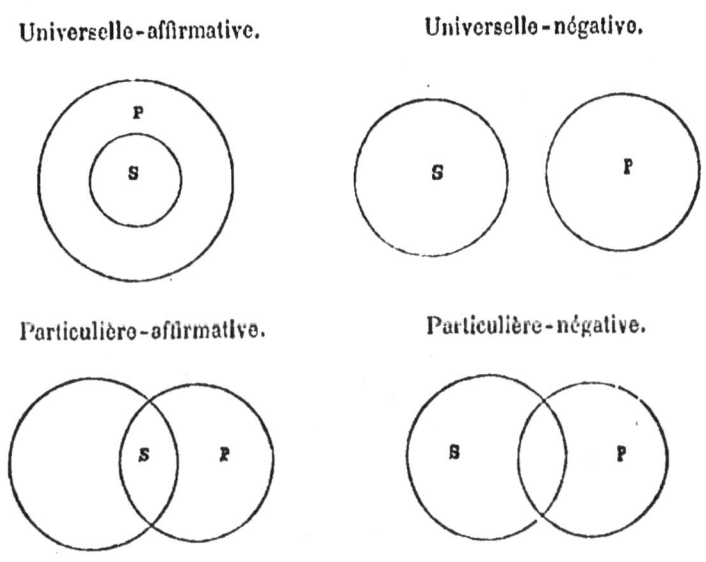

2° *Propriétés relatives des propositions : opposition, conversion.*

Opposition. — L'opposition est le rapport de deux propositions qui ont *les mêmes termes*, mais qui diffèrent en quantité ou en qualité.

Les propositions peuvent être opposées de quatre manières, et elles sont ainsi *contradictoires*, *contraires*, *subcontraires* et *subalternes*.

Les propositions *contradictoires* diffèrent en qualité et en quantité; elles ne peuvent être ni vraies ni fausses en même temps, puisque l'une nie précisément ce que l'autre affirme.

Exemple :

> Tous les hommes sont sages.   A
> Quelques hommes ne sont pas sages.   O

Les propositions *contraires* sont des propositions universelles qui diffèrent en qualité; elles ne peuvent pas être vraies ensemble, mais elles peuvent être toutes les deux fausses, car il y a un moyen terme.

Exemple :

> Tous les hommes sont sages.   A
> Nul homme n'est sage.   E.

Le moyen terme est : Quelques hommes sont sages.

On appelle *subcontraires* des propositions particulières qui diffèrent en qualité; par une règle tout opposée à celle des contraires, ces propositions peuvent être vraies ensemble, mais elles ne peuvent pas être toutes deux fausses.

Exemple :

> Quelques hommes sont sages.   I
> Quelques hommes ne sont pas sages.   O

On appelle enfin propositions *subalternes* deux propositions qui ne diffèrent que par la quantité. Ce n'est pas là une véritable opposition; on peut dire que la vérité des universelles emporte celle des particulières, mais celle des particulières n'emporte pas celle des universelles.

Exemple :

> Tous les hommes sont sages.   A
> Quelques hommes sont sages.   I

Bossuet résume dans le tableau suivant les diverses manières dont les propositions peuvent être opposées.

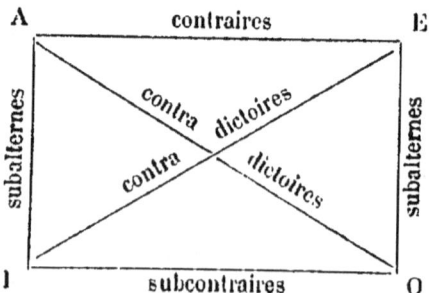

Conversion. — La conversion d'une proposition est la transformation, par la transposition des termes, de cette proposition en une autre de même qualité et également vraie.

C'est une opération analogue à l'opération algébrique qui, dans l'égalité de deux rapports, met les numérateurs à la place des dénominateurs, et réciproquement, sans que l'égalité disparaisse. Elle est légitime quand aucun terme n'a plus d'extension dans la seconde proposition que dans la première.

Voici le résumé des principales règles de conversion :

Une proposition universelle-affirmative se convertit en donnant un signe de particularité à l'attribut devenu sujet. Dans le cas d'une définition rigoureuse, la conversion peut se faire simplement par le renversement des termes.

La proposition universelle-négative se convertit simplement par le changement des termes.

La proposition particulière-affirmative se convertit simplement aussi par le renversement des termes.

La proposition particulière-négative ne peut se convertir que d'une façon très indirecte par *contre-position*. Exemple : « Quelque homme n'est pas juste, » se convertit en : « Non juste n'est pas quelque non-homme, » équivalente à celle-ci : « Quelque injuste est homme. »

Toute la théorie de la conversion des propositions peut être renfermée dans ces deux vers :

Feci simpliciter convertitur, *Eva* per accid.
Alto per contrap.; sit fit conversio tota.

La conversion a son utilité, car il est quelquefois avantageux de présenter une même idée sous plusieurs aspects différents. Nous ne croyons pas toutefois devoir nous y arrêter davantage.

III

DES ARGUMENTS. — LE SYLLOGISME

On nomme *argument* l'expression d'un raisonnement; l'argument est donc au raisonnement ce que la proposition est au jugement, ce que le mot est à l'idée.

Le raisonnement est l'opération par laquelle l'esprit tire un jugement d'un ou de plusieurs autres jugements. Il se présente sous deux formes essentiellement distinctes : la *déduction*, qui procède du général au particulier, et l'*induction*, qui procède du particulier au général.

L'induction est exclue par la plupart des logiciens de la logique formelle, parce qu'elle « dépasse absolument les limites de l'expérience, et que l'esprit y fait autre chose que rester d'accord avec lui-même ». (Rabier.)

Nous ne traiterons donc ici que de la déduction, et nous l'envisagerons dans sa forme parfaite, qui est le *syllogisme*. Ce que nous avons à en dire peut se ramener à ces six questions : — 1° Nature du syllogisme ; — 2° Règles du syllogisme ; — 3° Figures et modes du syllogisme ; — 4° Diverses espèces de syllogismes ; — 5° Divers arguments qui se rapportent au syllogisme ; — 6° Utilité et abus du syllogisme.

I. — Nature du syllogisme.

Définitions. — Le syllogisme est l'expression de cette opération par laquelle l'esprit prononce sur la convenance ou disconvenance de deux idées après les avoir comparées avec une troisième. On le définit : un *argument composé de trois propositions, dont la dernière se déduit nécessairement de l'une des deux premières au moyen de l'autre.*

Les deux premières propositions, qui expriment la comparaison de deux idées avec une troisième, prise comme intermédiaire, s'appellent *prémisses* ou *antécédent*. La dernière est la *conclusion* ou le *conséquent*.

L'attribut de la conclusion se nomme *grand terme ;* le sujet de cette même conclusion est le *petit terme*. Le grand et le petit terme réunis prennent le nom d'*extrêmes*. Le *moyen terme* est celui auquel, dans les deux prémisses, sont comparés les extrêmes. La raison de ces dénominations est facile à saisir, car dans tout syllogisme parfait (1re fig.) le grand terme exprime l'idée la plus générale, le petit terme l'idée la plus restreinte et le moyen terme une idée moins générale que celle du grand terme, et plus générale que celle du petit terme.

Le syllogisme contient donc *trois termes*, puisqu'il se compose essentiellement de trois idées : deux dont on cherche le rapport, et une troisième qui sert de terme de comparaison.

Mais chaque terme se trouve répété deux fois, puisqu'ils sont comparés deux à deux ; de là les *trois propositions*.

Celle des prémisses qui contient le grand terme s'appelle *majeure ;* celle qui contient le petit terme, *mineure*.

Les termes et les propositions sont la *matière* du syllogisme ; le lien logique qui les enchaîne en est la *forme*. L'exacte observation des règles du syllogisme assure la légitimité de la *conséquence*, mais non pas nécessairement la vérité du *conséquent* ou de la conclusion ; un syllogisme peut être faux quant à la matière et vrai quant à la forme, et réciproquement. Pour que la conclusion soit démontrée, il faut qu'elle soit *légitimement déduite* de *prémisses certaines*.

Toutes ces définitions se comprendront facilement sur un exemple :

Prémisses ou Antécédent.
- M. — Le vice est odieux.   m T   A
- M. — Or l'orgueil est un vice.   t m   A

Conséquent ou Conclusion.
- Donc l'orgueil est odieux.   t T   A

Principes du syllogisme. — Le syllogisme a pour fondement un principe évident qu'on pourrait appeler *principe de convenance*, et qui se formule ainsi : *deux idées qui conviennent à une troisième se conviennent entre elles*. Il dérive immédiatement, comme le principe mathématique d'égalité, auquel il est analogue, du principe de contradiction, la loi suprême de toute intelligence.

L'essence du syllogisme étant d'établir une comparaison entre deux idées au moyen d'une troisième, trois cas peuvent se présenter : — ou les deux idées conviennent à la troisième, et alors elles se conviennent entre elles ; ou l'une convient à la troisième, l'autre ne lui convenant pas, et alors elles ne se conviennent pas entre elles ; — ou enfin ni l'une ni l'autre ne conviennent à la troisième, et alors l'esprit ne peut rien conclure entre elles, la troisième idée n'offrant aucun rapport avec les deux autres.

Ces trois principes, applications immédiates du principe de convenance, sont la base du raisonnement syllogistique et permettent d'en comprendre facilement les règles.

II. — Règles du syllogisme.

Pour bien comprendre ces règles, il faut se rappeler ce qu'on entend par les propositions universelles, particulières, affirmatives et négatives, et bien savoir que le sujet de l'universelle est universel; le sujet de la particulière, particulier; l'attribut de la négative, universel; enfin l'attribut de l'affirmative, particulier, sauf le cas des définitions rigoureuses.

Règles des anciens. — C'est Aristote qui a tracé les règles du syllogisme; les scolastiques les ont formulées en huit vers latins :

Termes.
1. Terminus esto triplex, medius, majorque, minorque.
2. Latius hunc quam præmissæ conclusio non vult.
3. Nequaquam medium capiat conclusio fas est.
4. Aut semel aut iterum, medius generaliter esto.

Propositions.
5. Utraque si præmissa neget, nil inde sequetur.
6. Ambæ affirmantes nequeunt generare negantem.
7. Pejorem sequitur semper conclusio partem.
8. Nil sequitur geminis ex particularibus unquam.

De ces huit règles, les quatre premières se rapportent aux termes, et les quatre autres aux propositions. La raison de la plupart de ces règles est manifeste; quelques mots d'explication suffiront.

1. *Il faut trois termes.* — C'est comme la règle fondamentale du syllogisme : s'il y a moins de trois termes, il est clair qu'il n'y a pas de syllogisme; et s'il y en a plus de trois, le syllogisme n'est pas concluant, car le quatrième terme vient ou détruire l'unité du moyen, ou détruire l'unité de l'un des deux extrêmes, ce qui empêche la démonstration.

2. *Aucun terme ne doit avoir plus d'étendue dans la conclusion que dans les prémisses.* — Ce serait conclure du particulier au général, et le plus n'est pas contenu dans le moins.
Exemple de faux syllogisme :

> Tout roi juste est aimé de la *plupart de ses sujets.*
> Or tel roi est juste;
> Donc tel roi est aimé de *tous ses sujets.*

3. *La conclusion ne doit pas renfermer le moyen terme;* car

elle n'est jamais que l'affirmation de la convenance ou de la disconvenance des deux extrêmes, et dès lors le moyen terme ne peut y être qu'inutile ou nuisible. Le syllogisme suivant est contraire à cette règle :

> Les philosophes sont savants;
> Or Aristote est philosophe;
> Donc Aristote est un *savant (philosophe)*.

La conclusion légitime serait :   Donc Aristote est *savant*.

4. *Le moyen terme doit être pris au moins une fois universellement;* car si le moyen terme était pris deux fois particulièrement, il pourrait convenir au grand terme dans l'une de ses parties, et au petit terme dans l'autre partie; on n'en pourrait évidemment pas conclure la convenance du grand et du petit terme. C'est la raison de la fausseté de ce syllogisme :

> Quelques hommes sont saints;
> Or quelques hommes sont voleurs;
> Donc quelques voleurs sont saints.

5. *Si les deux prémisses sont négatives, pas de conclusion.* — En effet, les deux prémisses négatives disent que les extrêmes diffèrent tous deux du moyen terme, mais elles ne disent point s'ils sont ou ne sont point d'accord entre eux.

6. *Deux prémisses affirmatives ne peuvent donner une conclusion négative;* car si les deux extrêmes conviennent tous deux au moyen, ils se conviennent entre eux, et la conclusion est nécessairement affirmative.

7. *La conclusion suit toujours la plus faible partie,* c'est-à-dire, si l'une des prémisses est négative, la conclusion doit être négative; si l'une des prémisses est particulière, la conclusion doit l'être aussi. — En effet, si l'une des prémisses est affirmative, l'autre étant négative, cela veut dire que l'un des extrêmes est identique au moyen et que l'autre ne l'est pas; donc ils ne sont pas identiques entre eux. — Si l'une des prémisses est particulière, la conclusion sera particulière; l'un des extrêmes, en effet, convenant au moyen dans toute son étendue,

et l'autre dans une partie seulement, ils ne sauraient se convenir entre eux que dans cette partie[1].

1er Exemple :

> Nul homme n'est parfait;
> Or tout sage est homme;
> Donc nul sage n'est parfait.

2º Exemple :

> Quiconque dit vrai doit être cru;
> Or quelque fou dit vrai;
> Donc quelque fou doit être cru.

8. *Deux prémisses particulières ne donnent pas de conclusion.* — En effet, ou les deux prémisses sont négatives, et alors point de conclusion d'après la règle v; — ou elles sont affirmatives, et alors point de conclusion possible, car deux propositions particulières-affirmatives ne renferment pas de terme général, et cependant le moyen terme devrait être pris au moins une fois universellement, d'après la règle iv; — ou l'une des prémisses est affirmative et l'autre négative, et point de conclusion possible encore, car elle devrait être négative d'après la règle vii, et les prémisses devraient renfermer deux termes universels, le grand terme, attribut de la conclusion (règle ii), et le moyen terme (règle iv); or deux prémisses particulières, l'une affirmative, l'autre négative, ne contiennent qu'un seul

---

[1] Autre démonstration de la même règle :
1º Si l'une des prémisses est négative, la conclusion le sera; c'est l'application immédiate d'un axiome.
2º Si l'une des prémisses est particulière, la conclusion le sera aussi. En effet, elle ne peut être ni universelle-affirmative ni universelle-négative. — Elle ne peut pas être universelle-affirmative, car les deux prémisses seraient alors affirmatives et devraient renfermer deux termes universels : le moyen (règle iv), et le petit terme sujet de la conclusion (règle ii). Or deux propositions affirmatives, l'une universelle, l'autre particulière, ne peuvent renfermer deux termes universels, car les deux attributs sont particuliers comme attributs de propositions affirmatives; le sujet de la particulière l'est aussi; reste donc un seul terme universel, le sujet de la proposition universelle. — La conclusion ne peut pas être universelle-négative, car les deux prémisses seraient l'une affirmative, l'autre négative, et devraient renfermer trois termes universels : le moyen terme (règle iv), et les deux extrêmes, qui sont universels dans la conclusion (règle ii); chose impossible, puisque deux propositions, l'une affirmative, l'autre négative, l'une universelle, l'autre particulière, contiennent nécessairement deux termes particuliers, savoir : le sujet de la particulière et l'attribut de l'affirmative; il n'y aurait donc place que pour deux termes universels... Donc...

terme universel, l'attribut de la négative; donc pas de conclusion possible.

Règles des modernes. — Ces huit règles, dites *règles des anciens*, déjà réduites à six par *Bossuet*, à quatre par *Euler*, peuvent être ramenées à deux principales, selon la remarque des logiciens de *Port-Royal* : — que le moyen terme soit pris au moins une fois universellement; — que la conclusion ne contienne aucun terme plus général que les prémisses.

Ces deux dernières règles se réduisent même à une seule absolument nécessaire, savoir : *que l'une des prémisses renferme la conclusion et que l'autre le fasse voir*.

Exemple :

> Celui qui est esclave de ses passions est malheureux ;
> Or l'avare est esclave de ses passions ;
> Donc l'avare est malheureux.

Comparant la conclusion à la majeure, on voit qu'elles ont le même attribut, « malheureux ». Pour que la conclusion soit renfermée dans la majeure, il suffit donc que le sujet de la conclusion, « avare », soit renfermé dans le sujet de la majeure, « esclave de ses passions », et c'est là ce que montre la mineure, « or l'avare est esclave de ses passions. »

M⁹ʳ *Doney* a donné ces trois règles remarquablement bien formulées : — que la *majeure* soit *universelle;* — que la *mineure* soit *affirmative;* — que la *conclusion* ait la *qualité de la majeure* et la *quantité de la mineure*.

Enfin le P. *Gratry* démontre que toutes ces règles peuvent se ramener à une formule unique, simple et précise: *Tres unum sint*.

Ces règles, tant celles des *anciens* que celles des *modernes*, sont légitimes, c'est-à-dire garantissent l'enchaînement logique des propositions du syllogisme; mais celles des anciens sont préférables quand il s'agit de démontrer la fausseté d'un syllogisme quelconque. La plupart des autres, en effet, celles de M⁹ʳ Doney en particulier, supposent que le syllogisme donné est ramené d'abord au syllogisme parfait.

III. — **Figures et modes du syllogisme**[1].

Figures. — On appelle *figures* du syllogisme les différentes places que le moyen terme peut occuper relativement aux deux extrêmes dans les prémisses. Le moyen terme peut être : — sujet de la majeure et attribut de la mineure, — attribut dans les deux prémisses, — sujet dans les deux prémisses, — enfin attribut dans la majeure et sujet dans la mineure. De là quatre figures exprimées par ce vers :

Subpræ, tum præpræ, tum subsub, denique præsub ;

en désignant par *sub* que le moyen terme est sujet, et par *præ* qu'il est attribut.

Donnons un exemple de chacune de ces figures.

1re Figure.   Tous les *hommes* sont mortels.
Les rois sont *hommes;*
Donc les rois sont mortels.

2e Figure.   Nul menteur n'est *croyable.*
Tout homme de bien est *croyable;*
Donc nul homme de bien n'est menteur.

3e Figure.   Toute *fable* est fausse.
Quelque *fable* est instructive ;
Donc quelque chose instructive est fausse.

4e Figure.   Nul malheureux n'est *content.*
Il y a des personnes *contentes* qui sont pauvres ;
Donc il y a des pauvres qui ne sont pas malheureux.

Les trois premières figures sont dues à Aristote ; la quatrième, dite de Galien, est rejetée par plusieurs philosophes comme peu naturelle et ne donnant que des modes indirects de la première figure. On peut donc s'en tenir aux trois figures d'Aristote :

Subpræ prima, sed altera bis præ, tertia bis sub.

Modes. — On appelle *modes* du syllogisme la disposition des trois propositions du syllogisme selon leur qualité et leur quantité. Sous ce double point de vue, on distingue, avons-nous dit, quatre sortes de propositions : A, E, I, O. Ces propositions, prises trois à trois, peuvent, d'après les formules

---

[1] On trouvera dans la *Logique de Port-Royal* des exemples généralement bien choisis de tous les modes concluants du syllogisme.

mathématiques (m^n), se combiner de soixante-quatre manières, dont cinquante-quatre, contraires aux règles du syllogisme, ne donnent aucune conclusion légitime. Il en reste donc dix, ce qui dans les trois figures donnerait trente modes concluants. Mais seize de ces modes sont exclus par les règles propres à chaque figure; restent donc en définitive quatorze modes concluants. En tenant compte de la quatrième figure, il y en a cinq de plus, ce qui donne en tout dix-neuf modes concluants. Ils sont exprimés par ces vers, dans lesquels on a rapproché la première et la quatrième figure à cause de leurs rapports :

1re Fig. Subpræ. (4) Barbara, Celarent, Darii, Ferio. — Bamali*ton*,
4e Fig. Præsub. (5) Camentes, Dimatis, Fresapno, Fresiso*norum*.
2e Fig. Præpræ. (4) Cesare, Camestres, Festino, Baroco. — Darapti,
3e Fig. Subsub. (6) Felapton, Disamis, Datisi, Bocardo, Ferison.

Ces mots ont pour but d'indiquer par leurs voyelles la nature des propositions dont se compose le syllogisme dans les modes de chaque figure. Les consonnes ont aussi leur signification : tous les mots commencent par l'une des quatre premières consonnes B, C, D, F, initiales adoptées pour les mots qui désignent les quatre modes parfaits auxquels peuvent se ramener tous les autres; et chacun des autres modes se réduit à celui des quatre modes parfaits dont il porte l'initiale.

Les consonnes s, p, c, m, qui se trouvent dans le corps des mots, indiquent diverses opérations qu'on doit faire subir à la proposition désignée par la voyelle qui précède pour opérer cette réduction :

s vult simpliciter verti; p vero per accid.
m vult transponi; c per impossibile duci.

Les autres consonnes servent seulement à l'articulation. Les deux syllabes *ton* et *norum* sont simplement pour le besoin du vers.

La première figure a quatre modes, la seconde quatre aussi; la troisième en a six, et la quatrième, qu'on a rapprochée de la première, en a cinq. On remarque immédiatement que les conclusions des quatre modes de la première figure sont de toute quantité et qualité, A, E, I, O. C'est la forme parfaite du syllogisme.

La réduction des modes *Bamalipton*, *Baroco* et *Bocardo* offrent quelques particularités, mais il serait inutile de nous arrêter à ces détails.

Théorie d'Euler. — Euler, dans ses *Lettres à une princesse d'Allemagne*, représente et rend sensibles à l'œil toutes ces formes diverses du syllogisme. Son principe est celui-ci : Tout ce qui est dans le contenu est par là même dans le contenant ; tout ce qui est hors du contenant est par là même hors du contenu. Soit A le grand terme, B le petit, et C le moyen ; il suffira de jeter un coup d'œil sur les figures suivantes pour se rendre compte des modes concluants du syllogisme.

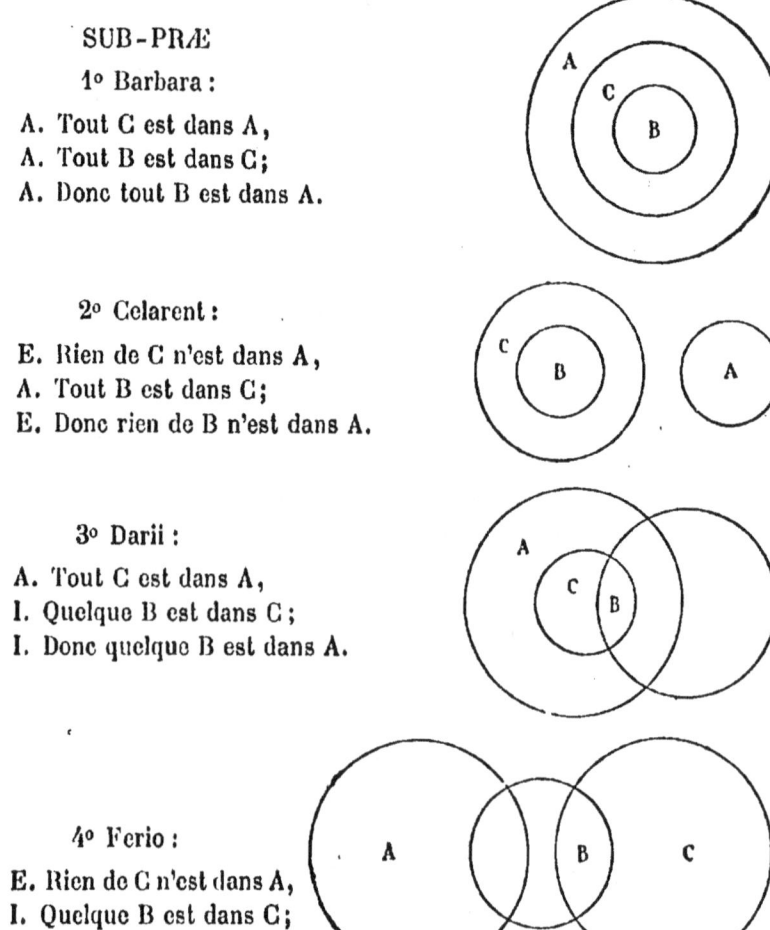

SUB-PRÆ

1° Barbara :

A. Tout C est dans A,
A. Tout B est dans C ;
A. Donc tout B est dans A.

2° Celarent :

E. Rien de C n'est dans A,
A. Tout B est dans C ;
E. Donc rien de B n'est dans A.

3° Darii :

A. Tout C est dans A,
I. Quelque B est dans C ;
I. Donc quelque B est dans A.

4° Ferio :

E. Rien de C n'est dans A,
I. Quelque B est dans C ;
O. Donc qq. B n'est pas dans A.

Les autres modes se construiraient de la même manière.

IV. — Diverses espèces de syllogismes.

Les syllogismes sont simples ou composés.

Dans les syllogismes *simples*, le moyen terme n'est joint à la fois qu'à l'un des deux extrêmes; dans les syllogismes *composés*, il est joint dans la majeure à tous les deux en même temps; en d'autres termes, la majeure contient explicitement la conclusion.

Syllogismes simples. — Les syllogismes SIMPLES sont incomplexes ou complexes : — *Incomplexes*, quand chacun des deux extrêmes est joint tout entier au moyen terme.
Exemple :
> Les hommes sont mortels.
> Or Pierre est homme;
> Donc Pierre est mortel.

— *Complexes*, quand, au contraire, la conclusion renfermant un terme complexe, une partie seulement de ce terme est comparée au moyen dans l'une des prémisses et l'autre partie, unie au second extrême, comparée au même moyen dans l'autre prémisse. Exemple :
> Le duel est une action criminelle;
> Or un chrétien ne peut participer à aucune action criminelle;
> Donc un chrétien ne peut participer au duel.

Syllogismes composés. — Les syllogismes COMPOSÉS, dans lesquels la majeure contient explicitement la conclusion, sont de trois sortes : conditionnels, disjonctifs, ou copulatifs-négatifs.

Les syllogismes *conditionnels* sont ceux dans lesquels la première prémisse est une proposition conditionnelle, comprenant par conséquent deux parties, la première appelée antécédent, et la seconde conséquent. On conclut de deux manières, selon qu'on pose l'antécédent pour poser le conséquent, ou qu'on ôte le conséquent pour ôter l'antécédent. Ces deux règles, qui découlent de l'essence de la proposition conditionnelle, seront évidentes par des exemples :

1° S'il y a un Dieu, il faut l'aimer.
   Or il y a un Dieu;
   Donc il faut l'aimer.

2° Si les méchants demeurent impunis, Dieu est injuste.
   Mais Dieu n'est pas injuste;
   Donc les méchants ne demeurent pas impunis.

Les syllogismes *disjonctifs* sont ceux dont la première proposition est disjonctive, c'est-à-dire contient plusieurs parties séparées par la disjonctive *vel*, *ou*. On conclut aussi de deux manières, selon qu'on ôte une partie pour garder l'autre, ou qu'on prend une partie pour ôter l'autre.
Exemple :

> Ceux qui ont tué César sont parricides ou défenseurs de la liberté.
> Or ils ne sont pas parricides ;
> Donc ils sont défenseurs de la liberté.

La seconde manière de conclure serait :

> Or ils sont défenseurs de la liberté ;
> Donc ils ne sont pas parricides.

Les syllogismes *copulatifs-négatifs* sont ceux dont la majeure est une proposition copulative-négative, c'est-à-dire dans laquelle deux attributs sont liés à un même sujet, de telle sorte qu'ils ne puissent lui convenir tous les deux à la fois. Si donc l'un de ces attributs est affirmé dans la mineure, l'autre doit être nié dans la conclusion :
Exemple :

> On ne peut servir à la fois Dieu et l'argent.
> Or l'avare est esclave de l'argent ;
> Donc l'avare ne sert pas Dieu.

Tous ces divers syllogismes peuvent se ramener, au moyen de quelques transformations, aux formes régulières des syllogismes simples.

V. — Des arguments qui se rapportent au syllogisme.

Outre le syllogisme on reconnaît divers arguments qui sont ou des abréviations, ou des développements, ou des combinaisons de syllogismes. Tels sont l'enthymème, le prosyllogisme, l'épichérème, le sorite, le dilemme, l'induction.

Enthymème. — L'*enthymème* est un syllogisme complet dans l'esprit, mais abrégé dans la forme; on supprime l'une des propositions que l'esprit peut aisément suppléer; c'est le syllogisme oratoire.

Exemples :

Plus d'amour, partant plus de joie. (La Fontaine.)
Servare potui, perdere an possim rogas. (Ovide. *Médée.*)
Mortel, ne garde pas une haine immortelle. (Aristote.)

Prosyllogisme. — Le *prosyllogisme* est un argument composé ordinairement de cinq propositions ou de deux syllogismes disposés de telle sorte, que la conclusion du premier serve de majeure au second. Au lieu de deux syllogismes, on peut en avoir trois ou quatre enchaînés de la même manière.

Exemple :

Ce qui est simple ne peut se dissoudre ;
Or l'âme est simple,
Donc l'âme humaine ne peut se dissoudre.
Or ce qui ne peut se dissoudre est incorruptible,
Donc l'âme humaine est incorruptible ;
Or ce qui est incorruptible ne peut périr que par anéantissement,
Donc l'âme ne peut périr que par anéantissement ;
Or elle ne périra pas par anéantissement,
Donc elle est immortelle.

Épichérème. — L'*épichérème* est un syllogisme dans lequel chaque prémisse est accompagnée de sa preuve. Le discours de Cicéron *pro Milone* se résume dans cet épichérème :

Il est permis de tuer un injuste agresseur ; c'est ce que démontrent la loi naturelle, la loi positive, la coutume...
Or Claudius est injuste agresseur de Milon ; c'est ce que prouvent son caractère, ses antécédents, ses préparatifs, ses armes...
Donc Milon a pu légitimement tuer Clodius.

Sorite. — Le *sorite* est un argument formé d'une série de propositions enchaînées de telle sorte, que l'attribut de la première devienne le sujet de la seconde, l'attribut de la seconde sujet de la troisième, et ainsi de suite, jusqu'à la conclusion, qui joint le sujet de la première et l'attribut de la dernière. Ce n'est au fond qu'un prosyllogisme abrégé par la suppression des conclusions intermédiaires.

Montaigne fait faire à un renard ce raisonnement :

Ce ruisseau fait du bruit ;
Ce qui fait du bruit remue ;
Ce qui remue n'est pas gelé ;
Ce qui n'est pas gelé ne peut me porter ;
Donc ce ruisseau ne peut me porter.

On découvrira facilement la fausseté de ce sorite : *Qui large bibit bene dormit; qui bene dormit non cogitat malum ; qui non cogitat malum non peccat; qui non peccat salvus erit; ergo qui large bibit salvus erit.*

Dilemme. — Le *dilemme*, appelé encore *argumentum cornutum vel utrinque feriens*, est un double syllogisme n'ayant qu'une même conclusion défavorable à l'adversaire. Un dilemme célèbre est celui de Mathan pour faire périr Joas :

A d'illustres parents s'il doit son origine,
La splendeur de son rang doit hâter sa ruine;
Dans le vulgaire obscur si le sort l'a placé,
Qu'importe qu'au hasard un sang vil soit versé?

Pour que le dilemme soit bon, il faut qu'il n'y ait pas de milieu entre les membres de la division et que la conclusion de chaque membre soit légitime et nécessaire, pour que l'adversaire ne puisse pas le rétorquer, c'est-à-dire le retourner contre son auteur, comme dans le procès de Protagoras. Un disciple devait payer son maître après le gain de sa première cause; l'argent ne venant point, le maître intenta un procès au disciple et dit :

Ou vous perdrez le procès ou vous le gagnerez;
Si vous le perdez, payez, la sentence du juge vous y oblige.
Si vous le gagnez, payez encore d'après nos conventions.

Le disciple rétorqua :

Ou je perdrai le procès ou je le gagnerai;
Si je le perds, je suis quitte d'après nos conventions.
Si je le gagne, la sentence des juges m'acquittera.

Il peut arriver que les membres de la division soient au nombre de plus de deux, par exemple, trois, quatre; l'argument prend alors le nom de trilemme, quadrilemme.

Induction aristotélique. — L'*induction* des anciens ou induction *aristotélique* est un argument par lequel on conclut du tout ce qu'on a conclu de chacune des parties. Elle suppose l'*énumération complète* des parties et diffère surtout en cela de l'induction baconienne, qui de *quelques* faits conclut à la loi qui les régit. Exemple : L'homme n'est parfaitement heureux ni dans l'enfance, ni dans la jeunesse, ni dans l'âge mûr, ni dans la vieillesse; donc il n'est point parfaitement heureux en cette vie.

Du raisonnement par identité. — En Angleterre, certains logiciens, renouvelant une théorie de Condillac, essayent de ramener toutes les formes du raisonnement au raisonnement *algébrique*, dont le principe serait, d'après eux, l'*identité*, et le procédé unique la *substitution*. Mais, dit M. Janet, on peut prouver que cette théorie n'est pas vraie même du raisonnement algébrique, à plus forte raison de toute autre espèce de raisonnement.

« Pour établir cette théorie, il faudrait prouver : 1° que dans toute équation les deux membres n'expriment qu'une seule et même idée; 2° que cette idée passe sans autre variation que celle des signes dans les membres des équations nouvelles. Or ces deux assertions paraissent également fausses : 1° le rapport qui unit les deux membres de l'équation est un rapport non d'*identité*, mais d'*équivalence;* 2° pour tirer une équation d'une autre, on ne change pas seulement l'expression, on change les idées. » (Gibon et Duhamel, cités par M. Janet.)

VI. — Utilité et abus du syllogisme.

Depuis Aristote, qui en a formulé les règles, le syllogisme a été différemment apprécié. Pendant longtemps, et spécialement au moyen âge, il a été fort en honneur. Ramus, dans les *Animadversiones aristotelicæ*, Bacon, Descartes, dans leurs ouvrages, le décrièrent ensuite outre mesure; si on en a abusé, et s'il est vrai qu'on peut raisonner juste sans s'astreindre à cette forme rigoureuse, il faut avouer cependant que cette méthode a de grands avantages.

Utilité du syllogisme. — Le raisonnement syllogistique est une opération naturelle de l'entendement, qui l'emploie à son insu, comme le fait remarquer Bossuet, toutes les fois qu'il se sert des conjonctions *puisque, parce que, donc...* — La théorie du syllogisme est une des plus régulières et des plus infaillibles de l'esprit humain; et le syllogisme lui-même est la forme la plus sûre de la démonstration. Dès qu'une vérité se trouve par son moyen mise en rapport avec le principe d'où elle découle, le doute n'est plus possible. — C'est aussi le meilleur procédé pour découvrir et réfuter l'erreur. Quels que soient les charmes de l'éloquence qui la défend, elle ne saurait échapper quand une fois on l'a emprisonnée dans les formes rigoureuses d'un syllogisme. « Par la nature même de ce procédé, on couperait court aux répétitions, aux exagérations, aux divagations, aux expositions incomplètes, aux réticences, aux omissions involontaires ou volontaires, aux désordres, aux malentendus, aux émotions fâcheuses qui en résultent. » (*Lettre de Leibnitz à Wagner*.)

L'habitude de l'argumentation syllogistique donne à l'esprit une vigueur et une précision incomparables. « La manière de raisonner par syllogisme, dit Rollin, est d'une absolue nécessité, surtout dans les commencements; par cet exercice journalier, l'esprit des jeunes gens s'ouvre, se forme et se développe de plus en plus. » — « L'art syllogistique, dit à son tour Cousin, est tout au moins une escrime puissante qui donne à l'esprit l'habitude de la précision et de la rigueur; c'est à cette mâle école que se sont formés nos pères, et il n'y a que de l'avantage à y retenir quelque temps la jeunesse actuelle. »

Notre langue française est une autre preuve des avantages du syllogisme; c'est à la scolastique, en effet, qu'elle doit ses qualités les plus précieuses : la précision, la clarté qui la distinguent, l'ordre logique des idées observé dans la construction de la phrase.

Abus du syllogisme. — Toutefois on peut abuser du syllogisme : ne vouloir jamais s'exprimer qu'en cette forme serait condamner le langage à une aridité insupportable. Trop souvent employé même, il dessèche le cœur et empêche de saisir la force des considérations non syllogistiques. Rien de plus absurde que ce trait d'un logicien, qui s'écriait à la fin d'une représentation de *Zaïre* : « Qu'est-ce que cela prouve? »

Vouloir employer le syllogisme dans les science physiques et naturelles, ce serait empêcher tout progrès de ces sciences; il ne faut pas oublier que le syllogisme n'est bon que pour tirer les conséquences des principes que nous avons admis ou des hypothèses que nous avons conçues, et que la conséquence n'a d'autre valeur que celle du principe qui lui sert de base. Les faits, les lois, les principes premiers en tout genre, c'est-à-dire les notions dont tout le reste dépend, sont hors de la portée du syllogisme.

Les logiciens du moyen âge ne se sont pas toujours suffisamment tenus en garde contre ces dangers ou ces abus. Trop souvent, au lieu d'étudier patiemment les faits pour arriver à en déterminer les lois, ils se sont livrés à des disputes sans fin, tantôt se payant de vaines formules et de termes obscurs, tantôt acceptant de confiance des principes faux ou incertains dont ils ne pouvaient tirer que des conséquences erronées.

LOGIQUE APPLIQUÉE

NOTIONS PRÉLIMINAIRES

La logique appliquée recherche les lois qu'impose à l'esprit, non plus la nature même de ses opérations, mais la nature des objets qu'il cherche à connaître. Ces lois qu'il faut observer ne sont autre chose que les MÉTHODES qu'il faut suivre.

Définition. — Le mot *méthode* est employé métaphoriquement, et signifie « route vers ». La méthode indique en général un ensemble de procédés propres à obtenir tel ou tel résultat. Chaque science, chaque industrie, chaque art a ses procédés particuliers, sa méthode.

On peut définir la méthode philosophique : *l'ensemble des procédés employés par l'esprit humain pour découvrir ou démontrer les vérités secondaires;* nous ajoutons ces derniers mots : *vérités secondaires,* parce que les règles de la méthode sont évidemment inutiles pour la connaissance des vérités premières, claires et évidentes par elles-mêmes.

Les logiciens de Port-Royal semblent oublier les principes et les lois qui servent de fondement aux règles de la méthode quand ils définissent celle-ci : « l'art de disposer nos pensées dans l'ordre le plus convenable, soit pour trouver la vérité quand nous l'ignorons, soit pour la démontrer quand nous l'avons connue. »

Utilité et importance. — L'utilité de la méthode est incontestable.

Elle fortifie l'esprit en réglant l'emploi de ses facultés. — Tant que notre esprit marche à l'aventure, il court risque de s'égarer, et pour une vérité qu'il rencontre par hasard, il s'expose à des erreurs sans nombre. La méthode est pour l'intelligence de l'homme ce que le levier est pour sa main : de même qu'un homme faible, muni d'un levier, soulève sans efforts une masse qu'un homme robuste ne pourra pas soulever en se servant seulement de ses mains; de même aussi une intelligence ordinaire, mais ayant à sa disposition une bonne méthode, s'élèvera sans peine à des connaissances auxquelles une intelligence plus pénétrante, mais dépourvue de toute méthode, ne pourra jamais atteindre. C'est ce qu'exprime Bacon par ces paroles : *Claudus in via antecedit cursorem extra viam.*

La méthode rend plus faciles la découverte et la démonstration de la vérité. — Tout se tient, en effet, et s'enchaîne dans les sciences. Qui ne sait qu'on y trouve une multitude de questions qu'on ne peut aborder avec espoir de les résoudre qu'après avoir éclairci celles dont elles dépendent? Qui ne sait que certaines questions ne peuvent être résolues que par certains procédés, non par d'autres? — Et de même, quand il s'agit d'exposer la vérité connue, il faut présenter d'abord les vérités les plus simples, passer de là à celles qui en découlent immédiatement, afin de conduire l'esprit aux vérités les plus élevées. Un enseignement méthodique, où chaque chose vient à sa place, est plus facile à comprendre, plus facile aussi à retenir; toutes les vérités exposées s'éclairent mutuellement.

L'importance de la méthode résulte encore de l'influence directe qu'elle exerce sur toutes les sciences. — On pourrait même presque dire que la méthode constitue la science; du moins est-il vrai que les progrès des sciences ont toujours été en raison directe de la perfection des méthodes qui leur ont été appliquées, et une science qui cherche encore sa méthode est une science mal définie, qui fait peu ou point de progrès. — C'est dans la philosophie surtout que cette influence est facile à constater, et l'histoire de la philosophie n'est, en un sens, que l'histoire des méthodes trop exclusives suivies par les divers philosophes.

A ces considérations, faciles à développer, on pourrait joindre le *témoignage des plus grands philosophes*. « Si j'ai quelque avantage sur les autres esprits, disait Descartes, je le tiens d'une méthode que j'eus l'heur de trouver dans ma jeunesse... Ce n'est pas assez d'avoir l'esprit bon, le principal est de l'appliquer bien. » — « Les inégalités primitives, quand elles existent, dit Laromiguière, s'effacent bientôt devant les grandes inégalités qui viennent de l'art et de la puissance des méthodes. »

On connaît d'ailleurs les travaux de ces grands hommes : le *Novum organum*, de Bacon; le *Discours de la méthode*, de Descartes; la *Recherche de la vérité*, de Malebranche; les *Règles pour la direction de l'esprit*, de Spinoza, de Leibnitz, de Locke; l'*Art d'arriver au vrai*, de Balmès, ne nous permettent pas de douter de l'importance de la question des méthodes.

Division. — Les méthodes ou les procédés de l'esprit doivent varier avec les objets d'étude; il y aura donc des *méthodes particulières* distinctes pour les différentes sciences auxquelles l'esprit humain peut s'appliquer. Mais ces méthodes particulières offrent quelques procédés communs, dont l'ensemble constitue une *méthode générale* applicable à toutes les sciences.

C'est de cette MÉTHODE GÉNÉRALE que nous nous occuperons d'abord; nous étudierons ensuite les MÉTHODES PARTICULIÈRES en traitant successivement :

1º De la méthode *dans les sciences exactes;*
2º De la méthode *dans les sciences physiques et naturelles;*
3º De la méthode *dans les sciences morales.*

I

MÉTHODE GÉNÉRALE

La diversité des objets qu'étudient les sciences motive, avons-nous dit, la diversité des méthodes; mais aussi l'objet unique et dernier de toute science, qui est la *vérité et la raison des choses*, suppose un ensemble de *règles* et de *procédés* qu'on devra retrouver dans toute recherche scientifique quelle qu'elle soit.

Ces règles et ces procédés constituent la méthode générale.

I. — Règles générales de la méthode.

C'est à Descartes que revient le mérite d'avoir su dégager de la multiplicité des prescriptions particulières les conditions indispensables à toute recherche scientifique, et de les avoir formulées en quatre règles aussi simples que fécondes.

La *première* est de ne recevoir aucune chose comme vraie qu'on ne la connaisse évidemment être telle, c'est-à-dire d'éviter soigneusement la précipitation et la prévention, et de ne rien comprendre en ses jugements qui ne se présente très clairement et distinctement. — C'est la règle fondamentale de l'*évidence*, ou, selon le langage de Descartes, de la *perception claire*. Rigoureusement observée, elle préserverait de toute erreur.

La *deuxième* est de diviser chacune des difficultés qu'on examine en autant de parties qu'il se peut et qu'il est requis pour les mieux résoudre. — C'est la règle de l'*analyse*, toujours indispensable.

La *troisième* est de conduire par ordre ses pensées, des objets les plus simples aux plus composés, supposant même de l'ordre là où il n'y en a point naturellement. — C'est le précepte de la *synthèse* qui doit toujours accompagner l'analyse, dût-elle être d'abord imparfaite.

La *quatrième* est de faire partout des dénombrements si entiers, des revues si générales, qu'on soit assuré de ne rien omettre. — Cette règle donne les conditions d'utilité de *l'analyse et de la synthèse*.

Une *cinquième* règle, formulée par Bossuet et également applicable à toutes sortes de matières, est de ne jamais abandonner les vérités une fois connues et démontrées, quelque difficulté qu'on éprouve à les concilier avec d'autres vérités.

Ces règles sont justes et doivent être conservées, mais peut-être faudrait-il les compléter en imposant à tous ceux qui abordent l'étude d'une science l'obligation d'en *connaître l'histoire*. La méthode historique, remise en honneur de nos jours dans toutes les branches d'études, offre l'immense et incontestable avantage de nous faire profiter des travaux de ceux qui nous ont précédés et de nous faire éviter leurs erreurs.

II. — Procédés généraux de la méthode.

Analyse et synthèse en général. — La deuxième et la troisième règle de Descartes signalent deux procédés généraux qui méritent d'être spécialement étudiés, parce qu'ils sont la source de toutes nos connaissances *secondaires*. Quoique distincts, ils s'unissent nécessairement dans toutes les sciences où leur emploi peut d'ailleurs être successif, simultané ou inverse. Ces deux procédés sont l'*analyse* et la *synthèse*.

L'analyse est la décomposition d'un tout en ses parties; la synthèse recompose ou reconstruit ce que l'analyse a séparé. L'analyse va du composé au simple, la synthèse du simple au composé. Mais ces deux opérations revêtent des formes bien différentes selon qu'elles sont employées dans les sciences expérimentales ou dans les sciences de raisonnement; de là deux espèces d'analyse et de synthèse : l'analyse et synthèse *expérimentales*, l'analyse et synthèse *rationnelles*.

Analyse et synthèse expérimentales.—*L'analyse appliquée aux sciences expérimentales* consiste à décomposer les êtres et les objets dans leurs parties et leurs propriétés, par exemple, à séparer les éléments d'un corps composé (analyse chimique de l'eau), à distinguer les diverses parties d'une plante, d'un animal (anatomie), ou les diverses facultés et opérations de l'âme humaine (analyse psychologique). Elle s'applique donc au monde moral aussi bien qu'au monde physique, à l'esprit comme à la matière.

La synthèse expérimentale rapproche les divers éléments d'un objet qu'on avait séparés par l'analyse; elle rétablit l'unité primitive qu'on avait détruite. Ainsi on fait la synthèse de l'eau quand on recompose l'eau avec l'oxygène et l'hydrogène. Le psychologue fait aussi une synthèse quand, après avoir étudié séparément nos diverses facultés, il étudie leurs rapports.

Ces deux procédés s'unissent pour se compléter l'un l'autre dans les sciences d'observation. Supposons, par exemple, que je veuille considérer un objet matériel ou même spirituel; après une première vue générale, synthèse primitive nécessairement imparfaite, il me faudra d'abord étudier successivement les diverses parties de cet objet et ses diverses qualités, c'est-à-dire l'analyser; puis, les diverses parties examinées séparément, il faudra en découvrir les rapports, les réunir, et faire ainsi une synthèse définitive, qui, enrichie de tous les résultats de l'analyse et rendue aussi complète que possible, est l'œuvre philosophique.

Analyse et synthèse rationnelles. — *L'analyse appliquée aux sciences de raisonnement*, aux démonstrations mathématiques, par exemple, consiste à partir de l'énoncé de la question, du théorème à démontrer ou du problème à résoudre, à distinguer les idées renfermées dans les termes qui l'expriment, pour remonter de là à quelque principe évident ou déjà démontré. En d'autres termes, dit Duhamel, « on ramène le problème proposé à un second, celui-ci à un troisième, et ainsi de suite, jusqu'à ce qu'on parvienne à un problème que l'on sache résoudre. »

Pour résoudre, par exemple, au moyen de l'analyse, la question de la spiritualité de l'âme, j'examine mon âme : j'y découvre diverses opérations, entre autres la comparaison; étudiant ce que suppose cette opération, je vois qu'elle exige que le sujet possède en même temps les deux idées à comparer; insistant encore, je reconnais que cette condition n'est possible que dans le cas d'un être simple;... donc l'âme est simple, spirituelle.

Telle est la marche de l'analyse dans les sciences de raisonnement; c'est le procédé généralement adopté en algèbre. « On y déduit, dit Descartes, le connu de l'inconnu, en traitant l'inconnu comme connu, et le connu comme inconnu. » La méthode de réduction à l'absurde, employée quelquefois, se rapporte à l'analyse.

La synthèse rationnelle consiste à poser un principe général évident ou déjà démontré, et à faire voir que telle ou telle proposition n'en est qu'une conséquence et y est renfermée. « Elle va donc du connu à l'inconnu. » (Descartes.) Supposons que je veuille établir par la synthèse que l'âme est immortelle; je pars d'un principe certain, que Dieu est juste, j'en déduis cette conséquence, qu'il doit punir ou récompenser tous les actes proportionnellement au mérite et au démérite, et cette vérité me conduit elle-même (après l'analyse des diverses sanctions de cette vie) à reconnaître l'existence d'une vie future.

Telle est la marche de la synthèse dans les sciences de raisonnement; de même que l'algèbre emploie de préférence l'analyse, de même la géométrie emploie de préférence la synthèse. Mais, comme on le voit par les exemples cités, ces deux procédés ne trouvent pas seulement leur application dans les sciences mathématiques, ils sont en usage dans toutes les questions qui doivent se résoudre par le raisonnement.

Tout travail complet de l'intelligence, toute méthode, toute science exige la réunion de ces deux procédés, analyse et synthèse; l'analyse seule ne donne que des connaissances isolées, des matériaux d'une science; la synthèse sans l'analyse n'offre qu'un ensemble vague, obscur, souvent arbitraire et hypothétique. Aussi Cousin a-t-il eu raison de dire : « Synthèse sans analyse, science fausse; analyse sans synthèse, science incomplète. »

Règles de l'analyse et de la synthèse. — L'analyse et la synthèse ont deux règles communes : 1° elles ne doivent rien *omettre;* 2° elles ne doivent *rien supposer.* En outre, *l'analyse* ne doit pas pousser trop loin la division de son objet de manière à le réduire comme en poussière; ce serait engendrer la confusion. Cette analyse, appliquée aux sentiments, les dénature et souvent les étouffe. « Lorsque je rencontre une belle fleur, dit finement Gœthe, je me hâte de l'admirer avant que mon voisin le savant ait eu le temps de m'en faire la description. »

La *synthèse* doit s'efforcer de saisir et de reproduire les rapports naturels qui peuvent unir les diverses parties d'un objet ou les divers éléments d'une idée, sans les intervertir ni les modifier.

Observons enfin que *l'analyse et la synthèse expérimentales ne diffèrent pas essentiellement de l'analyse et de la synthèse rationnelles.*

Comme l'analyse expérimentale, l'analyse rationnelle va du composé au simple; car la question ou proposition particulière est plus complexe que la vérité générale à laquelle il faut remonter pour la solution. Comme la synthèse expérimentale, la synthèse rationnelle va du simple au composé, puisqu'elle part d'une vérité générale pour arriver à une vérité particulière, et qu'une notion est d'autant plus simple ou a d'autant moins de compréhension qu'elle est plus générale.

L'analyse tend toujours à remonter de l'effet à la cause, la synthèse à descendre du principe à la conséquence. L'analyse tend toujours à expliquer les choses en les *rattachant à leur raison,* la synthèse à les expliquer en montrant comment *leur raison les engendre.*

Distinction de deux méthodes particulières. — Il y a deux méthodes particulières correspondant aux deux procédés dont nous venons de parler, et ces deux méthodes reçoivent leurs noms de leur point de départ. Ainsi, quand on commence par l'analyse, on suit la méthode *analytique;* quand on commence par la synthèse, on suit la méthode *synthétique;* ces deux méthodes portent, du reste, différents noms qu'il faut connaître.

La méthode analytique s'appelle aussi méthode *expérimentale, à posteriori, ascendante, inductive.*

La méthode synthétique, au contraire, est appelée *rationnelle, à priori, descendante, déductive.*

Leurs rapports. — Pour comprendre d'une façon générale en quoi ces deux méthodes se ressemblent et en quoi elles diffèrent, on peut, disent les logiciens de Port-Royal, les comparer aux deux manières d'établir que tel prince, Louis XIV, par exemple, descend de saint Louis : l'une, partant de Louis XIV, remonte du fils au père jusqu'à saint Louis : c'est la méthode d'analyse; l'autre, partant de saint Louis, descend de père en fils jusqu'à Louis XIV : c'est la méthode de synthèse. Elles se ressemblent et diffèrent encore, disent les mêmes logiciens, comme le chemin que suivent deux voyageurs, dont l'un s'élève de la vallée sur la montagne, et l'autre descend de la montagne dans la vallée. (*Log.,* p. IV, ch. II.)

Les avantages et les inconvénients propres à chacune de ces deux méthodes ressortiront de leur étude; ajoutons seulement ici quelques mots sur leur emploi.

Leur emploi. — Quand la vérité ne nous est pas encore connue, et que *nous la cherchons,* il faut employer de préférence la *méthode analytique.* En procédant par l'analyse des données du problème, on arrive plus aisément au principe d'où dépend la solution; en tout cas, on aura l'avantage de ne pas s'écarter de la question et de ne pas se perdre en raisonnements inutiles, au lieu que, en procédant par la synthèse, le principe général qu'on mettra en avant sera nécessairement pris un peu au hasard, et ce ne sera peut-être qu'après plusieurs essais infructueux qu'on arrivera à celui-là même d'où dépend la solution de la question.

Au contraire, quand la vérité nous est déjà connue et qu'il ne s'agit que de la *démontrer aux autres,* il faut généralement préférer la *méthode synthétique;* il est évident, en effet, que le principe général d'où dépend la question étant connu, il est plus naturel de le mettre tout d'abord en avant pour descendre graduellement jusqu'à la question, que de paraître le rechercher par de longs circuits, comme s'il était inconnu. Aussi la méthode synthétique a-t-elle été appelée méthode de *démonstration*, par opposition à la méthode analytique, ordinairement désignée sous le nom de méthode d'*invention*.

Il est bon cependant, surtout dans un enseignement un peu approfondi, de *substituer quelquefois l'analyse à la synthèse;* on fait ainsi parcourir au disciple lui-même la route qu'ont suivie dans leurs recherches ceux qui ont fondé la science ou qui en ont agrandi le domaine ; par là on l'initie à ce qu'elle a de plus intime, on lui en fait mieux connaître l'esprit.

Remarquons du reste que, dans chacune de ces deux méthodes, les deux procédés généraux de l'esprit trouvent leur emploi, pour peu surtout que le raisonnement soit compliqué et de quelque étendue. C'est la nature des opérations dont l'ensemble domine dans le raisonnement total qui donne à une méthode son caractère propre.

II

MÉTHODE DANS LES SCIENCES EXACTES
OU MÉTHODE DÉDUCTIVE

Les mathématiques portent par excellence le nom de *sciences exactes*. Cette dénomination ne saurait leur convenir exclusivement, l'exactitude étant le premier mérite de toute science; mais elle leur est donnée — à cause de la simplicité des notions abstraites de nombre, d'étendue et de mouvement dont elles traitent, — à cause de la rigueur incomparable de leurs résultats, qui n'ont rien de conditionnel, tandis que les lois physiques souffrent des exceptions, — et enfin parce que, étrangères à la conduite et n'intéressant point les passions, elles sont à l'abri des objections qu'on soulève contre les vérités morales.

Dans ces sciences, il ne s'agit pas d'observer des faits pour en découvrir les lois ou remonter à la cause qui les produit, mais de démontrer certaines vérités secondaires en faisant voir qu'elles découlent de vérités générales incontestables. C'est donc la *méthode déductive* qui leur convient.

La méthode déductive, en effet, est *l'ensemble des procédés par lesquels l'esprit descend du général au particulier;* elle a pour but de faire apercevoir un rapport que l'esprit n'apercevait pas entre une vérité générale et une vérité particulière qui s'y trouve contenue. La *démonstration* de la vérité particulière résulte d'une *déduction* logique, quand le *principe général* est vrai. Étudions successivement :

1° Le principe général qui sert de point de départ ;
2° La déduction qui rattache la proposition particulière au principe général ;
3° La démonstration elle-même et ses diverses espèces.

I. — Du principe général.

Ce principe général est un axiome ou une définition.

I. — Axiomes.

Leur nature. — Les axiomes sont des vérités nécessaires évidentes par elles-mêmes ; plusieurs fois déjà nous avons dit qu'on trouvait au début de toutes les sciences quelques-uns de ces principes, féconds en résultats quand ils sont combinés avec les données de l'expérience.

Il y a des principes ou axiomes *grammaticaux :* par exemple, tout adjectif se rapporte à un substantif exprimé ou sous-entendu, il n'y a point de phrases sans un verbe exprimé ou sous-entendu ; — des axiomes *logiques :* toute proposition est vraie ou fausse, le raisonnement qui tourne dans un cercle ne prouve rien ; — des axiomes *moraux :* il y a une différence entre le bien et le mal, on ne doit pas blâmer une personne d'un acte qu'il n'était pas en son pouvoir d'empêcher... ; — des axiomes *mathématiques :* deux quantités égales à une troisième sont égales entre elles, la ligne droite est le plus court chemin d'un point à un autre ; — des axiomes *métaphysiques,* dont trois surtout méritent d'être cités : les principes de causalité (tout ce qui commence d'exister suppose une cause), de substance (tout mode suppose une substance) et de contradiction (une même chose ne peut pas être et n'être pas en même temps, sous le même rapport).

Bien qu'ils puissent paraître assez insignifiants et qu'ils le soient souvent quand on les considère en eux-mêmes, les axiomes ne sont pourtant pas des propositions purement verbales, de simples tautologies. Derrière la proposition verbale, il y a la vérité telle que tout esprit la conçoit. Aussi les axiomes, bien loin d'être inutiles, sont, en raison même de l'évidence qui les caractérise, de puissants *moyens de démonstration*. Il suffit de montrer le rapport de telle ou telle proposition avec un axiome, pour établir par là même la vérité de cette proposition.

Caractères auxquels on reconnaît les axiomes. — Les axiomes sont donc le fondement de toutes les sciences; mais il faut prendre garde d'accepter comme axiome ce qui n'est pas évident. Voici deux règles qui peuvent servir à faire reconnaitre les vrais axiomes : — 1° quand la seule considération du sujet et de l'attribut d'une proposition suffit pour faire voir clairement que l'idée de l'attribut est renfermée dans l'idée du sujet, ou en est exclue, la proposition qui énonce le rapport de ces deux termes est un axiome; — 2° quand cette seule considération ne suffit pas, on doit croire que la proposition a besoin de démonstration. Toutefois il ne faut pas prendre pour démonstration certaines explications données à des mots ou à des idées, même sous la forme plus ou moins explicite du raisonnement. Il y a, en effet, des vérités intuitives qui, pour être saisies, doivent être expliquées, bien qu'elles n'aient pas besoin d'une démonstration proprement dite.

Règles de Pascal. — Les axiomes, à cause de l'évidence immédiate qui les caractérise, ne sont, à proprement parler, susceptibles d'aucune règle; cependant on peut, avec Pascal et Descartes, faire les recommandations suivantes :

1° Il ne faut point essayer de démontrer les axiomes ni leurs applications immédiates, mais seulement les expliquer en définissant les termes;

2° Il faut prendre garde de recevoir comme axiomes ce qui ne l'est point, comme une foule de maximes, sentences ou proverbes qui sont souvent tenus pour vrais par préjugé et par habitude, et qui n'expriment ordinairement que des vérités fort incomplètes.

II. — Définitions.

Au point de vue spécial des sciences exactes, les définitions sont des *propositions explicatives des concepts formés par l'es-*

prit. Telles sont les définitions des opérations arithmétiques, des triangles, des polyèdres, etc.

Mais nous ne devons pas nous borner dans l'étude de cette question à ce point de vue particulier.

La définition en général est une *proposition dont l'attribut exprime la compréhension du sujet*, ou plus explicitement : une proposition qui détermine ou a pour but de déterminer le sens d'un mot, la nature d'une chose, ou les divers éléments d'une notion complexe. De là diverses sortes de définitions : — la définition nominale et la définition réelle; — la définition rationnelle et la définition empirique.

Définition nominale et définition réelle. — C'est la division la plus ancienne et la plus universellement adoptée.

Définition nominale. — La définition nominale ou définition de mots est l'*explication du sens d'un mot*. Ce sens n'est évidemment pas arbitraire, il est déterminé par l'usage; c'est en recourant aux grammaires et aux dictionnaires autorisés qu'on peut le connaitre; mais il est souvent difficile de le préciser à cause des significations multiples et quelquefois très diverses qu'un même mot peut avoir dans une langue, surtout quand on tient compte du sens propre et du sens figuré.

Les règles spéciales à ce genre de définition sont : — de ne laisser aucun terme obscur ou équivoque sans le définir; — de ne faire entrer dans la définition que des termes parfaitement clairs en eux-mêmes ou précédemment expliqués; — enfin, dans une même discussion, de ne pas changer le sens préalablement défini des termes employés.

Le rapport des mots aux idées qu'ils expriment étant arbitraire, on est libre dans un cas déterminé, pour éviter une équivoque ou abréger le discours, d'exprimer une pensée par tel mot que l'on veut, à la condition toutefois, sous peine d'être insensé, de ne contrarier ni l'usage ni l'étymologie. Cette opération, que la plupart des auteurs appellent, par opposition à la *définition usuelle,* une *définition privée,* se réduit, nous semble-t-il, à la *dénomination arbitraire* d'une chose.

Définition réelle. — La définition réelle ou définition de choses est la *détermination de la nature d'une chose par l'indication de ses propriétés essentielles.* Elle se fait par le genre et la différence, c'est-à-dire en plaçant un objet dans une certaine classe par l'énonciation de ses attributs généraux, et en le séparant des autres objets de cette classe par l'énonciation de ses attributs propres; exemple : l'homme est un animal raisonnable. Mais comme les différentes classes ont plus ou moins de compréhension, il faut, en général, préférer celle qui contient immédiatement l'objet à définir; c'est le *genre prochain*. Il convient aussi que le caractère qui sépare l'objet en question des autres objets du même genre soit essentiel, et tel qu'ajouté au genre il donne l'espèce; de là son nom de *différence spécifique*. Les scolastiques exprimaient tout cela en disant que la définition logique se fait *per genus proximum et differentiam specificam*. D'après cette règle, on définira le parallélogramme un quadrilatère (genre prochain) dont les côtés opposés sont parallèles (différence spécifique); le losange, un parallélogramme dont les côtés sont égaux.

Cette définition logique est impossible pour les idées les plus générales, comme pour les individus; car il n'y a point de genre supérieur auquel on puisse rattacher les premières, point de différence spécifique qui distingue les seconds.

Les notions premières et simples de l'entendement ne peuvent pas non plus se définir rigoureusement; on ne peut que les analyser, et, dans ce cas, le manque de définition est plutôt une perfection qu'un défaut, car il vient de leur extrême évidence. « Ceux qui demandent qu'on définisse tout, dit Leibnitz, demandent ce qu'ils savent et ne savent pas ce qu'ils demandent. »

Remarquons enfin que cette définition précise, supposant une connaissance assez approfondie de la nature de l'objet qu'on définit, n'est pas toujours possible. Très souvent on doit se borner, pour faire connaître les choses, à indiquer leurs *causes* ou leurs *effets;* d'autres fois à énumérer par forme de *description* l'ensemble des qualités extérieures essentielles ou accidentelles qui les caractérisent; on aura même quelquefois recours à des *comparaisons,* à des *images;* mais, en employant tous ces moyens, il faut craindre de se laisser tromper par de simples analogies et de prendre des métaphores pour des définitions.

Critique de cette division. — Duval-Jouve, dans sa logique, rejette toute distinction entre la définition de mots et la définition de choses. « C'est, dit-il, une subtilité mal fondée, car il n'y a pas de définition de mot qui ne soit dans une certaine mesure une définition de chose, et il n'y a pas de définition de chose qui ne soit une définition de mot... Que deux personnes demandent à un géomètre ce qu'il entend par angle plan, l'une pour savoir ce que signifie le mot, et l'autre pour connaître l'objet désigné, elles recevront la même réponse. »

Cette distinction, établie par les logiciens de Port-Royal, Leibnitz et Spinoza, nous paraît devoir être maintenue, au moins dans ses traits essentiels. Qu'il y ait un rapport intime entre ces deux sortes de définitions, ce n'est pas contestable, puisque tout mot exprime une chose, et que toute chose est exprimée par un mot. Mais de ce rapport on aurait tort de conclure à la non-distinction, car en bien des cas l'accord fait sur le sens du mot laisse tout entière la discussion sur la nature de la chose; et même dans les cas où les deux définitions se confondent dans les termes, il y a lieu de les distinguer encore, parce qu'on peut considérer *principalement*, soit le sens du mot, soit la nature de la chose, et que la prédominance de l'un de ces deux points de vue suffit à fonder la distinction.

Définition rationnelle et définition empirique. — Ces deux définitions ont cela de commun qu'elles se rattachent à la définition réelle, mais de nombreux caractères les distinguent.

Définition rationnelle. — Employées dans les sciences abstraites, comme les mathématiques, et spécialement dans la géométrie, les définitions rationnelles, appelées par Bain définitions *déductives*, ont pour objet des *notions abstraites*, telles que celles de triangle, de cercle, de polyèdre, etc.; elles en font connaître les divers éléments constitutifs. On les nomme *rationnelles* parce qu'elles s'appuient sur une intuition de la raison.

On appelle aussi quelquefois ces définitions *analytiques*, mais elles ne le sont qu'en apparence; elles sont mieux appelées *génétiques*, parce qu'elles font connaître les nombres et les figures par la loi même ou le mode de leur génération dans l'esprit. C'est ainsi qu'on définit le triangle, une portion de plan limitée par trois droites; le parallélogramme, un quadrilatère dont les côtés opposés sont parallèles; le cône, un volume engendré par la rotation d'un triangle rectangle autour de l'un des côtés de l'angle droit.

Ces définitions ne supposent aucun travail scientifique antérieur, elles sont *à priori;* elles sont une pure création de l'esprit, d'où le nom de *constructives* que leur donnent certains auteurs. On est donc assuré qu'elles ne renferment aucune erreur, puisqu'elles contiennent tout ce qu'on y a mis, rien de plus;

dès lors on peut les considérer comme définitives, absolues, incontestables; elles serviront de point de départ à la démonstration, et seront les vrais principes qui donneront naissance aux diverses propriétés que la science a pour but de connaître.

On peut ajouter, avec M. Rabier, « que les diverses propriétés caractéristiques des figures trouvant leur fondement commun dans la loi de génération de ces figures, définir ces figures par la loi de génération, c'est faire dériver les vérités géométriques de leur source la plus élevée et porter au plus haut point la systématisation et l'élégance de l'exposition géométrique. »

Définition empirique. — Les définitions empiriques, appelées par Bain définitions *inductives*, sont propres aux sciences d'observation et sont dues à la généralisation et à l'induction.

Leur but est de faire connaître la nature d'*êtres réels* et complexes, comme l'homme ou une espèce quelconque de plante ou d'animal; aussi les a-t-on appelées *descriptives*.

Elles sont le fruit de longues recherches, le résumé des découvertes de la science, la fin à laquelle tendent tous les travaux des naturalistes. Elles sont donc *à posteriori*, et de plus provisoires ou, comme dit Leibnitz, *provisionnelles*, parce qu'on ne peut jamais être certain qu'un fait nouveau, un cas particulier ne viendra pas modifier l'idée qu'on s'est formée d'un genre ou d'une espèce.

Ces définitions suivent la condition des classifications qu'elles supposent, et qui sont perfectibles avec le progrès de la science.

Cependant il serait faux de dire qu'en aucun cas ces définitions *progressives* ne peuvent servir de principes; il en est de parfaitement établies qu'on ne saurait récuser sans tomber dans le scepticisme.

Place des définitions dans la science. — Cette distinction des définitions empirique et rationnelle nous permet de répondre en deux mots à cette question : quelle est dans les sciences la place naturelle des définitions?

Les définitions sont le point de départ des sciences déductives, elles sont le but des sciences inductives; et dans certaines sciences mixtes qui emploient les deux méthodes, leur place naturelle est au milieu; on doit d'abord les déterminer expérimentalement, puis on les prend comme principes pour en tirer les conséquences.

Règles des définitions. — Comme première règle, on peut

poser, d'après ce que nous avons dit, qu'il ne faut pas vouloir tout définir; il y a nécessairement des notions indéfinissables, comme il y a des vérités indémontrables. La définition doit encore être — *claire*, ne renfermer par conséquent aucun terme obscur ou ambigu; cette qualité exclut aussi de la définition la présence du terme à définir; — *brève*, c'est-à-dire ne renfermer aucun mot inutile; ces mots superflus pourraient faire naître dans l'esprit des idées étrangères, ou tout au moins partageraient l'attention; — enfin *réciproque*, et c'est la qualité essentielle; on doit pouvoir renverser les termes de la proposition sans en altérer la vérité. Il faut pour cela que la définition convienne à tout l'objet défini, et seulement à l'objet défini, *toti et soli definito*, c'est-à-dire qu'elle soit universelle et propre.

Cette dernière qualité montre en quoi la définition diffère de la simple proposition. Dans une *définition*, celle-ci, par exemple : l'homme est un animal raisonnable, le sujet et l'attribut n'expriment qu'*une* idée en des termes différents, d'où il suit qu'on peut renverser les membres de la définition et dire : l'animal raisonnable est un homme. Dans une *simple proposition*, celle-ci, par exemple : l'homme est un vertébré, il y a *deux* idées différentes; et le verbe signifie simplement que l'attribut convient au sujet, qu'avoir des vertèbres est une des propriétés de l'homme.

II. — De la déduction logique.

Le raisonnement déductif a son point de départ dans les définitions et les axiomes; il s'achève par la déduction proprement dite.

Rôle des axiomes et des définitions. — Les définitions et les axiomes n'ont pas la même importance logique : en toute science, comme l'a parfaitement établi Dugald Stewart, les vrais principes, les principes féconds, ce sont les définitions. Les axiomes sont la condition du raisonnement déductif, ils règlent la marche de l'esprit; mais par eux-mêmes ils sont stériles; c'est de la définition d'un être, d'une idée, que se déduisent en définitive toutes les propriétés de cet être, de cette idée.

Nature de la déduction. — La déduction logique consiste à tirer les conséquences d'un principe général. Que ce principe soit une *vérité nécessaire* fournie par la raison pure, ou une *vérité contingente* fournie par la généralisation ou l'induction, dans tous les cas, il suffira de montrer que telle proposition particulière y est renfermée, pour que cette proposition participe à la certitude du principe. On y arrive au moyen d'un ou de plusieurs intermédiaires. De ce principe, par exemple, que la somme des angles formés autour d'un point d'un même côté d'une droite est égale à deux droits, je déduis que la somme des angles intérieurs d'un triangle est égale à deux droits, en faisant voir par parties que les angles du triangle sont égaux aux angles formés autour d'un point d'un même côté d'une droite.

On voit ainsi, remarque Damiron, que toute déduction se compose au moins de trois propositions : — 1° la première pose le *principe général* où doit rentrer l'inconnu ; — 2° la seconde fournit les *données de la question*, c'est-à-dire expose ce qui peut faire rentrer l'inconnu dans le principe général ; — 3° la troisième *tire la conséquence*, c'est-à-dire affirme que l'inconnu rentre en effet dans le principe général.

Ses règles. — La déduction repose sur ce principe, que tout ce qui est vrai d'une proposition générale est vrai des propositions particulières qu'elle contient. Les règles spéciales qu'on peut donner pour la déduction logique se rapportent à chacune des trois parties que nous venons d'y distinguer :

1° Que le principe qui sert de point de départ ait une *généralité véritable* et bien *déterminée* : une généralité véritable, car d'une proposition particulière on ne peut rien faire sortir ; bien déterminée, car autrement la chose à connaître pourrait rentrer dans une exception ;

2° Que les données soient *exactes* et *suffisantes* : exactes, c'est évident ; suffisantes, c'est-à-dire qu'elles soient de nature à faire rentrer la chose en question dans le principe général ; superficielles, accidentelles, elles ne rempliraient pas le but ;

3° Que la conséquence soit *contenue dans le principe général* et *conforme aux données* : c'est-à-dire qu'on ne doit rien attribuer à l'objet en question en dehors de ce qu'affirme le principe général, et qu'on ne doit le lui attribuer qu'autant que les données l'ont réellement fait rentrer dans le principe.

L'application des lois pénales aux délits particuliers offre des exemples qui permettent de comprendre facilement ces règles.

Le raisonnement déductif est-il stérile? — Le raisonnement déductif engendre non seulement les sciences mathématiques, mais encore la métaphysique, la morale, le droit; il est donc presque superflu de le venger de l'accusation de stérilité porté contre lui par Bacon et renouvelée par Stuart Mill. Sous prétexte que le principe qui sert de point de départ, et qu'on admet *à priori*, est équivalent à toutes les conséquences qu'on en déduit, ces philosophes prétendent que ce procédé ne nous apprend rien, qu'il n'est qu'un moyen de retrouver les vérités que nous possédons déjà, et de donner l'*inventaire de nos connaissances*. Mais, bien qu'il soit vrai que les principes contiennent implicitement toutes les conséquences qu'on en peut déduire, il ne suit pas de là que le raisonnement déductif soit stérile; autre chose est que le principe contienne les conséquences, autre chose que nous apercevions ces conséquences; il y a loin de l'intuition des axiomes de la géométrie à la connaissance claire de tous les théorèmes qui constituent cette science; cette connaissance claire des vérités particulières n'est pas possible à notre esprit sans des intermédiaires nombreux, c'est-à-dire sans raisonnement.

Ce reproche de stérilité ne peut pas même être adressé au raisonnement par identité, qui consiste à tirer d'une vérité générale la même vérité sous une autre forme; car c'est profiter que d'apprendre qu'une proposition obscure pour nous est identique à une proposition mieux connue.

III. — De la démonstration.

Sa nature. — La démonstration est un raisonnement ou une suite de raisonnements qui a pour but de montrer qu'une proposition douteuse, contestée, incertaine, est renfermée dans une autre proposition *certaine* et incontestable dont elle fait réellement partie; d'où on conclut qu'elle est aussi certaine, aussi incontestable que la première. En deux mots, c'est un *raisonnement par lequel une conclusion certaine est tirée de principes certains*.

Dans toute démonstration, on peut donc distinguer trois choses : 1° une proposition contestée et douteuse; 2° une proposition certaine et admise par ceux à qui on a affaire; 3° un ou plusieurs raisonnements employés pour montrer que la première proposition est renfermée dans la seconde, et qu'elle est également certaine.

Ses règles. — Cette simple notion nous permet de donner les règles d'une bonne démonstration. — On doit tout d'abord préciser le sens de la proposition qu'on veut établir comme vraie; distinguer, s'il y a lieu, les diverses questions qu'elle renferme, afin de les traiter successivement; ne laisser enfin aucun terme obscur ou ambigu dans l'énoncé. — Il faut ensuite partir d'un principe certain, par conséquent ne s'appuyer que sur des axiomes ou sur des vérités précédemment démontrées. — Enfin avoir soin que la proposition contestée soit déduite d'une façon parfaitement logique, et qu'il ne se glisse rien de vicieux dans la forme du raisonnement.

Ses diverses espèces. — On distingue plusieurs sortes de démonstration.

La démonstration est *directe* ou *indirecte*. La première montre que la conclusion est contenue dans les prémisses; la seconde établit la fausseté de la proposition contradictoire de celle que l'on veut démontrer. Exemple : prouver la liberté par la réfutation du fatalisme.

Cette démonstration indirecte, appelée en mathématiques démonstration par l'absurde, donne la conviction, comme la démonstration directe, mais n'éclaire pas l'esprit; elle ne doit donc s'employer qu'à défaut de la première. Toutefois elle est d'un grand secours quand la démonstration directe est trop longue ou trop savante; quand on répond à des objections contre une thèse déjà établie, car souvent ceux qui ne veulent pas s'incliner devant la vérité reculent devant l'absurde; enfin quand on veut établir l'existence des principes premiers contre le scepticisme. Ces principes, en effet, ne comportent pas la démonstration, et cependant il est bon de repousser les attaques des sceptiques et de détruire ainsi l'espèce de bonne foi dont ils voudraient se prévaloir, et la fâcheuse influence qu'ils pourraient exercer sur des intelligences faibles, en étalant toutes les conséquences absurdes qui découleraient de la négation de ces principes.

La démonstration est *à priori* ou *à posteriori*. *A priori* quand la vérité qui sert de point de départ est antérieure à la vérité que l'on cherche, d'une antériorité de temps ou de raison. Elle est *à posteriori* quand, au contraire, la vérité qui sert de point de départ est postérieure à la vérité cherchée, d'une postériorité de temps ou de raison. Quelquefois, du reste, le sens précis de ces deux termes varie avec les auteurs.

La démonstration est *absolue* ou *relative*. La première est ainsi appelée parce que le principe qui lui sert de point d'appui est absolument vrai, c'est-à-dire ne repose sur aucune hypothèse, sur aucune convention. La démonstration relative repose sur des principes ou maximes acceptés par l'adversaire, mais dont la vérité peut bien n'être pas absolument démontrée. Elle n'établit donc point une proposition comme vraie en soi, mais seulement comme inattaquable pour celui avec qui on dispute. Aussi l'appelle-t-on souvent preuve *ad hominem*; on pourrait appeler la démonstration absolue preuve *ad homines*.

Les démonstrations qui reposent sur des comparaisons sont *à pari, à fortiori, à contrario*. — *A pari* : Dieu a pardonné à David pénitent, de même il vous pardonnera si vous vous repentez. — *A fortiori* : un homme mûr a besoin de conseils, à plus forte raison un jeune homme. — *A contrario* : les orgueilleux sont détestés, au contraire les humbles sont aimés.

Effets de la démonstration. — Le premier effet de toute démonstration est de *rendre la proposition démontrée aussi incontestable que le principe qui sert de base à la démonstration;* de sorte que l'adversaire doit nécessairement ou rester en contradiction avec lui-même, ce qui est absurde, ou admettre la conclusion qu'il repoussait, voyant qu'elle est réellement contenue dans le principe qu'il admet, ou enfin repousser le principe lui-même pour avoir droit de continuer à repousser la conséquence.

La démonstration *donne à l'esprit,* jusque-là incertain et inquiet ce repos, *cette certitude que seule l'évidence fait goûter à notre intelligence,* née pour trouver son bonheur dans la vérité; évidence et certitude médiates, nous l'avons dit, parce qu'elles supposent un travail intellectuel, mais aussi absolues que l'évidence et la certitude immédiates.

Un autre effet de la démonstration, conséquence de ce qui précède, est de *mettre la vérité démontrée à l'abri de toutes les objections* qui peuvent venir de la difficulté qu'éprouve l'esprit à la concilier avec d'autres vérités. Ces objections ne prouvent que la faiblesse de notre intelligence, souvent incapable de saisir les rapports qui peuvent exister entre plusieurs vérités, et sont impuissantes contre la vérité contestée dont la démonstration fait resplendir l'évidence.

MÉTHODE DANS LES SCIENCES EXACTES. — CONCLUSION

Observations. — En mathématiques on part de vérités évidentes par elles-mêmes ou précédemment démontrées, pour en faire sortir, par une déduction logique et rigoureuse, des vérités secondaires. C'est la *méthode déductive*.

Quelquefois cependant le mathématicien fait usage de l'hypothèse et demande à l'observation les données de ses calculs; secondairement il fait ainsi usage de quelques-uns des procédés de la *méthode inductive*.

Pour être complet, il faudrait ajouter que le calcul infinitésimal n'est autre chose que l'application aux mathématiques de l'induction rationnelle dont nous avons parlé à propos des principes de raison pure.

Résumé. — On peut formuler ainsi les règles que propose Pascal pour résumer toute la méthode des géomètres :

Règles pour les définitions. — 1° N'entreprendre pas de définir ce qui est clair; — 2° définir tout ce qui est obscur; — 3° n'employer dans les définitions que des mots bien connus ou déjà expliqués.

Règles pour les axiomes. — 1° Demander si on accorde les principes proposés; — 2° n'en proposer que de parfaitement évidents.

Règles pour les démonstrations. — 1° N'entreprendre pas de démontrer ce qui est clair; — 2° démontrer ce qui est obscur; — 3° substituer toujours mentalement dans la démonstration la définition au terme défini.

C'est une question de savoir si ces règles viennent de la géométrie à la logique ou de la logique à la géométrie. Pascal prétend que la logique les a empruntées à la géométrie, « sans même en comprendre toute la force. » Leibnitz, au contraire, dit que « la logique des géomètres n'est qu'une extension de la logique générale »; la vérité nous semble être de son côté.

III

MÉTHODE DANS LES SCIENCES PHYSIQUES ET NATURELLES OU MÉTHODE INDUCTIVE

Les sciences physiques et naturelles ont pour objet des *êtres matériels* et des *phénomènes réellement existants* dont on veut connaître la nature et les lois.

Elles reposent donc d'abord sur l'*observation* attentive des faits par lesquels les différentes parties de la nature sensible se révèlent à nous; puis, quand elle est possible, sur l'*expérimentation*, que Bacon nous représente comme une chasse qui demande un certain flair : *Odoratio quædam venatica*.

Il faut ensuite, après avoir observé et expérimenté, comparer et *classer* les faits ou les êtres connus, enfin s'élever à l'aide de différents procédés rationnels à la *détermination des lois*. C'est, on le voit, la méthode inductive qui convient à ces sciences.

La méthode inductive est l'*ensemble des procédés par lesquels l'esprit s'élève du particulier au général*. Ce que nous avons à en dire se divise naturellement en trois parties.

Dans la première, nous étudierons les divers moyens que nous avons d'arriver à la **connaissance des faits** ou des êtres particuliers que la nature nous offre : l'*observation* et l'*expérimentation*.

Dans les deux autres parties, nous étudierons les opérations par lesquelles l'esprit s'élève du particulier au général, — soit pour **déterminer les lois** des phénomènes (*induction, analogie, hypothèse*), — soit pour **former les genres** auxquels se rattachent tous les êtres observables (*division, classification*).

I. — Connaissance des faits.

Les faits dont la connaissance doit servir de point de départ à la méthode inductive étant contingents, il est évident qu'on chercherait en vain à les déterminer par des considérations rationnelles, des raisonnements *à priori;* pour les connaître, il faut nécessairement les *observer*, et au besoin *expérimenter*.

I. — Observation.

Sa nature et ses conditions. — L'observation est la *considération attentive des phénomènes ou des faits qui se présentent à nous* dans le but d'en découvrir la nature, les propriétés ou la loi. Selon que ces phénomènes ou ces faits se passent dans notre âme ou dans le monde extérieur, on distingue l'*observation interne* ou psychologique et l'*observation externe* ou physique.

L'observation, pour des raisons déjà plusieurs fois indiquées, doit se porter successivement sur les diverses parties de l'objet; elle *suppose donc l'analyse* ou une suite d'abstractions méthodiques et doit, par conséquent se faire dans un certain ordre. « La nature elle-même, dit Condillac, indique l'ordre à suivre, c'est celui dans lequel elle offre les objets ; il y en a qui appellent plus particulièrement les regards, ils sont plus frappants, et les autres semblent se ranger autour d'eux ; voilà ceux qu'on doit observer d'abord, et quand on a remarqué leur situation respective, les autres se mettent dans les intervalles, et chacun à leur place. »

On a fait observer avec raison que l'*analyse est toujours précédée d'une synthèse spontanée*. La décomposition serait même impossible si nous n'avions auparavant une idée peu claire sans doute, mais réelle pourtant de l'objet que nous voulons étudier. Cette synthèse primitive n'est point scientifique; mais l'effort de la science doit être, sinon de la reproduire fidèlement, au moins de n'y faire entrer aucun élément étranger.

Son utilité. — L'observation est le *moyen le plus facile et le plus sûr de connaître la nature*. « L'homme, dit Bacon, ministre et interprète de la nature, n'étend ses connaissances qu'autant qu'il découvre l'ordre naturel des choses, soit par l'observation, soit par la réflexion ; il ne sait et ne peut rien au delà. » L'utilité et la nécessité de l'observation se prouveraient encore facilement par l'*histoire des sciences*, en montrant la vanité des hypothèses et des constructions *à priori* chez les anciens, dans l'ordre physique, et même chez quelques modernes.

Les instruments. — L'observation se fait au moyen des sens ou de la conscience. Mais, quelque admirable que soit la disposition de notre main et de nos autres organes, nos sens abandonnés à eux-mêmes ne pourraient nous donner qu'une connaissance très bornée et très imparfaite du monde physique.

De nombreux instruments, inventés par le génie de l'homme, viennent suppléer à leur faiblesse : les uns ont pour but immédiat de *multiplier presque indéfiniment la puissance de nos organes :* tels sont le télescope et le microscope pour la vue, le téléphone et le microphone pour l'ouïe ; les autres, désignés sous le nom d'appareils enregistreurs, ont pour but *d'inscrire eux-mêmes les phénomènes,* de façon à supprimer toutes les causes d'erreurs qui tiennent à la mobilité et à l'inégalité des impressions de l'homme. Comme exemples de ces sortes d'instruments, citons l'appareil récemment inventé en physiologie pour figurer, en inscrivant les moindres déviations des diverses fonctions vitales, la marche précise d'une maladie ; et dans un autre ordre de phénomènes, le météorographe du P. Secchi, où s'enregistrent la direction et la vitesse du vent, la hauteur barométrique, l'heure, la température, le degré de l'humidité de l'air et la quantité de pluie tombée, le tout sur un même tableau, de manière à mettre en évidence les relations réciproques de tous ces faits.

Règles de l'observation. — Pour que l'observation soit fructueuse et puisse servir de point de départ à la science, elle doit remplir certaines conditions longuement exposées par Bacon dans son *Novum Organum.*

1° Elle doit être faite avec une attention soutenue et intelligente, par un esprit dégagé de toutes les préventions que trop souvent fait naître un système préconçu.

2° Elle doit passer en revue les différentes parties de l'objet ou les circonstances du fait, en noter avec exactitude et précision tous les détails, car ils peuvent être de grande importance.

3° Après l'analyse, il faut faire la synthèse, c'est-à-dire réunir dans leurs vrais rapports, soit les parties ou les propriétés de l'objet, soit les circonstances du fait étudié, pour en avoir la connaissance complète et totale, d'où se dégagera plus tard, presque toujours à l'aide de l'expérimentation, l'élément essentiel que poursuit la science.

II. — Expérimentation.

Sa nature et son but. — L'expérimentation n'est qu'une prolongation méthodique de l'observation; elle consiste à *provoquer ou modifier artificiellement des phénomènes* que l'on veut étudier, en vue de les mieux connaître. Elle force, pour ainsi dire, la nature à révéler ses lois, quand l'observation n'a pu les découvrir. La nature, en effet, selon la comparaison de Bacon, est semblable à un homme dont les intentions et les sentiments ne se trahissent que dans de rares moments de trouble et de vive émotion. Il faut la tourmenter, l'interroger habilement quand on aspire à surprendre ses secrets.

Sa possibilité. — L'expérimentation n'est pas toujours possible : le météorologiste et l'astronome en sont presque toujours réduits à l'observation, tandis que le chimiste et le physicien expérimentent à chaque instant.

Cuvier regardait l'expérimentation comme impossible en physiologie; il en donnait cette raison que la vie est une harmonie de fonctions, et qu'on ne peut toucher à l'une de ces fonctions sans troubler l'harmonie générale; mais Claude Bernard a réfuté cette assertion trop absolue, et des expériences aussi nombreuses que concluantes faites en ces derniers temps sur les fonctions des êtres vivants, notamment au moyen du curare et de la strychnine, ne permettent plus le doute sur cette question.

Nous avons déjà dit jusqu'à quel point ce mode d'investigation est possible dans les sciences morales, et spécialement en psychologie.

Ses avantages. — Quand elle est possible, l'expérimentation a l'incontestable avantage de rendre *l'observation plus complète;* elle sert à *dégager la loi du phénomène,* c'est-à-dire ce qu'il y a de constant et d'uniforme dans les réapparitions successives du même fait, à contrôler et à *vérifier les théories et les hypothèses scientifiques.*

Les expériences, en effet, ne doivent point être faites au hasard ; elles tendent ordinairement à la vérification d'une idée préconçue et supposent un esprit inventif. « Il faut, dit Montaigne, les peser et assortir; il les faut avoir dirigées et alambiquées pour en tirer les conséquences qu'elles portent. » « L'expérimentation, dit aussi Bacon, doit être guidée; c'est une chasse en règle, la chasse de Pan. » — Les résultats de ces expériences ne doivent pas non plus être livrés au caprice de la mémoire, ce serait encore le hasard; il faut en tenir registre, le philosophe ne pouvant se fier qu'à l'expérience écrite (*experientia litterata*).

Ses règles. — Bacon expose l'ensemble des règles de l'expérimentation sous ces différents noms : *variatio, productio, translatio, inversio, compulsio, applicatio, copulatio et sors experimenti*. Plusieurs de ces règles ont vieilli, les principales sont :

Variatio. — Varier les expériences; ne pas se contenter de quelques faits isolés, qui ne seraient peut-être que des exceptions dues au hasard; mais renouveler l'expérience en en changeant les conditions et les circonstances (la matière, la cause, la quantité).

Productio. — Étendre ou prolonger l'expérience; vérifier si les phénomènes constatés dans un cas particulier se réalisent également quand on opère sur de plus grandes proportions.

Inversio. — Renverser l'expérience, c'est-à-dire chercher le contraire de ce que l'expérience a déjà donné; la chaleur, par exemple, dilate les corps, rechercher si le refroidissement les contracte. Opposer aussi l'analyse à la synthèse, comparer leurs résultats.

Sors experimenti. — Enfin laisser faire la nature, et, comme pour l'observation, s'armer de courage et de constance. « Nous croyons, dit Bacon en terminant l'exposé de ces règles, devoir prévenir ceux qui se livreront à ces expériences de ne point se décourager ni désespérer si l'expérience ne répond point à leur attente. Ce qui réussit contente, il est vrai; mais ce qui ne réussit pas ne laisse point d'exercer et d'instruire. »

II. — **Détermination des lois.** — **Induction.**

L'observation, complétée par l'expérimentation, fait connaître les faits; il faut maintenant étudier comment l'esprit s'élève du particulier au général. C'est au moyen de l'*induction*.

Différents sens du mot Induction. — Ce mot exprime toujours le passage du particulier à l'universel; mais il a cependant été pris dans des acceptions très diverses: soit pour la faculté de former des genres abstraits, d'établir des lois, de raisonner par analogie (Socrate); soit pour la faculté de concevoir l'idéal, de s'élever aux idées nécessaires, immuables (Platon); soit pour l'argument par l'énumération des parties (Aristote).

Les philosophes, jusqu'à Bacon, ont admis ces différentes significations du mot. Mais depuis lors on a retranché de ce procédé si complexe : les idées et jugements nécessaires attribués à la raison pure, qui les conçoit par un procédé spécial que nous avons appelé l'*induction rationnelle* ou platonicienne; la conception de l'idéal, fruit de l'imagination; la formation des idées abstraites de genre et d'espèce, que nous retrouverons bientôt dans la classification; l'argument enfin par l'énumération des parties, ou *induction aristotélique*, qui rentre dans le raisonnement déductif.

Induction des modernes. — Peu à peu, au XVIIe siècle et au XVIIIe, chez Gassendi, les logiciens de Port-Royal, Bossuet, Hume, l'usage s'établit de borner l'induction aux *jugements généraux et contingents établis à l'aide d'observations plus ou moins nombreuses*. Cette signification du mot *induction* est la plus communément adoptée par les philosophes actuels, qui distinguent trois formes principales de ce procédé : l'induction proprement dite, l'analogie et l'hypothèse.

« Lorsque les observations particulières et le jugement général appartiennent à un seul et même genre de faits, d'idées ou d'êtres, c'est l'**induction proprement dite**, encore appelée *induction comparative, baconienne*. Lorsque, des observations faites sur un certain genre, l'esprit passe à un autre genre voisin et semblable, on dit qu'il procède par **analogie**. Enfin, si l'induction ne s'appuie que sur des expériences trop peu nombreuses et mal conduites, on lui applique le nom d'**hypothèse**. » Étudions ces trois formes de l'induction.

I. — Induction proprement dite.

C'est le procédé de l'esprit qui consiste à *s'élever de l'exacte connaissance de quelques faits isolés à une loi générale*, c'est-à-dire qui affirme de tout un genre ce qui n'a été préalablement connu que pour un certain nombre de cas particuliers pris dans ce genre, qui affirme de tous les temps et de tous les lieux ce qui n'a pu être observé que dans certains temps et dans certains lieux. Exemples : la chute des corps, l'ébullition des liquides à une température déterminée, ou toute autre loi physique.

Analyse de l'induction. — Faire l'analyse de ce procédé, c'est distinguer les opérations élémentaires qu'il renferme et les facultés auxquelles on doit les rattacher.

L'induction, telle que nous l'entendons ici, part des faits et suppose une série d'observations plus ou moins nombreuses, des expériences bien faites et en nombre suffisant; mais elle dépasse absolument les limites de l'expérience, et implique par conséquent l'intervention de la raison.

Sous quelle forme intervient cette faculté supérieure? Les jugements induits ne sont certainement point des données immédiates de la raison intuitive, comme les principes premiers; on peut dire qu'ils supposent d'abord une opération de la raison discursive, qui compare les faits recueillis par l'expérience en vue de les coordonner, de les *interpréter*, et d'en dégager le général; puis pour l'*extension* de la loi à tous les temps et à tous les lieux, un principe spécial, le principe d'ordre ou d'induction, qui est à peu près au raisonnement inductif ce qu'est le principe de contradiction au raisonnement déductif.

L'induction se présente donc à nous comme un procédé mixte, à la fois expérimental et rationnel; l'expérience assure sa solidité, la raison lui donne la fécondité. Négliger l'un ou l'autre de ces fondements, c'est ruiner l'induction : ne pas s'appuyer sur l'expérience serait s'exposer à ne créer qu'une science vaine, hypothétique et sans consistance; d'autre part, rejeter le principe rationnel, comme font les *positivistes*, c'est s'interdire le droit de formuler des lois universelles, et par conséquent de constituer une science.

Fausses théories de l'induction. — Comment expliquer qu'on puisse logiquement de *quelques faits* conclure à *tous les faits* du même genre? Tel est le problème de l'induction. Les solutions les plus diverses ont été proposées.

L'induction ramenée à une déduction logique. — La déduction va du plus au moins, du contenant au contenu; l'induction, au contraire, du moins au plus, du contenu au contenant. Il semble donc que ces deux procédés sont irréductibles l'un à l'autre; pourtant les philosophes ont souvent tenté de réduire l'induction au raisonnement syllogistique : les uns, comme *Thomas Reid*, en mettant en avant quelque principe général, celui de la constance des lois, par exemple, qui leur sert invariablement de majeure pour démontrer tous les résultats de l'induction; les autres, comme *Aristote*, en s'efforçant de resserrer le procédé inductif dans les étroites limites d'un syllogisme par énumération des parties. Théories fausses, puisqu'elles méconnaissent toutes deux la différence essentielle qui existe entre les deux procédés fondamentaux de l'esprit humain, et aboutissent, la première à une pétition de principe, la seconde à un argument des parties au tout, qui ne donne qu'une présomption logique sans valeur, ou une conclusion empirique et particulière.

L'induction et l'habitude. — Pour Hume et l'école anglaise associationiste, l'induction n'est que l'attente irrésistible des conséquents en présence de leurs antécédents; elle est le résultat d'une association purement expérimentale transformée peu à peu en habitude de l'esprit. C'est la négation même de la raison.

Théorie véritable. — C'est dans le *Novum Organum* de Bacon et dans la *Logique* de Stuart Mill qu'il faut aller chercher la vraie théorie de l'induction. Elle repose sur l'expérience, et on peut y distinguer deux moments : *l'interprétation de l'expérience* et *l'extension des résultats de l'expérience.*

Interprétation de l'expérience. — Bacon ne demande pas des expériences nombreuses, il veut surtout des expériences bien conduites; *il se propose avant tout de rejeter ce qui n'est qu'accessoire* pour retenir ce qui est essentiel et général. C'est dans ce but qu'il recommande, quand on cherche la loi ou la cause d'un phénomène, de noter avec soin les circonstances qui l'accompagnent toujours (*table de présence*), celles qui font défaut en même temps que lui (*table d'absence*), celles enfin qui croissent ou décroissent comme le phénomène (*table de degrés*). Après avoir rejeté, par des conclusions légitimes, tout ce qui n'est pas une condition nécessaire du fait qu'on étudie, on doit espérer, dit-il, que, les lois fausses et les causes chimériques s'étant dissipées en fumée, la vérité solide et bien limitée restera seule au fond du creuset.

Stuart Mill trace la même méthode d'interprétation quand il prescrit de suivre en toute recherche scientifique les trois méthodes de *concordance*, de *différence* et des *variations concomitantes* qui reposent sur ces principes : *posita causa, ponitur effectus ; sublata causa, tollitur effectus ; variante causa, variatur effectus*. A ces trois méthodes, qui correspondent aux trois tables de Bacon, Stuart Mill ajoute une quatrième méthode, celle des *résidus*, qui résume les précédentes, mais n'apporte à la solution du problème aucun élément nouveau.

La difficulté, c'est d'arriver, par une expérience savamment conduite, à atteindre, non pas quelques individus seulement, mais le genre et le *genre seul* qui les contient; non pas les circonstances accessoires d'un phénomène, mais ses *conditions essentielles*, c'est-à-dire sa loi. Bacon et Stuart Mill, pour résoudre la difficulté, ne s'arrêtent pas, comme semble le faire M. Janet, à des *coïncidences* même constantes et invariables; ils veulent qu'on procède surtout *per exclusiones et rejectiones debitas*, c'est-à-dire par l'élimination de tout ce qui est accidentel, particulier, dans les faits ou les êtres qu'on étudie. Tel est le procédé fondamental de la méthode inductive.

Extension des résultats de l'expérience. — Les conditions nécessaires d'un fait étant déterminées, a-t-on le droit de proclamer ce résultat comme une loi définitive, de l'étendre à tous les points de la durée et de l'espace? Incontestablement, et c'est l'œuvre du *principe d'induction*.

Ce principe, Thomas Reid et la plupart des philosophes après lui l'ont ainsi formulé : *la nature est régie par des lois*. « Or toute loi, comme le remarque très bien Royer-Collard, implique les idées de constance et d'universalité; le principe d'induction équivaut donc à deux jugements distincts : l'univers est régi par des *lois stables*, l'univers est régi par des *lois générales*. Il suit du premier que, connues sur un seul point de la durée, les lois de la nature le sont pour tous les siècles; il suit du second que, connues dans un seul cas, elles le sont dans tous les cas parfaitement semblables. »

Ce principe d'induction, qu'on désigne encore sous le nom de *principe d'ordre et d'harmonie* dans l'univers, n'est évidemment pas le résultat de l'expérience; il nous est donné directement par la raison, qui le conçoit comme une conséquence nécessaire de la nature de la cause première, seule raison suffisante du monde. Nous l'acceptons d'ailleurs irrésistiblement, « il fait partie de notre constitution intellectuelle; » il nous est impossible de ne pas l'appliquer à chaque instant, et l'enfant y croit instinctivement bien avant de s'en rendre compte. C'est ce principe qui permet à l'induction de dépasser le nombre des expériences faites, de franchir l'espace et le temps, et de porter des jugements universels.

Il importe de remarquer que ce principe rationnel n'est point une majeure proprement dite d'où on puisse faire sortir des vérités particulières, c'est une *condition* de la légitimité de l'induction ou de l'extension illimitée des résultats de l'expérience, comme le principe de contradiction est une condition de légitimité pour la déduction. De plus, si le principe d'induction est nécessaire et absolu, ses applications, c'est-à-dire les lois spéciales, demeurent contingentes; car il est évident que Dieu aurait pu établir un ordre différent.

Valeur de l'induction. — Les logiciens de Port-Royal, Hamilton, et à leur suite quelques autres philosophes, prétendent que l'induction ne peut jamais donner une certitude véritable et lui refusent toute valeur scientifique. Nous ne pouvons souscrire à ce jugement. Le savant devra sans doute se montrer très réservé dans l'interprétation de l'expérience; il ne devra rien négliger pour s'assurer que l'élimination des circonstances particulières est complète; mais enfin, s'il ne peut arriver que difficilement à la certitude, il peut y arriver; et l'induction, telle qu'elle est pratiquée par les savants de nos jours, est un procédé aussi sûr que fécond. Quelques observations sont cependant nécessaires.

1° *Dans l'ordre physique,* toutes les conditions de sa légitimité étant remplies, l'induction donne une certitude entière, mais toutefois *conditionnelle;* car Dieu reste le maître des lois qu'il a librement établies. Il peut y déroger accidentellement, quand sa sagesse le juge à propos, par le miracle. Il y pourrait même déroger *absolument* et *définitivement,* comme il l'a fait en soumettant à la mort l'homme qu'il avait créé immortel.

2° *Dans l'ordre moral,* il faut distinguer les lois psychologiques qui *tiennent à la constitution même de l'âme,* comme les lois de l'appétit, de la connaissance, de la mémoire, et les *lois de la libre détermination.* Pour les premières, l'induction donne la même certitude que pour les lois physiques. Pour les secondes, où intervient la liberté, elle n'a qu'une valeur restreinte. S'il s'agit, par exemple, d'affirmer qu'un homme, dans un cas donné, vu ses antécédents et son caractère, agira de telle et telle façon, l'induction ne peut donner qu'une probabilité plus ou moins grande; car, s'il faut tenir compte de la variété des intérêts et des passions, de la multiplicité de tous les phénomènes qui, tenant de près ou de loin à l'ordre intellectuel et moral, peuvent influer sur la détermination de la liberté, il faut se rappeler aussi que celle-ci demeure en définitive maîtresse de son acte.

Règles de l'Induction. — On peut donner pour l'induction trois règles principales qu'il faut observer : — 1° que les observations et les expériences qui servent de point de départ soient faites avec attention, méthodiquement et en nombre suffisant (le calcul est une sorte d'expérimentation abstraite en usage dans les sciences exactes); — 2° que la loi ne contienne rien qui n'ait été constaté dans les faits : « Il faut voir, dit Bacon, si le principe général est bien ajusté à l'ampleur des faits dont il est tiré, » si l'intelligence n'a point cédé à l'esprit de système ou à des préoccupations; — 3° qu'on ait soin de n'étendre la loi qu'aux faits ou aux êtres du même genre. C'est un danger des grandes intelligences de généraliser trop les conclusions par amour de l'unité; l'édifice qu'on élève ainsi flatte la vue; mais le temps vient et ne laisse que des ruines à la place de ces constructions élevées à grands frais.

Importance de l'Induction. — L'induction est d'un usage continuel aussi bien dans les sciences morales et le détail de la vie que dans les sciences physiques. C'est elle qui donne aux signes artificiels du langage une valeur constante, qui nous permet de prévoir l'avenir par la connaissance du passé, et qui nous fait agir de la même façon dans les mêmes circonstances. C'est à elle aussi que Newton doit la découverte de la gravitation universelle; c'est par elle que nous pouvons arriver à connaître la nature des êtres qui nous environnent et les lois des phénomènes qui s'offrent à notre vue.

En agrandissant la sphère de nos connaissances, l'induction augmente aussi indéfiniment la puissance humaine. Si l'homme connaît la loi des phénomènes de la nature et des forces qui l'animent, il peut les diriger; et dès lors il n'est plus l'interprète et le ministre de la nature, il en est le maître, en soumet les forces, et en fait des instruments dociles à sa volonté et appropriés à ses desseins.

II. — Analogie.

Définition. — Considérée dans les choses, l'analogie n'est qu'une simple ressemblance entre deux ou plusieurs objets différents. Considérée comme méthode, elle peut se définir : *un procédé par lequel l'esprit, de quelques ressemblances constatées entre divers objets, conclut à d'autres ressemblances cachées;* ou encore : un raisonnement qui étend à tous les êtres, à tous les phénomènes semblables, les propriétés ou les qualités constatées dans un phénomène ou dans un être; aux genres voisins, les lois établies pour un genre déterminé.

Les exemples d'analogie sont faciles à trouver : de la ressemblance extérieure de plusieurs hommes, je conclus qu'ils doivent avoir le même caractère; la chaleur et la lumière se ressemblent sous plusieurs rapports, je suis fondé à croire qu'elles ont la même nature; je trouve plusieurs ressemblances entre la terre et les autres planètes, je puis juger par analogie que celles-ci sont habitées comme la terre.

L'analogie et l'induction. — L'analogie est donc un procédé inductif, puisqu'elle étend et élargit les données de l'observation; mais toutefois elle diffère de l'induction proprement dite.

Dans l'induction, on transporte aux individus dans lesquels on n'a pu encore l'observer une propriété qu'on sait appartenir essentiellement au genre, parce qu'elle s'est constamment manifestée de la même manière et dans les circonstances les plus variées chez tous les individus de ce genre soumis à l'observation. Dans l'analogie, on étend à un ou à plusieurs autres individus du genre des propriétés constatées, il est vrai, chez un individu, mais *qu'on ne peut pas, faute d'expériences suffisantes, affirmer être de l'essence du genre.*

Par suite, l'induction aboutit à une loi et peut donner une certitude véritable; tandis que l'analogie s'arrête à des conjectures et *ne dépasse pas les limites de la probabilité.* Toutefois cette probabilité a bien des degrés, suivant que les rapports sur lesquels repose l'analogie sont plus ou moins nombreux, plus ou moins essentiels et intimes.

L'analogie n'est ainsi qu'une induction imparfaite qui trouve quelquefois son complément dans l'induction véritable.

Principe de l'analogie.— Ses règles. — Le fondement de

l'analogie est la simplicité et l'universalité des lois de la nature ; elle s'appuie sur ce principe, que le monde est formé sur un *plan unique*, régi par *un petit nombre de lois*, et que par conséquent une propriété importante observée dans un être peut être prudemment attribuée à tous les êtres semblables; qu'une loi établie pour un genre peut être étendue à tous les genres qui offrent avec le premier des ressemblances sérieuses...

Les *règles de l'analogie* peuvent se réduire à une seule : mesurer exactement la probabilité de ses conclusions sur le nombre et l'importance des rapports observés.

Importance de l'analogie. — A chaque instant, dans la vie, nous portons des jugements fondés sur l'analogie, en appréciant la conduite des personnes qui nous entourent. Mais il faut remarquer, comme nous l'avons fait pour l'induction, que l'analogie n'a dans l'ordre moral qu'une valeur très restreinte; et dans les rapports journaliers des hommes les uns avec les autres, elle est le principe de bien des préjugés, de bien des jugements téméraires.

Dans ce cas, du reste, l'analogie est *spontanée*, tandis que nous l'envisageons ici surtout comme procédé scientifique. A ce point de vue, son rôle est considérable dans les sciences : elle est la base des classifications dans les sciences naturelles, le principe fécond sur lequel se sont appuyés Cuvier et Geoffroy-Saint-Hilaire, pour établir : le premier, sa loi des *corrélations organiques* (fondée sur un rapport de coopération des organes), qui lui permettait de reconstruire des animaux antédiluviens à l'aide de quelques débris fossiles; le second, sa loi des *connexions organiques* (fondée sur un rapport de position des organes), qui domine toute la physiologie comparée. En médecine, l'analogie est presque l'unique ressource du praticien.

III. — Hypothèse.

Nature de l'hypothèse. — L'hypothèse, dit S'Gravesande (Hollandais, 1688-1742), est une fiction par le moyen de laquelle on répond à une question proposée. En d'autres termes, c'est *une explication imaginée pour suppléer à une cause inconnue;* c'est une *induction anticipée*. Le principe de l'horreur de la nature pour le vide, l'explication des phénomènes d'électricité par deux fluides contraires, sont des hypothèses.

L'hypothèse est donc une solution provisoire et reçue comme telle; par suite, *elle n'est à priori ni vraie ni fausse,* car elle serait alors une vérité ou une erreur, et cesserait dans les deux cas d'être une hypothèse.

Dangers et avantages de l'hypothèse. — L'esprit humain est naturellement porté à faire des hypothèses pour suppléer à son ignorance, car il ne croit pas bien connaître une chose quand il n'en connaît pas la cause et la fin.

Mais ces hypothèses peuvent avoir l'inconvénient de détourner les esprits de l'observation et de l'expérimentation, et par là même mettre obstacle à de nouvelles découvertes. — De plus, il est à craindre qu'on ne s'appuie sur elles comme sur des vérités démontrées, et qu'on n'ouvre ainsi la porte à une foule d'erreurs. — Elles sont surtout dangereuses quand elles sont le fruit d'une intelligence commune, car elles sont alors presque toujours arbitraires en un certain sens et individuelles; aussi la plupart des philosophes modernes se sont-ils montrés sévères en parlant de l'hypothèse : « Je ne forge pas d'hypothèses, *hypotheses non fingo,* » répète souvent Newton; et Bacon : « Ce n'est pas des ailes, mais du plomb qu'il faut attacher à l'esprit humain. » Cette défiance est expliquée, jusqu'à un certain point même justifiée par l'abus que, dans l'antiquité et même au moyen âge, on avait fait de ce procédé.

Toutefois l'hypothèse, surtout quand elle est maniée par un homme de génie qui a souvent d'heureux pressentiments des lois de la nature, est très utile. — Elle satisfait l'esprit, qui se trouve toujours mal à l'aise, quoi qu'en dise Montaigne, sur l'oreiller du doute. — Elle sert à lier et coordonner, en les expliquant, des faits qui sans elle demeureraient épars. — Elle est une des conditions du progrès de la science; car, pour tenter des expériences, il faut avoir une idée préconçue, c'est-à-dire une hypothèse dont on cherche la vérification. — De plus, elle met souvent sur la voie des véritables causes; l'histoire des sciences physiques et naturelles est là pour attester que toutes les grandes découvertes ont été préparées par des hypothèses. — Enfin, alors même qu'on en découvre la fausseté, elle est encore un avertissement pour les recherches à venir. Il ne faut donc pas proscrire l'hypothèse, elle peut être d'un très grand usage dans les sciences; il faut seulement la régler.

Règles de l'hypothèse. — Les règles concernant l'hypothèse ont rapport à son choix et à sa vérification.

Pour le choix de l'hypothèse, il faut tout d'abord se rendre un compte exact de toutes les circonstances du fait qu'on veut expliquer, concevoir une explication possible, préférer parmi les suppositions faites celles qui expliquent le plus grand nombre de circonstances remarquables, enfin donner l'avantage aux suppositions les plus simples, leur simplicité même les rendant plus vraisemblables.

Pour la vérification de l'hypothèse, on peut suivre deux procédés : — 1° partir de l'hypothèse elle-même, en déduire toutes les conséquences, et examiner si ces conséquences sont en parfaite harmonie avec les vérités et les faits déjà connus; — 2° partir d'observations nombreuses, multiplier les expériences, et examiner si les faits de même ordre sont toujours soumis à la même loi et peuvent s'expliquer par la même cause supposée.

La première méthode est la plus convaincante, mais l'hypothèse ne sera rigoureusement démontrée que si on parvient à établir que *seule* elle peut expliquer les faits.

En résumé, l'expérimentation ou le calcul doit toujours être la pierre de touche de l'hypothèse. Dans tous les ordres de science indistinctement, l'hypothèse doit être rejetée comme une erreur ou regardée comme l'expression de la vérité selon le résultat de la vérification.

Comme beaux exemples d'hypothèses vérifiées, on peut citer la nature de la chaleur démontrée par la transformation de la chaleur en mouvement et du mouvement en chaleur; la circulation du sang découverte par Harvey; les lois de Kepler relatives aux mouvements des planètes; l'existence de la planète Neptune suggérée à Leverrier par les perturbations d'Uranus; la théorie du soulèvement des montagnes établie par Élie de Beaumont.

III. — Formation des genres. — Classification.

Nous avons vu que, pour généraliser les lois découvertes, la science a besoin de groupes bien établis, qui lui permettent de conclure d'un individu à tous les individus du même groupe. Ces groupes généraux, dont nous aurons encore à montrer l'importance à d'autres points de vue, sont l'objet des *classifications*, qui supposent elles-mêmes la *division*.

I. — Division.

Définition. — La division est le partage d'un tout en ce qu'il contient. Sa nécessité résulte de la nature de notre intelligence, trop faible pour pouvoir connaître, sans le diviser, un objet quelque peu complexe.

Ses diverses espèces. — Les logiciens de Port-Royal distinguent deux sortes de divisions.

La *partition*, qui correspond au tout *totum*, est le partage d'un tout concret en ses *parties intégrantes*; exemple : une maison divisée en ses appartements, une ville en ses quartiers. La seule *règle* de cette division est de faire des dénombrements exacts auxquels il ne manque rien.

La *division* proprement dite, qui correspond au tout *omne*, est le partage d'un tout abstrait en ses diverses parties, dites *parties subjectives*; exemple : la substance divisée en spirituelle et matérielle.

Les *règles* de cette division sont : — qu'elle soit *entière*, c'est-à-dire que les membres de la division comprennent toute l'étendue du terme qu'on divise; rien ne cause tant de faux raisonnements que le défaut d'attention à cette règle; — qu'elle soit *distincte* ou opposée, c'est-à-dire telle qu'une partie ne rentre pas dans une autre; exemple : nombre pair et impair. On manquerait à cette règle en divisant les opinions en vraies, fausses et probables; — qu'elle soit *graduée*, c'est-à-dire qu'il faut autant que possible commencer la division par les parties les plus considérables de l'objet, descendre ensuite à des parties de moins en moins considérables, jusqu'à ce qu'on arrive à des parties indécomposables ou qu'on ne se propose plus de décomposer; — enfin qu'elle soit *proportionnée;* trop ou trop peu de subdivisions sont un défaut : « le *trop peu* n'éclaire pas assez l'esprit, le *trop* le dissipe. »

II. — Classification.

Classification en général. — La classification, considérée comme procédé de la méthode, est une opération par laquelle *on groupe en diverses catégories coordonnées ou subordonnées entre elles différents objets, d'après leurs ressemblances et leurs différences.* Les ressemblances permettent de former des groupes, et les différences de les distinguer.

Le résultat de cette opération s'appelle aussi classification; et, à ce nouveau point de vue, la classification se définit : *un système dans lequel des objets ou des êtres sont rangés méthodiquement d'après leurs ressemblances et leurs différences.*

En comprenant sous une notion unique les individus qui nous offrent des caractères communs, nous formons l'*espèce;* réunissant les espèces semblables, nous formons les *genres;* rapprochant les genres les plus voisins, nous pouvons former un groupe supérieur, etc... Toute classification, on le voit, a pour principe la *généralisation;* ces deux opérations cependant ne se confondent pas, car outre la réunion dans une même catégorie des êtres qui offrent certaines ressemblances communes, la classification suppose une *division méthodique* et hiérarchique des divers groupes qu'on a formés.

Dans le langage ordinaire, les mots *genre* et *espèce,* employés pour désigner les groupes fondamentaux de toute classification, sont purement relatifs et ont une extension variable; mais en histoire naturelle, où le besoin d'une classification plus régulière se fait sentir, ces termes *genre* et *espèce* ont une signification mieux déterminée : on appelle *espèce une collection d'êtres semblables qui, en s'unissant, jouissent d'une fécondité continue;* le genre est une collection d'espèces qui peuvent s'unir entre elles, mais dont l'union ne jouit que d'une fécondité bornée; les êtres dont l'union est absolument inféconde appartiennent à des genres différents.

Remarquons que, pour établir une classification, l'esprit humain peut suivre une double marche : il peut procéder analytiquement, en s'élevant des individus aux genres au moyen de ressemblances, ou synthétiquement, en descendant des genres aux individus par des différences. La seconde méthode convient à l'enseignement; la première est seule possible quand il s'agit de former la science.

On distingue deux espèces de classifications : la classification *artificielle* et la classification *naturelle*.

1° Classification artificielle. — La classification artificielle, la première qui se présente à l'esprit de l'observateur, *repose sur des caractères conventionnels presque toujours très apparents et extérieurs;* par exemple : les mots rangés par ordre alphabétique dans un dictionnaire, les livres disposés par ordre de format dans une bibliothèque, les plantes groupées d'après les caractères tirés de la corolle (Tournefort), ou d'après des caractères pris des étamines et des pistils (Linné).

Quelquefois cette classification est la seule avantageuse : un pharmacien, par exemple, rangera les plantes d'après leurs propriétés médicales ; et même la seule possible, comme dans le cas d'un dictionnaire de langue étrangère. Quoiqu'elle n'aille pas au fond des choses, elle offre toujours cette double utilité de faciliter l'étude des êtres, des phénomènes, en les rangeant dans un certain ordre qui soulage la mémoire, et de préparer la voie aux classifications naturelles. Sous ce dernier point de vue, on peut remarquer qu'il eût mieux valu donner à ces classifications artificielles le nom de classifications ou *méthodes incomplètes*.

La seule recommandation qu'on puisse faire à propos de ces classifications, éminemment arbitraires, c'est que les caractères sur lesquelles elles reposent soient très apparents, et que les divisions, peu nombreuses, soient faciles à retenir.

2° Classification naturelle. — On appelle classification naturelle celle qui est *fondée sur l'organisation intime des êtres, et conforme à l'ordre établi par la nature même.*

Ces classifications reposent d'abord sur des caractères essentiels ou fondamentaux appelés *dominateurs*, c'est-à-dire qui en entraînent beaucoup d'autres avec eux. En second lieu, elles tiennent compte de l'importance plus ou moins grande des divers caractères; c'est ce qu'on appelle la *loi de subordination des caractères*, posée par Laurent de Jussieu et appliquée par lui à la classification naturelle des plantes. Les livres rangés suivant la nature et l'importance des sujets dont ils traitent; les animaux divisés en embranchements, classes et ordres, etc., d'après des caractères tirés du système nerveux, de la respiration, de la circulation (Cuvier); les plantes groupées en embranchements et en familles, d'après leur constitution intime et spécialement d'après la contexture de la graine (L. de Jussieu), sont des exemples de classifications naturelles.

La classification naturelle ne peut être que le fruit d'un travail sérieux, d'une science déjà avancée. Mais aussi elle offre l'immense avantage de nous faire, pour ainsi dire, pénétrer dans le plan du Créateur; de nous faire connaître les caractères généraux d'un être, d'un objet, par la place seule qui lui est assignée dans la classification; de réduire toutes les notions acquises à quelques principes généraux; enfin d'exprimer les rapports essentiels des êtres.

Outre les deux règles indiquées déjà par la définition (partir de caractères fondamentaux et tenir compte de leur subordination), la classification naturelle doit présenter les mêmes qualités que la division, par suite être *entière, distincte* ou *opposée, graduée* et *proportionnée.*

MÉTHODE DANS LES SCIENCES PHYSIQUES ET NATURELLES.
CONCLUSION

C'est la méthode inductive, avons-nous dit, qu'on doit suivre dans l'étude des sciences physiques et naturelles. Le raisonnement déductif y intervient aussi cependant, soit pour la vérification des hypothèses, soit pour s'emparer, au moyen du calcul, des lois découvertes, et en tirer toutes les conséquences qui y sont contenues. Tel est l'objet propre de la physique mathématique, dont l'importance devient tous les jours de plus en plus considérable, grâce aux découvertes modernes, qui tendent à réduire tous les phénomènes physiques à de simples mouvements. C'est la vérification dans l'ordre physique de ce principe cartésien : « les règles des mécaniques sont les mêmes que celles de la nature. »

Des divers procédés de la méthode inductive, quelques-uns sont plus spécialement *en usage dans les sciences physiques*, l'*expérimentation*, par exemple, l'*induction*, l'*hypothèse;* ils conviennent mieux à l'objet propre de ces sciences, qui est de trouver des lois. D'autres sont plus particulièrement *employés dans les sciences naturelles;* ce sont : l'*observation*, la *classification*, et surtout l'*analogie;* ils sont plus en rapport avec le but immédiat de ces sciences, qui est d'établir des classifications conformes à l'ordre naturel.

Cependant les sciences naturelles n'excluent ni l'expérimentation, ni l'hypothèse, ni l'induction; non plus que les sciences physiques, l'analogie et la classification.

IV

MÉTHODE DANS LES SCIENCES MORALES

Les sciences morales peuvent se ranger en deux groupes : les sciences *historiques*, qui se rapportent à l'étude des *faits* extérieurs que nous ne pouvons percevoir directement, et les sciences *morales proprement dites*, qui ont pour objet l'étude de diverses *questions* relatives à l'homme considéré comme être intelligent et libre.

Nous traiterons successivement de la méthode à suivre dans ces deux genres de sciences.

I. — Méthode des sciences historiques ou méthode d'autorité.

Les deux méthodes dont nous avons parlé jusqu'ici nous permettent d'arriver, quoique indirectement, à saisir la vérité elle-même.

Par la méthode d'autorité, qui convient à l'histoire, nous ne percevons plus la vérité en elle-même, nous y adhérons sur la foi du témoignage qui nous l'atteste; nous ne la voyons plus, nous y croyons.

On appelle *témoignage* l'attestation d'une chose qui nous est proposée comme vraie par une ou plusieurs personnes, et *autorité du témoignage* le degré de foi que mérite la parole du témoin.

Importance du témoignage. — Le témoignage est de la plus grande importance pour le développement de l'intelligence, comme pour la pratique de la vie. La foi à ce témoignage est instinctive dans l'enfant, qui se laisse guider par ses parents et par ses maîtres, auxquels il attribue l'infaillibilité. Ce sont eux qui lui font connaître le nom et l'emploi de tous les objets à son usage; eux qui lui font connaître la religion, la famille; eux qui lui disent la naissance et le progrès des arts, de la littérature et des sciences.

Plus tard sans doute l'observation propre, la réflexion et le jugement, exerceront une grande influence sur le développement de ses idées; mais, homme fait, il invoque encore à tout moment le témoignage de ses semblables, soit pour connaître les faits sensibles qui ne sont point à sa portée, soit pour se mettre au courant d'une foule de faits de conscience qu'il ne peut observer, soit enfin pour s'instruire des vérités scientifiques qui souvent dépassent son intelligence. Plus il réfléchit, et plus il comprend qu'il est incapable de connaître par lui-même une foule de choses. Alors la foi naïve de l'enfance fait place à une foi réfléchie.

Fondement de la foi due au témoignage. — Cette foi que nous accordons au témoignage repose, d'après l'école écossaise, sur deux penchants de notre nature qui nous portent, l'un à dire la vérité (*instinct de véracité*), l'autre à croire que les autres hommes la disent aussi (*instinct de crédulité*).

Nous ne nierons pas ces tendances naturelles de l'homme; mais sont-elles le vrai fondement de l'autorité du témoignage? Nous ne le croyons pas. Si l'instinct de crédulité, en effet, explique la tendance des hommes à croire au témoignage de leurs semblables, il ne nous apprend rien sur la valeur intrinsèque de ce témoignage; quant à l'instinct de véracité, il ne suffit pas non plus à rendre notre croyance légitime, car l'expérience est là pour établir que l'homme, naturellement véridique, peut se tromper par faiblesse, mentir par passion ou par intérêt, enfin essayer de nous tromper nous-mêmes par toutes sortes de ruses et d'équivoques de langage.

Quel est donc le vrai fondement de notre foi au témoignage? M. Janet veut en rendre compte par les lois de l'induction et de l'association des idées, mais cette explication nous paraît manquer de clarté. Pour nous, la raison dernière de la certitude qu'engendre le témoignage est l'*impossibilité manifeste* dans certaines conditions, vu les lois de notre nature, d'expliquer l'accord des témoins autrement que par la vérité. « Trois causes en effet, sans plus, remarque M. Rabier, peuvent être assignées à un témoignage : la mauvaise foi, une illusion, la réalité du fait attesté. Dans la mesure où les deux premières hypothèses sont jugées improbables, le principe de raison suffisante fonde la probabilité de la troisième; » quand elles seront démontrées fausses et *à fortiori* impossibles, la certitude du fait attesté sera rigoureusement établie.

Diverses sortes de témoignages. — Le témoignage peut se distinguer soit au point de vue *du témoin* qui le donne, soit au point de vue de l'*objet* sur lequel il porte.

A *raison du témoin*, le témoignage est *divin* ou *humain :* divin, s'il a Dieu pour auteur; humain, si c'est un homme qui nous parle. Nous ne traiterons point ici du témoignage divin; il suffit de constater le fait de son existence pour avoir immédiatement la certitude, puisqu'on ne saurait, sans une impiété déraisonnable, supposer que ce témoignage puisse jamais nous induire en erreur.

A *raison de son objet*, le témoignage est *doctrinal* ou *historique*, selon qu'il porte sur des doctrines ou sur des faits. Nous parlerons du témoignage doctrinal en exposant la méthode des sciences morales proprement dites; nous n'avons à traiter ici que du témoignage historique.

Le **témoignage historique** est la *déposition de nos semblables sur des faits que nous n'avons pu observer nous-mêmes.* Or ces faits ou événements peuvent être contemporains ou passés. Dans le premier cas, c'est le *témoignage proprement dit;* dans le second, c'est la *tradition.*

I. — Témoignage proprement dit.

Le témoignage nous donne une certitude véritable quand il revêt certaines conditions exigées par la raison, pour écarter toute crainte d'erreur et de mauvaise foi.

Conditions générales de certitude. — Ces conditions sont relatives aux *faits* et aux *témoins.*

Règles des faits. — L'unique condition essentielle pour les FAITS est qu'ils soient *possibles.* Un fait absolument impossible doit être rejeté *à priori,* sans qu'on ait besoin d'examiner la valeur du témoin, car il n'a pu que se tromper ou vouloir nous tromper. Mais il faut remarquer qu'il s'agit d'une impossibilité absolue, c'est-à-dire qui implique contradiction et absurdité. Les *miracles,* qui sont des dérogations aux lois contingentes du monde physique, sont impossibles pour les forces ou les agents naturels, mais très réalisables pour la puissance souveraine de Dieu ; ils ne sont donc point proprement impossibles. Même dans l'*ordre de la nature,* il ne faut pas se hâter de déclarer impossible ce qu'on ne comprend pas, car la science a ses mystères.

À la possibilité du fait on joint quelquefois la *vraisemblance* comme condition de la valeur du témoignage. Elle n'est pas absolument requise, car « le vrai peut quelquefois n'être pas vraisemblable »; toutefois il sera prudent de se tenir en garde contre l'invraisemblance et le merveilleux ; on a le droit d'être alors plus exigeant sur les qualités du témoin.

Règles des témoins. — Les TÉMOINS ne doivent être ni trompés ni trompeurs ; ou, ce qui revient au même, ils doivent être *capables* et *véridiques.* Les recherches à faire pour s'assurer de ces deux conditions sont parfois longues et pénibles, mais cependant absolument nécessaires. Qu'importe, en effet, que celui qui parle connaisse la vérité, si ses lèvres profèrent le mensonge ? et, s'il est trompé, qu'importe sa bonne foi ?

Pour s'assurer que les témoins *n'ont pas été trompés,* on verra s'il s'agit d'un fait important, sensible, facile à saisir, public, qui soit de leur compétence et les intéresse ; s'ils ont été attentifs, s'ils ont été tous affectés de la même façon. — Pour s'assurer ensuite qu'ils *n'ont pas été trompeurs,* il faut voir s'ils sont nombreux et unanimes dans leurs témoignages, au moins sur la substance du fait, s'ils sont d'une probité reconnue, si quelque passion, quelque intérêt ne les porte point à mentir. La preuve sera plus forte encore si le témoignage est préjudiciable aux témoins. « Je crois volontiers, dit Pascal, des témoins qui se font égorger. »

A ces règles relatives aux faits et aux témoins, on en peut ajouter une relative AUX DÉPOSITIONS ELLES-MÊMES. Qu'elles soient claires, précises et aussi simples que possible. L'obscurité du langage indiquerait la faiblesse d'esprit, la légèreté ou la mauvaise foi du témoin, et pourrait faire soupçonner qu'il n'est ni capable ni véridique.

Application de ces conditions. — Ces conditions réalisées, le témoignage donne la certitude, mais leur application offre quelquefois des difficultés.

Quel nombre de témoins, par exemple, est requis pour une

certitude absolue? Il est utile, pour résoudre cette question, de distinguer les faits particuliers et les faits publics.

Pour les faits *particuliers*, souvent deux ou trois personnes graves, instruites, nous inspirent toute confiance et nous donnent la certitude. C'est une question controversée de savoir si un seul témoin peut suffire. La jurisprudence la tranche négativement pour les dépositions judiciaires, et cette maxime : *testis unus, testis nullus*, est très sage à cause de la généralité de son application. Mais, dans beaucoup de cas particuliers, un seul témoin nous suffit quand sa compétence et sa bonne foi nous sont parfaitement connues : un enfant ne doute pas de la parole de sa mère, un ami de celle de son ami. Il faut en général peser les témoins plutôt que les compter, *æstimare potius quam numerare*.

Du reste, dans les circonstances ordinaires de la vie, nous ajoutons foi au témoignage sans exiger le concours de toutes les conditions qui excluent jusqu'à la possibilité de l'erreur. Pourrions-nous dire alors que nous sommes absolument certains? Non, le plus souvent nous n'avons qu'une probabilité plus ou moins grande, tout au plus une assurance morale; mais elle nous suffit pour asseoir nos jugements ordinaires et régler prudemment notre conduite.

Pour les faits *publics*, on peut facilement avoir, et on a le droit d'exiger un plus grand nombre de témoins; mais aussi on obtient une certitude absolue, car il répugne d'admettre l'accord de témoins nombreux, probes, différents d'âge, de conditions, de caractères, de passions et d'intérêts, pour soutenir une imposture.

Dans l'application des règles données, il importe encore beaucoup d'examiner si les témoins sont *oculaires* ou *auriculaires*, c'est-à-dire s'ils ont vu eux-mêmes les choses qu'ils rapportent ou s'ils les ont entendu seulement raconter aux personnes qui les ont directement vues ou qui les ont entendues. Dans ce dernier cas, il y aura plus de précautions à prendre, il faudra un plus grand nombre de témoins, surtout si les récits différents qui nous sont faits viennent de sources diverses, et paraissent également dignes de foi.

Conclusion. — Nous pouvons donc étendre le cercle de nos connaissances par le témoignage de nos semblables, tout en nous mettant en garde contre leurs illusions et leurs mensonges. Mais nos connaissances seraient encore bien bornées si elles s'arrêtaient à ce que nous avons vu ou ce qu'ont vu les hommes avec lesquels nous vivons. La tradition nous permet de connaître les faits d'un autre âge, et nous allons étudier maintenant les conditions de sa légitimité.

II. — La tradition.

Nous connaissons le passé de trois manières : par la tradition *orale*, par la tradition *monumentale* et par la tradition *écrite*.

L'appréciation de ces diverses sources de connaissances ou la discussion de leur valeur est l'objet d'un art spécial, la *critique historique*, qui n'est que l'application intelligente des règles générales du témoignage que nous venons de donner.

a. — *Tradition orale.*

La tradition orale est *un témoignage que les générations se transmettent de vive voix et d'âge en âge*. Tous les peuples ont une histoire traditionnelle qui passe de bouche en bouche, et qui se poétise en s'altérant. La légende n'est que l'histoire transformée par des conteurs naïfs; à son origine, elle offre toujours un fait véritable dont elle est le gracieux développement. Mais toute tradition, toute légende surtout, ne saurait faire connaître un fait avec certitude.

Conditions de certitude. — La tradition, pour engendrer la certitude, doit être : universelle, constante, uniforme, et relative à des faits importants.

Il faut qu'elle soit *universelle*, c'est-à-dire qu'elle ait cours dans toute la contrée intéressée à l'événement qui est transmis, et qu'à chaque époque elle offre un grand nombre de témoins. L'opposition des intérêts et des passions rend alors l'imposture impossible.

Constante, c'est-à-dire que, par une suite non interrompue de témoins, on puisse remonter jusqu'aux témoins oculaires du fait, chose toute naturelle, si l'on prend garde que les générations ne meurent pas brusquement, mais sont, pour ainsi dire, entrelacées les unes dans les autres.

Uniforme, c'est-à-dire qu'elle doit traverser les siècles sans altération essentielle. L'imagination des peuples altère sans doute plus ou moins les détails, mais la substance du fait doit toujours rester intacte.

Enfin le *fait* objet de la tradition doit être *important*, public, et de nature à intéresser l'honneur d'un peuple, d'une province, ou tout au moins d'une cité ou d'une grande famille.

Application de ces conditions. — Quand elle remplit ces conditions, la tradition orale donne la certitude; car il est impossible de trouver dans la suite de sa durée une place pour l'erreur. L'existence d'une tradition à notre époque prouve, en effet, que cette tradition existait aussi à l'époque qui nous a immédiatement précédés; son existence à cette seconde époque est une preuve de son existence à la troisième, et ainsi jusqu'à la génération contemporaine du fait, qui n'a pas pu être trompée ni vouloir tromper les générations futures.

L'autorité de la tradition acquerra la plus grande force si cette tradition a simultanément cours chez des peuples de mœurs et d'intérêts opposés. Mais il faut avouer que les faits sur lesquels la tradition orale toute seule peut donner la certitude sont assez rares. Ordinairement c'est à la condition de se lier avec d'autres témoignages qu'elle acquiert sa valeur.

b. — *Tradition monumentale.* — *Monuments.*

Les monuments sont des *œuvres d'art* telles que temples, palais, colonnes, arcs de triomphe, statues, médailles, tombeaux, inscriptions lapidaires, *destinées à perpétuer le souvenir de quelque fait important.*

La valeur historique des monuments dépend de leur *authenticité* et de leur *intégrité*. Ces qualités établies, il est rare, en effet, que les monuments ne donnent pas la certitude; car, si le fait dont un monument est destiné à perpétuer la mémoire est faux, presque toujours, sinon toujours, l'érection de ce monument aura soulevé chez les contemporains une opposition dont le souvenir a dû passer à la postérité. Quand aucune trace d'opposition ne subsiste, on est donc fondé à croire à la vérité du fait attesté.

Toutefois les indications fournies par les monuments sont en général très incomplètes. Leur principale utilité est de servir à confirmer et à contrôler le récit des historiens.

c. — Tradition écrite. — Histoire.

La tradition écrite ou histoire est le *récit des faits passés fixé par l'écriture*. C'est, aujourd'hui surtout, à cause de l'imprimerie, le moyen le plus facile de transmettre à la postérité, non seulement les faits importants, mais les plus petits détails.

Sources et formes variées de l'histoire. — L'histoire puise ses renseignements quelquefois aux sources de la tradition orale et des monuments, plus souvent dans des documents écrits, actes officiels, journaux privés ou publics, relations diverses qui sont à sa disposition. Mais la critique historique doit apprécier avec soin la valeur de ces sources diverses, car l'histoire n'a point proprement pour but, comme Pascal l'a écrit, de nous faire connaître ce que les auteurs ont dit; elle consiste bien plutôt, selon la remarque de M. Havet, « à démêler, à travers ce qu'ils ont écrit, ce qui a été. »

L'histoire offre des caractères variés; elle est : religieuse, politique ou littéraire; — narrative (Hérodote, Tite-Live); — critique ou philosophique (Thucydide, Tacite, Bossuet, Montesquieu); — géographique et anecdotique (Xénophon, Plutarque, Suétone); — poétique (poèmes religieux de l'Inde, légendes populaires, chansons de Roland et des chevaliers de la Table-Ronde); — autobiographique (*Commentaires* de César, *Mémoires* de Guizot).

Conditions de certitude. — L'histoire, pour donner la certitude, doit avoir trois qualités : être authentique, intègre et véridique. Une histoire est : — authentique, quand elle est bien de l'époque et de l'auteur auxquels on l'attribue; — intègre, quand elle n'a pas subi d'altération essentielle; — véridique, quand les événements qu'elle contient se sont réellement accomplis.

Cette dernière qualité est en réalité la seule qualité essentielle d'un historien, mais on ne peut l'établir qu'après avoir démontré l'authenticité et l'intégrité de l'ouvrage.

L'authenticité se reconnaît, — à des signes *extrinsèques*, par exemple à sa confirmation par des monuments et des historiens contemporains ou peu éloignés de l'époque supposée, — et à des signes *intrinsèques*, tels que la conformité de l'ouvrage avec le caractère de l'auteur présumé, ses idées et son style connus par d'autres monuments authentiques ou par la tradition; l'accord des faits racontés avec ce qu'on connaît des usages, des mœurs, des croyances et des événements de l'époque; enfin le contrôle même des expressions et du style de l'auteur d'après la connaissance qu'on peut avoir des langues aux divers siècles.

Il faut observer que les caractères intrinsèques ne fournissent que des preuves négatives de l'authenticité d'un livre; c'est-à-dire que l'absence de ces caractères le démontrerait supposé, mais que leur présence ne suffit pas pour le démontrer rigoureusement authentique, parce qu'il ne serait pas impossible à un habile imposteur d'imiter ces caractères au point de tromper les critiques.

L'Intégrité se reconnaît de même à des signes *extrinsèques* et *intrinsèques,* à propos desquels nous aurions à faire la même remarque que tout à l'heure. — Les premiers se tirent des analyses et des citations qu'on a pu faire de l'ouvrage en question depuis le temps où a vécu l'historien jusqu'à nous, de la diffusion de l'ouvrage, de l'identité des diverses éditions ou exemplaires de l'ouvrage quand ils proviennent d'une source différente. — Les seconds se trouvent dans une parfaite unité de style et de pensée, qui manifeste la même unité de conception et d'exécution.

La **véracité** doit être admise, si l'on peut prouver que l'historien n'a été ni trompé ni trompeur. — On doit croire qu'*il n'a pas été trompé* si les faits qu'il rapporte sont importants, faciles à constater; s'il est judicieux, s'il a puisé ses renseignements à des sources certaines; à plus forte raison, s'il a été acteur ou témoin oculaire. Cette dernière circonstance pourtant est quelquefois un motif de se défier de son témoignage. — On doit croire qu'*il n'a pas été trompeur* s'il jouit d'une réputation non équivoque de sincérité; s'il se montre au-dessus des préjugés de nation, de parti, de secte; si son histoire n'a pas soulevé de réclamations; à plus forte raison, si son récit est confirmé par des historiens contemporains.

Bien rarement ces caractères de véracité se trouveront réunis; au milieu du désaccord des historiens, il faudra souvent se contenter de prendre une moyenne entre les opinions extrêmes, manifestement suspectes par leur exagération même, et, suivant le conseil de Descartes, adopter l'opinion la plus modérée comme la plus probable, toutes les fois du moins que les preuves matérielles et décisives nous font absolument défaut.

III. — Objections contre la certitude du témoignage.

Le témoignage ne donne point seulement une probabilité plus ou moins grande, comme on est souvent tenté de le croire, il peut donner une certitude absolue.

Toutefois les adversaires du témoignage historique sont nombreux. 1° Les uns, comme *Bayle* nient que le **témoignage humain** puisse jamais donner la certitude : « Un ensemble de probabilités, disent-ils, ne peut jamais conduire à la certitude, mais seulement à une probabilité plus ou moins grande ; or le témoignage humain n'est qu'un ensemble de probabilités, puisqu'il est possible que chaque témoin se trompe. »

On doit admettre qu'un ensemble de probabilités ne donne jamais la certitude ; aussi n'est-ce pas sur cette base que nous faisons reposer la certitude du témoignage, mais sur l'impossibilité où sont plusieurs témoins, d'âge, de passions, d'intérêts opposés, de s'accorder dans l'erreur. On pourrait dire aussi que, quand un fait est certain, le témoignage de chaque individu n'est pas seulement probable, il est réellement certain et connu comme tel par l'accord de tous les témoins.

2° D'autres philosophes accordent que nous pouvons avoir la certitude des faits contemporains, mais prétendent qu'il est impossible que nous ayons celle des faits passés ; car, à mesure qu'on s'éloigne de l'événement, avec le nombre des témoins successifs augmentent les chances d'erreur : *fama crescit eundo*. Ainsi raisonnent quelques mathématiciens, *Craig* en particulier, qui, s'appuyant sur le calcul des probabilités, s'efforce de démontrer que, vers l'an 3150, les événements du siècle d'Auguste, et par conséquent les bases historiques de la religion chrétienne, n'auront plus aucune probabilité.

Il est absolument faux d'avancer que la certitude décroît nécessairement avec le temps. Évidemment la certitude de la seconde génération est égale à celle de la première, si la seconde a des motifs aussi incontestables que la première de tenir les faits pour vrais ; or il en est ainsi toutes les fois que la seconde génération fonde sa croyance sur des traditions ou des histoires réunissant les conditions que nous avons données.

Nous sommes aussi certains de l'existence d'Alexandre ou de Louis XIV, que de l'existence de Napoléon III, dont il reste encore une foule de témoins oculaires. Quelquefois même les motifs de tenir un fait pour vrai sont d'autant plus forts, que le fait est plus ancien. C'est le cas des faits importants; car plus ces faits sont anciens, plus ils ont été soumis fréquemment à un examen sévère.

3° *Hume, Diderot, Voltaire* acceptent la valeur du témoignage dans les cas ordinaires, mais ils la rejettent quand le témoignage porte sur des **faits miraculeux**. Au nom de quel principe ?

Ces faits sont possibles, car on ne saurait contester que Dieu, créateur et conservateur du monde, puisse dans un cas particulier, par lui-même ou par l'un de ses ministres, déroger à l'une des lois qu'il a librement établies. La possibilité du miracle admise, reste à savoir s'il a eu lieu. C'est une question de fait sur laquelle le témoignage prononce avec autorité. Il y a deux choses, en effet, à considérer dans un miracle : le fait en lui-même et son caractère miraculeux.

Le fait en lui-même, ne différant pas des faits ordinaires, se constate avec certitude par la perception des sens et peut évidemment être transmis à la postérité.

Son caractère miraculeux vient de son opposition avec les lois de la nature. C'est à la raison d'examiner si l'opposition est réelle; mais cet examen est tout à fait en dehors du témoignage, et s'il nous conduit à croire au caractère miraculeux du fait, pourquoi refuserions-nous de croire à sa réalité? Le caractère miraculeux peut légitimer une certaine défiance, mais ne peut en aucune manière dispenser de croire à l'évidence du témoignage.

4° D'autres philosophes ne nient pas directement les faits, mais s'efforcent de les **interpréter** comme des symboles. Ce système, appliqué aux faits de l'histoire profane par Vico (1688-1744), qui prétend qu'Homère et Romulus ne sont que des allégories personnifiant les mœurs et les institutions d'une époque, a surtout été appliqué aux faits du christianisme par Dupuis (1742-1809), qui annonce que Jésus-Christ est une personnification du soleil, et Strauss, pour lequel Jésus-Christ n'est qu'un mythe, l'idéal de l'humanité.

Cette forme du scepticisme historique ajoute à la négation

réelle des faits connus par le témoignage une interprétation qui répugne à la saine raison. M. Pérès l'a réfutée par l'absurde dans sa spirituelle brochure *Comme quoi Napoléon n'a jamais existé*, en montrant, lui aussi, dans ce personnage, dont on ne peut révoquer en doute l'existence, une allégorie du soleil.

MÉTHODE DANS LES SCIENCES HISTORIQUS. — CONCLUSION

L'objet direct de l'histoire, ce sont les événements passés; ils ne peuvent être connus que par la méthode d'autorité ou le témoignage.

Mais une histoire digne de ce nom ne se borne pas à raconter les faits, elle les explique et les juge; c'est à cette condition seulement qu'elle est instructive et mérite d'être appelée, avec Cicéron, « la maîtresse de la vie, » ou, suivant le mot de Bossuet : « le flambeau de l'avenir. »

Or, pour expliquer les faits, l'histoire doit remonter à leurs causes; et ce n'est qu'en s'aidant de tous les *procédés inductifs* qu'elle arrivera à discerner la vraie raison des événements, au milieu des conflits des passions et des agissements secrets de la politique. Pour en porter un jugement éclairé, elle doit se guider d'après les principes de la plus saine morale et du droit le plus pur, et par conséquent faire usage de la *déduction*.

II. — Méthode des sciences morales proprement dites.

L'objet principal des sciences morales proprement dites est l'étude de l'homme considéré comme être pensant et libre; mais ces sciences traitent aussi de Dieu, notre législateur, des règles ou lois qu'il nous impose, de la société au milieu de laquelle l'homme est appelé à développer ses facultés pour arriver à sa fin. De là des questions sur Dieu, sur le droit, sur l'état social.

Voilà ce qu'on entend, ou du moins ce que l'on peut entendre par sciences morales, quand on les oppose aux sciences physiques et aux sciences exactes, et qu'on met à part les sciences historiques. Leur domaine comprend : la *psychologie*, la *logique*, la *morale proprement dite*, l'*esthétique*, la *théodicée*, le *droit*, la *jurisprudence*, la *pédagogie* ou science de l'éducation, la *politique* ou science du gouvernement, l'*écono-*

mie politique ou science des diverses sources de la richesse et du bien-être social.

Un peu d'attention suffit pour voir que, dans cet ensemble de sciences, il y a tantôt des *faits à constater* pour en connaître *les lois,* tantôt des *principes qui s'imposent* à nous et dont il faut déduire les conséquences, tantôt enfin des *vérités universelles* attestées par le témoignage, et dont nous ne pouvons pas ne pas tenir compte. La méthode des sciences morales est donc une méthode mixte; elle emprunte aux *sciences exactes,* aux *sciences physiques* et aux *sciences historiques* leurs procédés divers.

I. — De la méthode inductive dans les sciences morales.

Connaissance des faits. — Tout ce que l'homme connaît sur le monde moral, il le doit à la connaissance qu'il a de lui-même. « La science de l'esprit humain, suivant la pensée de Thomas Reid, est la racine commune de toutes les sciences morales et le tronc qui les nourrit. »

Or ce que nous avons dit de la nature, que pour la connaître il faut l'observer, est vrai de toutes les œuvres de Dieu, de notre âme surtout; et il serait plus impossible encore d'émettre *à priori* un système psychologique, que de construire hypothétiquement un nouveau système du monde. L'observation sera donc, pour les sciences morales comme pour les sciences physiques, le point de départ nécessaire. Ici l'observation au moyen des sens, là l'observation au moyen de la conscience. Nous avons longuement exposé dès les premières pages de ce livre tout ce qui concerne ce sujet; nous n'avons pas à y revenir ici.

Détermination des lois. — Les phénomènes de l'âme reconnus et exactement décrits, il faut les classer, les rattacher à des causes secondes, à des facultés auxquelles nous arrivons par un procédé comparable à la *généralisation* des naturalistes.

Le développement de ces facultés est soumis à certaines lois qui rappellent les lois de la nature; elles nous sont données par une induction semblable à l'*induction baconienne.* Telles sont ces lois de l'esprit : une vérité absolue ne se révèle à la raison qu'à propos d'un fait contingent et dans un jugement particulier; la mémoire suppose toujours quelque acte d'attention; l'habitude émousse les impressions de la sensibilité pure, et fortifie les principes actifs de l'âme humaine.

Les lois de l'esprit dont nous parlons ici sont contingentes, et en cela semblables aux lois de la nature; mais dans les sciences morales il est facile aussi de découvrir des lois et des principes nécessaires, telles que les lois métaphysiques, conditions de toute existence, les lois morales ou règles absolues de la liberté. Le procédé qui nous conduit à la connaissance de ces lois est l'*induction rationnelle*.

Cette induction rationnelle diffère de l'induction baconienne soit quant à la manière de procéder, soit quant au résultat. L'induction baconienne part d'une série d'expériences et de comparaisons, et aboutit à des vérités contingentes quoique générales; elle est assujettie à un certain nombre de règles sans lesquelles elle ne serait qu'une source d'erreurs et de préjugés. L'induction rationnelle, à l'occasion d'un seul fait particulier, s'élève, par une intuition prompte et sûre, à l'affirmation d'une vérité nécessaire, universelle; elle ne peut guère être l'objet d'aucun précepte particulier.

L'induction rationnelle est le procédé fondamental de la dialectique platonicienne. Platon recommande de purifier d'abord son esprit en le débarrassant des chimères de l'imagination, des fausses probabilités de l'opinion, des illusions du préjugé et des erreurs dues aux faux raisonnements. « Le résultat de ces efforts, dit-il, est d'ouvrir l'œil de l'âme sur elle-même, de nous découvrir ainsi les idées, c'est-à-dire les types éternels de toutes choses, et de nous conduire progressivement à l'idée du bien absolu, qui est Dieu même. (Voyez *Répub. Platon*, VIIe livre.)

II. — De la méthode déductive dans les sciences morales.

Les lois contingentes ou nécessaires auxquelles on est arrivé en partant de l'observation sont autant de principes dont on pourra tirer des conséquences. Ici c'est le procédé déductif qu'on devra suivre, et il faudra observer les lois de la démonstration, toujours les mêmes, quels que soient le principe qui serve de point de départ et la conclusion à laquelle on arrive.

C'est la méthode qui convient aux sciences métaphysiques : ontologie, cosmologie et psychologie rationnelles, théodicée. C'est celle qui doit aussi dominer dans la morale proprement dite, dont le but est de déduire, des principes généraux fournis par la raison, les conséquences relatives à la pratique de la vie.

On a nié, mais à tort, que les sciences morales fussent susceptibles d'une certitude démonstrative. « Il y a, dit Leibnitz après Locke, de solides démonstrations en morale et en jurisprudence, qui n'ont rien à envier aux démonstrations géométriques. Le nombre en est plus grand qu'on le croit; seulement, pour être bien comprises, elles exigent que l'esprit y soit préparé, c'est-à-dire soit dégagé de passions, d'intérêts, de préjugés. » (Bénard.)

De l'union des deux méthodes inductive et déductive.
— Quelques sciences morales offrent dans leur ensemble, au point de vue de la méthode, un caractère *expérimental* ou *rationnel* bien déterminé. Mais dans la plupart l'étude des faits s'unit à celle des principes et des règles qui en découlent, de telle sorte que la séparation des deux méthodes devient impossible; c'est à chacun de ceux qui étudient ces sciences d'user à propos des divers moyens de connaître que la logique met à sa disposition.

Citons comme exemples de ces sciences mixtes le droit et la politique.

1° *Le droit.* — Pour en avoir une connaissance approfondie, il faut partir des principes essentiels du droit naturel, dont la source dernière est en Dieu, en déduire les conséquences plus ou moins immédiates, afin de rapprocher de ces conséquences les lois humaines qui n'y doivent pas être contraires. Mais ces raisonnements *à priori* ne suffisent pas pour apprécier sainement les lois; il faudra y joindre l'observation attentive des faits pour vérifier si ces lois sont, comme elles doivent être, pratiques, c'est-à-dire possibles, en rapport avec les mœurs de l'époque et du pays.

S'il s'agit, non plus de l'étude des lois, mais de leur application ou de la *jurisprudence,* les deux méthodes doivent encore être employées : le raisonnement, partant de la loi comme d'un principe, en déduira toutes les conséquences, en montrera toutes les applications; mais le juge doit tenir compte aussi de la nature des faits auxquels la loi paraît s'appliquer; il doit par conséquent les étudier en eux-mêmes, dans leur fin, dans leurs circonstances; c'est à cette condition que son jugement sera éclairé.

2° *La politique.* — Tantôt on s'est efforcé de construire *à priori* cette science et de la faire découler d'une idée mère, comme Platon dans sa *République,* Rousseau dans son *Contrat social,* Hobbes dans son *de Cive;* tantôt on en a fait une espèce d'art purement empirique, comme Machiavel dans son livre du *Prince.* La vérité est que dans la politique, envisagée comme science du gouvernement, on doit suivre une méthode mixte, et c'est ce que fait Montesquieu dans l'*Esprit des lois.*

« Il est nécessaire d'étudier tout d'abord les lois fondamentales d'une société quelconque, les conditions morales qui en font la prospérité et la force, le but auquel elle doit tendre, sous la direction de l'autorité, et les moyens à prendre pour l'atteindre sûrement. Mais cette connaissance serait insuffisante si on n'y ajoutait, au moyen de l'observation et de l'expérience, la connaissance des passions humaines, du caractère et des besoins du peuple auquel on veut être utile. Ces deux sortes de connaissances sont indispensables pour bien gouverner. » (L'abbé Dagorne.)

III. — De la méthode d'autorité dans les sciences morales.
Témoignage doctrinal.

Le témoignage doctrinal est l'accord des hommes à admettre une vérité déterminée; mais sa valeur sera très différente selon qu'il s'agira d'une vérité *morale et pratique* ou d'une vérité *scientifique et spéculative.*

Témoignage doctrinal moral. — Ce témoignage reçoit souvent la dénomination spéciale de *consentement universel.* Dire avec Lamennais que le consentement universel est la seule garantie que nous ayons de la vérité, ou, au contraire, avec certains rationalistes exagérés, que ce consentement universel est sans valeur et que la raison individuelle seule peut nous faire connaître la vérité, sont deux assertions également fausses.

Le témoignage doctrinal nous donne une certitude véritable quand il est vraiment universel, c'est-à-dire quand il atteste une croyance générale et ancienne dans l'humanité; qu'il porte sur des vérités pratiques, importantes, de nature à intéresser notre moralité et notre bonheur; qu'enfin ces vérités sont contraires ou tout au moins étrangères aux passions et à l'imagination. Dans ces conditions, en effet, l'accord unanime des peuples ne peut être que le résultat d'un penchant naturel ou d'une révélation primitive; il serait impossible aux hommes de s'accorder ainsi dans l'erreur. On peut donc conclure avec Cicéron : *In omni re, consensio omnium gentium, lex naturæ putanda est;* ou avec saint Vincent de Lérins : *Quod ubique, quod semper, quod ab omnibus creditum est, ut lex naturæ putandum.*

Conformément à ces principes, les meilleurs philosophes invoquent le consentement universel comme un argument décisif en faveur de l'existence de Dieu, de la Providence, de la liberté de l'homme, de la distinction de l'âme et du corps, de l'existence d'une loi morale.

Témoignage doctrinal scientifique. — S'il s'agit de vérités *scientifiques*, ni le grand nombre ni la gravité des témoignages ne sont une garantie suffisante de certitude; le vulgaire est mauvais juge en ces sortes de questions, et les savants eux-mêmes acceptent trop souvent comme vraie une solution qu'ils n'ont point suffisamment étudiée.

Ici donc il faut savoir user de sa raison et ne se rendre qu'à l'évidence de la vérité. Le moyen âge a peut-être exagéré le respect dû aux anciens, et trop facilement accepté sans examen une foule de maximes fausses, surtout en physique; la philosophie moderne a justement réclamé pour la raison individuelle le droit de contrôle en matière de raisonnement et d'expérience : *veritas, filia temporis, non auctoritatis... Antiquitas sæculi, juventus mundi.* (Bacon.)

On peut cependant, et on doit admettre comme indubitable toute proposition qui, *après avoir été suffisamment étudiée,* est *unanimement* admise par les savants compétents comme *vérité établie.* Ces explications, pour n'être pas comprises de tous, n'en sont pas moins absolument incontestables. Les nier, sous prétexte qu'on ne les comprend pas, serait au moins une inconséquence; car, si instruit qu'on soit, on est bien forcé de répéter et de croire sur l'autorité d'autrui une foule de choses qu'on ne comprend pas.

Objections. — Contre la valeur du témoignage doctrinal, on allègue diverses erreurs universelles, telles que la croyance à la rotation du soleil autour de la terre, à l'horreur de la nature pour le vide, la persistance durant de longs siècles du polythéisme et de l'idolâtrie.

Mais ces erreurs et toutes celles du même genre qu'on peut nous opposer, ou bien tiennent à la science, et le vulgaire n'en est point juge; ou bien sont favorables aux passions, et nous avons dit que dans ce cas le consentement universel ne donnait point la certitude.

MÉTHODE DANS LES SCIENCES MORALES PROPREMENT DITES.
CONCLUSION

Ce groupe de sciences est celui dont l'objet est le plus vaste et le plus complexe. La méthode qui lui convient est essentiellement mixte et renferme, nous l'avons vu, tous les procédés que peut employer l'esprit humain pour arriver à la vérité. Si parmi les sciences de ce groupe quelques-unes sont appelées démonstratives, d'autres expérimentales, elles doivent leurs noms au caractère dominant plutôt qu'au caractère exclusif de leur méthode.

COMPLÉMENT DE LA LOGIQUE

DES ERREURS ET DES SOPHISMES

Après avoir indiqué les diverses voies qui nous conduisent à la vérité, il reste à signaler les principales erreurs de l'esprit humain afin d'y apporter remède. Cette étude sera le complément naturel de la logique.

Conformément au programme, nous traiterons séparément :
1° Des erreurs;
2° Des sophismes.

I

DES ERREURS

L'erreur est un jugement contraire à la vérité. Regrettable déjà au point de vue spéculatif comme mal de l'intelligence, l'erreur est plus fâcheuse encore au point de vue pratique, parce qu'elle conduit presque toujours à des actes contraires à la loi morale qui peuvent compromettre notre destinée elle-même; nous devons donc nous efforcer de l'éviter.

Essayons, dans ce but, de déterminer les *causes* de nos erreurs; nous ferons connaître ensuite quelques-uns des *essais de classifications* de ces erreurs.

I. — Des causes de nos erreurs.

Théorie de Descartes. — Pour Descartes, toute erreur vient de ce que la volonté dépasse dans ses affirmations les limites de l'entendement; la volonté est donc en réalité la cause exclusive de nos erreurs. Cette théorie cartésienne aboutit à ériger toutes nos erreurs en fautes et à méconnaître les erreurs invincibles; elle tend à confondre deux facultés distinctes, l'intelligence et la volonté, et suppose que le jugement appartient à la seconde de ces facultés, tandis qu'il relève de la première; elle ne saurait donc être acceptée.

Mais nous devons nous garder de tomber dans l'excès opposé et de nier la part de notre volonté dans l'erreur; elle est très grande toutes les fois que la vérité ne se présente pas à nous avec cette irrésistible clarté qui entraîne fatalement l'assentiment de notre esprit; et l'on peut admettre avec Bossuet que « le mal juger vient *très souvent* d'un vice de la volonté ».

Nous serons donc dans le vrai en ramenant toutes les causes de nos erreurs à deux grandes classes : les *causes logiques* et les *causes morales*.

I. — Causes logiques.

1° **Une première cause de nos erreurs et la plus générale, c'est la faiblesse même de l'esprit humain.** Tout esprit limité est par sa nature sujet à faillir. Dans chaque cas particulier, nous pouvons bien sans doute éviter l'erreur, mais notre attention n'est pas assez forte pour nous faire triompher toujours de cette multitude de causes intérieures et extérieures qui nous portent sans cesse à prendre l'apparence de la vérité pour la vérité même. Cette cause d'erreur est irrémédiable. « L'entendement purgé de ces vices et attentif à son objet ne se tromperait jamais, » dit Bossuet; c'est vrai, mais cette perfection n'est pas de notre nature; nous sommes des êtres finis, et la défaillance de nos facultés doit paraître par quelque endroit. Notre tâche est d'augmenter indéfiniment la part de la vérité et de diminuer celle de l'erreur, en ne jugeant que d'après l'évidence. « La vraie règle du bien juger, dit Fénelon, est de ne juger que quand on voit clair. »

2° **Une seconde cause de nos erreurs est le mauvais emploi de nos facultés et l'ignorance des vraies méthodes.**

L'intelligence comprend plusieurs facultés et opérations. Aucune d'elles n'est trompeuse par sa nature, mais toutes sont soumises dans leur exercice à certaines règles, dont l'infraction entraîne l'erreur. — Chacune de nos facultés a aussi son objet propre, auquel on doit l'appliquer exclusivement. Si les sens jugent de ce qui est du ressort de la conscience, si le raisonnement s'exerce sur des choses d'observation, si l'imagination règne en souveraine, on ne peut que tomber dans l'erreur.

Il y a des méthodes spéciales pour découvrir et pour démontrer la vérité, des procédés spéciaux pour l'étude des sciences physiques, pour celle des sciences exactes comme pour celle des sciences morales. Ne pas suivre la méthode convenable, la route tracée, c'est s'exposer à ne pas arriver au but.

Le remède à toutes ces causes d'erreur est naturellement dans l'étude exacte de chacune de nos facultés et de nos opérations, pour en mieux déterminer l'objet, la valeur et l'usage, les limites et les ressources; dans l'observation parfaite de toutes les règles générales ou particulières données précédemment; enfin dans l'emploi régulier des diverses méthodes.

Ces erreurs que nous venons de signaler sont loin d'être étrangères à notre volonté, puisqu'elle est chargée d'intervenir dans toutes les opérations de l'intelligence, et qu'il dépend de nous de les exercer avec plus ou moins d'exactitude; il faut donc ajouter aux remèdes déjà indiqués une attention sérieuse pour assurer une perception claire et distincte, combattre la paresse naturelle de notre esprit et la précipitation à laquelle les caractères légers sont sujets.

3° L'enseignement reçu est encore une source d'erreurs non moins féconde. Dans cette classe, on peut comprendre toutes les opinions fausses reçues comme vraies sans examen, et désignées sous le nom de *préjugés*. La plupart des hommes ont une foule d'opinions plus ou moins exactes qu'ils n'auraient jamais eues s'ils avaient appartenu à une autre famille, à un autre siècle, à un autre pays, s'ils avaient reçu une autre éducation. Il y a donc des préjugés de nation, de parti, de secte, de famille, des préjugés d'éducation. Ces derniers sont les plus importants, parce que ce sont ceux qui laissent dans l'âme les impressions les plus durables. Instinctivement, l'autorité de ceux qui nous entourent nous en impose; nous croyons ce qu'ils disent, nous faisons ce qu'ils font. La plupart de nos idées sur la religion, sur la morale, sur les mille questions traitées dans le monde, viennent de cet âge où notre âme est incapable de recevoir autre chose que des préjugés. Heureux ceux qui n'en reçoivent que de vrais, et dont l'intelligence n'est pas faussée dans son premier développement!

Le remède aux erreurs qui peuvent provenir de cette source, c'est le doute cartésien sagement pratiqué. Si les préjugés sont faux, on s'en débarrasse; s'ils sont vrais, ils deviennent des vérités démontrées, et, dans tous les cas, la foi spontanée de l'enfant fait place à la foi réfléchie de l'homme mûr.

4° Le langage enfin donne lieu à de nombreuses erreurs, parce que, dit Locke, tantôt on emploie des termes équivoques ou obscurs; tantôt on prend les mots pour les choses; tantôt on change sans raison, et dans un même discours, la signification des expressions qu'on emploie.

Le remède à ces erreurs est dans une définition précise des termes dont on se sert, et dans la fidélité à leur conserver toujours la même signification.

II. — Causes morales.

Elles se résument dans les passions.

Les passions ou affections désordonnées sont, de l'aveu de tous, la source la plus féconde de nos erreurs, par la fatale influence qu'elles exercent sur l'intelligence et sur la volonté. Elles troublent l'intelligence et l'empêchent de voir la vérité; aussi Platon les appelle-t-il des brouillards qui obscurcissent la région supérieure de l'âme. En nous faisant désirer que les choses soient de telle ou telle manière, elles nous enlèvent la volonté même de rechercher la vérité, et nous n'avons plus ainsi ni le calme nécessaire pour bien voir, ni l'impartialité sans laquelle nous ne pouvons sainement juger.

Impossible d'approfondir cette source de nos erreurs; contentons-nous de quelques indications.

L'amour est peut-être une des passions les plus directement opposées à la connaissance du vrai, et souvent même elle nous fait trahir la vérité connue. Comme le dit La Rochefoucauld, « l'esprit est souvent la dupe du cœur, » la raison abstraite est souvent en contradiction avec les sentiments intimes de l'âme; une personne a-t-elle notre affection, nous ne lui trouvons point de défaut, tout en elle est parfait; telle autre, au contraire, que nous n'aimons point, ne peut rien faire qui nous paraisse digne d'approbation.

L'amour de nous-mêmes nous égare plus inévitablement et plus grossièrement encore que l'amour des autres hommes. L'orgueil nous fait illusion sur notre propre mérite, nous fait précipiter nos jugements, nous empêche de reconnaître nous-mêmes, et plus souvent encore d'avouer aux autres que nous nous sommes trompés. « Notre propre intérêt, dit Pascal, est un merveilleux instrument pour nous crever les yeux agréablement. »

On pourrait parcourir les autres passions humaines, on verrait qu'il est impossible que l'homme qui ne sait pas maîtriser ses passions soit un juge éclairé et intègre.

Le remède contre les erreurs dans lesquelles nos passions peuvent nous faire tomber est d'abord de nous abstenir de porter un jugement quand nous sommes sous l'empire de la passion, puis de soumettre à un nouvel examen les jugements qui auraient pu nous être dictés par la passion.

La simplicité et la pureté du cœur, un amour sincère et désintéressé de la vérité, sont les premières conditions pour la posséder et la goûter : *Sapientia et veritas, nisi totis animæ viribus concupiscatur, nullo modo inveniri poterit.* (S. Augustin.) Sur ce point, la logique et la morale sont d'accord et ne peuvent se séparer.

II. — Essais de classifications de nos erreurs.

On a proposé de nombreuses classifications de nos erreurs; il est important de connaître les plus célèbres.

Classification de Bacon. — Bacon considère les erreurs comme des *idoles* auxquelles nous rendons un culte qui n'est dû qu'à la vérité, ou comme des fantômes qui nous dérobent la vue des choses. Dans son *Novum organum*, il les divise en quatre classes.

Idola tribus. — Les idoles ou fantômes de l'*espèce*, vrai mal de famille; ce sont les erreurs qui tiennent à notre nature, et sont communes à tous les hommes.

Idola specus. — Les idoles ou fantômes de la *caverne;* elles tiennent aux dispositions particulières de chacun qui corrompent la lumière naturelle de la vérité (caractères, conversations, lecture, éducation...).

Idola fori. — Les idoles ou fantômes du *forum*, qui

viennent du commerce que les hommes ont entre eux, et des imperfections du langage, source féconde de vaines disputes (définitions inexactes, paroles ambiguës, mots impropres).

Idola theatri. — Erreurs engendrées par les divers *systèmes de philosophie,* qui sont comme autant de pièces de théâtre que les philosophes viennent tour à tour jouer sur la scène du monde.

Cette classification, célèbre à cause du nom de son auteur, est généralement abandonnée comme trop peu précise; les deux dernières divisions, par exemple, peuvent rentrer dans les deux premières. Cependant, pour l'apprécier avec justesse, il faut savoir, remarque M. Janet, que son auteur ne s'est proposé de classer que les *erreurs en matière scientifique;* et à ce point de vue elle paraîtra peut-être remarquable, ou du moins ingénieuse.

Classification de Malebranche. — Malebranche a consacré tout un ouvrage, *la Recherche de la vérité,* à l'étude de nos erreurs. Comme Descartes, il les attribue à la volonté. Toutefois, en se fondant sur la distinction de nos facultés, il les ramène à cinq classes :

1° Erreurs des *sens,* spécialement de la vue ;

2° Erreurs de *l'imagination,* « cette folle qui se plaît à faire la folle » (exemples de Tertullien, de Sénèque, de Montaigne);

3° Erreurs de *l'entendement* (défaut d'application, abus de la généralisation...);

4° Erreurs des *inclinations* (inquiétude de la volonté, amour des richesses, du plaisir...);

5° Erreurs des *passions* (admiration de soi et des autres, amour, etc...).

Cette classification, qui renferme des aperçus d'une profondeur incontestable sur l'imagination et les passions, manque de précision comme la précédente.

Classification de la Logique de Port-Royal. — Il faut lire en entier le chapitre xx de la III° partie, dans lequel Nicole étudie « les mauvais raisonnements que l'on commet dans la vie civile et dans les discours ordinaires ». En en recherchant les causes, il en donne une sorte de classification et distingue :

Les erreurs qui tiennent à *nos dispositions intérieures* (l'intérêt personnel, l'amour-propre, l'esprit de chicane et de dispute, l'envie jalouse et maligne, etc...);

Les erreurs qui *naissent des objets eux-mêmes* (du mélange d'erreur et de vérité, des illusions causées par l'éloquence, des inductions fausses, de la déférence outrée à l'avis des gens de bien ou de condition, etc...).

II

DES SOPHISMES

On appelle *sophismes* ou *paralogismes* les erreurs provenant plus particulièrement d'un mauvais raisonnement.

C'est à tort, semble-t-il, que le programme sépare les sophismes des erreurs; car, selon la remarque judicieuse des logiciens de Port-Royal, « il n'y a pas lieu de s'arrêter à distinguer les faux jugements des faux raisonnements, tant parce que les faux jugements sont les sources des mauvais raisonnements et les attirent par une suite nécessaire, que parce qu'en effet il y a presque toujours un raisonnement caché et enveloppé en ce qui nous paraît un jugement simple, y ayant toujours quelque chose qui sert de motif et de principe à ce jugement. »

Ces mots *sophismes* ou *paralogismes* sont donc pour nous synonymes d'erreur. Mais le premier terme est pris en mauvaise part et désigne spécialement un raisonnement captieux fait avec l'*intention* de tromper, tandis que le second indique une erreur de bonne foi. Cette différence, importante en morale, n'intéresse pas la logique, et nous n'avons pas à en tenir compte ici.

Nous diviserons les sophismes en deux classes : sophismes de *grammaire* et sophismes de *logique*. Les premiers tiennent aux mots; les seconds, plus spécialement aux pensées.

I. — Sophismes de grammaire.

1° L'ambiguïté des termes. — Ce sophisme consiste à employer dans le raisonnement un mot à double sens ou mal défini. Ce mot, pris successivement dans deux acceptions différentes, introduit dans le raisonnement un quatrième terme qui le fausse et le dénature.

Quelquefois l'erreur est grossière, comme dans ce sophisme rapporté par Sénèque :

> *Rat* est une syllabe.
> Or le rat ronge le fromage ;
> Donc une syllabe ronge le fromage.

Quelquefois, au contraire, l'erreur est habilement déguisée, et l'unique moyen de la découvrir est de définir rigoureusement le sens de chaque mot. Ce sophisme a sa cause tantôt dans l'ignorance de la véritable acception des mots, tantôt dans la mauvaise foi qui les détourne sciemment de leur signification naturelle et ordinaire pour déguiser la pensée, tantôt enfin dans l'indétermination même des idées auxquelles les mots correspondent, ou dans leur extrême complexité. A combien d'erreurs involontaires, par exemple, n'ont pas donné lieu ces mots *nature, essence, progrès, liberté!* Le langage de l'homme est nécessairement imparfait, et doit avoir son côté obscur.

2° **Sophisme de composition et de division.** — Ce sophisme consiste à prendre dans le sens composé ce qui doit être pris dans le sens divisé, et dans le sens divisé une proposition qui n'est vraie que dans le sens composé. Or prendre dans le sens composé ce qui doit être pris dans le sens divisé, c'est joindre et rapporter au même moment des choses qui ne sont vraies que considérées séparément et à des instants différents. Ces paroles de l'Écriture : « les aveugles voient, les boiteux marchent, les sourds entendent..., » ne sont vraies que dans le sens divisé. Ces autres paroles, au contraire : « les pécheurs n'entreront point dans le royaume des cieux, » ne sont vraies que dans le sens composé.

C'est un sophisme du même genre que de prendre la même expression dans le *sens distributif* et dans le *sens collectif.*

> L'homme pense ;
> Or l'homme est corps et âme (vrai dans le sens collectif) ;
> Donc le corps et l'âme pensent (faux dans le sens distributif).

C'est à cette classe que se rattachent la plupart des sophismes célèbres chez les anciens, et dont quelques-uns, le *sorite*, le *chauve*, le *menteur*, avaient un but sérieux, celui de montrer l'impossibilité de la définition.

II. — Sophismes de logique.

Ils se rapportent à la *déduction*, à l'*induction* ou à l'*analogie*.
SOPHISMES DE DÉDUCTION. — Il y en a trois principaux :

1° **Ignorance du sujet** (*ignoratio elenchi*). — Il consiste à prouver autre chose que ce qui est en question. Rien de plus fréquent dans les conversations et les discussions. On ne prend pas le temps de s'entendre; tantôt par légèreté, tantôt par mauvaise foi, on attribue à son adversaire des opinions qu'il n'a pas. Il est facile de donner des exemples : vous soutenez qu'il faut de la liberté dans toute société; votre adversaire vous combat comme si vous vouliez la révolution, la licence.

2° **Pétition de principe** (*petitio principii*). — Elle consiste à donner comme preuve précisément ce qu'il faut prouver. Lamennais, par exemple, commet ce sophisme en répondant à ceux qui lui demandent comment il connaît l'infaillibilité du sens commun, que c'est par le témoignage de tous les hommes. On peut encore rapporter à ce sophisme les preuves qu'on tire d'un principe différend de celui qui est en question, mais qu'on sait n'être pas moins contesté par l'adversaire avec lequel on discute.

3° **Cercle vicieux** (*circulus vitiosus*). — La pétition de principe devient un cercle vicieux dès qu'on prétend prouver deux choses l'une pour l'autre. Ainsi prouver que la terre tourne parce que le soleil est immobile, que le soleil est immobile parce que la terre tourne. Dans ce sophisme, on revient à son point de départ comme dans un cercle, et ce cercle est vicieux, parce que les deux choses que l'on prouve l'une par l'autre, étant en question, ne peuvent servir de preuves. Ce sophisme est assez fréquent dans les sciences, surtout en philosophie. On connaît celui de Descartes dans la quatrième partie de son *Discours de la méthode.*

SOPHISMES D'INDUCTION. — Bornons-nous à citer :

1° **La fausse cause** (*non causa pro causa*). — Rien ne coûte plus à l'esprit humain que de reconnaître son ignorance.

Il veut toujours connaître la cause des phénomènes qui se présentent à lui, mais il ne fait souvent que tomber de mille façons diverses dans le sophisme dont nous parlons.

On y tombe quand on *se paye des mots insignifiants* qui ne font que rappeler en général l'idée de cause, sans la déterminer autrement que par l'effet qu'on veut expliquer ; pourquoi l'opium fait-il dormir? demande Molière. Parce qu'il a une *vertu dormitive*. Il faut se méfier de tous ces termes *fluide, force, vertu, propriété,* suivis de qualificatifs variables. Ils ne désignent ordinairement que des choses qu'on ne comprend pas.

On y tombe encore en *attribuant certains effets à des causes purement imaginaires*. C'est ainsi qu'on a expliqué pendant longtemps l'ascension de l'eau dans les tubes vides d'air, par ce principe absurde que la nature a horreur du vide ; les esprits animaux ont servi de même à expliquer toutes sortes de phénomènes.

C'est faire le même sophisme que d'*affirmer un rapport de cause là où il n'y a qu'un rapport de succession ou de concomitance,* que d'attribuer, par exemple, la famine, la guerre à l'apparition d'une comète, parce que quelquefois ces fléaux ont été précédés de l'apparition de ces astres. *Post hoc, ergo propter hoc.*

2° **Dénombrement imparfait** (*ab uno disce omnes*). — Il consiste à énumérer certaines parties d'un tout et à affirmer du tout ce qu'on a constaté dans quelques-unes des parties. On y tombe souvent faute de bien diviser la question, de la considérer sous toutes ses faces. C'est le défaut d'un grand nombre de dilemmes, où l'on réduit la question à deux hypothèses, quand souvent il y en a plusieurs à examiner.

3° **Sophisme de l'accident** (*fallacia accidentis*). — Il consiste à prendre pour essentiel ce qui n'est qu'accidentel. Parce que les médecins se trompent quelquefois, on condamne la médecine. L'instruction a quelquefois fourni les moyens de faire le mal, donc elle est mauvaise en soi. Il faudrait conclure la même chose pour l'éloquence, le langage même, pour toutes les choses qui sont susceptibles d'abus, quoique bonnes en elles-mêmes.

4° **Confusion du relatif et de l'absolu** (*a dicto secundum quid ad dictum simpliciter*). — Ce sophisme, voisin du précédent, consiste à prendre comme absolument vrai ce qui n'est vrai que relativement à certaines circonstances et à certains points de vue. C'est par ce sophisme que, du principe de l'égalité de tous les hommes, Rousseau concluait que nul homme ne pouvait être soumis légitimement au pouvoir d'un autre.

SOPHISMES D'ANALOGIE. — Le plus connu est la **confusion des genres** (*transitus de genere ad genus*). Ce sophisme consiste à affirmer d'un genre ce qui est vrai d'un autre. Tel fait n'est pas possible naturellement, on en conclura qu'il n'est pas possible même surnaturellement. C'est par ce sophisme que tous les incrédules nient la possibilité des miracles.

Les *remèdes* à tous ces sophismes sont faciles à indiquer.

Pour se tenir en garde contre les sophismes de grammaire, il n'y a qu'à définir soigneusement les mots dont le sens n'est pas clair, et à prendre soin que chacun des termes conserve toujours une signification identique.

Pour résoudre les sophismes de logique, il faut les ramener à des arguments réguliers, en vérifier le point de départ expérimental ou rationnel, et rechercher si la conclusion dérive nécessairement des prémisses d'après les règles établies en logique pour les diverses sortes de raisonnement.

MORALE

Objet et définition. — La *morale* ou *ethique* (*mores*, ἦθος) a pour objet de discipliner les mœurs, c'est-à-dire de déterminer les principes auxquels l'homme doit conformer sa conduite pour la rendre *bonne*.

La morale s'occupe donc du *bien* comme la logique s'occupe du *vrai;* et elle est à la volonté ce que la logique est à l'intelligence.

Comme la logique encore, elle est à la fois une science et un art; aussi l'a-t-on définie, tantôt la science des mœurs, la science du vrai bien, la science des droits et des devoirs, et tantôt l'art de bien vivre. Réunissant ces deux points de vue, nous dirons que la morale est *une science pratique dont le but est de diriger la volonté vers le bien.*

Importance et utilité de la morale. — Cette simple notion suffit pour montrer l'importance de la morale. Autant la vertu est supérieure à la science, autant la morale est supérieure à la logique; tandis que celle-ci apprend à l'homme à bien penser, celle-là lui apprend à bien vivre. Elle est la maîtresse de la vie.

Nier, avec Rousseau, son utilité soit comme science, soit comme art, sous prétexte que la conscience suffit à nous éclairer sur nos devoirs et à nous les prescrire, c'est commettre une double erreur.

Car, d'une part, si on doit reconnaître que la conscience est infaillible dans la perception des vérités premières de l'ordre moral, il faut avouer qu'il n'en est plus de même dès qu'il s'agit de leurs conséquences plus ou moins éloignées, et qu'alors la science morale est éminemment utile, sinon nécessaire, pour nous faire connaître nos véritables obligations.

D'autre part, s'il est vrai qu'on peut pratiquer la vertu sans être en état de définir et de classer les vertus, il n'est pas moins incontestable que des principes solides et bien établis offrent, dans la conduite de la vie, une garantie précieuse contre les défaillances du caractère.

Rapports de la morale avec la psychologie et la logique. — 1° *Avec la psychologie.* — Comme la logique, la morale est le complément naturel de la psychologie; mais la psychologie est aussi le point de départ nécessaire et la condition de la morale. Comment, en effet, déterminer les devoirs d'un être qui nous serait inconnu? Comment assigner des règles à l'emploi de facultés que nous n'aurions pas analysées? Les systèmes de morale erronés et funestes ont toujours leur principe dans une solution fausse ou exclusive donnée à une question de psychologie; tel est l'enseignement de l'histoire.

2° *Avec la logique.* — La morale suppose aussi la logique; car avant de prescrire le bien à la volonté, il faut le discerner par l'intelligence; et pour le discerner, pour résoudre les difficultés complexes de la science des mœurs, il est nécessaire de procéder avec méthode et d'observer très exactement toutes les règles prescrites pour diriger l'esprit dans la recherche et la démonstration de la vérité.

Rapports de la morale avec la métaphysique et la théodicée. — Les liens les plus étroits unissent ces deux sciences, morale et théodicée. La conscience peut bien suffire à nous donner l'idée de la loi, mais nous n'hésitons pas à affirmer que cette notion purement abstraite serait par elle-même absolument impuissante à *lier* la volonté; pour nous, le seul fondement de l'obligation morale est l'autorité de Dieu, comme sa justice en est la seule sanction efficace, et par suite la morale suppose nécessairement la théodicée.

Certains philosophes, au contraire, proclament le principe de la morale indépendante. Il y a là une question préliminaire qu'il importe de résoudre avant d'aller plus loin.

Morale indépendante. — Et d'abord, qu'est-ce que la morale indépendante? C'est la morale « séparée de tout dogme philosophique ou religieux », et surtout de tout dogme révélé; c'est la morale sans Dieu.

« La science des mœurs, disent les partisans de la morale indépendante, ne relève en rien de Dieu; son unique principe est la personnalité humaine, la liberté, fondement absolu de tous les droits et de tous les devoirs... Les problèmes métaphysiques et religieux divisent les esprits, et la notion chrétienne du devoir exige une sujétion humiliante pour la dignité humaine. Nous voulons une morale qui soit de tous les âges et de tous les pays, qui embrasse le monde dans une loi d'amour et de respectabilité. »

Que penser de cette doctrine? L'indépendance de la morale, dit Mgr Dupanloup, c'est :

L'athéisme pratique; car, devant le bon sens du genre humain, si Dieu est, il est créateur; s'il est créateur, il est législateur suprême; et s'il est législateur, il est juge;

La *variabilité de la morale;* si la morale, en effet, vient uniquement de l'homme : ou elle n'est qu'une pure abstraction, c'est-à-dire rien; ou, en définitive et dans la pratique, elle reste absolument soumise aux variations, aux défaillances de l'individu. C'est une *morale libre que chacun se fait comme il l'entend;*

La *corruption de la morale ;* le fait est là, évident, irrécusable; et tel partisan de la morale indépendante ne craint pas de proclamer que la « jouissance est divine comme la conscience »; tel autre que « le vice est un produit fatal »; tel autre que « la loi parfaite est dans la réhabilitation de la chair »;

Une *attaque à l'ordre social;* quand on supprime l'idée de Dieu, il est impossible de constituer les lois humaines sur une autre base que la force, et dès lors les fondements de toute société sont ébranlés.

Nous pourrions étendre ces considérations et montrer encore que la morale indépendante est *impuissante à faire pratiquer le bien,* qu'elle est *dépourvue de sanction,* etc. ; mais nous en avons dit assez pour motiver la condamnation du système.

Division de la morale. — La morale se divise assez naturellement en deux grandes parties : *morale générale* ou *morale spéculative,* et *morale particulière* ou *morale pratique.*

La morale générale étudie la loi morale et ce qui s'y rapporte, indépendamment de toute prescription particulière. — La morale particulière règle les diverses actions de l'homme, conformément à cette loi.

La morale générale traite du *devoir,* comme principe de nos actions, et la morale particulière des *devoirs.*

Ces deux parties seront suivies d'une étude supplémentaire sur l'*Économie politique et ses rapports avec la morale.*

MORALE GÉNÉRALE

La morale suppose : — 1° qu'il y a pour l'homme une règle qu'il doit suivre dans ses actions pour être dans l'ordre, c'est-à-dire une *loi morale;* — 2° que l'homme est capable de connaître la loi par ce qu'on appelle la *conscience morale;* — 3° que l'homme a le pouvoir d'observer ou d'enfreindre la loi connue, c'est-à-dire la *liberté morale.*

Nous avons étudié la liberté; il nous reste à parler ici de la *loi morale* et de la *conscience morale,* questions auxquelles nous ajouterons celle des *conséquences* qui résultent de l'observation ou de la violation de la loi.

I

LA LOI MORALE

Nous traiterons successivement : — de la loi en général, — de la loi morale en particulier, — des erreurs relatives à la loi morale.

I. — De la loi en général.

I. — Nature de la loi.

Le mot *loi,* du latin *ligare* (Cicéron le fait dériver de *legere,* choisir), emporte l'idée de *lien* et signifie que tout être soumis à une loi est comme enchaîné par elle.

La loi, prise en général, peut se définir *une règle constante d'après laquelle s'accomplit ou doit s'accomplir un ordre de choses.* Par sa nature, la loi offre donc toujours quelque constance et quelque *universalité;* mais elle est, de plus, l'acte d'une autorité qui domine et s'impose. C'est la volonté d'un *supérieur naturel* s'imposant à son inférieur pour le maintenir dans des conditions déterminées, et lui imprimant de fait une nécessité qui, dans l'ordre physique, est la *fatalité*, et dans l'ordre moral, l'*obligation*. L'essence de la loi consiste précisément dans cette force, soit *coercitive*, soit *obligatoire*.

« Les lois, dit Montesquieu, sont les *rapports nécessaires qui dérivent de la nature des choses;* et dans ce sens tous les êtres ont leurs lois : la divinité a ses lois, le monde matériel a ses lois, les intelligences supérieures à l'homme ont leurs lois, les bêtes ont leurs lois, l'homme a ses lois. » Cette définition, excellente pour faire ressortir l'universalité et la constance de la loi, a le défaut grave de ne rien dire du principe d'autorité qui la constitue essentiellement.

Celle de M. de Bonald : la loi est *la manifestation d'une volonté obligatoire*, a le défaut opposé.

II. — Divisions de la loi.

Loi physique et loi morale. — Une première division, implicitement renfermée dans la définition même, nous conduit à distinguer la *loi physique* et la *loi morale*.

Quand la loi s'applique à la nature matérielle et inintelligente, on l'appelle loi *physique;* elle est contingente, mais les êtres régis par elle l'observent fatalement et infailliblement. Elle exprime *comment* un phénomène s'accomplit, *comment* un être exerce son activité, et n'est par suite qu'un fait généralisé. Elle peut se définir : *la façon constante dont s'accomplit un ordre de choses.*

Quand la loi s'applique aux êtres intelligents et libres, c'est la loi *morale,* qui oblige absolument, mais sans contraindre. Elle n'est plus l'expression simple d'un fait, elle est un principe de direction et peut se définir : *la règle à laquelle l'être libre doit conformer sa conduite.*

Loi naturelle et loi positive. — La loi morale se divise en deux espèces : la loi *naturelle* et la loi *positive*.

Si la loi morale dérive *nécessairement* de notre nature, de nos facultés, de notre fin, elle s'appelle loi *naturelle*, et considérée en Dieu, loi *éternelle*. *Participatio legis æternæ,* dit saint Thomas, *in rationabili creatura, lex* NATURALIS *dicitur*. Et saint

Augustin, parlant de la loi éternelle, en p admirablement la nature dans ces paroles : *Lex* ÆTERNA *est ratio divina, seu voluntas Dei ordinem naturalem conservari jubens, perturbari vetans.*

Quand, au contraire, la loi morale a pour objet des prescriptions établies (*positœ*) par la *libre* volonté du législateur, elle s'appelle loi *positive*. Saint Thomas la définit : *Ordinatio rationis ad bonum commune, ab eo qui communitatis curam habet promulgata.*

La loi positive n'a point l'immutabilité de la loi naturelle, ni son universalité absolue, mais elle demeure obligatoire, et à ce titre elle a sa racine dernière en Dieu, de qui tout pouvoir législatif émane nécessairement : *Non est potestas nisi a Deo.*

La loi naturelle et la loi positive diffèrent — par la nature de leur *objet* : la première a pour objet ce qui est essentiellement bon ou mauvais; la seconde, des actes indifférents par eux-mêmes, qui ne deviennent bons ou mauvais que par suite du commandement ou de la défense; — par *leur mode de manifestation* : la loi naturelle est manifestée intérieurement, la loi positive extérieurement; — par *leur extension* : la loi naturelle est pour tous les hommes et pour tous les siècles; la loi positive ne s'étend qu'à une partie du genre humain, à un certain laps de temps; — enfin par leur *auteur* : la loi naturelle a toujours Dieu pour auteur immédiat; la loi positive peut venir directement de l'homme.

Loi divine et loi humaine. — La loi positive est *divine* ou *humaine*, selon qu'elle émane directement de Dieu ou d'un pouvoir humain.

La loi divine n'est autre que la Révélation; on en compte trois principales : la Révélation *primitive* faite à Adam, la Révélation *mosaïque* faite à Moïse et par Moïse au peuple hébreu, la Révélation *chrétienne* faite au monde par Notre-Seigneur Jésus-Christ.

La loi humaine est *civile* ou *ecclésiastique*, selon la nature du pouvoir dont elle provient.

Dans les lois ecclésiastiques, l'élément divin se mêle à l'élément humain en vertu des promesses de Jésus-Christ à son Église. Les lois civiles sont les actes d'une volonté purement humaine; mais elles *ne sont pas* entièrement *arbitraires;* elles doivent tendre à l'*utilité commune*, être conformes à la *justice;* leur valeur est à ce prix. De plus, faites non seulement par des hommes, mais *pour* des hommes, elles *doivent varier* avec leurs intérêts, leurs besoins, leurs passions, leurs habitudes, par conséquent avec les temps et les lieux, les mille circonstances, en un mot, dont Montesquieu a essayé de donner la théorie dans son *Esprit des lois.*

Nous n'avons à nous occuper ici que de la *loi naturelle,* à laquelle nous réservons désormais la désignation de *loi morale.*

II. — De la loi morale en particulier.

Nous avons à en préciser les *caractères*, à en établir l'*existence*, à en rechercher le *fondement.*

I. — Caractères de la loi morale.

Ses caractères généraux. — La loi morale est nécessaire, immuable, universelle, absolue, toujours facile à connaître, possible à pratiquer.

Nécessaire; elle a pour objet l'ordre naturel conçu par la raison, ou, en d'autres termes, les rapports qui dérivent nécessairement de la nature des choses.

Immuable; elle ne peut jamais être abrogée; il n'est permis d'y déroger en rien; on ne peut en être légitimement dispensé.

Universelle; elle s'étend à tous les lieux, à tous les temps, à tous les hommes, aux actes privés des particuliers, comme aux actes publics des hommes d'État.

Absolue; expression immédiate de la volonté éternelle de Dieu, elle a une autorité propre, indépendante des dispositions et des vues personnelles de chacun.

Facile à connaître; ses principes premiers sont évidents par eux-mêmes; et la conscience révèle à tous, savants ou ignorants, ses prescriptions les plus essentielles. *Æquitas lucet ipsa per se*, dit Cicéron.

Possible à pratiquer; autrement elle ne serait pas obligatoire et cesserait d'être la loi, ou la règle à laquelle l'homme doit conformer sa conduite.

Tous ces caractères sont exposés par Cicéron dans ce passage célèbre du *Traité de la république :* « Il y a, dit-il, une loi conforme à la nature, commune à tous les hommes, immuable et éternelle, loi qui appelle au devoir par ses ordres, et par ses défenses détourne du mal. Et cette loi, il n'est permis ni de la combattre, ni d'y déroger en rien; la détruire est impossible. Ni le sénat ni le peuple ne peuvent nous en affranchir; elle n'est pas autre à Rome que dans Athènes, ni différente aujourd'hui de ce qu'elle sera demain; universelle, inflexible, toujours la même, elle embrasse toutes les nations et tous les siècles; par elle, Dieu enseigne et gouverne souverainement tous les hommes; lui seul en est le père, l'arbitre et le vengeur. » (*De Republ.*, l. III, n° 22.)

II. Existence d'une loi morale.

La loi morale se résume en deux principes : le principe de la *distinction du bien et du mal, vérité fondamentale*, base de tout ordre moral; et le principe de l'*obligation* pour tout être libre de *faire le bien et d'éviter le mal*, *précepte universel* auquel se ramènent en dernière analyse tous nos devoirs.

Demander s'il y a une loi morale, c'est donc demander s'il y a quelque distinction entre le bien et le mal et si cette distinction s'impose comme obligatoire à notre volonté. Ainsi posée, la question est facile à résoudre par la croyance universelle des peuples, par le témoignage de notre propre conscience et par le raisonnement.

Croyance universelle des peuples. — Chez tous les peuples, on a distingué le bien du mal, admis des choses bonnes que les hommes doivent faire, reconnu des choses mauvaises dont ils doivent s'abstenir. Tout le prouve : — et les langues, qui toutes renferment des mots différents pour exprimer le bien et le mal, le juste et l'injuste, la vertu et le vice; — et les institutions (lois, tribunaux, châtiments, récompenses...), qui chez toutes les nations sont d'accord avec le langage; — et les jugements que tous nous portons journellement sur les actions des hommes, pour les louer ou les flétrir.

« Jetez les yeux, dit Rousseau, sur toutes les nations du monde, parcourez toutes les histoires; parmi tant de cultes inhumains et barbares, parmi cette prodigieuse diversité de mœurs et de caractères, vous trouverez les mêmes idées de justice et d'honnêteté, partout les mêmes notions du bien et du mal. » — « Ébranlez cette distinction, dit à son tour Cousin, et vous ébranlez la vie humaine et la société tout entière. »

Ces idées sont tellement inhérentes à la nature humaine, que ceux-là mêmes qui, spéculativement, ne veulent pas qu'il y ait de différence entre le bien et le mal, sont forcés de l'admettre en pratique. Tel philosophe qui, dans ses écrits, tourne en dérision ce qu'il appelle les préjugés sur le bien et sur le mal, s'irritera si vous l'accusez de blesser la vertu, la morale; il protestera de la sincérité de ses bonnes intentions sans prendre garde que dans son système ces mots n'ont aucun sens.

Témoignage de la conscience. — *Avant de nous déterminer* à agir, nous jugeons que telle résolution est bonne, quelquefois même que nous sommes tenus de la prendre; que telle autre, au contraire, serait mauvaise, que nous devons l'éviter; et cela quel que soit le sens de la passion, quelles que soient les conséquences heureuses ou malheureuses qui peuvent en résulter pour nous.

Après l'action, s'il nous est arrivé de commettre le mal, le remords trouble la paix de notre âme; nous ressentons, au contraire, une satisfaction intime quand nous avons fait le bien au prix de beaucoup de peine. Or comment expliquer les jugements et les prescriptions de la conscience, ses remords et ses joies, sans une distinction entre le bien et le mal, sans l'obligation pour nous de faire l'un et d'éviter l'autre, c'est-à-dire sans une loi morale?

Le raisonnement. — La raison nous dit que Dieu n'a pu créer l'homme, même avec la liberté, sans lui assigner une *fin dernière* et sans lui poser l'obligation d'y tendre. Dès lors l'homme est tenu d'accomplir certains actes qui peuvent l'y conduire, d'éviter ceux qui sont de nature à l'en détourner. Donc il existe une loi morale, une règle qui prescrit à l'homme d'accomplir ou d'éviter certains actes.

A ne considérer que l'ordre de la *vie présente*, la raison confirme cette vérité. L'homme, en effet, a besoin de société; or, ôtez la loi naturelle, aucune société n'est plus possible : les lois humaines ne peuvent atteindre tout ce qu'exige le bien social; elles demeureraient dépourvues d'autorité, sans force obligatoire; elles seraient réduites à la seule sanction matérielle qui fait souvent défaut.

III. — Fondement de la loi morale.

La loi morale existe donc; mais quel en est le principe ou le le fondement? Cette question est complexe et renferme deux questions distinctes : quel est le fondement ou la raison de *la distinction du bien et du mal?* Quel est le fondement ou la raison de *l'obligation imposée à tout être libre de faire le bien?*

Fondement de la distinction du bien et du mal. — La distinction du bien et du mal repose sur *l'essence même des choses;* elle s'impose irrésistiblement à la conscience humaine. Comme il y a en logique des principes nécessaires, absolus, il y a aussi en morale des préceptes qui offrent les mêmes caractères, ceux-ci, par exemple : l'homme doit adorer Dieu et lui obéir ; on ne doit pas rendre le mal pour le bien. La nécessité de ces propositions paraît d'elle-même, mais il est possible de s'en rendre compte et de voir en quel sens on peut donner, comme base de la distinction du bien et du mal, l'ordre essentiel ou naturel.

Dieu sans doute est libre de créer et de ne pas créer un être raisonnable, mais, s'il se résout à le créer, il doit lui donner une fin en rapport avec ses facultés; pour cet être l'ordre consistera à se conformer à l'état de choses déterminé par la nature dont il est doué, les circonstances dans lesquelles il est placé, et la fin qui lui est assignée. Une différence essentielle est conçue par la raison entre les actes qui tendent à procurer cet ordre et ceux qui tendent à le troubler; or les premiers constituent le bien, les seconds sont le mal. Donc la raison perçoit entre le bien et le mal une différence essentielle, nécessaire, qui dérive de la nature même des choses.

Fondement de l'obligation morale. — En même temps que nous percevons cette distinction, nous nous sentons très souvent *obligés* de prendre le bien comme règle de notre conduite. D'où vient ce caractère obligatoire? La raison qui saisit l'ordre essentiel des choses suffit-elle pour fonder cette obligation? En d'autres termes, le bien est-il obligatoire *parce qu'il est le bien*, ou l'est-il *parce que Dieu l'impose?*

La première opinion est celle de Grotius, de Kant et de tous les rationalistes. « Doué d'intelligence, l'homme, disent-ils, connaît le bien; en le connaissant, il l'approuve, et sa raison l'impose à sa volonté. » Cette opinion est inacceptable : — elle confond le motif de la loi avec la loi elle-même; autre chose est le bien, autre chose est le précepte de faire le bien, car tout bien n'est pas obligatoire; — la raison est une lumière qui éclaire notre voie; elle n'est pas une force qui nous oblige à la suivre; — dans ce système, l'homme est son propre législateur, et, comme dit Kant, il devient *autonome;* mais l'homme n'est point indépendant; créé par Dieu, il est soumis à son autorité; — d'ailleurs, ne répugne-t-il pas qu'un être puisse s'obliger lui-même? L'idée d'obligation, nous l'avons dit, entraîne celle d'une autorité supérieure qui s'impose à l'être raisonnable.

Pour trouver cette autorité supérieure qui seule peut nous donner la raison vraie et complète de l'obligation morale, il faut remonter jusqu'au *Créateur.* Dieu, puisqu'il est saint, aime nécessairement l'ordre et doit vouloir que les êtres capables de connaître cet ordre et de s'y conformer, s'y conforment en effet; il doit donc vouloir que nous fassions le bien et que nous évitions le mal. La volonté de Dieu, fondée sur la raison divine, telle est la vraie source de l'obligation morale : *Voluntas Dei ordinem naturalem conservari jubens, perturbari vetans.*

Fondement de la loi morale. — En résumé, *l'ordre essentiel* ou le bien en lui-même, tel est le premier fondement de la loi morale, c'est-à-dire le motif intrinsèque de l'obligation imposée à l'homme d'accomplir certains actes; mais pour avoir la raison formelle de cette obligation elle-même, pour compléter cette ébauche de moralité et trouver le fondement dernier de la loi morale, il faut remonter à la volonté de Dieu, qui exige que cet ordre soit respecté par l'homme.

En d'autres termes, nous sommes obligés au bien *parce que Dieu nous le commande,* et Dieu nous le commande *parce que c'est le bien.*

Conséquences de cette doctrine. — Deux conséquences qu'il importe de signaler en passant découlent de la doctrine que nous venons d'établir.

Le droit de commander, c'est-à-dire le droit d'exiger de l'homme certains actes, que ces actes soient propres par leur nature à procurer le bien, ou qu'indifférents par eux-mêmes, ils soient demandés par un acte libre de la volonté du supérieur, le droit de commander, dis-je, appartient à Dieu seul, et découle de son souverain domaine sur la créature. Donc, *première conséquence*, quiconque n'a pas reçu mission de lui est dépourvu de toute autorité pour porter des lois obligatoires; l'homme n'a point en soi le pouvoir d'obliger son semblable et ne peut s'obliger lui-même. Mais aussi, *seconde conséquence*, quiconque est dépositaire de la puissance divine dans la société domestique, civile ou religieuse, peut obliger ses sujets en conscience quand il ne dépasse pas les limites des pouvoirs qui lui ont été confiés.

III. — Des erreurs relatives à la loi morale.

En dehors des systèmes fatalistes et panthéistes qui impliquent l'impossibilité même d'une loi morale, puisqu'ils nient la liberté, de nombreux systèmes imaginés pour rendre compte de cette loi en détruisent ou en altèrent plus ou moins profondément la vraie notion. Nous les rangerons tous en deux groupes :

Le premier comprendra les systèmes qui veulent faire dériver la loi morale d'une *cause extérieure;*

Le second, ceux qui s'efforcent d'en trouver la raison dans un *principe intérieur*.

I. — Systèmes qui font dériver la loi morale d'une CAUSE EXTÉRIEURE.

Qu'on veuille expliquer la loi morale, avec Saint-Lambert, par l'*opinion des hommes;* avec Hume, A. Bain et la plupart des associationistes anglais, par l'*éducation et l'habitude;* avec de Mandeville et plusieurs jurisconsultes, par les *lois positives* et la *volonté des législateurs;* avec Hobbes et Locke, par un *contrat* survenu entre les premiers hommes, c'est toujours l'idée d'une INSTITUTION HUMAINE et ARBITRAIRE de la loi morale qu'on retrouve sous ces divers systèmes.

Bien loin d'essayer de rendre compte de la constance et de l'universalité des principes qui constituent l'ordre moral, tous ces systèmes s'accordent à regarder la distinction du bien et du mal comme purement arbitraire, et détruisent toute morale en la faisant dépendre de la volonté des hommes. En outre, ils font injure à la sagesse divine, car ils supposent que Dieu a créé l'homme sans règle et lui a laissé le soin de s'en faire une au hasard.

Il est à peine utile d'insister sur les diverses formes particulières de cette erreur.

Système de l'opinion des hommes. — Une action est bonne, dit-on, parce qu'elle est jugée telle par les hommes.

Mais cette règle de moralité n'est pas universelle, car tous les actes intérieurs lui échappent; de plus, l'opinion des hommes est souvent capricieuse, variable, quelquefois opposée aux fondements mêmes de l'ordre moral; elle n'en peut donc être le principe.

Système de l'éducation, de l'habitude. — L'enfant, disent les positivistes, reçoit de l'éducation les premières notions morales; on l'accoutume à associer à certaines actions l'idée du bien, à d'autres actions l'idée du mal; les habitudes ainsi contractées deviennent peu à peu indissolubles et sont le principe des lois morales comme des principes de raison.

L'éducation et l'habitude peuvent expliquer comment nous acquérons les idées morales, comment ces idées se développent en nous, mais elles ne rendent pas compte de ces idées elles-mêmes. D'ailleurs, il y a une bonne et une mauvaise éducation, comme il y a de bonnes et de mauvaises habitudes, par suite l'idée du bien et du mal préexiste à toute habitude et à toute éducation, sans quoi celles-ci ne pourraient pas être rangées dans la catégorie des choses bonnes ou mauvaises.

Système des lois positives et de la volonté des législateurs. — La loi morale dériverait dans ce système des lois positives, aurait été inventée par les législateurs pour assurer la paix parmi les hommes.

Les lois positives ne s'étendent qu'aux actes extérieurs qui intéressent l'ordre public; dans ces limites mêmes, les législateurs peuvent bien imposer une loi par la force, ils ne peuvent créer ni le droit, ni l'obligation de respecter le droit; leur attribuer ce pouvoir, serait donner raison à toutes les tyrannies. La loi morale dérive si peu des lois positives, que c'est au nom de la loi morale que nous jugeons les lois positives, et que celles-ci n'ont d'autorité qu'autant qu'elles s'appuient sur celle-là.

Système du contrat social. — Les hommes ont naturellement le droit de faire tout ce qu'ils peuvent; mais leur intérêt même les a conduits à abdiquer réciproquement leurs droits pour convenir d'une loi.

D'une part, ce contrat, quand par impossible on le supposerait réalisé, serait inefficace, car il ne pourrait engager que les contractants, et les générations suivantes en seraient affranchies; d'autre part, il n'obligerait les contractants eux-mêmes qu'à la condition de l'existence préalable des idées du *bien* et du *devoir*, c'est-à-dire à la condition d'une loi morale, ce qui est contradictoire.

Système du bon plaisir de Dieu. — La distinction du bien et du mal n'est pas d'institution humaine; mais il faut condamner également le système de quelques philosophes parmi lesquels on peut citer Duns Scot, Guillaume d'Occam, Descartes, qui voudraient la faire dépendre de la VOLONTÉ ARBITRAIRE DE DIEU ou *du bon plaisir divin*. Telle chose est bonne, disent-ils, telle autre chose est mauvaise, *uniquement* parce que Dieu a voulu qu'il en soit ainsi. Dieu ne nous commande pas certains actes *parce qu'ils sont bons*, mais ils sont bons *parce que Dieu nous les commande*.

Ce système ne peut être admis, car il méconnaît le caractère absolument immuable et nécessaire de la loi morale, et suppose contre toute raison que l'essence des choses dépend de la libre volonté de Dieu. Quand nous avons dit que la volonté de Dieu était la raison formelle de toute obligation morale, nous n'avons parlé que de cette volonté nécessaire qui ne peut pas ne point vouloir l'ordre essentiel, œuvre de la sagesse, et *qui le veut* parce que c'est l'ordre, *parce que c'est le bien*.

II. — Systèmes qui cherchent la raison de la loi morale
dans un PRINCIPE INTÉRIEUR.

Nous traiterons successivement des systèmes *sensualistes*, des systèmes *utilitaires*, des systèmes *sentimentalistes* et des systèmes *rationalistes*. Les trois premiers se méprennent sur la nature du bien et sont absolument *faux;* les systèmes rationalistes sont seulement *incomplets*.

a. — *Systèmes sensualistes : morale du plaisir.*

Les systèmes sensualistes ont toujours compté de nombreux défenseurs : dans l'antiquité, les sophistes et les Épicuriens en acceptent toutes les conséquences et enseignent la **morale du plaisir**; dans les temps modernes, cette même morale a été soutenue, au xviii° siècle par les matérialistes, et au commencement du xix° par les saint-simoniens; de nos jours encore elle est professée par la plupart des positivistes et par l'école évolutioniste de H. Spencer.

Exposé. — Si le bien, disent les sensualistes, est ce que tous les êtres poursuivent et désirent posséder, il est incontestable que le bien consiste dans le plaisir, c'est-à-dire dans la satisfaction actuelle, dans les jouissances présentes. Les animaux ne connaissent pas d'autre loi; pour l'homme, le plaisir peut se diversifier de mille manières; mais quelque forme qu'il prenne, plaisir physique, plaisir intellectuel, plaisir moral, il demeure l'unique objet de nos désirs, l'unique mobile de nos déterminations. *Voluptas expetenda, fugiendus dolor,* tel est le grand principe moral.

Épicure essaye de le restreindre et s'appuie sur la distinction du plaisir *en mouvement* et du plaisir *en repos* pour recommander à ses disciples les jouissances spirituelles, comme les seules qui puissent leur procurer *l'ataraxie;* Spencer, lui aussi, après avoir dit « que la morale consiste à donner à ses actes le plaisir pour fin », condamne les plaisirs du joueur, du buveur et du voleur. Mais ces restrictions sont arbitraires, et si le principe demeure, il faut le compléter par cette maxime: *Trahit sua quemque voluptas.*

Appréciation. — Notons d'abord que cette doctrine morale n'est que la *conséquence du sensualisme psychologique;* quand on méconnaît les facultés supérieures de l'homme, qu'on n'admet que les sens, on doit rejeter tout ce qui ne tombe pas sous les sens : Dieu, l'âme, le bien absolu, et reconnaître le plaisir comme l'unique loi des êtres.

En elle-même, elle est *absolument fausse;* car l'identification du bien et du plaisir, du mal et de la douleur est aussi contraire à l'expérience qu'à la raison; et d'autre part, le plaisir essentiellement variable, incertain, relatif, dépourvu de tout caractère obligatoire, ne peut en aucune manière être la loi ou la règle de nos actes.

Elle conduit à des *conséquences manifestement honteuses,* car elle ouvre la porte aux excès les plus dégradants en consacrant la légitimité de toutes les jouissances; et en livrant la direction de la vie humaine à la loi du plaisir, elle fait de l'homme un être purement sensuel, elle l'avilit et le rabaisse au niveau de la brute.

Le bon sens de l'humanité et la conscience de chacun condamnent à la fois cette doctrine, qui est « le renversement de toute morale ».

b. — Systèmes utilitaires : morale de l'intérêt.

« Si l'univers physique, dit Helvétius, est soumis aux lois du mouvement, l'univers moral ne l'est pas moins à celles de l'intérêt. » Mais ce principe de l'intérêt est interprété très différemment par les divers philosophes qui le prennent comme base de la moralité. Les uns l'entendent de *l'intérêt personnel*, les autres de *l'intérêt général*; de là deux formes de la morale utilitaire qu'il importe de distinguer.

1° MORALE DE L'INTÉRÊT PERSONNEL.

« La morale de l'intérêt, dit Cousin, n'est pas autre chose que la morale du plaisir perfectionnée, substituant le bonheur au plaisir, l'utile à l'agréable, la prudence à la passion. Elle admet comme le genre humain les mots de bien et de mal, de vertu et de vice, de mérite et de démérite, mais elle les explique à sa manière... Elle ne prétend renier aucun des devoirs consacrés par l'opinion commune, mais elle établit que tous sont conformes à **notre intérêt personnel**, et c'est pour cela qu'ils sont des devoirs. »

Aristote est soupçonné d'avoir donné la première idée de cette morale par sa doctrine du *juste milieu;* les moralistes qui n'admettent pas d'affections désintéressées doivent aussi défendre son principe, mais ses deux plus illustres représentants sont Jérémie Bentham et Stuart Mill.

Jérémie Bentham a développé l'idée d'une *arithmétique des plaisirs,* déjà émise par Platon. Pour lui, la morale n'est que « la régularisation de l'égoïsme »; le bien-être demeure l'unique loi de l'homme, mais il importe de le calculer avec soin pour arriver à ce qu'on appelle vulgairement le bonheur, c'est-à-dire « la plus grande somme de plaisirs possible, avec le moins de douleurs possible ». Les éléments de ce calcul moral, sont : — d'une part, la certitude, la pureté, la durée, l'intensité, la proximité et le nombre des plaisirs; — d'autre part, les circonstances de sexe, d'âge, d'éducation, de climat, de race qui influent sur la sensibilité de chacun ; — enfin les conséquences utiles ou nuisibles pour la société de l'acte que nous accomplissons. En les combinant habilement on arrive à déterminer des règles dont l'ensemble constitue l'*art* de la vie.

L'homme est composé d'une âme et d'un corps dont les tendances sont différentes ; la vertu consistera à satisfaire les unes et les autres dans une juste mesure. La volupté et l'application excessive aux choses spirituelles sont deux excès qu'il faut éviter : *ne quid nimis.*

Le principe d'intérêt bien compris doit nous diriger aussi dans nos rapports avec nos semblables, et nous porter à tenir compte de leurs intérêts, que nous ne pourrions sacrifier sans compromettre les nôtres. L'égoïsme pur est un vice, mais le désintéressement est une folie.

Nos devoirs envers Dieu sont réglés de la même manière. Dieu a ses droits, nous avons aussi les nôtres ; pas d'indifférence, pas trop de religion non plus, et, comme dit Horace :

..... Sunt certi denique fines,
Quos ultra citraque nequit consistere rectum.

Stuart Mill a essayé de donner une forme nouvelle à l'utilitarisme. Le discrédit du système vient, d'après lui, de ce qu'on se borne trop souvent à évaluer les biens par la quantité des plaisirs ou des avantages extérieurs qu'ils procurent. Pour élever la morale à la hauteur du stoïcisme et même du christianisme, sans renoncer au principe de l'utilité, il suffit, croit-il, d'introduire dans le calcul un nouvel élément, la *qualité* ou la valeur intrinsèque des plaisirs.

Mais que faut-il entendre par ce principe de la *qualité* des plaisirs ? On pourrait l'interpréter dans le sens de la doctrine du *bien absolu,* en faisant dériver la qualité des plaisirs de la valeur intrinsèque et absolue des biens qui nous les procurent ; et Stuart Mill lui-même ne paraît pas éloigné d'accepter cette transformation de son principe quand il dit que le bonheur de l'homme est supérieur à celui de l'animal, parce qu'il dérive de facultés plus *élevées.* Mais, en réalité, il veut rester fidèle au principe de l'utilitarisme, et prétend apprécier la qualité des plaisirs par le jugement des personnes compétentes : « Si des personnes, dit-il, en état de juger avec compétence de deux plaisirs, placent l'un tellement au-dessus de l'autre, qu'elles le lui préfèrent, tout en le sachant accompagné d'une plus grande somme de mécontentement, nous sommes en droit d'attribuer à la jouissance préférée une supériorité de qualité qui l'emporte sur la quantité. »

Ce criterium purement empirique est insuffisant, et ne peut élever le système de Stuart Mill au-dessus de l'*intérêt bien entendu*.

Appréciation de la morale de l'intérêt personnel. — La morale de l'intérêt, moins grossière que celle du plaisir, puisqu'elle demande aux passions et aux sens de subir un frein, *n'en diffère point essentiellement*, car au fond l'utile n'est et ne peut être qu'un moyen de se procurer le plaisir, qui demeure le but de la vie.

Elle est *fausse en elle-même*, car il est impossible de confondre l'intérêt avec le bien : ces deux principes sont souvent en opposition; alors même qu'ils sont réunis, ils demeurent toujours distincts, comme l'attestent universellement la conscience de chacun et les jugements des hommes. De plus, l'intérêt n'est pas et ne peut pas être par lui-même la loi de notre vie, parce qu'il est *variable, relatif*, très difficile à déterminer, impossible souvent à réaliser, et surtout *dépourvu de tout caractère obligatoire :* quand je néglige mes intérêts, je puis manquer de prudence, je ne suis pas coupable; je peux avoir le regret, mais non pas le remords.

Ses *conséquences sont odieuses :* en proclamant l'intérêt personnel comme principe du bien et du devoir, elle condamne par là même et interdit tout sacrifice, tout dévouement. Est-il rien de plus odieux, est-il rien qui révolte davantage les sentiments nobles et généreux de la nature humaine? Si on méprise le voluptueux, on déteste à bon droit l'égoïste.

2° MORALE DE L'INTÉRÊT GÉNÉRAL.

Puffendorf (1632-1694). — Des partisans de la morale utilitaire ont tenté, dit Cousin, de sauver leur principe en le généralisant, d'épurer leur doctrine en proposant pour règle de moralité non plus l'intérêt personnel, mais l'**intérêt général** de la société. C'est le système soutenu au XVII° siècle par Puffendorf. « Le criterium utilitaire, dit quelque part Stuart Mill, n'est pas seulement le bonheur propre de l'agent, mais celui de tous les intéressés. » Et Bentham formule cette maxime célèbre : « qu'il faut sacrifier soi-même à sa famille, la famille à la cité, la cité à la patrie, la patrie à l'humanité; qu'enfin *le bien est le plus grand intérêt du plus grand nombre.* »

Appréciation. — Cette doctrine, moins odieuse que celle de l'intérêt personnel, est également fausse.

D'abord le bien ne se confond pas toujours avec l'intérêt général de la société, ni même, selon la formule de Bentham, avec « le plus grand intérêt du plus grand nombre ». Le projet de Thémistocle, disait Aristide aux Athéniens, est utile, mais il est injuste.

En second lieu, cet intérêt général, pour quel motif doit-il être recherché? Serait-ce, comme semblent l'insinuer Bentham et Stuart Mill, parce qu'il est d'accord avec notre intérêt personnel? Mais cet accord n'existe pas toujours, et nous retombons finalement dans le système égoïste que nous avons rejeté. Serait-ce pour lui-même? Mais il faudrait quelque chose qui nous obligeât à sacrifier notre intérêt particulier à l'intérêt général, et ce quelque chose ne peut être qu'une loi supérieure distincte de tout intérêt particulier ou général.

Enfin ce nouveau principe, vague et très difficile à déterminer, ne s'applique pas aux actes intérieurs et ne rend aucun compte de nos devoirs religieux, fondement de tous les autres.

Machiavel (1469-1527). — Au système de l'intérêt général se rattache la théorie de la *raison d'État,* émise par Machiavel et devenue de nos jours la règle universelle des relations internationales et des rapports du pouvoir avec les sujets. Par *raison d'État,* on peut et on doit sacrifier selon les circonstances, les droits les plus sacrés de l'individu, de la famille ou de la religion; l'État est souverain, l'État est Dieu, son intérêt est l'unique loi.

Cette théorie, érigée en principe sous le nom de *droit nouveau,* a été condamnée par l'Église. Elle est le renversement de toute justice, et ne peut procurer le vrai bien de la société, selon cette maxime des anciens : *Nil utile nisi quod honestum.*

c. — *Systèmes sentimentalistes : morale du sentiment.*

Les systèmes sentimentalistes diffèrent des précédents par leur esprit; ils cherchent encore la raison du bien et du mal dans notre nature sensible, mais dans son côté noble et désintéressé, dans le *sentiment*, qui devient tout à la fois le principe du bien et le motif qui nous porte à l'accomplir.

La morale du sentiment se présente sous deux formes principales.

Sentiment moral. — D'après Hutcheson, il n'y a de bonté morale que dans les penchants bienveillants et dans les actions désintéressées qui en dérivent. Cette bonté morale, indépendante du plaisir et de l'intérêt, de la raison spéculative et de la volonté divine, se détermine par une sorte de sentiment instinctif, appelé *sens moral*, qui la découvre immédiatement et spontanément de la même manière que l'ouïe distingue les sons harmonieux des sons discordants.

Shaftesbury avait déjà précédemment développé une théorie analogue; toutefois au sens moral il joint un autre élément secondaire, le *sentiment du beau*.

Rousseau, Jacobi, qui proposent comme règle des actions humaines, tantôt l'*instinct infaillible de la conscience*, tantôt le *contentement intime ou le remords* de l'âme, se rattachent encore au principe du sens moral.

Appréciation. — Dans tous ces systèmes, on confond d'abord le jugement que la conscience porte sur la valeur des actes et le sentiment qui suit dans l'âme les décisions de la conscience; le sentiment n'est que pour nous faire accepter avec joie la loi que la conscience nous révèle.

En second lieu, les sentiments qui servent de base à ces systèmes n'échappent pas à la condition de tous les autres phénomènes sensibles, et ne peuvent être le fondement d'une loi immuable, universelle, obligatoire.

Enfin, si ces sentiments peuvent quelquefois communiquer à l'âme une force transitoire pour accomplir le bien, plus souvent encore ils l'aveuglent et l'entraînent à l'opposé du devoir.

Sentiment de sympathie. — Ce système, plus célèbre que les précédents, est exposé par le philosophe écossais Adam Smith dans sa *Théorie des sentiments moraux*. D'après ce philosophe, avoir de la sympathie, c'est éprouver un sentiment conforme à celui que ressent une autre personne; et avoir de l'antipathie, c'est ressentir un sentiment contraire à celui qu'une autre personne éprouve. Or c'est dans l'*antipathie* et la *sympathie* ainsi entendues que le philosophe dont nous parlons prétend trouver une règle pour juger de la moralité des actions humaines : tout ce qui excite la sympathie d'un *spectateur impartial* est moralement bon, et, au contraire, tout ce qui excite son antipathie est moralement mauvais. Cette règle ne convient qu'aux actions qu'on peut appeler sociales ; pour juger ses propres actions, Smith veut simplement qu'on se mette à la place d'un spectateur impartial. C'est la morale des âmes sensibles et des philanthropes.

Appréciation. — Les raisons générales pour lesquelles nous avons rejeté le système du sentiment moral s'appliquent également au système de la sympathie. Complétons-les par cette appréciation de Jouffroy :

« La règle posée par Smith (émotion sympathique d'un spectateur impartial) est très difficile à comprendre, car l'impartialité que Smith exige du spectateur ne peut s'entendre que de l'impartialité de la sympathie, et, dans l'acception ordinaire du mot, c'est l'absence même de sympathie qui constitue l'impartialité; en supposant qu'on comprenne la règle donnée, elle est si mobile qu'on ne peut la fixer; pût-elle l'être, elle serait, de l'aveu même de Smith, insuffisante, car il y a des cas qui lui échappent; fût-elle suffisante, elle ne serait pas la véritable règle à laquelle nous avons la conscience d'obéir; et ce qui le confirme, c'est qu'elle n'a ni les caractères ni l'autorité d'une loi, et qu'elle ne peut rendre compte des faits et des notions morales de la nature humaine. » (*Cours de droit naturel*, leçons XVII et XVIII.)

d. — Systèmes rationalistes.

Nous réunissons sous ce titre les systèmes qui font reposer le bien sur l'ordre essentiel des choses perçu par la raison, mais qui, en même temps, soutiennent que le bien nous oblige par lui-même, ou, ce qui revient au même, que la raison, en l'apercevant, nous l'impose comme devoir absolu, abstraction faite de la volonté divine.

Stoïcisme. — Le stoïcisme ancien, renouvelé par Wolf au XVIIIe siècle, repose sur cette maxime fondamentale : « Vis conformément à ta nature raisonnable; » consulte la raison, fais ce qu'elle conseille, ce qu'elle ordonne; c'est là l'honnête, le souverain bien, le parfait bonheur. Demeure imperturbable en cet état, solidement retranché en toi-même, te dérobant à toutes les influences étrangères : *sustine et abstine*. La vertu suffit, méprise tout le reste; le plaisir, la douleur, la mort même ne sont rien.

Appréciation. — Voilà donc toute la morale stoïcienne, aspirer à faire régner exclusivement en soi la raison, puis s'immobiliser en elle; morale élevée en apparence, mais « incomplète, excessive et chimérique en réalité », parce qu'elle ne contient pas la raison dernière du devoir, qu'elle est dépourvue de sanction et qu'elle méconnaît le véritable rôle de la sensibilité et de l'activité libre dans l'homme.

Volonté autonome. — Toute règle de la volonté, dit Kant, est un impératif; mais il distingue l'*impératif hypothétique* et l'*impératif catégorique :* si la règle ne nous prescrit une action qu'en vue d'un but déterminé à atteindre, l'*impératif est hypothétique* ou conditionnel, c'est-à-dire subordonné à une condition, par exemple : « ne trompe pas *si* tu veux être estimé; » cet impératif n'est qu'un conseil, une maxime de prudence, une règle d'habileté. Si la règle commande sans condition, représente un acte comme obligatoire en lui-même, indépendamment de tout but à atteindre, par exemple : « ne trompe pas, » c'est l'*impératif catégorique;* cet impératif est la règle suprême des mœurs, la *forme du devoir absolu*, le *principe du bien*, de sorte qu'il ne faut pas dire : « fais cela parce que c'est le bien; » mais : « c'est le bien parce que tu dois le faire. »

Si nous demandons à Kant quel est le principe de cette obligation absolue, de cet impératif catégorique, tantôt il nous répond qu'il n'en sait rien, que c'est un « fait premier de la raison pratique », que « la formule totale de la loi morale est dans ces paroles : *sic volo, sic jubeo* »; tantôt il essaye de compléter sa théorie et propose comme raison fondamentale de la loi du devoir l'*autonomie de la volonté,* qui consiste en ce que chaque homme doit se regarder comme une *fin en soi*, et par suite prendre sa volonté absolue comme règle et principe de toute moralité.

Le caractère le plus essentiel du devoir, pour Kant, est d'être *absolu;* mais de ce premier caractère s'en déduit un second, celui d'être *universel*, c'est-à-dire de s'appliquer à tous les hommes de la même manière. De là cette règle pratique que le philosophe propose pour reconnaître si une action est conforme ou non au devoir: « Agis toujours de telle sorte que le motif le plus prochain de ton action puisse devenir une règle *universelle* dans la législation de tous les êtres raisonnables. »

Beaucoup de rationalistes français soutiennent des systèmes analogues à celui de Kant, bien qu'exprimés en d'autres termes. Bornons-nous à citer Proudhon : « Le principe de toute justice est la *respectabilité* en nous-même d'abord, dans les autres ensuite...; la société parmi les hommes ne consiste que dans la solidarité de leurs *dignités* respectives. »

Appréciation. — Dans les principes de Kant, les facultés de l'homme : la volonté, la raison pratique et l'impératif catégorique sont quelque chose d'entièrement subjectif; elles sont donc enveloppées, comme la moralité qu'on en veut déduire, dans le scepticisme universel, qui est le fruit de cette philosophie.

Du reste, il est faux que l'homme soit à lui-même sa fin, qu'il soit indépendant; créé par Dieu, il dépend essentiellement de lui dans son être et dans tous ses actes; ceux-ci ne peuvent être bons qu'autant qu'ils sont conformes à l'ordre essentiel des choses imposé par le Créateur.

Il est faux encore que l'obligation soit le principe du bien, car il suivrait de là que tout ce qui est bien est obligatoire. « Fonder le bien sur l'obligation au lieu de fonder l'obligation sur le bien, c'est, observe Cousin, prendre l'effet pour la cause, c'est tirer le principe de la conséquence. »

En dernier lieu, l'impératif dont parle Kant suppose deux termes, celui qui donne et celui qui reçoit l'ordre ; or la volonté ne peut être liée par elle-même; il faut, avons-nous dit, un principe supérieur et extrinsèque qui l'oblige.

Raison impersonnelle. — C'est dans cette même catégorie qu'il faut encore ranger les philosophes qui, pour expliquer le bien, ont recours à une certaine *raison impersonnelle* à laquelle l'homme doit, d'après eux, soumettre sa liberté ; mais ils oublient de nous dire ce qu'est cette raison impersonnelle, et à quel titre nous sommes obligés de nous soumettre à ses prescriptions.

Cette raison impersonnelle ne peut être une pure abstraction; elle n'est point Dieu non plus; reste donc qu'elle soit la collection des maximes qui expriment les vérités morales.

Mais ces maximes ne sont que des propositions conçues premièrement dans l'intelligence divine, secondement dans l'intelligence humaine, qui les perçoit, non comme le principe, mais comme l'expression des obligations morales, dont par conséquent elles ne peuvent être ni la règle ni le fondement.

Le défaut radical de tous ces systèmes rationalistes est de vouloir rendre la morale indépendante de la volonté de Dieu. C'est détruire sa base naturelle.

II

CONSCIENCE MORALE

La loi est la règle extérieure des actions humaines; celles-ci sont soumises en outre à une règle intérieure, la conscience.

La conscience morale, bien distincte de la conscience psychologique, est une des formes de la raison pure, la raison appliquée à la notion du bien. On peut la définir : la *faculté de discerner le bien du mal*.

Dans la conscience morale, comme dans la raison spéculative, on doit distinguer deux fonctions différentes : une fonction *supérieure* ou *intuitive* et une fonction *inférieure* ou *discursive*.

La fonction supérieure de la conscience nous révèle les idées de bien et d'obligation, de devoir et de droit, de mérite et de démérite, qui constituent la notion complexe de la moralité, et nous fait connaître les principes premiers de l'ordre moral ainsi que leurs applications les plus immédiates. C'est l'intelligence morale; on pourrait l'appeler : *conscience morale spéculative*.

La fonction inférieure de la conscience, sorte de raisonnement moral, applique les principes aux faits de la vie, à la conduite de chaque jour, à ce qu'il faut faire ou éviter; elle prononce, dans les cas particuliers, que tel acte est bon et que tel autre est mauvais. C'est proprement la *raison pratique*, à laquelle on réserve ordinairement le nom de conscience morale.

L'étude de la conscience comprendra donc naturellement deux parties :
1° *De la conscience morale spéculative;*
2° *De la conscience morale pratique.*

I. — De la conscience morale spéculative.

Bien que la conscience morale soit essentiellement, comme nous l'avons dit, une forme de la raison pure, dans l'analyse de cette faculté, prise dans son sens le plus large, on distingue deux ordres de phénomènes : des *notions* qui relèvent de l'intelligence et appartiennent proprement à la conscience morale; des *sentiments* qu'excitent en nous ces notions et qui relèvent de la sensibilité. Nous en traiterons successivement.

I. — Des notions morales primitives.

Leurs caractères généraux. — Je suppose, dit Cousin, que sous vos yeux un homme fort et armé se précipite sur un autre homme faible et désarmé, qu'il le maltraite et le tue pour lui enlever sa bourse; vous prononcerez que l'action est *mauvaise,* qu'elle *ne devait pas* être accomplie, par suite qu'elle *mérite* un châtiment. En présence d'un acte de piété filiale, au contraire, vous prononcerez, et toujours avec la même assurance, que l'action est *bonne,* qu'elle *devait* être accomplie, qu'elle *mérite* une récompense..

Tels sont les jugements successifs portés par la conscience morale en présence d'une action bonne ou mauvaise; poussons plus loin l'analyse.

Nous reconnaîtrons que ces jugements supposent eux-mêmes des notions de *bien et de mal,* de *devoir et de droit,* de *mérite et de démérite.*

Avant de les étudier en détail, signalons *leurs caractères généraux.*

Toutes ces notions morales, « enchaînées, selon l'expression de Platon, par des raisons de fer et de diamant, » sont nécessaires, absolues, universelles, comme toutes les autres notions rationnelles étudiées en logique. — *Nécessaires :* nous ne concevons pas, en effet, que le bien ne soit pas; qu'il n'y ait pas au-dessus de l'intérêt particulier, de l'intérêt général même, quelque chose qui soit la règle de l'un et de l'autre. — *Absolues* : elles ne varient ni avec les temps ni avec les lieux; elles ne dépendent pas de nous; quand aucune intelligence humaine n'existerait, il serait encore vrai que le bien n'est pas le mal, qu'une créature libre doit s'attacher au bien, que tout acte bon mérite une récompense. — *Universelles* : c'est-à-dire qu'elles se rencontrent chez tous les hommes, et que chez tous elles sont identiques; tous savent distinguer le bien du mal, comme le vrai du faux; tous affirment ces propositions : le bien est obligatoire, l'acte juste mérite récompense, aussi bien que celles-ci : le tout est plus grand que la partie, une même chose ne peut pas être et n'être pas en même temps.

a. — Notions du bien et du mal.

Nature du bien. — L'existence de la notion du bien dans la conscience humaine ne peut être contestée. Le sens intime ne nous laisse aucun doute à cet égard. Mais qu'est-ce que le bien? Les philosophes font à cette question les réponses les plus contradictoires, selon les principes qui servent de base à leurs systèmes.

Le bien doit d'abord être conçu comme essentiellement distinct du plaisir et de l'utile, que les philosophes appellent quelquefois *des biens,* mais que seuls les sensualistes et les utilitaires peuvent regarder comme le vrai, le *souverain bien.* Pour préciser sa nature, il importe de distinguer, avec Leibnitz, le *bien absolu* et le *bien moral :* le premier est dans les choses, est antérieur à la loi et lui sert de fondement; le second suppose la volonté libre, et dérive de la loi qui le prescrit.

Bien absolu. — Ces différentes expressions, la fin, la destination suprême des êtres, la loi, la raison, par lesquelles on a souvent désigné le bien absolu, n'en découvrent que des points de vue particuliers et secondaires. Nous retiendrons comme préférable la notion que nous en avons donnée déjà, et nous dirons que le bien absolu, c'est l'*ordre essentiel* ou *naturel,* résultant des rapports nécessaires qu'ont entre eux les différents êtres, à raison des divers degrés de perfection qu'ils présentent.

Cet ordre absolu est conçu de toute éternité par l'intelligence de Dieu; imposé par sa volonté sainte à toute créature libre comme règle de ses actes, il devient *la loi.*

Bien moral. — Le bien moral suppose un être libre et raisonnable qui lui donne naissance; on peut le définir : *la conformité des actions d'un être libre avec la loi ;* et le mal moral sera la violation libre de cette loi. L'*honnête*, le *juste*, le *saint*, sont les différents noms que prend le bien moral selon que nous le considérons en nous-mêmes, par rapport aux autres hommes ou par rapport à Dieu.

Si on veut chercher quel pourrait être le type parfait du bien moral, il faut s'élever jusqu'à Dieu et dire que c'est l'*amour essentiel et infini que Dieu a pour lui-même*. Là est la source de toute moralité, la loi de toute justice, le modèle de toute sainteté.

Universalité de la notion du bien. — La *notion du bien* comme essentiellement distinct du mal se trouve à quelque degré *chez tous les hommes ;* elle est perçue immédiatement par la conscience morale, mais, comme toutes les notions de la raison pure, elle n'existe pas d'abord sous une forme abstraite et générale, elle est enveloppée dans des jugements particuliers, de même que les idées de substance, de cause, de vrai, etc. Sans doute ces jugements moraux que nous portons peuvent être faux, et on trouve des hommes, des peuples même, qui mettent au nombre des vertus de véritables vices, qui regardent comme permis des actes que la raison défend. Mais alors même qu'ils se méprennent ou s'aveuglent sur le bien, ils témoignent encore que cette notion du bien existe chez eux.

La notion du bien moral donne lieu à des axiomes, à des principes qui ont la même valeur que les axiomes et les principes mathématiques et sur lesquels tout homme doué d'intelligence prononce avec la même spontanéité, la même certitude. Si cette connaissance n'était pas à la portée de tous, indépendamment même de la révélation, Dieu eût manqué de sagesse en ne pourvoyant pas suffisamment au salut des hommes. Aussi l'expérience est-elle là pour montrer que les *premiers principes de morale sont admis chez tous les peuples sans exception.* Tous reconnaissent, par exemple, que nous ne devons pas faire à autrui ce que nous ne voudrions pas qu'on nous fît à nous-mêmes; que l'ingratitude est odieuse; qu'on doit respecter son père, tenir la foi jurée.

Perfectibilité de la conscience. — Tous les hommes

s'accordent donc sur les premiers principes de la loi naturelle et sur leurs applications immédiates, mais dès qu'on arrive aux conséquences plus ou moins éloignées de ces principes premiers, cette uniformité disparaît. Souvent même il est difficile de décider si tel acte est bon ou mauvais; car, comme nous le dirons, il ne faut pas seulement considérer l'acte en lui-même, mais aussi tenir compte de l'intention de l'agent et de mille circonstances qui peuvent modifier sa nature. Cette difficulté devient plus grande encore dans la pratique, quand nous ne voyons l'acte à faire qu'à travers nos passions, nos intérêts et nos préjugés. De là la *nécessité de perfectionner la conscience*.

Ce perfectionnement est possible : la conscience, en effet, est un aspect de la raison; or la logique et l'expérience nous apprennent que celle-ci peut être perfectionnée, et doit l'être pour devenir capable de connaître une foule de vérités; que plus elle connaît et plus elle peut connaître, parce que les vérités s'éclairent mutuellement. Il en est ainsi de la conscience morale, *elle est perfectible*.

C'est l'instruction qui développe la raison; c'est l'*éducation qui doit surtout développer la conscience*, la rendre plus pénétrante dans l'appréciation du bien et du mal. Les parents et les maîtres ont l'iniative dans cette œuvre, mais ils ne peuvent avoir d'influence profonde qu'en faisant intervenir l'autorité de Dieu, qui seul, par son action tout intime, peut disposer les cœurs. Du reste, l'habitude de la vertu donne à la conscience une grande délicatesse, tandis que les passions l'obscurcissent et quelquefois peut-être, quoique ce soit bien rare, peuvent l'étouffer entièrement. L'homme sans conscience est un monstre dans l'ordre moral et ne peut inspirer que l'horreur.

Le *perfectionnement moral des peuples est possible* comme celui des individus; toutefois ce serait une grave erreur de le croire nécessaire et continu. Avec cette théorie, qu'ont soutenue Hégel et Cousin, il n'y a pas d'oppression qu'on ne puisse amnistier, pas de triomphe auquel on ne puisse applaudir. Il faut reconnaître des moments d'arrêt et des mouvements de recul dans la marche de l'humanité, et avouer que les peuples comme les individus s'améliorent ou se dégradent en dehors de toute mesure fixe.

b. — *Notions du devoir et du droit.*

Notion du devoir. — De l'idée du bien et de la volonté formelle de Dieu, qui nous prescrit son accomplissement et nous l'impose comme une loi, résulte le devoir.

Nature du devoir. — Pris objectivement, le devoir est synonyme de l'honnête, du juste, et désigne *ce qui est conforme à l'ordre* voulu par Dieu, ce qui doit être recherché, accompli par la créature intelligente et libre. Pris subjectivement, le devoir se confond avec l'*obligation morale* et se définit « un lien moral qui nous astreint à faire le bien et à éviter le mal », *vinculum juris quo adstringimur ad aliquid faciendum vel omittendum.*

Nous sommes liés, en effet, par la loi, non pas à la manière des êtres inintelligents qui sont enchaînés par elle fatalement, mais liés *moralement*, c'est-à-dire tenus d'agir conformément à la loi, sous peine de manquer notre fin, de nous pervertir et de nous dégrader. Le devoir suppose ainsi deux idées élémentaires : l'idée de liberté et l'idée d'une dépendance absolue à l'égard de celui qui nous impose sa volonté.

Le devoir est un ordre, un *impératif catégorique*; quand la conscience nous déclare que nous devons faire une action, c'est une nécessité pour nous, sous peine de nous rendre coupables, de l'accomplir et de ne pas reculer, même devant le sacrifice de nos intérêts, de notre réputation, de notre plaisir. L'honnête homme accepte cette devise : « Fais ce que dois, advienne que pourra, » et, selon la pensée de Thomas Reid, « ne songeant jamais qu'à son devoir, il laisse à Dieu le soin de son bonheur. »

Diverses espèces de devoirs. — Depuis Wolf on distingue communément les devoirs *stricts* ou *parfaits* et les devoirs *larges* ou *imparfaits*. Les premiers sont précis, rigoureux, ne laissent aucune latitude à l'interprétation : v. g. devoirs de justice; les seconds, quoique obligatoires comme les premiers, échappent à une détermination bien nette, et dépendent pour leur accomplissement de l'appréciation individuelle : v. g. devoirs de reconnaissance, de charité.

A un autre point de vue, les devoirs sont *négatifs* ou *positifs,* selon qu'ils prescrivent de ne pas faire le mal, *neminem lædere,* ou qu'ils ordonnent de faire le bien, *suum cuique red-*

dère. — En général les devoirs négatifs correspondent aux devoirs stricts, et les devoirs positifs aux devoirs larges; mais cette correspondance n'est point rigoureuse, et la plupart des devoirs peuvent se formuler indifféremment d'une manière positive ou négative.

A envisager les êtres qui sont les *termes* du devoir, on distingue encore les devoirs *personnels*, les devoirs *sociaux*, les devoirs *religieux*. Leur étude sera l'objet de la morale particulière.

Notion du droit. — Le droit est inséparable du devoir; l'un et l'autre ne sont que des aspects différents d'un même principe, la loi.

Nature et origine du droit. — Pris objectivement, le droit, conformément à l'étymologie, désigne ce qui est juste, équitable.

Pris subjectivement, le droit, dit Leibnitz, est un *pouvoir moral*, comme le devoir est une nécessité morale. On peut le définir dans son acception propre : le *pouvoir légitime de faire, de retenir ou de réclamer quelque chose.* Le droit provient donc de la loi, aussi nous apparaît-il comme quelque chose de sacré et d'*inviolable;* le mépris qu'on en fait ne saurait le détruire, l'obligation de respecter l'ordre naturel voulu par Dieu subsiste toujours.

Théories erronées. — C'est une erreur de faire naître le droit de la *force*, comme le veulent certains publicistes, tels que Hobbes et Proudhon; la force est un pouvoir sans doute, mais un pouvoir physique, dont on se sert aussi bien pour opprimer le droit que pour le défendre; dire que la force engendre le droit, c'est admettre que ce qui est *doit être* et que les lois physiques sont la règle de toutes choses. Pie IX a condamné cette proposition : *Jus in materiali facto consistit.*

Le droit n'est pas davantage fondé sur le *besoin.* Que signifie cette expression? Veut-on parler de ce besoin vague qui se confond avec le désir? Mais l'homme peut désirer toutes choses, il aurait donc droit à tout. N'a-t-on en vue que les désirs nécessaires? Qui les déterminera? et les droits de chacun se borneront-ils à ce strict nécessaire?

Les *rationalistes* tendent à faire dériver le droit de ce qu'ils appellent la *valeur absolue de la personne.* L'homme, dit Kant, est *une fin en soi;* il s'appartient à lui-même, puisqu'il est libre; à ce titre de *personne* il est inviolable, et cette inviolabilité est un droit inaliénable, imprescriptible, source de tous les autres. « La liberté est sacrée, dit aussi M. Janet, là est le fondement du droit; le droit n'est autre chose que la liberté de la liberté. » — Soutenir cette doctrine, c'est oublier que si nous sommes libres, nous ne sommes pas indépendants. Ces notions fondamentales d'obligation, de devoir, de droit, supposent bien sans doute en nous la liberté, la personnalité, mais elles découlent d'un principe supérieur à l'homme.

Diverses espèces de droits. — Le droit est *naturel* ou *positif*, selon qu'il a pour *fondement* la nature même des choses ou un fait libre et contingent. Le premier est absolu, universel, comme le droit de Dieu sur ses créatures, le droit du père sur ses enfants; le second est variable et relatif, comme les droits qui résultent des contrats.

Le droit est encore *aliénable* ou *inaliénable*, selon que le sujet qui le possède a ou n'a pas la faculté, soit d'y renoncer absolument, soit de s'en dessaisir en faveur d'une autre personne.

Enfin le droit est *personnel* ou *réel*, selon qu'il a pour objet les personnes, v. g. la liberté individuelle, le droit paternel ou les choses, v. g. droit de propriété.

Le devoir et le droit. — Ces deux termes sont corrélatifs; ils s'appellent toujours et s'engendrent l'un l'autre.

Corrélation du devoir et du droit. — Tout *droit* suppose un *devoir :* le possesseur du droit n'a pas toujours lui-même, nous venons de le dire, le devoir de le maintenir. — Mais en présence de mon droit les autres personnes ont le devoir de me donner ce que je puis légitimement exiger, de ne pas empêcher l'action que je puis légitimement accomplir.

Tout *devoir* suppose de même un *droit :* si j'ai le devoir d'accomplir tel acte, d'en éviter tel autre, j'ai le droit de n'être pas empêché d'accomplir l'acte prescrit, de n'être pas contraint à faire celui qui m'est défendu. — Tout devoir à remplir envers une autre personne suppose-t-il chez cette personne le droit de l'exiger? Oui, s'il s'agit d'un devoir de justice ; non, s'il s'agit d'un devoir de charité, de reconnaissance, de bienfaisance, etc. Dans ce dernier cas, le droit existe cependant, seulement il n'est pas dans la personne envers laquelle nous paraissons obligés; il réside en Dieu, qui exige de nous la pratique de ces vertus.

Ordre logique du devoir et du droit. — Mais quelle est la génération logique du droit et du devoir? Est-ce le droit qui naît du devoir, ou le devoir qui naît du droit? Quelques philosophes pensent que c'est dans l'idée du droit que se trouve la raison fondamentale des devoirs. « Le devoir, dit M. J. Simon, n'est que l'obligation de respecter le droit d'autrui. » Pour eux, il y aurait des devoirs parce qu'il y a des droits.

Cette doctrine est vraie quand on remonte au *principe premier de tout devoir*, qui est le droit *absolu* que *Dieu* a sur ses créatures. Mais elle est fausse dans l'ordre relatif et contingent; l'homme a des devoirs avant d'avoir des droits.

Le droit essentiel de l'homme, en effet, c'est de tendre librement à sa fin; or ce droit naît de l'obligation rigoureuse qui lui est imposée par Dieu d'atteindre cette fin. L'homme *doit* obéir à Dieu, et *par conséquent* il a droit à n'être pas contrarié, à être aidé, au contraire, dans son obéissance.

Tel est l'ordre : nos droits dérivent de nos devoirs; et nos devoirs, aussi bien que nos droits, ont leur raison d'être première dans les droits suprêmes de Dieu. Renverser cet ordre, et placer en tête le droit individuel, c'est transférer à l'homme les attributs divins, c'est faire de l'homme un Dieu.

Subordination des droits et des devoirs. — Quand plusieurs droits incompatibles se rencontrent il y a conflit; mais le *conflit n'est qu'apparent,* car c'est un principe absolu qu'il n'y a pas de droit contre un droit. Les droits sont subordonnés, ils ne sont pas opposés. Dans ce cas, le droit positif disparaît devant le droit naturel; et le droit positif le moins général, le moins important, le moins certain, le cède au droit positif plus universel, plus nécessaire ou mieux établi.

La subordination des devoirs est régie par les mêmes principes.

c. — Notions du mérite et du démérite.

En présence d'un acte bon que nous impose la loi et d'un acte mauvais qu'elle nous défend, la conscience ne nous atteste pas seulement que nous sommes tenus de réaliser le premier et d'éviter le second, elle juge encore irrésistiblement qu'en accomplissant la loi nous acquérons un droit réel à une *récompense :* c'est l'idée du mérite; qu'en commettant un acte mauvais nous nous mettons dans la nécessité de subir un *châtiment :* c'est le démérite. Cette double notion peut se définir brièvement : *nexus ad præmium vel ad pœnam.*

Ce rapport, attesté par la conscience, entre l'*observation ou la violation d'une loi par un être libre et une part de bonheur ou de souffrance,* est conçu par la raison comme *nécessaire, universel,* et de plus *proportionné* à la moralité de l'acte.

Nécessaire, puisque c'est à l'établissement de l'ordre que tend chaque effort de l'homme de bien ; la raison nous dit que quiconque s'applique à faire régner l'ordre doit jouir de sa réalisation, de même que celui qui contribue au désordre doit souffrir du bouleversement qu'il cause. La récompense et le châtiment sont quelque chose de tellement *dû,* qu'ils perdent leurs noms s'ils sont *immérités.*

Universel ; tout acte bon mérite une récompense, tout acte mauvais entraîne la nécessité de subir un châtiment ; mais remarquons que le mérite et le démérite sont essentiellement liés au jugement que nous portons sur la moralité de l'action, de telle sorte que celui qui fait une action bonne sans savoir qu'elle est bonne ne mérite pas, de même que celui qui fait une action mauvaise sans savoir qu'elle est mauvaise ne saurait démériter.

Proportionné à la moralité de l'acte ; ajoutons que le mérite ou le démérite n'est pas un rapport arbitraire, mais qu'il est déterminé dans une équitable proportion par la moralité de l'acte. Le mérite croîtra donc avec la difficulté de l'acte, l'importance de la loi et la ferveur de l'agent, circonstances qui influent sur cette moralité. — C'est sur ce rapport, apprécié avec une grande délicatesse par la conscience, qu'est fondée la *moralité de la peine,* et ce jugement de la conscience suffit pour faire rejeter le paradoxe stoïcien de l'égalité des vertus et des fautes.

Tout acte bon, avons-nous dit, mérite une récompense proportionnée à la moralité ; mais il faut se garder de confondre ces deux idées, *mérite* et *moralité.* La moralité est une qualité absolue de l'acte considéré en lui-même, tandis que le mérite suppose dans l'acte une relation à l'égard d'une personne dont il procure l'honneur ou l'avantage, et qui a par conséquent une certaine obligation de justice de le récompenser.

II. — Des sentiments moraux.

En même temps que la raison, sous le nom de conscience morale, conçoit les diverses notions et porte les divers jugements que nous venons d'analyser, notre sensibilité éprouve des émotions variées qui en sont la suite. Ce sont ces émotions qu'on désigne communément sous le nom de *sentiments moraux*.

La vue d'une bonne action faite par autrui nous cause une jouissance particulière : la *sympathie*, répond en nous à tout ce qu'il y a de bon, de noble chez les autres, et est accompagnée de *bienveillance* pour celui que nous savons l'auteur d'une bonne action; même sans le connaître, nous aimerions à lui faire du bien, nous lui souhaitons d'être heureux, parce que nous jugeons qu'il a mérité de l'être.

Le spectacle du mal, au contraire, nous impressionne péniblement et excite en nous une *antipathie* involontaire qui passe aussi de l'action à la personne; c'est un sentiment de honte pour l'humanité, de *pitié pour le coupable ;* quelquefois une colère généreuse, une indignation désintéressée.

Quand **nous sommes nous-mêmes les auteurs de la bonne ou de la mauvaise action**, le sentiment moral prend alors un caractère à part et devient la *joie de la conscience* ou le *remords*.

Après une bonne action, de généreux sentiments se pressent dans mon âme : je me respecte, je m'estime, j'ai le sentiment de ma dignité, je ressens une jouissance incomparable que nul ne peut m'ôter, et qui, tout le reste me manquât-il, me console et me relève. Ce n'est pas le triomphe de l'intérêt ni celui de l'orgueil, c'est le plaisir de l'honnêteté modeste ou de la vertu fière qui se rend justice.

Si j'ai fait le mal, j'éprouve cette souffrance amère et secrète qu'on appelle le remords. Je l'éprouve parce que j'ai la conscience d'avoir commis une mauvaise action que je me savais obligé de ne pas faire, que je pouvais ne pas faire, et qui me laisse après elle un châtiment que je sais mérité. C'est le gémissement de la conscience offensée.

Ces sentiments nous ont été donnés pour nous aider à bien faire. Dans leur diversité et leur mobilité, ils ne peuvent être les fondements de l'obligation absolue, mais ils lui sont d'heureux auxiliaires, d'assurés et bienfaisants témoins de l'harmonie de la vertu et du bonheur. (Cousin.)

Sens moral. — La conscience morale est quelquefois désignée par le nom de *sens moral*, pour rappeler le caractère instinctif de la plupart de ses jugements. C'est cet instinct qui conduit l'homme droit à la vérité dans les choses morales, d'une manière plus sûre que les discussions subtiles n'y conduisent les philosophes. Mais il faut éloigner toute idée d'un sens corporel qui supposerait le matérialisme.

Souvent aussi, par cette expression de *sens moral*, on entend une faculté mixte plus étendue que la conscience morale proprement dite et à laquelle on attribue les différents faits moraux qu'excite en nous la vue du bien ou du mal : — faits intellectuels qui se rapportent proprement à la conscience morale, au moins dans le cas d'une action personnelle ; — faits sensibles, jouissances ou peines morales qui suivent les jugements de la conscience ; — enfin faits actifs, mouvements d'aversion ou d'amour, de mépris ou d'admiration, selon que l'action dont nous avons été témoins est bonne ou mauvaise.

L'analyse de tous ces faits assez complexes qui se rapportent au sens moral est facile après ce que nous avons dit.

II. — De la conscience morale pratique.

La conscience qui nous révèle les notions et les lois fondamentales de la morale juge aussi nos actions journalières et apprécie leur moralité.

L'étude de cette nouvelle fonction de la conscience soulève de nombreuses questions; nous nous bornerons à étudier :

1º Comment la conscience morale est la règle prochaine de nos actes;

2º Comment elle peut apprécier la moralité d'un acte;

3º Quels sont nos divers motifs d'action.

I. — De la conscience comme règle prochaine de nos actes.

Tantôt la conscience, comme un juge incorruptible et inexorable, apprécie notre conduite antérieure; tantôt elle se prononce sur la moralité de tel *acte déterminé que nous sommes* sur le point d'accomplir et juge qu'il est *commandé, défendu, conseillé* ou *permis* par la loi.

Considérée sous ce dernier point de vue, le seul qui doive nous occuper, elle n'est plus seulement un juge, elle est la règle immédiate et prochaine de nos actes, *dictamen practicum rationis*, l'interprète autorisée de la loi.

États divers de la conscience. — La conscience est *vraie* ou *fausse :* vraie quand l'acte qu'elle affirme être bon ou mauvais est réellement tel; fausse dans le cas contraire; et alors l'erreur est invincible ou vincible : *invincible* quand on n'a pas pu l'éviter, elle n'est évidemment pas coupable; *vincible* et coupable quand on aurait pu l'éviter en prenant les précautions exigées par la prudence.

La conscience vraie est *ferme* ou *certaine* quand elle prononce avec conviction, *incertaine* dans le cas contraire. La conscience ferme est *prudente* ou *téméraire*, selon que son jugement repose sur un examen sérieux ou superficiel. La conscience incertaine est *probable* quand elle prononce d'après un motif grave, quoique insuffisant pour donner la certitude, *douteuse* quand elle est la suspension de tout jugement.

Dans les questions morales, on peut distinguer deux sortes de doute : le doute *spéculatif*, qui a pour objet la licéité de l'action considérée en elle-même et en général; le doute *pratique*, qui a pour objet la licéité de telle action que nous sommes sur le point d'accomplir.

Autorité de la conscience. — Si la conscience a la vertu de diriger nos actions, elle ne l'a point par elle-même. Elle ne saurait rendre bon ce qu'elle nous présente comme bon, ou mauvais ce qu'elle nous présente comme mauvais. Ce droit qu'elle possède de juger nos actions, elle le tient de Dieu, dont elle nous manifeste la volonté, au nom duquel elle parle : *Conscientia est sicut præco Dei et nuntius*, dit saint Bernard, *et quod dicit non mandat ex se, sed mandat quasi ex Deo.*

En d'autres termes, la conscience n'est pas la dernière règle, la mesure suprême du bien et du mal, comme le veut l'école anglaise contemporaine. « Nous réglons nos montres, dit M. Bain, à l'observatoire de Greenwich; où est le type, la mesure, l'étalon d'après lequel chacun pourrait régler sa montre en morale? » La question n'est pas embarrassante, c'est sur la volonté absolue de Dieu que chacun doit régler sa conscience.

Si la conscience était toujours la manifestation fidèle et claire de cette dernière volonté, il n'y aurait lieu à aucune incertitude, on devrait en toutes choses la consulter et l'écouter comme la voix de Dieu même. Mais la faiblesse de notre intelligence est telle, que souvent elle tombe dans l'erreur, nous conseillant comme bon ce que Dieu réprouve comme mauvais. Il est donc utile de chercher un principe général et certain qui nous fasse éviter toutes les erreurs pratiques.

Principe général de conduite. — On peut accepter celui-ci : *Pour agir licitement, il faut avoir et il suffit d'avoir la persuasion prudente de la bonté de son action.* — Cette persuasion prudente ou certitude morale *est nécessaire :* si on ne l'a pas, en effet, on s'expose au danger d'offenser Dieu, puisqu'on va faire une action que l'on croit raisonnablement pouvoir être une offense de Dieu; or s'exposer au danger d'offenser Dieu, c'est déjà consentir à cette offense, c'est s'en rendre coupable; donc cette persuasion prudente est nécessaire. — Cette persuasion prudente *suffit;* car elle est telle qu'on n'y oppose que des difficultés légères, que des raisons peu probables, et il ne peut y avoir obligation de se laisser arrêter par ces difficultés légères et d'éviter même les dangers éloignés du péché, autrement nous serions dans des angoisses perpétuelles, Dieu nous eût imposé un joug insupportable.

Conséquences de ce principe : 1° *Il n'est jamais permis d'agir contre la conscience* quand elle commande ou défend quelque chose, lors même qu'elle serait erronée, car on se rendrait coupable du mal qu'on croirait faire. — Si l'erreur est invincible, la faute matérielle ne nous est pas imputable; mais si elle est vincible, c'est-à-dire coupable, nous devenons responsables de la violation de la loi.

2° *Il n'est jamais permis d'agir avec une conscience pratiquement douteuse,* car ce doute est l'absence même de la persuasion prudente que nous exigeons. Il faut donc nécessairement, avant d'agir, déposer cette conscience douteuse en méprisant ce doute, s'il est sans fondement raisonnable, c'est le cas des scrupules; et, s'il est sérieux, en prenant conseil de personnes instruites, ou en étudiant nous-mêmes la question.

Si le doute persiste, il faut recourir à des *principes réflexes,* qui peuvent nous donner la certitude pratique. On appelle ainsi certaines maximes générales de conduite qui ne tiennent

16*

directement ni au précepte qu'il s'agit d'appliquer, ni à l'acte qu'on se propose de faire, mais dont la lumière se réfléchit en quelque sorte sur la question douteuse et dissipe les incertitudes de la conscience. Voici quelques-uns de ces principes :
Lex dubia non obligat. — In dubio melior est conditio possidentis. — Non satisfit obligationi certæ per impletionem dubiam. — In dubio judicandum est ex ordinarie contingentibus.

Si, par aucun moyen, on ne pouvait dissiper son doute, il faudrait s'abstenir d'agir, ou prendre le parti le plus sûr.

II. — Des principes de la moralité d'un acte.

La conscience est la règle pratique de nos actions. Quand elle nous affirme, après examen sérieux, que telle action est bonne, nous ne pouvons pas mal faire en l'accomplissant; mais il importe de connaître comment notre conscience peut apprécier la moralité d'un acte, quelles sont en soi les conditions requises pour qu'un acte soit bon.

La valeur morale d'un acte dépend : — de la nature même de cet acte, — des circonstances qui l'accompagnent, — des motifs qui déterminent à l'accomplir.

De la nature même de cet acte. — L'acte, pris en lui-même et, pour ainsi dire, matériellement, est *bon* quand il est conforme à la loi morale et prescrit par elle; par exemple : l'aumône, la prière, le respect des parents. Il est *mauvais* quand il est opposé à quelques principes de la même loi, comme le mensonge, le vol. Il est *indifférent* quand il n'est ni commandé ni défendu par aucune loi; par exemple : se promener et toutes autres actions qui ne deviennent bonnes ou mauvaises qu'à raison des circonstances et des intentions.

Des circonstances qui l'accompagnent. — Pour les actes mauvais extérieurs, la justice humaine elle-même reconnait des circonstances atténuantes ou aggravantes. Un acte bon perd aussi de sa valeur quand il est fait sans discernement de temps et de lieu. Les circonstances peuvent même être assez importantes pour changer complètement la valeur morale d'un acte, et de bon le rendre mauvais.

Des motifs qui déterminent à l'accomplir. — C'est par le *motif* de son action, par le but ou la *fin* qu'il poursuit, par l'*intention* qu'il se propose que l'homme agit en être raisonnable. Ce motif doit donc nécessairement influer sur la valeur de son acte.

Un motif mauvais peut vicier l'action la meilleure; ainsi l'aumône, excellente de sa nature, devient mauvaise quand on la fait en vue d'exciter au mal; et un acte ne peut être bon qu'à la condition d'être accompli par le motif du devoir ou de l'honnête.

Toutefois l'intention ne suffit pas pour constituer à elle seule la moralité d'une action; un bon motif ne peut légitimer un acte matériellement mauvais; il est absolument faux de dire que *la fin justifie les moyens*. Il est des actes qu'il est toujours défendu d'accomplir, quelque bien qui puisse en résulter. Prétendre le contraire c'est méconnaître le caractère absolu et immuable du bien, renverser le fondement même de toute morale.

En *résumé* donc, pour qu'un acte soit totalement bon, il faut qu'il soit tel en lui-même, dans ses motifs et dans ses circonstances. Le défaut d'une seule de ces conditions le rend défectueux et peut le rendre mauvais. De là cet axiome : *Bonum ex integra causa; malum ex quocumque defectu.*

Insistons, à cause de l'importance du sujet, sur les divers motifs de nos actions.

III. — Des divers motifs de nos actions.

Classifications de ces motifs. — On appelle motif d'action, en général, tout ce qui sollicite notre volonté à agir.

Division commune. — On distingue communément trois motifs d'action : le *plaisir*, l'*utile* ou l'intérêt, le *devoir* ou l'honnête.

Le *plaisir* c'est tout ce qui *nous est agréable,* tout ce qui flatte notre sensibilité physique, intellectuelle ou morale. C'est le résultat de la satisfaction de nos instincts et de nos passions. C'est la jouissance actuelle.

L'*utile* c'est tout ce qui *peut servir à nous procurer* quelque avantage corporel ou intellectuel; ce n'est plus une satisfaction actuelle, mais l'espérance de cette satisfaction; c'est le résultat d'un calcul qui nous montre dans des jouissances futures une sage compensation au sacrifice que nous faisons d'une jouissance actuelle.

Le *devoir* implique l'idée du bien; en lui-même, indépendamment de tout plaisir, de tout intérêt, il est digne des complaisances de la volonté; il s'impose avec autorité comme une loi obligatoire.

Ces motifs peuvent se trouver réunis, mais en eux-mêmes ils demeurent essentiellement distincts et irréductibles.

Autre division. — D'autres moralistes admettent ces trois motifs d'action : l'*égoïsme*, le *sentiment*, le *devoir*.

Le plaisir proprement dit et l'utile peuvent, d'après eux, se ramener à un seul principe : l'égoïsme; or nous ne sommes pas réduits, disent-ils, à cette alternative de ne pouvoir agir que par égoïsme ou par devoir. Une foule d'actions, depuis les légers services que nous rendons journellement à nos semblables par pure bienveillance, jusqu'à ces nobles et généreux dévouements qui, sans calculer les limites du devoir, le dépassent de beaucoup, ne sont assurément ni obligatoires ni intéressées. Quel est donc le mobile de ces actes? l'amour, la sympathie, l'affection bienveillante, c'est-à-dire un *sentiment désintéressé*.

Notre division. — Les moralistes dont nous venons de résumer la pensée divisent les motifs tirés du plaisir en motifs *égoïstes* et en motifs *désintéressés*, qu'ils rapportent au sentiment. Tenant compte de cette distinction, qui nous paraît fondée, nous admettrons quatre motifs de nos actions : le *plaisir égoïste*, l'*utile* ou l'intérêt, le *sentiment* et le *devoir*, fondements des systèmes de morale que nous avons appelés sensualistes, utilitaires, sentimentalistes et rationalistes.

Les deux premiers motifs sont *intéressés* ou *égoïstes*, les deux derniers *désintéressés;* le plaisir et le sentiment sont des motifs *sensibles*, l'utile et le devoir peuvent être appelés *rationnels*.

Nos actes sont-ils tous essentiellement intéressés ?

— Oui, répondent tous les utilitaires avec la Rochefoucauld : « l'amour de soi et de toutes choses pour soi » est le motif dernier de tous nos actes.

1° *Théorie de la Rochefoucauld.* — « Toutes nos affections, toutes nos vertus vont se perdre dans l'intérêt comme les fleuves dans la mer. — L'*amitié* n'est qu'un commerce où l'amour-propre se propose toujours quelque chose à gagner. — La *reconnaissance* est la bonne foi du marchand, elle entretient le commerce. — La *pitié* est une habile prévoyance des malheurs où nous pouvons tomber. — La *libéralité*, c'est la vanité de donner... Ainsi toutes nos vertus ne sont qu'un art de paraître honnête. »

Réfutation. — Si la Rochefoucauld, remarque M. Rabier, avait simplement voulu dire que trop souvent, *de fait*, l'égoïsme se cache sous les dehors de l'affection et de la vertu, on pourrait admirer la sagacité de ses analyses, accepter la vérité de ses observations. Mais, malgré quelques réserves, il n'est pas douteux que l'auteur des *Maximes* ne veuille nier le désintéressement, et dans *ce sens absolu* la thèse est fausse.

La conscience du genre humain proteste contre cette doctrine : ces mots, sympathie, désintéressement, sacrifice, vertu, sont partout employés et acceptés comme désignant des réalités et non des mensonges; partout et toujours nous distinguons les hommes bons et généreux de ceux qui recherchent leur plaisir ou leur intérêt; nous admirons, nous respectons, nous vénérons les premiers, et pour les seconds nous n'avons souvent que du mépris.

La conscience nous dit clairement, sans qu'il soit besoin d'insister, que nous ne nous bornons pas à poursuivre l'intérêt dans toutes nos actions; elle proteste contre les analyses fausses ou superficielles que la Rochefoucauld fait de nos vertus.

2° *Théorie mitigée de Jouffroy.* — On insiste : il y a du plaisir à pratiquer la vertu, à aimer, à se dévouer : *amabam amare* disait saint Augustin; aucun sentiment, aucun acte de vertu n'est donc désintéressé, c'est toujours notre plaisir que nous poursuivons.

Réfutation. — Quand cette théorie serait vraie, il y aurait encore lieu de distinguer au moins deux formes de l'amour de soi : l'une qui sacrifie tous les autres à soi-même, et l'autre qui peut aller jusqu'au martyre et à l'immolation volontaire pour autrui; comment les flétrir également par ce mot d'égoïsme ?

Mais une distinction essentielle montre la fausseté de la théorie : il est vrai que tout acte de vertu est accompagné de plaisir, il n'est pas vrai que le plaisir soit la fin, la cause, le *motif* de tout acte de vertu; et en quoi ce plaisir, s'il n'est pas le but que se propose la volonté, rendrait-il l'action intéressée?

Enfin, non seulement le plaisir n'est pas nécessairement le but de la vertu, mais il ne peut pas l'être; il est contradictoire de supposer qu'il le soit, car le plaisir résulte d'un acte de vertu véritable, c'est-à-dire d'un acte accompli par *devoir*.

« Aimer est un plaisir, dit M. Janet, mais c'est à la condition d'aimer, c'est-à-dire de s'attacher à autre chose que soi. Si on pense à soi-même, le plaisir disparaît, le charme est rompu. »

Nos actes doivent-ils être nécessairement désintéressés pour être bons? — Les stoïciens et les Écossais, Kant et quelques rationalistes contemporains, exigent que pour être moralement bon un acte soit absolument désintéressé. « Faire son devoir, ce n'est pas seulement agir conformément à son devoir, mais agir *par devoir, sans aucune considération de récompense présente ou future.* »

Raisonner ainsi, c'est oublier les rapports du bien et du bonheur, c'est professer une morale impossible et fausse, parce qu'elle serait contraire à la nature de l'homme.

Il est vrai que ni le plaisir naturel, ni l'intérêt temporel, privé ou public, ne peuvent être les fondements de la morale, qu'un acte n'est *bon moralement* qu'à la condition *d'être voulu comme tel*, et que par suite un acte fait uniquement par plaisir ou par intérêt serait sans valeur morale. Mais quand ces motifs se joignent au motif du devoir et y demeurent subordonnés, pourquoi serions-nous obligés de les exclure? Pourquoi l'acte cesserait-il d'être bon?

A plus forte raison l'homme n'est-il pas tenu, au moment d'agir, d'écarter de sa pensée la crainte des châtiments éternels ni l'espérance du ciel, puisque sa destinée dernière est inséparable pour lui du parfait bonheur : *Ego ero merces tua.* Nous acceptons *l'eudémonisme,* mais l'eudémonisme tout à la fois *rationnel et chrétien.*

III

DES CONSÉQUENCES DE NOS ACTES

De l'observation ou de la violation libre de la loi manifestée par la conscience découlent pour nous plusieurs conséquences que nous devons faire connaître :

1º Le responsabilité;
2º La vertu ou le vice;
3º La sanction.

I. — La responsabilité.

Définitions. — La *responsabilité* résulte de l'accomplissement d'un seul acte, qu'il soit bon ou mauvais. Elle consiste essentiellement dans l'*obligation pour l'agent libre de rendre compte au législateur de ses actes et d'en subir les conséquences.*

L'*imputabilité* réveille une idée analogue; c'est cette *propriété des actions qui les fait attribuer avec leurs conséquences à l'agent qui en est l'auteur.*

Le mot responsabilité exprime proprement la relation de l'agent libre à l'acte dont il est l'auteur, et le mot imputabilité le rapport de l'acte délibéré à l'agent qui l'a fait. Le premier se dit de l'agent, le second s'applique à l'acte. Ils énoncent l'un et l'autre une même idée, mais sous deux aspects différents.

Conditions de la responsabilité. — Le principe de la responsabilité est évidemment la liberté; de là ses diverses conditions : la possession de soi, la connaissance et la détermination libre.

La *possession de soi.* — Pour être responsable de ses actes, il faut tout d'abord être en possession de soi. L'idiotisme, la folie, le délire, en cas de maladie, enlèvent donc toute responsabilité, puisque dans ces différents états nous ne sommes pas maîtres de nos actes. Dans le sommeil, dans le somnambulisme, il en sera de même en général, mais toutefois les actes accomplis dans ces états pourront nous être imputables en certains cas, d'après les principes du *volontaire indirect.*

La *connaissance.* — La responsabilité est proportionnée à la connaissance plus ou moins parfaite que nous avons eue de la valeur morale de l'acte ; elle est entière quand la connaissance et l'advertance ont été complètes ; elle est faible, au contraire, et peut devenir nulle, quand, sans aucune faute de notre part, nous avons plus ou moins ignoré la loi ou que nous n'y avons pas pris garde au moment d'agir.

Toutefois, dans les affaires civiles, la connaissance de la loi étant toujours présumée, nous pouvons être responsables *légalement* sans l'être *moralement.*

La *détermination libre.* — Notre responsabilité dépend enfin de la liberté plus ou moins parfaite avec laquelle nous avons pris notre détermination. Cette liberté peut être gênée par l'action des passions; toutefois, comme nous l'avons dit en psychologie, sauf les cas assez rares où l'exaltation de la passion va jusqu'à nous enlever l'usage de la raison, nous demeurons responsables des actes accomplis sous l'influence de la crainte et des autres entraînements de la sensibilité.

Conséquences de ces principes. — De ces principes résulte que les qualités ou les défauts naturels de l'esprit ou du corps ne sont imputables à personne, et que personne n'est responsable des effets produits par les causes physiques ou les événements extérieurs, à moins qu'il n'ait eu la possibilité et l'obligation soit de les provoquer, soit de les empêcher, soit de les diriger.

Pouvons-nous être responsables des actions d'autrui? En principe, chacun ne répond que des actes qui sont *siens;* mais les liens qui unissent les hommes sont si étroits, qu'il n'est pas rare que nous ayons une part plus ou moins directe dans la façon d'agir de nos semblables : la loi de la charité nous rend responsables du mal que nous n'avons pas empêché quand nous pouvions le faire; la justice veut qu'on nous impute à bien ou à mal tout acte auquel nous avons *coopéré,* ne fût-ce que par nos conseils ou notre approbation.

Sans que nous soyons personnellement responsables des actions d'autrui, la *solidarité* peut nous faire participer à leurs conséquences. Cette solidarité se retrouve partout, dans la famille, dans la société, dans l'humanité; elle repose sur le principe rationnel de la *réversibilité* des mérites et des démérites, qui a entraîné notre chute en Adam et a rendu possible notre restauration en Jésus-Christ.

II. — La vertu et le vice.

La *vertu* est la conséquence de la répétition des actes conformes à la loi, comme le *vice* est la conséquence de la répétition des actes qui lui sont contraires.

Définition de la vertu. — On définit assez communément la vertu l'*habitude de bien faire,* ou l'*habitude du devoir,* mais ces définitions ne font pas suffisamment ressortir les divers éléments de l'idée complexe de vertu.

Pour qu'un acte soit vertueux, la première condition, dit Aristote, est que celui qui le fait *sache ce qu'il fait,* c'est-à-dire qu'il ait conscience de la bonté morale de son acte et l'intention d'agir pour le bien.

Un second élément de la vertu est la *volonté du bien*, et par suite une certaine force d'âme qui triomphe du plaisir ou de l'égoïsme, trop souvent contraires au devoir; car, selon la remarque des moralistes, bien que la vertu soit la condition essentielle du bonheur, tout d'abord elle est pénible et douloureuse, c'est après la victoire seulement que se manifestent la paix et la joie.

En troisième lieu, la vertu, du moins la vertu parfaite, suppose l'*amour du bien*, principe de la promptitude et de la générosité avec lesquelles l'âme héroïque accepte la lutte, accomplit le sacrifice; en ce sens, « l'homme vertueux, pour Aristote, est celui qui trouve du plaisir à faire des actes de vertu. »

« Enfin, dit le même philosophe, un seul acte de vertu ne fait pas plus la vertu qu'une hirondelle ne fait le printemps; il faut la *répétition des actes*, car la vertu est *l'habitude* de bien faire. »

En résumé, la vertu est force, science et amour indivisiblement unis dans la pratique du bien, et on peut la définir: *l'habitude d'obéir avec lumière, amour et fermeté à la loi du devoir.*

Autres définitions. — Cette analyse nous permet d'apprécier ce qu'offrent d'incomplet ces définitions de la vertu: la *science du bien* (Socrate et Platon), l'*amour de l'ordre* (Malebranche), l'*obéissance aux commandements de la raison* (Kant).

Platon semble définir encore la vertu l'*harmonie de nos facultés*, la *santé de l'âme*; mais par ces paroles il exprime plutôt les effets moraux de la vertu que sa nature intime.

Aristote dit que c'est *une disposition acquise et refléchie à garder* LE JUSTE MILIEU *fixé par la raison*. Nous reviendrons tout à l'heure sur cette théorie du juste milieu.

Enfin, pour Cicéron, la vertu est *une habitude de l'âme qui, indépendamment de toute utilité, est louable par elle-même, et rend dignes de louange ceux qui la possèdent.*

Division des vertus. — Les anciens ont presque tous, à la suite de Socrate, distingué quatre vertus fondamentales, que Cicéron regarde comme les quatre sources de l'honnête, et que nous appelons vertus cardinales: la prudence, la justice, la force et la tempérance. Toutes les facultés de l'homme sont réglées par ces vertus : l'intelligence par la prudence, la volonté par la justice; quant à la sensibilité, elle comprend l'appétit irascible réglé par la force, et l'appétit concupiscible réglé par la tempérance.

Pour Socrate et Platon, la justice résulte de l'harmonie de nos trois facultés principales réglées par la prudence, la force et la tempérance.

Aristote, sans rejeter cette division, la complète et distingue les vertus intellectuelles et les vertus morales : les premières comprennent la prudence, la science, la sagesse...; les secondes se subdivisent en deux groupes : les vertus individuelles et les vertus sociales. Les vertus individuelles sont : le courage, la tempérance, la magnanimité, la libéralité...; les vertus sociales sont : la justice, soit commutative, soit distributive, et l'amitié, qui renferme toutes les affections bienveillantes.

La vertu n'est-elle qu'une **science?** *Consiste-t-elle dans un* **juste milieu?**

Revenons sur ces deux pensées pour les apprécier brièvement.

La vertu est la science du bien. — Cette théorie de Socrate et de Platon est vraie en partie, car, d'une part, il est certain que la connaissance du devoir est la première condition de son accomplissement; et, de l'autre, on ne peut nier que, dans un grand nombre de cas, l'ignorance ne soit la cause principale du vice, et que le plus souvent ce soit à notre insu que nous tombions dans certains défauts, tels que la vanité, la fatuité ou l'égoïsme, qui nous rendent ridicules et méprisables : *Ignosce illis, nesciunt enim quid faciunt.*

Mais il est incontestable aussi que l'homme fait souvent le mal avec conscience et en connaissance de cause. Convaincu que le mal moral engendre nécessairement la souffrance, Platon regardait-il comme impossible que l'homme pût choisir volontairement le malheur? Peut-être; mais le contraire nous est tous les jours attesté par l'expérience.

La vertu est un juste milieu. — Cette maxime d'Aristote ne peut être acceptée comme un principe absolu; elle ne peut être qu'un moyen de discernement pratique. En elles-mêmes, les *vertus intellectuelles* ne sont point susceptibles d'excès, et ne peuvent consister dans un *juste milieu.* Pour ce qui est des *habitudes morales,* Aristote lui-même prend le soin de restreindre la portée de sa maxime; il en est, en effet, qui, comme la malveillance, l'envie, sont essentiellement mauvaises; d'autres, au contraire, comme l'amour de Dieu, la justice, qui sont essentiellement bonnes.

La plupart des vertus morales cependant consistent réellement dans un certain milieu entre deux extrêmes, comme la libéralité entre la prodigalité et l'avarice, la magnificence entre l'ostentation et la mesquinerie, la douceur entre l'irascibilité et l'apathie, etc. Mais ce milieu, observe le philosophe, n'est pas facile à déterminer; ce serait errer que de le confondre avec une certaine médiocrité; il est la juste mesure prescrite par la raison, c'est-à-dire la perfection même à laquelle nous devons tendre.

Le vice. — « A la vertu, dit Cicéron, il faut opposer la corruption de l'âme, que les Grecs appellent κακία; ce n'est aucun vice en particulier, mais un mauvais fonds qui renferme tous les vices, et d'où procèdent les passions opposées à la raison; » *mala qualitas mentis qua male vivitur,* dit saint Augustin.

III. — Sanction.

On appelle sanction d'une loi *l'ensemble des biens et des maux attachés comme récompense ou comme châtiment à l'observation ou à la violation de cette loi.* Après avoir établi la *nécessité d'une sanction* pour la loi morale, nous rechercherons *en quoi consiste cette sanction.*

Nécessité d'une sanction de la loi morale. — La nécessité d'une sanction résulte déjà de l'idée de *mérite* et de *démérite.* Elle est proclamée par le *témoignage de tous les hommes;* car chez tous les peuples on trouve des récompenses pour les observateurs de la loi, des châtiments pour ceux qui la violent, et la croyance à une vie future où seront réparés les désordres possibles et fréquents de la vie présente.

Quelques réflexions suffiront pour montrer que la nécessité d'une sanction pour la loi morale découle aussi de la nature de Dieu et de la nature de l'homme.

1° *Elle découle de la nature de Dieu.* — Dieu ne serait-il pas, en effet, un législateur sans *sagesse* s'il n'avait assuré l'exécution de sa loi, de sa volonté, par des récompenses et des châtiments? — Dieu serait-il *juste* s'il réservait le même sort à celui qui lutte contre ses passions pour accomplir son devoir, et à celui qui sacrifie son devoir pour céder à l'entraînement de ses passions? — Notre raison ne nous dit-elle pas que le violateur de l'ordre ne peut impunément le renverser, et que si Dieu, infiniment *saint,* permet le désordre moral, ce ne peut être qu'à la condition de rétablir par le châtiment l'ordre qu'il laisse un moment violer pour laisser place au mérite.

« La peine, dit Bossuet, est dans l'ordre, parce qu'elle ramène à l'ordre ceux qui s'en étaient écartés. » La peine est ainsi un moyen de retourner au bien, d'expier sa faute. On doit l'accepter à ce titre et la désirer même ; ce qui faisait dire à Platon que, pour le coupable, c'est un premier malheur de violer la loi, mais que c'en est un second d'échapper au châtiment.

2° *Elle découle de la nature de l'homme.* — L'homme, en effet, n'est pas seulement un être raisonnable, il est encore un être sensible, et comme tel puissamment attiré vers le bien par l'appât de la récompense, puissamment éloigné du mal par la crainte du châtiment. Si, sachant bien que les joies du vice sont fausses, passagères et suivies de tourments éternels, nous avons encore tant de peine à accomplir le bien, ne serions-nous pas mille fois plus chancelants et plus faibles si Dieu n'avait pas attaché le bonheur à la vertu, le châtiment à la faute.

N'oublions pas que cette sanction, que notre raison nous montre nécessaire, nous la concevons aussi comme universelle, c'est-à-dire s'étendant à tous les actes bons ou mauvais, et comme devant être exactement proportionnée au mérite de chaque acte.

En quoi consiste la sanction de la loi morale. — La loi morale a une double sanction : l'une dans la vie présente, l'autre dans la vie future. La sanction de la loi morale dans la vie présente est un *fait* que l'on peut constater par l'expérience et l'observation. La sanction de la loi morale dans la vie future *se conclut par le raisonnement* et se tire spécialement de l'insuffisance des sanctions de la vie présente.

Ces dernières doivent seules nous occuper en philosophie.

Les sanctions de la vie présente. — Il y a ici-bas quatre sortes de sanctions.

1° Les peines et les récompenses de la conscience ou *sanction morale*. Quand, en effet, nous avons obéi à la loi, nous nous estimons nous-mêmes, nous éprouvons une joie intérieure qui est notre première et notre plus douce récompense. Dans le cas d'une désobéissance, au contraire, non seulement nous n'avons pas cette jouissance intime, cette paix du cœur que goûte le juste, mais nous nous estimons moins, nous éprouvons le remords. Par cela même qu'il discerne ce qui est obligatoire et ce qui est défendu, le méchant se juge et se condamne en dépit de lui-même; les hommes peuvent l'absoudre, sa conscience ne l'absoudra jamais; le souvenir de ses fautes empoisonne ses plaisirs, trouble son sommeil et ses veilles.

2° Le témoignage des autres hommes ou *sanction de l'opinion*. La pratique de la vertu concilie d'ordinaire le respect et la bienveillance, surtout des honnêtes gens. L'homme vicieux, au contraire, malgré ses succès apparents, ne peut guère éviter l'envie et le mépris de ses concitoyens. Intéressé, en effet, à commettre une faute, l'homme peut plus ou moins se l'excuser à soi-même; mais quand il s'agit des fautes d'autrui, auxquelles nous n'avons nul intérêt, notre conscience les juge telles qu'elles sont; le voleur et l'assassin ne peuvent s'empêcher de blâmer et de mépriser celui qui vole et celui qui tue.

3° Les conséquences qui découlent de nos actes ou *sanction naturelle*. Le mal moral produit communément le mal physique, car la plupart des vices entraînent naturellement la ruine de la fortune et de la santé; tandis que la modération des passions, la tempérance surtout, conserve l'une et l'autre et a coutume de rendre la vie plus longue et plus heureuse. Par le moyen du vice on peut surprendre le succès, on ne le conserve que par la vertu.

4° Enfin les châtiments infligés par la *loi civile* aux actions mauvaises, et les récompenses qu'elle peut décerner aux actions vertueuses. La réalité de cette sanction est incontestable, et la crainte de la justice humaine empêche certainement de consommer bien des crimes.

Leur insuffisance. — De ces quatre sanctions, les trois dernières sont évidemment insuffisantes.

Les hommes ne connaissent ni tout le bien ni tout le mal

qui se fait; il n'est pas rare que l'opinion s'égare; la postérité a quelquefois admiré Socrate, que ses contemporains condamnèrent; trop souvent le vice usurpe les hommages dus à la vertu en en prenant le masque; enfin la vertu rend de plus en plus indifférent aux éloges, le vice de plus en plus indifférent au blâme.

S'il est vrai de dire que la vertu procure ordinairement la santé et les autres avantages matériels, il faut reconnaitre bien des exceptions; il n'est pas sans exemple que des hommes intempérants arrivent à une vieillesse avancée, tandis que des hommes vertueux sont frappés d'une mort prématurée; que le crime aidé de la fraude réussisse, tandis que la probité tombe dans la misère.

Enfin les lois civiles ne peuvent récompenser ou punir que les actions extérieures, encore n'atteignent-elles qu'un petit nombre de fautes ou d'actes vertueux, et sont-elles beaucoup plus pénales que rémunératoires.

Reste la sanction morale provenant des peines et des joies de la conscience. Celle-ci encore est incomplète : bien des actes coupables, tels que le suicide, ne sont pas punis par elle; bien des actes vertueux, le sacrifice, par exemple, que le soldat fait de sa vie sur le champ de bataille, restent sans récompense. En second lieu, elle n'est point proportionnée; le remords s'émousse par l'habitude du vice, comme la joie de la conscience par l'habitude de la vertu. A force de commettre le crime, on étouffe même en soi le remords, comme aussi, par la pratique habituelle du bien, on devient moins sensible à la joie que procure la paix de la conscience. Ainsi la récompense finit par être en raison inverse du mérite, de même que le châtiment en raison inverse du démérite.

La sanction de la loi morale dans la vie présente n'est donc, à vrai dire, qu'un commencement de sanction ; elle n'est pas suffisante pour détourner les hommes du mal et les déterminer au bien. La sanction véritable de la loi morale est dans la vie future, où Dieu rendra à chacun selon ses œuvres.

MORALE PARTICULIÈRE

A la science du devoir, ou morale générale, doit naturellement succéder la science des devoirs, appelée par les anciens *morale pratique* ou *particulière*.

Nous avons étudié les principes de la moralité des actions humaines, mais cela ne suffit pas; il faut encore connaître les applications de ces principes à toutes les circonstances de la vie, les diverses prescriptions de la loi, afin de les observer, car la véritable sagesse consiste à pratiquer ce qui est bien, *virtus actuosa est*. C'est l'objet de cette partie de la philosophie que nous commençons, et qu'on peut définir : « la science des droits et des devoirs qui règlent la vie de l'homme et ses rapports avec Dieu et ses semblables. »

Les anciens ramenaient tous les devoirs de l'homme à la *direction de ses facultés* et à la pratique de ces quatre vertus que nous avons déjà nommées : la prudence, la justice, la force et la tempérance.

Les modernes ont adopté une autre division des devoirs, plus complète, plus rationnelle et mieux tranchée; ils les ont classés d'après la *diversité de leurs objets*, c'est-à-dire d'après la diversité des êtres avec lesquels l'homme peut se trouver en rapport et qui peuvent devenir le terme de ses actes : *lui-même, ses semblables* et *Dieu*.

L'étude de nos devoirs envers Dieu rentrera dans la religion naturelle, qui servira de conclusion à notre Théodicée.

La morale particulière, telle que nous l'exposerons, ne comprendra donc que deux parties :

Morale *personnelle* ou étude des devoirs de l'homme envers lui-même;

Morale *sociale* ou étude des devoirs de l'homme envers ses semblables.

I

MORALE PERSONNELLE

On s'est demandé si l'homme *se doit* quelque chose. Il y a là une équivoque; l'homme sans doute ne peut être le principe d'aucune obligation envers lui-même, puisque le fondement de toute obligation morale est dans un supérieur. Mais il en peut être le terme; il peut être obligé par Dieu à accomplir ou à omettre certains actes relatifs soit à *son âme*, soit à *son corps*, soit aux *biens extérieurs*. D'où la subdivision de la morale personnelle.

Quelques moralistes ramènent tous les devoirs envers lui-même au *respect de la personne morale*; mais ce principe vague, entaché de stoïcisme est impuissant à fonder une obligation, et ne montre pas suffisamment le rapport de nos devoirs personnels avec notre destinée.

I. — Devoirs envers l'âme.

L'homme doit travailler à développer ses trois facultés principales : *sensibilité, intelligence* et *volonté libre* proportionnellement à leur importance.

I. **Devoirs relatifs à la sensibilité. — Tempérance.** — 1° La *sensibilité physique* a pour but de nous porter à la conservation du corps; mais nos appétits, excités par les raffinements de la sensualité, dépassent souvent nos besoins; la raison doit les régler. Poursuivre comme but et sans limites la jouissance, c'est un désordre; de là tous les genres d'intempérance qui ruinent la santé, engendrent le dégoût de la vie, et asservissent aux caprices du corps les plus nobles facultés de l'âme.

L'homme *tempérant* opposera aux excès de la gourmandise et de la volupté deux vertus, la *sobriété* et la *chasteté*, qui elle-même a sa garantie dans la *décence* des paroles, des actes et du maintien; ses intérêts les plus chers lui commandent de les pratiquer : *qui abstinens est adjiciet vitam.*

2° Quant à *la sensibilité morale*, elle se résume dans les passions qui, d'elles-mêmes, ne sont ni bonnes ni mauvaises, mais qui le deviennent selon la nature des objets vers lesquels elles se portent aveuglément. Il ne faut pas, comme les stoïciens, vouloir les supprimer, ce qui d'ailleurs serait impossible, parce qu'elles peuvent servir à la pratique de la vertu ; il ne faut pas non plus, comme les épicuriens et les fouriéristes, en faire la règle suprême de la vie humaine, car trop souvent elles tendent au mal, *nitimur in vetitum*. Le devoir est entre ces deux partis extrêmes. C'est pour nous une obligation rigoureuse de *modérer* et de *diriger* nos passions comme nos appétits, et de veiller à ce qu'elles soient toujours gouvernées par la volonté éclairée elle-même par la droite raison.

Selon une comparaison usitée dans l'école de Pythagore, l'esprit de l'homme est une république dans laquelle il y a plusieurs pouvoirs, dont les uns doivent gouverner et les autres obéir ; si la raison prédomine, c'est la vertu ; si la passion est maîtresse, c'est le vice et la folie.

Dans le *Phèdre* de Platon, l'âme a pour symbole un char dont l'attelage est composé de deux coursiers, l'un généreux, toujours prêt à courir dans la carrière, mais pouvant, par son impétuosité, entraîner le char dans l'abîme ; l'autre mauvais, se dirigeant comme exprès du côté du précipice. Il faut un cocher pour gouverner cet attelage. La raison (ὁ νοῦς) est ce cocher ; le coursier généreux représente l'ensemble des passions désintéressées (ὁ θυμός) ; le mauvais coursier représente l'ensemble des passions égoïstes (τὸ ἐπιθυμητικόν).

II. **Devoirs relatifs à l'intelligence. — Sagesse.** — La vérité est l'aliment de notre intelligence ; nous ne devons donc pas embrasser volontairement l'erreur, ni rester volontairement dans l'ignorance. Nous devons rechercher la vérité ; mais comme nous ne pouvons pas connaître toute vérité, il faut distinguer les *connaissances nécessaires* à l'accomplissement de nos devoirs, et celles qui ne sont qu'*utiles* ou *agréables*.

1° Tout homme doit évidemment acquérir les connaissances religieuses et morales qui lui sont indispensables pour atteindre sa fin ; s'occuper de connaître sa vocation propre ; travailler à acquérir les connaissances dont il a besoin pour s'acquitter convenablement de l'emploi qu'il exerce ou qu'il se propose d'exercer dans la société.

C'est en cela que consiste la vraie *sagesse ;* mais cette sagesse

suppose deux autres vertus intellectuelles qu'elle renferme :
— la *science,* qui a pour objet la vérité et discerne ce qu'il faut
croire; — la *prudence,* qui a pour objet le convenable et discerne ce qu'il faut faire.

2º Quant aux connaissances simplement utiles ou agréables,
il est bon, il est louable, quand on a reçu l'intelligence en
partage, de se livrer à leur recherche, de cultiver la science
pour elle-même. Elle élève l'âme au-dessus des plaisirs grossiers, elle agrandit la pensée, prévient au moins les dangers
et les erreurs de l'oisiveté. Toutefois elle ne doit pas tellement
absorber l'homme qui s'y livre, qu'elle lui fasse négliger les
devoirs spéciaux de sa profession.

Prétendre avec Rousseau que les sciences, les lettres et les
arts dépravent l'homme, c'est donc soutenir une erreur. Sans
doute on a pu abuser de la science, on en abuse souvent en
la faisant servir à des desseins coupables et funestes; « la
science enfle aussi, » et si elle n'est conservée et embaumée
par l'arome de la religion, qui l'empêche de se corrompre, elle
devient facilement un poison fatal. Mais la possibilité des abus
ne légitime pas la condamnation, autrement il faudrait proscrire les meilleures choses.

Est-il bon que l'instruction se répande parmi le peuple? Il
n'y a pas de doute pour ce qui est de l'instruction morale et
religieuse. Quant aux autres connaissances, peut-être ne serviraient-elles qu'à peupler la terre de mécontents et de malheureux, comme semble le montrer l'expérience depuis un
siècle. Dans le plan de la Providence, la science ne semble
pas destinée aux masses; la religion leur suffit et relève bien
mieux leur caractère. Toutefois cette opinion a des contradicteurs; si on veut donner au peuple une instruction un peu
supérieure, il faudra du moins lui donner en même temps des
principes moraux et religieux plus étendus pour parer aux
inconvénients de son instruction.

III. **Devoirs relatifs à la volonté — Courage.** — C'est
par la volonté que l'homme est maître de lui-même, qu'il gouverne ses autres facultés, qu'il peut atteindre sa fin. La perfection de la volonté est donc ce qui importe le plus à la perfection même de l'âme; c'est aussi le but vers lequel tend la
morale tout entière.

Nous devons faire tous nos efforts pour diriger cette faculté vers le vrai bien, qui est son objet essentiel, et par suite, — 1° la *protéger* contre les causes qui peuvent porter atteinte à son indépendance : l'imagination, le plaisir, la passion, particulièrement l'orgueil; — 2° *travailler à former* en nous des habitudes vertueuses.

L'accomplissement de ce double devoir exige une grande *force morale*. C'est là la vertu propre de la volonté libre née pour commander. Elle a deux formes principales : — la *fermeté* dans la résistance, *potius mori quam fœdari;* — le *courage* dans l'action, *militia, vita hominis.* Ce courage lui-même est de deux sortes : le *courage militaire* (bravoure), qui fait les capitaines résolus et les soldats sans peur, et le *courage civique* (énergie), qui fait le magistrat intègre et le citoyen dévoué; mais, quelle que soit sa forme, le courage n'est une vertu qu'à la condition d'être au service du droit : *virtus propugnans pro æquitate.* (Cicéron.)

La force d'âme constitue l'*homme de caractère,* qui, maître de lui-même, docile à la voix de sa conscience, ne recule jamais et avance toujours dans le chemin de la vertu. Elle est le principal élément de la grandeur morale et de la dignité *personnelle,* qu'il importe de ne pas confondre avec la dignité *humaine,* dont le fondement est l'excellence même de notre nature. .

Le sentiment de la dignité personnelle n'a rien de commun non plus avec l'orgueil et la vanité. Le sentiment de la dignité personnelle est *vrai,* il s'adresse au caractère divin de notre être; l'orgueil est *faux,* parce qu'il attribue à la créature un mérite et une supériorité dont le principe est en Dieu; la vanité est plus *fausse* encore, parce qu'elle ne réclame l'estime que pour des avantages purement extérieurs, superficiels et quelquefois ridicules.

II. — Devoirs envers le corps.

L'âme sans doute est la partie la plus noble de notre être, mais elle n'est pas l'homme tout entier. Le corps aussi fait partie de la personne humaine, et dans la vie présente il est un instrument nécessaire à l'exercice de nos facultés. L'obligation que nous avons de perfectionner nos facultés emporte donc celle de maintenir en bon état et de perfectionner leur instrument, qui est le corps. C'est ce qu'exprimaient les anciens en définissant l'homme parfait : *Mens sana in corpore sano.*

Nos devoirs envers le corps sont de deux sortes : *négatifs* et *positifs*.

Devoirs négatifs. — Suicide. — Le premier de nos devoirs envers le corps est de ne pas le détruire par le *suicide*.

Presque sans exemple chez les peuples sauvages, le suicide devient fréquent chez les nations policées, à toutes les époques de corruption et d'incrédulité. De nos jours, c'est l'issue ordinaire par laquelle les hommes sans foi cherchent à échapper aux situations difficiles qui naissent pour eux, soit des revers de fortune et des bouleversements politiques, soit des passions désordonnées, soit des lectures mauvaises ou du dégoût de la vie.

Mais, quelle qu'en soit la cause, le suicide, autorisé ou exalté même comme un acte de courage par le stoïcisme ancien, excusé, souvent légitimé comme l'exercice d'un droit, par la philosophie contemporaine, est expressément condamné par la religion, et n'est pas moins énergiquement réprouvé par la saine philosophie.

Aux yeux de la raison c'est un *crime*.

Un crime contre Dieu. — Le suicide méprise les droits de Dieu, souverain arbitre de la vie et de la mort, et provoque sa justice en désertant le poste où il a été placé; la vie est un temps d'épreuve qui nous est donné pour arriver à notre fin, il n'appartient qu'à Dieu d'en fixer la durée: *Retinendus est animus in custodia corporis; nec injussu ejus, a quo ille est vobis datus ex hominum vita migrandum est, ne munus humanum assignatum a Deo effugisse videmini.* (Cicéron, *Songe de Scipion.*)

Le suicide ne viole pas seulement tel ou tel précepte particulier de la loi morale, il viole du même coup la loi tout entière en refusant de remplir plus longtemps les obligations qui lui avaient été imposées avec la vie.

Un crime contre la société. — Dieu ne nous a point créés pour nous seuls, mais pour la société; si donc nous occupons une position où nous avons des devoirs à remplir envers les autres hommes, nous donner la mort, c'est être infidèles à notre devoir. — Quand même nous croirions être actuellement inutiles à la société, nous serions coupables encore en nous suicidant, car à chaque instant elle peut réclamer de nous quelque assistance, et elle a droit d'exiger que nous soyons toujours prêts à la lui fournir. — D'ailleurs il est faux qu'un homme, si malheureux qu'il soit, puisse devenir inutile à ses semblables ; il peut toujours donner un bon conseil, donner un bon exemple en supportant avec patience et courage l'adversité. — La doctrine qui autorise le suicide expose en outre la société à un grave péril, « parce que, en effet, dès que la vie n'est plus rien pour un homme, il est le maître de celle des autres ; ainsi il n'y a qu'un pas de l'envie de mourir à celle de tuer, ce que l'expérience ne prouve que trop. » (Isles de Salles.)

Un crime contre soi-même. — Le suicide fait violence à la nature, qui pousse l'homme d'une manière presque invincible à fuir la mort ; il devient cruel envers lui-même, en se privant de la vie, qui est toujours un bien malgré les souffrances dont elle est souvent remplie, puisqu'elle est pour nous la condition du souverain bonheur et le chemin qui y conduit. — Cette cruauté est d'autant plus grande que, sous prétexte d'échapper à un mal présent, le suicide s'expose au danger d'un malheur incomparable ; il sait, en effet, ou doit savoir, qu'une destinée éternelle l'attend après la mort, et, de bonne foi, peut-il espérer que pour lui elle sera heureuse ?

Le suicide est, de plus, *un acte de lâcheté digne de mépris*. Malgré l'apparence, en effet, d'un acte de courage, il n'est en réalité qu'une faiblesse. On s'ôte la vie parce qu'on n'a pas la force de supporter l'adversité, de lutter contre la souffrance et d'accepter l'épreuve. « Il y a, dit Montaigne, plus de courage à user la chaîne qui nous tient qu'à la rompre, et plus de preuves de fermeté en Régulus qu'en Caton. »

> Rebus in adversis facile est contemnere vitam,
> Fortiter ille facit qui miser esse potest. (MARTIAL.)

Le témoignage des meilleurs philosophes de tous les temps pourrait être cité à l'appui de cette doctrine. Socrate, Platon, Pythagore et leurs disciples déclarent que l'homme ne peut pas sans crime quitter le poste qui lui a été confié. C'est aussi la croyance des peuples, et Virgile place dans le Tartare les âmes de ceux qui se sont donné la mort :

> Proxima deinde tenent mœsti loca qui sibi lethum
> Insontes peperere manu, lucemque perosi
> Projecere animas. (*Énéide*, VI, v. 434.)

Devoirs positifs. — Ce n'est point assez de ne pas détruire notre corps, de ne pas le rendre impropre ou moins apte au service de l'âme, nous devons en prendre soin, veiller à sa santé, à son développement régulier. A ce point de vue, l'hygiène, qui préserve des maladies, et la gymnastique, qui donne aux forces physiques plus de souplesse et d'énergie, font partie de la morale.

Le corps étant le siège, la demeure de l'âme, en même temps que son instrument, il n'est pas défendu de l'orner et de le parer; de là des soins de propreté, de parure, de décence et de convenance dans les manières. Nous les devons en quelque sorte à Dieu, dont nous sommes les créatures; aux autres hommes, dont nous sommes les frères; à nous-mêmes et à la dignité de notre âme.

Mais il faut éviter de donner à son corps des soins exagérés, au point d'intervertir les rôles, de faire du corps le maître et la fin, de l'âme l'instrument et l'esclave. Les délicatesses, les frivolités sont toujours le signe d'une âme faible et souvent corrompue : *Hoc mihi suspectum est, quod olet bene..., non bene olet qui bene semper olet.* (Quintilien, Mgr Dupanloup.)

Il y a plus, quand les intérêts du corps sont en conflit avec ceux d'un ordre supérieur, de l'âme, de la société, de la religion, l'homme ne doit pas hésiter à sacrifier sa santé, sa vie même pour accomplir un devoir. Le fondement de ce précepte est la supériorité de l'âme sur le corps; c'est le principe de la solution de toutes les difficultés qu'on peut faire à l'épuisement causé par le travail, les mortifications, etc.

III. — Devoirs relatifs aux biens extérieurs.

Les biens extérieurs que nous pouvons désirer se rapportent soit au *corps*, soit à l'*âme*. Ils peuvent d'ailleurs être nécessaires, utiles, ou simplement convenables.

Biens corporels. — Certains biens extérieurs, comme les aliments, sont absolument indispensables à la vie du corps; quelques autres, tels que les vêtements, les maisons, les armes de toute espèce, les meubles de toute nature, sans avoir le caractère de nécessité, sont d'une utilité incontestable; d'autres sont simplement pour l'agrément de la vie; la monnaie est un bien *sui generis* remarquable en ce qu'il peut être échangé contre la plupart des autres.

Chacun doit, en général, se procurer par son industrie les choses dont il a besoin pour vivre d'une manière convenable, ou tout au moins concourir par son action à produire la masse des biens nécessaires au genre humain. De là l'obligation pour tous du travail. Ni la noblesse ni les richesses n'exemptent de ce devoir, bien qu'elles puissent en diversifier beaucoup l'accomplissement.

Les richesses n'ont de valeur que par leur application à nos besoins ; ce serait donc un désordre de se proposer comme *fin* de les acquérir : on ne doit les désirer que comme *moyen* de se procurer un bien nécessaire, utile ou agréable. On peut, selon le mot des anciens, les *posséder;* on ne doit pas en *être possédé*.

L'usage des biens produits par le travail doit être modéré, ce qui exclut à la fois l'avarice et la prodigalité.

Biens spirituels. — Au premier rang des biens spirituels qui rendent la vie sociale agréable, il faut placer l'estime, la bonne réputation ou l'*honneur*.

L'honneur vrai suppose deux choses : l'existence d'une perfection propre et la connaissance de cette perfection par les autres hommes. Dès lors on voit que les richesses, la noblesse, les emplois ne rendent pas, à proprement parler, *digne d'honneur*, quoiqu'ils puissent procurer des témoignages d'honneur en faisant présumer des perfections véritables. On voit encore que l'honneur n'est pas en notre pouvoir, puisqu'il ne dépend pas toujours de nous d'attirer l'attention des autres hommes sur nos bonnes qualités. La *dignité de l'honneur*, le fondement de la bonne réputation, qui consiste dans notre perfection acquise elle-même, voilà ce qui est en nos mains ; c'est, il faut bien le reconnaître, l'élément essentiel de l'honneur.

L'honneur est un bien utile : il est donc permis de le désirer, de le rechercher ; cette recherche modérée est même quelquefois un devoir, car nous sommes obligés souvent de rechercher ce qui peut servir à notre perfection et à celle des autres. La recherche désordonnée de la réputation, de l'honneur, est la vaine gloire.

L'homme peut de même défendre son honneur attaqué, mais ce doit être toujours avec une intention droite, d'une manière juste, par des moyens raisonnables. Cette défense peut devenir un devoir pour les personnes qui occupent un rang dans la société, comme le prêtre, le médecin, le magistrat.

II

MORALE SOCIALE

Erreurs de Hobbes et de Rousseau. — Regardons autour de nous ou remontons la série des siècles, partout et toujours l'homme nous apparaît en société; ce fait universel et permanent est l'expression d'une loi de la nature humaine, et nous pouvons affirmer avec Aristote que l'homme est un être sociable : ἀνθρωπός ζῶον πολιτικόν.

A l'encontre de cette doctrine, Hobbes et Rousseau ont essayé de faire croire à un *état de pure nature* dans lequel les hommes auraient vécu *sans relations et sans devoirs,* antérieurement à la société, qui n'aurait d'autre origine que la *volonté arbitraire des hommes.*

Ces deux philosophes partent d'ailleurs de principes tout opposés. — Selon Hobbes, l'état primitif est intolérable; c'est un état de guerre universelle; *bellum omnium contra omnes.* Pour en sortir, les hommes ont constitué la société par une *abdication réciproque de leurs droits.* — D'après Rousseau, au contraire, l'état de nature était un *état de paix et de bonheur;* car l'homme est naturellement bon. Un jour cependant les hommes ont jugé à propos de se réunir en société, et ils ont fait un *contrat* par lequel chacun s'est obligé à travailler pour le bien de tous, à la condition que tous s'emploieraient pour son propre avantage.

Inutile d'entrer dans le détail des impossibilités qu'offrent ces systèmes : nous avons déjà dit qu'ils étaient le renversement de toute loi morale; nous verrons bientôt qu'ils sont impuissants à fonder l'autorité sociale. Contentons-nous de montrer ici que l'hypothèse d'un état primitif dans lequel l'homme aurait vécu isolé et indépendant, démentie déjà par l'histoire, est essentiellement contraire à sa nature.

L'état social est naturel à l'homme. — A coup sûr l'état naturel d'un être est celui qui ressort de sa nature et satisfait toutes ses exigences. Étudions donc l'homme dans sa double nature.

L'homme, à son arrivée dans la vie, est le plus faible des êtres vivants. Impuissant à se conserver lui-même, à se défendre, à se nourrir, il dépend entièrement des êtres qui l'entourent. Ce fait détruit déjà l'hypothèse d'un état de nature et d'indépendance absolues. L'isolement n'est donc pas naturel à l'homme; il faut la mère à l'enfant, et même celle-ci ne suffit pas, il faut le père; la famille elle-même est insuffisante, il faut au moins cette ébauche de la société qu'on trouve chez les peuples les plus sauvages.

S'il n'y avait en nous qu'une nature animale, l'état des peuples sauvages pourrait être notre état naturel : le développement physique domine tout, la violence fait le droit, la justice est dans la force. Mais l'homme a aussi une âme, et c'est elle qui fait sa grandeur. Or la culture de cette âme, son développement, n'est possible qu'à la condition de la parole, faculté éminemment sociale, qui permet l'échange et la transmission des idées. — Dans l'homme nous avons découvert une foule d'instincts, de désirs naturels qui supposent nécessairement la société. Dieu les a-t-il donc mis dans notre âme sans but et sans dessein? Nos affections bienveillantes resteront-elles aussi sans objet? — C'est encore au sein de la société que l'homme trouve l'occasion et le moyen d'exercer les nobles et brillantes facultés qui le distinguent. Supposez l'homme isolé, les lettres, les sciences et les arts disparaissent. Il n'y a plus lieu à ces actes de dévouement, de générosité, de sacrifice dans lesquels la liberté humaine se déploie.

Objection de Rousseau. — La société, dit Rousseau, produit des maux sans nombre : l'inégalité des conditions, la servitude, les vices; elle est donc contre nature. Les hommes ne trouveront le bonheur qu'en revenant à la vie indépendante de l'animal. « L'homme qui réfléchit est presque un animal dépravé. »

La diversité des conditions résulte de l'inégale répartition que Dieu nous a faite des dons, soit physiques, soit plutôt intellectuels. Bien loin d'être le fruit de l'état social, cette inégalité est supposée au moins dans une certaine mesure en cet état. Quant à la servitude, aux vices, ils ne résultent pas non plus de l'état social, ils tendent plutôt à disparaître à mesure que la société se perfectionne; mais il faut se garder de confondre le perfectionnement véritable avec ce qu'on entend souvent de nos jours par le progrès.

Division. — L'homme a des devoirs à remplir envers ses semblables considérés comme membres de la *société humaine*, comme membres d'une *société domestique*, enfin comme membres d'une *société politique*.

L'étude de nos devoirs sociaux, envisagés sous ce triple point de vue, constitue la *morale sociale* proprement dite, la *morale domestique* et la *morale civile ou politique*.

I. — Morale sociale proprement dite.

L'ensemble de nos devoirs à l'égard des autres hommes comprend des *devoirs de justice* qui se résument dans ce précepte : « Ne fais pas à autrui ce que tu ne voudrais pas qu'on te fît à toi-même; » et des *devoirs de charité*, qui se résument dans cet autre commandement : Fais à autrui ce que tu voudrais qu'on te fît à toi-même. »

La justice et la charité sont également obligatoires, également nécessaires à la société. Il faut la charité pour compléter l'œuvre de la justice; il faut la justice pour contenir la charité dans le respect du droit et de la liberté.

a. — *Devoirs de justice.*

Le mot justice est quelquefois pris comme synonyme de vertu; dans un sens moins étendu, il exprime l'ensemble de nos devoirs sociaux par opposition à nos devoirs personnels ou religieux. Mais nous le prenons ici, dans un sens plus restreint encore, pour cette *vertu particulière qui nous porte à rendre à chacun ce qui lui est dû* : *constans et perpetua voluntas jus suum cuique tribuendi*. (Ulpien.)

Les devoirs de justice supposent toujours dans autrui un droit précis que la loi garantit, de sorte qu'on peut recourir à la contrainte pour forcer quelqu'un à être juste. De là vient qu'ils se résument dans le respect des droits de nos semblables, et qu'ils sont exprimés le *plus souvent* sous cette forme négative : *ne cui nocetur*. Ils défendent donc le mal, et par suite obligent partout et toujours; en ce sens ils sont plus stricts que les devoirs de charité qui n'obligent que selon les circonstances.

Cette maxime: « Ne fais pas à autrui ce que tu ne voudrais pas qu'on te fît à toi-même, » qui en est l'expression, énonce tout à la fois la loi et le motif qui porte tout homme à l'observer.

Cette loi de justice nous défend d'attenter à la *vie physique*, à la *vie morale* et aux *biens* de nos semblables.

1° ATTENTAT A LA VIE PHYSIQUE

Homicide. — La première défense que la loi de justice fait à l'homme, c'est d'attenter à la vie de ses semblables : « Tu ne tueras point. » Tuer, c'est par une violence grave rendre le corps incapable de continuer à remplir les fonctions nécessaires à la vie. C'est chasser avant le temps l'âme du corps auquel elle est unie pour se développer en ce monde. Attenter à la vie, c'est donc empêcher l'âme de remplir sa destinée sur la terre, c'est entraver autant qu'il est possible l'accomplissement de la volonté divine sur un homme.

L'homicide est une grande injustice; mais c'est de plus un affreux malheur pour le coupable; il assume une terrible responsabilité, et la voix du sang criera sans cesse contre lui jusqu'au jour de la réparation.

Plusieurs questions particulières se rattachent naturellement au droit que tout homme a de vivre.

Duel. — On distingue trois sortes de duels : le duel public, le duel judiciaire et le duel privé.

Le *duel public* est celui que l'autorité ordonne comme moyen de terminer une guerre. Ce moyen, en général peu conforme à la raison, est cependant quelquefois licite comme la guerre elle-même.

Le *duel judiciaire* est celui que l'on emploie pour prouver aux juges la justice d'une cause ou la vérité d'un fait, comme l'usage s'en était établi au moyen âge, d'après cette croyance *superstitieuse* que Dieu ne permettrait jamais que l'issue du combat favorisât le mensonge ou l'injustice. Cet usage, toujours désapprouvé par l'Église universelle, est condamné par la raison.

Le *duel privé*, seul usité aujourd'hui, peut se définir : un combat périlleux entrepris d'autorité privée en vertu d'une convention sur le temps, le lieu et les armes, dans le but de recevoir ou de donner réparation d'injures.

Ce n'est pas, comme le remarque Jean-Jacques Rousseau, chez les peuples éclairés qu'il faut chercher l'origine des duels: « Les plus vaillants hommes de l'antiquité songèrent-ils jamais à venger leurs injures personnelles par des combats particuliers? César envoya-t-il un cartel à Caton, ou Pompée à César pour tant d'injures réciproques? Et le plus grand capitaine de la Grèce, Thémistocle, fut-il déshonoré pour s'être laissé menacer du bâton?... Non, le duel n'est point une institution de l'homme civilisé, mais une mode affreuse, digne de sa féroce origine, la barbarie des anciens peuples de Germanie. »

Défendu par les lois de l'Église (*detestabilis usus, fabricante diabolo, introductus;* Concil. trident., sess. XXV, cap. XIX), en général même par les lois civiles, le duel, qui doit déjà nous être suspect à raison de son origine, est encore condamné par la seule raison naturelle.

Le duel renferme un double crime; tout duelliste, en effet, s'expose sans nécessité au danger manifeste de perdre la vie, et se propose de l'ôter à son semblable sans y être contraint pour sa défense. Il commet donc *un suicide* et *un homicide*.

Le duel est encore *un crime contre la société*, car il tend directement à la renverser par la négation de ce principe fondamental, que dans l'état social chacun renonce à se faire justice à soi-même.

Le duel est de plus *contraire à l'équité*, du moins le plus souvent, car il tend à infliger le plus terrible des châtiments, la mort, pour une offense ordinairement légère, quelques propos indiscrets, une parole blessante, un geste de mépris.

Il est enfin tout à fait *déraisonnable*.

Vous voulez vous *venger d'une injure?* Mais votre vengeance va dépendre des chances d'un combat. Ne serait-il pas plus sûr d'employer directement la violence et d'assassiner votre adversaire sans convention préalable?

Vous voulez *réparer votre honneur?* Mais qu'est-ce donc que cet honneur? — S'il consiste pour vous dans la conformité à ces préjugés sans fondement qui forment l'opinion mobile et capricieuse du monde, vous pourrez peut-être le conserver et le réparer par le duel. Mais êtes-vous autorisé à commettre

un crime pour vous conformer à cette opinion déraisonnable ?
— Si l'honneur est pour vous, comme il doit être, dans la fidélité à suivre les prescriptions de la conscience, la loi sacrée du devoir, la vertu, quel rapport y a-t-il entre ces choses et l'adresse de l'escrime ou le hasard d'un coup de feu? Se battre en duel pour défendre son honneur, c'est donc mettre l'équité à la pointe d'une épée; c'est remplacer le droit par la force, renverser la morale, le bon sens et la civilisation.

Ne dites pas qu'en refusant le duel dans certaines circonstances vous passerez pour *un homme sans cœur*. Ce ne serait jamais que dans l'esprit des insensés qui n'ont pas l'idée du véritable courage, et l'occasion se présentera souvent sur un champ de bataille, ou dans la vie civile même, de sacrifier votre vie pour l'accomplissement d'un devoir, et de montrer ainsi que la timidité ou la lâcheté n'est pas le motif de votre refus. Du reste, il est vrai de dire que le pardon d'une injure et le mépris des préjugés vulgaires prouvent bien mieux que le duel une âme généreuse et forte, car c'est souvent par faiblesse et parce qu'il n'ose pas suivre le parti qu'il juge le meilleur, que le duelliste accepte le combat.

Duels militaires. — Ces considérations s'appliquent sans restriction aux duels que des *officiers*, victimes du faux préjugé sur la question d'honneur, proposent ou acceptent de leur autorité privée. L'épée qu'ils portent ne doit être employée qu'à la défense ou au maintien de l'ordre public.

Nous ne pouvons pas condamner avec la même rigueur, quand tout danger de mort est écarté, le soldat que ses chefs obligent quelquefois à se battre contre un camarade. Le chef est coupable de prescrire un acte réprouvé par l'Église; mais au regard du soldat, le duel prescrit a le caractère d'*une punition infligée*, qu'il faut subir; ce n'est pas un combat *entrepris d'autorité privée*.

Légitime défense. — Le droit que nous avons, l'obligation même qui nous est imposée de conserver notre vie, autorise tout ce qui peut servir à la protéger, même la mort de l'injuste agresseur. Celui-ci perd son droit en nous attaquant, et nous ne commettons pas d'injustice en lui ôtant la vie pour conserver la nôtre. C'est ce qu'exprime la maxime universellement reçue : *Vim vi repellere omnia jura permittunt*. Mais il faut observer que ce droit n'existe que dans le cas d'une attaque *actuelle* et *injuste*, et qu'il ne doit être exercé qu'avec modération, dans *la mesure de la nécessité, cum moderamine inculpatæ tutelæ.*

Le même droit de légitime défense s'étend au cas où l'injuste agresseur veut nous ravir soit notre liberté, soit des biens qui nous sont aussi chers que la vie; mais user de ce droit n'est pas ordinairement un devoir.

La guerre. — La guerre, définie par Grotius : « l'état de ceux qui luttent par la force, » n'est que le droit de légitime défense ou de sécurité personnelle appliqué à la société.

Les personnes morales ont, comme les individus, des droits absolus d'égalité, de liberté, de conservation et de développement auxquels peuvent se joindre pareillement des droits hypothétiques fondés sur des faits ou des contrats. Mais tous ces droits seraient illusoires si on était obligé de les laisser violer impunément. Si donc on ne peut les maintenir que par la force ou la guerre, celle-ci devient légitime; elle est une espèce de jugement de Dieu auquel on en appelle, *faute d'un tribunal humain supérieur* qui puisse trancher le différend.

Les conditions requises pour la légitimité de la guerre se réduisent à trois principales : — qu'elle soit faite par une puissance légitime, c'est-à-dire que *les belligérants soient souverains*, car la guerre, fondée sur la nécessité, ne peut être permise qu'à ceux qui n'ont point de juges pour leur rendre justice; — qu'elle ait une *cause juste, et au moins moralement certaine;* toutes les causes de guerre se réduisent à prévenir ou à repousser une injure grave, et, si elle est déjà consommée, à en obtenir réparation ; mais on doit tout d'abord employer les voies pacifiques, et la guerre cesse d'être légitime dès que réparation convenable est offerte; — qu'on y garde *les règles admises* à bon droit sur la manière de la commencer et de la poursuivre : il faut une déclaration de guerre; on doit respecter les personnes étrangères au combat; ne pas se servir d'armes prohibées, comme les balles explosibles, les traits empoisonnés, etc.; conserver les établissements publics tels que les hôpitaux, les églises, les maisons religieuses, les universités, etc.; enfin avoir l'intention d'arriver à la paix : *sic bellum suscipiatur,* dit Cicéron, *ut nihil aliud quam pax quæsita videatur.*

Une société n'a pas seulement à se défendre contre ceux qui l'attaquent au dehors; ses ennemis peuvent être dans son sein. C'est le cas de la *guerre civile*. Il est souvent difficile de juger quand cesse ce droit de légitime défense. L'émeute vaincue est encore menaçante, les esprits sont irrités, le danger peut recommencer à chaque instant... Presque toujours alors des individus, quelquefois nombreux, tombent sous le glaive de la justice. Ces exécutions, ordinairement odieuses, doivent suivre de près la défaite des séditieux.

La peine de mort. — Les nécessités d'une guerre civile n'expliquent pas toutes les condamnations à mort. Mais les publicistes et les philosophes ne sont pas d'accord sur les motifs qui peuvent rendre raison de ce droit, incontestable d'ailleurs, que possède la société de porter la peine de mort.

Tantôt on allègue *l'intérêt de la société*, le *principe de la légitime défense*. Mais cette raison de l'intérêt de la société légitimerait les lois des suspects, et personne ne serait plus en sûreté devant un pouvoir ombrageux ; de plus, le principe de légitime défense, qu'on invoque, suppose qu'il n'y a pas d'autre moyen pour la société de pourvoir à sa conservation.

Tantôt on dit que la peine capitale est *justifiée par ses effets*, qu'elle produit une crainte salutaire. Mais pour être juste toute peine doit être méritée ; il n'est point permis de tuer des hommes uniquement pour en effrayer d'autres.

Selon d'autres, la société doit *se venger du crime* qui l'attaque. Mais la société pas plus que les individus n'a le droit de se venger ; elle n'a que celui de se conserver. Toute punition doit être juste, et par suite ne saurait être une vengeance, car la vengeance est une passion humaine qui ne s'inquiète point de la justice.

La première raison jointe à la seconde justifie la peine de mort dans les cas où certains crimes énormes et spécialement dangereux pour la société se répéteraient trop souvent. Mais, pour avoir la *vraie raison* de ce droit terrible, il faut s'élever plus haut, et considérer que *la société est instituée pour maintenir l'ordre contre les passions humaines,* et faire régner l'équité ; que, ministre de la justice dont le glaive porté par le souverain est l'emblème, elle doit prévenir les délits autant qu'il est possible, les arrêter quand elle n'a pu les empêcher de naître, enfin les punir quand elle a été impuissante à les réprimer. A ce titre, elle peut infliger des châtiments, décréter même la peine de mort, à la condition toutefois que ce châtiment soit réclamé par la nature du crime, car l'équité veut que la punition soit proportionnée au délit, et qu'il y ait un rapport entre la peine et la faute.

Droit de grâce. — Dans les choses humaines, comme dans la Providence divine, il y a une part laissée à la clémence. La puissance souveraine a le droit de grâce, qui lui permet d'adoucir ou de commuer la peine. C'est là le plus beau privilège du prince; il ne doit toutefois l'exercer qu'avec discernement, et d'accord avec le bon sens du peuple et l'opinion publique.

2° ATTENTAT A LA VIE MORALE.

C'est par l'intelligence et la volonté libre que l'homme vit moralement, qu'il acquiert la dignité de *personne;* c'est donc attenter à sa vie morale que de porter atteinte au développement normal de ces facultés supérieures.

Attentat à l'Intelligence. — Il y a deux manières de porter atteinte à l'intelligence d'autrui : l'une en lui *ôtant les moyens de s'instruire;* l'autre en le *faisant tomber dans l'erreur* par des paroles mensongères.

1° *Refuser l'instruction* à l'homme ou négliger de la lui donner, c'est l'empêcher de développer sa nature intellectuelle; c'est le condamner à l'existence animale. Un père qui refuse à ses enfants l'éducation convenable, un maître qui condamne ses serviteurs à une sorte d'abrutissement moral en les tenant dans l'ignorance des choses les plus essentielles à la vie, méconnaissent leurs devoirs. C'est aussi le crime de certains gouvernements qui tiennent les populations dans l'ignorance, les dégradent pour les mieux asservir. Il ne manque souvent à un homme que la connaissance de ses devoirs pour être un homme de bien, que le développement de ses facultés pour être un homme de génie.

2° *Le mensonge* est un autre attentat à la vie intellectuelle de l'homme. Il est tout à la fois un outrage à la vérité obscurcie ou reniée et une injustice à l'égard de nos semblables. Les mensonges officieux et joyeux eux-mêmes ne sont point permis, car ils sont le principe de la défiance dans les relations sociales, de la politique dans la conduite privée, de tous les moyens artificieux qu'on se croit obligé d'employer dans le monde pour n'être point dupe ou victime. Mais, si nous ne devons jamais mentir, nous ne sommes pas obligés de dire toujours toute la vérité; dire à tout le monde tout ce que nous savons ou tout ce que nous projetons, serait même la marque d'un esprit léger et imprudent.

Pour des motifs graves, nous pouvons quelquefois nous servir de mots ambigus, afin de cacher notre pensée, pourvu toutefois que celui qui nous interroge *n'ait pas le droit* de tout connaître.

Attentat à la liberté. — Esclavage. — Tout attentat à l'intelligence est indirectement un attentat contre la liberté, car il n'est pas possible d'accomplir le devoir qu'on ne connaît pas. C'est encore diminuer la liberté que d'inspirer la crainte qui ne permet plus à l'âme de se posséder complètement, de surexciter les passions qui la troublent et l'empêchent d'écouter ou de suivre les conseils de la raison; mais le grand attentat contre la liberté, c'est l'*esclavage*.

Par l'*esclavage proprement dit*, un homme devient la propriété et la *chose d'autrui*. Les philosophes anciens ont essayé de fonder la légitimité de l'esclavage sur l'infériorité *naturelle* de certains hommes ou de certaines races, d'autres sur un prétendu droit de guerre, sur les lois civiles, sur des contrats. Mais rien ne peut légitimer cet état qui demeure l'outrage le plus odieux à la dignité humaine.

Tous les hommes, en effet, doués d'intelligence et de liberté, ont le *même devoir* rigoureux de tendre à leur fin dernière, le *même droit* absolu de n'être point entravés dans l'accomplissement de ce devoir. Leur personnalité est inviolable; aucun maître ne peut disposer d'aucun homme, contrairement à ce droit primitif et inaliénable que lui confère son titre d'être raisonnable.

L'Évangile a condamné l'esclavage en proclamant l'égalité de tous les hommes devant Dieu; aussi partout où la divine parole a été prêchée, cet état a-t-il été aboli graduellement. L'esclave est devenu serf, et le servage, laissant au vaincu la faculté de posséder et d'amasser, a servi d'intermédiaire pour arriver à l'affranchissement des communes par l'industrie, le commerce et la science.

Les excès de l'esclavage antique ont reparu après la conquête de l'Amérique; et dans le nouveau monde on a vu des peuples qui se disaient chrétiens prendre part à la *traite des nègres* ou du moins la tolérer. Rien ne peut excuser cet infâme trafic.

Mais en travaillant à faire disparaître ces faits, que le Christianisme et la raison condamnent, il faut agir avec précaution. Avant de délivrer les esclaves, on doit les préparer à bien user de leur liberté, les instruire et les moraliser, comme a fait l'Église dans les premiers siècles.

La *servitude temporaire*, par laquelle on s'engage à travailler pendant un certain temps au profit d'un homme, moyennant une récompense, est légitime. Toutefois il est des règles de convenance dont le maître ne devra jamais s'écarter. Il ne devra jamais oublier en particulier que la rigueur du sort qui condamne l'homme à servir son semblable est assez pénible par elle-même, sans que l'orgueil du maître vienne encore l'aggraver.

Le *despotisme* est aussi un attentat à la liberté. Comme tout asservissement, c'est un abus de la force, qui ne peut se maintenir que par la violence, et amène tôt ou tard une réaction. Du reste le despotisme n'est point une espèce de gouvernement, comme Montesquieu l'affirme, c'est un vice de gouvernement qui peut se retrouver dans tous les régimes possibles.

3° ATTENTAT AUX BIENS DE NOS SEMBLABLES.

Ces biens sont de deux sortes : matériels et spirituels. Les premiers sont l'objet propre du droit de *propriété;* les seconds constituent la *réputation*.

Attentat à la propriété. — La propriété est définie au point de vue juridique : « le droit de jouir et de disposer des choses de la façon la plus absolue, pourvu qu'on n'en fasse pas un usage prohibé par les lois ou par les règlements. » (Code civil, art. 544.) Au point de vue philosophique, la propriété est « *le droit pour chaque homme de faire quelque chose* SIEN, *et par conséquent d'en disposer à son gré.* »

Négation du droit de propriété. — Le droit de propriété est attaqué par les *communistes* et par les *socialistes*. Les communistes disent que l'appropriation des biens est née de la violence, que « la propriété c'est le vol » (Proudhon), et qu'il est temps de mettre fin à ce brigandage en distribuant également les biens entre tous. Les socialistes usent d'un langage moins violent, mais ils professent que l'État est maître souverain des biens, qu'il peut en disposer, et que son devoir est de les répartir proportionnellement à la capacité et aux œuvres de chaque citoyen. Tous admettent volontiers avec Montesquieu, Mirabeau, Bentham et beaucoup d'hommes d'État « que les lois civiles seules ont constitué le droit de propriété ». Les conséquences désastreuses de ces théories sont évidentes.

Fondement du droit de propriété. — EN FAIT la propriété nous apparaît comme une *loi naturelle*, une *nécessité organique*, une *nécessité sociale;* sa légitimité n'est donc pas contestable.

a — La propriété est un fait universel et constant qu'on trouve chez tous les peuples, à toutes les époques et à tous les degrés de civilisation; ce fait si permanent, que peut-il être, sinon le signe manifeste d'*une loi naturelle*, et par conséquent d'un droit véritable?

b — Nous avons le *droit de vivre;* or, en vertu même des lois de notre organisation, nous ne pouvons entretenir et conserver notre vie qu'en nous assimilant des aliments, c'est-à-dire en faisant *nôtres* certaines choses extérieures. Comme d'ailleurs nos besoins renaissent incessamment, nous devons pourvoir à l'avenir non moins qu'au présent, et par suite nous avons le droit d'accumuler les biens nécessaires à l'entretien de notre vie et d'en conserver le *domaine permanent*, c'est-à-dire la *propriété*.

c — « La société, dit saint Thomas, vit de *travail*, d'*ordre* et de *paix;* or ces trois éléments de la vie sociale n'existent pas sans la propriété. — L'homme, pour sortir de sa paresse naturelle et se livrer au *travail*, a besoin d'une excitation particulière; l'attrait de la propriété le lui fournit, car chacun soigne mieux ce qui lui appartient que ce qui est à tous ou à plusieurs. — Il y a plus d'*ordre* dans les choses humaines lorsque chacun a soin d'une chose en particulier; il y aurait de la confusion si tous se mêlaient de toutes choses. — La *paix* enfin ne se conserve qu'à la condition de la propriété individuelle; on voit de fréquentes querelles parmi ceux qui possèdent des biens en commun. »

Principe du droit de propriété. — Quel est EN DROIT le principe de la propriété individuelle? La propriété ne tire point son origine de la *loi civile* qui la protège, mais ne la constitue pas; elle ne dérive pas davantage d'un *contrat primitif;* elle n'a point non plus sa raison d'être exclusive dans les *besoins de l'homme;* ce n'est pas encore l'asseoir sur un fondement assez solide que de la faire reposer uniquement sur le *droit du premier occupant* ou sur le *travail* considéré en lui-même; son principe est, selon l'expression de Portalis, au plus intime de notre nature, dans *notre personnalité*. « L'homme est maître de soi, de son activité; la personnalité, voilà une première propriété incontestable. Mais si l'homme est le maître de son activité, il doit être le maître de son travail, qui n'est que l'exercice de l'activité, et par conséquent du produit de son travail. Tel est le principe de la propriété individuelle dans son intégrité; il découle de la personnalité. » (Mgr Laforêt.)

La plupart de ces théories doivent être unies dans une synthèse commune : par l'acte d'une *première occupation*, la *liberté*, déjà respectable dans cette affirmation d'elle-même, détermine ce qu'on pourrait appeler la matière de la propriété; le *travail* vient ensuite s'ajouter à cette propriété naturelle, et la rend sacrée en en faisant comme une extension de la *personnalité*. — Ainsi établie, la propriété est protégée par la *loi civile*, qui garantit à chacun le libre usage de ses biens; enfin elle reçoit sa sanction suprême de la *loi divine*, qui l'assoit sur une base inébranlable.

Transmission de la propriété. — Le droit de propriété emporte avec lui le droit d'*user* et de *disposer librement de la chose possédée;* une fois acquise, la propriété peut donc être légitimement transmise par voie de succession ou par le moyen des contrats.

La succession elle-même est testamentaire ou *ab intestat*.

Toute restriction à la liberté des testaments ou des contrats est une restriction au droit de propriété lui-même, et porte atteinte à l'un des fondements essentiels de la famille et de la société.

Toute violation de la propriété privée ou publique est un acte que la loi civile et la loi morale s'accordent à flétrir et à condamner.

Attentat à la réputation. — L'honneur ou la bonne réputation est un bien précieux auquel l'homme tient souvent plus qu'à la vie, et qui importe à la société tout entière, parce qu'il est un principe d'union entre ses membres.

L'honnête homme y a un droit strict, car cette bonne réputation est le fruit de ses œuvres et de ses vertus; c'est donc une injustice d'y porter atteinte par l'outrage, la diffamation ou la calomnie.

Quant à ceux dont la vie n'est pas irréprochable, nous ne devons point non plus, sans nécessité, révéler leurs fautes aux personnes qui les ignorent et nuire ainsi à leur considération. La loi civile prévoit jusqu'à un certain point ces délits, mais toutefois elle est bien impuissante à punir et à prévenir toutes les fautes de ce genre. Une parole qui frappe dans l'ombre et à l'improviste suffit souvent pour ternir une réputation, discréditer une personne ou déshonorer une famille, sans qu'on puisse en atteindre l'auteur.

b. — *Devoirs de charité.*

La justice nous interdit de nuire à nos semblables; la charité nous prescrit de leur faire du bien. Cette dernière vertu est donc plus parfaite que la première et la complète; car si la justice maintient l'ordre dans la société, la charité l'y perfectionne en unissant les hommes par les liens d'une mutuelle affection.

La charité n'est pas moins obligatoire que la justice, mais elle ne suppose pas chez ceux à l'égard desquels nous devons l'exercer un droit strict qui leur permette d'en exiger les œuvres. De là le caractère essentiellement spontané de la charité qui se refuse à la réglementation; « sa beauté, dit Cousin, est dans sa liberté. »

Les devoirs de charité ou de bienfaisance sont exprimés par cette maxime : « Faites à autrui ce que vous voudriez qu'on vous fît à vous-même. » Ils se rapportent soit *au corps,* soit *à l'âme.*

Œuvres corporelles de charité. — Si notre prochain est menacé dans sa vie ou dans ses biens, nous devons chercher à le défendre; s'il est sans asile, nous devons exercer envers lui l'hospitalité; s'il est infirme et souffrant, nous devons lui donner nos soins; s'il est dans la pauvreté, nous devons l'assister de nos aumônes.

Cette obligation de *l'aumône,* fondée sur l'ordre providentiel, est du reste beaucoup plus avantageuse au riche qu'au pauvre, *melius est dare quam accipere.* Elle est, en effet, un moyen de combattre cette malheureuse cupidité qui nous dévore, un moyen de réparer le mauvais usage que nous faisons souvent des biens de ce monde, un moyen enfin de faire hommage à

Dieu de ces biens, dont nous n'avons en définitive que l'usage, lui seul en ayant la propriété parfaite.

Ainsi il n'y a pas une seule misère humaine à laquelle ne corresponde une obligation à remplir envers autrui; mais cela, bien entendu, selon la mesure de nos moyens et une juste appréciation des choses.

Œuvres spirituelles de charité. — Nous devons éclairer l'intelligence du prochain en lui procurant l'instruction dont il a besoin, en dissipant les préjugés et les erreurs qui pourraient égarer sa conscience, et en le guidant par de bons conseils.

Nous devons fortifier sa liberté morale en l'aidant à vaincre les passions qui l'entraînent au mal, en soutenant son courage par des exhortations, en excitant son émulation par de bons exemples.

C'est encore exercer la charité envers le prochain que de le consoler dans ses chagrins, par la sympathie que nous lui témoignons, par les motifs d'espérance que nous essayons de lui suggérer. Ce don de consoler les maux d'autrui est un des plus précieux que puisse exercer un homme en cette vie, où la somme des douleurs surpasse de beaucoup celle des joies.

II. — Morale domestique.

La famille est la société formée par *les personnes du même sang.* Dans une signification un peu plus étendue, elle comprend l'ensemble des *personnes qui vivent sous le même toit.*

La famille est directement d'institution divine, et non pas l'œuvre de la loi civile, comme l'ont voulu quelques-uns. Elle est même la première des sociétés humaines, et la société civile n'en est que l'extension, suivant cette parole de Cicéron : *Familia principium est urbis, et quasi seminarium reipublicæ.* Toutes les autres sociétés ont été faites sur ce modèle.

La famille comprend essentiellement le père, la mère, l'enfant, et, dans les familles chrétiennes, il faut ajouter les serviteurs. On doit donc distinguer les devoirs des époux entre eux, des parents envers leurs enfants, des enfants à l'égard de leurs parents, enfin les devoirs relatifs aux serviteurs.

Devoirs des époux. — Les *devoirs communs* aux deux

époux sont de rester unis étroitement en se faisant des concessions réciproques et de se garder une fidélité mutuelle. Ce devoir de la fidélité est un devoir d'honneur fondé sur le don réciproque d'elles-mêmes que se sont fait deux âmes; c'est un devoir naturel réclamé par la dignité de la femme et l'intérêt des enfants.

Chacun des deux époux doit de plus remplir avec dévouement les *fonctions spéciales* qui lui sont dévolues. L'homme, plus fort d'esprit et de corps, est investi par le fait de l'autorité; son droit naturel est de l'exercer dans la famille pour l'intérêt commun, et d'accord avec celle qui est sa compagne; à l'extérieur, c'est lui qui représente la famille, lui qui doit la défendre. La femme doit s'occuper de l'intérieur; son devoir spécial est d'obéir à son époux, mais cette obéissance n'est point celle de l'esclave ni de la créature sans raison.

Devoirs des parents. — Ces devoirs se résument dans l'œuvre de l'*éducation* physique, intellectuelle et morale. Les parents, en effet, ont dû se proposer de donner à la société et à Dieu des êtres capables de les servir; ils ne doivent donc cesser de s'occuper de l'enfant auquel ils ont procuré l'existence qu'après l'avoir mis en état de remplir sa destinée.

L'éducation *physique* comprend tous les soins propres à développer et à fortifier le corps; elle implique pour le père de famille l'obligation de pourvoir par son travail à la subsistance et à l'entretien de ses enfants tant qu'ils ne sont pas en âge de se suffire.

L'éducation *intellectuelle* s'adresse à l'intelligence. Les parents doivent, selon leurs ressources, procurer à leurs enfants l'instruction convenable, c'est-à-dire leur fournir les connaissances dont ils ont besoin pour atteindre leur destinée et remplir honorablement la carrière à laquelle leurs goûts, leur condition ou leur vocation les appellent.

L'éducation *morale* a pour but de former le cœur et la volonté. A ce point de vue, les parents doivent graver de bonne heure dans le cœur de leurs enfants les vrais principes de la religion et de la morale, leur donner toujours de bons conseils et de bons exemples, tout mettre en œuvre pour créer et fortifier en eux des habitudes vertueuses.

Ces devoirs sont les vrais fondements du pouvoir paternel, et par suite le *droit des parents* ne saurait aller au delà de ce qui est requis pour l'accomplissement de ces devoirs. S'ils ont le droit de corriger leurs enfants, ils n'ont donc pas le droit de les maltraiter, encore moins de les mettre à mort, de les vendre comme des esclaves, ou de s'en faire de vils instruments de gain.

Devoirs des enfants. — L'enfant doit à ses parents le respect, l'amour, l'obéissance et l'assistance : — le *respect*, comme à son principe et aux représentants de la Majesté divine; — l'*amour*, par reconnaissance au moins pour tous les biens qu'il a reçus d'eux; — l'*obéissance*, comme aux organes naturels de la Providence à son égard. Cette obéissance a pourtant des bornes, et reste toujours subordonnée à celle que l'enfant doit à Dieu. Arrivé à l'âge parfait, l'homme est de droit divin remis *aux mains de son propre conseil*, et le devoir filial prend une autre forme : dans toutes les graves circonstances de la vie, le fils devra demander encore le conseil de ses parents, mais sans être tenu d'obtempérer toujours à leurs avis; — l'*assistance* enfin : les enfants ont tout reçu de leurs parents, c'est justice qu'au besoin ils leur procurent non seulement l'alimentation et l'entretien, mais tous les soins affectueux dont ils ont été eux-mêmes l'objet dans leur bas âge.

Relations des maîtres et des serviteurs. — Malgré l'usage contraire, il est vrai de dire que ceux qui servent la famille en font nécessairement partie. Ils ont part à tout ce qui s'y fait, sous le rapport économique d'abord, sous le rapport moral ensuite, puisqu'ils sont les aides nécessaires des parents dans l'éducation des enfants. Il est donc à désirer que les serviteurs soient bons et dévoués. S'il n'y a entre eux et leurs maîtres qu'un contrat de stricte justice, le service sera mercenaire; il sera bien difficile que le domestique prenne en tout l'intérêt de la famille, ne se laisse pas entraîner par la cupidité, la convoitise et l'envie.

C'est l'amour des maîtres pour leurs serviteurs qui peut exciter en ceux-ci un dévouement véritable; mais il faut le reconnaître, et c'est peut-être une conséquence nécessaire de l'organisation de la famille chez nous, les vieux serviteurs qui s'attachent à une famille et la servent même de père en fils deviennent de plus en plus rares dans nos sociétés modernes. C'est un malheur.

III. — Morale civile ou politique.

La *détermination de nos devoirs* dans la société politique exige quelques considérations préliminaires sur la *nature de l'État* et sur l'*autorité*, qui en est l'élément le plus *essentiel*.

I. — Nature de l'État.

Le mot État est actuellement employé pour désigner ce que les Grecs appelaient πολιτεία et les Romains *respublica*. Pour déterminer exactement la nature de cette société politique, il nous paraît nécessaire de donner quelques définitions.

Définitions. — *Une société*, dans le sens le plus général, est une *union de personnes qui tendent à une même fin par des moyens communs*. Toute société particulière est incomplète ou complète : *incomplète*, quand elle a pour fin un bien déterminé, tel que la richesse, la science ; c'est le cas des sociétés financières, littéraires, scientifiques, etc... ; *complète*, quand le bien poursuivi offre une certaine universalité et se rapporte à la personne humaine tout entière ; c'est à ce genre qu'on doit rapporter la société domestique, la *société civile* et la société religieuse.

La société civile peut se définir *une réunion de familles, soumises, en vue d'assurer l'exercice de leurs droits, à une même autorité*. Populus, dit Cicéron dans *la République, non omnis hominum cœtus, quoquo modo congregatus, sed cœtus multitudinis juris consensu et utilitatis communione sociatus* (liv. I, chap. xv). Cette société civile est imparfaite ou parfaite : *imparfaite*, quand le chef qui la gouverne relève d'une autorité supérieure, ex. : la commune, la province ; *parfaite*, quand le chef est indépendant dans la sphère de ses attributions ; elle devient alors une *société politique*.

L'État, ou la *société politique*, est donc une société civile parfaite ou indépendante. On peut la définir avec précision *une réunion de familles parmi lesquelles l'ordre est maintenu par une autorité souveraine*.

Nature de l'État. — *Ses éléments constitutifs*. — Cette définition fait bien ressortir les trois éléments essentiels de toute société politique : — l'idée d'une *multitude*, que rappelle plus directement l'expression de *peuple;* — l'idée d'une *autorité souveraine,* qu'exprime le mot *gouvernement;* — enfin l'idée d'*ordre,* qui résulte de la *loi.* C'est cet ordre qui établit entre la tête et les membres des relations intimes, *naturelles,* et fait de la société politique un corps organisé, vivant, une personne morale.

Son but immédiat. — Pour Kant, la société civile et politique n'a pas d'autre but que de restreindre assez la liberté de chacun pour qu'elle puisse s'harmoniser avec la liberté de tous. C'est la conséquence du principe de l'*autonomie* de la volonté posé par le philosophe allemand et que nous avons rejeté. Pour d'autres, sa mission est uniquement de faire régner la paix; mais ce n'est pas assez dire.

Le but immédiat de la société politique est de maintenir l'ordre extérieur, et de garantir à tous, familles et individus, l'exercice de leurs droits, pour permettre à chacun de tendre librement à sa fin. Les familles préexistent donc avec leurs droits naturels à la constitution de l'ordre politique; mais dès qu'elles sont réunies en grand nombre, cet ordre politique devient absolument nécessaire pour la défense et la protection de ces droits sacrés que la violence des passions égoïstes et l'opposition des intérêts privés tendraient à méconnaître. Aussi la société civile et politique considérée en général, c'est-à-dire indépendamment de toute forme particulière, est-elle elle-même de droit naturel, comme nous l'avons démontré.

Diverses formes de l'État. — L'État est constitué en *monarchie,* quand l'autorité réside dans une seule personne; en *aristocratie,* quand elle est aux mains de ceux qui sont censés les plus sages ou les plus intéressés à la chose publique; en *démocratie,* quand elle appartient au peuple lui-même, qui l'exerce par ses représentants ou ses délégués. Outre ces trois formes élémentaires, on pourrait distinguer encore les *gouvernements mixtes* et les *confédérations.*

La tyrannie est possible dans toutes les formes de gouvernement. Il ne faut point la confondre avec la monarchie, même absolue; on s'accorde même généralement à dire qu'aucun gouvernement n'est plus porté à la tyrannie, c'est-à-dire à la violation des libertés individuelles, que le gouvernement démocratique.

Quelle est de ces diverses formes politiques la plus par-

faite? — La question ne semble point susceptible d'une solution absolue. Aucune forme sociale n'est mauvaise en soi; la meilleure ou la plus naturelle, de l'aveu même de Montesquieu, est celle qui répond le mieux au caractère et aux traditions de chaque peuple.

Toutefois Aristote, Cicéron, et avec eux beaucoup d'auteurs anciens, pensent que la meilleure ou la moins imparfaite des constitutions politiques est la monarchie *tempérée*, à laquelle peut se ramener le gouvernement *représentatif*, fondé sur le système des *États*. Mais il ne faut pas la confondre avec l'idée moderne de la monarchie *constitutionnelle* ou *parlementaire*, qui a le grave inconvénient de diviser trop le pouvoir, de considérer le prince comme un ennemi-né du peuple, et de susciter enfin des rivalités perpétuelles au milieu desquelles la sécurité de l'État est souvent compromise.

II. — De l'autorité dans l'État.

Son principe divino-humain. — Contrairement aux théories de Hobbes et de Rousseau, qui font dériver le pouvoir du peuple et des volontés individuelles, il faut affirmer de la façon la plus absolue que dans l'ordre civil, comme dans l'ordre religieux, *le pouvoir vient de Dieu*, *non est potestas nisi a Deo*.

La société civile, en effet, nous l'avons dit, est de droit naturel ou de droit divin; donc l'autorité, sans laquelle on ne peut la concevoir, doit elle-même être rapportée à Dieu, comme à son premier principe. — Il n'y aurait du reste qu'à étudier l'autorité sociale dans ses prérogatives essentielles : faire des lois qui obligent en conscience, maintenir la justice et punir même de la peine de mort les violateurs de la loi, pour en conclure légitimement que cette autorité vient de Dieu.

Toutefois, comme l'avoue Bossuet lui-même, si favorable pourtant à l'autorité civile, la puissance des princes n'est pas tellement de Dieu qu'elle ne soit aussi du *consentement du peuple*. Dieu, voulant la société, a dû vouloir l'autorité nécessaire à son existence, mais il n'est pas intervenu autrement que par cette volonté générale dans la constitution de la société civile et du pouvoir qui la régit. Il a laissé aux hommes la pleine liberté de donner à cette société la forme la mieux adaptée aux circonstances et de choisir la personne qui doit être investie de l'autorité.

Ainsi l'autorité vient bien de Dieu, elle *est de droit divin, mais médiatement;* la forme particulière du gouvernement, la collation du pouvoir à tel ou tel individu vient des hommes.

Réfutation de la théorie du Contrat social. — Cette doctrine est essentiellement contraire à celle du *Contrat social* de Rousseau, qui prétend que la *souveraineté*, loin de venir de Dieu, *vient du peuple :* « Indépendants par nature, les hommes ont un jour jugé à propos de se réunir en société; ils ont fait un contrat par lequel chacun s'est obligé à travailler pour le bien de tous, à condition que tous s'emploieraient pour son propre avantage. Librement contracté, ce pacte peut être librement révoqué; mais aussi longtemps qu'il dure, chaque citoyen appartient tout entier à la société, dont la souveraineté est illimitée et inaliénable. Cependant la société ne pouvant pas exercer par elle-même cette souveraineté, en confie l'exercice à des mandataires révocables à volonté, contre lesquels la révolte est légitime, et devient quelquefois même un devoir. »

Tout d'abord cette théorie du *Contrat social*, dont quelques articles de la déclaration de 1789 semblent être un résumé, est *historiquement fausse ;* de plus elle est : *impie,* parce qu'elle est la négation de l'autorité de Dieu, et par conséquent de son existence; *immorale,* parce qu'elle détruit, avec le fondement de toute obligation, le principe même de la moralité; *tyrannique,* parce qu'elle assujettit la conscience à une majorité capricieuse ; *anarchique,* parce qu'elle pousse la minorité à devenir majorité, en vue d'acquérir *le droit* de renverser le gouvernement qui déplaît.

Cette théorie est encore *inacceptable* à bien d'autres points de vue : le principe sur lequel elle repose, « que personne ne peut être soumis au pouvoir que par sa propre volonté, » n'est justifié par aucune raison... De plus, exige-t-on l'unanimité pour que le pacte social soit obligatoire? elle est impossible à réaliser...; se contente-t-on d'une majorité? aucun motif ne peut obliger la minorité à accepter le pacte... Dira-t-on « que, nul ne pouvant être assujetti à ce pacte sans son aveu, ceux qui refusent de l'accepter n'y sont pas compris? » Que faire alors de ces étrangers qui vivent parmi les citoyens, profitant de la sécurité sans subir les charges de cette sécurité?... Le pacte formé, pourquoi les générations nouvelles seront-elles moins libres de s'y soustraire que leurs ancêtres?... Supposez que j'aie librement accepté le pacte; comme il est absurde, d'après Rousseau, « que la volonté de l'homme se donne des chaînes pour l'avenir, » qui peut m'empêcher de révoquer mon acceptation?... Cette révocation est même une nécessité quand le joug paraît trop onéreux, car, dit toujours Rousseau, « il ne dépend d'aucune volonté de consentir à rien de contraire à son bien ; » mais dès lors, comment la société pourra-t-elle exiger des impôts, infliger des peines?...

Le système du Contrat social n'a plus de partisans déclarés, mais l'idée *de la souveraineté du peuple* qu'il contient a survécu à l'auteur et au livre; on la retrouve à la racine de la plupart des théories sociales contemporaines ; elle est le principe de la conception de l'*État omnipotent*, source unique de tous les droits, régulateur absolu de toutes les relations humaines.

Étendue de l'autorité politique. — L'autorité politique n'ayant pas d'autre raison d'être que le bien social, n'a d'autres droits que ceux qui lui sont nécessaires pour le réaliser, c'est-à-dire pour assurer l'existence même de la société, pour maintenir l'ordre extérieur et pour garantir les droits de chaque famille et de tous les membres dont elle se compose.

Cette fin suppose un triple pouvoir : le pouvoir *législatif*, le pouvoir *judiciaire* et le pouvoir *exécutif*. Ce dernier pouvoir renferme outre le pouvoir exécutif proprement dit, le pouvoir administratif, et par rapport aux sociétés étrangères, le pouvoir diplomatique et le pouvoir militaire.

De la séparation des pouvoirs. — « Tout serait perdu, a dit Montesquieu, si le même homme ou le même corps des principaux ou des nobles ou du peuple exerçait ces trois pouvoirs : celui de faire des lois, celui d'exécuter les résolutions publiques et celui de juger les crimes ou les différends des particuliers. » C'est la proclamation du principe de la *séparation des pouvoirs*.

Rien de plus contestable que ce principe.

Le souverain, quel qu'il soit, monarque, parlement ou peuple, possède indissolublement réunis en sa personne ces trois pouvoirs, apanage nécessaire de la souveraineté. Il peut sans doute et il doit souvent en déléguer l'exercice ordinaire à des autorités inférieures; mais il est faux qu'il doive répartir ces trois pouvoirs entre trois autorités déléguées différentes et que cette division soit une condition de bon gouvernement, et surtout une garantie de liberté. La théorie de Montesquieu n'impose au pouvoir législatif aucune limitation, et c'est là le grand péril social, le grand danger de tyrannie.

III. — Des devoirs dans l'État.

Distinction des droits naturels, civils et politiques. — Dans l'État social, l'homme garde tous ses *droits naturels* : celui de vivre, de connaître la vérité, de pratiquer le bien, de professer la véritable religion ; celui de posséder des richesses, de fonder une famille, d'élever ses enfants, de leur transmettre sa propriété; celui de s'associer à ses semblables pour le commerce, pour la prière ou pour les œuvres de charité, etc. ; mais il doit veiller à ce que ces droits ne soient en désaccord ni avec les droits des autres citoyens, ni avec les justes intérêts de l'État.

A ces droits naturels s'ajoutent des *droits positifs* conférés par le législateur humain ; ces nouveaux droits sont de deux sortes : *civils*, quand ils concernent les relations des citoyens entre eux; *politiques*, quand ils règlent les rapports des particuliers avec l'État; en aucun cas ils ne peuvent être opposés aux droits naturels, que l'État ne crée point, mais qu'il doit sauvegarder et protéger.

A ces droits répondent des devoirs procédant des mêmes lois. Les uns et les autres sont souvent exprimés par un terme commun, le *droit*, qui désigne *l'ensemble des droits et des devoirs sociaux;* de là les expressions de *droit naturel,* de *droit positif* (civil ou politique).

Devoirs des gouvernants et des gouvernés. — Deux mots résument tous les devoirs communs aux gouvernants et aux gouvernés : le *dévouement à la patrie* et le *respect de la loi.*

Le dévouement à la patrie. — La patrie a un corps et une âme : le sol qui nous a vus naître, le champ et la maison de nos pères, voilà son *corps;* l'amour de nos parents, les souvenirs de notre enfance, nos traditions, nos lois, nos mœurs, nos libertés, notre histoire, notre religion, voilà son *âme*. Le gouvernement n'est pour nous que le moyen de conserver ces biens; s'il y emploie sa puissance, l'amour même de la patrie exige que nous lui gardions une inviolable fidélité; mais quand, loin d'accomplir sa mission, il la trahit et la déshonore, nous séparons sa cause de celle de la patrie, que ses épreuves nous rendent plus chère encore.

Le dévouement à la patrie, qui tend à disparaître de plus en plus, a son plus solide fondement dans la religion, qui seule, en déracinant l'égoïsme, peut enfanter l'esprit de sacrifice et d'abnégation nécessaire pour ne chercher que le bien commun. Le patriotisme chrétien, du reste, n'absorbe pas l'individu dans l'État comme le patriotisme païen; il respecte tous les droits de la personnalité humaine.

Le respect de la loi. — C'est le devoir de tous, comme le dévouement à la patrie. Mais pour avoir droit au respect, il faut que la loi positive ait vraiment pour objet le bien commun et qu'elle ne soit point contraire aux lois divines, autrement, selon le précepte de l'Apôtre, *obedire oportet Deo magis quam hominibus*. Ne pas obéir à un ordre *manifestement* impie ou injuste est un devoir. Toutefois cette désobéissance purement passive ne doit pas être confondue avec l'insurrection, qui consiste à s'armer contre le pouvoir, pour lui opposer la force et le renverser. Cette insurrection, qui en théorie peut paraître quelquefois possible et légitime, ne doit pas être admise en pratique; ce principe, « l'insurrection est le plus saint des des devoirs, » est subversif de toute société.

Des droits et des devoirs des gouvernants. — A ce titre semblent pouvoir être rapportées les deux questions de l'*impôt* et de l'*éducation des enfants*.

L'impôt. — C'est un *prélèvement opéré sur la fortune ou sur le travail des citoyens pour subvenir aux dépenses publiques.*

La légitimité de l'impôt est incontestable. Mais l'autorité doit user avec discrétion de son pouvoir, qui ne suppose aucun droit de propriété; l'impôt est *injuste* quand il dépasse les bornes de ce qu'exige le bien moral ou physique de la société.

L'impôt doit être *proportionnel* aux ressources de chacun, c'est-à-dire aux revenus soit de son travail, soit de ses biens transmis ou acquis; car toutes ces richesses sont également protégées par l'État. Tel est le principe dont on doit se rapprocher; mais cet impôt unique, disons-le immédiatement, est un pur idéal, impossible à réaliser, parce qu'on ne peut pas connaître d'une manière exacte le revenu que chacun tire ou de ses biens ou de son travail. Serait-il possible, qu'il aurait encore l'inconvénient grave de s'adresser uniquement et directement aux personnes. (Thiers.)

On a proposé deux autres principes comme base de la répartition : le principe de l'impôt *fixe* et le principe de l'impôt *progressif*.

Dans le *premier système*, tous les citoyens payeraient la même taxe indistinctement, sous prétexte que l'État les protège tous indistinctement. Mais si l'État protège, en effet, tous les citoyens, il n'épargne pas à tous la même perte, et la rémunération doit être proportionnée aux avantages reçus.

Le *second système*, prôné par les socialistes, consiste à établir l'impôt suivant une proportion qui *progresserait* à mesure que s'élève le revenu des contribuables. Le système part de cette idée que la partie du revenu qui dépasse le nécessaire est du superflu, et que le superflu n'a pas de droit. C'est la doctrine égalitaire la plus absolue, la négation formelle du droit de propriété.

Nous ne pouvons pas entrer dans l'étude de toutes les questions relatives aux impôts; contentons-nous de dire ce qu'il faut entendre par *impôts directs* et *impôts indirects*.

Les *impôts directs* sont ceux que le législateur demande nominativement aux contribuables, d'après un rôle annuel, et à des termes périodiques réguliers.

Les *impôts indirects* sont ceux qui sont perçus sur les choses ou à l'occasion de tels ou tels faits; ils se traduisent en une augmentation du prix de ces choses, de ces services.

L'impôt indirect est généralement préférable à l'impôt direct, « parce qu'il est *insensible, infiniment réparti, prévoyant* pour le contribuable qui ne l'est pas, et en général *plus juste*. » (Thiers.)

L'éducation des enfants. — De nos jours, les politiques proclament volontiers le droit absolu de l'État, c'est-à-dire, dans leur pensée, du gouvernement, en matière d'éducation. Il faut protester contre cette doctrine, qui ne tend à rien moins qu'à nier le droit imprescriptible qu'a tout père de famille de donner à ses enfants par lui-même, ou par les *maîtres de son choix*, l'éducation qu'il juge convenable. L'État ne peut intervenir directement dans la famille pour protéger l'enfant, que dans le cas exceptionnel où un père dénaturé méconnaîtrait gravement tous ses devoirs.

Le monopole de l'enseignement à tous les degrés, que l'État s'attribue, est un droit sans fondement, parce que l'autorité sociale n'en a pas besoin pour atteindre le but qui est sa raison d'être. Est-ce à dire que l'État doive se désintéresser totalement de l'éducation de la jeunesse? Non, certes; il doit favoriser par tous les moyens la création des établissements destinés à cette œuvre, et se réserver le droit de les surveiller dans l'intérêt de l'hygiène et de la moralité publiques.

Mais il est préférable à tous égards que l'enseignement soit laissé, comme en Angleterre, à l'initiative individuelle. Si l'État veut se faire instituteur, que du moins il n'impose pas son enseignement, et qu'il laisse à la libre concurrence le soin de faire ressortir devant l'opinion la supériorité des méthodes par la supériorité des succès.

Des droits et des devoirs des gouvernés. — Le programme signale en particulier le *vote* et le *service militaire*.

Le vote. — Les droits politiques découlent de la constitution de l'État. En France, tout citoyen qui n'est pas frappé d'incapacité légale a le droit de désigner par son *vote* le citoyen auquel il désire confier la charge de représenter et de défendre ses intérêts, soit dans le conseil municipal, soit dans le conseil d'arrondissement, soit dans le conseil général, soit à la chambre des députés et au sénat.

Si le vote est un droit, il est aussi un devoir, et on ne peut excuser le citoyen qui, par une abstention non motivée, favorise le succès d'un mauvais candidat lorsqu'un bon pourrait être élu. Bien moins encore est-il permis de faire un mauvais choix. Aussi l'électeur est-il tenu de s'assurer, autant que possible, de la valeur des candidats et de voter pour celui qu'il croira *en conscience* être le meilleur.

Le droit de vote se rattache au principe du *suffrage universel*, principe faux si on le donne comme source de l'autorité, mais acceptable s'il n'a pour objet que d'en choisir les dépositaires, et si les électeurs sont à la hauteur de leur mission. Dans la réalité, trop souvent cette institution livre le gouvernement d'un pays et son avenir au caprice d'une multitude ignorante et passionnée. *Argumentum pessimi turba est.*

Le service militaire. — La loi du 27 juillet 1872 le déclare obligatoire pour tout Français, détermine quelques dispenses, et règle que les jeunes gens font partie de l'armée active pendant cinq ans, de la réserve de l'armée active pendant quatre ans, de l'armée territoriale pendant cinq ans, et enfin de la réserve de l'armée territoriale pendant six ans.

Cette loi oublie trop que les formes du dévouement à la patrie sont multiples, et que la société n'a pas moins besoin d'hommes habiles et expérimentés dans les carrières civiles que dans la carrière des armes. Toutefois elle dispense encore les élèves ecclésiastiques du service militaire, et reconnait ainsi le droit imprescriptible qu'a Dieu de recruter, avant tous les souverains et sans contrôle, la milice qu'il destine au service de ses autels.

Cette immunité des clercs est actuellement contestée, mais elle n'en demeure pas moins conforme à l'équité naturelle et à la loi divine, contre lesquelles la loi humaine ne peut légitimement rien prescrire; aussi le saint-siège a-t-il condamné cette proposition trente-deuxième du *Syllabus :* « L'immunité personnelle en vertu de laquelle les clercs sont exempts de la milice, peut être abrogée sans aucune violation de l'équité et du droit naturel. Le progrès politique demande cette abrogation, surtout dans une société constituée d'après une législation libérale. »

DE L'ÉCONOMIE POLITIQUE[1]
ET DE SES RAPPORTS AVEC LA MORALE

Objet de l'Économie politique. — L'Économie politique peut se définir brièvement : *la science des richesses sociales.*

Son but est éminemment pratique, « rendre l'aisance aussi générale que possible. » De là vient qu'on l'envisage tantôt comme une science et tantôt comme un art. Nous ne l'étudierons que sous le premier point de vue, c'est-à-dire en tant qu'elle recherche « les *lois qui président naturellement à la production et à la répartition des richesses* ».

Ces lois nous montreront une harmonie parfaite entre le juste et l'utile; elles proclameront cette grande vérité que le travail, la justice, la prudence, la tempérance, que les vertus morales, en un mot, sont la vraie source de la prospérité publique, et que par suite *les rapports les plus étroits unissent l'Économie politique à la morale.*

Coup d'œil historique. — L'Économie politique est née des efforts tentés par Sully (agriculture) et Colbert (industrie), pour remplir le trésor public épuisé par des guerres désastreuses; au XVIIIe siècle elle commence à prendre un caractère scientifique avec les *physiocrates* Quesnay et de Gournay, qui regardent *la terre* comme la seule source des richesses, et proclament déjà le principe du *laisser faire* et du *laisser passer.*

Mais le vrai fondateur de l'Économie politique est Adam Smith; dans ses *Recherches sur la nature et les causes de la richesse des nations*, il met en lumière presque toutes les lois de la richesse sociale, montre que le *travail* en est la vraie

---

[1] Ces notions sont en partie extraites du *Traité élémentaire d'Économie politique* de M. Hervé Bazin, qu'on pourra consulter utilement pour les développements.

source, et que la liberté, soit dans la production, soit dans l'échange, en est une des conditions nécessaires.

Après Adam Smith, il faut citer parmi les économistes les plus célèbres, en Angleterre : Ricardo, Malthus, Stuart Mill ; en France : J.-B. Say, Bastiat, Ch. Perin, Baudrillart.

Définitions préliminaires. — Nous parlerons à tout instant de la *richesse*, de la *valeur*, de l'*utilité*, etc. Il importe dès maintenant de définir avec précision ces termes.

Richesse. — Par *richesse* on entend communément *toute chose* MATÉRIELLE *qui peut servir à la satisfaction des* BESOINS *de l'homme*. Nous excluons donc de l'idée de richesse, contrairement au sentiment de quelques économistes (Garnier, J.-B. Say, etc.), les produits *immatériels* qui résultent de l'application de nos facultés aux idées du vrai, du beau et du bien. D'autre part, nous prenons, *quoique à regret*, le mot « besoin » dans son sens le plus général pour « tout désir de possession » d'un objet, que cet objet soit utile ou agréable, nécessaire ou superflu, noble ou méprisable. Pour être considérée comme richesse, il suffira donc qu'une *chose* puisse servir à l'un de nos *besoins*.

Ajoutons cependant que, pour tout homme sensé, la vraie richesse ne consiste que dans l'*abondance des denrées utiles* (de Champagny), et non dans l'abondance de l'or ou la multiplication des objets de luxe.

Les richesses sont *communes* ou *appropriées*. Les premières, telles que l'air, l'eau de la mer, la lumière, etc., sont illimitées, et ne peuvent devenir l'objet d'un échange. Les secondes appartiennent à quelqu'un, et par suite peuvent être échangées ; seules elles sont l'objet de l'économie politique. Il n'en faut pas davantage pour comprendre que le fait primitif qui sert à tous les autres faits économiques de point de départ, c'est la propriété ou du moins la possession.

Les richesses *appropriées* sont *naturelles*, comme les fruits sauvages, ou *produites* par le travail de l'homme, comme les tissus, l'ameublement, etc. La chose sur laquelle s'exerce le travail de production est la *matière première*.

Valeur, utilité. — L'*utilité* est la qualité qui rend les choses propres à nous servir.

La *valeur* est *la propriété qu'ont les choses utiles* (les richesses) *de pouvoir être échangées*. Toute chose douée de valeur a de l'utilité; mais toute chose utile n'a pas nécessairement de la valeur : par exemple, l'air, le soleil; il faut qu'elle soit en outre *rare, appropriée, transmissible*.

La valeur d'une chose, estimée en espèces monnayées, est son *prix;* c'est la forme habituelle de l'échange chez les nations civilisées.

Division. — L'Économie politique se divise ordinairement en quatre parties : de la *production des richesses;* — de la *circulation des richesses ou de l'échange;* — de la *distribution ou répartition des richesses;* — et de la *consommation des richesses*. Nous en ajouterons une cinquième sur *les rapports de la morale et de l'économie politique*.

I

PRODUCTION DE LA RICHESSE

La *production* consiste à *transformer une matière première de façon à la faire servir à la satisfaction d'un besoin*.

Cette expression « matière première » est relative, et s'applique à tout objet qu'une industrie particulière transforme : les fils, par exemple, sont la matière première du tisserand, et les tissus, produits du tisserand, sont la matière première du tailleur.

La production est *directe* ou *indirecte :* directe quand elle implique une transformation des choses; indirecte quand elle pose un acte qui n'est que la condition de la transformation : par exemple, le transport du blé au moulin est un acte *indirectement* producteur de la farine.

Toute production suppose le concours de trois forces : le *travail*, qui en est l'agent essentiel; le *capital* ou produit épargné en vue de la production future, qui en est l'instrument; enfin la *matière* fournie par Dieu, qui en est la condition *sine quâ non*. Nous en traiterons successivement.

I. — Le travail.

Sa nature. — Le *travail* est *l'effort que l'homme applique aux choses pour les rendre utiles à ses besoins*.

Le travail est l'unique source de la richesse. C'est à Adam Smith que revient, comme nous l'avons dit, la gloire d'avoir mis en lumière cette vérité, qui nous paraît aujourd'hui si élémentaire, et d'avoir détruit l'erreur désastreuse des *financiers* et des *physiocrates*, qui regardaient comme source de la richesse, les premiers, les métaux précieux, et les seconds, la terre. Mais il ne faut pas confondre le travail lui-même avec la richesse, et croire qu'en détruisant pour *faire aller* le travail on produise la richesse; pour que le travail soit réellement productif, il faut que les valeurs qu'il crée égalent tout au moins les frais de production.

Dans tout travail il y a trois agents personnels établis dans un ordre hiérarchique constant : le *savant*, l'*entrepreneur* et l'*ouvrier*. Le premier invente un procédé, donne une idée; le second l'applique, dirige le travail; le troisième l'exécute. Cette loi seule suffirait à ruiner par la base les systèmes socialistes d'organisation artificielle des sociétés.

Des conditions de la fécondité du travail. — Nous en signalerons quatre principales : la *liberté*, la *division*, l'*association* et la *sécurité*.

1° LA LIBERTÉ. — La liberté du travail est le régime de la production moderne; c'est la liberté de travailler *comme on veut, où l'on veut, avec qui l'on veut*. Ce régime a remplacé le *travail esclave* des sociétés païennes et le *travail corporatif* du moyen âge.

L'infériorité marquée du *travail esclave* provient de ce qu'il n'a pas d'autre mobile que la crainte du châtiment, suffisante peut-être pour prévenir l'excès de la paresse et de la négligence, mais incapable d'inspirer aucune énergie féconde.

Les *corporations* étaient des associations de tous les artisans d'une même ville, exerçant la même profession. Peu à peu l'excès de réglementation y fit naître des abus; au lieu de réformer le régime, on le supprima. C'était une faute.

« Ces corporations, nées sous l'inspiration de l'Église, rendirent de précieux services à nos ancêtres. Elles peuvent en rendre de plus grands encore à notre époque; aussi souhaitons-nous vivement qu'elles soient adaptées aux circonstances et rétablies dans le but de soulager la classe des travailleurs, de protéger leurs enfants et leurs familles, d'entretenir enfin parmi eux le goût de la piété, l'enseignement de la religion avec la pureté des mœurs. » (S. S. Léon XIII, Encyclique *Humanum genus*.)

Depuis 1791, la production de la richesse est placée sous le régime de la *liberté du travail*. Ce régime offre quelques avantages et conduit à une production plus abondante et plus parfaite. Toutefois la liberté du travail, dit M. Hervé Bazin, n'est point un *principe absolu, essentiel* de toute société; il n'est même acceptable qu'à la condition qu'on ne rejettera pas toute intervention rationnelle du pouvoir, en vue du maintien de l'ordre et de la sécurité publique.

Il ne faut pas confondre la liberté du travail ou le droit *de* travailler librement, avec le prétendu droit *au* travail que revendiquent les socialistes. Proclamer ce dernier droit ou le droit *à l'assistance*, c'est proclamer le droit d'insurrection, c'est attaquer l'organisation naturelle de la société dans son principe, qui est la propriété individuelle, et enfin donner au pouvoir central un rôle qui ne lui appartient pas.

De la liberté du travail naît la *concurrence*. La concurrence se justifie par les deux plus grands résultats que l'industrie humaine puisse se proposer : 1° le perfectionnement des produits, des procédés et des services qui tombent sous son action; 2° le bon marché. — Mais elle n'est pas sans inconvénients : souvent elle donne lieu à des actes frauduleux et immoraux, et quelquefois elle peut conduire au monopole industriel en faisant disparaître la petite industrie.

2° La division. — Par la division du travail on entend la *division des tâches dans une même industrie ;* mais le principe de la *division* cache toujours une autre idée fondamentale : celle de la *coopération* vers un même but.

La division du travail est un des éléments principaux de sa fécondité. C'est un fait d'expérience; citons deux exemples classiques.

La fabrication d'une épingle se compose de dix-huit opérations distinctes; un ouvrier chargé de tout l'ouvrage, dit A. Smith, ne ferait pas vingt épingles, peut-être pas une seule dans sa journée, tandis que, avec le principe de la division, chaque ouvrier faisant une dixième partie du produit, peut être considéré comme fabriquant 4,800 épingles par jour. (Smith.)

Les cartes à jouer se fabriquent en soixante-dix opérations

distinctes : 30 ouvriers fabriquent 15,500 cartes par jour, soit 500 par tête; un ouvrier obligé de faire seul les soixante-dix opérations ne ferait peut-être pas deux cartes par jour. (J.-B. Say.)

Non seulement le principe de la division du travail augmente la *quantité* des produits dans une proportion énorme par l'épargne du temps, mais il perfectionne aussi leur *qualité*, parce que chaque ouvrier, ne faisant qu'une seule opération, arrive à la faire avec la plus grande perfection.

Toutefois cette division n'est pas indéfinie; elle trouve des limites naturelles — dans les débouchés qui s'offrent aux produits, — et dans l'importance des capitaux nécessaires pour l'établissement des grandes industries.

3° L'ASSOCIATION. — L'association a toujours été regardée comme une puissance: « l'union fait la force. » Les *associations économiques*, en général, sont celles qui ont pour but de favoriser et de développer la production, l'échange ou la consommation des richesses. Nous n'avons à parler ici que de *l'association ouvrière*, c'est-à-dire de celle que les travailleurs forment entre eux et en vue de la production.

Cette association, conforme aux lois de la nature, a pour but de supprimer l'entrepreneur ou le patron, et de substituer au salaire une part de bénéfice. Elle a l'avantage : 1° de réunir les capitaux épars et les aptitudes diverses des travailleurs; 2° d'intéresser plus directement ceux-ci au succès de l'entreprise et de stimuler ainsi leur activité; 3° d'offrir par la constitution d'une personnalité civile des garanties sérieuses, source d'un crédit nécessaire. Mais est-elle possible dans nos sociétés modernes? On en peut douter, parce que, en investissant l'ouvrier d'une responsabilité beaucoup plus étendue, elle exige de lui une moralité plus haute et une capacité au-dessus de la moyenne, qu'il sera toujours difficile de rencontrer. La vertu est la condition fondamentale de toute association ouvrière.

4° SÉCURITÉ. — La sécurité du travail, condition essentielle de la production, naît de la certitude qu'a le travailleur de produire en paix et de disposer librement des fruits de son travail. Elle a sa source, d'après M. Le Play, dans la *stabilité des familles* et dans *la garantie du droit de propriété*.

a. — A la famille *instable, qui commence et finit avec les époux*, telle qu'elle existe en France et telle qu'elle a été créée par le système du *partage forcé*, M. Le Play voudrait avec raison qu'on substituât la *famille souche* d'Allemagne, d'Angleterre, d'Espagne, etc. Dans ces pays, « le père et la mère choisissent librement l'héritier qui leur semble le plus digne de recevoir d'eux la transmission du foyer domestique et de l'atelier de travail. Ils lui imposent l'obligation de conserver l'honneur et le rang de la famille, de continuer à l'égard des autres enfants le rôle du chef, en fournissant à chacun les ressources nécessaires à son établissement et l'appui d'une situation sociale maintenue au profit de tous par la transmission à un seul de l'héritage des aïeux. » (L. Brun.) Cette organisation de la famille est la seule qui soit favorable à l'autorité du chef, à l'union des membres, à l'amélioration du domaine qui ne doit point être partagé, au développement de l'industrie dont un fils doit continuer l'exploitation.

b. — *Le droit de propriété* est impérieusement réclamé par l'économie politique, comme le plus puissant stimulant au travail. Si, en effet, l'homme travaille au delà de ses nécessités présentes, s'il fait des épargnes en vue de l'avenir, s'il améliore sa terre, s'il ouvre et agrandit des usines, c'est qu'il compte sur le respect du droit qu'il réclame, de jouir en paix des fruits de son travail, d'en disposer, et d'en transmettre le profit à ses enfants. Supprimez le droit de propriété, ou essayez, ce qui revient au même, de transformer la propriété individuelle en propriété nationale, et aussitôt l'homme, que ne sollicite plus l'appât du bien-être, n'avance plus de capital, n'entreprend rien au delà de ce qu'exigent les besoins du moment; l'industrie, l'agriculture, le commerce sont arrêtés.

Au double point de vue de la famille et de la propriété, les dispositions de nos lois testamentaires sont déplorables. Le principe du *partage forcé* amène le morcellement indéfini de la propriété, la diminution systématique des naissances, « et, en limitant à la vie les espérances des travailleurs, leur inspire le dégoût de tout ce qui n'est pas jouissance immédiate. Le remède serait dans la liberté testamentaire, qui n'est, en définitive, que la conséquence du droit de propriété. »

II. — Le capital.

Le capital, dit M. Baudrillart, est un *produit épargné destiné à la reproduction*. Pour nous faire une idée nette du capital il convient donc de dire tout d'abord quelques mots de l'épargne.

Épargne. — « On définit *l'épargne, la conservation calculée d'un ou de plusieurs objets utiles*. Nous disons : conservation *calculée*; car ce n'est pas épargner que laisser se perdre et dépérir ou devenir inutile une chose dont on pourrait jouir soi-même ou faire jouir autrui. Épargner cette chose, c'est la réserver pour un temps où elle pourra procurer une somme d'utilité plus grande. » (Joly.) L'épargne suppose donc la modération d'un désir actuel de jouissance en vue d'éviter une souffrance future ou de se procurer dans l'avenir une satisfaction plus complète.

L'épargne est fondée sur ce fait d'expérience que les exigences de notre nature et les ressources de notre travail suivent dans leur progrès et dans leur décroissance une loi inverse et réciproque; de là, pour l'homme jeune et fort qui produit au delà de ses besoins, l'obligation de faire deux parts de son salaire, l'une qu'il consacre à son service actuel, l'autre qu'il *épargne* pour l'époque où il sentira ses forces décroître et son courage l'abandonner. C'est encore une loi que nos désirs sont insatiables, et que nos besoins satisfaits se renouvellent sans cesse plus impérieux et plus exigeants. L'épargne lutte avec avantage contre cette loi d'accroissement de nos besoins, en les modérant chaque jour.

Mais l'épargne, que tant de motifs conseillent et commandent, exige un courage de tous les jours, une fermeté de tout instant qui la rendent difficile. Les gouvernements sont venus au secours du travailleur de bonne volonté par l'institution des caisses d'épargne, qui lui permettent de rassembler par petites fractions une somme un peu ronde qu'il dissipera moins facilement. (A. Rondelet.)

L'épargne permet ainsi la constitution tantôt lente, tantôt rapide d'un capital plus ou moins important.

Capital. — Le capital, avons-nous dit, est *un produit épargné destiné à la reproduction*. Il ne faut pas confondre le capital et la richesse ; tout capital est une richesse, mais toute richesse n'est pas un capital : les bijoux, par exemple, les tableaux, font partie de la richesse, mais ne sont pas des capitaux, parce qu'ils ne sont pas employés à la production d'autres richesses. « La richesse ne devient donc capital que par sa destination ; et, à la différence du fond de consommation immédiatement applicable à la satisfaction du besoin, au capital se rattache nécessairement une idée productive. » (Baudrillart.)

Le capital ne doit pas être confondu non plus avec le numéraire, qui n'en forme qu'une partie. La France et l'Angleterre ont des centaines de milliards de capitaux, et n'ont pas, à elles deux, dix milliards de numéraire. Souvent même la monnaie ne fait pas fonction de capital, et se rapporte au fond de consommation.

C'est dans le *capital* proprement dit, plutôt que dans la richesse, que se résume la puissance matérielle de la société ; mais c'est dans l'ordre moral, dans la vertu, que réside la force qui l'engendre et qui le conserve. Le développement continu du capital peut donc, dans une certaine mesure, attester le progrès moral d'une population.

Diverses espèces de capitaux. — La principale distinction est celle du *capital fixe* et du *capital circulant*.

Le *capital fixe* comprend tout *instrument de travail* établi en quelque sorte à poste fixe. Exemples : 1° machines utiles et instruments de métiers, etc.; 2° améliorations du sol; 3° bâtiments d'exploitation, etc.

Le *capital circulant* comprend *toute matière destinée à changer de forme ou de main*. Exemples : 1° l'argent, par le moyen duquel les autres capitaux circulent; 2° le fonds de vivres qui est dans la possession des éleveurs, des fermiers, bouchers, etc. ; 3° le fonds de matières premières ou déjà manufacturées qui, encore imparfaites, sont aux mains des producteurs; 4° l'ouvrage achevé et non encore débité qui demeure chez le marchand ou le manufacturier.

Le principe fondamental de cette distinction est non pas la nature ou la durée de l'objet capital, mais sa *destination*. Ainsi une même machine est un capital *fixe* chez le manufacturier qui *s'en sert pour produire*, et un capital *circulant* chez le mécanicien qui en fait un *objet de commerce;* de là vient que les capitaux fixes reçoivent le nom de *capitaux de production*, tandis que les capitaux circulants sont des *capitaux de profit*. La prospérité industrielle exige un certain rapport entre ces deux sortes de capitaux.

Le capital et le travail. — Le travailleur crie souvent : Guerre au capital! Et cependant il est certain que le travail et le capital, loin d'être hostiles l'un à l'autre, s'entr'aident toujours et ne peuvent se passer l'un de l'autre. L'homme ne peut rien produire sans capital, et le capital ne peut fonctionner sans l'assistance de l'homme; la dépendance est réciproque. Aussitôt qu'il se forme quelque part, soit par l'épargne, soit par le crédit, soit par tout autre moyen, une portion de capital, un nouvel emploi pour le travail de l'homme est créé.

C'est une loi établie par l'expérience et par la raison que l'abaissement des salaires est la conséquence inévitable de la rareté du capital, que la ruine des capitalistes qui vivent de profits entraîne la misère des ouvriers qui vivent de salaires. — L'accord du travail et du capital, ou plutôt du travailleur et du patron, n'est donc pas moins nécessaire au point de vue matériel et économique qu'au point de vue moral et politique.

III. — La matière.

Par son travail, l'homme ne crée pas les choses, c'est le privilège exclusif de Dieu; il ne crée ou mieux il ne *produit* que de *l'utilité*. Il faut donc qu'il trouve à sa disposition des choses qu'il se rendra de plus en plus utiles. L'ensemble de ces choses préexistantes créées par Dieu constitue ce qu'on appelle en économie politique la *matière*. Ce mot désigne principalement deux catégories de choses: la *terre* et les *agents naturels*.

La *terre*, c'est principalement le sol cultivable; mais toutefois, pour avoir une idée un peu complète des matières sur lesquelles l'industrie s'exerce ou qui doivent servir à la consommation, il faut encore comprendre sous cette expression le sous-sol minier, les êtres vivants, végétaux et animaux qui sont à la surface de la terre, et ceux qui peuplent l'air et l'eau.

Les *agents naturels* sont l'ensemble des forces physiques que l'homme emploie dans la production : par exemple, le vent, la pluie, la chaleur, la lumière, l'électricité, etc.

Le travail humain ne s'applique pas de la même manière à

ces deux éléments de la matière : — la terre est appropriable, les agents naturels ne le sont pas ; — la terre oppose une résistance très grande aux efforts de l'homme, et n'offre qu'une puissance productive limitée; les agents naturels se livrent pour la plupart à qui sait et à qui peut les utiliser en faisant les dépenses nécessaires; leur force paraît illimitée, et leur application ne paraît dépendre que des progrès de l'industrie.

II

CIRCULATION DE LA RICHESSE

Pour que la production se multiplie, il faut nécessairement que les produits *circulent* dans la société et soient transportés là où le besoin s'en fait sentir.

Cette circulation des produits et de la richesse se fait par l'*échange*.

L'échange sous sa forme élémentaire se fait en *nature* par le *troc* simple, mais il est évident que dans ces conditions il est très incommode; la *monnaie*, dont les avantages comme instrument d'échange sont incontestables, est venue faciliter toutes les transactions ; enfin l'échange au moyen de la monnaie a été perfectionné lui-même par l'institution du *crédit*.

Nous parlerons successivement de *l'échange en général*, de la *monnaie* et du *crédit*.

I. — De l'échange en général.

Que deux objets s'échangent par simple troc contre une marchandise intermédiaire, ou contre une quantité déterminée d'or ou d'argent, au fond c'est toujours une *valeur* qui est donnée en échange d'une autre *valeur*. Dans la pensée des intéressés, les deux objets se valent. Tout échange repose donc sur la valeur.

La valeur. — La valeur dépend très souvent de *l'utilité*, mais ces deux notions ne se confondent pas : l'utilité indique un rapport entre nos besoins et les choses; la *valeur* indique, et c'est ce qui la distingue, *un rapport d'échange entre les richesses*.

La valeur n'est pas moins distincte du *prix*. Les rapports d'échange existeraient, en effet, entre les divers objets, et ces objets pourraient être réellement échangés indépendamment de l'intervention de la monnaie. Celle-ci facilite simplement la détermination de ces rapports, et le prix n'en est que l'expression monétaire.

La valeur d'une chose ne représente même pas toujours la *quantité de travail et de capital* que cette chose a absorbée. Quand le dessein a été mal conçu, il n'est pas rare que le travail et le capital demeurent infructueux, que le produit soit sans valeur.

La valeur n'est donc pas quelque chose de fixe, d'absolu, qui puisse se mesurer en travail, en argent ou en blé; c'est un simple *rapport* essentiellement variable; d'où cette conséquence que toutes les valeurs ne peuvent pas s'élever ou s'abaisser à la fois, car la valeur d'une chose ne hausse que parce que celle de telle autre décline relativement à elle.

Détermination des valeurs. — Les oscillations des valeurs ne sont pas arbitraires; elles sont réglées par le rapport de *l'offre à la demande*.

La valeur des choses se détermine en raison directe de la demande et en raison inverse de l'offre. C'est la loi fondamentale de l'échange. La *demande* répond au besoin que l'homme a d'une chose; l'*offre* signifie surabondance et désir de se débarrasser d'un objet utile, mais superflu.

Les causes qui influent sur la *demande* sont : l'utilité commune ou relative d'une chose, le travail épargné, la facilité de transmission. — Celles qui agissent sur l'*offre* sont : la rareté des objets, le travail dépensé, le capital engagé. Les valeurs dépendent de ces éléments divers.

On s'est demandé si, en dehors de l'offre et de la demande, qui ne sont autre chose que l'échange lui-même considéré dans ses deux termes, il n'y avait point pour les valeurs un principe absolu de détermination. Ricardo a formulé comme une loi que la *valeur naturelle des choses était déterminée par la somme des frais de production*. Cette théorie, fondée dans la plupart des cas, ne l'est pas toujours; et pour répondre exactement à la question il faut dire, avec M. Baudrillart, que la *valeur se détermine* par la loi de l'offre et de la demande, et se *règle en général* sur les frais de production. »

II. — De la monnaie.

La monnaie est une marchandise intermédiaire qui sert d'instrument commun à tous les échanges.

Son utilité. — Les échanges en nature par un simple troc sont le plus souvent très incommodes, quelquefois impossibles. « Je possède tant de kilogrammes de laine, autant de mètres de coton, et je voudrais avoir du blé. Je porte, Dieu sait au prix de quels efforts et de quels frais, ma richesse encombrante chez un cultivateur; il a du blé, mais c'est du vin qu'il demande; je cherche à m'en procurer pour le lui donner ensuite, le vigneron n'a pas besoin de mon coton et de ma laine; le fabricant qui la recevrait volontiers ne possède ni vin ni blé qu'il puisse me céder... » (Baudrillart.) Que de complications! Les denrées ont eu le temps de se corrompre pendant les longueurs de ces négociations; de plus, elles ne sont pas toujours divisibles; et comment me procurer les menus objets dont j'ai besoin? Enfin, faute d'un terme de comparaison commun, il est difficile d'établir le rapport d'une denrée à une autre... De là l'idée de la *monnaie*, c'est-à-dire d'une marchandise qui eût *une valeur réelle, intrinsèque*, qui de plus, *agréable à tous, toujours et également*, pût servir d'instrument d'échange universel.

Monnaie adoptée. — Les peuples modernes ont tous accepté comme monnaie les *métaux précieux d'or et d'argent*, qui offrent l'avantage d'avoir une valeur intrinsèque peu variable et relativement considérable, — d'être inaltérables, — homogènes, — divisibles, — malléables, — et enfin d'un transport facile.

Ce qu'on ne doit jamais perdre de vue, c'est que la monnaie n'est pas seulement *le signe d'une valeur*, mais *une valeur réelle* qui subit la loi de toutes les valeurs, et que par suite on ne peut altérer sans amener sa dépréciation immédiate.

A côté des pièces de monnaie il existe sans doute des billets de banque, des titres qui ne sont que des *signes;* « mais ces signes n'ont de valeur que parce que le public est assuré qu'il existe des réserves d'or et d'argent pour les payer, à la première demande, en numéraire. Supprimez la monnaie, tous ces signes, titres et billets de banque, deviennent nuls. »

La monnaie, bien qu'elle soit une valeur, ne constitue pas proprement la richesse. Elle donne sans doute à l'individu la faculté de se procurer les satisfactions qu'il désire; mais un peuple peut avoir beaucoup de monnaie et manquer de blé, de vin, de viande, etc.; il n'a donc aucun intérêt à avoir plus de monnaie que ne l'exige la circulation. La vraie richesse, source du bien-être, est pour lui dans l'*abondance des denrées nécessaires ou utiles à la vie*.

III. — Le crédit.

Nature du crédit. — L'échange, s'il n'avait d'autre instrument que la monnaie, serait encore très limité; le *crédit*, dont le principe est la confiance mutuelle, « permet de l'opérer dans des conditions merveilleuses d'économie, de promptitude et d'universalité. » (M. Périn.)

Le crédit peut se définir : l'*acte de confiance par lequel les détenteurs de capitaux en font l'avance ou les prêtent sous promesse et garantie de remboursement futur*.

Le crédit suppose toujours chez le *prêteur* un capital préexistant et sans emploi immédiat, chez l'*emprunteur* un travail productif et des garanties de restitution. Si ces garanties sont matérielles, c'est-à-dire consistent dans une valeur mobilière ou immobilière offerte au prêteur comme gage, le crédit est *réel*. Si ces garanties sont simplement morales, c'est-à-dire si elles ne sont autres que l'honnêteté et le travail intelligent de l'emprunteur, le crédit est *personnel*.

Avantages du crédit. — Le crédit offre les plus grands avantages.

1° Il *active la production* en empêchant le chômage des capitaux, et en les faisant passer de mains oisives en des mains disposées et aptes à les féconder.

2° Il *fait valoir les épargnes*, et par conséquent les favorise au grand profit de la société tout entière. « Soit par prêts directs, en effet, soit par concentration dans les établissements de crédit appelés banques, qui, à leur tour, font les prêts et les surveillent, soit par placement sous forme d'actions, d'obligations, il n'est si petite épargne qui ne puisse trouver son emploi, donc sa rémunération. »

3° Il réalise l'*union*, la *solidarité du capital et du travail*.

« Il associe le riche et le pauvre, ou plutôt la richesse accumulée et la richesse en voie de formation, pour que nul capital ne reste improductif et que nul travail intelligent ne soit privé du concours du capital. »

4° Il *simplifie, grâce aux banques, le mécanisme des échanges*, et diminue très notablement la quantité de monnaie nécessaire aux transactions.

Mais, il faut le remarquer, par lui-même le crédit ne crée pas la richesse; c'est toujours le travail qui en est le principe; le crédit n'y contribue qu'en développant le travail, dont il fait circuler les produits. Il ne crée pas des capitaux nouveaux, il rend féconds tous les capitaux disponibles.

Établissements de crédit. — On appelle *banques* les établissements qui se chargent de concentrer et de régler toutes les opérations de crédit. Elles sont privées ou publiques. Seules ces dernières ont le droit d'*émettre des billets de banque*.

Ces billets ne sont qu'un signe représentatif de la monnaie; la confiance qu'ils inspirent repose sur l'encaisse métallique de la banque publique, sur le contrôle du gouvernement et la réglementation de leur émission.

Cette émission est nécessairement limitée; excessive, elle amène une dépréciation immédiate des billets, comme il est arrivé pendant la révolution pour les *assignats*.

III

DISTRIBUTION DE LA RICHESSE

Par *distribution de la richesse* on entend la *répartition des produits entre ceux qui ont eu quelque part à leur production*.

Le travail, le capital et la matière sont, à des titres différents, les agents essentiels de toute production. Mais des divers principes renfermés sous ce terme « matière », la terre seule pouvant être l'objet d'une propriété individuelle, les agents personnels qui ont droit à la distribution de la richesse sont : l'*ouvrier*, le *capitaliste*, le *propriétaire* du sol; ajoutons-y l'*entrepreneur*, qui intervient pour opérer l'union effective des trois autres agents et diriger les travaux.

D'autres personnes ont encore droit à une part dans les produits; ce sont celles qui, en donnant à la société l'impulsion religieuse, morale, politique, scientifique, apportent à l'œuvre de la production un concours indirect. *Nous n'avons pas à nous occuper de cette distribution secondaire* de la richesse; le gouvernement la règle d'office par le *prélèvement d'un impôt* sur l'ensemble de la masse des richesses.

Dans les sociétés païennes, où régnait l'esclavage, tous les produits étaient au maître, qui les distribuait arbitrairement. — Dans la théorie socialiste, la répartition est forcée et doit être basée soit sur le principe de l'égalité, soit sur les besoins de chacun. — Dans la société chrétienne, la liberté et la propriété sont respectées ; l'entrepreneur, après avoir estimé la valeur *probable* du résultat de l'entreprise, fait appel aux ouvriers, aux capitalistes et aux propriétaires du sol, et *débat librement avec eux* les conditions de leur concours.

Cette convention libre qui règle la distribution de la richesse repose sur certaines lois générales dont nous devons étudier l'application, dans la fixation du SALAIRE de l'ouvrier, de L'INTÉRÊT du capitaliste, de la RENTE du propriétaire et du PROFIT de l'entrepreneur.

I. — Le salaire.

Le salaire *nominal* est une rétribution journalière en argent, fixée à forfait entre l'entrepreneur et l'ouvrier.

Le salaire *réel*, le seul qui importe au bien-être, *c'est la quantité d'objets utiles que l'ouvrier peut se procurer avec sa paye journalière.*

Détermination des salaires. — Le salaire doit suffire à l'entretien de l'ouvrier et de sa famille. Sa détermination n'est point arbitraire : « il sera, dit M. Périn, d'autant plus élevé, que la part proportionnelle que prend le travailleur dans la masse à partager sera plus forte, et que, par la puissance productive du travail, cette masse sera plus considérable. » Le taux du salaire varie donc :

1° *Avec la puissance productive du travail social;* car, si cette puissance productive est grande, les denrées utiles seront à bas prix, et l'ouvrier aura facilité avec son salaire nominal de s'en procurer la quantité nécessaire ;

2° *Avec le rapport d'offre et de demande dans lequel se trouvent le capital et le travail.* A ce point de vue, les salaires sont réglés par la concurrence. « Quand deux ouvriers courent après un maître, disait Cobden, le salaire baisse; quand deux maîtres courent après un ouvrier, le salaire monte. »

Quelques causes secondaires, telles que la coutume, les coalitions et les grèves, l'introduction de nouvelles machines, peuvent aussi modifier le taux des salaires, et ajouter leur action à celle des deux lois que nous venons d'indiquer.

Le taux des salaires n'est donc pas et ne peut pas être absolu; il oscille nécessairement, mais dans des limites assez restreintes entre un *minimum* qui doit couvrir les *frais de production* du travail, c'est-à-dire suffire à l'entretien de l'ouvrier, et un *maximum* qui est le taux où l'entrepreneur n'aurait plus de profit à occuper les ouvriers.

Augmentation des salaires.— Nous avons donné quelques principes ; mais *pratiquement* que faut-il penser du sort fait à l'ouvrier? Son salaire est-il en rapport avec ses besoins? L'examen de cette question ne saurait rentrer dans les limites du programme. Disons seulement que le vrai moyen de procurer à l'ouvrier le bien-être et le bonheur n'est pas tant d'augmenter son salaire que de travailler à élever sa personne, de l'instruire et de le moraliser ; de lui apprendre à se respecter et à modérer ses désirs plutôt que d'exciter en lui des passions nouvelles; de le former à la vertu, de l'exhorter à la pratique religieuse.

Tous les moyens artificiels proposés jusqu'ici pour accroître le taux des salaires n'ont eu pour conséquence que d'augmenter le désordre et la misère. La *fixation du taux* par voie d'autorité et la *diminution des heures de travail* tendent à diminuer la production; la *charité légale,* contrefaçon de la vraie charité, est impuissante à procurer au pauvre les ressources dont il a besoin, et lui enlève avec sa dignité le souci personnel de son avancement et de son bien-être; *l'entente préalable* des ouvriers n'a rien de condamnable en soi, quand leurs prétentions sont raisonnables ; mais on ne saurait admettre comme sanction régulière de cette entente ni la *coalition* ni la *grève,* qui trop souvent sont accompagnées de violences et sont en réalité une atteinte à la liberté du travail, non moins qu'à celle du capital.

II. — L'intérêt.

Les expressions d'*intérêt* et de *loyer* sont fréquemment confondues, dit M. Baudrillart. Toutefois le loyer désigne spécialement le revenu du capital fixe, et l'intérêt celui du capital circulant.

Lois de l'intérêt. — 1° *L'intérêt s'abaisse en raison directe de la quantité de capitaux circulants.* — Il est essentiel de remarquer à propos de cette loi que la baisse de l'intérêt ne vient pas de l'abondance du *numéraire métallique*, mais de la quantité des *capitaux circulants* en général; si l'abondance de la monnaie a amené une dépréciation du *capital prêté*, il est clair, en effet, que la même dépréciation atteindra la quantité due à titre d'*intérêt*, et que le rapport des deux termes ne sera pas modifié.

2° *L'intérêt s'élève en raison directe des demandes adressées aux capitaux par le travail.* — Malgré l'abondance des capitaux, l'intérêt reste élevé quand l'activité industrielle emploie tous les capitaux circulants, et qu'aucun ne reste disponible. Réciproquement, les capitaux peuvent être rares et l'intérêt peu élevé quand le travail de production est suspendu, comme en temps de guerre, de révolution.

Ces deux lois peuvent être ramenées à une seule : l'intérêt s'élève ou s'abaisse suivant le *rapport de l'offre et de la demande* qui sont faites du capital.

3° *L'intérêt s'élève ou s'abaisse suivant les risques courus par le prêteur.* — Ces risques varient suivant les circonstances. Ils ne sont pas les mêmes dans les pays civilisés et dans les pays barbares; en temps de paix et en temps de guerre. Ils dépendent en grande partie de la situation et du caractère des emprunteurs.

Le taux de l'intérêt est donc essentiellement variable, et il serait dangereux de vouloir le fixer par une loi. Quand l'intérêt est trop faible, il cesse d'être un avantage suffisant pour détourner des consommations de jouissance; et la rareté des capitaux ramène immédiatement une élévation de l'intérêt. Quand l'intérêt est trop élevé et ne laisse rien au profit de l'entrepreneur, celui-ci ne fait plus travailler, et, les capitaux n'ayant plus d'emploi, l'intérêt s'abaisse nécessairement. L'équilibre le plus avantageux au bien de la société résulte d'un ensemble de circonstances qu'il n'est point au pouvoir de la loi de déterminer arbitrairement.

III. — La rente.

Le mot *rente* n'est pas pris ici dans le sens général de revenu. La *rente*, au point de vue économique, ou, pour plus de précision, la *rente foncière*, est *le revenu que le propriétaire retire du sol qui lui appartient, considéré comme agent naturel*.

La rente foncière ne se confond pas avec les profits de la culture ; elle n'est même pas tout le *fermage*, car le fermage contient, outre la rente, le loyer des bâtiments agricoles. La rente n'est que cette partie du fermage qui se rapporte à la terre proprement dite.

La rente foncière varie, dit Adam Smith, avec la *fertilité* du sol, quel que soit son produit, et avec sa *situation*, son emplacement plus ou moins avantageux, quelle que soit sa fertilité.

Les adversaires de la propriété rejettent tout naturellement la légitimité de ce revenu ; quelques économistes (Bastiat, Carey), recommandables d'ailleurs, ont abouti au même résultat. Mais cette légitimité nous paraît une conséquence nécessaire du droit de propriété, et doit être acceptée.

IV. — Le profit.

Quand l'entrepreneur a payé aux uns *leur salaire*, aux autres *leur intérêt*, aux autres *leur rente*, il lui reste, si ses opérations ont été bien conduites, un excédent qu'on appelle le *profit*.

Le profit est donc *l'excédent de la valeur des produits sur les frais de toute espèce que l'entrepreneur a faits pour les créer*.

Le salaire, l'intérêt, la rente sont déterminés à l'avance ; le profit est éventuel, et comprend, outre une sorte de *prime*, d'*assurances pour les risques courus* par l'entrepreneur, une juste *rémunération de son travail* et de ses soins.

Terminons ce sujet par deux remarques.

La première, c'est que dans la pratique il est souvent difficile de distinguer les divers agents qui participent aux produits d'une industrie, parce qu'une même personne remplit plusieurs fonctions.

La seconde, c'est qu'il n'y a point antagonisme, comme on le croit souvent, entre l'entrepreneur et l'ouvrier. La richesse n'est point une qualité fixe dont un agent ne profite qu'au détriment des autres; elle est essentiellement variable, elle dépend de l'activité industrielle, et par suite les intérêts de l'entrepreneur et de l'ouvrier sont unis de telle sorte, que leur rémunération s'élève et s'abaisse en même temps.

IV

CONSOMMATION DE LA RICHESSE

La consommation est le dernier terme des opérations économiques ; on peut la définir l'*usage* ou *l'emploi des richesses*.

On a donné plusieurs divisions de la consommation. Celle de la consommation *productive* et de la consommation *improductive* est la principale au point de vue économique ; celle de la consommation *privée* et de la consommation *publique* est la plus intéressante au point de vue social.

1. — Consommations productives et improductives.

La *consommation improductive* est celle qui consiste dans *l'application directe de la richesse à nos besoins, et qui détruit la valeur sans remplacement*. L'emploi que le cultivateur fait de sa récolte pour sa nourriture et celle de sa famille, l'explosion d'une machine à vapeur, sont des consommations *improductives*. L'épithète, on le comprend, n'implique aucune critique ; la consommation improductive peut avoir une utilité très réelle. On veut simplement dire que cette consommation ne tend pas directement à produire une nouvelle richesse.

La consommation *productive* ou *reproductive* est celle qui détruit une valeur pour la remplacer par une autre : les engrais enfouis en terre pour la féconder, la houille brûlée pour faire mouvoir une machine, l'ouverture d'une nouvelle voie de communication, sont des consommations productives qui tendent à l'accroissement de la richesse ; elles détruisent pour faire *mieux valoir*.

Il est trop évident que les consommations improductives faites par l'homme *pour son entretien* tiennent une grande place dans la société. Mais, en dehors de ces consommations nécessaires, l'économie politique recommande les consommations reproductives ou industrielles ; il serait fâcheux que les consommations de jouissance absorbassent la partie des revenus nécessaires au renouvellement des capitaux fixes.

II. — Consommations privées et publiques.

A ces deux sortes de consommations se rattachent plusieurs questions importantes que nous devons au moins indiquer.

Consommations privées. — *Le luxe.* — L'usage que les individus font de leurs richesses intéresse au plus haut point la société ; mais la société a un intérêt plus grand encore à respecter la propriété ; elle ne peut pas en régler l'usage. La morale chrétienne seule peut obliger l'homme à modérer ses passions, à éviter l'*avarice* et la *prodigalité*, à pratiquer l'*économie*.

Sans entrer dans les détails infinis que pourrait comporter ce sujet, nous nous bornerons à quelques réflexions sur le luxe.

Le luxe est *l'usage irrationnel et abusif des choses de grand prix*, ou encore *l'usage du superflu*. D'après cette dernière définition, tout ce qui ne serait pas *nécessaire* serait du luxe ; mais il faut entendre cette expression dans son vrai sens : le nécessaire n'est pas seulement ce qui est absolument nécessaire à l'entretien de l'individu, c'est encore tout ce que réclament sa situation, ses obligations, ses devoirs.

« Le luxe est *tout à fait relatif* et dépend des lieux, des temps et des personnes. Ce qui serait un luxe pour une fortune modeste, serait une parcimonie pour une immense fortune; et ce qui nous paraît aujourd'hui nécessaire à l'entretien ou au plus simple ornement de la vie, était considéré comme une folle dépense il y a quelques siècles et parfois quelques années. Il n'y a donc pas de mesure absolue du luxe, même dans une société donnée, et il faut rattacher à ce mot l'idée d'abus, d'excès, de *jouissance excessive.* »

Le luxe, dans son acception commune, se *rapporte nécessairement à la vie matérielle* et sensuelle. Il ne faut donc pas regarder comme des dépenses de luxe celles qui ont pour objet le développement des beaux-arts, pourvu que ces beaux-arts restent fidèles à leur but, qui est d'élever l'âme, qu'ils se respectent eux-mêmes et ne servent point nos penchants à la volupté. A plus forte raison ne doit-on pas condamner les dépenses qui tendent au perfectionnement intellectuel et moral de l'homme, à la culture supérieure de son intelligence, à la fondation d'œuvres charitables ou à la splendeur du culte divin.

Le vrai luxe que la morale et l'économie politique s'accordent à flétrir, c'est celui qui pourvoit aux besoins matériels, non pas dans le but de les satisfaire, mais avec l'intention de les entretenir en les surexcitant, d'en augmenter la violence et l'importunité, d'en irriter et d'en varier les caprices. Son principe est quelquefois dans la sensualité, plus souvent peut-être dans l'orgueil.

Consommations publiques. — Les États, comme les individus, sont obligés à des dépenses. Personne n'a tracé les règles de ces dépenses publiques avec plus de force et de précision que J.-B. Say : « Les mêmes principes d'économie, dit-il, président aux dépenses publiques et aux dépenses privées. Il n'y a pas plus deux sortes d'économie qu'il n'y a deux sortes de probité, deux sortes de morale... Consommer pour consommer, dépenser par système, anéantir une chose pour avoir occasion de la payer, n'est pas plus excusable chez celui qui gouverne l'État que chez le chef de toute autre entreprise... »

Il y a deux manières de subvenir aux charges publiques : l'*impôt* et l'*emprunt*.

1° L'IMPÔT est le *prélèvement opéré sur la fortune ou le travail des citoyens pour subvenir aux dépenses publiques.*

La légitimité de l'impôt est incontestable. Nous avons eu occasion de le dire, l'ouvrier, le capitaliste, le propriétaire et l'entrepreneur ne sont pas les seuls agents de la richesse ; le prêtre, le juge, le soldat, l'administrateur y contribuent aussi en faisant régner dans l'État l'ordre et la sécurité, la justice et la charité. Les premiers doivent aux seconds une partie de leur travail en échange des biens que ceux-ci leur procurent. C'est une des raisons de l'impôt, ce n'est pas la seule ; l'État a d'autres dépenses nécessaires.

C'est le pouvoir qui détermine la part de l'impôt dans les richesses sociales. Son devoir est de s'arrêter dans les limites de la stricte nécessité.

2° L'EMPRUNT. — Quand le gouvernement a besoin de fortes sommes en dehors des ressources ordinaires de l'impôt, il *emprunte* un capital dont le budget annuel paye les intérêts.

Le système des emprunts publics consiste en définitive à grever les générations futures au profit des générations actuelles. Approuvé par les financiers de la fin du XVIII° siècle, ce système est énergiquement blâmé par la plupart des économistes. En dehors de la nécessité absolue, il ne doit être pratiqué qu'en vue d'une entreprise utile qu'il importe de mener rapidement à bonne fin.

V

RAPPORTS DE L'ÉCONOMIE POLITIQUE ET DE LA MORALE

Rapports généraux. — L'économie politique cherche « à améliorer le sort des hommes ; ses efforts directs ont pour but le progrès de la civilisation matérielle et l'extension du bien-être au sein des sociétés. » Elle a donc pour objet l'*utile*, et sous ce rapport elle diffère essentiellement de la morale, qui n'a en vue que le *bien* ou *l'honnête*. Toutefois ces deux sciences ont aussi entre elles des rapports étroits que doivent déjà nous faire soupçonner les liens intimes qui unissent ces deux notions de l'honnête et de l'utile.

Ce serait sans doute une erreur de vouloir, avec Cicéron, les identifier, et de prétendre que l'intérêt véritable est toujours et nécessairement lié au devoir. Cela n'est admissible que pour l'intérêt définitif de la vie future, car les intérêts relatifs de la vie présente se séparent très souvent du devoir ou même lui sont opposés. Mais il n'en est pas moins vrai qu'en règle générale les divers éléments de l'honnête dont parle Cicéron, prudence, justice, force et tempérance, sont les vraies sources de la prospérité publique ; que les lois du développement de la richesse sociale sont en parfaite harmonie avec les prescriptions de la conscience, et que l'économie politique peut être regardée comme « la meilleure auxiliaire de la morale ».

Rapports particuliers. — Pour signaler quelques rapports particuliers entre la morale et l'économie politique, il suffit d'énumérer les principales questions indiquées dans le programme parmi celles qu'étudie cette dernière science.

Le travail. — S'agit-il du travail, l'économie politique reconnaît en lui le principal agent de la production de la richesse et le préconise à ce titre. La morale le recommande comme un devoir personnel et social, comme un élément moralisateur pour la famille comme pour les individus.

L'économie politique revendique la liberté du travail au nom de l'utilité publique, et la morale au nom du droit naturel. « Mais qui peut nier aussi, dit M. Périn, que cette liberté n'ait besoin d'être toujours guidée par une intelligence droite, contenue par les principes d'une forte et rigoureuse moralité, et inspirée par un sincère amour de l'homme pour l'homme ? »

L'épargne. — L'économie politique exalte la prévoyance, la force de caractère, l'esprit de sacrifice, comme les conditions de l'épargne et par conséquent de la richesse ou tout au moins de l'aisance pour le travailleur. La morale les prescrit à son tour au nom de la dignité humaine, et l'on devine facilement quelle heureuse influence elle peut, à ce titre, exercer sur l'ouvrier.

La vertu, qui a directement pour but de perfectionner l'homme, contribue en même temps à l'augmentation de la richesse, et le vice n'est pas moins funeste au bien-être de l'homme qu'à sa dignité morale.

Le capital. — Dans la question du capital nous retrouvons les mêmes rapports entre la morale et l'économie politique. Celle-ci demande qu'on le respecte comme un facteur essentiel de la richesse, et la morale le revendique et le sanctionne au nom de la justice. Toutes deux le défendent contre les utopistes qui lui ont déclaré la guerre, l'une en invoquant l'utilité, l'autre le droit naturel. Toutes deux proclament comme une loi nécessaire l'accord du capital et du travail, l'union du patron et du travailleur, et attestent leur solidarité.

La propriété. — L'économie politique et la morale s'unissent encore pour affirmer la légitimité de la propriété. La morale y voit un droit sacré que l'homme reçoit de la nature et dont on ne peut le dépouiller sans porter atteinte à sa personnalité. L'économie politique l'admet comme le fait primitif qui sert de point de départ à tous les autres faits économiques, puisque les richesses, pour être échangeables, doivent être appropriées.

L'une et l'autre enfin consacrent l'héritage ou la transmission de la propriété, soit comme un garant de la sécurité du travail, soit comme le corollaire du droit de propriété.

Autres rapports. — Indiquons encore quelques autres rapports qui peuvent servir à rendre de plus en plus manifeste l'accord de l'économie politique et de la morale.

L'échange, par lequel se fait la circulation des richesses, a pour fondement nécessaire la *bonne foi*.

Le crédit, qui « permet l'échange dans des conditions merveilleuses d'économie, de promptitude, d'universalité », suppose la *confiance mutuelle* et n'a souvent pas d'autres garanties que l'*honnêteté* et le travail intelligent de l'emprunteur.

La répartition des richesses doit, pour sauvegarder les droits de tous, reposer essentiellement sur la *justice;* mais la morale et l'économie politique ajoutent que le vrai moyen de procurer à l'ouvrier le bonheur, n'est pas tant d'augmenter son salaire que de l'instruire et le *moraliser*, de l'élever en le formant à la pratique de la vertu.

Elles s'accordent enfin l'une et l'autre à recommander qu'on évite les consommations improductives non nécessaires; et elles flétrissent également le *luxe,* qui pourvoit aux besoins matériels, moins dans le but de les satisfaire que de les entretenir en les surexcitant, d'en accroître les exigences, d'en varier les caprices.

L'économie politique est donc pour la morale une « auxiliaire » et peut lui « servir de preuve ». Elle démontre que, même au point de vue de la prospérité sociale, l'honnête doit être la règle de l'utile, et que l'homme ne saurait manquer à aucune des lois essentielles de la morale sans souffrir à bref délai de cette violation dans sa fortune ou dans son corps.

MÉTAPHYSIQUE

Objet de la métaphysique. — Le mot métaphysique vient, dit-on, du titre Μετά τα φυσικά donné à certains ouvrages d'Aristote qui traitaient de diverses notions générales.

Quelle que soit l'origine historique du mot, la *métaphysique* ou *philosophie première* est communément définie *la science des premiers principes et des premières causes*. Toutes les sciences étudient sans doute les principes et les causes, *scientia est cognitio per causas*, mais les causes *secondes*, les principes *dérivés;* « la métaphysique s'élève jusqu'aux principes qui n'ont pas de principe avant eux, jusqu'aux causes qui n'ont plus de cause. » (Janet.) Elle embrasse absolument tous les êtres, le créé aussi bien que l'incréé, les corps aussi bien que les esprits; mais elle les considère dans leur essence et au point de vue purement intellectuel. (P. de Boylesve.)

L'objet de la métaphysique est donc éminemment *rationnel* et *supra-sensible;* il échappe à l'observation et dépasse les données de l'expérience.

Importance de la métaphysique. — Ses adversaires. — « Toute la philosophie, dit Laromiguière, est comme un arbre dont les racines sont la métaphysique. » Ce n'est pas assez dire, il faut ajouter que toute science, quelle qu'elle soit, a dans la métaphysique son fondement nécessaire.

A raison même de son importance, cette partie de la philosophie a été vivement attaquée par les positivistes.

Issus du criticisme de Kant et du sensualisme de Condillac, ces philosophes ne veulent voir dans les données de la métaphysique que de vaines et stériles hypothèses. D'après eux, l'*absolu* n'existe pas, ou du moins, s'il existe, nous ne pouvons ni le connaître ni le concevoir. L'esprit humain ne perçoit que des phénomènes, la *substance* lui est inaccessible ; il arrive à déterminer le comment ou la loi des choses, il en ignorera toujours le pourquoi ou la *cause*. La science doit donc, d'après eux, se renfermer dans l'observation des faits, dans la détermination de leurs lois, et s'interdire rigoureusement toute recherche ultérieure. Mais la raison franchit nécessairement les étroites limites dans lesquelles on prétend la renfermer, et la métaphysique s'impose aux positivistes eux-mêmes.

Division. — La métaphysique se divise en *métaphysique générale* et en *métaphysique particulière*.

La MÉTAPHYSIQUE GÉNÉRALE peut se définir la *science des principes premiers de toute existence et de toute connaissance;* elle comprend deux parties : — l'*ontologie*, qui étudie l'être commun à toutes les choses, ses principes constitutifs, ou les conditions essentielles de l'existence de tout être, quel qu'il soit ; — et la *critériologie*, qui traite de la valeur objective de la connaissance. De ces deux parties, la première a toujours été regardée comme l'objet propre de la métaphysique, la seconde a été introduite par Kant dans la philosophie moderne.

La MÉTAPHYSIQUE PARTICULIÈRE s'occupe des *diverses catégories d'êtres;* elle remonte aux causes premières, qui sont les conditions suprêmes de tout ce qui se passe en nous ou hors de nous. Ces causes sont au nombre de trois : le *monde*, l'*âme* et *Dieu*. De là, dans la métaphysique particulière, trois parties distinctes : — la *cosmologie rationnelle* ou science des corps dont l'ensemble constitue le monde : l'essence de la matière, le principe de la vie ; — la *psychologie rationnelle* ou science de l'âme : sa nature, son origine, sa destinée ; — enfin la *théologie rationnelle* ou *théodicée*, science de Dieu tel qu'il peut être connu par les lumières de la raison.

La métaphysique se divise donc pour nous en cinq parties :

1. Ontologie. } Métaphysique générale.
2. Critériologie. }
3. Cosmologie rationnelle. }
4. Psychologie rationnelle. } Métaphysique particulière.
5. Théologie rationnelle. }

Nous n'insisterons dans ces études que sur les questions portées au programme du baccalauréat.

ONTOLOGIE

L'ontologie est la science de l'*être commun à toutes les choses;* elle étudie l'être en général, c'est-à-dire l'être envisagé comme tel, et traite : — de ses propriétés fondamentales, — de ses espèces les plus générales, — de ses rapports les plus universels.

I

DES PROPRIÉTÉS FONDAMENTALES DE L'ÊTRE

L'*être* ne peut se définir rigoureusement. De toutes les notions que peut acquérir l'esprit humain, c'est la plus simple et la plus universelle. L'être, c'est tout ce qui peut constituer l'objet d'une pensée, tout ce qui a quelque propriété, ce qui est quelque chose, ce qui existe ou peut exister : Dieu, l'âme humaine, une couleur, une forme, un acte, une pensée, une montagne d'or, sont des êtres.

A cette notion de l'être est opposé le *néant*, qui, n'ayant aucune propriété, n'est pas intelligible par lui-même et ne peut être conçu que comme la *négation de l'être*.

C'est sur ce double concept de l'*être* et du *non-être* que repose le principe de contradiction, fondement de toute affirmation dans l'ordre réel comme dans l'ordre logique.

Les principales propriété de l'être sont : la *possibilité*, l'*essence*, l'*unité*, la *vérité*, la *bonté*.

1° **La possibilité** est cette propriété que possède une chose de pouvoir exister; tel édifice, par exemple, conçu par un habile architecte, n'existe pas encore, mais il peut exister, il est possible. L'existence est la réalisation de la possibilité.

Les logiciens distinguent deux sortes de possibilité : la possibilité *intrinsèque* ou métaphysique et la possibilité *extrinsèque* ou physique. Une chose est intrinsèquement possible quand son idée ne renferme aucune propriété contradictoire ; exemple : montagne d'or; intrinsèquement impossible dans le cas contraire (triangle carré). Une chose est extrinsèquement possible lorsqu'il existe une cause capable de lui donner l'existence ; extrinsèquement impossible dans le cas contraire.

Ce qui est impossible, d'une impossibilité intrinsèque, ne saurait être réalisé; mais tout ce qui est possible intrinsèquement peut l'être par une puissance infinie. Il serait contradictoire cependant d'admettre que tous les possibles fussent à la fois réalisés par cette puissance infinie.

2° L'essence d'un être ou d'une chose est l'ensemble des propriétés sans lesquelles cette chose ne peut ni exister ni être conçue par l'intelligence. C'est ce qui la constitue dans son être, ce par quoi elle est ce qu'elle est. On appelle propriétés *essentielles* celles qui découlent de l'essence : l'essence de l'homme est d'avoir un corps et une âme ; le langage, la sensibilité, l'imagination, sont des propriétés essentielles de la nature humaine.

L'*accident* d'une chose est l'ensemble des propriétés que cette chose peut avoir ou ne pas avoir. Les propriétés comprises dans l'accident sont dites *accidentelles*. Exemple : pour l'homme, telle taille, telle figure, telle qualité de l'esprit ou du corps sont des qualités accidentelles.

Les essences sont indivisibles, immuables et éternelles : *indivisibles*, car il est impossible d'en retrancher une seule propriété sans la détruire; *immuables*, car si un être pouvait changer d'essence, il serait et ne serait plus le même ; *éternelle* enfin, car c'est de toute éternité que Dieu a conçu leur possibilité. C'est donc une erreur de soutenir avec Descartes que *les essences dépendent de la libre volonté ou de la toute-puissance de Dieu*. On enlève ainsi à la vérité son caractère absolu, et on ouvre la porte au scepticisme objectif.

Ce serait encore une erreur de prétendre avec Locke et tous les positivistes modernes que *nous ne pouvons connaître les essences*. Ces essences peuvent ne nous être qu'imparfaitement connues, elles ne nous échappent pas totalement. C'est un

fait d'expérience que tout le monde distingue les animaux des plantes et les plantes des minéraux ; or cettte distinction suppose la connaissance de propriétés qui sont parties intégrantes de l'essence de ces êtres ou qui en découlent nécessairement.
« C'est par leur essence, dit saint Thomas, que les choses sont intelligibles et qu'elles se classent dans une espèce ou dans un genre. »

Le mot *nature* est quelquefois pris comme synonyme d'essence, d'autres fois pour l'ensemble des propriétés essentielles et accidentelles.

3° **L'unité** implique deux conditions : — 1° la distinction d'une chose d'avec toute autre ; — 2° l'impossibilité pour cette chose d'être divisée de manière à constituer plusieurs réalités semblables à elle-même. Tout être a cette unité, autrement il ne serait pas lui-même. Mais il ne faut confondre cette unité métaphysique ni avec l'*unité substantielle* ni avec l'*unité collective*.

L'unité *substantielle* ou simplicité est propre aux seuls êtres immatériels.

L'unité *collective* consiste dans la coordination de plusieurs êtres par rapport à une même fin ; telle est l'unité d'une maison formée de divers matériaux, l'unité d'un bouquet formé de plusieurs fleurs, l'unité d'une machine formée de différentes pièces. Cette unité prend le nom d'unité *morale*, lorsque les êtres qui concourent à la former sont intelligents et libres ; exemples : une armée, un peuple, une famille.

4° **La vérité**. — Tout être est vrai à deux points de vue : au point de vue *métaphysique* ou *idéal* et au point de vue *réel*.

La *vérité métaphysique* c'est l'être lui-même considéré comme accessible à l'intelligence, comme objet de connaissance, comme intelligible.

La *vérité réelle* est la conformité des choses avec leur principe, l'intelligence divine ; « les choses qui sont hors de Dieu, dit Bossuet, n'ont leur être et leur vérité qu'autant qu'elles répondent à l'idée de l'Architecte éternel. »

Le défaut de vérité métaphysique est l'impossibilité intrinsèque ; le défaut de vérité réelle est le néant.

5° **La bonté**. — Tout être est bon comme il est un et comme il est vrai ; car la *bonté métaphysique* est l'être en tant qu'accessible à l'amour et aux complaisances de la volonté. Or tout être ayant à un degré quelconque quelque perfection est aimable, et par conséquent bon dans la mesure de la perfection qu'il possède.

Il faut distinguer cette bonté métaphysique qui convient à tous les êtres, de la *bonté morale* qui est la conformité des actes libres avec le bien.

On a donné plusieurs divisions du bien : bien véritable et bien apparent; bien absolu et bien relatif. Mais la principale division du bien, que nous avons étudiée en morale, est celle du bien honnête, du bien utile et du bien agréable.

Au bien est opposé le mal, que Leibnitz divise en mal métaphysique, mal physique et mal moral.

II

DES ESPÈCES LES PLUS GÉNÉRALES DE L'ÊTRE

1° **Le nécessaire et le contingent.** — Il faut tout d'abord distinguer l'être NÉCESSAIRE, *absolu, inconditionnel, parfait, infini;* — et l'être CONTINGENT, *relatif, dépendant, imparfait, fini.*

Définitions. — L'être *nécessaire* est celui qui ne peut pas ne pas être; l'existence fait partie de son essence même; en d'autres termes, il est par soi, *a se,* c'est-à-dire qu'il a en lui-même la raison de son existence; il est souverainement parfait, infini, c'est-à-dire qu'il a toute perfection; il a la plénitude de l'être, ou mieux il *est l'être, ens simpliciter,* et c'est ainsi qu'il se définit : *ego sum qui sum.*

Ces termes: *absolu, parfait, infini,* bien qu'ils expriment un même être, Dieu, doivent être distingués les uns des autres : l'infini, remarque M. Janet, a rapport à la *grandeur;* l'absolu, l'inconditionnel, à l'*existence;* le parfait, à la *qualité.*

L'être *contingent* est celui dont l'existence n'est point nécessaire; il n'a que dans un autre être la raison suffisante de son existence; il est imparfait, fini, c'est-à-dire renfermé dans certaines limites; il n'est que sous quelques rapports, *ens secundum quid.* Aussi peut-on se le représenter comme suspendu entre le néant, auquel il tient par les limites qui sont en lui, et l'être, auquel il se rapporte par les perfections qu'il possède.

Erreur d'Hamilton. — D'après Hamilton, *nous ne pouvons concevoir ni l'infini ni l'absolu,* car « penser, dit-il, c'est conditionner, c'est déterminer, c'est limiter; dès lors il est impossible de penser l'absolu, l'infini, puisque ce serait soumettre l'*inconditionné* à des conditions, ne fût-ce qu'aux conditions de notre pensée même. » Nous réfuterons bientôt la théorie de la relativité de la connaissance; disons seulement ici que l'idée de l'être inconditionné n'est point une idée purement négative comme le suppose Hamilton, en se plaçant à un point de vue abstrait. Cette idée implique la suppression des conditions qui limitent l'être, mais non de l'être lui-même qui subsiste sans conditions et sans limites.

Il est remarquable, du reste, comme l'observe M. Janet, que Stuart Mill et Spencer, les deux principaux représentants de la nouvelle école empirique anglaise, aient soutenu contre Hamilton non seulement que l'idée de l'absolu n'est point inconcevable, mais qu'elle est positive et le fondement nécessaire de toute connaissance relative.

2º **Le potentiel et l'actuel.** — Aristote a distingué deux autres modes de l'être : l'être *en puissance* et l'être *en acte,* le POTENTIEL ou le *virtuel* et l'ACTUEL.

L'être en puissance ou le potentiel, c'est l'être qui contient déjà, mais non développé, ce qu'il doit être : c'est l'enfant par rapport à l'homme, c'est le gland par rapport au chêne. Le potentiel n'est pas la même chose que le possible. Le possible est une notion toute logique, c'est ce qui n'implique pas contradiction; le *potentiel* ou le *virtuel* existe déjà d'une certaine manière, c'est ce qui *tend* à exister, ce qui existera si rien ne vient arrêter son développement. (Janet.)

L'actuel est le potentiel réalisé, ou l'être réellement existant et déterminé par diverses manières d'être.

3º **La substance et le mode.** — Tout être contingent actuel se présente comme SUBSTANCE ou comme MODE.

Définitions. — On appelle *substance* une chose qui n'a pas besoin d'être dans une autre pour exister (*ens in se*), qui subsiste en elle-même, sans adhérer à aucune autre. Exemple : le bois, la pierre.

Le *mode*, au contraire, ou l'accident, est ce qui a besoin pour exister d'un sujet en qui il réside (*ens in alio*); c'est une manière d'être de la substance. Exemple : la forme, la couleur, la pensée.

Cette distinction des modes et de la substance n'existe, nous l'avons dit, que dans les êtres contingents; mais aucun de ces êtres ne peut exister sans quelque mode, et aucun mode ne peut jamais exister sans une substance. Ce rapport nécessaire du mode à la substance est immédiatement conçu par notre raison, et exprimé par cette formule : tout mode suppose une substance.

Diverses sortes de substances et de modes. — Les substances sont simples ou composées, matérielles ou immatérielles, complètes ou incomplètes. — Les substances simples sont indivisibles; les substances composées sont formées de la réunion d'éléments simples; — les substances matérielles sont étendues; les substances immatérielles ne le sont pas; — les substances complètes forment par elles-mêmes quelque chose d'entier et ne sont pas destinées à s'unir avec d'autres; les substances incomplètes, au contraire, jouent le rôle de parties, et sont destinées à s'unir avec d'autres pour former un composé substantiel.

Les divers modes que peut revêtir la substance sont indiqués par les neuf dernières catégories d'Aristote : quantité, qualité, relation, action, passion, lieu, temps, situation, avoir.

Erreurs relatives à la notion de substance. — Citons d'abord la définition donnée par *Descartes* : « La substance est une chose qui existe en telle façon qu'elle n'a besoin que de soi-même pour exister. » Cette définition n'est qu'équivoque; mais *Spinoza* l'interprétera dans un sens panthéiste et dira expressément que la substance est « ce dont le concept n'a pas besoin du concept d'une autre chose pour être formé ». C'est à la même erreur que conduit fatalement cette autre définition proposée par *Cousin* : « La substance est ce qui ne suppose rien au delà de soi relativement à l'existence. »

Pour *Leibnitz*, *Kant* et quelques autres philosophes modernes, la substance est « l'être en tant que doué d'activité »; mais les deux notions de cause et de substance sont distinctes, et ne doivent pas être confondues. De plus, bien qu'en fait presque toutes les substances soient actives, il ne paraît pas impossible, nous le verrons, de concevoir l'étendue comme une substance passive.

L'école sensualiste et positiviste tout entière altère aussi la notion de substance et la réduit à n'être qu'une collection : « La substance, dit Locke, est l'ensemble des qualités que nous percevons par les sens, et qui coexistent sans qu'on en sache la raison. » Et Condillac : « Le moi n'est que la collection de ses sensations. » M. Taine professe la même doctrine : « Otez, dit-il, toutes les propriétés d'un corps, il ne restera rien de la substance. Ma conception de substance n'est qu'un résumé ; elle équivaut à la *somme des propriétés composantes*. »

Mais, remarque Cousin, toute collection, toute addition, suppose un esprit qui fait la collection ou l'addition; cet esprit, que sera-t-il lui-même? une collection, d'après la théorie. Cette collection nouvelle, qui la fera? qui la concevra? Et supposons cette collection faite, que sera-t-elle? Une classe, un genre, une abstraction, un mot. Dès lors rien n'existe, ni Dieu, ni le monde, ni vous, ni moi-même ; tout se résout en phénomènes, en abstractions et en mots.

Les positivistes s'appuient sur l'expérience pour rejeter les substances ; mais l'expérience les condamne, car enfin « j'ai conscience d'exister en moi-même et non pas dans un autre; et autour de moi, je vois aussi des êtres qui existent en eux-mêmes, indépendamment de tout ce qui les entoure. » De plus, dans un être quelconque, les sens me montrent la coexistence de diverses propriétés, la succession de nombreux phénomènes; comment expliquer cette coexistence sans l'unité pour sujet, cette succession sans la permanence? Et qu'est-ce que ce sujet unique et permanent, sinon la substance?

III

DES DIVERSES RELATIONS DES ÊTRES

On appelle *rapports* ou *relations* certains liens que différents êtres ont entre eux. Il y a, par exemple, un rapport entre un père et son fils, entre un effet et sa cause. Les différents êtres entre lesquels le rapport existe sont les *termes du rapport*, et le point de contact qui unit les termes est le *fondement du rapport*.

Le nombre des rapports qui unissent les êtres est absolument illimité; contentons-nous de quelques notions sur le rapport de cause, et sur ceux d'espace et de temps.

I. — Rapport de cause.

De la cause en général. — Les êtres sont ou causes ou effets, et entre ces deux termes il y a un rapport essentiel.

Notion de cause. — On appelle cause, dans un sens général, *tout ce qui concourt à la production de quelque chose*. Ce qui est produit s'appelle *effet*.

Il faut bien distinguer la cause tant du *principe* que de la *condition* et de l'*occasion*.

Le principe est plus étendu que la cause; il n'emporte avec lui que l'idée d'origine et ne suppose point nécessairement, comme la cause, les idées de production et de dépendance. On le définit d'une façon générale, *tout ce qui contient la raison de quelque chose*. S'il la donne totalement, s'il est un principe adéquat, on lui donne le nom de *raison suffisante*.

L'occasion est une circonstance qui, par sa présence, favorise, accélère la production d'un phénomène sans toutefois y concourir positivement; une bataille, par exemple, est pour le soldat une occasion de faire acte de courage.

La condition est ce qui met la cause en état d'agir en écartant les obstacles qui gêneraient son action; ainsi le temps est la condition de toute œuvre sérieuse.

Différentes sortes de causes. — On peut avec Aristote distinguer quatre espèces de causes : — 1° la *cause matérielle* ou la matière dont une chose est faite, par exemple, le marbre d'une statue ; — 2° la *cause formelle* ou la forme qu'on donne à l'œuvre, ce qui fait, par exemple, que telle statue est une statue d'Apollon et non pas une statue d'Hercule ; — 3° la *cause efficiente* ou le principe qui par son action réelle produit quelque chose, le sculpteur de la statue, par exemple ; — 4° enfin la *cause finale* ou la fin, le but que se propose l'agent, par exemple le profit ou la gloire qu'a en vue l'ouvrier.

A ces quatre causes on en ajoute quelquefois une cinquième, la *cause exemplaire* ou l'idéal, le modèle que l'agent consulte intérieurement pour réaliser son œuvre.

Tous ces éléments concourent réellement à la production de l'effet, et sont par conséquent des causes véritables. Mais parmi ces diverses espèces de causes, deux seulement doivent attirer notre attention : la cause efficiente et la cause finale.

De la cause efficiente. — La cause proprement dite, celle qu'on entend désigner dans le langage ordinaire quand on parle simplement de cause, c'est la cause efficiente.

Diverses espèces de causes efficientes. — On distingue la cause *première*, qui a en elle-même la raison dernière de sa puissance productrice, et les causes *secondes*, qui tiennent leur puissance médiatement ou immédiatement de la cause première. L'être infini est la cause première. Les êtres finis ne peuvent être que causes secondes.

La cause seconde se subdivise. Elle est : principale ou instrumentale, prochaine ou éloignée, physique ou morale, totale ou partielle, etc.

Erreurs relatives à la notion de cause. — Comme la notion de substance, celle de cause a été attaquée et profondément altérée par l'école sensualiste et positiviste, qui ne voit aucune *connexion* entre la cause et l'effet et réduit la causalité à un simple rapport de *succession*.

« Nous voyons, dit *Locke*, deux phénomènes se succéder, l'action du feu et la fluidité de la cire; nous disons que le premier est cause du second. » *Hume* dit à son tour : « Les événements se suivent, à la vérité, mais sans que nous remarquions la moindre liaison entre eux; dans l'idée de causalité il n'y a que l'*habitude* de voir deux événements joints l'un à l'autre, de concevoir le second à propos du premier. » *Stuart Mill* expose la même doctrine en des termes qui ont la prétention d'être plus rigoureux et plus précis : « La cause, dit-il, est l'antécédent ou la réunion d'antécédents dont le phénomène est *invariablement* et *inconditionnellement* le conséquent. » Telle est la doctrine de tous les positivistes. « La cause réelle, dit M. Taine, est la série des conditions, l'ensemble des antécédents sans lesquels l'effet ne serait pas arrivé; il n'y a pas de fondement scientifique dans la distinction que l'on fait entre la cause d'un phénomène et ses conditions. »

C'est sur l'expérience que s'appuient les positivistes, et l'expérience les condamne en m'attestant la réalité objective de cause. « Je sens, dit M. Vallet, je comprends, je désire, je veux, je marche : voilà des actes qui s'accomplissent au dedans de moi et dont j'ai conscience d'être l'auteur... L'activité causale des êtres extérieurs m'apparaît de même comme un phénomène immédiatement observable, dans la pesanteur, l'impénétrabilité, la résistance et la cohésion des corps... Elle m'est attestée par ces expressions qui sont sur toutes les lèvres : la lumière du soleil *m'éblouit*, sa chaleur *me réchauffe*; cette harmonie *me charme*, ce bruit *m'étourdit*. »

Tous les hommes croient aux causes, les cherchent toujours et ne confondent point la succession même constante de deux faits, comme serait celle du jour et de la nuit, avec la causalité. Prétendre avec Taine que cette croyance est sans fondement, c'est porter atteinte non seulement à l'ordre scientifique, mais à l'ordre moral tout entier, car c'est nier l'idée de responsabilité et absoudre tous les crimes.

Principe de causalité. — Il est donc incontestable qu'il y a dans la nature des effets et des causes ; mais de plus la raison perçoit entre ces deux termes un rapport nécessaire et de telle nature que le principe de causalité : — tout ce qui commence d'exister suppose une cause, — est un véritable *jugement analytique;* car il suffit d'analyser l'idée du sujet : *tout ce qui commence*, pour découvrir qu'il renferme nécessairement l'attribut énoncé : *a une cause*.

A ce principe de causalité se rattachent quelques autres principes également évidents :

Plusieurs êtres ne peuvent être cause réciproque de leur existence ;

La cause est toujours antérieure à l'effet qu'elle produit, d'une antériorité de temps ou de raison ;

La cause renferme tout ce qu'il y a de perfection dans son effet, et par suite l'ordre suppose une cause intelligente.

De la cause finale. — La cause efficiente et la cause finale ont entre elles une relation nécessaire, elles se supposent l'une l'autre ; la fin est le but auquel tend la cause efficiente dans son action.

Cette notion de fin a son fondement dans la conscience comme les notions de substance et de cause proprement dite, car en même temps que nous nous saisissons comme cause efficiente de nos actes, nous avons conscience de poursuivre un but. La raison s'empare de cette donnée et prononce absolument que tout ce qui arrive a une fin, ou, selon la belle formule de Bossuet, que « tout ce qui montre de l'ordre, des proportions bien prises et des moyens propres à faire de certains effets, montre aussi une *fin expresse,* par conséquent un dessein formé, une *intelligence réglée* et un art parfait. »

Erreur des positivistes. — Lucrèce dans l'antiquité, les positivistes dans les temps modernes rejettent toute cause finale. Pour eux, l'ordre qui éclate dans l'univers est le *résultat* nécessaire des forces de la nature, et non la réalisation d'un *dessein conçu* par une cause intelligente.

A les en croire, par exemple, l'oiseau vole *parce qu'il* a des ailes, mais il n'a point été fait *pour* voler ; de même la correspondance qui se remarque entre l'œil et la vision, entre l'oreille et l'audition, entre l'estomac et la digestion, entre les membres et les divers genres de mouvements ne serait pas préméditée et voulue, mais simplement fortuite. Pour eux, tous les êtres, les êtres vivants aussi bien que les êtres inorganiques, doivent s'expliquer par la *théorie mécaniste;* le savant doit démontrer que tel effet résulte de telle cause donnée ; il ne peut être question pour lui de causes finales ; il doit s'attacher à la recherche des causes efficientes, c'est-à-dire à la *détermination des conditions* de toutes choses.

Sans doute, de la nature d'une cause on peut déduire l'effet qu'elle est apte à produire; mais de ce que le vol de l'oiseau est un résultat, faut-il conclure qu'il ne peut être un but? L'explication par les causes efficientes exclue-t-elle l'explication par les causes finales ? L'esprit humain protesterait contre cette conclusion : un dessein parfaitement déterminé apparaît dans les œuvres de l'architecte, du sculpteur, de l'écrivain; l'ordre incomparablement plus admirable de la nature trahit de même la fin pleine de sagesse que s'est proposée le Créateur.

Erreurs de Descartes et de Bacon. — Sans nier expressément les causes finales, ces deux philosophes s'accordent à les proscrire de la science : le premier, comme *inconnaissables;* le second, comme *dangereuses et stériles.*

« Nous rejetterons entièrement de notre philosophie la recherche des causes finales, dit Descartes, car nous ne devons pas tant présumer de nous-mêmes que de croire que Dieu nous ait voulu faire part de ses conseils. » Pour Bacon, la recherche des causes finales est stérile, dangereuse même, parce qu'elle engendre quantité d'erreurs et qu'elle retarde les progrès de la science par le discrédit jeté sur les causes physiques.

Nous avons répondu à Descartes en réfutant les positivistes; ajoutons ici que les objections de Bacon sont sans valeur. On a pu tomber dans des *erreurs*, quand, déterminant *a priori* la fin de diverses choses, on est parti de là pour donner des explications fausses ou hasardées; mais l'abus d'un principe ne saurait autoriser logiquement la proscription de ses applications légitimes. Pour écarter les reproches de *stérilité* des causes finales, il suffit de rappeler les immenses services qu'elles ont rendu aux sciences physiologiques et les nombreuses découvertes dont elles ont été le principe même en physique; « elles y servent, dit Leibnitz, non seulement pour admirer la sagesse de Dieu, ce qui est le principal, mais encore pour connaître les choses et les manier. »

Le hasard. — L'opposé des causes finales, c'est le hasard. Ce terme s'entend non point d'un fait qui se produirait sans cause, mais d'un fait *imprévu*. Le hasard se réduit à la rencontre accidentelle de deux effets produits par des causes indépendantes l'une de l'autre; c'est par hasard, par exemple, qu'une pierre détachée d'un édifice atteint un promeneur solitaire.

II. — Rapports d'espace et de temps.

Tous les êtres sont reliés entre eux par l'espace et par le temps. Nous ne pouvons, en effet, concevoir l'existence d'un corps sans le placer dans l'espace, ni celle d'un événement sans le rapporter à une partie de la durée, c'est-à-dire au temps. Mais quelle est la nature intime de l'espace et du temps? Aucune question n'a peut-être soulevé plus de controverses en philosophie; nous nous contenterons de signaler les opinions principales émises à ce sujet.

De l'espace. — *Kant.* — L'espace est aussi réel, aussi objectif que les corps eux-mêmes dont il est le lieu; il faut donc écarter tout d'abord la théorie de Kant, qui considère l'espace comme une *pure conception de l'esprit;* conception *a priori*, ne dérivant point de l'expérience, parce qu'elle est la condition de toute perception sensible; conception nécessaire, parce que nous ne pouvons la faire disparaître de notre intelligence.

Épicure, Gassendi. — L'espace n'est point une capacité vide, incréée et immense, distincte des corps et de Dieu, comme l'ont imaginé Épicure et Gassendi; car d'une part le vide ne saurait expliquer la distance, et d'autre part il est contradictoire de supposer quelque chose d'incréé en dehors de Dieu.

Clarcke, Newton. — Pour ces deux philosophes, l'espace a une réalité objective, absolue, illimitée; c'est l'immensité même de Dieu. Mais Leibnitz s'élève avec raison contre cette conception qui mettrait la divisibilité en Dieu; car les attributs divins ne sont pas distincts de la substance divine, et l'espace est essentiellement divisible, ne fût-ce que par la pensée.

Descartes. — Suivant Descartes, corps, étendue et espace ne sont qu'une même chose. L'étendue d'un corps est la substance même de ce corps, et l'étendue des divers corps du monde visible forme l'étendue de l'univers ou l'espace. Mais cette opinion, qui suppose le *plein absolu*, rend fort difficile, sinon impossible, le mouvement en ligne droite.

Leibnitz. — Pour Leibnitz l'étendue d'un corps n'est qu'un rapport de coexistence entre ses molécules constitutives, et l'espace n'est autre chose que la manière dont nous nous représentons les forces coexistantes avec lesquelles nous sommes en relation. Cette opinion explique-t-elle la réalité objective de l'étendue? Nous ne le pensons pas.

Pour nous, l'espace réel, lieu de l'univers matériel est une *substance créée, divisible à l'infini, continue, pénétrable,* partout identique à elle-même et que nous pouvons concevoir comme une sphère immense. L'espace idéal n'est autre chose que l'idée générale d'espace; c'est la triple dimension à l'état de pure abstraction. Nous reviendrons sur cette notion en parlant de l'essence de la matière.

Du temps. — La plupart des philosophes s'efforcent d'établir une grande analogie entre les théories du temps et de l'espace. Aussi retrouve-t-on pour le temps cette divergence d'opinion que nous signalions tout à l'heure pour l'espace : Kant en fait une pure conception de l'esprit; Gassendi, un être substantiel, infini et indépendant de Dieu; Clarcke et Newton, un attribut divin, l'éternité.

Mais cette analogie ne nous paraît pas démontrée, et volontiers nous admettons ici l'opinion de Leibnitz : « Le temps est l'ordre de succession qui existe entre les êtres contingents. » Les divisions du temps sont connues de tous : le passé, le présent et l'avenir.

La mesure du temps, dit Aristote, c'est le mouvement. Par suite, les êtres contingents seuls, soumis au changement, sont soumis à la succession, *au temps*. L'être nécessaire jouit simultanément et toujours de tout ce qu'il a, de tout ce qu'il est ; la durée qui lui convient, c'est l'*éternité ;* son existence est immuable.

CRITÉRIOLOGIE

Depuis Kant, le problème fondamental de la métaphysique est celui de la valeur objective de la connaissance.

La vérité en soi, la vérité métaphysique, *nouménale*, existe ; tout le monde en convient. La négation de cette vérité serait la négation de toute existence, la négation absolue ; et une telle négation est impossible.

Cette vérité, la connaissons-nous ? Nous croyons sans doute la connaître. Cette persuasion est un fait indubitable attesté par l'histoire tout entière et par l'expérience de chacun, car l'homme ne peut pas agir sans faire acte de certitude. Mais quand nous avons cette croyance, cette conviction de posséder la vérité, la possédons-nous réellement ? La vérité est-elle réellement perçue par la raison humaine ? Est-elle perçue telle qu'elle est en elle-même ?

A cette question de la valeur objective de la connaissance, trois solutions ont été données.

Le dogmatisme affirme que l'homme est capable de connaître la vérité telle qu'elle est en elle-même. Le scepticisme le nie, et se présente sous deux formes essentielles :

Le scepticisme proprement dit, qui refuse à l'intelligence tout pouvoir de connaître la vérité ;

L'Idéalisme, qui supprime toute réalité de l'objet de la connaissance pour n'en faire qu'une modification de l'intelligence.

Le dogmatisme est *l'affirmation de la certitude objective*, le scepticisme la *négation de toute certitude*, et l'idéalisme la *négation de l'objectivité*.

I

DOGMATISME

Nous devons ici : — 1° constater l'*existence de la certitude objective ;* — 2° déterminer le *fondement véritable de cette certitude ;* — 3° écarter *diverses opinions fausses* relatives au fondement de la certitude ; — 4° enfin établir la *légitimité de nos diverses facultés.*

I. — Existence de la certitude objective.

Objet limité de notre certitude. — Avec les *dogmatiques*, nous affirmons de la façon la plus absolue que l'homme peut arriver à la connaissance certaine de la vérité, « et d'une vérité qui n'est pas nôtre, qui ne dépend pas de nous, que notre esprit trouve et ne crée pas, constate et ne fonde pas, reconnait et ne fait pas. »

Mais gardons-nous de tomber dans l'excès qui consisterait à dire que nous pouvons connaître toutes les vérités, que notre raison n'a pas d'autres limites que l'intelligibilité des choses, et que par conséquent tout mystère est impossible. L'homme aspire à une science infinie ; mais, doué d'une intelligence bornée, il ne peut arriver qu'à des connaissances restreintes, et doit reconnaître dans chaque ordre de sciences des questions qui le surpassent absolument et qu'il ignorera toujours, et, à côté de celles-là, beaucoup d'autres qu'il est impuissant à résoudre complètement, de sorte que la parole de Bossuet reste vraie : « C'est une partie du bien juger que de douter quand il faut. »

Légitimité de notre certitude. — Même dans les limites que nous venons d'assigner à la connaissance humaine, sommes-nous fondés à croire que nous possédons réellement la vérité, quand nous croyons la posséder ? Telle est la question soulevée par les sceptiques.

Le raisonnement, il faut l'avouer, est impuissant à la résoudre. Comment, en effet, établir une démonstration, sans partir d'un principe admis *a priori* comme absolument vrai en

lui-même? D'un autre côté, avec quoi vérifier l'autorité de
notre raison, établir la légitimité de nos facultés, sinon avec
une autre faculté supérieure dont il faudrait, à son tour, prouver la légitimité? C'est tourner dans un cercle et reculer à
l'infini.

S'ensuit-il que nous ne devions pas admettre la vérité, sous
prétexte que nous ne pouvons pas la démontrer, et que nous
devions soupçonner la véracité de nos facultés, parce que nous
sommes obligés de croire à la légitimité de ces facultés sur
leur propre témoignage? Non; une chose n'a pas besoin d'être
démontrée pour être admise, quand tout homme l'affirme nécessairement, même quand il l'attaque. La question de la certitude ou de la légitimité de nos connaissances doit donc se
poser non comme un problème dont la solution réclame une
démonstration, mais comme un fait positif et incontestable.

Craindrait-on que pour n'être pas susceptible de démonstration, notre croyance fût aveugle et déraisonnable? Ce serait
une grave erreur de le supposer. Il suffit que la vérité qui ne
se démontre pas se montre, qu'elle se fasse reconnaître à des
signes irrécusables, pour que l'adhésion de notre esprit soit
parfaitement motivée, et devienne raisonnable; elle ne sera
dès lors que la conséquence nécessaire et légitime de la manifestation de la vérité.

Y a-t-il donc un signe qui nous permette de discerner la
vérité de l'erreur, un motif qui nous fasse prononcer nos jugements avec une parfaite assurance, un fondement enfin de
notre certitude? Le nier, serait nier la certitude elle-même ou
admettre un effet sans cause.

Mais les dogmatiques, unanimes à admettre ce *criterium* de
la vérité, ce fondement de la certitude, ne s'accordent pas sur
sa nature. Disons d'abord ce qu'il faut admettre, nous signalerons ensuite les opinions erronées.

II. — Du véritable fondement de notre certitude.

L'école cartésienne, en général, reconnaît l'évidence comme
criterium de la vérité et *fondement de la certitude*. Cette
opinion semble la plus probable; on s'en convaincra facilement, pour peu qu'on fasse avec attention l'analyse du juge-

ment, celle de nos opérations, dans laquelle doit se manifester l'application du criterium.

Détermination du criterium. — Le jugement, avons-nous dit, est inséparable de l'idée, et par suite suppose deux actes intellectuels, celui de percevoir et celui de croire; séparer la croyance de la perception, ou la perception de la croyance, c'est faire une hypothèse absurde.

Or comment se fait-il que l'intelligence perçoive et par suite croie? Quel est le motif ou la cause première qui détermine l'affirmation de notre esprit? « Ce motif est dans les choses elles-mêmes, qui, devenues intelligibles, ne *sont* plus seulement, mais se *montrent*, paraissent, agissent sur l'esprit, et le déterminent à connaître, à juger. Il est dans la propriété qu'ont ces choses d'être visibles; il est dans leur intelligibilité, dans leur lumière, qui éclaire et vient frapper notre entendement.

« Cette lumière de la vérité, à quelque degré et par quelque moyen qu'elle nous arrive, voilà ce qui avant tout et par une force qui n'est pas nôtre *meut* (*movet*) ou *motive* les jugements que nous portons. » (Damiron.)

Nature de l'évidence. — Or cette lumière a des degrés, et quand elle est si grande que rien ne saurait l'accroître, elle constitue ce qu'on nomme dans toutes les langues l'évidence, parfaitement définie par les scolastiques *fulgor veritatis, mentis assensum rapiens*.

L'âme perçoit plus ou moins directement, selon les degrés de lumière, et sa croyance est en rapport avec sa perception. Tant qu'il y a un peu d'obscurité dans l'objet perçu, je puis douter; mais si cet objet brille de la lumière parfaite qui constitue l'évidence, et que ma perception soit claire, distincte, je ne suis plus maître de refuser mon adhésion à la vérité; la croyance alors atteint son degré suprême et devient la certitude.

A la différence de la certitude, qui est toute subjective, puisque c'est un état de l'esprit, l'évidence est toute *objective*, elle est dans les choses; c'est la *vérité* elle-même *se manifestant avec un éclat qui entraîne la conviction*. Il serait donc inexact de la définir avec Descartes : « une perception claire et distincte; » ou encore avec Fénelon : « une idée claire. » Ces expressions présentent l'évidence comme quelque chose de subjectif, de personnel, qui ne pourrait engendrer qu'une certitude relative.

Dans certains cas, à l'évidence vient se joindre la nécessité ; nous voyons la vérité de telle sorte que nous ne pouvons même pas concevoir qu'elle ne soit pas la vérité. C'est le propre des axiomes comme celui-ci : le tout est plus grand que la partie. Mais il ne faudrait pas croire que l'évidence appartînt exclusivement aux vérités de l'ordre rationnel, comme semble le supposer Descartes quand il la définit : « la perception claire de la convenance ou de la répugnance entre deux idées; » elle convient encore aux objets de l'ordre sensible et de l'ordre psychologique, aux connaissances acquises par l'exercice de nos facultés personnelles et à celles que nous recevons sur la foi du témoignage d'autrui.

Peut-on démontrer la légitimité de ce criterium? — Est-il nécessaire, comme le prétend Condillac, d'avoir un signe, l'*identité des termes*, par exemple, auquel on reconnaisse l'évidence elle-même, une marque extrinsèque, qui nous permette de distinguer la vérité de l'erreur? En d'autres termes, ne devons-nous pas donner une démonstration de la légitimité de ce criterium que nous avons admis? Non. « Demander cette démonstration, c'est demander une chose contradictoire, puisque l'idée d'un criterium est l'idée d'un signe suffisant pour discerner le vrai du faux, et que ce signe ne sera suffisant qu'autant qu'il n'aura pas besoin d'un autre signe qui le confirme, d'une démonstration ultérieure.

« Imposer à l'esprit l'obligation de ne voir la vérité qu'à travers un signe distinct de la vérité, n'est-ce pas doubler la difficulté ou plutôt la rendre insoluble ? Car, pour trouver la vérité par cette voie, il faudra toujours apprécier la valeur du signe, c'est-à-dire sa vérité. La pétition de principe est manifeste. Non, la vérité n'a pas d'autre signe qu'elle-même, et rien ne peut remplacer l'évidence. La règle cartésienne peut être complétée, mais non supprimée, et pour la compléter, il y faudra toutes les règles de la méthode. » (Robert.)

III. — Diverses opinions fausses relatives au fondement de la certitude.

1° Les sens. — L'école sensualiste représentée aujourd'hui par les positivistes, prétend ne s'en rapporter, en fait de certitude, qu'*aux sens* et au raisonnement fondé sur les données des sens. Toute notion qui ne se résout pas *immédiatement* ou *médiatement* en éléments sensibles est tenue par eux pour un fantôme de l'imagination. Si nous admettons, par exemple, cet axiome : le tout est plus grand que la partie, « c'est, disent-ils, parce que dès notre enfance nous avons observé en particulier que tout homme est plus grand que sa tête, toute une maison qu'une chambre, et tout le ciel qu'une étoile. »

Cette opinion n'est qu'une conséquence du système sensualiste sur l'origine des idées; il suffit de remarquer que si l'axiome cité ne reposait que sur l'expérience, sa valeur ne s'étendrait qu'aux observations faites, tandis que sa certitude est absolue. Les sens sont un motif immédiat de certitude, mais ils ne nous donnent que les faits sensibles, bien loin de nous révéler les principes et d'être la raison dernière de toute certitude.

Le sentiment. — Quelques philosophes sentimentalistes, tels que Rousseau, Pascal, frappés des erreurs auxquelles nous conduit souvent le raisonnement, inclinent à mettre le principe de toute certitude dans le sentiment, sorte de vue instinctive de la vérité. Sans rejeter absolument la raison, ils la relèguent au second plan et attribuent au sentiment les principes premiers, surtout ceux de l'ordre moral : « La raison, dit Pascal, agit avec lenteur; à tout instant elle s'assoupit, elle s'égare...; il faut donc mettre notre foi dans le sentiment, autrement elle sera toujours vacillante. »

Cette théorie confond le raisonnement et la raison, mais son défaut le plus grave est de placer dans un élément essentiellement mobile et variable la règle des jugements universels et le principe de la vérité absolue.

Le sens commun. — L'école écossaise, avec son chef Thomas Reid, admet comme criterium de la vérité et fondement dernier de toute certitude, le *sens commun* c'est-à-dire cette *propension irrésistible et constante qui nous fait adhérer invinciblement à certaines vérités,* sans même que nous puissions rendre compte de cet assentiment. L'évidence elle-même, d'après cette école, n'aurait de valeur qu'autant qu'elle serait affermie par le sens commun auquel nous devrions la certitude même des axiomes. — Il faut rattacher à ce système l'opinion de Jouffroy, qui donne comme principe de toute certitude et de toute croyance « un acte de foi aveugle en la *véracité naturelle de nos facultés* ».

Il y a là de l'exagération ; le sens commun, quand il est véritablement une propension irrésistible et constante à croire, étant une loi de notre nature, ne peut nous conduire à l'erreur ; il est donc un indice infaillible de la vérité, mais il n'est pas la raison dernière de toute certitude, le fondement de l'évidence elle-même.

Outre que cette propension, aveugle et irréfléchie de sa nature, ferait de notre certitude un phénomène purement instinctif et irrationnel, il n'est pas vrai qu'*en fait* elle devance l'évidence et en soit la raison. L'évidence, en effet, a une valeur propre et indépendante du sens commun ; toutes les fois qu'une vérité nous semble claire et évidente, nous avons une propension invincible à l'affirmer, mais la certitude de notre affirmation ne vient pas de cette propension irrésistible ; c'est, au contraire, parce que nous sommes déjà certains que nous éprouvons cette tendance irrésistible.

Le sens commun, considéré comme propension irrésistible et constante, est donc un motif de croire, mais n'est pas la raison dernière de notre certitude : l'évidence seule est ce criterium dernier.

L'autorité *divine ou humaine*. — L'école traditionaliste tend à nier la puissance de la raison individuelle, pour placer le principe de la certitude dans l'*autorité*. Elle est trop exclusive. L'autorité, le témoignage, nous l'avons dit, peut donner dans certaines conditions une certitude véritable, mais cette source de certitude, bien loin d'exclure le sens commun et l'évidence, les suppose, au contraire.

Deux philosophes modernes qui se rattachent à cette école, à laquelle appartiennent aussi Huet et Pascal, sont surtout célèbres, ce sont LAMENNAIS et BAUTAIN. La vérité, disent-ils, ne peut se trouver en chacun de nous ; la raison est impuissante à nous la faire connaître, mais elle nous est donnée, soit par le *témoignage universel des hommes* (Lamennais), soit par le *témoignage divin dans la révélation* (Bautain).

Ces systèmes sont remplis de contradictions : tout d'abord à qui et avec quoi ces philosophes veulent-ils démontrer leur thèse ? C'est à ma raison, avec leur raison. Mais cette raison, ils viennent de la déclarer impuissante à connaître le vrai, comment peuvent-ils maintenant la prendre pour juge? Admettons un instant ces deux systèmes; l'un et l'autre nous conduisent au scepticisme.

D'après le fidéisme, comment découvrir quelle est la vraie révélation? Par ma raison sujette à l'erreur. C'est encore à ma raison que Dieu se manifeste dans la révélation, et puisque cette raison n'est pas capable de certitude, toute révélation devient impossible.

On n'est pas plus heureux en suivant le ménéslanisme ; c'est à ma raison, toujours faillible, qu'il appartient de vérifier si le témoignage est universel. D'ailleurs l'autorité du témoignage ne peut s'expliquer qu'en supposant chaque individu doué d'une raison capable de connaître le vrai. Le témoignage enfin est la source de beaucoup de connaissances, mais il ne faut pas aller jusqu'à dire que nous ne connaissions rien que par lui.

Que connaissons-nous, en effet? Des faits et des principes. Pour les faits, il y en a dont nous sommes témoins ou auteurs, et nous croyons à l'existence de ceux-là sans nous inquiéter du témoignage des autres hommes. Les autres faits, nous les admettons sur le témoignage d'autrui, parce que nous croyons que les autres ont, comme nous, des facultés capables de connaître la vérité. Quant aux principes, comme le tout est plus grand que la partie, le genre humain les admet, et je les admets aussi ; mais ma croyance est-elle fondée sur la croyance des autres hommes? Non, et même le consentement général n'a lieu que parce que tous les hommes ont des facultés capables d'atteindre le vrai. Loin donc d'être la source de toutes nos connaissances, le témoignage ne nous fait connaître que des faits, et encore des faits d'un certain ordre seulement.

IV. — De la légitimité de nos diverses facultés.

Il y a corrélation entre l'évidence et la certitude; l'une entraîne l'autre, elles s'accompagnent toujours et subissent les mêmes variations ; aussi, de même qu'en logique nous avons distingué diverses sortes de certitude d'après les *objets* auxquels elle se rapporte, les *conditions* dans lesquelles elle se produit, et les *facultés* qui la donnent, nous pouvons ici à ces mêmes points de vue distinguer plusieurs sortes d'évidence :

l'évidence psychologique, physique, métaphysique et morale ; l'évidence médiate et immédiate, intrinsèque et extrinsèque; l'évidence de la conscience, de la mémoire, des sens et de la raison.

Mais sous toutes ces formes l'évidence demeure en réalité identique à elle-même; elle est le criterium à la fois universel et unique qui sert de fondement à toutes nos croyances, de base à la légitimité de nos diverses facultés.

Certitude de la conscience. — C'est l'adhésion ferme et inébranlable de l'esprit aux phénomènes de conscience : je pense, je veux. Cette certitude est si irrésistible et si évidente, qu'aucun des anciens sceptiques n'a osé la révoquer en doute.

Cette certitude, la première dans l'ordre chronologique, est même le fondement de toutes les autres. Il est clair, en effet, que, pour admettre une vérité quelconque sur le témoignage des sens ou de la raison, il faut tout d'abord croire à la faculté qui nous la donne, et par suite à la certitude de la conscience, qui nous révèle l'existence de cette faculté. Il est donc absolument impossible de démontrer la légitimité du témoignage de la conscience; mais il faut ajouter qu'elle est cependant irrécusable, car douter de sa pensée, douter même de son doute, c'est encore croire à sa pensée, à son doute, et par suite à sa conscience.

On s'est efforcé cependant d'affaiblir l'autorité de la conscience ; mais nous avons suffisamment répondu dès les premières pages de ce *Cours* aux difficultés soulevées contre la valeur de son témoignage.

Certitude de la mémoire. — Nous n'avons à considérer ici qu'une seule question, à savoir, si la mémoire peut être considérée comme un principe de certitude. Toutes les fois que *nos souvenirs sont clairs et précis*, la nature ne nous permet pas de douter de la vérité des choses que nous atteste cette faculté; nous avons donc une certitude entière.

Quelques philosophes ont prétendu que la certitude de cette faculté avait besoin d'être démontrée, et plusieurs ont essayé de lui donner pour fondement la véracité divine. Non seulement une telle démonstration est inutile, mais la tenter c'est fournir des armes au scepticisme, car elle est impossible, puisque pour raisonner il faut retenir et enchaîner des idées, opérations qui dépendent essentiellement de la mémoire.

Que la certitude de la mémoire soit immédiate et repose sur l'évidence directe de la perception des faits passés, comme l'ont voulu quelques-uns, avec Thomas Reid, ou qu'elle soit médiate et repose directement sur une propension invincible, à laquelle nous ne pouvons résister sans faire violence à notre nature, toujours est-il qu'il faut l'admettre. La méconnaître serait bouleverser toutes les lois de l'ordre intellectuel et moral. Les sceptiques seuls peuvent pousser la folie jusque-là. Il suffit, en effet, de remarquer l'étroite solidarité qui unit la mémoire à nos autres facultés dont les opérations sont successives, pour voir qu'il est impossible de lui faire un sort à part et de l'attaquer sans ébranler l'édifice entier des connaissances humaines.

Certitude des sens. — La certitude des sens s'étend à tous les objets matériels avec lesquels nos sens nous mettent en rapport. C'est par eux que je suis certain de l'existence de cette maison que je vois, de cette personne que j'entends, etc. Les philosophes qui nient que nous puissions avoir la certitude de l'existence du monde physique et des propriétés de la matière sont connus sous le nom d'idéalistes; nous les retrouverons bientôt.

Le fait de cette certitude ne peut pas être nié. Aucun homme sensé n'en doute et n'en peut douter. La croyance à l'existence des corps sur le témoignage de nos sens est aussi forte, aussi inébranlable que la croyance à notre propre existence donnée par la conscience, ou la croyance aux vérités nécessaires perçues par la raison. Et il est naturel qu'il en soit ainsi, car il n'y a pas en nous plusieurs intelligences; c'est la même intelligence qui perçoit par les sens les choses extérieures, par la conscience les phénomènes internes, par la raison les vérités nécessaires; par suite, douter de l'une de nos facultés nous entraîne logiquement à douter de toutes les autres.

D'où vient maintenant cette certitude? Vouloir appuyer la légitimité du témoignage des sens sur la *véracité divine*, comme Descartes, sur la *parole de Dieu* positivement révélée, comme Malebranche, ou sur le *principe de causalité*, comme Cousin, en regardant cet appui comme nécessaire, c'est méconnaître les lois de notre nature et tendre à l'idéalisme; car, quand on soutient qu'il ne suffit pas de voir et de toucher les corps pour être assuré qu'ils existent, il n'y a plus qu'un pas à faire pour nier leur existence.

Le principe de causalité peut bien me conduire à affirmer que mes sensations ont une raison d'être, il est impuissant à établir que cette cause est un objet matériel distinct du moi. Quant à la véracité divine et à la révélation, je comprends qu'elles puissent être une garantie de plus que je ne me trompe pas, mais ce ne sont pas là les motifs de ma croyance. Je crois au témoignage de mes sens, parce que l'évidence accompagne leur perception, parce que je ne peux pas ne pas y croire, malgré toutes les hypothèses créées par l'imagination pour troubler ma croyance.

Nier la certitude des sens, ce serait donc rejeter l'évidence et violenter notre nature ; lui chercher un appui étranger, c'est aller contre le sens commun de l'humanité.

Certitude de la raison et du raisonnement. — Impossible de démontrer par des arguments la *légitimité de la raison* et la vérité des axiomes, parce que toute démonstration suppose ces vérités elles-mêmes comme principes, et la raison comme moyen. Mais aussi il est impossible de diriger contre la raison une attaque sérieuse; toute négation de sa légitimité est un acte de foi en elle.

Kant et ses disciples de France et d'Allemagne ont nié cependant la certitude objective des données rationnelles ; pour eux les notions et vérités premières ne sont que des *formes* de la raison, nécessaires eu égard à la constitution actuelle de notre intelligence, mais qui pourraient disparaître ou changer si notre intelligence était modifiée. C'est le point de départ de l'idéalisme transcendantal, sur lequel nous aurons à revenir.

Bien que le *raisonnement*, procédé caractéristique de l'esprit humain, ne nous fasse saisir la vérité qu'à l'aide d'intermédiaires, la certitude qu'il nous donne n'est pas moins grande que celle de la raison intuitive qui atteint immédiatement son objet. Quand le principe sur lequel ce raisonnement repose est certain, et que l'évidence se transmet sans interruption jusqu'à la dernière conséquence, celle-ci devient aussi certaine que le principe. Les sciences mathématiques offrent un exemple incontesté de ce genre de certitude, mais ce n'est pas à l'exclusion des sciences physiques et morales. Les règles du raisonnement ne changent pas avec les vérités à démontrer; le procédé reste toujours le même, « et si la géométrie, dit Leibnitz, avait quelque rapport avec nos sentiments, on ne disputerait pas moins sur ses axiomes et ses théorèmes qu'on le fait sur ceux de la morale. »

II

SCEPTICISME

Le scepticisme nie la certitude, refuse à l'homme le droit d'affirmer qu'il possède la vérité. On appelle *sceptiques* ceux qui professent ce système.

Il y a des degrés dans la négation de la certitude : pour les uns, l'impuissance de l'homme est radicale, il ne peut s'élever au-dessus du doute : c'est le *scepticisme absolu;* pour les autres, l'homme, incapable d'arriver à la certitude, peut parvenir à se former des opinions plus ou moins probables : c'est le *probabilisme.*

I. — Scepticisme absolu ou pyrrhonisme

Professé dans l'antiquité par Pyrrhon, qui même lui a donné son nom, et par Sextus Empiricus, son principal défenseur, le scepticisme absolu est représenté dans les temps modernes par Montaigne et Bayle.

Ce scepticisme met en doute la légitimité de toutes nos connaissances quelles qu'elles soient, à l'exception des données du sens intime. Le vrai sceptique n'affirme la réalité d'aucun objet; il n'ose pas la nier non plus, car nier ce serait juger, et par conséquent affirmer quelque chose ; il *suspend tout jugement,* se condamne au doute absolu, dans l'espoir d'arriver par là à la tranquillité parfaite. Le scepticisme a sa formule exacte dans la célèbre interrogation de Montaigne : *Que sais-je ?*

Il n'est évidemment pas possible de démontrer *directement* aux sceptiques la légitimité de nos connaissances, car pour raisonner il faudrait partir d'un principe certain, et ils n'en admettent aucun; nous ne pouvons que l'établir INDIRECTEMENT, en montrant d'une part que *les arguments du scepticisme* contre la certitude sont sans valeur, d'autre part que *le système pris en lui-même* est de tous points insoutenable.

1° Arguments du scepticisme.

Tous les arguments du scepticisme exposés dans les *hypotyposes pyrrhoniennes* par Sextus Empiricus ont été reproduits par les modernes. Bornons-nous à exposer les trois principaux.

L'Ignorance. — « L'homme, dit Pascal, est perdu au milieu de l'infini, et toutes choses s'entre-tenant par un lien naturel et insensible qui lie les plus éloignées et les plus différentes, je tiens impossible de connaître les parties sans connaître le tout, non plus que de connaître le tout sans connaître les parties. » La science complète serait seule absolument vraie; or celle-là est au-dessus des forces humaines.

Toutes les vérités se tiennent, nous dit-on, toutes choses sont *causées* et *causantes;* donc, pouvons-nous conclure, aucune des vérités encore inconnues ne saurait être en contradiction avec celles que nous possédons déjà. Nos connaissances actuelles sont incomplètes sans doute, nous sommes loin de tout connaître, mais nous pouvons savoir avec certitude ce que nous savons. « Si même, dit Descartes, vous considérez qu'il n'y a qu'une vérité de chaque chose, vous comprendrez que quiconque la trouve en sait autant qu'on en peut savoir ; un enfant instruit dans les mathématiques ayant fait une addition suivant les règles peut assurer avoir trouvé, touchant la somme qu'il examinait, tout ce que l'esprit humain saurait trouver. »

L'opposition des opinions humaines. — Qu'on prenne, en effet, la raison dans sa forme vulgaire ou dans sa forme philosophique, son histoire est l'histoire de ses contradictions. Ces contradictions, manifestes de siècle à siècle, ne sont pas moins évidentes de peuple à peuple, d'école à école. Cette même contradiction, chacun la retrouve dans sa propre histoire; maintenant même nos facultés sont-elles toujours d'accord? Une même faculté ne va-t-elle point, pour ainsi dire, jusqu'à se contredire elle-même au même instant? — « On ne voit, dit Pascal, presque rien de juste et d'injuste qui ne change de qualité en changeant de climat... Plaisante justice qu'une rivière ou une montagne borne ! Vérité en deçà des Pyrénées; mensonge au delà ! » — « La vérité et l'erreur ressemblent à des ondes mobiles qui, cédant au moindre souffle, se croisent, se mêlent, se confondent et viennent incessamment se briser au même rivage. » (Lamennais).

Cette objection est celle qui trouble davantage l'esprit : *Perturbat nos opinionum varietas hominumque dissensio*, dit Cicéron. Elle est cependant futile. Une première remarque qui la détruit déjà, c'est que la conséquence qu'on tire de cette énumération des contradictions prétendues de nos facultés suppose nécesssairement au moins un principe absolument vrai, savoir, qu'une même chose ne peut pas être et n'être pas en même temps.

De plus, il y a beaucoup de vérités acceptées par tous les hommes, dans tous les siècles et dans tous les pays, défendues en particulier par ceux que Cicéron appelle les *patriciens de l'intelligence*, et dont l'ensemble constitue cette éternelle philosophie, *perennis philosophia*, dont parle Leibnitz. « Si nous ne les remarquons pas, dit ce même auteur, c'est précisément parce que nous nous en servons continuellement et qu'elles nous soutiennent. Ces vérités ne sont pas seulement des vérités de sens commun, elles sont la base de toutes les sciences ; elles se trouvent non seulement dans les mathématiques, mais dans la physique, la morale, le droit, la littérature. » (Leibnitz.) Ainsi restreinte, l'objection perd sa valeur ; ce qu'il y a de variable dans les jugements humains s'explique facilement par des causes très naturelles, la difficulté des problèmes, la diversité des points de vue, des passions, des préjugés.

L'objection suppose que nous n'avons aucun moyen de discerner le vrai du faux ; c'est là une prétention insoutenable. Les notions d'erreur et de vérité se confondent-elles dans notre esprit ? Ne nous arrive-t-il pas tous les jours de dire : Ceci est vrai, cela est faux ; et quand nous nous sommes trompés, de nous apercevoir de nos méprises, de redresser nos jugements ? Comment cela serait-il possible si notre intelligence était réduite à l'état d'impuissance que supposent les sceptiques ?

L'impossibilité pour la raison de démontrer sa propre légitimité. — Diallèle. — « Pour juger des objets, dit Montaigne, il faudrait un instrument judicatoire ; pour vérifier cet instrument, il nous y faut de la démonstration ; pour vérifier la démonstration un instrument, nous voilà au rouet ; » et plus loin : « Aucune raison ne s'établira sans une autre raison ; nous voilà à reculons jusques à l'infini. »

Pour établir, en effet, sa propre véracité, l'intelligence n'a à sa disposition qu'elle-même et les facultés dont la légitimité est en cause. Mais aussi nous avons vu que toute vérité n'a pas besoin d'être démontrée, et la légitimité de nos moyens de connaître est au premier rang de ces vérités lumineuses qui sont supérieures à toute démonstration. Le vice radical du scepticisme est de croire que la démonstration est toujours nécessaire; c'est méconnaître la nature de l'homme; forcément, il faut commencer par des affirmations qui ne sont point prouvées, mais qui n'en sont pas moins certaines.

Du reste, quand les sceptiques exigent que la véracité de nos facultés soit démontrée, ou ils s'appuient sur un principe évident pour demander cette démonstration, ou la nécessité de cette démonstration est évidente *a priori*. Dans les deux cas, ils admettent quelque chose d'évident en soi et d'indémontrable.

2° LE SCEPTICISME EN LUI-MÊME.

Au point de vue théorique, la doctrine des sceptiques est absurde et remplie de contradictions. — Le principe logique qui condamne absolument le scepticisme universel peut s'exprimer sous cette forme inattaquable : Si quelque chose est, il y a une vérité absolue, c'est que quelque chose est; si rien n'est, il y a encore quelque chose d'absolument vrai, c'est que rien n'est. — Le sceptique dit qu'il faut douter de tout, parce que la raison est trompeuse; mais c'est avec sa raison qu'il a été conduit à formuler ce jugement : il a donc cru à sa raison ; il admet par conséquent qu'elle peut donner la vérité. — Le sceptique dit que nous n'avons pas la vérité ; mais cette proposition, s'il l'admet, est une contradiction, il admet quelque vérité.

Insoutenable en théorie, le scepticisme universel n'est pas possible en pratique. — « L'homme, se demande Pascal, doutera-t-il de tout? Doutera-t-il s'il veille, si on le brûle, s'il est? Non, il n'en saurait venir là, et je mets en fait qu'il n'y a jamais eu de pyrrhonien effectif et parfait; la nature empêche l'homme d'extravaguer à ce point. » Hume l'avouait : « Je me vois, dit-il, absolument et nécessairement forcé de vivre, de parler et de travailler comme les autres hommes dans le train commun de la vie. » Le pyrrhonisme n'est donc, en réalité, qu'un jeu de l'esprit qui ne peut tenir dans la pratique, qui tombe devant les exigences de la vie. Aussi Fénelon disait-il des sceptiques qu'ils sont une secte, non de philosophes, mais de menteurs.

Par cela même, du reste, que le scepticisme fait disparaître toutes les vérités morales et religieuses, il enlève tout frein aux passions, ouvre la voie à tous les crimes et mène ainsi à des conséquences non moins funestes pour le cœur que pour l'esprit, pour l'individu que pour la société.

II. — Le probabilisme.

A côté du scepticisme absolu doit se placer le probabilisme, représenté chez les Grecs par Arcésilas et Carnéade, chez les Romains par Cicéron, et chez les modernes par Laplace.

Exposé. — Les probabilistes, d'après Sextus Empiricus, professent que la vérité est inaccessible, qu'il est inutile de la chercher, que nous ne pouvons connaître que le vraisemblable; ils diffèrent en cela des pyrrhoniens, qui, sans affirmer ou nier la possibilité d'arriver au vrai, professent l'ignorance à cet égard et *cherchent* toujours; de là le nom de sceptiques par lequel on les désigne.

« Aux choses vraies, disent les partisans du probabilisme, sont toujours mêlées des choses fausses qui n'en diffèrent pas, et il n'y a aucun criterium pour les distinguer. Rien ne peut être perçu directement, mais on cède aux apparences. Ne pouvant pas saisir la vérité, on saisit le vraisemblable; on ne s'élève pas à la certitude, mais on arrive à la probabilité, et c'est d'après elle qu'on se gouverne. »

Réfutation. — Le faux, dit-on, est toujours mêlé au vrai; mais comment le peut-on savoir? Pour qui ne perçoit pas la vérité, rien ne peut être ni vrai ni faux. La notion d'un mélange du vrai et du faux implique quelque notion de la vérité. Il faut donc choisir : ou la vérité peut être perçue, ou il n'est pas permis de dire que le faux est constamment mêlé au vrai.
— Bien plus, le probabiliste, qui n'admet aucune vérité, doit rejeter également la vraisemblance, car la vraisemblance est une image de la vérité, et, si on ne connaît pas la vérité, on ne peut pas savoir ce qui lui ressemble. Qui n'a pas vu l'origi-

nal est-il en droit de dire que le portrait est ressemblant? C'est l'argument de saint Augustin, il est sans réplique : *Nihil mihi videtur esse absurdius quam dicere se verisimile sequi, eum qui verum quid sit ignoret.* — De même la probabilité est ce qui se rapproche de la certitude; comment donc estimer une chose probable si on ignore à quelles conditions elle est certaine? La probabilité est à la certitude ce que la vraisemblance est à la vérité, elle la suppose.

Accordons aux probabilistes que nous n'atteignons que le vraisemblable, quel sera le criterium du vraisemblable? « Sans rien percevoir, ils acceptent, disent-ils, l'apparence qui frappe fatalement leur esprit.... » Mais ce n'est là qu'un jeu de mots : la perception est inséparable de la croyance; pour croire aux apparences, il faut avoir conscience de l'impression reçue. Or avoir conscience, n'est-ce pas percevoir? Les probabilistes perçoivent donc toutes les fois qu'ils croient, et leur théorie est fausse.

Ajoutons qu'ils sont inconséquents, car s'ils rejettent toute certitude en théorie et dans le domaine de la spéculation, ils sont dogmatiques en morale et maintiennent la règle des mœurs; or logiquement leurs principes devraient les conduire à la négation de toute vérité, de toute certitude.

Scepticisme partiel. — A la suite du scepticisme absolu et du probabilisme, qui refusent à l'ensemble de nos facultés le privilège de connaître la vérité, il faudrait placer les systèmes qui rejettent l'autorité de telle ou telle faculté spéciale; nous les avons déjà fait connaître pour la plupart. Nous n'ajouterons qu'une remarque.

« On ne fait point au scepticisme sa part, » a dit Royer-Collard ; tout *scepticisme partiel* est plus ou moins illogique, car notre intelligence est essentiellement une, et toutes nos connaissances reposent en dernière analyse sur un même fondement, l'évidence. Aussi nier l'autorité de l'une ou de l'autre de nos facultés, c'est rejeter la raison tout entière et tomber dans le scepticisme absolu.

III

IDÉALISME

Il faut distinguer deux sortes d'idéalisme : l'un se rapporte à la *question de l'origine des idées;* l'autre est du *domaine de la métaphysique.* Le premier attribue aux notions pures de la raison un rôle exagéré dans la formation de nos connaissances et tend à déprécier l'expérience, dont les données n'auraient aucune valeur scientifique. Le second consiste essentiellement dans la négation de la réalité objective de nos connaissances ; il fait de l'objet connu une simple modification du sujet con naissant. *Esse est percipi,* telle est sa formule.

C'est de cet *idéalisme métaphysique* qu'il est ici question.

Division. — Pour donner une idée de ce système, il est nécessaire de faire connaître brièvement les différentes formes sous lesquelles il apparaît dans l'histoire de la philosophie. On les réduit ordinairement à deux principales : l'*idéalisme simplement dit* et l'*idéalisme transcendantal.*

L'*idéalisme simplement dit* admet la réalité des sensations attestées par la conscience ; mais toutes ces sensations sont pour lui purement subjectives ; il n'existe rien hors de nous qui corresponde à nos sensations, ou du moins il nous est impossible de le savoir.

L'*idéalisme transcendantal* ne reconnaît pas la réalité de l'âme comme un fait prouvé par l'expérience intime ; nos sensations ne sont pour lui que des phénomènes et de pures apparences dont il essaye de rendre compte *a priori,* c'est-à-dire par des principes pris en dehors de toute expérience.

I. — Idéalisme simplement dit.

L'idéalisme simplement dit, ou se borne à nier la réalité objective des corps, ou va jusqu'à nier celle de toute substance. Dans le premier cas, c'est l'*idéalisme sensible* ou *immatérialisme;* dans le second cas, c'est le *phénoménisme absolu.*

I. — Idéalisme sensible ou immatérialisme.

Exposé du système. — Cet idéalisme se présente sous deux formes différentes avec Parménide dans l'antiquité, et Berkeley au XVIII° siècle.

Parménide. — Idéalisme subjectif. — Pour Parménide, rien n'existe en dehors de nos pensées ; l'objet apparent de toutes nos perceptions, de toutes nos pensées n'est que le *produit spontané et fatal de l'activité de notre âme*. C'est l'idéalisme le plus absolu.

Berkeley. — Idéalisme objectif. — Berkeley se propose de réfuter le matérialisme, mais il tombe dans l'excès opposé. Son point de départ est la théorie des *idées-images ;* il passe en revue les différentes preuves apportées par les philosophes, spécialement par Descartes et par Malebranche, pour établir l'existence des corps, les juge insuffisantes, et en conclut que la matière n'existe point. « Les impressions sensibles, dit-il, sont de pures modifications de l'âme ; nous pouvons supposer qu'il n'y a aucune existence corporelle, et nous éprouverons encore toutes les impressions sensibles que nous éprouvons. Ces *impressions sont produites en nous par Dieu*, et ce n'est qu'en vertu d'une loi d'association que nous leur attribuons l'objectivité. L'existence des corps n'est qu'une fiction métaphysique. »

Réfutation. — Existence du monde extérieur. — La négation du monde extérieur est manifestement *contraire au sens commun :* « Ne doit-on pas regarder comme extravagante une hypothèse qui ferait passer pour insensé quiconque la prendrait comme règle de ses discours ? Un monde, en effet, de simulacres constants exige les mêmes précautions, les mêmes procédés qu'un monde de réalités ; et n'aurions-nous qu'une apparence d'estomac, qu'une apparence de faim, il n'en faudrait pas moins nous donner une apparence de mouvement pour manger une apparence de pain. Si une apparence de brigand a paru tuer une apparence de voyageur pour lui voler une apparence de bourse, il n'en faut pas moins qu'une apparence de gendarmerie paraisse se mettre à la poursuite de l'apparence assassine pour paraître l'amener devant des apparences de juges qui, après avoir entendu des apparences de témoins, paraîtront livrer l'apparence criminelle aux mains d'une apparence de bourreau. » (M. Maugras.)

La *raison philosophique* se joint au sens commun pour affirmer la réalité objective des corps. Il suffit, pour s'en convaincre, — de se reporter aux conditions mêmes de la perception externe, — de se rappeler l'action que nous exerçons sur les objets extérieurs et la *résistance* qu'ils nous opposent, — d'accepter le fait de la perception immédiate des corps et de ne pas réclamer une démonstration impossible, mais d'ailleurs inutile de leur existence.

Ajoutons contre l'*idéalisme subjectif* que la conscience est loin de nous affirmer que les objets soient une création de notre activité propre, et contre l'*idéalisme objectif* que Dieu ne peut être le principe d'une erreur constante, universelle et invincible.

II. — Phénoménisme absolu.

Hume et Stuart Mill sont les principaux représentants de ce système.

Hume. — Nous ne connaissons rien que par nos idées, et il n'est pas une seule de nos idées qui ne dérive d'une impression. Partant de ce principe, Hume étend à tous les phénomènes internes la théorie que Berkeley n'appliquait qu'à nos sensations, et nie l'existence de toute substance soit corporelle, soit spirituelle. « Une pierre, un arbre, un livre, ne sont que des collections d'idées. » Le moi lui-même n'existe plus comme substance, il n'est « qu'un faisceau, une collection de différentes perceptions qui se succèdent l'une à l'autre avec une rapidité incroyable ». Hume touche ainsi à l'idéalisme transcendantal.

Stuart Mill. — Stuart Mill renouvelle et développe la théorie phénoméniste de Hume. Pour lui les corps ne sont que « des possibilités permanentes de sensations ». Ces possibilités diverses, ajoute-t-il, « sont tout ce qui m'importe dans le monde; mes sensations présentes ont généralement peu d'importance, et de plus elles sont fugitives. » L'esprit se réduit de même à « une possibilité permanente d'états de conscience », et le moi concret n'est « qu'une série de sentiments coordonnés ».

Pour être juste, il faut reconnaître que Stuart Mill ne semble pas satisfait de sa théorie sur l'âme : « Si nous regardons l'esprit, dit-il, comme une série de sentiments, nous sommes obligés de compléter la proposition en l'appelant une série de sentiments qui se connait elle-même comme passée et à venir; et nous sommes réduits à l'alternative de croire que l'*esprit* ou le *moi* est autre chose que des séries de sentiments ou de possibilités de sentiments, ou bien d'admettre le paradoxe que quelque chose qui, par hypothèse, n'est qu'une série de sentiments peut se connaître soi-même en tant que série. »

Réfutation. — En tant qu'il nie la réalité objective des corps, le phénoménisme absolu doit être réfuté comme l'idéalisme sensible. Il ne repose en réalité, comme ce dernier système, que sur la théorie fausse des idées intermédiaires. A sa négation de l'âme on doit opposer de plus le témoignage de la conscience, qui ne se borne pas à nous faire connaître les faits internes, mais qui perçoit immédiatement l'âme elle-même comme substance et comme cause, sans que nous puissions un instant douter de la légitimité de son témoignage.

I. — Idéalisme transcendantal.

Nous étudierons sous ce titre le *criticisme* de Kant, et le *relativisme universel* des philosophes contemporains.

I. — Criticisme de Kant.

Kant, pour arracher la philosophie au scepticisme de Hume, se propose de faire une critique rigoureuse des diverses sources de nos connaissances, et spécialement de la raison, pour en déterminer la portée légitime; de là le nom d'*idéalisme critique* ou de *criticisme* donné à son système.

Exposé du système. — Le grand problème à résoudre relativement à la connaissance (*adæquatio rei et intellectus*) est celui de l'accord de la pensée avec son objet. « Jusqu'ici, dit Kant, on a cru que toute connaissance doit se régler d'après les objets; mais tous les efforts dirigés dans ce sens pour arriver à la certitude sont demeurés infructueux. Essayons donc si on ne réussirait pas mieux, dans ce problème métaphysique, en supposant que les objets doivent se régler sur nos connaissances. » De là l'analyse approfondie de nos connaissances.

Dans toute connaissance il y a deux éléments, la matière et la forme. La matière provient des intuitions sensibles fournies par l'expérience ; la forme vient de l'esprit et de ses lois nécessaires. Les intuitions sensibles n'ont par elles-mêmes aucune réalité ; elles ne dépassent pas l'ordre *purement phénoménal*; mais par l'application de la forme, c'est-à-dire des lois de notre esprit, elles deviennent *objets*.

Tout se réduit donc à apprécier la valeur de cet élément rationnel qui donne aux phénomènes leur réalité objective.

Après avoir analysé toutes les notions *à priori* de la sensibilité et de l'entendement, Kant remarque que toutes les connaissances de l'esprit humain viennent aboutir à ces trois principes absolus ou à ces trois idées fondamentales de la raison : le *moi*, le *monde* et *Dieu*. Pouvons-nous savoir quelque chose sur ces trois termes ?

Kant se pose le problème, mais l'analyse de ces termes le conduit à des *antinomies* ou contradictions logiques, inévitables, dès qu'il veut franchir les limites de l'expérience. Le moi est-il simple, identique ? Le monde a-t-il eu un commencement ou est-il éternel ? Est-il infini en étendue ou limité dans l'espace ? Est-il formé d'éléments simples ou indéfiniment divisible ? Renferme-t-il des causes libres ou tout y est-il déterminé ? Enfin existe-t-il un être nécessaire, ou n'y a-t-il partout que des êtres contingents ? Sur toutes ces questions, une dialectique supérieure, *transcendantale*, démontre le pour et le contre, le oui et le non, la *thèse* et l'*antithèse*.

De cette critique, Kant conclut que la foi à la réalité de l'espace et du temps, à l'existence de Dieu et de notre âme, à la vérité des principes rationnels, est une loi de notre constitution, mais que rien ne nous assure de la réalité objective de ces choses. Notre intelligence constituée d'une autre manière pourrait voir la fausseté de ce qu'elle perçoit maintenant comme nécessaire. Quand nous ajoutons foi à nos idées, nous attribuons donc aux objets ce qui n'appartient qu'à notre esprit ; nous passons illégitimement de la pensée à la réalité. L'existence des *noumènes* ne peut être affirmée.

Pour échapper au scepticisme absolu, Kant a recours à la *raison pratique*; mais cette nouvelle étude ne saurait apporter un remède efficace aux désastreuses conséquences de sa *critique de la raison pure*.

Réfutation du système. — Il n'est pas difficile de découvrir le vice de cette théorie.

Le point de départ est faux. — Kant prétend réfuter le scepticisme de Hume, et il part du principe même sur lequel repose le scepticisme, à savoir que l'expérience ne nous fait connaître que des phénomènes.

La méthode impossible. — Il prétend déterminer *à priori* la valeur de la connaissance, en faisant abstraction de la réalité de son existence; mais cette abstraction est impossible, et impliquerait au moins l'incapacité de raisonner.

Les antinomies inacceptables. — Admettre les antinomies de Kant, c'est-à-dire accepter que le pour et le contre ont la même valeur, que le oui et le non sont en parfait équilibre sur toutes les questions posées, c'est nier les principes rationnels les plus évidents, nier la raison elle-même. « Ainsi on fait appel à de prétendues antinomies pour battre en brèche la raison, et il faut commencer par nier tout d'abord la raison, pour avoir le droit de supposer ou d'invoquer les antinomies. »

Les conclusions fausses. — La réalité objective des idées et des vérités de la raison est expressément marquée par leurs caractères essentiels. Kant lui-même reconnaît qu'elles sont conçues comme éternelles, absolues, universelles et nécessaires ; « or tout cela veut dire *objectif*. »

Les conséquences absurdes. — Si les idées et les lois de l'intelligence n'ont qu'une valeur subjective, le doute sera la loi fatale, non seulement de la raison humaine, mais de Dieu lui-même, puisque c'est avec son intelligence qu'il saisit la vérité.

Les contradictions flagrantes. — Kant essaye de sortir de son doute à l'aide de l'impératif catégorique et des raisonnements de la raison pratique; mais : 1° l'impératif catégorique est un fait attesté par la conscience, il ne sort donc pas, d'après la théorie, de l'ordre purement phénoménal et ne peut produire une connaissance objective; 2° la raison théorique et la raison pratique ne sont pas deux facultés différentes; leur valeur est donc identique et ne peut varier, comme Kant le suppose arbitrairement.

Ne serait-il pas possible, dira-t-on, que notre raison, si elle était modifiée, perçût comme absurdes les principes qu'elle perçoit maintenant comme vrais? La réponse est facile : non seulement nous ne concevons pas cette possibilité, mais il nous semble voir clairement que la chose est impossible; cela étant, si l'intelligence devait douter d'elle-même pour le motif dont on vient de parler, elle devrait donc douter pour une raison dont elle ne conçoit pas la possibilité, dont il lui semble même voir clairement l'impossibilité ; ne serait-ce pas le comble de la déraison ?

Les successeurs immédiats de Kant. — L'idéalisme de Kant, remarque M. Janet, était sujet à deux difficultés particulières : rien n'expliquait pourquoi la matière s'accordait avec la forme, les intuitions sensibles avec les lois de l'esprit; en second lieu, la matière, d'après Kant, nous étant *donnée*, et par conséquent supposant quelque chose d'existant en soi, l'idéalisme de Kant n'était qu'un demi-idéalisme, qui laissait toujours subsister l'ancienne opposition de l'objet et du sujet.

Pour répondre à ces deux difficultés, Fichte *supprime l'existence des choses en soi* et fait dériver du *moi* la matière et la forme de la connaissance. Schelling et Hégel n'admettent, comme Fichte, qu'une seule existence suprême : pour Schelling, c'est l'absolu; pour Hégel, c'est l'idée.

Mais ces systèmes ne rentrent plus dans l'idéalisme, nous les retrouverons en parlant du panthéisme.

II. — Relativisme contemporain.

Kant avait tenté de s'arrêter à moitié chemin; après avoir nié *l'absolu* dans la science, il en affirmait l'existence dans la morale. Plus audacieux, les critiques et positivistes contemporains le déclarent « inaccessible à l'esprit humain, non seulement en philosophie, mais en toutes choses. »

Exposé du système. — « Toute la connaissance que nous avons de l'esprit et de la matière, dit Hamilton, est relative, conditionnée, relativement conditionnée. *Des choses, considérées en elles-mêmes, qu'elles soient externes ou internes, nous ne savons rien...* L'absolu n'existe pas; ce n'est qu'une pseudo-idée, une notion purement négative qui ne contient subjectivement rien de concevable. »

Spencer admet, comme Hamilton, que toute connaissance, toute science proprement dite est relative; mais, d'après lui, si nous ne pouvons pas *connaître* l'absolu, nous pouvons le *concevoir*, cette conception, toute positive, se retrouve même au fond de toutes les autres; elle est la condition de la pensée et l'élément immuable de la conscience.

N'admettre que les faits d'expérience, considérer le relatif comme l'unique objet de la science, écarter l'absolu comme une vaine hypothèse, une pure chimère : telle est la loi fondamentale du positivisme contemporain. « Essences des choses, causes dernières, questions théologiques et métaphysiques, tout cela, dit Littré, est en dehors de l'expérience; l'esprit humain, de quelque façon qu'il s'ingénie, n'a aucun moyen d'y atteindre. » Cette affirmation du caractère relatif de toute vérité semble être le fait capital de l'histoire de la pensée contemporaine, et M. Caro a pu dire avec vérité : « La marque la plus générale par où je reconnais l'esprit nouveau, c'est l'opinion partout répandue que la vérité a un caractère essentiellement relatif. »

Réfutation du système. — Le relativisme universel est le *renversement de toute raison*. On a beau prétendre que nous ne connaissons que des phénomènes, le sens commun proteste contre cette affirmation : tous les hommes perçoivent directement en eux l'existence d'un principe substantiel et actif, et en dehors d'eux celle d'un monde réel, situé dans l'espace et dans le temps; — tous reconnaissent que les vérités nécessaires qui sont l'objet de notre raison subsistent indépendamment de tous les temps et de toutes les intelligences, et sont par conséquent absolues; — bien plus, tous les faits attestés par l'expérience ne s'expliquent eux-mêmes que par des substances, des causes et des lois qui dépassent l'expérience.

Non seulement le relativisme est une erreur, *c'est encore une impossibilité.* On a beau dire que la raison doit s'arrêter au fait expérimental, la raison brise le cercle étroit où on voudrait l'enfermer; elle remonte de l'effet à la cause, d'une cause seconde à une cause plus haute, jusqu'à la cause première. Rien n'arrête la raison dans cette marche nécessaire; elle ne s'empare même du fini que pour y trouver un point d'appui qui lui permette de s'élancer vers l'infini. Et cet infini, raison dernière de toute chose, bien loin d'être une hypothèse, est la réalité la plus concrète, la plus positive, la plus certaine.

Les conséquences du système sont évidentes : au point de vue spéculatif, c'est la ruine de toute certitude; les positivistes l'avouent : « Aujourd'hui rien n'est plus parmi nous ni vérité ni erreur...; nous admettons jusqu'à l'identité des contraires. » (Schérer.) Au point de vue pratique, c'est la suppression de toute différence entre le bien et le mal, par conséquent l'indifférentisme universel, qui conduit à l'égoïsme. — Ces conséquences suffisent pour juger le système.

COSMOLOGIE RATIONNELLE

La nature ou le monde visible est l'ensemble des êtres soumis à des lois nécessitantes, par opposition aux êtres doués de libre arbitre.

Les êtres qui composent le monde visible se rangent naturellement en deux classes : les *corps bruts* et les *corps vivants*. De là deux parties dans ce traité.

Rappelons, avant de les aborder, que ces deux catégories d'êtres se distinguent l'une de l'autre par quelques caractères essentiels qui se rattachent : — à leur constitution intime (organique ou inorganique); — à leur composition chimique (plus complexe dans les corps vivants que dans les corps bruts); — à leur origine (l'être vivant provient d'un être semblable; le corps brut, d'éléments dissemblables); — à leur forme (définie ou indéfinie); — à leur mode d'accroissement (par intussusception ou par juxtaposition); — à leur durée (limitée ou illimitée); — enfin à la faculté de reproduction que n'ont pas les corps bruts. Nous n'insisterons pas sur ces notions, familières aux élèves de philosophie, et qui rentreraient d'ailleurs dans l'objet des sciences naturelles.

I

CORPS BRUTS

Nous n'avons à parler que de l'*essence de la matière*.

La solution de cette question intéresse sans doute les sciences physiques et naturelles, mais elle les dépasse et appartient à la métaphysique, qui par le raisonnement recherche les principes essentiels des choses. La seule condition que les sciences aient le droit de nous imposer, c'est que notre solution ne soit pas en opposition avec les résultats certains de l'expérience.

Trois systèmes principaux sont en présence : l'*atomisme*, le *dynamisme* et la théorie de la *composition substantielle*.

I. — Atomisme.

Nous en distinguerons deux formes principales : l'*atomisme pur* ou *mécanique*, et l'*atomisme chimique* ou *dynamique*.

1° **Atomisme pur ou mécanique.** — Les principaux représentants de ce système sont : Anaxagore, Démocrite, Épicure dans les temps anciens; Descartes, Gassendi et Newton dans les temps modernes. L'atomisme d'Épicure admet le vide et prend le nom d'*atomisme physique;* l'atomisme de Descartes suppose le plein absolu; on l'appelle *atomisme géométrique*. C'est cette seconde forme de l'atomisme mécanique que nous ferons spécialement connaître.

En ne tenant pas compte de plusieurs modifications de détail, introduites par divers philosophes, on peut résumer ainsi le système : l'étendue constitue toute l'essence des corps; ceux-ci sont donc de soi inertes et indéfiniment divisibles. Toutefois on les conçoit comme formés d'une agrégation de corpuscules, toujours réellement étendus, mais insécables physiquement, et qu'on a pour cette raison appelés atomes; la diversité des corps ne provient que de la disposition différente de ces atomes. Tout est plein dans l'univers, puisque l'étendue qui constitue la matière est illimitée, et les atomes ne peuvent que glisser les uns sur les autres sans laisser aucun vide entre eux.

Quelques mots suffiront pour apprécier l'atomisme pur.

Ce système dépouille les corps de tout principe actif; impuissants à produire le mouvement, ils ne peuvent que le recevoir; — le mouvement, dit Descartes, a été introduit par Dieu dès l'origine, et s'accomplit en vertus de lois purement *mécaniques;* mais la propagation de ce mouvement paraît incompatible avec la théorie du plein absolu; — enfin, toute l'essence des corps étant dans l'étendue, le système ne donne aucune raison suffisante de l'*insécabilité* de l'atome, de l'*impénétrabilité* de la matière et de la plupart des autres propriétés physiques.

2° **Atomisme chimique ou dynamique.** — Frappés de

l'inconvénient de n'admettre dans l'univers qu'un élément passif et de l'impossibilité d'expliquer avec l'étendue toute seule les faits acquis à la science, certains philosophes ont modifié l'atomisme pur ; leur système a pris le nom d'atomisme chimique. M. Martin l'expose longuement dans sa *Philosophie spiritualiste de la nature*.

Toute substance est essentiellement active, et par suite l'essence de la matière consiste dans la force en même temps que dans l'étendue. Les corps sont simples ou composés de corps simples. Les dernières particules auxquelles on arrive en divisant un corps simple s'appellent *atomes premiers*. Ces atomes sont des substances, non seulement étendues, mais douées d'une activité dynamique, purement *interne* selon les uns et principe de l'impénétrabilité, *interne* et *externe ;* pouvant agir à quelque distance, selon les autres.

Ce système est inadmissible : le premier reproche qu'on peut lui faire, c'est d'admettre que l'activité réside en un sujet étendu ; la matière est étendue et active, mais ces deux propriétés doivent être attribuées à deux principes différents. — De plus, l'atomisme dynamique n'explique ni la distance ni le mouvement, puisqu'il n'a pour les expliquer que le *néant* des vides qu'il met entre les atomes des corps. — Enfin M. Martin, en douant ces atomes d'une force dynamique externe, suppose une action à distance que nous démontrerons être impossible.

II. — Dynamisme ou monadisme.

Le dynamisme est tout l'opposé de l'atomisme. Tous les corps, dans ce système, se résolvent en éléments simples ou inétendus, forces essentiellement actives, qu'on a appelées *monades*. Ce système a pour représentant dans l'antiquité Pythagore ; dans les temps modernes, il a été formulé par Leibnitz, puis repris et développé sous une forme beaucoup plus logique par Boscowich, jésuite autrichien du XVIII° siècle.

1° Dynamisme de Leibnitz ou dynamisme interne.
— Leibnitz admet en chaque corps un nombre infini de monades contiguës, douées d'appétition et de perception, quoique sans conscience et sans volonté. Chaque monade, essentielle-

21*

ment active, mais d'une activité purement interne, éprouve des modifications *prédéterminées* de manière à *s'harmoniser* parfaitement avec les modifications des autres.

Ce système a l'inconvénient d'accorder aux éléments primitifs de la matière les mêmes propriétés qu'aux principes de vie des plantes et des animaux. — Mais surtout, outre le principe inadmissible de l'harmonie préétablie, il renferme deux impossibilités manifestes : celle d'un nombre infini de monades, et celle de la contiguïté de plusieurs éléments simples sans compénétration mutuelle. — De plus il n'explique pas l'étendue des corps.

2° **Dynamisme de Boscowich ou dynamisme externe.**
— Pour échapper aux difficultés du système de Leibnitz, Boscowich admet que les corps se composent d'un *nombre fini d'êtres simples,* sortes de points mathématiques substantiels, *doués d'une force d'attraction et de répulsion mutuelles* qui les maintient, les uns en dehors des autres, à une distance déterminée; de là l'étendue, qui n'est qu'un rapport de coexistence entre les éléments simples. Quant à la variété des substances, elle s'explique par la disposition différente des êtres simples et la place qu'ils occupent, de la même façon à peu près qu'une multitude de points noirs peut, suivant leur disposition, donner les diverses lettres de l'alphabet et les divers mots d'une langue.

Kant, suivant à peu près les traces de Boscowich, enseigne que les corps ne sont autre chose que des *forces motrices* disséminées, dans l'espace et *douées d'une double puissance de concentration et d'expansion* qui produit l'étendue.

Cette forme du dynamisme, bien qu'acceptée par un grand nombre de philosophes nous paraît absolument inadmissible.

a. — En n'admettant dans chaque corps qu'un nombre fini d'éléments, Boscowich nie la divisibilité de la matière à l'infini; et par là il ébranle la base des mathématiques et les rend inapplicables au monde physique, car ces sciences impliquent cette divisibilité à l'infini dans la plupart de leurs opérations sur l'étendue, telles que la division, l'extraction de racines, les séries décroissantes, et surtout le calcul infinitésimal.

b. — « Le système détruit la réalité de l'étendue; car il en fait un produit d'êtres simples et indivisibles, sous la seule condition d'un certain ordre et d'une action réciproque; et cette notion conviendrait aussi bien au monde des esprits. » (Liberatore.) — « L'ordre est une pure relation, il ne change en rien l'essence des choses; les êtres simples, même dans l'ordre et à distance, restent toujours inétendus, donc incapables de produire l'étendue. » (Abbé Farges.)

c. — L'action à distance que suppose le système est absolument impossible; il est évident, en effet, que l'opération étant inséparable de la puissance, et la puissance inséparable de la substance, aucune force ne peut agir là où elle n'est pas, et que par suite l'action à distance est impossible.

d. — Enfin le système tourne dans un cercle vicieux; car il recourt aux idées de distance et de mouvement pour expliquer l'étendue; or ces idées ne se conçoivent pas sans l'idée préalable d'étendue.

III. — Composition substantielle.

Nous donnons ce nom aux systèmes qui admettent que tout élément matériel est composé d'un double principe : l'un étendu, passif; l'autre simple, actif.

Le rejet des systèmes qui veulent que les corps soient essentiellement constitués ou par des réalités étendues, ou par des forces simples, doit naturellement nous faire accepter celui qui les regarde comme composés de réalités étendues et de forces simples; car on ne conçoit pas d'autre hypothèse.

Mais cette solution elle-même a reçu diverses interprétations. Nous en indiquerons deux : le *système scolastique* de la *matière et de la forme,* et le système de l'*étendue et de la force* développé par le *P. Leray.*

1° Système de la matière et de la forme. — Cette théorie célèbre, adoptée par la plupart des scolastiques, se retrouve dans saint Augustin, qui lui-même paraît l'avoir empruntée à Platon et à Aristote. Tout corps est composé de deux principes essentiels : la *matière première* et la *forme substantielle.* « La matière première ou matière pure est une réalité indéterminée, incapable d'exister par elle seule, mais apte à devenir un corps quelconque. La forme substantielle est un principe simple qui forme l'être du composé en *complétant* et en *actuant* la matière pure. » (Liberatore.) Le premier élément est la source de l'étendue corporelle; le second est la source de l'action et de toutes les autres qualités qui s'ajoutent à l'étendue.

Ce système s'accorde difficilement avec les théories modernes des sciences physiques; mais le principal reproche que nous lui adressons est la conception obscure de la *matière première*, qui tient un milieu insaisissable entre l'être et le non-être. Les scolastiques eux-mêmes sont divisés sur sa nature. Les uns la conçoivent comme une pure puissance qui n'a et ne peut avoir aucune existence réelle indépendante de la forme et séparée du composé. Les autres, avec Scot et Suarez, lui accordent une existence réelle et indépendante de toute forme. D'après quelques-uns même, la matière première aurait été créée par Dieu antérieurement à la formation des corps.

2° **Système de l'étendue et de la force.** — Ce système, exposé par le P. Leray dans un mémoire à l'Académie des sciences[1], peut être considéré comme une explication du système scolastique. Plus intelligible, selon nous, que la théorie de la matière et de la forme, il donne une solution satisfaisante à toutes les difficultés soulevées contre les systèmes précédents. Mais son caractère peut-être le plus remarquable est d'être en parfait accord avec les découvertes les plus récentes de la science, et d'offrir une explication très simple des lois de la nature. Ne pouvant suivre l'auteur dans sa savante *synthèse des forces physiques* et dans les applications de son système au dogme eucharistique, nous nous bornerons à indiquer brièvement les notions fondamentales de sa théorie.

La création matérielle a pour principes constitutifs : — 1° l'espace réel, c'est-à-dire une étendue substantielle[2], continue, divisible à l'infini, *pénétrable* et partout identique à elle-même, que nous pouvons concevoir comme une sphère immense, mais finie, lieu de l'univers; — 2° une multitude d'êtres simples et actifs ou *monades* destinés à peupler l'espace et à y répandre le mouvement et la vie.

L'élément matériel résulte de l'action d'une monade sur une portion d'étendue qu'elle *rend impénétrable*[3]. La monade est présente dans cette portion d'étendue à la manière des esprits, c'est-à-dire tout entière en chaque partie, comme l'âme dans

---

[1] Voir l'*Essai sur la synthèse des forces physiques*, par le même auteur.
[2] *Extensum spatiale penetrabile.* (Chauvin, *Lexicon rationale*. — Cornelii Valerii *Physicæ institutiones*, 1547.)
[3] *Extensum impenetrabile et corporeum.* (*Lexicon rationale*, etc.)

le corps, comme Dieu dans le monde, et son action ne s'exerce que dans les limites du volume qu'elle remplit de sa présence. On peut donc définir l'élément matériel : *une monade localisée dans un petit volume d'espace réel qui limite sa sphère d'action;* et ainsi défini il mérite en toute rigueur le nom d'atome ; car si l'espace qu'il occupe est essentiellement et même indéfiniment divisible, la monade qui le constitue est essentiellement indivisible. Ses propriétés principales sont l'étendue, l'impénétrabilité, la mobilité, l'inertie et l'élasticité.

Ainsi constitués, les atomes peuvent différer par leur forme et leur volume, et rien ne s'oppose à ce que leurs espèces soient très multipliées. Mais deux suffisant à expliquer tous les faits, on n'en doit pas admettre davantage. L'ensemble des atomes de la première espèce constitue le fluide primordial ou l'*éon* (αιων); l'ensemble des atomes de la seconde espèce forme l'*éther*. Les premiers sont d'un volume très petit par rapport aux seconds ; c'est la seule différence qu'il soit nécessaire d'admettre entre eux.

Les monades ont reçu de Dieu des natures diverses qui les constituent dans un certain ordre hiérarchique. — Au plus bas degré se trouvent les monades assujetties à occuper une portion d'espace qu'elles rendent impénétrables ; elles forment l'*atome* d'éon ou d'éther. — Au deuxième degré viennent se placer celles qui n'agissent pas directement sur l'étendue, mais sur les monades inférieures ; elles président à un groupe d'atomes d'éther, maintiennent sa forme et son volume. Ce groupe, avec son principe conservateur, qui en est comme l'âme, correspond à l'élément des corps simples des chimistes ; on peut l'appeler *atome chimique* ou *élément*. La formation des *molécules* qui proviennent de la combinaison des éléments ne requiert pas de principes nouveaux, et s'explique suffisamment par les seules lois de la mécanique. — Pour grouper des molécules nombreuses et les façonner en cellules organiques, il faut un nouvel ordre de monades supérieures ; mais ce sont les *principes vitaux* dont nous parlerons tout à l'heure.

En chaque point de l'espace, à tout instant, et dans toutes les directions passent des courants égaux et rapides d'éon. De là l'élasticité parfaite de l'éther, qui donne l'explication scientifique de la grande loi de l'attraction, de celle de la pesanteur, etc. etc.

La principale objection faite à ce système est la prétendue impossibilité de l'existence d'une étendue substantielle et passive qui en est la base. Mais, répond le P. Leray, il faudrait prouver cette impossibilité, c'est-à-dire montrer qu'il y a contradiction dans les termes de cette conception, et on ne le fait pas. Il y a plus, la réalité de cette étendue, indépendamment de tout principe actif, paraît expressément admise par plusieurs scolastiques, par Suarez en particulier (*Métaph.* dissert. XIII, sect. X); et ceux qui la rejettent en acceptent implicitement la possibilité, puisqu'ils s'accordent à reconnaître que, par un acte de la toute-puissance divine, la quantité dimensive (l'étendue) peut exister séparée des corps.

Ce système nous paraît répondre à toutes les difficultés, et il jette une si vive lumière sur toutes les sciences physiques, que nous n'hésitons pas à l'adopter.

II

CORPS VIVANTS

Tout le monde connaît les manifestations multiples de la vie : la nutrition, l'assimilation, la reproduction, la contraction musculaire, la perception sensible, etc.; en quoi consiste-t-elle essentiellement? Dans l'immanence de l'action, répond saint Thomas. Or, pour qu'une action soit immanente, il faut d'abord qu'elle procède d'un principe intérieur, et en second lieu que, procédant d'un principe intérieur au sujet qui opère, elle ne sorte pas de ce sujet et demeure, pour ainsi dire, en lui. (Liberatore.)

Cette simple notion suffit, car nous n'avons pas proprement à traiter de l'essence de la vie, mais bien de son principe.

Par le *principe de la vie* il faut entendre cette force secrète qui préside aux diverses fonctions que nous avons énumérées, ce quelque chose d'inconnu que l'observation ne peut atteindre, dont la présence dans un corps constitue la vie, dont l'absence constitue la mort. Qu'il faille admettre l'existence d'un pareil principe, c'est-à-dire assigner une cause réelle aux phénomènes vitaux, personne ne le conteste; mais *ce principe vital est-il, oui ou non, distinct de la matière?* S'il en est distinct, *quelle est sa nature?* Ce sont là des questions qui ont soulevé de graves débats, et auxquelles nous devons donner une réponse.

I. — Le principe vital est distinct de la matière.

De nombreux physiologistes prétendent que le principe vital ne diffère pas de l'organisme lui-même, et que par conséquent les divers phénomènes vitaux n'ont pas d'autre cause que les lois de nos organes; mais ici ils se divisent : — les uns, nous les appellerons *dynamistes,* prétendent que ces lois de nos organes se réduisent simplement aux lois de la mécanique, de la physique et de la chimie, et que par conséquent toutes les fonctions vitales ne sont que des applications particulières des propriétés générales de la matière; — les autres, connus sous le nom d'*organicistes,* reconnaissent que l'organisation suppose dans la matière des propriétés distinctes des propriétés physiques ou chimiques; mais ils n'admettent pas que ces propriétés, qu'ils appellent *vitales,* proviennent d'un principe distinct de la matière elle-même.

1° **Dynamisme.** — Plusieurs physiologistes, tels que Lehman, Fink, et même des philosophes, à la suite de Descartes et de Malebranche, doivent être rangés parmi les défenseurs de ce système. « Le principe de la vie d'un chien, dit Malebranche, n'est pas fort différent de celui du mouvement d'une montre, car la vie des corps, quels qu'ils soient, ne peut consister que dans le mouvement de leurs parties. »

Un premier argument contre le dynamisme peut se tirer de *l'impossibilité absolue où est la science de produire,* je ne dis pas seulement une plante ou un organe complet d'une plante, mais *une simple cellule vivante.* Si cette cellule n'est qu'une élaboration chimique, pourquoi ne peut-on pas la produire au moyen de combinaisons plus ou moins multipliées? L'unique réponse raisonnable, c'est qu'il manque au savant quelque chose que la science ne peut donner; ce quelque chose, c'est le principe de vie distinct de la matière.

Remarquons en second lieu que non seulement il n'y a point identité ou accord entre les lois qui gouvernent les deux règnes organique et inorganique, mais que *ces lois sont essentiellement différentes les unes des autres*. La vie organique ne consiste pas sans doute uniquement dans l'opposition aux forces physico-chimiques, comme l'a prétendu Bichat, mais pourtant elle ne se conserve et ne se développe qu'à la condition d'exercer un certain empire sur ces forces élémentaires, de les ordonner et de les dominer ; son principe est donc distinct de ces forces.

Enfin, et c'est l'argument décisif, les *forces brutes de la nature ne peuvent pas donner la raison des phénomènes les plus simples de la vie végétative*, de ces actes, par exemple, si profondément mystérieux de l'assimilation, de l'accroissement des tissus, qui caractérisent cependant la vie. Elles ne sauraient expliquer ces maladies dont le germe, transmis par hérédité, silencieux pendant quarante ou cinquante ans, se développe seulement vers la fin de l'âge mûr, quand les organes ont été plusieurs fois renouvelés dans la totalité de leurs éléments, etc.

2° **Organicisme.** — D'après un grand nombre de physiologistes, parmi lesquels nous citerons Broussais, Magendie, Bérard, les êtres vivants possèdent des propriétés spéciales dont les forces physico-chimiques ne sauraient rendre compte ; mais ces propriétés, essentiellement inhérentes à l'élément anatomique, ne sont que le résultat de l'organisation, c'est-à-dire d'une disposition particulière des molécules constitutives des tissus.

La faiblesse du système est évidente : cette organisation qu'on donne comme un principe est en réalité un effet dont il faudrait rendre compte, et l'organicisme ne peut expliquer ni *l'unité merveilleuse des corps organiques*, ni les *phénomènes élémentaires de la vie végétative ou animale*.

Il n'explique pas l'unité des corps vivants. Ces corps, en effet, il faut le remarquer, forment un tout harmonieux, ou, suivant le mot de Cuvier, « un système clos, dont toutes les parties, organes et fonctions, se correspondent mutuellement et concourent à une même action définitive. » Les progrès de la physiologie, qui nous obligent à voir dans chaque cellule un organisme élémentaire, rendent cette unité plus merveilleuse encore ; comment l'expliquera-t-on sans recourir à un principe qui dirige et coordonne tant et de si petites parties en vue de l'ensemble ?

L'organicisme n'explique pas davantage les divers phénomènes de la vie végétative ou animale. « La fibre musculaire est contractile, et c'est, dit-on, parce qu'elle emprunte sa force à de la chaleur transformée; mais cet appareil si précieux, capable d'opérer une semblable transformation, il n'existe que dans l'être vivant. Que chaque élément anatomique ait sa vertu propre, et qu'il soit plus tard démontré, ce qui semble probable, qu'il emprunte cette force, par voie de transformation, au monde extérieur, on aura expliqué le mécanisme de son action, mais au fond la difficulté reste tout entière. La disposition organique montre comment le mouvement s'opère, mais ne donne pas la raison du mouvement et ne saurait exister elle-même sans une cause première organisatrice. » (Dr Regnault.)

Les organicistes aboutissent nécessairement au dynamisme qu'ils condamnent. Ils admettent, en effet, des propriétés *vitales*, la contractilité musculaire, l'activité nerveuse, par exemple, qui ne sauraient être confondues avec la chaleur, l'électricité ou les autres propriétés de la matière. Mais d'où viennent ces propriétés? Diront-ils qu'il y a deux sortes de matières, la matière brute et la matière vivante, douées chacune de propriétés différentes? Ce fut la doctrine de Buffon; mais il n'est plus possible de la soutenir depuis que la chimie organique a démontré l'identité des éléments constitutifs de la matière vivante et de la matière inorganique. Les organicistes doivent donc admettre que la vie est une propriété générale de la matière; mais ce n'en est pas une propriété essentielle, puisque toute matière n'est pas vivante; reste donc que la vie soit une propriété accidentelle, particulière, due par conséquent au groupement de certains éléments, dans des proportions déterminées, sous l'influence de certaines affinités, etc. Les dynamistes ne disent pas autre chose, et on retombe avec eux dans les explications physico-chimiques.

3° **Transformisme.** — Ce système, représenté par Lamarck, Darwin, Littré et la plupart des positivistes contemporains, a pour but de rendre l'organicisme acceptable en expliquant l'organisation elle-même. Les forces vitales, disent les transformistes, sont en germe dans la matière inorganique; dans des circonstances favorables, l'*influence créatrice des milieux* pour Lamarck, les *nécessités d'une force contraignante* d'après Taine, la *tendance irrésistible de l'atome vers l'idéal* selon

Renan, ces forces primordiales se développent, et la matière passe ainsi d'*elle-même* de l'état inorganique à la vitalité. Grâce aux mêmes influences ou à de nouvelles, la *concurrence vitale* et la *sélection naturelle* de Darwin par exemple, l'organisme rudimentaire se perfectionne et s'élève d'une vitalité imparfaite à un état organique de plus en plus parfait.

Cette solution repose sur deux théories, celle de la génération spontanée et celle de la variabilité des espèces, dont la fausseté est maintenant démontrée.

C'est *une loi certaine, en effet, que tout être vivant vient d'un autre être vivant.* Les hétérogénistes n'ont jamais songé à la contester pour les espèces supérieures facilement observables; mais, oubliant que les vraies lois sont universelles et constantes, ils ont *supposé* la génération spontanée des organismes inférieurs. Des faits parfaitement constatés, des expériences admirablement conduites leur ont enlevé cette dernière illusion, et maintenant s'il est une vérité scientifiquement établie, c'est que « la vie ne naît que de la vie ».

La *théorie de la variabilité des espèces n'est pas moins contraire aux véritables données de la science.* L'influence des milieux, la concurrence vitale et la sélection naturelle peuvent bien produire de nouvelles races ou des variétés; elles n'ont jamais produit une espèce nouvelle, et la fixité ou l'immutabilité des espèces doit être considérée comme une loi de la science. A l'appui de cette loi, on peut citer une foule de cadavres d'animaux et de momies humaines retrouvés dans les sépultures de Thèbes et de Memphis; ces représentants de divers types âgés de trois mille ans ne se distinguent en rien de leurs descendants actuels.

Ajoutons une dernière remarque : pour que les circonstances excitent des besoins, les besoins des désirs, comme le veut Lamarck, ne faut-il pas qu'il y ait quelque chose capable de besoins, de désirs? Pour que l'activité puisse se déployer sous l'action des causes extérieures, ne faut-il pas un principe interne d'activité?

Ce principe interne d'activité, les transformistes l'admettent pour la plupart comme une hypothèse; mais aucun de ceux qui l'admettent n'en précise la nature, et la raison philosophique proteste contre toute explication qui tendrait à le confondre avec l'étendue.

L'impossibilité d'expliquer la vie par les seules lois de la matière brute ou organisée nous autorise à proclamer la nécessité d'un principe de vie distinct de toute matière. Quelle est sa nature?

II. — Nature du principe vital.

Pour résoudre cette question, il importe de distinguer différents degrés dans la réalisation de la vie. Le monde visible nous en offre trois principaux qui sont loin d'avoir la même perfection : la vie *végétative*, la vie *animale*, la vie *humaine*.

Vie végétative. — C'est le plus bas degré de la vie; chez les végétaux, les fonctions de l'organisme tendent exclusivement à nourrir, à développer et à reproduire l'individu. Quelques philosophes, Empédocle dans l'antiquité, Leibnitz dans les temps plus rapprochés de nous, et surtout les transformistes contemporains, ont voulu attribuer aux plantes la sensibilité; c'est une erreur. La sensation serait pour elles inutile et sans but, puisqu'elles sont incapables de faire aucun mouvement, et leur organisation n'offre aucune trace d'un système nerveux quelconque.

Le principe de vie dans la plante est une substance simple, une monade d'un ordre supérieur à la monade atomique ou moléculaire, douée d'une activité propre qui se manifeste par les fonctions vitales.

Quand la plante meurt, que devient cette *âme?* Ses fonctions étant essentiellement organiques, on peut croire qu'elle est anéantie quand l'organisme qu'elle vivifiait se dissout. On peut admettre aussi ou qu'elle subsiste avec sa nature propre pour animer un germe de même espèce, ou que, perdant son activité vitale, elle ne conserve comme substance que la force inorganique.

Vie animale. — Les animaux se nourrissent, croissent et se reproduisent comme les plantes; mais ils ont en outre, et c'est ce qui les distingue, la sensibilité et le mouvement. Nous avons étudié en détail les diverses opérations qui découlent de la sensibilité; nous ne reviendrons pas sur ce sujet. Contentons-nous de remarquer ici que toutes les fonctions de la vie animale sont parfaitement harmonisées entre elles, et que par conséquent le principe des deux vies sensitive et nutritive est le même.

Ce principe, qu'on peut sans inconvénient appeler *l'âme des bêtes*, est nécessairement une substance immatérielle comme le principe vital des plantes, mais douée d'une activité supérieure en rapport avec les fonctions qu'elle doit exercer.

L'âme des bêtes est-elle immortelle? Cette immortalité n'est point une conséquence nécessaire de son immatérialité; « encore que l'âme des bêtes soit distincte du corps, dit Bossuet, il n'y a pas d'apparence qu'elle puisse être conservée séparément, parce qu'elle n'a point d'opération qui ne soit totalement absorbée par le corps et par la matière. »

On peut admettre cependant, avec plusieurs docteurs catholiques, que les âmes des bêtes ne seront point anéanties, qu'elles sont impérissables et qu'elles seront transformées de quelque manière à la fin des temps. Même dans cette hypothèse, la destinée de l'âme des bêtes resterait incomparablement inférieure à celle de l'homme, qui seul jouira de l'immortalité *personnelle*, du bonheur *mérité* par la pratique du devoir.

Entre ces deux opinions extrêmes de l'anéantissement et de la permanence de l'âme animale, il y a place pour une opinion intermédiaire que nous avons émise en parlant du principe vital des plantes : l'âme cesserait à la mort de l'animal d'exister comme âme, mais continuerait à subsister comme force inorganique d'un ordre inférieur. Nous inclinons vers cette dernière opinion.

Vie humaine. — Nous n'avons pas à en décrire les manifestations diverses, à rechercher quelle est la nature du principe de nos opérations intellectuelles. Une seule question se présente à nous à ce moment : le principe de la vie animale et de la vie végétative dans l'homme est-il identique au principe de la vie intellectuelle, quel qu'il soit d'ailleurs? L'âme, en d'autres termes, est-elle *l'unique principe de la vie humaine*, ou faut-il pour expliquer la vie organique admettre un *principe vital distinct de l'âme?* Deux réponses ont été faites à cette question.

1° *Le vitalisme.* — Les *vitalistes*, et à leur tête Barthez, de l'école de Montpellier, croient que l'existence des fonctions organiques implique *un principe vital distinct de la matière*, mais, imbus des doctrines cartésiennes sur l'âme, et acceptant sur la parole du maître que « toutes les fonctions de l'âme sont des espèces de pensée, et que les mouvements qui ne paraissent pas dépendre de notre pensée ne doivent pas lui être attribués », ils n'osèrent pas rapporter à l'âme raisonnable la direction des actes organiques qui se passent en nous à notre insu. Ils imaginèrent donc au-dessous de l'âme raisonnable un *principe vital*, espèce d'âme secondaire assez semblable à celle des bêtes, chargée des actes animaux et végétatifs, et brisèrent ainsi l'unité physiologique de l'homme.

Malgré l'appui qu'elle a reçu de l'école de Montpellier et le remarquable talent des savants qui l'ont défendue, cette doctrine, qui a séduit des hommes aussi éminents que J. de Maistre, ne compte plus aujourd'hui qu'un petit nombre de partisans.

Son argument principal est l'impossibilité prétendue d'attribuer à l'âme des phénomènes dont elle n'aurait pas conscience. Mais si l'âme connaît ses opérations intellectuelles et volontaires, rien ne prouve qu'elle doive agir en tout avec intelligence, ni qu'elle doive connaître expressément tous ses actes. Soutenir un pareil système serait aller contre l'expérience de tous les jours, qui nous apprend que les mouvements volontaires par excellence, les mouvements du corps peuvent avoir lieu sans que nous en soyons avertis, lorsque, par exemple, nous sommes endormis ou sous le coup d'une préoccupation un peu vive.

Beaucoup de faits établissent qu'une même cause peut produire des effets différents et même opposés; chacun sait que les deux mains d'un même homme peuvent exécuter des actions variées et même contraires. Pourquoi donc un même principe ne pourrait-il pas produire le volontaire et l'involontaire? La diversité des opérations ne prouve pas la multiplicité des substances, mais seulement la pluralité des facultés. (Dr Regnault.)

2° *L'animisme.* — D'après cette doctrine, l'âme raisonnable est tout à la fois *la cause des actes intellectuels purs et le principe vital* qui donne à nos organes la puissance d'agir, qui transforme en nous la matière brute en matière organisée vivante, capable d'accomplir tous les phénomènes de la vie végétative ou de la vie animale; l'unique principe, en un mot, des opérations diverses que l'expérience constate en nous, en même temps que le fondement inébranlable de notre identité personnelle.

Cette doctrine, entrevue dès la plus haute antiquité, vaguement indiquée dans Aristote et dans Platon, précisée par les docteurs catholiques, spécialement par saint Thomas, a été généralement admise au moyen âge jusqu'à Descartes ; et maintenant encore elle est soutenue par les philosophes et les médecins les plus éminents. Mais quelques-uns de ceux qui l'ont défendue avec le plus de talent ont prêté le flanc à la critique en mêlant à une *doctrine certaine et vraiment traditionnelle* des affirmations erronées. C'est ainsi que Stahl attribuait à la *volonté réfléchie* de l'âme les actes de la vie organique, et prétendait que l'union de l'âme et du corps n'était qu'*accidentelle;* double erreur que ses adversaires combattaient à bon droit, mais qu'ils auraient dû séparer plus nettement de la doctrine du composé humain.

PSYCHOLOGIE RATIONNELLE

Les faits et les facultés que nous avons étudiés dans la psychologie expérimentale supposent nécessairement un être réel, *substantiel*, sujet de toutes les modifications, cause de tous les actes, principe de toutes les facultés dont l'existence a été constatée. C'est cet être que nous appelons notre âme, et dont nous devons maintenant étudier la *nature*, l'*origine* et la *destinée*.

Tel est l'objet de la psychologie rationnelle, qu'on pourrait définir une science qui s'occupe de l'âme humaine *par voie de raisonnement*. Ces dernières expressions toutefois n'excluent pas l'observation. Les faits constatés par la conscience seront, au contraire, à chaque instant invoqués pour servir de base aux raisonnements que nous pourrons faire.

I

NATURE DE L'AME

Nous l'étudierons *en elle-même* et dans ses *rapports avec le corps*.

I. — De l'âme en elle-même.

C'est par l'étude de ses *propriétés* que nous pouvons connaître la *nature* de notre âme comme de toute autre substance. Or, au nombre des propriétés essentielles qui la caractérisent, il faut citer : l'*unité*, l'*identité*, la *simplicité*, d'où résulte la *spiritualité*.

I. — Unité de l'âme.

Notre âme est *une* d'une unité parfaite, qui n'est pas seulement opposée à la pluralité, mais à la composition : la *sim-*

plicité nous la montrera exempte de toute composition ; nous ne parlerons ici que de l'*unité* opposée à la pluralité.

Témoignage de la conscience. — L'unité de l'âme est invinciblement attestée, nous l'avons vu, par la conscience. Rien ne peut affaiblir cette preuve, et quand nous disons qu'il y a ou que nous sentons en nous plusieurs hommes, nous n'exprimons par là que l'antagonisme de plusieurs facultés, passions ou idées dans une même personne qui est *nous*.

Harmonie de nos facultés. — Cette unité est confirmée par l'harmonie de nos diverses facultés : chacune de ces facultés a sa sphère propre, et dans une certaine limite dépend pourtant des deux autres, de telle sorte qu'on ne peut supprimer une seule de nos facultés sans gêner ou empêcher absolument l'action des autres, et qu'aucune ne saurait entrer en acte sans que cet acte produise un retentissement dans nos autres puissances.

Il faut aller plus loin et reconnaître que nos trois facultés ne forment point, en se réunissant, un être multiple qui ne serait qu'une résultante, mais qu'elles sont trois modes distincts sous lesquels se manifeste l'unité indivisible de notre âme. Il ne faut donc pas, pour être exact, parler, comme on le fait souvent, d'action de la sensibilité sur l'intelligence et la volonté, ou de la volonté sur la sensibilité et l'intelligence, ou de l'intelligence sur la sensibilité et la volonté, mais reconnaître au-dessus de ces trois facultés l'âme, qui éprouve des émotions, connaît ou agit dans telle ou telle condition par leur intermédiaire. (Dr Frédault.)

Ces réflexions suffisent pour montrer la fausseté de cette opinion souvent attribuée à Platon, d'après laquelle il y aurait en nous trois âmes : une âme raisonnable, une âme irascible, une âme concupiscente. Il est du reste douteux que cette erreur soit conforme à la pensée du philosophe grec.

II. — Identité de l'âme.

L'identité de l'âme est l'unité ou la permanence de notre être opposée à la succession des actes de la conscience, de nos diverses facultés et de toutes les opérations du moi. Au milieu de toutes ces vicissitudes de l'esprit et du cœur, l'âme demeure la même; l'enfant se retrouve dans le jeune homme, et l'homme fait dans le vieillard.

Fondement de l'Identité. — Le fondement de cette notion d'identité est assez obscur. La plupart des philosophes disent qu'elle nous est donnée par l'*expérience ;* j'ai conscience de mon existence actuelle, et, simultanément, souvenir de mon existence passée. D'après Maine de Biran, en particulier, le sentiment de l'effort musculaire me donne la conviction de mon existence, et c'est la continuité de l'effort, attestée par la conscience, qui me suggère la conviction de mon identité personnelle.

D'autres philosophes semblent plutôt attribuer cette notion au concours de la raison. « Quand la mémoire, dit Cousin, arrive à la suite de la conscience, nous concevons que le même être, le même moi qui tout à l'heure était le sujet du phénomène dont j'avais conscience, est encore et est le même que la mémoire me rappelle. Ainsi la conscience et la mémoire ne peuvent s'exercer sans que la *raison* me suggère la conviction irrésistible de mon existence une et identique. »

Preuves de l'Identité de l'âme. — L'identité de notre âme se manifeste d'ailleurs par des actes nombreux; indiquons-en quelques-uns. — Le *raisonnement*, essentiellement successif, puisqu'il résulte de trois jugements enchaînés l'un à l'autre, ne se conçoit pas sans l'identité du principe intelligent. — Le *remords* que j'éprouve en me rappelant une mauvaise action faite il y a quelques années, ne se conçoit pas sans la conviction de mon identité. — Un acte de volonté de ma part, une *résolution* que je prends prouve encore la conviction où je suis que je serai demain le même qu'aujourd'hui, comme je suis aujourd'hui le même qu'hier. — Enfin, sans cette idée, la *responsabilité*, la légitimité des récompenses et des châtiments serait inexplicable pour la raison.

III. — Simplicité de l'âme.

L'idée de simplicité est opposée à l'idée de composition. En affirmant que notre âme est simple, nous voulons dire seulement qu'elle n'est pas formée de plusieurs parties, qu'elle est indivisible, immatérielle.

La simplicité de notre âme ainsi entendue est facile à démontrer.

1° Preuve tirée du témoignage de la conscience. — Pour plusieurs philosophes, Descartes et Leibnitz entre autres, le témoignage de la conscience suffit à résoudre cette question de la simplicité de l'âme.

« Que suis-je en effet? se demande Descartes. Une substance dont toute l'essence est de penser. Je ne suis donc point cet assemblage de membres qu'on appelle le corps humain; je ne suis point un air délié et pénétrant répandu dans tous ses membres; je ne suis point un vent, un souffle, une vapeur, ni rien de tout ce que je puis feindre ou imaginer, puisque j'ai supposé que tout cela n'était rien, et que, sans changer cette supposition, je trouve que je ne laisse pas d'être certain d'être quelque chose. » (2ᵉ Méditation.)

Que suis-je? se demande à son tour Leibnitz. Un être essentiellement actif, une cause que je perçois directement. Or cette cause, que j'appelle mon âme, est nécessairement immatérielle. « Essayez, en effet, de concevoir des parties dans une cause : ou vous ne prêtez qu'à l'une des parties l'énergie productrice, et celle-là est à elle seule la cause aux yeux de votre raison; ou vous l'attribuez à toutes les parties, et alors il y a autant de causes distinctes que de parties. Dans les deux cas, la simplicité reste l'attribut inhérent, nécessaire, inséparable de la causalité. » (Jouffroy.)

2° Preuve tirée du défaut de proportion entre la matière et les phénomènes psychologiques. — La raison veut qu'il y ait quelque proportion entre la matière et les opérations ou propriétés qu'on lui attribue. « Or il n'y a rien dans la matière, dit Cicéron, après Platon et Aristote, qui puisse expliquer la force de la mémoire, de l'intelligence et de la réflexion. » (*Tusculanes*.) L'âme est triste ou joyeuse, elle éprouve les plus nobles sentiments, elle réfléchit, elle contemple les vérités éternelles, elle est active, libre, et par suite vertueuse, quelquefois vicieuse. Or qu'y a-t-il de commun entre ces qualités et les propriétés du corps: étendue, divisibilité, pesanteur, inertie? Quelles raisons dès lors d'affirmer que la pensée soit la propriété d'une substance matérielle?

Non seulement il n'y a aucune proportion entre les phénomènes psychologiques et les propriétés de la matière, mais il y a contradiction manifeste.

3° Preuve tirée de l'incompatibilité des phénomènes psychologiques et de la matière. — La matière est essentiellement composée ; or il est absolument impossible qu'aucun phénomène psychologique appartienne à une substance composée. Prenons, pour le démontrer, une idée, une sensation, une volition, peu importe; la sensation sera ou tout entière dans chacune des parties de la matière, et alors il y aura, non pas une sensation, mais plusieurs sensations, hypothèse contraire au témoignage de la conscience; ou la sensation sera répandue tout entière dans les parties réunies et partiellement dans chacune d'elles, hypothèse absurde, car la sensation n'a ni longueur, ni largeur, ni profondeur. « On peut, par une ligne droite, dit Malebranche, couper un carré en deux triangles, en deux trapèzes, en deux rectangles; mais par quelle ligne peut-on concevoir qu'un plaisir, qu'une douleur se puisse couper, et quelle figure résulterait de cette division ? » ou enfin la sensation n'existera que dans une partie absolument simple, et c'est admettre la simplicité de l'âme.

4° Preuve tirée de l'incompatibilité des opérations de l'âme et de la matière. — Toutes les opérations de l'âme, la comparaison, le jugement, le raisonnement, exigent de toute nécessité un sujet parfaitement simple. Prenons pour exemple, avec Laromiguière, la comparaison : « Une substance, dit-il, ne peut comparer sans qu'elle ait deux idées à la fois. Si la substance est étendue ou composée de parties, ne fût-ce que de deux, où placerez-vous les deux idées? Seront-elles toutes deux dans chaque partie, ou l'une dans une partie, et l'autre dans l'autre? Il n'y a pas de milieu : si les idées sont séparées, la comparaison est impossible ; si elles sont réunies dans chaque partie, il y a deux comparaisons, deux âmes, et mille, si vous supposez la substance composée de mille parties. »

Frappé de la rigueur extrême de cette dernière preuve, le sceptique Bayle affirme « que c'est une démonstration aussi assurée que celles de la géométrie, et que si tout le monde n'en sent pas l'évidence, c'est à cause qu'on n'a pu ou qu'on n'a pas voulu s'élever au-dessus d'une imagination grossière ».

IV. — Spiritualité de l'âme.

L'idée de spiritualité est essentiellement opposée à toute idée de corps ou de composé matériel ; mais dans ces limites même on peut encore l'entendre en deux sens très différents : dans *un sens large* et *dans un sens strict*.

Dans le sens large, la spiritualité est synonyme d'immatérialité et ne suppose dans un être rien autre chose que l'unité, l'identité et la simplicité.

Puisque, comme nous venons de le voir, ces qualités conviennent à notre âme, nous avons le droit d'affirmer en ce sens qu'elle est d'une nature spirituelle, et nous sommes fondés à l'appeler un esprit. Mais la même qualification pourrait également convenir à l'âme des bêtes, au principe vital des plantes, aux forces inorganiques.

Dans le sens strict, la spiritualité n'est pas la conséquence nécessaire de la simplicité et de l'identité. « Saint Thomas et les autres docteurs de l'école, dit Bossuet, ne croient pas que l'âme soit spirituelle, précisément pour être distincte du corps ou pour être indivisible... L'être spirituel est celui qui non seulement n'est pas matière, mais qui est *indépendant de la matière*. »

Partant de ce principe, on voit que l'âme humaine n'est pas un pur esprit comme les anges, puisque plusieurs de ses opérations sont organiques, c'est-à-dire assujetties aux organes. Elle est *esprit* pourtant, puisque dans ses opérations les plus hautes, celles de l'intelligence et de la volonté, elle ne dépend point intrinsèquement du corps, mais lui est supérieure. La *spiritualité* ainsi entendue convient à notre âme, à l'exclusion de tous les êtres immatériels qui sont les principes, soit de la vie des animaux et des plantes, soit des mouvements de la matière.

II. — De l'âme dans ses rapports avec le corps.

Deux questions se présentent naturellement à résoudre : celle de la *distinction* de l'âme et du corps, et celle de l'*union* des deux substances.

I. — Distinction de l'âme et du corps.

L'âme est-elle distincte du corps, comme le prétendent les spiritualistes, ou bien se confond-elle avec lui, n'est-elle qu'une fonction de l'organisation, comme le veulent les matérialistes? Telle est la question nettement posée. On peut la résoudre *directement*, en donnant des preuves qui établissent la distinction des deux substances, et *indirectement*, en réfutant les différents systèmes matérialistes qui nient cette distinction.

a. — *Preuves directes.* — *Distinction de l'âme et du corps.*

1° **Preuve tirée de la différence essentielle entre les attributs de l'âme et ceux du corps.** — Comme substance, l'âme, nous l'avons établi, est identique et une, de cette unité parfaite qui exclut même la composition; de plus elle est active, d'une activité libre qui la rend maîtresse de ses actes.

Quelles sont maintenant les propriétés du corps? — Possède-t-il l'unité? Non; ce qu'on nomme unité dans le corps n'est au fond que l'harmonie des parties, et par conséquent, loin d'exclure la composition, cette unité la suppose; c'est une unité harmonieuse. — Le corps est-il identique? Non encore; ce qu'on nomme identité dans le corps signifie simplement que l'ordre et les rapports des parties ne varient pas. Mais dans les corps en général, et dans notre corps en particulier, les parties elles-mêmes changent continuellement. « La vie, dit Cuvier, est une circulation, un tourbillon continuel, » et l'opinion reçue est que le corps se renouvelle tous les sept ans. — Comme substance, le corps est donc composé et changeant; de plus il est inerte: s'il peut recevoir un mouvement, il n'en a pas l'initiative; s'il peut le communiquer, c'est toujours fatalement.

Or la différence des attributs fondamentaux indique la différence des substances; c'est là un principe sur lequel reposent toutes les sciences d'observation; donc l'âme est distincte du corps. « Pour échapper à la rigueur de cette conclusion, il faudrait soutenir que des propriétés immatérielles ne prouvent pas une substance immatérielle; mais alors il ne serait pas vrai de dire non plus que des propriétés matérielles prouvent une substance matérielle. D'où il suit que s'il n'y a pas d'âme, il n'y a pas de corps. »

2° Preuve tirée du témoignage de l'humanité. — Si, à plusieurs reprises, des philosophes ont admis le matérialisme, comme aux derniers temps de Rome et au siècle dernier, c'est parce qu'ils voulaient trouver dans cette abjecte doctrine un prétexte et une excuse à des mœurs corrompues. Encore n'ont-ils pu la faire triompher, quoiqu'ils aient toujours fait appel aux passions, qui ont tout intérêt à la supposer véritable.

Tous les grands philosophes de l'antiquité, Pythagore, Socrate, Aristote, Platon, Cicéron, ont cru à la distinction de l'âme et du corps. Le genre humain tout entier a toujours eu la même croyance, comme le montrent assez l'existence de ces deux mots, âme et corps, esprit et matière, dans toutes les langues, la pratique des jugements après la mort, les honneurs rendus à la mémoire des morts, l'erreur même de la métempsycose si universellement répandue dans l'ancien monde. C'est la croyance involontaire de ceux même qui professent en théorie une opinion opposée ; dès qu'ils cessent de se tenir sur leurs gardes, on les surprend, ou ils se surprennent eux-mêmes à parler de leur âme et de leur corps comme le vulgaire.

b. — Preuves indirectes. — Réfutation du matérialisme.

Parmi les épicuriens et les stoïciens qui professaient, dans l'antiquité, le matérialisme, on trouve une foule d'opinions sur la nature de l'âme. Pour quelques-uns, c'est le cœur ; pour d'autres, le cerveau ; pour Empédocle, le sang ; selon d'autres, c'est l'air ou le feu ; pour plusieurs enfin, l'âme n'est que la résultante de toutes les fonctions du corps ; elle ressemble à une harmonie que mille sons concourent à former.

Nous n'avons pas à revenir sur ces formes vieillies d'une erreur toujours vivace, il faut la combattre sous ses formes actuelles :

1° Dynamisme. — Renouvelant la thèse de quelques atomistes de l'antiquité, plusieurs prétendus savants de notre siècle, Viardot, Moleschott, Büchner, Feuerbach, ont soutenu que les lois de la matière suffisaient à expliquer la vie et la pensée elle-même. « La pensée, disent-ils, n'est qu'une combustion de phosphore ; plus le cerveau possède et reçoit de phosphore, plus et mieux il pense... La volonté n'est qu'un mouvement réflexe, et la sensibilité un état général des organes... Le vice et la vertu sont des combinaisons comme le sucre et le vitriol... Quant au génie, c'est une névrose qu'une oscillation cérébrale de plus transforme aisément en folie. »

A l'appui de leur système, les dynamistes invoquent les plus récentes découvertes des sciences physiques et physiologiques, le principe général de la transformation des forces et surtout la théorie mécanique de la chaleur et de la lumière. Si le mouvement, disent-ils, se convertit en chaleur et en lumière, pourquoi ne se convertirait-il pas en pensée? La loi de cette transformation est obscure encore sans doute, mais en présence des faits acquis à la science n'a-t-on pas lieu d'espérer qu'on pourra la découvrir un jour?

Nous ne voulons point méconnaître les merveilleux progrès de la science; mais, si loin qu'ils s'étendent, la théorie dynamiste n'en demeurera pas moins toujours *une hypothèse absurde.*

Quand les dynamistes disent que la pensée est un mouvement, ils ne prennent pas garde que cette proposition est contradictoire dans les termes : le mouvement est quelque chose d'accessible aux sens, c'est un mode d'une chose étendue; la pensée, au contraire, n'est connue que par la conscience, c'est quelque chose d'essentiellement simple et indivisible. L'un n'est pas l'autre; il répugne à la raison que l'un devienne l'autre.

Le fait incontestable de la transformation du mouvement en chaleur ou en lumière, sur lequel on s'appuie, n'a rien de commun avec la conséquence qu'on en voudrait tirer de la transformation du mouvement en pensée. *Ces mots de chaleur et de lumière sont équivoques :* objectivement, au point de vue physique, la chaleur et la lumière ne sont que des mouvements, et dès lors la transformation dont on parle se réduit au changement d'un mouvement de translation en un mouvement vibratoire; subjectivement, au point de vue psychologique, la chaleur et la lumière sont des sensations ou des perceptions, faits spirituels de leur nature qui ne proviennent nullement d'une transformation du mouvement vibratoire de l'éther, mais qui retentissent dans le *moi* par suite de l'action de ce mouvement vibratoire sur un organe sensoriel.

2° **Organicisme.** — Les organicistes, au nombre desquels on peut citer Cabanis, Broussais, Littré, tenant mieux compte de la nature des faits, reconnaissent que la matière brute ne peut rendre raison des phénomènes de la vie intellectuelle et morale dans l'homme, mais pour les expliquer ils n'allèguent que les mystères et les secrets de l'organisation, rien autre chose.

Ce sont des faits parfaitement établis, disent-ils, que dans tout être vivant, à chaque fonction correspond un organe chargé de l'accomplir; que la fonction cesse quand l'organe est détruit; qu'elle languit quand il s'altère, qu'elle se développe quand il se fortifie; que, dans l'échelle des êtres vivants, la perfection des fonctions est en raison de la perfection des organes; que l'imagination et l'intelligence elle-même dépendent dans leurs manifestations de l'intégrité plus ou moins complète du cerveau. Comment n'en pas conclure que nos fonctions et nos facultés ne sont que les produits de l'organisme et que l'âme elle-même n'est que le résultat de toutes les fonctions du corps?

Telle est la théorie organiciste, qui, professée depuis longtemps, a traversé différentes phases, selon les sciences qui ont prédominé aux diverses époques et selon la tournure d'esprit particulière de ceux qui l'ont soutenue. Citons quelques textes. Broussais, dans l'*Exposition de sa foi*, expose ainsi le principe fondamental du système : « Dès que je sus par la chirurgie que du pus accumulé à la surface du cerveau *détruisait* nos facultés, et que l'évacuation de ce pus leur permettait de reparaître, je ne fus plus maître de les concevoir autrement que comme des actes du cerveau vivant. » — « Le cerveau, dit Cabanis, sécrète la pensée comme l'estomac sécrète le suc gastrique. » Et Littré : « La pensée est inhérente à la substance cérébrale, comme la contractilité aux muscles et l'élasticité aux cartilages. »

1° *L'argumentation des organicistes est défectueuse.*

D'abord, la conclusion n'est pas légitime. Notre âme a besoin du concours des organes non seulement pour se mettre en rapport avec le monde extérieur, mais aussi pour penser et réfléchir; et, de cette nécessité du concours de l'organisme pour l'exercice des facultés spirituelles, il suit que cet exercice doit se proportionner à l'état des organes, et éprouver un dérangement ou une interruption dès que l'organe est vicié ou empêché. Mais conclure de cette dépendance que l'âme et l'organisme sont identiques, c'est faire un sophisme, c'est raisonner « comme celui qui, à la vue d'un peintre habile réduit à l'inaction par un tremblement nerveux, dirait que le génie de la peinture n'est pas autre chose qu'une main exempte de maladie, et que tout homme dont la main ne tremble pas est un Raphaël. » (Martinet.)

Ajoutons que l'expérience est incomplète. A une certaine époque, les matérialistes se sont plu à accumuler les faits qui tendent à établir la dépendance de l'âme vis-à-vis du corps; mais à côté de ces faits il y en a d'autres, également nombreux, qui témoignent de l'action de l'âme sur le corps; et si les adversaires pouvaient, des faits qu'ils allèguent, conclure légitimement que le corps est la cause des phénomènes spirituels, nous pourrions, avec autant et plus de raison, conclure de ceux qu'ils négligent que l'âme produit seule l'organisation du corps.

De nos jours, les matérialistes n'insistent guère que sur les rapports du cerveau et de la pensée; mais leurs observations ne sont point concordantes. Les uns font dépendre l'intelligence du volume du cerveau, les autres de son poids ou de sa masse; ceux-ci de sa structure plus ou moins délicate, ceux-là du nombre de ses circonvolutions; d'autres encore de sa composition chimique. Ces assertions contradictoires peuvent-elles être la base d'un raisonnement sérieux ?

2° *En lui-même ce système est inacceptable.*

Il est d'abord absolument impossible que la *matière, même organisée, produise les opérations intellectuelles.* L'organisation peut bien communiquer aux parties de la matière quelques propriétés accidentelles qu'elles n'avaient point auparavant et qui ne répugnent pas à leur nature, mais elle ne va pas jusqu'à détruire leur essence, les attributs sans lesquels on ne saurait les concevoir; elle n'anéantit pas leur inertie, leur étendue, leur divisibilité. Or, si ces qualités essentielles persistent dans la matière organisée, s'il est prouvé qu'elles sont incompatibles dans le même sujet avec la pensée, il en résulte que la matière organisée ne peut pas plus penser que la matière brute.

Il faut aller plus loin et soutenir, contre Locke, que *Dieu même ne peut pas donner à la matière la faculté de penser.* Locke n'est point matérialiste, mais il se rapproche de la secte que nous combattons par une opinion qu'il émet dans son

Essai sur l'entendement humain: « Nous ne pouvons pas savoir, dit-il, si un être purement matériel pense ou non, par la raison qu'il nous est impossible de découvrir sans révélation si Dieu n'a point donné à quelque amas de matière disposée convenablement la faculté de penser. » Cette opinion est fausse, et ce n'est pas borner la puissance de Dieu que d'affirmer qu'il ne pourrait donner à la matière la faculté de penser. La puissance divine, en effet, ne s'étend point à ce qui implique contradiction ; or la pensée exige un sujet simple, tandis que la matière est étendue, et le même sujet ne saurait être à la fois simple et étendu. Il est donc aussi impossible à Dieu de donner la pensée à la matière que de faire un cercle qui soit carré.

3° **Transformisme.** — Le transformisme des positivistes contemporains, dont l'évolutionisme de Spencer est l'expression la plus haute, se donne comme la synthèse des diverses théories matérialistes et prétend expliquer par les propriétés immanentes des choses le développement total des êtres depuis l'atome inorganique jusqu'à l'homme et à la société. « L'atome aspire à la vie et l'engendre; *efflorescence de la matière brute,* la vie à son tour, *attirée par l'idéal,* et transformée par le temps, ce *grand coefficient de l'éternel devenir,* la vie s'élève et devient capable de sensation ; plus tard encore, et après un *lent affinage,* elle produit l'organisme pensant, l'homme, qui n'était jadis, d'après M. About, qu'un sous-officier d'avenir dans la grande armée des singes. »

Inutile d'insister sur la fausseté de ces assertions, aussi *gratuites* qu'*absurdes :* — gratuites, car, si on affirme que la vie vient de la matière, la sensation de la vie, la pensée de la sensation, on ne le prouve pas, et on ne cite aucun fait observé qui soit favorable à la théorie; pour la vraie science ces quatre termes sont absolument irréductibles ; — absurdes, car, pour nous borner aux manifestations de la vie humaine, il est contradictoire de faire dériver la sensation ou la pensée de qualités matérielles et divisibles, la raison et la liberté de forces aveugles et fatales.

Conséquences du matérialisme. — Le matérialisme, quelle que soit sa forme spéciale, peut être apprécié par ses conséquences.

Dans l'ordre logique, il conduit au scepticisme, car il n'admet que des phénomènes, des apparences ; — dans l'ordre scientifique, ses principes mènent à l'empirisme, qui se borne à constater les faits, à en déterminer les conditions, sans rien expliquer; — dans l'ordre des beaux-arts, c'est la négation de l'idéal véritable, par conséquent le réalisme et l'imitation servile de la nature; — il est surtout le renversement de tout l'ordre moral, en niant ou en conduisant à nier la liberté, la distinction du bien et du mal, l'existence de la vie future, qui en sont les fondements.

Ces conséquences ne sont pas admises par tous les matérialistes, mais elles dérivent cependant de leur système, et plusieurs d'entre eux, du reste, les ont impudemment exposées; qu'il suffise de citer quelques textes. « Les hommes, dit Helvétius, sont ce qu'ils doivent être; un sot porte des sottises, comme un sauvageon porte des fruits amers; l'insulter, c'est reprocher au chêne de porter des glands plutôt que des olives. L'homme de bien est en tout semblable à l'une de ces machines dont les ressorts sont adaptés de façon à produire de bons effets. »

« La volonté, dit d'Holbach, n'est qu'une modification du cerveau. » Et voici la morale qu'il déduit de son système : « des âmes physiques et des besoins physiques demandent un bonheur physique et des objets réels préférables aux chimères, dont depuis tant de siècles on repaît nos esprits. »

La pensée étant une combustion de phosphore, Feuerbach n'est que logique en réclamant, comme moyen de perfectionnement social, la culture des pois verts en vue de fournir aux citoyens l'élément phosphoré dont ils ont besoin pour leur vie intellectuelle et morale !!!

Phrénologie. — D'après Gall, Spurzheim et Broussais, le cerveau est le siège des facultés morales, l'organe de la pensée. Il est divisé en un certain nombre de régions dont chacune a son usage et sa fonction propres, de sorte que chaque faculté, chaque tendance particulière de l'âme a sa cause spéciale, sa protubérance ou bosse, de laquelle dépendent son développement et l'importance du rôle qu'elle joue dans la vie de chaque individu.

S'il n'est pas exact de dire que ce système tend à détruire l'unité du principe intelligent, il offre cependant de graves difficultés ; car : — 1° les circonvolutions des bosses extérieures du crâne, par l'inspection desquelles on juge des facultés, ne répondent pas aux circonvolutions du cerveau; — 2° on ne s'accorde point sur la place de la circonvolution où réside chaque faculté; — 3° enfin il n'y a aucun accord sur le nombre des circonvolutions ni sur celui des facultés.

PHYSIOGNOMONIE. — Lavater, que l'on place souvent parmi les défenseurs de la phrénologie, s'occupa plutôt de physiognomonie. Les *Fragments* sont un recueil plein d'observations fines et justes sur le cœur humain et les divers caractères. La pensée fondamentale de l'ouvrage est celle-ci : « la physionomie proprement dite, c'est l'âme mise au dehors, et l'organisation du visage, pour qui sait l'interpréter, exprime le caractère. »

Les bases de cette interprétation sont, d'après lui, l'air général du visage, puis certains traits de ses diverses parties: le front, les yeux, le nez, la bouche, le menton. De là des classifications nombreuses souvent sans fondement sérieux, des assertions futiles et souvent téméraires sur l'importance morale des diverses parties du visage.

II. — Union de l'âme et du corps.

Réalité de cette union. — S'il est certain que notre âme est distincte du corps, il n'est pas moins certain qu'elle lui est étroitement unie et qu'elle a avec lui des rapports tout particuliers, qu'elle n'a point avec les autres corps de la nature. Ainsi, par exemple, mon âme par un acte de volonté peut mouvoir mon corps, tandis qu'elle ne peut mouvoir les autres corps que par l'intermédiaire de celui auquel elle est unie. De même, mon âme éprouve les vicissitudes de mon corps, tandis que les autres corps de la nature ne peuvent agir sur elle que par l'intermédiaire de celui auquel elle est unie.

L'union de l'âme et du corps est donc incontestable; les lois de cette union se résument dans les relations établies, en vertu même de cette union, entre l'âme et le corps. Elles sont admirablement exposées dans le troisième chapitre de la *Connaissance de Dieu et de soi-même*, où Bossuet montre l'action du corps sur l'âme dans les opérations sensitives (sensation, imagination, passions), et l'action de l'âme sur le corps dans les opérations intellectuelles de l'intelligence et de la volonté. Disons seulement ici que l'âme communique au corps le mouvement et la vie, dirige tous ses actes, pourvoit à tous ses besoins et veille à sa conservation. Le corps, en retour, prête à l'âme les organes qui sont pendant la vie présente les conditions et les instruments de ses connaissances, de ses jouissances et de toutes ses actions.

Étudions successivement le *mode* et le *résultat* de cette union.

a. — *Mode de cette union*. — *Union personnelle*.

L'âme et le corps sont intimement unis entre eux. Mais quel est le secret de cette union? Comment se fait-il que des êtres si dissemblables aient le pouvoir d'agir l'un sur l'autre? Les philosophes qui ont essayé une explication sont loin de s'accorder entre eux.

Les matérialistes et les idéalistes ont une solution commode de la difficulté : ils nient l'un des deux termes, et dès lors il n'y a plus lieu de poser le problème. Mais les faits protestent contre cette négation de l'âme ou du corps.

Ces deux erreurs mises de côté, quatre explications classiques restent en présence.

Exposé des systèmes. — 1° MÉDIATEUR PLASTIQUE. — CUDWORTH. — Cette théorie, qui rappelle l'âme du monde de Platon, a été soutenue au XVIIe siècle par le docteur anglais Cudworth, dans un ouvrage ayant pour titre : *Le véritable système intellectuel de l'univers*, et se rattache à la théorie de la quintessence. D'après lui, il existe entre l'âme et le corps une substance intermédiaire qui est le lien de l'un et de l'autre. Cet intermédiaire, le médiateur plastique, est incorporel et actif, mais privé de sensibilité et d'intelligence. — Pour ne pas revenir sur ce système, disons tout de suite que le médiateur plastique est une hypothèse gratuite, improbable, contraire au sens commun, et qui laisse subsister la difficulté tout entière, inadmissible par conséquent.

2° INFLUX PHYSIQUE. — EULER. — D'après ce système très ancien, renouvelé par Euler au XVIIIe siècle, le corps et l'âme exercent une action directe l'un sur l'autre. « L'âme, disent les partisans de ce système, est au milieu des nerfs comme l'araignée au milieu de sa toile. » Ils expliquent la possibilité de cette influence par l'exemple de Dieu, dont l'action sur la matière ne peut pas être niée. Quant au fait de cette influence, il est, disent-ils, constaté par l'expérience, qui montre la dépendance mutuelle de l'âme et du corps.

3° Causes occasionnelles de Malebranche. — Dans ce système on regarde comme impossible l'action réelle et directe de deux substances créées en général, et surtout de deux substances spirituelle et matérielle l'une sur l'autre. Descartes avait eu recours, pour expliquer cette union, à l'assistance divine; Malebranche, modifiant cette idée, dit que c'est Dieu qui produit immédiatement les mouvements du corps à l'occasion d'un acte de volonté, et les idées ou sensations de l'âme à l'occasion d'un mouvement produit dans le corps. La *Philosophie de Lyon*, qui adopte ce système, ajoute que Dieu n'agit que par des lois générales établies dès le commencement, sans renouveler à tout instant son action.

4° Harmonie préétablie de Leibnitz. — Comme Malebranche, Leibnitz nie l'action directe de l'âme sur le corps et du corps sur l'âme. Mais, en même temps, il ne peut pas se résoudre à charger Dieu d'une besogne administrative trop vulgaire; il aime mieux supposer que Dieu a tellement organisé le corps et l'âme, dès le premier moment de la création, que toute la série des pensées de l'âme correspond dans une parfaite harmonie à toute la série des mouvements du corps; les deux substances agissent dans leur sphère propre comme si chacune existait isolément. (Voy. *Théodicée* de Leibnitz, Ire partie, n° 62.)

Leibnitz explique et résume par une comparaison ces trois derniers systèmes : « Figurez-vous deux horloges ou montres qui s'accordent parfaitement; cela se peut faire de trois manières : la première consiste dans une influence mutuelle; la seconde est d'y attacher un habile ouvrier qui les redresse et les mette d'accord à tout moment; la troisième est de fabriquer ces deux pendules avec tant d'art et de justesse, qu'on se puisse assurer de leur accord dans la suite. Mettez maintenant l'âme et le corps à la place de ces pendules... »

Appréciation des systèmes. — Apprécions brièvement chacun de ces systèmes.

Les *systèmes des causes occasionnelles* et *de l'harmonie préétablie* ont l'inconvénient de rejeter tous les deux l'union directe et immédiate du corps et de l'âme; il n'y a pas d'union, en effet, entre les deux substances, sans quelque influence de l'une sur l'autre. Dans les deux cas, on pourrait placer le corps à Paris et l'âme à Londres, et il y aurait encore union, puisque, dans l'hypothèse des causes occasionnelles, Dieu pourrait toujours, à l'occasion de quelques mouvements dans le corps, produire telle ou telle pensée dans l'âme; et, dans l'hypothèse de l'harmonie préétablie, les deux substances pourraient être harmonisées quelle que soit la distance qui les sépare.

En outre, *Malebranche*, en faisant intervenir Dieu substantiellement agissant dans tous les mouvements de l'âme ou du corps, nie la personnalité humaine, rend Dieu plus ou moins responsable de tout ce qui se fait en nous, et tend au panthéisme; car une existence sans opération paraît inutile, et s'il n'y a qu'une cause dans l'univers, on semble fondé à n'admettre qu'une substance. — Quant à *Leibnitz*, il semble, quoi qu'on en dise, compromettre la liberté, et regarder comme une illusion ce sentiment intime qui nous porte invinciblement à croire à la dépendance mutuelle de l'âme et du corps.

L'*influx physique* se borne à affirmer l'action directe de l'âme sur le corps et du corps sur l'âme, mais sans l'expliquer. Encore le langage qu'il emploie n'est-il pas exact, car parler d'une action du corps sur l'âme, ou de l'âme sur le corps, c'est supposer ces deux substances complètes avant l'union ; c'est ne mettre entre elles d'autres rapports que ceux du cavalier à son cheval, ou du pilote à son navire, selon les expressions de Platon. Enfin c'est même frayer la voie au matérialisme, car si le corps agit sur l'âme par sa propre vertu, toute action du corps étant un mouvement, il faut nécessairement admettre une âme étendue pour le recevoir.

Nature de cette union. — Aucun de ces systèmes n'est donc satisfaisant; peut-être même faut-il dire que le secret de cette union mystérieuse ne nous sera jamais connu. *Modus quo spiritus inhærent corporibus*, dit saint Augustin, *omnino mirus est nec ab homine comprehendi potest*. Et Pascal. « L'homme est à soi-même le plus prodigieux objet de la nature; il ne peut concevoir ce que c'est qu'un corps, ce que c'est qu'un esprit, et encore moins comment un corps peut être uni à un esprit, et cependant c'est son propre être. »

Toutefois, sans dissiper toutes les obscurités du mystère, la doctrine animiste rend compte jusqu'à un certain point de la nature de l'union de l'âme et du corps, en nous montrant l'âme comme l'architecte du corps qu'elle façonne sans cesse, qu'elle alimente et pénètre dans toutes ses parties pour le vivifier. La compénétration des deux substances est si intime, qu'elles vivent d'une même vie, ne forment en s'unissant qu'une nature qui jouit de propriétés étrangères aux parties : *Ex corpore et animo dicitur esse homo, sicut ex duabus rebus quædam tertia constituitur quæ neutra illarum est.* (Saint Thomas.)

Cette union, dont les combinaisons chimiques nous offrent une image imparfaite, a reçu un nom spécial : on l'appelle *hypostatique* ou *personnelle*, parce qu'elle constitue un seul principe d'action, une seule personne, la personne humaine responsable tout à la fois des actions du corps et de celles de l'âme.

b — Résultat de cette union. — La personne humaine.

Pour bien comprendre la notion de la *personnalité*, il faut remonter à celle de l'*individualité*.

Définitions. — L'individualité se définit la qualité d'une substance complète; et un individu est toute substance ayant son existence propre, distincte. Exemples : une plante, un animal.

La personnalité ajoute à l'individu la raison et la liberté. c'est ce *degré supérieur de l'existence en vertu duquel un être s'appartient*, est maître de ses actes (*sui juris*) et peut en assumer la responsabilité.

Une *personne* est donc un individu doué de raison, c'est-à-dire un *être libre*. Par suite, les hommes seuls, sur la terre, sont des personnes; tous les autres êtres, y compris les animaux, sont rangés dans la catégorie des choses, parce que, n'ayant point la libre disposition de leurs actes, ils ne s'appartiennent pas et peuvent devenir *la chose d'autrui*, pour servir à ses desseins.

La personne peut être composée de deux substances, dont l'une au moins est raisonnable, et qui se complètent l'une l'autre pour faire une unité individuelle. C'est le cas de la personne humaine.

Véritable notion de la personnalité humaine. — L'unité personnelle, en effet, ne résulte en nous ni de l'âme seule ni du corps seul, mais de l'union de ces deux éléments.

Il est évident d'abord que le *corps tout seul ne constitue pas la personne;* séparé de l'âme, le corps n'est qu'un cadavre; incapable d'agir, il ne peut être le principe de ses mouvements, bien loin d'être le principe d'opérations spirituelles étrangères à sa nature. Quant à l'âme, elle est bien sans doute le principe immédiat de certaines opérations, et des plus importantes. Mais, outre que ces opérations de l'intelligence et de la volonté dépendent elles-mêmes, du moins extrinsèquement, des organes, d'autres opérations, celles des sens, en dépendent intrinsèquement. L'*âme* ne suffit donc pas à expliquer toutes les opérations du moi; elle *ne peut pas toute seule constituer la personne humaine;* celle-ci se compose de l'âme et du corps, joints ensemble.

Pour se bien convaincre de cette vérité fondamentale, chacun n'a qu'à consulter sa *conscience* ou le *langage ordinaire;* car tout homme dit avec une égale vérité : je comprends, je veux, je raisonne, et je me promène, je m'assieds, je me fatigue. On exprime assez clairement par là que tous les actes et toutes les affections de l'âme, que les mouvements et les modifications du corps se rapportent à un être un et identique, tour à tour agent et patient.

Parfois, il est vrai, on appelle *moi* l'âme prise à part; mais c'est, comme l'observe saint Thomas, dans un sens moins rigoureux, parce que l'âme, bien qu'elle ne soit pas tout l'homme, en est la plus noble partie.

Et qu'on n'objecte pas que le corps n'appartient à la personnalité humaine qu'en qualité d'instrument des opérations de l'âme; car c'est un instrument substantiellement uni à l'âme, et que le plus vulgaire bon sens distingue des instruments que nous employons accidentellement. Si la plume dont je me sers pour écrire vient à se briser, je ferais rire si je disais : je me suis brisé; tandis que je puis et je dois m'approprier tout ce qui convient à mon corps : je suis étendu, je vieillis, je suis boiteux, je marche. (Liberatore.)

Erreurs opposées. — *Descartes* a méconnu cette véritable notion de la personnalité humaine, quand il dit que c'est l'âme qui constitue le *moi ;* car personne ne dira : je suis une âme, mais bien *j'ai une âme,* comme aussi *j'ai un corps.* De plus, si cette proposition : *je suis homme,* est vraie, et s'il est vrai pareillement que l'homme est formé d'un corps et d'une âme, il suit rigoureusement que le *moi humain* ne consiste pas dans l'âme seule, mais dans le composé de l'âme et du corps.

Kant va plus loin encore, en disant que le *moi* est la conscience que l'âme a d'elle-même. La conscience n'est qu'une faculté qui ne peut subsister sans un sujet en qui elle réside. Ce n'est pas dans la conscience, mais dans le sujet de la conscience qu'il faut chercher la notion du moi.

Rosmini, Jourdain expriment une opinion qui tient le milieu entre les deux que nous venons de citer. « C'est par la connaissance intime de son énergie propre, dit ce dernier, que l'âme sort de la classe des choses et s'élève au rang des personnes. La personnalité résulte donc précisément de ce qu'elle se connaît. » Mais le moi commence avec l'existence, non avec la réflexion; la personne n'est connue que par un acte de conscience, mais elle n'est pas constituée par cet acte; autrement il faudrait dire que le moi varie toujours, puisqu'en lui varie incessamment l'acte de la conscience.

Définition de l'homme. — En tenant compte des deux substances qui par leur union forment la personne humaine, on a souvent défini l'homme *un animal raisonnable*. Cette définition rigoureuse et conforme aux règles de logique a cependant, aux yeux de plusieurs, le défaut, peu sérieux d'ailleurs, de mettre trop en relief la partie la moins noble de l'homme.

Pour Platon, l'homme était « un esprit renfermé dans un corps, comme dans une prison », ou encore « une âme se servant d'un corps comme d'un instrument ». La définition que propose M. de Bonald est analogue à cette dernière : « l'homme, dit-il, *est une intelligence servie par des organes.* » Ces définitions font bien comprendre l'excellence de l'homme et affirment expressément l'élément spirituel de sa nature; mais on peut leur reprocher de considérer le corps comme un simple instrument, un simple vêtement de l'âme. « Il y a pourtant, dit Bossuet, une extrême différence entre les instruments ordinaires et le corps humain. Qu'on brise le pinceau d'un peintre ou le ciseau d'un sculpteur, il ne sent point les coups dont ils ont été frappés; mais l'âme sent tous ceux qui blessent le corps, et, au contraire, elle a du plaisir quand on lui donne ce qu'il faut pour s'entretenir... » En un mot, l'âme et le corps ne font ensemble qu'un tout naturel, et il y a entre les parties une parfaite et nécessaire communication, « un lien substantiel), » *vinculum substantiale*, dit quelque part Leibnitz.

L'homme, c'est un *esprit incarné, formé de l'union substantielle de l'âme et du corps*, et chacune de ces deux parties est également nécessaire pour constituer un homme. Cette doctrine répond parfaitement aux faits les plus récemment acquis à la science, et se trouve confirmée par l'enseignement de l'Église : *Homo corpore et anima ita absolvitur ut anima, eaque rationalis sit vera, per se atque immediata corporis forma.* (Pie IX, 1857.)

Voilà l'homme, tel que nous le font connaître la raison et le christianisme. Étudions maintenant son origine et sa destinée.

II

ORIGINE DE L'AME

Comment et à quel instant l'âme entre-t-elle en possession de l'existence ?

L'âme n'étant point l'être parfait, n'a point l'existence par elle-même. Elle a donc dû la recevoir par un acte de la toute-puissance divine, qui l'a créée, c'est-à-dire tirée du néant; car elle n'est point et ne peut pas être une émanation de Dieu, qui, étant l'être simple par excellence, ne peut en aucune façon communiquer une partie de sa substance.

Quant à l'époque de la création des âmes, deux opinions : — celle de la création *successive*, d'après laquelle Dieu crée les âmes les unes après les autres, à mesure qu'il les unit à des corps pour les faire vivre de la vie terrestre; — celle de la création *simultanée*, d'après laquelle Dieu aurait créé toutes les âmes à la fois, dès le commencement du monde ; les partisans de cette opinion sont eux-mêmes divisés.

Création successive. — Quelques-uns de ceux qui soutiennent cette opinion disent que Dieu crée chaque âme et l'unit à son corps, quand ce corps est complètement formé, peu de temps avant la naissance. D'autres que Dieu crée chaque âme et l'unit à son corps avant même qu'il soit complètement formé, dès le premier moment de son existence.

Création simultanée. — *Pythagore* pensait que toutes les âmes avaient été créées en même temps et unies à autant de corps d'hommes ou de brutes, et qu'à la mort elles passaient dans un autre corps, trouvant dans ce nouvel état une condition meilleure ou pire que la précédente, selon qu'elles avaient mérité ou démérité.

Platon croyait aussi que toutes les âmes avaient été créées en même temps; mais, d'après lui, elles avaient été placées dans une cité invisible, où elles jouissaient de la contemplation de Dieu. Elles ont été unies à des corps en punition d'une faute commise.

Cette opinion, adoptée par quelques philosophes chrétiens des premiers siècles, a été renouvelée de nos jours par Jean Reynaud, dans son livre *Terre et ciel.*

Leibnitz, défenseur de la création simultanée, soutient que Dieu créa dès l'origine toutes les âmes et aussi les éléments de tous les corps, et qu'il unit chaque âme aux premiers germes de son corps renfermés dans Adam. Quand le moment arrive où le germe de chaque corps atteint un certain degré de développement, l'âme alors, mais seulement alors, a le sentiment de son existence; elle était précédemment plongée dans un sommeil profond presque équivalent au néant.

La foi et la philosophie condamnent également les deux premières opinions de la création simultanée. La création successive et l'opinion de Leibnitz dans la création simultanée peuvent être soutenues. La création successive de chaque âme et son union au corps dès qu'il existe est l'opinion qu'il faut admettre.

III

DESTINÉE DE L'HOMME ET IMMORTALITÉ

Nous traiterons successivement ces deux questions distinctes : *destinée de l'homme* et *immortalité de l'âme.*

I. — Destinée de l'homme.

Nécessité d'une destinée pour l'homme. — Une des croyances les plus inébranlables de la nature humaine, c'est qu'aucun être n'a été créé sans un dessein arrêté de la Provi-

dence, sans une destinée qu'il doit remplir, une fin qu'il doit
atteindre. Dieu, en effet, créateur infiniment sage, raison parfaite, n'a pas pu jeter dans le monde un seul être sans lui
marquer le but vers lequel il doit tendre.

Tous les autres êtres atteignent fatalement leur fin ; l'homme
seul a reçu de son Créateur, avec la liberté, l'insigne privilège
de réaliser lui-même, en partie du moins, sa destinée en s'associant aux vues de la divine Sagesse par l'adhésion et le concours de sa volonté libre. Dès lors on conçoit qu'il y ait pour
lui une obligation rigoureuse de chercher à connaître sa destinée et, quand il la connaît, de travailler à l'accomplir.

Conditions de notre destinée. — L'homme a donc une
destinée ; quelle est-elle ? Elle doit d'abord *correspondre à ses
facultés constitutives*. La destinée d'un être, en effet, c'est la
fin que Dieu lui a donnée, et ses facultés sont les seuls moyens
dont cet être puisse se servir pour atteindre sa fin ; or, puisqu'il y a un rapport essentiel entre les moyens et la fin, il doit
y avoir correspondance et harmonie entre nos facultés et notre
destinée. De là cette conséquence que, pour arriver à connaître notre fin, nous devons étudier notre nature, de la même
façon que le physiologiste étudie la structure d'un organe pour
en connaître l'usage.

La destinée doit, en second lieu, *procurer aux facultés de
l'être la satisfaction et la perfection dont elles sont capables*.
Tant que les facultés n'ont pas atteint tout ce qu'il est dans
leur nature d'atteindre, elles peuvent légitimement aspirer à
autre chose, elles ne sont pas arrivées à leur fin. De ce second
caractère on conclut que la fin dernière d'un être se confond
avec sa béatitude. Pour nous la béatitude peut se définir, au
point de vue subjectif, la *possession des jouissances que comporte la mesure de nos facultés;* au point de vue objectif, c'est
un *bien capable de rassasier tous nos désirs*.

Appliquons ces principes à la recherche de notre destinée.

Nature de notre destinée. — L'homme, avons-nous dit,
est formé d'un corps et d'une âme, mais il est surtout grand
par son âme, qui lui communique la dignité morale, et à laquelle le corps doit être soumis. Or l'âme humaine a deux facultés principales, l'intelligence et la volonté, la puissance de
connaître le vrai et la puissance de vouloir le bien ; ajoutons-y
la sensibilité, qui le rend capable de goûter le bonheur. Il faut

donc à l'homme la vérité pour son intelligence, le bien pour sa volonté, le bonheur pour son cœur.

Mais cette vérité, ce bien, ce bonheur, capables de satisfaire pleinement nos facultés, ne se trouvent qu'en Dieu. Il serait facile, en effet, de montrer que ni les biens extérieurs, richesses et honneurs, ni les biens du corps, santé et plaisir, ni même les biens de l'âme tels que nous les possédons maintenant, science et vertu, ne procurent à notre âme une pleine satisfaction. Elle doit donc un jour connaître Dieu, vérité infinie, posséder Dieu, bien absolu, et dans cette connaissance, dans cette possession ou cet amour, trouver la joie, la paix et le bonheur [1]. C'est ce qu'exprimait saint Augustin en disant : *Fecisti nos ad te, Domine, et irrequietum est cor nostrum donec requiescat in te.*

But de la vie présente. — Telle est la véritable destinée ou fin dernière de l'homme ; mais s'il est une chose évidente, c'est qu'ici-bas l'homme ne possède point cette parfaite béatitude à laquelle il aspire, cette vision immédiate de la vérité éternelle, cet amour pur et immuable, cette jouissance complète du bien infini. Sa nature sensible, qui l'entraîne presque toujours d'une façon déréglée vers les plaisirs des sens, tous les mauvais penchants qui le sollicitent à mal user de sa liberté, les ténèbres de son intelligence, les défaillances de sa volonté, sont autant de causes qui l'éloignent de sa fin.

Quel est donc le but de la vie présente? Cette vie est une épreuve, un combat, un voyage; nous devons donc par la vertu courageusement pratiquée, par la lutte généreusement soutenue, par le détachement vrai du cœur, acquérir des mérites, tendre à notre destinée et nous assurer le bonheur pour l'avenir.

L'homme a donc deux fins : l'une dans la vie actuelle, fin improprement dite; l'autre, fin dernière véritable dans une vie future, dont ce qui précède nous fait déjà pressentir la nécessité, et dont il faut démontrer rigoureusement l'existence en établissant l'immortalité de l'âme.

---

[1] *Beatitudo consistit : initiative in visione Dei, perfective in amore Dei et completive in gaudio animi.*

II. — Immortalité de l'âme.

« C'est une chose qui nous importe si fort, qui nous touche si profondément, dit Pascal, qu'il faut avoir perdu tout sentiment pour être dans l'indifférence sur cette question. » La foi sans doute met pour nous ce point hors de doute, mais il est bon de montrer quelques-uns des fondements de cette foi, d'établir sur la raison l'*existence d'une vie future,* pour essayer ensuite d'en déterminer la *durée.*

I. — Existence d'une vie future.

On donne généralement quatre preuves de l'existence d'une vie future.

1º Preuve tirée de la nécessité d'une sanction convenable pour la loi morale. — La preuve la plus rigoureuse d'une vie future est tirée de la justice de Dieu, de la notion de mérite et de démérite, de la nécessité enfin d'une sanction convenable; en voici la formule précise :

La raison conçoit entre le bien et le bonheur, entre le mal et la peine, un *rapport absolu*, nécessaire; elle prononce invinciblement que *tout acte bon* mérite une récompense, que tout acte mauvais mérite un châtiment; que partout et toujours l'homme, en conformant sa conduite à la loi, acquiert un droit rigoureux à une *récompense proportionnée* au nombre et au mérite de ses actes; que celui qui viole la loi pour suivre l'impulsion des passions et les séductions du plaisir, mérite une *peine proportionnée* au nombre et à la nature de ses fautes. Or cette sanction *nécessaire, universelle* et *proportionnée,* ne se rencontre pas, ne peut pas se rencontrer dans la vie présente. La conclusion est rigoureuse : donc il y a une vie future dans laquelle justice parfaite sera rendue.

Il est facile de montrer l'insuffisance des sanctions que reçoit la loi morale en cette vie. — La sanction que la raison reconnaît nécessaire ne se trouve point dans les *biens extérieurs;* les biens et les maux sont répartis maintenant entre les méchants et les bons sans distinction; souvent même c'est le crime qui triomphe, la vertu qui est opprimée, et le scandale d'une vie criminelle favorisée des biens de la terre, a fait plus d'une fois accuser la Providence et porté le trouble dans la conscience même des justes. — Cette sanction ne se trouve pas dans les récompenses et les peines de la *loi civile ;* les tribunaux n'atteignent que les actes extérieurs ; souvent même les crimes qui sont de leur ressort échappent à leur recherche, et les actes bons ne sont pas de leur compétence. — Cette sanction ne se trouve pas non plus dans l'*opinion des hommes ;* cette opinion, en effet, n'atteint pas tous les actes ; elle est d'ailleurs mauvais juge, facile à égarer et à séduire. — Cette sanction ne se trouve pas dans les *joies et les remords de la conscience ;* l'habitude du crime finit par détruire le remords, et, dans les consciences délicates, la crainte d'avoir mal fait vient empoisonner les joies qui pourraient être la récompense de la vertu. D'ailleurs bien des actes, celui du soldat, par exemple, sacrifiant sa vie pour la patrie sur le champ de bataille, celui du méchant qui meurt dans l'acte de son crime, échappent encore à cette sanction.

Une sanction suffisante ne peut même pas se trouver en cette vie. Supposons, en effet, que chaque acte de vertu soit toujours et immédiatement suivi de la récompense, et de même que chaque faute soit invariablement suivie du châtiment : la vertu devient un calcul, et l'intérêt seul nous empêche de violer la loi... Donc il doit y avoir une autre vie, où l'âme, ayant le sentiment de sa personnalité, recevra selon ses œuvres.

2º **Preuve tirée de la croyance universelle du genre humain.** — Dans tous les temps et chez tous les peuples on trouve la croyance à une autre vie.

Cette croyance est attestée par le témoignage direct des historiens, des poètes et des philosophes. Socrate proclame cette vérité dans sa prison ; Platon s'efforce de la démontrer dans le *Phédon ;* Cicéron exprime la même vérité dans le *Songe de Scipion,* et dans les *Tusculanes* il ajoute : *permanere animos arbitramur consensu omnium nationum.* L'Élysée et le Tartare des Grecs et des Romains ne sont que le dogme de la vie future, défiguré par l'imagination des poètes :

..... Sedet æternumque sedebit
Infelix Theseus.

Cette croyance est encore attestée par les honneurs rendus à la mémoire des morts, par les pratiques superstitieuses en usage chez tous les peuples. Sans cette croyance, on ne saurait expliquer le désir qu'ont tous les hommes de se faire un nom dans la postérité; l'espérance, seule consolation véritable que nous ayons quand nous perdons une personne qui nous est chère; la crainte de la mort enfin, à laquelle ne sauraient échapper ceux même qui prétendent ne pas croire à la vie future.

3° **Preuve tirée des tendances de l'homme.** — L'homme a soif de la vérité; l'ignorance le gêne, le faux lui répugne et le blesse, et ce désir de connaître, rien ne peut le satisfaire ici-bas. La vie d'un homme de génie, consacrée tout entière aux rudes labeurs de la science, ne le conduit qu'à cette connaissance, « savoir qu'il ne sait rien, » tant les parcelles de vérité qu'il rencontre ici-bas ont peu de proportion avec le désir de connaître qui tourmente son âme! — Le cœur de l'homme est encore plus vaste que son intelligence; c'est en vain qu'il a goûté toutes les joies, tous les plaisirs, rien ne le rassasie; il marche de projets en projets, de déceptions en déceptions. Estimant vain ce qu'il a conquis, il ne trouve jamais le bonheur auquel il aspire.

Ces désirs, remarquons-le bien, l'homme les a reçus de Dieu avec la vie, et dès lors ils ne sauraient nous tromper, l'erreur retomberait sur Dieu même. Donner à la plus noble de ses créatures une faculté sans objet, une direction sans but, mettre le désespoir dans son cœur en y allumant des désirs inextinguibles, conçoit-on rien de plus indigne de l'Être infiniment sage et bon? Donc cette soif de bonheur qui nous dévore, il nous sera permis de l'étancher un jour, si nous sommes fidèles à la loi que nous a tracée notre Créateur.

4° **Preuve tirée de la spiritualité de l'âme.** — L'âme, simple et entièrement distincte du corps, comme nous l'avons établi, ne peut périr à la façon des corps, par décomposition de parties. L'étude de ses diverses opérations nous montre même qu'elle peut vivre sans le corps; et Cicéron, Platon, affirment qu'ils conçoivent bien plus facilement l'existence de l'âme séparée du corps que l'union de deux choses si essentiellement différentes.

L'âme ne périt donc point nécessairement par suite de sa séparation d'avec le corps. Mais ne serait-elle point anéantie au moment de la mort? Par sa toute-puissance, Dieu peut certainement la détruire, aussi bien que tout l'univers. Cependant tout nous porte à croire qu'il ne le fera pas. Rien ne périt, en effet, dans la nature. « La mort, dit Fénelon, n'est qu'un simple dérangement d'organes, et en quelque endroit que la corruption place les débris du corps, aucune parcelle ne cesse jamais d'exister. » Or l'âme est d'une dignité plus grande que l'atome; ne suis-je point dès lors en droit d'affirmer qu'elle ne sera pas non plus anéantie? « Voilà, ajoute Fénelon, le préjugé le plus raisonnable, le plus constant et le plus décisif; c'est à nos adversaires à venir nous déposséder par des preuves claires et précises. »

Bossuet raisonne de la même manière : « Les corps peuvent être dissous; leurs parcelles peuvent bien être séparées et jetées deçà et delà, mais pour cela ils ne sont point anéantis; si donc l'âme est une substance distincte du corps, par la même raison ou à plus forte raison Dieu lui conservera son être, et, n'ayant point de parties, elle doit subsister éternellement dans son intégrité. »

Toutefois il ne faut pas se faire illusion sur la portée de ce raisonnement. Il peut établir la persistance indéfinie de la substance de notre âme; mais l'immortalité à laquelle nous aspirons, celle qui nous importe et que nous voulons démontrer, est l'*immortalité de la personne*. Or, admis que l'anéantissement n'ait jamais lieu, s'ensuit-il que l'âme doive continuer de vivre d'une vie intelligente, réfléchie, personnelle? Ne peut-on pas dire que peut-être l'âme, se séparant du corps, perdra le sentiment d'elle-même pour passer à un état de sommeil et d'inertie? Sans doute, cette supposition est invraisemblable et presque dénuée de sens. Il suffit cependant qu'on puisse la faire pour qu'on soit obligé de reconnaître que la preuve métaphysique prise isolément n'est pas rigoureusement démonstrative de l'immortalité de l'âme, et qu'elle a besoin d'être complétée par la preuve morale.

II. — Durée de la vie future.

Quelques-unes des preuves que nous avons données, spécialement celles du témoignage unanime des peuples et des tendances intellectuelles et morales de notre âme, nous ont déjà fait soupçonner quelle pouvait être la durée de cette vie future dont nous avons démontré l'existence. Il importe d'insister sur ce point et de rechercher si les peines et les récompenses qui nous attendent après la mort auront une fin ou seront éternelles ; car, selon qu'elles devront finir ou durer toujours, leur influence sur notre conduite sera bien différente.

Opinions des philosophes. — Dans l'antiquité on ne trouve aucune idée précise sur le sort qui nous attend après la mort. Pythagore seul résout cette question et admet une série d'épreuves qui doit durer dix mille ans. Mais comment concevoir cette série d'épreuves qui n'ont aucun lien entre elles? Surtout quel sort nous est réservé après ces dix mille ans? Pythagore n'en dit rien, et la question reste tout entière à résoudre.

Dans les temps modernes, la philosophie a souvent cherché la solution de ce problème de la vie future. Quelques philosophes ont admis l'éternité des récompenses et rejeté celle des peines; d'autres, en plus grand nombre, ont soutenu avec quelques modifications la métempsycose de Pythagore, admettant tantôt que ces vies successives seraient limitées, tantôt qu'elles dureraient pendant l'éternité.

Dans le premier cas, comment admettre que les âmes bonnes et mauvaises jouiront un jour nécessairement du même bonheur? et, dans le second cas, cette vie éternellement errante des âmes ne répugne-t-elle point à l'idée de fin que nous concevons comme nécessaire?

Considérations rationnelles. — La seule hypothèse sérieuse qu'on puisse faire, c'est que Dieu, après avoir puni ou récompensé l'âme suivant ses mérites, pourrait l'anéantir. Mais des raisons bien fortes, sinon décisives, doivent faire rejeter cette dernière hypothèse.

Pour ce qui est de la *récompense*, la raison nous dit qu'elle consistera à connaître et à aimer Dieu. Peut-on admettre dès lors qu'un jour Dieu repousse violemment de lui une âme tout occupée à le contempler, une âme nourrissant son intelligence de la vérité infinie et se rassasiant de son amour? C'est là une impossibilité manifeste. Cette hypothèse rendrait Dieu cruel, d'autant plus cruel qu'il aurait fait participer l'âme à une félicité plus grande.

Un bonheur passager du reste est bien peu digne de la bonté et de la munificence de Dieu, quand il s'agit de récompenser les nombreux sacrifices qu'impose la vertu.

Et ne voit-on pas que, si intense qu'on suppose le bonheur,

la crainte de le perdre ou de le voir finir en empoisonnerait tous les charmes? La certitude que l'âme aurait d'en être privée un jour ferait même que chaque instant dérobé par le temps à sa durée serait pour elle une nouvelle torture : *Si amitti beata vita potest, beata esse non potest.*

Pour le *coupable*, il est vrai, l'anéantissement peut être considéré comme une peine et comme une fin. — Mais c'est une peine insuffisante, parce que le pécheur la désire, et qu'on ne doit jamais désirer un châtiment que par amour de l'ordre, amour qu'on ne peut supposer dans le pécheur obstiné. — C'est une fin, mais une fin qui rend le pécheur maître de Dieu, en l'obligeant à détruire un ouvrage qu'il avait fait à son image et pour durer toujours.

D'ailleurs la *sanction* réservée à l'homme dans la vie future serait elle-même insuffisante, si elle devait finir. Si nous avons tant de peine à être vertueux, alors que nous avons en perspective un bonheur ou un malheur éternel, ne semble-t-il pas que Dieu n'aurait pas suffisamment encouragé l'homme à la pratique du bien, en ne proposant qu'une récompense passagère aux justes, et un châtiment temporaire aux coupables?

Ce sont là de fortes raisons de croire à l'éternité des peines et des récompenses. A plusieurs cependant elles ne paraissent pas absolument démonstratives. La foi seule tranche nettement la question en déclarant que l'âme est immortelle; qu'elle vivra pendant l'éternité, aussi longtemps que Dieu sera Dieu; que sa vie consistera à connaître Dieu, en le connaissant à l'aimer, en l'aimant à jouir de son bonheur en lui et avec lui.

Résurrection des corps. — Elle est évidemment possible à Dieu, créateur de l'homme; la philosophie peut ajouter qu'elle est au moins très convenable.

Si le corps ne doit pas ressusciter, l'union de l'âme et du corps, c'est-à-dire l'existence même de la nature humaine, est un fait transitoire, accidentel. Il faut dire que l'humanité est détruite à la mort, puisqu'à la mort il n'y a plus que de pures intelligences.

Le corps a eu sa part du vice et de sa vertu sur la terre; pourquoi n'aurait-il pas sa part des récompenses et des châtiments?

Il est l'instrument dont l'homme se sert souvent pour accomplir le bien et le mal ; pourquoi ne serait-il pas l'instrument du moins partiel de la récompense et du châtiment?

Toutefois, si ces raisons peuvent faire soupçonner et portent à admettre la résurrection du corps, elles ne la démontrent pas ; c'est encore une vérité que la foi seule enseigne avec certitude.

THÉOLOGIE RATIONNELLE

ou

THÉODICÉE

Étymologiquement, *théodicée* veut dire justice de Dieu; ce fut le titre donné par Leibnitz à un ouvrage dans lequel il se proposait de justifier la Providence en réfutant les objections que soulève la question du mal. Ce mot est pris aujourd'hui dans un sens plus étendu, pour désigner cette partie de la philosophie qui a Dieu pour objet.

La théodicée peut se définir la *science rationnelle de Dieu*. Elle est par conséquent la plus noble de toutes les sciences, la plus importante aussi et la plus digne de fixer notre attention, parce que Dieu est tout à la fois le principe de toute existence, la source de toute vérité et la raison dernière de toute loi.

Nous étudierons successivement Dieu, — 1° *en lui-même* et — 2° *dans ses rapports avec la créature.*

I

DIEU EN LUI-MÊME

Nous établirons d'abord l'*existence de Dieu ;* nous ferons connaître ensuite ses *principaux attributs*, et nous signalerons en troisième lieu quelques *erreurs relatives à Dieu*.

I. — Existence de Dieu.

Dieu est l'être nécessaire, éternel, infiniment parfait, cause première de tout ce qui existe.

Ceux qui nient l'existence de cet être nécessaire ou la révoquent en doute ont reçu le nom d'*athées*. De ce nombre sont les matérialistes et les positivistes contemporains.

D'autres philosophes, sans nier Dieu, prétendent que son existence ne saurait être démontrée par la raison. Les traditionalistes, qui soutiennent que l'existence de Dieu ne nous est connue que par la révélation ou l'enseignement social, et les transcendantalistes, pour lesquels cette existence n'est qu'un postulatum de la raison pratique, rentrent dans cette catégorie.

D'autres, au contraire, les ontologistes, déclarent que l'existence de Dieu est une vérité évidente de soi, et que par conséquent on ne doit pas chercher à la démontrer.

Ce sont là autant d'assertions fausses expressément condamnées par le concile du Vatican [1]. L'existence de Dieu n'est point une vérité évidente *pour nous;* elle a besoin d'être démontrée, mais aussi elle peut l'être rigoureusement.

Les preuves de l'existence de Dieu se partagent assez généralement en trois catégories : preuves *morales*, preuves *physiques* et preuves *métaphysiques*.

I. — Preuves morales.

Les preuves morales reposent sur la croyance du genre humain. Indiquons-en deux, tirées : la première, de la croyance directe du genre humain à l'existence de la Divinité ; — la deuxième, de sa croyance à l'existence d'une loi morale.

1º Croyance du genre humain à l'existence de Dieu. — *Les langues, les institutions, les religions de tous les peuples attestent le fait de la croyance universelle de l'humanité à l'existence de Dieu.* Il n'y a pas de langue sans un mot pour exprimer l'idée de l'Être suprême. Partout et toujours il y a eu des temples, des autels; partout la prière, le sacrifice, le serment, ont été en usage. A quoi bon ces choses sans la foi à l'existence d'un Dieu ?

Cette croyance universelle des peuples est du reste attestée par tous les écrivains anciens et modernes, poètes, historiens et philosophes. « Il est facile, disait Platon quatre siècles avant

---

[1] *Sancta Mater Ecclesia tenet et docet Deum, rerum omnium principium et finem, naturali humanæ rationis lumine, e rebus creatis certo cognosci posse; invisibilia enim ipsius a creatura mundi, per ea quæ facta sunt intellecta, conspiciuntur.* (Concil. Vatic. const. *Dei filius*, cap. II.)

Jésus-Christ, de prouver qu'il existe des dieux ; la croyance unanime des Grecs et des barbares à l'existence de la divinité prouve cette existence. » — Cicéron s'exprime ainsi dans la première *Tusculane* : *Multi de diis prava sentiunt; omnes tamen esse vim et naturam divinam arbitrantur.* Et dans son *Traité des lois* : *Nulla gens neque tam immansueta, neque tam fera, quæ non, etiamsi ignoret qualem Deum habere deceat, tamen habendum sciat.* — « Jetez les yeux sur la surface de la terre, disait Plutarque, vous pourrez y trouver des villes sans fortifications, des peuples sans habitations distinctes, mais nulle part une ville qui soit sans temple et sans Dieu. » — Sénèque n'est pas moins explicite : *Nulla gens usquam est adeo extra leges moresque projecta ut non aliquos deos credat.* Ces témoignages sont encore confirmés par celui d'un athée, Lucrèce, qui félicite Épicure d'avoir osé le premier nier l'existence de Dieu :

Primum Graius homo mortales tollere contra (deos)
Est oculos ausus, primusque obsistere contra.

Inutile de parler des nations modernes ; l'athéisme n'a pu trouver encore une seule tribu sauvage qui partageât ses désolantes doctrines.

Cette croyance universelle et constante de l'humanité à l'existence de Dieu est une preuve irrécusable de vérité, parce qu'elle est étrangère, contraire même à l'imagination et aux passions, et qu'elle touche aux intérêts les plus sérieux de l'humanité.

On peut ajouter qu'elle est absolument inexplicable par toutes les causes d'erreurs que l'athéisme s'efforce de nous opposer.

a. — Cette croyance unanime ne doit point son origine à l'*ignorance* des lois du monde physique : le progrès des lumières l'eût dissipée, et dans tous les temps les plus grands génies ont admis cette croyance ; on connaît le mot de Bacon : « Un peu de philosophie éloigne de la religion ; beaucoup de philosophie y ramène. »

b. — Elle ne provient point de la *crainte* occasionnée par certains phénomènes de la nature, *primus in orbe deos fecit timor* (Pétrone); attribuer à la crainte l'origine de l'idée de Dieu, c'est mettre l'effet avant la cause ; d'ailleurs les hommes se représenteraient Dieu comme un tyran cruel, tandis qu'au contraire ils le conçoivent comme un être bon : D. O. M. De plus on ne voit pas que les gens courageux qui peuvent dominer la crainte aient cru moins fermement que les autres à la divinité.

c. — Elle ne vient pas de la *politique des princes* et des législateurs, car elle se rencontre chez les nations les plus indépendantes ; supposé même, ce qui est incroyable, que les politiques se soient tous rencontrés dans cette même idée, ils n'eussent jamais réussi à persuader au peuple un dogme si contraire aux passions, et dont les conséquences pratiques sont si graves. Le souvenir d'une révolution si profonde se serait conservé, et enfin, comme le remarque Cicéron, *opinionum commenta delet dies, naturæ judicia confirmat.*

d. — Enfin cette croyance ne tire pas son origine des *préjugés d'éducation*. Ces préjugés, en effet, ne sont pas de tous les temps et de tous les lieux ; et du reste l'éducation transmet un enseignement, mais n'explique pas l'origine de l'enseignement transmis.

Il faut donc reconnaître que cette croyance unanime a pour fondement la vérité même, et par conséquent que Dieu existe.

2º Croyance du genre humain à l'existence d'une loi morale. — Tous les peuples, nous l'avons établi précédemment, admettent l'existence d'une loi morale ; or toute loi suppose un législateur, et le législateur ici ne peut être que Dieu, car cette loi morale est universelle, immuable, obligatoire, et par suite, comme le remarque Cicéron, ne peut émaner d'aucun législateur humain. — D'ailleurs, croire que toute action vertueuse sera récompensée, que tout crime sera puni, n'est-ce pas croire à l'existence d'un témoin *infaillible*, d'un juge *incorruptible* et tout-puissant qui ne saurait être que Dieu?

Nous pourrions tirer une autre preuve de l'existence de Dieu de cette tendance instinctive qui, dans la détresse et le malheur, nous porte à recourir à une puissance supérieure. Dans un péril soudain, la prière naît d'elle-même, et ce sentiment est si profond, que rien ne peut le faire disparaître.

> Hélas ! prêt à périr, t'adresse-t-il des vœux !
> Il regarde le ciel, secours des malheureux,
> La nature, qui parle en ce péril extrême,
> Lui fait lever les yeux vers la bonté suprême :
> Hommage que toujours rend un cœur effrayé
> Au Dieu que jusqu'alors il avait oublié.   (L. RACINE.)

II. — Preuves physiques.

Elles s'appuient sur des faits de la nature matérielle, accessibles à nos sens, tels que — l'existence de la matière, — l'existence du mouvement, — et l'ordre admirable qui règne dans le monde. Ces trois faits d'expérience donnent lieu à trois preuves distinctes.

1° **Preuve tirée de l'existence même de la matière.** — La matière existe, c'est un fait qui frappe tout homme ayant des sens; or elle n'a pu se donner à elle-même l'existence, car pour agir et produire quelque chose, il faut déjà exister. Elle n'a pas l'existence en vertu de sa propre essence, car elle serait éternelle, et par suite elle aurait dû passer par un nombre infini de changements, chose impossible; elle aurait en elle-même tout ce qui est essentiel à son existence, serait par conséquent nécessaire, indépendante et immuable, hypothèse absurde. Donc elle a dû recevoir l'existence d'un autre être, et cet être existe nécessairement, est par soi, est Dieu.

Le seul moyen d'échapper à cette conclusion est de supposer une série infinie d'êtres contingents, chacun de ces êtres ayant la raison de son existence dans l'être qui le précède. Mais cette hypothèse est absurde, car une série infinie actuellement réalisée est impossible. Et de plus, si nous acceptons pour un instant la possibilité de cette série infinie, l'envisageant tout entière comme un seul être continu, n'ayant ni commencement ni fin, il est évident que, n'existant ni par elle-même ni par autrui, elle est sans raison suffisante, ce qui est absurde.

2° **Preuve tirée du mouvement de la matière.** — Cette preuve, donnée par Platon au X° livre des *Lois*, longuement exposée par Aristote au XII° livre de la *Métaphysique*, peut se formuler ainsi : il y a du mouvement dans le monde; or ce mouvement n'est pas essentiel à la matière, puisqu'on peut sans contradiction la supposer en repos, et que d'ailleurs ce mouvement est soumis à une infinité de variations; donc elle a dû recevoir ce mouvement d'un premier moteur *immobile*, sous peine toujours d'admettre une série infinie de mouvements reçus et communiqués, ce qui est impossible. Telle est la preuve péripatéticienne de l'existence de Dieu.

3° **Preuve tirée de l'ordre de l'univers.** — Elle se ramène à cet argument très simple : toute œuvre dans laquelle apparaissent un ordre continu et une harmonie constante, suppose nécessairement une intelligence qui a conçu cet ordre, réalisé cette harmonie. Or l'univers, considéré dans ses diverses parties comme dans son ensemble, nous offre un ordre merveilleux, une harmonie admirable; donc l'univers suppose une intelligence ordonnatrice.

Telle est, réduite à son expression la plus simple, la célèbre preuve dite des *causes finales*. On l'appelle ainsi parce qu'elle repose sur l'idée de *fin* que manifestent l'ordre et l'harmonie de l'univers. Des diverses preuves de l'existence de Dieu, c'est celle que développent le plus généralement les écrivains et les philosophes. Newton la regarde comme une des plus fortes et des plus capables de faire impression sur les esprits; et à quelqu'un qui lui demandait un jour une preuve de l'existence de Dieu, il se contenta de montrer le ciel en disant : « Voyez. » « Elle mérite toujours, dit Kant, d'être rappelée avec respect; c'est la plus ancienne, la plus claire, celle qui convient le mieux à la plupart des hommes. » On la trouve dans Xénophon, dans Cicéron (1re *Tusculane*). Elle est surtout développée par Bossuet et par Fénelon; les impies eux-mêmes ne peuvent se refuser à son évidence :

> L'univers m'embarrasse, et je ne puis songer
> Que cette horloge existe et n'ait point d'horloger.
> (Voltaire.)

Pour saisir toute la force de cet argument, insistons sur le principe rationnel qui lui sert de fondement.

L'ordre et l'harmonie dans l'effet supposent l'intelligence dans la cause, puisque l'effet ne peut avoir plus de perfection que la cause qui l'a produit. C'est là une vérité évidente. — Vainement pour y échapper prétendrait-on, avec les anciens disciples d'Épicure, que l'ordre du monde n'est ni voulu, ni prémédité, qu'il n'est qu'une rencontre fortuite de divers éléments. Le hasard, c'est-à-dire l'absence de dessein dans la cause, n'a pas cette régularité constante, cette harmonie soutenue. Qui oserait attribuer à un effet du hasard l'*Iliade* d'Homère, la *Transfiguration* de Raphaël, le *Moïse* de Michel-Ange, la *Création* de Haydn? Et on voudrait que les révolutions sidérales, que la succession des saisons, que les merveilles de l'œil et de l'oreille, que l'organisation des microbes ne fussent pas les effets d'un dessein préconçu, d'un plan arrêté par une sagesse éminente ? Le hasard n'est rien, s'il n'est pas l'*incognito de la Providence*. — Vainement, laissant de côté le hasard, prétendrait-on, comme le font aujourd'hui de préférence les adversaires de l'idée de Dieu, que les harmonies du monde résultent du développement nécessaire des forces que la nature recèle dans son sein. Il y aurait toujours lieu de se demander si l'harmonieux concert des forces de la nature, si la fixité des lois auxquelles ces forces obéissent ne supposent pas un plan arrêté d'avance et ne dénotent pas l'action intelligente d'un être qui se propose une fin ; car enfin ces lois qu'ils reconnaissent sont le *signe* de l'ordre, mais n'en sont pas la *cause;* des abstractions ne peuvent rien produire.

Le principe que nous avons invoqué est donc inébranlable : un ordre constant, une harmonie soutenue supposent une intelligence ordonnatrice; et s'il est vrai qu'il y a dans l'univers incomparablement plus d'ordre que dans le chef-d'œuvre humain le plus accompli, il est vrai de dire que *l'univers prouve une intelligence incomparablement supérieure à celle de l'homme;* cette intelligence, nous l'appelons Dieu.

III. — Preuves métaphysiques.

Elles reposent toutes sur des vérités qui ne tombent pas sous les sens, et qui sont empruntées soit à la conscience, soit à la raison ; indiquons-en six principales, tirées :

1º **De l'existence et de l'imperfection de l'âme.** — J'existe et je suis imparfait, dès lors je n'existe pas par moi-même, car je serais nécessaire, éternel, souverainement indépendant, immuable, toutes choses qui ne sont point. C'est donc un autre être qui m'a donné l'existence. Cette preuve, si bien développée par l'école de Descartes, peut se résumer dans cette formule : « je suis, donc Dieu est. » Elle est identique à la preuve tirée de l'existence de la matière.

2º **De la nécessité d'une cause première.** — « Je suppose, dit Leibnitz, que chacun connaît qu'il est quelque chose qui existe actuellement, et qu'ainsi il y a un être réel; s'il y a quelqu'un qui puisse douter de sa propre existence, je déclare que ce n'est pas à lui que je parle. Cela posé, il faut nécessairement qu'il y ait un être existant par lui-même, ou que tout ce qui existe ait eu un commencement d'existence. Mais cette dernière hypothèse n'est pas admissible : qu'il y ait un seul instant où rien ne soit, et éternellement rien ne sera; le pur néant ne saurait produire un être réel; d'où il suit que quelque chose a existé de toute éternité, et le principe de tous les êtres étant aussi le principe de toutes leurs facultés, on peut conclure que cet être éternel doit être tout-puissant et parfait. » (Leibnitz, *Nouveaux Essais sur l'entendement humain*, liv. IV, chap. x.)

3° **Des idées et vérités nécessaires.** — « Il y a des vérités, fondement de toutes sciences mathématiques, métaphysiques ou morales, qui subsistent indépendamment de tous les temps et de toutes les intelligences. Si je cherche maintenant où et en quel sujet elles subsistent éternelles et immuables comme elles sont, je suis obligé d'avouer un être où la vérité est éternellement subsistante et où elle est toujours entendue. Cet être éternel, c'est Dieu, éternellement subsistant, éternellement véritable, éternellement la vérité même. » (Bossuet.)

Cette preuve, dite preuve platonicienne, se trouve encore dans Platon, Fénelon, saint Augustin et saint Thomas.

4° **De la présence en moi de l'idée d'infini.** — J'ai l'idée précise de l'infini; je discerne très nettement ce qui lui convient de ce qui ne lui convient pas. Cette idée est essentiellement positive, car l'idée de l'être infini, c'est l'idée de l'être absolu auquel aucune réalité ne manque. Je ne la confonds point avec l'idée de l'indéfini, qui n'est qu'un fini dont les bornes échappent à l'imagination sans échapper à l'esprit.

Cette idée, il est vrai, n'est pas complète, c'est-à-dire qu'elle ne nous fait pas connaître tous les attributs de l'infini; il serait même contradictoire qu'il en fût ainsi. Mais, pour être incomplète, l'idée que nous avons de l'infini n'en est pas moins claire et distincte. D'où nous vient-elle ? Ce n'est ni du monde, ni de moi-même, ni du néant; rien de ce qui est fini ne peut me la donner, car le fini ne représente point l'infini, dont il est infiniment dissemblable. Il faut donc, disent Descartes et Bossuet, qu'elle vienne de Dieu, qui a gravé, pour ainsi dire, en nous l'empreinte de sa nature; ou, selon l'expression de Fénelon, « il faut donc conclure invinciblement que c'est l'être infiniment parfait qui se rend immédiatement présent à moi, quand je le conçois, et qu'il est lui-même l'idée que j'ai de lui. »

Malebranche, précisant peut-être davantage la doctrine de Fénelon, présente ainsi cette preuve : « Tout ce qui est fini se peut voir dans l'infini, qui en renferme les idées intelligibles; mais l'infini ne peut se voir qu'en lui-même, car rien de fini ne peut représenter l'infini. Si donc on pense à Dieu, il faut qu'il soit. Et cette proposition n'est pas moins évidente que cette autre : « je pense, donc je suis. » Je conclus que je suis, parce que je me sens et que le néant ne peut pas être senti; je conclus de même que Dieu est, parce que *je l'aperçois* et que le néant ne peut pas être aperçu, ni par conséquent l'infini dans le fini. »

5° **De l'idée même de l'être parfait.** — La plus célèbre des preuves métaphysiques est tirée de l'idée même d'être parfait. Cette preuve, qui se trouve déjà en germe dans saint Augustin, a été exposée régulièrement pour la première fois au moyen âge par saint Anselme (être infiniment grand); elle a été formulée de nouveau au XVII° siècle par Descartes (être parfait), par Fénelon (être nécessaire), et reproduite par plusieurs autres philosophes, Leibnitz, Gratry, etc.

Voici comment est présenté l'argument dans le *Proslogium* de saint Anselme : « L'insensé lui-même, qui a dit dans son cœur : Il n'y a point de Dieu, lorsqu'il m'entend lui parler de quelque chose plus grand que tout ce qu'on peut concevoir, comprend ce que je dis, et ce qu'il comprend est dans son entendement, quoiqu'il ne veuille pas en admettre l'existence. Or ce qui est plus grand que tout ce qu'on peut concevoir ne peut être dans l'entendement seul; car si cette chose n'était que dans l'entendement, on pourrait aussi la concevoir dans la réalité, ce qui est plus grand encore. Donc si ce qui est plus grand que tout ce qu'on peut concevoir n'était que dans l'entendement, on pourrait concevoir quelque chose de plus grand, ce qui répugne. »

Communément on formule cette preuve de la manière suivante : il faut affirmer d'une chose tout ce qui est clairement renfermé dans son idée; or l'existence actuelle est clairement renfermée dans l'idée d'être parfait; donc on doit affirmer l'existence de l'être parfait, donc l'être parfait existe.

Leibnitz, pour répondre à des objections, donne à cette preuve une forme un peu différente : « L'être parfait que je conçois est possible, dit-il, car son idée ne renferme aucune contradiction, n'en peut même renfermer aucune, puisqu'elle ne contient aucune négation. Or, s'il est possible, il existe, car l'existence actuelle est clairement contenue dans l'idée de souveraine perfection. »

Cette preuve, connue dans l'histoire de la philosophie sous le nom de preuve de saint Anselme ou *preuve ontologique*, acceptée, comme nous l'avons dit, par plusieurs philosophes des temps modernes, a été combattue dès le temps de saint Anselme par Gaunilon, et est rejetée par saint Thomas, par Kant, etc., qui ne veulent y voir qu'un sophisme parce qu'on conclut de l'ordre idéal à l'ordre réel.

6° **De l'éternité et de l'immensité.** — Le temps et l'espace, que nous concevons, disent certains philosophes, comme nécessaires, n'étant pas évidemment des substances, sont des attributs. Or tout attribut se rapporte à une substance; donc l'espace et le temps se rapportent à une substance immense et éternelle, Dieu.

D'après Newton et Clarke, qui ont développé cette preuve, il n'y a proprement ni durée ni immensité, mais seulement un être qui dure et qui remplit tout de son infinité : *Deus durat semper et adest ubique, et existendo semper et ubique, durationem, æternitatem et infinitatem constituit.* « Étrange imagination, répond Leibnitz, d'après laquelle Dieu sera divisible et aura des parties ! »

Observations générales sur les preuves de l'existence de Dieu. — Dans l'ordre moral, dans l'ordre physique, comme dans l'ordre intellectuel, nous avons trouvé de nombreuses preuves de l'existence de Dieu qui ont l'avantage de satisfaire les diverses intelligences. Les preuves morales peuvent convenir à tous, les preuves physiques sont accessibles aux plus humbles intelligences; quant aux preuves métaphysiques, que Fénelon dit être la voie la plus parfaite qu'on puisse suivre pour aller à Dieu, elles ne conviennent guère qu'aux esprits habitués aux spéculations de la métaphysique.

Des diverses preuves exposées, la plupart appartiennent à la méthode inductive : elles sont *a posteriori*. Ces divers arguments, à quelque ordre qu'ils appartiennent, ne sont que des applications immédiates de ces deux principes rationnels : « tout effet suppose une cause », et « toute qualité suppose un sujet ». Une seule preuve, la cinquième des preuves métaphysiques, appartient à la méthode déductive, encore n'est-elle pas strictement *a priori*, elle ne conclut pas par déduction d'un principe général à une conséquence moins générale, elle conclut *a simultaneo*, et consiste à montrer qu'il y a identité entre Dieu et l'idée d'être parfait.

II. — Attributs de Dieu.

« Autant que la condition humaine permet de le faire, dit Tertullien, je définis Dieu, l'être souverainement grand. » — « Dieu, dit saint Louis, dans Joinville, c'est chose si bonne que meilleure ne peut être. »

Dieu se révèle, en effet, à la raison comme l'être parfait et infini; il a toute perfection, et en lui toute perfection est infinie; il est l'être par soi, l'être pur. L'*être*, voilà le véritable nom de Dieu, le nom qu'il se donne à lui-même; voilà son nom propre, son nom incommunicable, qui n'appartient qu'à lui, et auquel Fénelon ne veut pas qu'on ajoute quoi que ce soit.

Nature des attributs divins. — On nomme attributs divins les propriétés, ou mieux les perfections que nous concevons en Dieu, et qui déterminent à nos yeux sa nature[1].

En réalité, les diverses perfections divines ne sont point distinctes les unes des autres, ni distinctes de la nature divine; toutes ensembles forment une seule et infinie perfection, qui est la nature même et l'essence de Dieu. « Si nous en distinguons plusieurs, dit Fénelon, c'est à cause de la faiblesse de notre esprit, qui, ne pouvant d'une seule vue embrasser le tout, qui est infini et parfaitement un, le multiplie pour se soulager, et le divise en autant de parties qu'il a de rapports à diverses choses hors de lui. »

---

[1] *Sancta catholica apostolica Romana Ecclesia credit et confitetur, unum esse Deum verum et vivum, Creatorem ac Dominum cœli et terræ, omnipotentem, æternum, immensum, incomprehensibilem, intellectu ac voluntate omnique perfectione infinitum; qui, cum sit una singularis, simplex omnino et incommutabilis substantia spiritualis, prædicandus est, re et essentia a mundo distinctus, in se et ex se beatissimus, et super omnia quæ præter ipsum sunt et concipi possunt, ineffabiliter excelsus.* (Concil. Vatic. const. *Dei filius*, cap. I.)

Ce que nous appelons les attributs divins ne sont donc que les divers aspects sous lesquels nous considérons la même et unique nature parfaite de Dieu.

Division des attributs divins. — On a donné plusieurs classifications des attributs divins ; la plus communément adoptée est celle qui les divise en attributs *métaphysiques* et en attributs *moraux*.

Les attributs *métaphysiques* sont ceux qui conviennent à Dieu considéré en lui-même et indépendamment de tout rapport avec les créatures ; ils expriment plus directement la nature de Dieu et semblent constituer le fond même et l'essence de son être. On les désigne encore sous le nom d'attributs *absolus, incommunicables ;* les principaux sont : l'aséité, l'infinité, l'éternité, l'immensité, l'immutabilité, la simplicité et l'unité.

Les attributs *moraux* sont ceux par lesquels Dieu est en rapport avec le monde ; ils sont le principe des opérations de Dieu et semblent lui appartenir plus spécialement comme créateur et conservateur de l'univers. On les appelle encore attributs *relatifs, communicables ;* les principaux sont : l'intelligence, la bonté, la justice, la puissance et la liberté.

Mode de détermination des attributs divins.—Tous les attributs divins, métaphysiques ou moraux, peuvent se déduire par voie d'identité, soit d'un même attribut, l'aséité par exemple, soit les uns des autres en partant d'un attribut quelconque.

En réalité, c'est de la considération des êtres créés que nous concluons les attributs divins par un procédé qui varie selon qu'il s'agit des attributs métaphysiques ou des attributs moraux.

Nous obtenons les premiers en *niant de Dieu* tout ce qui dans les créatures est *de soi* une imperfection, comme la multiplicité, la divisibilité, le changement, la dépendance, la limite dans le temps et l'espace.

Nous déterminons les attributs moraux en *affirmant de Dieu*, mais à un degré infini, les diverses perfections dont nous trouvons quelque trace dans les choses de ce monde, et spécialement en nous-mêmes, par exemple, l'intelligence, la liberté, etc.

I. — Attributs métaphysiques.

1° Aséité. — Cet attribut, le premier que la raison conçoit en Dieu, est la propriété que Dieu possède d'exister par lui-même (*a se*). Dieu n'a point un être emprunté; il n'a rien reçu du dehors; il est souverainement indépendant; il tient de lui-même tout ce qu'il a et tout ce qu'il est. Toute perfection jaillit de son essence et se confond avec elle.

2° Infinité. — Principe de tout ce qu'il y a de perfection en tout être, Dieu possède toutes les perfections réelles et possibles, et chacune de ces perfections est en lui en un degré infini. De cette infinité les panthéistes concluent qu'aucun être ne peut exister en dehors de l'être infini. C'est manifestement dénaturer le sens de l'attribut divin : l'infinité n'implique pas, en effet, que Dieu soit tout être, mais seulement qu'il possède tout ce qu'il y a de perfection ou d'être dans les êtres.

3° Éternité. — Dieu, étant par soi, n'a pas commencé d'être; il est éternel, et cette éternité n'exclut pas seulement tout commencement et toute fin, mais encore toute succession. Pour Dieu, il n'y a ni passé ni futur; rien n'a été, rien ne sera, tout est; il a la plénitude de l'être et de la vie; il est toujours et immuablement tout ce qu'il est; son éternité est la permanence indivisible de son être, ou, selon la définition de Boèce, *interminabilis vitæ tota simul et perfecta possessio*.

4° Immutabilité. — L'immutabilité semble presque se confondre avec l'éternité divine; il n'y a point en Dieu de succession, parce qu'il ne peut y avoir en lui ni altération ni changement; et il ne peut y avoir en Dieu ni altération ni changement, parce que Dieu est essentiellement et nécessairement tout ce qu'il est. Changer, c'est acquérir ou perdre quelque chose, alternative absurde quand il s'agit de Dieu.

Les panthéistes nient cette immutabilité divine et admettent le développement et le progrès indéfini de la substance universelle qu'ils appellent Dieu; c'est nier l'infinie perfection et rejeter du même coup les vérités immuables qui servent de base à la raison.

On objecte que la création, n'étant point éternelle, suppose en Dieu un changement; « mais non, répond Fénelon, la volonté en vertu de laquelle le monde est sorti du néant est éternelle en Dieu; le changement est uniquement du côté de la créature, qui a commencé d'être. »

5° Simplicité. — Dieu est simple, étranger à toute espèce de composition. Et d'abord, il n'est pas matériel, il n'y a pas en lui de parties. De plus il n'y a point réellement en lui de facultés, de qualités distinctes les unes des autres comme en nous. « Nous avons, dit saint François de Sales, une grande diversité de facultés, qui produisent une grande variété d'actions, et ces actions une multitude non pareille d'ouvrages. Mais il n'en est pas de même en Dieu, car il *n'y a* en lui qu'une infinie perfection, ou, pour parler plus sagement, Dieu *est* une seule perfection, et cette perfection n'est qu'un seul acte, lequel n'étant autre chose que la propre essence divine, il est par conséquent toujours permanent et éternel. » (*Traité de l'amour de Dieu*, liv. II, chap. II.)

6° Immensité. — La simplicité de Dieu soutient et explique son immensité. L'immensité est la propriété que Dieu possède d'être présent à tout ce qui existe, non seulement par sa connaissance et son action, mais encore par sa substance. Comme l'éternité exclut toute idée de succession, l'immensité exclut toute idée d'étendue. A proprement parler, Dieu n'est pas ici ou là; il est absolument, il est tellement, qu'il faut bien se garder de demander où il est : *extra locum, locum implet*, dit saint Thomas. La présence de l'âme dans le corps est une image de ce mystère, dont il est bon de signaler le côté pratique et de montrer la salutaire influence sur la conduite de l'homme.

7° Unité. — Dieu est un ou unique, car deux êtres infinis égaux se confondent, aucune différence ne pouvant se concevoir entre eux ; et s'ils sont inégaux, l'un des deux n'est plus infini. Enfin les supposer distincts, infinis et égaux est contradictoire, car l'un serait nécessairement la limite de l'autre.

II. — Attributs moraux.

1° Intelligence. — Dieu est intelligent, et son intelligence est infinie comme son être; elle l'égale, le mesure tout entier ; cette intelligence n'est point en Dieu, comme en l'homme, à l'état de *faculté*, de *puissance* pouvant se développer en acquérant de nouvelles connaissances; tout cela accuse l'imperfection et le défaut. L'intelligence de Dieu est toujours en acte; la connaissance divine n'augmente et ne diminue jamais.

Dieu se connaît donc éternellement lui-même tel qu'il est, il se comprend; il connaît toutes les choses possibles, toutes les choses qui ont été, sont et seront, même celles qui dépendent des causes libres, comme les actions humaines [1].

Cette science de Dieu ne ressemble pas à celle de l'homme : la nôtre est bornée, celle de Dieu infinie; la nôtre souvent incertaine, celle de Dieu toujours infaillible; la nôtre successive, nous passons lentement d'une vérité à une autre en saisissant les rapports qui les unissent; celle de Dieu ne suppose ni succession ni progrès, « d'un seul regard il voit toutes les vérités et leurs liaisons, et tous les différents ordres que les intelligences bornées peuvent suivre pour démontrer ces vérités. » (Fénelon.)

2° **Volonté**. — L'intelligence appelle la volonté. Dieu est doué de volonté, ou plutôt il est la volonté parfaite, comme il est l'intelligence infinie. La volonté présente un double aspect; elle peut être considérée ou bien comme un principe affectif d'où naît l'amour, ou comme une force qui se détermine librement. Elle est en Dieu sous ces deux faces.

« Dieu, en se connaissant, s'aime d'un amour nécessaire et infini; son amour égale sa connaissance, et embrasse pareillement dans un ineffable transport son être tout entier. C'est cet amour essentiel que Dieu a de lui-même qui constitue la *sainteté absolue*, et c'est là qu'est la source, le modèle et le principe de toute sainteté pour les créatures. » (Laforêt.)

A l'amour en Dieu se joint la *liberté*. Dieu est libre, car la liberté est une perfection ; il est libre d'une liberté pure, entière, infinie; d'une liberté qui n'est point, comme la nôtre, sujette à mille défauts, à mille faiblesses, à mille contradictions; d'une liberté qui ne connaît ni les incertitudes de la délibération, ni les lenteurs de la détermination, ni les influences d'aucune action étrangère; et cette liberté divine toujours parfaitement conforme à la raison, incapable de mal, s'étend aussi loin que sa puissance.

Personnalité divine. — De ces deux attributs, *intelligence* et *liberté*, résulte ce qu'on a appelé la *personnalité divine*. On

[1] *Omnia nuda et aperta sunt oculis ejus, ea etiam quæ libera creaturarum actione futura sunt.* (Concil. Vatic. const. *Dei filius*, cap. I.)

a voulu affirmer par là que Dieu n'est point, comme l'ont rêvé les panthéistes, un être indéfini, variable, un éternel devenir, en un mot, un être *impersonnel* ne possédant que des attributs abstraits et vides; mais qu'il possède en un degré éminent toutes les qualités de l'esprit.

La théologie emploie aussi cette expression, mais dans une signification plus haute, pour expliquer le mystère de la sainte Trinité, que la raison ne peut par elle-même ni comprendre ni même soupçonner.

3° **Puissance.** — La puissance de Dieu est souveraine; rien ne la limite, rien ne peut en entraver l'exercice; c'est la puissance dans toute sa pureté, sans aucun mélange de faiblesse ou d'impuissance; c'est, dans le sens rigoureux et complet de cette expression, la *toute-puissance*. Dieu peut faire absolument tout ce qui n'implique pas contradiction; son pouvoir ne s'arrête que là où commence le défaut, l'imperfection, c'est-à-dire là où commencent la défaillance et l'impuissance : *cum sit omnipotens, mori non potest... mentiri non potest*. (Saint Augustin.)

De ce qui précède résulte que Dieu, par sa toute-puissance, ne peut pas produire quelque chose d'infini, car cet infini, qui ne serait pas *par soi*, ne serait pas réellement infini; par suite, Dieu peut toujours perfectionner ses créatures sans atteindre le *plus parfait possible*, qui n'existe pas pour une puissance infinie.

4° **Autres attributs.** — Dieu possède encore d'autres attributs. Ainsi il est *bon* non seulement de la bonté *métaphysique* qui se confond avec l'être, non seulement de la bonté *morale* qui se confond avec la sainteté, mais encore de cette bonté *bienveillante* qui le porte à aimer ses créatures et à assurer leur bonheur; — il est *juste*, c'est-à-dire qu'il rend à chacun selon ses mérites et que ses jugements équitables sont infaillibles; — il est *sage*, c'est-à-dire qu'il se propose toujours en ses actions une fin digne de lui... Il possède enfin à un degré infini toutes les qualités que nous pouvons découvrir en nous-mêmes.

III. — Des erreurs relatives à Dieu.

Nous signalerons : — l'*athéisme*, qui nie l'existence de Dieu; — le *dualisme* et le *polythéisme*, opposés à son unité; — et le *panthéisme*, opposé à sa personnalité.

I. — Athéisme.

L'*athéisme ancien* se confond avec le matérialisme de Démocrite et d'Épicure, que Fénelon réfute longuement dans la première partie de son *Traité de l'existence de Dieu* : aucun dessein intelligent n'apparaît dans le monde ; tout s'explique par les combinaisons infinies que les atomes ont dû former dans leur mouvement éternel. — Ce système n'est évidemment qu'un tissu d'assertions gratuites, opposées au sens commun et souvent contradictoires ; il est inutile d'y insister.

L'*athéisme moderne* n'a rien inventé de nouveau et se contente aussi d'assertions et de négations sans preuves. Il n'explique rien, se condamne lui-même à voir partout des effets sans cause, des mouvements sans moteur, des lois sans législateur ; il renverse donc la logique et pose la formule de l'absurde, en expliquant toujours, selon l'expression d'Auguste Comte, le supérieur par l'inférieur.

L'*athéisme*, quelle que soit sa forme, *est réfuté par ses conséquences*. Aucune erreur n'est plus fatale aux mœurs, aucune n'est plus opposée à la sécurité des individus et au bonheur des sociétés. « Je ne voudrais pas, dit Voltaire, avoir affaire à un prince athée qui trouverait son intérêt à me faire piler dans un mortier ; je serais bien sûr d'être pilé. » — « Cherchez un peuple sans religion, dit Hume ; si vous le trouvez, soyez bien sûr qu'il ne diffère pas beaucoup des bêtes brutes. »

Quant à la cause de cet athéisme, on sait que la Bruyère n'en reconnaissait point d'autre que le libertinage. « Je voudrais, dit-il, voir un homme sobre, modéré, chaste, équitable, prononcer qu'il n'y a point de Dieu ; il parlerait du moins sans intérêt ; mais cet homme ne se trouve point. » — « Tenez votre âme, dit Rousseau, en état de désirer toujours qu'il y ait un Dieu, et vous n'en douterez jamais. »

Il faut bien reconnaître qu'au xix° siècle l'incrédulité philosophique a exercé d'affreux ravages en Angleterre, en France et en Allemagne ; tout le monde connaît les blasphèmes de Proudhon, dépassé encore par Feuerbach, qui promet à l'athéisme le gouvernement du monde. Mais cet athéisme demeure pourtant toujours à l'état d'exception.

II. — Dualisme et polythéisme.

Dualisme. — Le dualisme, inventé pour rendre raison de l'existence du mal, suppose l'existence de deux principes éternels, l'un bon et l'autre mauvais. Mais si ces deux principes sont également nécessaires, ils doivent être également infinis, et par suite essentiellement bons. Qu'un seul ait en lui-même la raison de son existence, l'autre, créé par lui, doit encore être bon, car Dieu ne peut pas produire un être essentiellement mauvais.

Ajoutons que le dualisme est impuissant à rendre compte de l'existence simultanée du bien et du mal; car, ou bien les deux principes sont égaux, et alors il n'y aura plus ni bien ni mal, puisque deux forces égales et opposées se détruisent; ou bien ils sont inégaux, et alors le bien ou le mal existera seul, selon la nature du principe supérieur.

Polythéisme — Le polythéisme, ou croyance à la pluralité des dieux, présente diverses formes selon qu'on attribue la nature divine aux esprits (démonolâtrie), aux hommes (anthropolâtrie), aux animaux (zoolâtrie), aux astres (sabéisme), ou enfin aux images façonnées par les hommes (idolâtrie). Sous toutes ces formes le polythéisme n'est qu'une altération des traditions primitives; il a sa raison dans la prédominance des sens et les exigences de la passion.

III. — Le panthéisme.

Les attributs métaphysiques ne conviennent à aucun des êtres que nous voyons autour de nous, ils sont l'apanage exclusif de l'être infini; d'autre part, nous l'avons dit, les attributs moraux manifestent la vie personnelle de cet être. Nous sommes donc en droit de conclure que Dieu est distinct du monde, qu'il a sa vie propre, et que le panthéisme est une erreur grossière, une évidente contradiction.

Cette réfutation indirecte du panthéisme pourrait suffire; toutefois l'importance de ce système paraît demander que nous nous y arrêtions pendant quelques instants.

Ses diverses formes. — D'après le panthéisme, tous les êtres se confondent en une seule et même substance; et cette substance unique, universelle et infinie, c'est Dieu. Dieu est tout et tout est Dieu : telle est la formule générale du système ; mais cette identité de Dieu et du monde s'explique de diverses manières.

La forme la plus ancienne du panthéisme est celle de l'*émanation* adoptée par les philosophes orientaux, et plus tard par l'école d'Alexandrie. D'après ce système, Dieu tire le monde de sa propre substance, et par un acte nécessaire, à peu près comme l'araignée tire d'elle-même le fil de sa toile ; le monde existe ainsi en vertu d'une expansion continue, d'un écoulement incessant de la nature divine.

D'après le *spinosisme* ou système de l'*immanence*, la substance nécessaire, éternelle, infinie, a deux modes sous lesquels elle doit nécessairement se manifester, l'étendue et la pensée. En tant qu'étendue, elle constitue les corps ; en tant que douée de pensée, elle constitue les esprits. Ce système va donc jusqu'à nier la distinction des individus, pour n'admettre qu'une simple distinction de modes dans la substance divine.

La théorie des panthéistes allemands a quelquefois reçu le nom de panthéisme d'*évolution* ou de *limitation*. Selon eux, la substance unique qui constitue le fonds éternel duquel tout procède est à l'origine indéterminée ; elle développe progressivement son être et produit les manifestations diverses du fini et de l'infini en se déterminant et se limitant elle-même. Ce principe unique, qui absorbe tout dans son indétermination même, Fichte l'appelle le *moi*, Schelling l'*absolu* et Hegel l'*idée*.

En France, le panthéisme a pour principaux défenseurs MM. Vacherot et Renan. Le premier admet une substance unique, à laquelle il donne le nom d'*être universel* ; elle se développe en vertu d'une énergie immanente et produit tous les êtres ; Dieu n'est plus que l'idéal du monde. Renan a varié dans l'exposition de son panthéisme ; le plus souvent il reproduit les idées de Hegel, et pour lui Dieu n'existe pas ; il est en voie de se faire ; l'*éternel devenir*, telle est la foi fatale à laquelle tout obéit.

Lamennais, dans son *Esquisse d'une philosophie*, aboutit à la même erreur : « Puisqu'en créant, Dieu donne l'être, cet être qu'il donne *il le tire de soi*, car il ne peut évidemment exister aucune portion d'être qui n'ait pas sa source dans l'être infini... La substance de l'être créé a sa racine en Dieu, est *une avec la substance de Dieu.* »

Sa réfutation[1]. — Sous ces formes diverses du panthéisme un principe demeure, l'unité et l'identité de substance, et par suite la négation de la réalité du fini; dès lors nous sommes fondés à dire que ce système n'est qu'un athéisme mal déguisé, car qu'est-ce qu'un Dieu qui se confond avec tout ce qui existe, qui n'a ni personnalité ni vie propre, sinon un être chimérique ?

Pour le réfuter directement nous l'envisagerons successivement dans ses *fondements*, en lui-même ou dans sa *doctrine* et dans ses *conséquences*.

Les fondements du panthéisme. — Les panthéistes, au lieu d'appuyer leur doctrine sur des faits ou sur des croyances universelles de la nature humaine, analysent et pressurent les notions les plus abstraites de la métaphysique, les notions d'*unité*, d'*infini*, de *substance*, pour essayer, mais en vain, d'en tirer leur principe fondamental : l'*unité*, condition de la science, loi suprême de l'esprit humain, se confond pour eux avec l'identité; l'*infini*, disent-ils, renferme toute perfection, et par conséquent tout être, on ne peut rien supposer en dehors de lui; la *substance* existe par soi, et dès lors aucune production de substance n'est possible.

En parlant de la création nous établirons la possibilité de la production des substances; la réponse aux autres sophismes a déjà été donnée.

La doctrine du panthéisme. — Considéré en lui-même, le panthéisme — *est opposé au sens commun*, car l'humanité croit invinciblement à la réalité du monde, à la réalité du moi, à la réalité d'un Dieu intelligent et bon ; — *il nie toute réalité*, car la substance impersonnelle de Spinosa, l'existence absolue de Schelling, l'idée pure de Hegel, séparée de tout attribut, n'est qu'une pure abstraction; unie à des modes, elle n'est qu'un phé-

---

[1] 3. *Si quis dixerit unam eamdemque esse Dei et rerum omnium substantiam vel essentiam, anathema sit.*

4. *Si quis dixerit, res finitas, tum corporeas, tum spirituales, aut saltem spirituales e divina substantia emanasse;*

Aut divinam essentiam sui manifestatione vel evolutione fieri omnia;

Aut denique Deum esse ens universale seu indefinitum, quod sese determinando constituat rerum universitatem in genera, species et individua distinctam; anathema sit. (Concil. Vatic. const. *Dei Filius;* canones *de Deo*, III et IV.)

nomène, qu'une apparence; — *il n'explique rien*, ni le développement fatal et progressif de l'infini, ni la beauté et l'harmonie du monde, ni les notions nécessaires, absolues de l'esprit humain;
— enfin *il tombe dans des contradictions palpables,* en affirmant l'identité des contraires, du fini et de l'infini, de l'être et du néant.

Les conséquences du panthéisme. — Par ses conséquences, le panthéisme conduit à la négation de toutes les relations de famille ou de société, au scepticisme, à l'athéisme, et par suite à l'irréligion et au renversement de toute morale. (Voy. *Essai sur le panthéisme*, Mgr Maret.)

Nous nous bornons à ces indications sommaires, parce que « la discussion du panthéisme nous paraît appartenir plutôt à l'enseignement supérieur qu'à l'enseignement secondaire ». (Janet.)

II

DIEU DANS SES RAPPORTS AVEC LA CRÉATURE

Nous traiterons sous ce titre : — de la *création* et de la *conservation* des créatures; — du dogme de la *Providence*; — du *problème du mal*, — et de la *religion naturelle*.

I. — Création et conservation.

Création. — La puissance divine renferme le *pouvoir de créer*, c'est-à-dire de réaliser en dehors de soi, par un acte de volonté, des substances de toute espèce.

Pour Cousin, le type de la création est l'acte par lequel nous prenons une résolution; il en conclut facilement que la création est nécessaire comme exercice essentiel de l'activité de Dieu, et que le monde n'est qu'une modification de la substance divine. Mais ce n'est pas la vraie notion de la création. La création, telle que nous l'entendons, est essentiellement une production de substance, et cette production est essentiellement libre, puisque Dieu est souverainement indépendant, se suffit parfaitement à lui-même, et n'a besoin d'aucun être pour son bonheur [1].

La possibilité de la création ainsi entendue est évidente; car l'idée d'un être créé, c'est-à-dire d'un être qui d'abord n'est pas, et qui ensuite est, n'implique aucune contradiction; cette contradiction n'aurait lieu que dans le cas où nous affirmerions en même temps l'existence et la non-existence d'un être. Cette possibilité résulte encore de l'idée d'une puissance infinie, qui doit être la puissance de faire les choses dans leur intégrité absolue, de leur donner l'être.

La principale objection qu'on nous oppose est ce principe admis par tous les philosophes anciens : « de rien, rien ne se fait, » *ex nihilo nihil fit*. Ce n'est pas sérieux, car nous ne prétendons point, comme on semble le supposer, que le néant soit une matière d'où les êtres aient été tirés, ou une puissance capable de produire quelque chose, ou qu'une puissance finie puisse faire quelque chose avec rien; nous affirmons simplement qu'une puissance *infinie* fait exister ce qui n'existait pas auparavant.

L'unique raison d'être de la création, c'est la gloire de Dieu. « Mais, remarque le cardinal Pie, cette gloire contingente pour laquelle tout est fait, ne procure par elle-même aucune utilité, aucun avantage à Dieu. C'est à nous qu'elle en apporte : car cette gloire consistant tout entière en ce que Dieu soit connu et aimé, et la créature ne pouvant être parfaite et heureuse que par cette connaissance et cet amour, il s'ensuit que cette gloire extérieure de Dieu implique notre félicité, et paraît tellement s'y résoudre qu'elle s'identifie finalement avec elle. »

Conservation. — Toutes les créatures dépendent tellement de Dieu, que, s'il cessait de les *conserver directement* par son action toute-puissante, elles retomberaient dans le néant. Pour nous anéantir, Dieu n'a pas même besoin de vouloir que nous ne soyons plus, il suffit qu'il cesse de vouloir que nous existions. Telle est l'idée qu'on peut se former de la conservation : « Si le monde existe, dit Malebranche, c'est que Dieu continue

---

[1] *Deus bonitate sua et omnipotenti virtute, non ad augendam suam beatitudinem, nec ad acquirendam, sed ad manifestandam perfectionem suam per bona quæ creaturis impertitur, liberrimo consilio, simul ab initio temporis, utramque de nihilo condidit creaturam, spiritualem et corporalem, angelicam videlicet et mundanam, ac deinde humanam quasi communem ex spiritu et corpore constitutam.* (Concil. Vatic. const. *Dei Filius*, cap. 1.)

de vouloir que le monde soit; la conservation des créatures n'est donc de la part de Dieu que leur création continuée; je dis de la part de Dieu, car de la part des créatures il y a de la différence, puisqu'elles passent du néant à l'être par la création, tandis que par la conservation elles continuent d'être. Mais en Dieu la conservation et la création ne sont qu'une même volonté. » (*Entretiens métaph.*, VII, n° 7.)

II. — La Providence.

Par le mot de Providence on entend souvent deux choses : la *conservation* du monde et son *gouvernement;* ici nous le prenons exclusivement dans le sens de gouvernement du monde.

Ainsi entendue, la Providence peut se définir, *une action bienveillante de Dieu sur ses créatures dans le but de les conduire toutes à des fins dignes de lui* [1].

Nous devons établir l'*existence de la Providence* et répondre à *quelques objections* soulevées contre cette vérité.

I. — Existence de la Providence.

1° Preuve tirée de la notion même de Dieu. — Nous n'avons qu'à consulter la notion même que nous avons de Dieu pour trouver la Providence. Croire que Dieu renferme en lui-même toutes les perfections, spécialement la sagesse, la puissance et la bonté, et ne pas croire à la Providence, serait la plus grande des inconséquences : s'il est sage, en effet, il doit connaître tous les moyens propres à conduire ses créatures vers la fin qu'elles doivent atteindre; s'il est tout-puissant, il ne saurait être embarrassé par l'immense variété des détails et peut sans peine pourvoir à tous les besoins de ses créatures ; enfin, s'il est infiniment bon, il doit mettre sa puissance et sa sagesse au service de tous, mais plus particulièrement de ceux qui reconnaissent et avouent leur faiblesse par une humble prière ; c'est la Providence.

2° Preuve tirée de la croyance des peuples. — Dans

---

[1] *Universa, quæ condidit, Deus providentia sua tuetur atque gubernat, attingens a fine usque ad finem fortiter et disponens omnia suaviter.* (Concil. Vatic. const. *Dei Filius*, cap. 1.)

tous les temps, en effet, comme nous l'avons dit, le monde a cru à l'existence de Dieu, mais ce n'est pas en un Dieu abstrait ou indifférent que les peuples ont eu foi. Ils ont cru à un Dieu vivant, sage, puissant et bon ; à un Dieu maître des lois de la nature physique et de tous les éléments; à un Dieu occupé du gouvernement des hommes, sensible à leurs prières, vengeur du crime et rémunérateur de la vertu; à un Dieu par conséquent dont l'action providentielle se fait immédiatement sentir.

Comment expliquer autrement que par cette croyance ces divinités tutélaires qui, dans le monde ancien, se partageaient le soin de la nature, et gardaient les fleuves ou les fontaines, les moissons ou les fleurs ; ces dieux domestiques devant lesquels on brûlait chaque jour l'encens, et qui présidaient tantôt à la naissance et tantôt aux funérailles ; ces dieux nationaux enfin qu'on invoquait et pour la paix et pour la guerre? « Si les dieux ne s'occupent pas de nous, dit Cicéron, s'ils ne peuvent pas nous secourir, pourquoi ce culte que nous leur rendons, ces prières que nous leur adressons?... Mais, nous le savons, ils sont les maîtres et les modérateurs de toutes choses; tout est dirigé par eux. » (*De Nat. deor.* — *De Legibus.*)

3° **Preuve expérimentale.** — Si nous voulions descendre aux détails, il serait facile de constater l'existence de cette Providence dans le monde physique et dans le monde moral, sociétés et individus.

a. Dans le monde physique. — Quelque part qu'on dirige ses regards, qu'on se contente de vues générales ou qu'on descende aux plus humbles détails, il est impossible de ne pas remarquer, malgré quelques irrégularités plus apparentes que réelles, la permanence de l'ordre établi dans l'univers. Or il est évident que l'action d'une puissance intelligente est tout aussi nécessaire pour maintenir cet ordre et ces lois que pour les établir; et ainsi l'harmonie du monde physique prouve bien qu'à la voix du Seigneur tout marche vers sa fin.

b. Dans les sociétés. — Si Dieu veille avec tant de sollicitude sur le monde physique, à plus forte raison doit-il s'occuper de diriger le monde moral. Aussi, pour peu que l'on veuille réfléchir sur les grands événements de l'histoire, les révolutions des empires et les fléaux qui ont accablé l'humanité, on reconnaîtra sans peine que les nations sont régies par une sagesse plus éclairée que la sagesse des hommes, par une justice plus impartiale et une puissance plus souveraine. Nier cette action de la Providence, ce serait ôter à l'histoire sa grandeur et sa vie; mais, quand on y croit, on peut, à l'exemple de Bossuet, contempler d'une région supérieure la marche du monde, et s'expliquer au moins les grands événements.

c. Dans les individus. — Dieu ne veille pas seulement sur les hommes placés à la tête des nations et dont le sort se confond, pour ainsi dire, avec celui des peuples, il veille aussi sur les plus petits de ses enfants. — Pour nous en convaincre, il suffit de nous rappeler ce que nous avons dit des diverses tendances qui sont comme le fond de notre nature ; ce sont autant de précautions prises par la Providence pour affermir la famille et la société, pour conduire l'homme à sa fin, lui faciliter l'accomplissement de la loi, ou lui ménager l'occasion du mérite. — Un témoignage plus fort, plus intime en faveur de la Providence, est celui que nous rend notre conscience ; n'avons-nous point, en effet, dans la prospérité ou dans le malheur, senti cette action de Dieu en nous? — Si nous ne l'avons point sentie, nous l'avons au moins attestée par la prière; car cet acte serait une absurdité ou un non-sens, si Dieu ne pouvait nous entendre ou nous secourir. — Et si, malgré l'action de Dieu qui nous incline vers le bien, nous commettons le mal, le remords qui déchire notre âme, alors même que nous nous efforçons de l'étouffer, est encore là pour nous dire que Dieu nous a vus, que Dieu nous punira. C'est toujours la Providence.

Ne croyons pas rabaisser Dieu par ce dogme de la Providence : il n'a point dédaigné de nous créer, pourquoi dédaignerait-il de nous conduire à notre fin, nous surtout qu'il a faits à son image ?

II. — Objections contre la Providence.

1° On a dit que l'idée de Providence était contraire à l'idée de l'*immutabilité divine;* mais c'est à tort, « car, comme l'observe parfaitement M. Th. Martin, Dieu, dans son éternité indivisible, peut vouloir non seulement l'existence du monde avec ses lois générales, mais encore les faits particuliers avec leurs rapports mutuels dans le temps; et quant à la réalisation de ces faits particuliers, il peut la procurer soit par une action directe, soit en ordonnant l'état primitif du monde de telle sorte, qu'en tel point de sa durée les lois générales et l'enchaînement des causes secondes amènent telle circonstance d'où tel fait résulte. » (*Examen d'un problème de théodicée*.)

2° D'autres ont prétendu que la Providence devait être niée parce qu'elle était en opposition avec l'*immutabilité des lois de la nature*. « Mais, répond M. Caro, la Providence peut s'exercer sans troubler ces lois, comme nous expérimentons chaque jour que l'activité libre de l'homme se mêle à leur action fatale sans la détruire ni la suspendre un seul instant. »

Ajoutons qu'il ne faut pas confondre, en parlant des lois de la nature, l'immutabilité ou la fixité avec la nécessité absolue.

Par un acte spécial de la volonté divine, l'effet naturel de ces lois peut être suspendu dans un cas particulier; c'est là ce qu'on appelle un *miracle*. Et ce miracle est toujours une preuve éclatante de la Providence, qui dispose tout pour sa gloire et le bien de ses enfants.

La grande objection contre la Providence est celle que soulève la question du mal.

III. — Le problème du mal.

Il faut écarter tout d'abord deux erreurs extrêmes et opposées : l'*Optimisme*, qui prétend que le monde est le plus parfait et le meilleur possible, — et le *Pessimisme*, qui soutient, au contraire, que ce même monde est mauvais, et le pire de tous les mondes possibles. — Nous exposerons ensuite la *solution* acceptée par le plus grand nombre des philosophes.

I. — Optimisme.

L'optimisme a toujours compté de nombreux défenseurs : Socrate, Platon, Sénèque dans l'antiquité; Garnier, Franck, Bouillier à notre époque. Mais *Malebranche* et *Leibnitz* sont les deux principaux représentants de ce système.

Optimisme de Malebranche. — Dieu, dit Malebranche, est libre de créer ou de ne pas créer; mais s'il se décide à créer un monde, il doit le créer en vue de procurer *sa gloire;*

il devra donc choisir, entre les différents mondes possibles, celui qui est le plus parfait, parce que ce monde manifestera mieux ses divins attributs.

Que faut-il entendre par le monde le plus parfait possible? Malebranche reconnaît que *le meilleur*, dans les choses créées, est essentiellement relatif, de là son principe de la *simplicité des voies*. Le monde le meilleur et le plus parfait sera celui « dans lequel le rapport composé de la beauté de l'ouvrage et de la simplicité des voies sera exactement égal; » en d'autres termes, celui dans lequel, par les voies les plus simples possibles, la plus grande beauté possible aura été réalisée. De là, comme conséquence, la nécessité de l'Incarnation, qui donne au monde une perfection infinie.

Optimisme de Leibnitz. — Leibnitz va plus loin que Malebranche; de ce principe, que Dieu est tenu de créer le monde le plus parfait possible, sans quoi l'acte créateur n'aurait pas sa *raison suffisante*, il tire cette conséquence, que la création elle-même est nécessaire, parce qu'il est plus parfait de créer que de ne pas créer.

Leibnitz ne nie pas l'existence du mal ; mais le mal pour lui n'est qu'une *limitation* de l'être, une imperfection; encore cette imperfection disparaît-elle à peu près, quand pour apprécier la beauté du monde on s'élève, comme on doit le faire, *à une vue générale*, soit de l'ensemble des êtres étroitement liés les uns aux autres, soit des évolutions nécessaires et éternelles qu'ils doivent subir pendant la durée des siècles.

Appréciation de l'optimisme. — Nous n'entreprendrons pas la discussion détaillée de ces systèmes; il faut reconnaître qu'ils fournissent une réponse ingénieuse à la plupart des objections qu'on peut tirer contre la Providence de l'existence du mal ; mais leur principe fondamental est faux. *Dieu n'est pas tenu de créer le monde le plus parfait possible;* du principe contraire, en effet, résulterait — que tout ce qui n'est pas le plus parfait possible, serait impossible ; — que les êtres possibles, moins parfaits que les autres, puisqu'ils n'ont pas été réalisés, seraient de fait impossibles; — que Dieu ne serait pas plus libre dans ses œuvres extérieures que dans ses opérations *ad intra;* — que le monde, créé nécessairement, serait éternel, etc. etc. C'en est assez pour apprécier l'optimisme absolu.

II. — Pessimisme.

Historique. — Les pessimistes essayent, mais en vain, de trouver des traces de leur système dans l'antiquité juive, grecque ou romaine (Job, Salomon; Sophocle, Euripide; Lucrèce), et dans les écrits de Calvin, de Pascal, de Voltaire ou de J. de Maistre. On peut admettre sa parenté avec le bouddhisme de l'Inde; mais sous sa forme scientifique il est tout moderne. Ce n'est qu'au xixe siècle qu'il apparaît. Léopardi, Schopenhauer, Hartmann sont les principaux représentants de cette erreur, qui tend à se répandre en Allemagne, et dont l'influence se fait sentir même en France, dans les poésies d'Alfred de Vigny et dans les dialogues philosophiques de Renan. (Voy. Caro, *le Pessimisme*.)

Exposé et réfutation du pessimisme. — « Le mal suprême étant l'existence, le monde actuel est le plus mauvais de tous les mondes possibles; la loi de la souffrance est universelle, elle n'a ni exceptions ni limites; elle s'étend aussi loin que s'étend l'être; elle est d'autant plus vive et d'autant plus profonde, que l'être est plus élevé; aucune existence ne vaut mieux, n'a valu et ne vaudra mieux que le néant. »

Ce pessimisme est à l'état expérimental dans la théorie de l'*Infelicità* de Léopardi; mais il devient un système philosophique et rationnel dans *le Monde considéré comme représentation et volonté* de Schopenhauer, et dans la *Philosophie de l'inconscient* de Hartmann. Ces deux philosophes ont même la prétention de rechercher le principe métaphysique du mal et le placent, le premier dans la *volonté*, le second dans l'*inconscient*; de là des théories absolument arbitraires, souvent incompréhensibles, sans lien logique avec les considérations morales qui s'y trouvent annexées, et que nous n'essayerons pas d'exposer.

Il est plus intéressant de connaître et d'apprécier les principaux arguments sur lesquels ils s'efforcent d'appuyer leur système; ces arguments se réduisent à trois : une théorie psychologique de la volonté, la conception d'une puissance rusée qui nous trompe, enfin la balance des biens et des maux de la vie.

1° *Théorie psychologique de la volonté*. — Tout est volonté dans la nature et dans l'homme, donc tout souffre; tel est l'axiome fondamental du pessimisme de Schopenhauer. Vivre, c'est vouloir; et vouloir, c'est souffrir, car l'essence de la volonté c'est l'effort, et tout effort naît d'un besoin, est une douleur. — L'argument repose sur l'équivalence de ces divers termes, qui forment une équation continue : volonté, effort, besoin, douleur. Que la vie se résume dans la volonté, que la volonté soit un effort, on peut l'admettre; mais comment l'effort est-il douleur? c'est ce qu'on ne saurait comprendre, et c'est là ce que suppose la psychologie du pessimisme.

2° *La conception d'une puissance trompeuse.* — L'amour instinctif de la vie, le désir du bonheur qui témoignent contre le pessimisme ne sont, selon Schopenhauer, que des duperies de la *volonté;* selon Hartmann, que des ruses de l'*inconscient.* La nature humaine est le jouet d'une immense illusion organisée contre elle par des puissances supérieures. — Nous ne ferons à cette hypothèse que deux objections: comment « cette fraude, qui est à la base de l'univers », dont, quoi que nous fassions, nous serons la victime, est-elle si aisée à démasquer? Et dans la théorie pessimiste que serait cette *volonté trompeuse,* que serait cet *inconscient rusé,* sinon un être essentiellement mauvais, et par conséquent impossible?

3° *La balance des biens et des maux.* — Les deux premiers arguments appartiennent en propre à Schopenhauer; c'est Hartmann qui, dans un chapitre spécial intitulé : *La déraison du vouloir-vivre et le malheur de l'existence,* développe celui-ci. « Il n'y a que trois formes possibles de l'illusion humaine sur le bonheur. Nous le concevons, en effet, ou comme un bien réalisable sur cette terre, ou comme un bien réalisable dans une vie transcendante après la mort, ou comme un bien réalisable par le progrès dans l'avenir de l'humanité. » Ce sont là les « trois stades de l'illusion humaine ». Hartmann s'attache particulièrement au premier stade et s'efforce, avec toute la puissance de sa dialectique, de démontrer la vanité du plaisir et la prédominance de la douleur. — Dans cette balance de la vie, il faut distinguer deux questions différentes : celle du prix de l'existence pour *chacun de nous,* celle du prix de l'existence *considérée en soi.* La première question n'est pas susceptible d'une réponse péremptoire, et toutes les considérations destinées à nous convaincre que nous sommes malheureux quand nous nous sentons heureux, sont inutiles ; la seconde question est la seule qui soit sérieuse, et c'est celle que négligent les pessimistes.

Léopardi n'oppose à la souffrance que la résignation, le silence et le mépris. Schopenhauer et Hartmann veulent qu'on travaille à la délivrance du monde par l'anéantissement total des êtres, l'extinction de la vie. La secte des nihilistes se charge de tirer les conséquences logiques de cette effrayante doctrine.

III — Solution du problème.

La vérité est entre les deux extrêmes de l'optimisme et du pessimisme : le monde est *parfait relativement à la fin que Dieu s'est proposée* en le créant, mais il ne suit pas de là qu'il est *absolument parfait* ou le plus parfait possible; car Dieu n'est point tenu de choisir le plus parfait et de le réaliser; il suffit que son œuvre soit bonne : *et vidit Deus quod esset bonum.* Cette perfection relative du monde n'exclut pas l'existence du mal, ne doit pas l'exclure, puisque l'existence du mal est un fait indéniable.

Mais le mal semble incompatible avec la Providence. Comment, en effet, concilier son existence avec celle d'un Dieu puissant et bon? Si Dieu est bon, il ne saurait vouloir le mal, et doit le détester; s'il est tout-puissant, ne doit-il pas pouvoir l'empêcher? Pour résoudre le problème, des philosophes ont imaginé deux principes différents, indépendants l'un de l'autre, et source, l'un du bien, l'autre du mal : c'est le dualisme; — nous avons vu que ce système n'expliquait rien et tendait à la négation de Dieu.

Rappelons la cinquième règle de la méthode tirée de Bossuet, et posons quelques principes qui permettront de résoudre facilement toutes les difficultés que peut soulever contre la Providence la question du mal, qu'il s'agisse du mal *métaphysique*, du mal *physique* ou du mal *moral*

1° **Mal métaphysique.** — Le mal métaphysique consiste dans l'imperfection des êtres en général et de l'homme en particulier, imperfection qui ne peut, dit-on, se concilier avec l'idée d'un Dieu parfait.

Ce mal métaphysique est si peu opposé à la perfection de Dieu, qu'il est une condition essentielle de l'ordre, de la beauté dans l'univers. Si vous ne voulez point de créatures imparfaites, il faut que Dieu se réduise à ne produire qu'une seule espèce de créature, l'espèce la plus parfaite, l'espèce angélique, par exemple; dès lors plus de variété, plus d'harmonie dans la création.

Il faut aller plus loin : le mal métaphysique est une condition nécessaire de tout être créé; vouloir que les êtres créés ne soient pas imparfaits, c'est vouloir quelque chose d'absolument impossible, car Dieu ne peut évidemment pas créer un être parfait; l'idée d'un être parfait créé est contradictoire.

Et qu'on ne dise pas que Dieu devrait au moins donner aux êtres qui composent l'univers une perfection plus grande, créer, en un mot, un monde plus parfait; quel que soit le monde qu'on imagine, la difficulté sera toujours la même, car, si parfait qu'on le suppose, il sera toujours imparfait, et il faudra rendre compte de son imperfection.

2º **Mal physique.** — Sous ce nom de mal physique on peut comprendre les *désordres* réels ou apparents de la nature, tempêtes, inondations, éruption de volcans..., et la *douleur physique* chez les êtres animés.

1º *Les désordres qui apparaissent dans le monde ne prouvent évidemment rien contre la Providence.* Et d'abord, avons-nous bien le droit de prononcer que tel ou tel phénomène est un désordre? Pour juger un ouvrage, il ne faut pas se borner à en considérer chaque partie isolément, mais chercher à embrasser l'ensemble; or l'ensemble et la raison des faits nous échappent presque toujours. Ce qui nous parait désordre peut bien n'être que l'effet de l'ordre établi, et concourir ainsi, sans que nous nous en doutions, à la perfection de l'univers. Les esprits superficiels et légers sont prompts à accuser la Providence, mais ceux qui se livrent à des études sérieuses sentent croître leur admiration pour la sagesse de Dieu à mesure qu'ils pénètrent plus profondément dans les secrets de la nature.

2º *On insiste surtout sur les douleurs physiques,* les maladies des êtres animés, qui paraissent incompatibles avec l'idée que nous avons de la bonté toute paternelle de Dieu.

Ces douleurs, qu'explique la condition des êtres matériels, sujets à souffrir par cela même qu'ils doivent mourir, sont des maux sans doute; mais, pour être juste, il faudrait tenir compte des biens que Dieu accorde dès maintenant à ses créatures.

Il faut reconnaître aussi que les maladies, les douleurs physiques sont bien souvent les *conséquences de fautes morales*, d'excès de tout genre. « Si on ôtait de l'univers l'intempérance dans tous les genres, dit de Maistre, on en chasserait la plupart des maladies, et peut-être serait-il permis de dire toutes. » Sénèque, après avoir parlé de la quantité innombrable de maladies inconnues aux temps précédents qui signalèrent l'époque de Néron, ajoute aussi : *Innumerabiles esse morbos miraris ? Coquos numera.* (Ep. xcv.)

Toutefois prenons garde, il est certain que bien des maux physiques ne doivent point être imputés à nos fautes ; souvent ils sont le *résultat des lois générales* par lesquelles Dieu gouverne sagement l'univers. Dira-t-on que Dieu doit en suspendre le cours toutes les fois qu'un malheur particulier résulte de leur maintien ? Évidemment non, ce serait demander des miracles continuels, enlever à ces lois leur caractère de constance, d'universalité, et par conséquent les détruire.

Cessons de considérer l'ordre physique indépendamment de l'ordre moral; ces deux ordres doivent être subordonnés l'un à l'autre, et, à ce nouveau point de vue, les maux physiques s'expliquent parfaitement ; ils sont une *épreuve,* une *expiation* et un *remède* contre de plus grands maux. — Une *épreuve :* si dans l'obéissance aux lois il n'y avait que jouissance et bonheur, on ne verrait pas trop où placer la vertu, qui suppose la lutte et le combat. Mais dès qu'on introduit la douleur, les plus nobles vertus peuvent être pratiquées, et toute la grandeur morale de l'homme se révèle ; aussi Platon voulait-il que le juste fût éprouvé par la souffrance ; — une *expiation :* si l'homme commet une faute, il a, dans l'acceptation de la souffrance comme châtiment, un moyen de la réparer et de rentrer dans l'amitié de Dieu. A ce point de vue la souffrance, bien loin d'être un mal, nous apparait comme un véritable bien ; — enfin un *remède* contre un mal plus grand : l'oubli de Dieu. Ce sont des avertissements que Dieu envoie à l'homme pour le rappeler à sa véritable fin. Ce qui nous éloigne de Dieu, c'est notre amour pour les biens de cette vie ; la douleur dissipe nos illusions, et, en nous dégoûtant des jouissances de ce monde, nous oblige à porter ailleurs nos désirs.

3° **Mal moral.** — On peut comprendre sous cette désignation les DÉSORDRES *qui règnent dans la société* et les FAUTES *qui résultent de l'abus de la liberté.*

1° Et d'abord, dans la société, deux faits servent surtout de point de départ aux déclamations contre la Providence : d'une part, l'*inégalité des conditions;* d'autre part, les *prospérités du vice* et les *malheurs de la vertu.*

a. — Si Dieu est juste et bon, comment donne-t-il à ceux-ci tous les biens, à ceux-là tous les maux ? Comment permet-il qu'à ces *inégalités primitives* viennent s'ajouter les *inégalités sociales?*

Cette inégalité n'est point *injuste;* Dieu ne doit à chaque homme que les moyens nécessaires pour arriver à sa fin, et ces moyens, il ne les refuse à personne. Mais de quel droit voudrait-on que tous les hommes eussent la même puissance, les mêmes richesses, les mêmes talents? Que ce soient là des dangers ou des privilèges, peu importe, Dieu n'est pas tenu de régler ses faveurs sur nos désirs. — Cette inégalité est *nécessaire* pour la société, qui est fondée sur des rapports mutuels, sur des besoins réciproques. — Elle est même *glorieuse;* si dans le monde matériel la prodigieuse variété des êtres nous apparait comme l'une des conditions de la beauté de l'univers, la diversité infinie qui existe dans le monde intellectuel et moral doit exciter notre admiration au même titre. — Du reste ces inégalités doivent se considérer non pas seulement au point de vue des droits qu'elles confèrent, mais surtout au point de vue des devoirs qu'elles imposent. C'est là ce qui établit entre tous une égalité réelle, car celui qui aura reçu davantage aura davantage à rendre.

b. — Le second désordre social est la *prospérité du vice et le malheur de la vertu.* Pour qui n'a pas foi dans une autre vie, cette objection peut être sérieuse, toutefois il ne faut pas l'exagérer; « même en cette vie, comme le remarque de Maistre, *il est faux* que le crime soit généralement heureux, et la vertu généralement malheureuse. »

Du reste, il *n'est pas possible* que sur la terre le bonheur soit le partage exclusif de la vertu, le malheur celui du vice; — car d'abord le juste et le méchant peuvent subir également les conséquences fâcheuses de certaines lois de la nature, et on n'ira pas jusqu'à demander que Dieu fasse à chaque instant des miracles pour protéger le juste. — En second lieu, si la vertu était toujours récompensée dès ce monde et le vice toujours puni, il n'y aurait plus de vertu possible, car il arriverait nécessairement qu'on ne serait plus vertueux que par calcul. Ce qu'il faut donc conclure de ce second désordre social, c'est qu'il y a une vie future, où le bonheur sera pour toujours le partage de la vertu, et le malheur pour toujours le partage du vice.

2° On peut soutenir que le mal métaphysique, le mal physique, et même les désordres que l'on trouve dans la société, ne sont pas de véritables maux. Mais le *péché*, opposition directe à la volonté de Dieu, *est du moins un mal véritable; comment Dieu a-t-il pu le permettre?*

La liberté humaine, malgré son imperfection et les abus qu'on en peut faire, est en elle-même un bien, une noble prérogative, une faculté éminemment utile. Que beaucoup en abusent, Dieu sera-t-il tenu de changer à cause de ces hommes méchants un plan de création si avantageux pour ceux qui en font bon usage?

Il devrait, dira-t-on, en empêcher l'abus. Il le fait aussi dans les limites du possible; mais exiger qu'il aille jusqu'à rendre l'abus impossible, c'est demander qu'il ôte la liberté. « Quoi! dit Rousseau, pour empêcher l'homme d'être méchant, fallait-il le borner à l'instinct et le faire bête? Non, Dieu de mon âme, je ne te reprocherai jamais de l'avoir faite à ton image, afin que je puisse être bon et heureux comme toi. »

Cet abus de la liberté ne prouve rien d'ailleurs contre la Providence, et ne constitue pas un désordre final. Toutes les fautes, en effet, ne sont imputables qu'à l'homme qui les commet, et l'homme, quoi qu'il fasse, ne saurait se soustraire à l'empire de Dieu; il servira toujours à la manifestation de sa gloire. S'il use bien de sa liberté, la bonté de Dieu se montrera infinie dans la récompense; s'il en use mal, la justice infinie de son Créateur se manifestera dans le châtiment.

IV. — La religion naturelle.

La *religion* est en général la loi des rapports qui nous unissent à Dieu. Elle est *naturelle* ou *révélée*. Nous n'avons à parler ici que de la première.

En fait, la religion purement naturelle n'a jamais existé; la seule religion véritable, obligatoire pour tous les hommes est celle que Dieu a librement établie et qu'il nous a manifestée par la révélation. Ce terme de religion naturelle n'exprime que les rapports abstraits, conçus par la raison comme dérivant de la nature de l'homme et de celle de Dieu.

Toute religion suppose essentiellement des *vérités* que nous devons croire, et des *devoirs* que nous avons à pratiquer.

Fondée sur l'ordre naturel, la religion naturelle repose sur des *vérités rationnelles :* l'existence de Dieu et ses perfections; l'âme, sa spiritualité, sa liberté, son immortalité. De ces vérités découlent les *devoirs naturels* qui se rapportent immédiatement à Dieu, et dont l'ensemble constitue le culte.

Le *culte* est *intérieur* quand ses actes sont purement spirituels; *extérieur*, quand ils se manifestent en dehors; *public*, quand ils sont accomplis au nom de la société, suivant des rites déterminés. Établissons brièvement la nécessité de ce culte intérieur, extérieur et public.

I. — Du culte intérieur.

Le culte intérieur est le respect et l'hommage rendus à Dieu par des actes de l'esprit, comme l'adoration, l'amour, l'action de grâces, l'expiation et la prière; établir la nécessité de ce culte, c'est donc simplement montrer que nous devons à Dieu ces différents actes, et rien n'est plus facile.

1° **Adoration.** — L'aveu de l'excellence infinie de Dieu et de son souverain domaine sur la créature produit naturellement en nous le sentiment profond d'adoration, qu'on a défini très heureusement, « le respect poussé jusqu'à l'anéantissement de soi. » On peut aller plus loin et montrer comment chacune des perfections divines demande un hommage particulier : par exemple, le domaine souverain notre obéissance, la Providence notre gratitude, l'infaillibilité notre foi...

2° **Amour.** — Puisque nous avons la faculté d'aimer, qui de sa nature tend au bien, cette faculté doit se porter vers le bien le plus digne d'amour en lui-même et le plus capable de rassasier tous nos désirs. De là un double amour que nous devons à Dieu : un amour de *complaisance,* qui nous fait l'aimer par-dessus toutes choses, pour lui-même et pour sa souveraine bonté; et un amour d'*espérance,* par lequel nous le recherchons comme notre béatitude.

3° **Action de grâces.** — Ce sentiment, par lequel nous reconnaissons que nous tenons tout de Dieu et le remercions de ses bienfaits, n'est évidemment que justice.

4° **Expiation.** — Toute créature faible et fragile a souvent offensé Dieu. Cette offense est une injustice que la créature doit réparer par tous les moyens possibles. Les premiers qu'indique la raison sont le repentir, la demande de pardon et l'acceptation de la peine.

5° **Prière.** — Sa nécessité nous est prouvée par le sentiment et l'expérience continuelle de nos besoins. Sa légitimité repose sur la certitude que nous avons de la puissance et de la bonté de Dieu. Puisque la raison nous dit que Dieu est assez bon pour vouloir nous secourir, assez puissant pour nous venir en aide, pourquoi ne pas le prier? — Dieu est-il trop grand? Il ne s'abaisse point en étendant sa Providence jusqu'aux plus petits détails, pas plus qu'un prince en veillant à ménager tous les intérêts de ses sujets. — Serait-ce parce qu'il est immuable? La prière qu'on adresse à Dieu est connue de lui de toute éternité; elle entre dans le plan divin comme toutes les actions libres de l'homme. — Alléguerez-vous que les lois de la nature sont immuables aussi? Dieu peut, sans les suspendre, exaucer vos désirs. Vous-mêmes, sans déranger les lois du monde, vous trouvez moyen de porter secours à celui qui implore votre pitié; pourquoi Dieu ne le pourrait-il pas faire? Et fallût-il même suspendre un instant et sur un point les effets de quelque loi physique, pourquoi ne le ferait-il pas si cela est utile ou nécessaire au salut de ses créatures privilégiées?

La nécessité du culte intérieur est confirmée par l'instinct qui incline vers Dieu tout homme exempt du trouble des passions. Ce penchant est reconnu par les philosophes qui ont appelé l'homme un *animal religieux*.

II. — Du culte extérieur.

Le culte extérieur consiste dans les rites et les signes qui manifestent au dehors la piété intérieure envers Dieu, comme les génuflexions, les chants, l'encens, le sacrifice, etc.

L'homme doit à Dieu ce culte.

1° Son corps aussi bien que son âme est l'ouvrage de Dieu,

il est donc juste que ce corps, avec tous ses organes, *soit employé à le glorifier*, usant pour cela de la voix, du geste, etc. Et quoique ces actions, matériellement prises, ne puissent être rapportées à Dieu, elles peuvent l'être à raison des actes de l'esprit qui les animent et en font des actes propres à toute la personne humaine.

2° Il y a une telle liaison entre l'âme et le corps, qu'*il est impossible à l'homme d'être vraiment pénétré d'un sentiment sans le manifester* par quelques signes extérieurs. Bien plus, nous ne croirions pas même à la réalité des sentiments d'autrui, s'ils ne se manifestaient jamais par quelque signe sensible.

3° Ajoutons que le culte extérieur n'est pas seulement le signe, mais encore l'*aliment et le soutien du culte intérieur*.

Telle est encore, en effet, la constitution de l'homme, qu'il a besoin de signes sensibles pour conserver le sentiment et l'amour de ses devoirs. Si vous lui ôtez ce secours, le sentiment religieux s'affaiblira peu à peu, et finira peut-être par s'éteindre tout à fait par une suite nécessaire de son inconstance et des passions qui le dominent.

Cette vérité est confirmée par l'accord de tous les peuples à manifester par certains actes extérieurs, et spécialement par le sacrifice, les sentiments de respect et de soumission dont ils sont pénétrés vis-à-vis de Dieu.

III. — Du culte public.

On entend par culte public ou culte social un culte rendu à Dieu, au nom de la société, suivant des rites déterminés.

Plusieurs raisons montrent la légitimité de ce culte.

1° *Dieu* a droit à un culte social, car il *est le principe et la fin de la société*, aussi bien que le principe et la fin de l'homme individuel ; et la société, ayant une existence propre, doit, comme tout être, tendre vers Dieu, ce qu'elle ne peut faire que par des actes religieux posés en son nom.

2° *La société* doit encore à Dieu un culte, parce que sans ce culte elle *ne peut atteindre convenablement sa fin*. Elle a été instituée, en effet, non seulement pour procurer l'ordre et la paix publique dans la vie présente, mais pour faciliter aux hommes l'acquisition de leur fin dernière. La religion, personne ne peut le nier, contribue puissamment à atteindre ce double but : elle contribue plus que tout le reste à établir la société dans un état prospère, et par la solennité extérieure du culte développé directement la piété des particuliers. — Si le culte extérieur ne revêt pas la forme d'un culte public, il y aura bientôt autant de cultes que d'individus, et une foule de superstitions prendront naissance.

3° *On voit enfin qu'à toutes les époques et chez tous les peuples ce culte public a été pratiqué.* On trouve partout des temples, des autels, des sacrifices, des prières adressées au nom du peuple, etc.; toutes ces institutions prouvent la croyance unanime de toutes les nations et la nécessité d'un culte social.

De ce qui précède on peut facilement conclure : — combien sont funestes les théories qui représentent une société athée comme le dernier terme de la perfectibilité humaine et du progrès ; — combien est absurde en théorie et funeste en pratique le principe de l'indifférence de la société civile pour les divers cultes, puisqu'il ne peut y avoir qu'une seule religion vraie, et par conséquent qu'un seul culte honnête et utile

Ajoutons que dans l'hypothèse, pour nous réalisée, d'une religion révélée, nécessairement seule légitime, le culte social consiste en ce que l'État ou la cité exerce en son nom propre et comme personne morale les actes du culte que tout particulier doit accomplir en son nom privé.

FIN

TABLE DES MATIÈRES

INTRODUCTION

I. — La science, les sciences.

I. La science en général. — Ses caractères, sa définition. 1
II. Classification des sciences. — Aristote, Bacon, Comte, Ampère, etc. 2

II. — La philosophie.

I. Objet et définition. — Objet de la philosophie aux diverses époques; — définition de la philosophie comme science particulière et comme science universelle. 5
II. Importance tirée : — de l'excellence de son objet; — de l'influence qu'elle exerce; — de ses rapports avec les autres sciences. 8
De la philosophie des sciences. 12
III. Division. — Division adoptée. — Ordre des parties. — Méthode à suivre. 13

PSYCHOLOGIE EXPÉRIMENTALE

GÉNÉRALITÉS

I. — Objet de la psychologie expérimentale.

I. Préliminaires. — Objet de la psychologie; de la psychologie expérimentale. — Distinction de la psychologie expérimentale et de la psychologie rationnelle. 17
II. Des faits psychologiques. — Leur caractère propre; distinction et relation des faits psychologiques et des faits physiologiques. 19
III. Des facultés de l'ame. — De la notion de faculté; nature de nos facultés. 21

II. — Méthode psychologique.

I. Méthode subjective. — Définition; l'observation interne en elle-même et dans ses rapports avec l'observation externe; objections. 23
II. Méthode objective. — Ses deux formes principales; avantages qu'elle peut offrir; stérilité de son emploi exclusif 27
III. L'expérimentation en psychologie. — Ses difficultés, sa possibilité. 29

III. — Division de la psychologie expérimentale.

I. Classification des faits psychologiques. — Son fondement; légitimité de la classification adoptée. 31

II. Classification des facultés de l'ame. — Diverses classifications.
— Harmonie de nos facultés 32
III. Division de la psychologie expérimentale. 35

SENSIBILITÉ

Définition, caractères généraux 36

I. — Plaisir et douleur.

Nature et rôle du plaisir et de la douleur. — Diverses sortes de plaisirs .... ibid.

II. — Sensations et sentiments.

I. Sensations. — Nature et diverses espèces. 39
II. Sentiments. — Nature et diverses espèces. 42

III. — Besoins et inclinations.

I. Besoins. 43
II. Inclinations. — Diverses espèces : égoïstes ou personnelles; sociales ou sympathiques (désirs sociaux et affections désintéressées); rationnelles ou impersonnelles. .... ibid.

IV. — Appétits et passions.

I. Appétits. — Nature et diverses espèces 48
II. Passions. — Nature et origine des passions; classification des passions (stoïciens, saint Thomas et Bossuet, Descartes, etc.); lois des passions 49

INTELLIGENCE

Définition, division. 53

I. — Facultés perceptives.

Perception et conception. — Division. 54
I. Les sens. — 1° *Définitions préliminaires.* — Perception des sens, sens et organes; perception et sensation; perceptions primitives et acquises; qualités primaires et secondaires. .... ibid.
2° *Différents sens.* — (*a*) Sens externes : toucher, vue, ouïe, odorat et goût. — (*b*) Sens internes : sens vital et sens commun. 57
3° *Objectivité de nos perceptions.* — Théories erronées de l'objectivité absolue et de la subjectivité; solution de la question. 61
4° *Erreurs des sens.* — Solution de la difficulté; lois de la perception. 63
5° *Théorie de la perception.* — Théories des idées-images, des idées intermédiaires, de la perception immédiate. — Théorie des scolastiques. 65
II. La conscience. — 1° *Des divers degrés de la conscience.* — Trois degrés de la conscience; inconscience et faible conscience 67
2° *Nature de la conscience.* — La conscience coextensive à nos diverses facultés selon les uns, faculté spéciale selon les autres. 69
3° *Objet de la conscience.* — Les faits psychologiques; le moi comme substance et comme cause; les attributs essentiels du moi. — Limites de la conscience 71
III. La raison. — Son objet et ses diverses formes 74
1° *Notions premières* ou *perceptions rationnelles.* — Leurs caractères. — Principales notions premières : idées d'*infini*, de *substance*, de *cause*,

de *fin*, *d'ordre*, du *vrai*, du *beau* et du *bien*; idées *d'espace* et de *temps*... 78
2° *Vérités premières* ou *principes de raison*. — Leurs caractères. — Principaux principes de raison : principe de *contradiction*, principe de *raison suffisante*, ses subdivisions. — Rôle et importance des principes de raison... 82

II. — Facultés secondaires.

Division... 86
I. Mémoire. — *Définition* de la mémoire, ses divers degrés, son objet propre. — *Analyse* du souvenir : ses éléments constitutifs, ses lois. — *Diverses formes* de la mémoire. — *Importance* et perfectionnement de la mémoire. — *Théories* de la mémoire............. *ibid.*
II. Association des idées. — *Nature* de cette association. — *Lois* fondamentales et secondaires de nos associations d'idées. — *Importance* de l'association des idées............................... 93
III. Imagination. — Définition; diverses sortes d'imaginations : — (*a*) *Reproductrice :* sa nature et sa loi. — (*b*) *Active :* sa nature. — (*c*) *Créatrice :* ses deux formes; l'idéal. — Modifications que subit l'imagination; son rôle et son importance............................. 97

III. — Opérations intellectuelles.

Division... 103
I. Attention. — Sa nature, ses diverses formes, son importance, ses qualités... *ibid.*
II. Abstraction. — Sa nature, son usage, ses avantages et ses dangers... 106
III. Comparaison. — Sa nature et son importance............... 107
IV. Généralisation. — Sa nature et ses divers degrés; son importance; querelle des universaux.................................... 108
V. Jugement. — Nature du jugement; est-il nécessairement comparatif? ses diverses espèces... 112
VI. Raisonnement. — Sa nature; son rôle; ses diverses espèces. — Le raisonnement et la raison.. 115

IV. — Des idées.

Division... 117
I. Nature des idées; leurs diverses espèces. — 1° *Nature des idées*. L'idée et l'image; l'idée en elle-même............................. *ibid.*
2° *Diverses espèces d'idées*, au double point de vue objectif et subjectif... 119
II. Origine des idées. — 1° *Origine des idées élaborées*., et des jugements comparatifs.. 121
2° *Origine des idées perçues :* — (*a*) *idées contingentes* et jugements primitifs concrets; — (*b*) *idées nécessaires :* origine des *notions*... et des *principes* de raison... 122
III. Théories relatives a l'origine des idées. — 1° *Empirisme*. — Exposé des systèmes; réfutation.. 125
2° *Théories de l'association et de l'hérédité*. — Exposé et réfutation.. 128
3° *Idéalisme*. — (*a*) *Innéité :* exposé et réfutation; — (*b*) *autres systèmes :* traditionalisme; vision en Dieu.............................. 131
Conclusion. — *Données de l'expérience et de l'activité de l'esprit* dans la connaissance du *monde*, du *moi* et de *l'absolu*............ 135

ACTIVITÉ ET VOLONTÉ

Notions générales; division 138

I. — Des principales formes de notre activité.

Activité interne et externe, spontanée et réfléchie. 139
I. INSTINCT. — Sa définition et ses caractères; classification de nos instincts; diverses théories sur la nature de l'instinct. 140
II. VOLONTÉ. — Sa nature : la volonté distincte du désir et du jugement; analyse de l'acte volontaire; division des actes volontaires. — La volonté est-elle une puissance absolue? 142
III. HABITUDE. — Nature de l'habitude; ses diverses espèces; ses lois; théorie de l'habitude; importance de ce principe d'action. 145

II. — De la liberté morale.

Division 149
I. NOTIONS GÉNÉRALES. — 1° *Nature de la liberté.* — Liberté proprement dite et volonté libre . . . . ibid.
2° *Diverses espèces de liberté.* — Liberté interne; questions diverses. — Liberté externe ou liberté d'action, ses diverses formes 150
3° *De l'acte libre.* — Analyse de l'acte libre ; obstacles à sa perfection. 153
II. DÉMONSTRATION DE LA LIBERTÉ. — *Preuves* tirées : — du témoignage de la conscience; — de quelques faits moraux et sociaux; — de la croyance de l'humanité; — des conséquences du fatalisme 155
III. ERREURS SUR LA LIBERTÉ. — 1° *Le fatalisme;* ses diverses formes. — (a) *Fatalisme proprement dit :* fatalisme des anciens et fatalisme *théologique;* réfutation. — (b) *Déterminisme :* déterminisme physique, physiologique, moral et *psychologique;* exposé et réfutation de ce dernier système. 158
2° *Le libéralisme;* ses diverses formes. — (a) *Libéralisme philosophique :* radical et rationaliste. — (b) *Libéralisme politique.* — Notes sur le libéralisme. 162

LES SIGNES ET LE LANGAGE

Division 167

I. — Des signes et du langage en eux-mêmes.

I. DES SIGNES. — Nature des signes ; leurs diverses espèces. 167
II. DU LANGAGE. — Ses diverses espèces. — (a) *Langage naturel :* sa nature, ses principaux éléments, son importance. — (b) *Langage artificiel :* les langues parlées; l'écriture idéographique ou phonétique. — Le langage humain est-il naturel ou bien artificiel?. . . . 169

II. — Des signes et du langage dans leurs rapports avec la pensée.

I. INFLUENCE DE LA PENSÉE SUR LE LANGAGE. — 1° *Le langage réfléchit les lois essentielles de la pensée.* — Double construction de la phrase. 174
2° *Le langage réfléchit les modifications accidentelles de la pensée* . . 176
3° *Des qualités d'une langue bien faite.* — Clarté, richesse, analogie; de la création d'une langue universelle . . . . ibid.
II. INFLUENCE DU LANGAGE SUR LA PENSÉE. — 1° *Son étendue.* — Le langage condition de précision et de clarté, de souvenir et d'association, d'analyse et de généralisation, de développement et de transmission de la pensée. 178

2° *Ses limites.* — Erreurs de de Bonald et de Condillac........ 180
III. Origine du langage. — 1° *Question de fait.* — Sa solution certaine... 183
2° *Question de possibilité.* — (*a*) *Systèmes divers.* — Institution divine positive, institution humaine arbitraire, produit naturel de nos facultés. — (*b*) *Système des philosophes contemporains.* — Exposé, observations.. 184

COMPLÉMENT

DE LA PSYCHOLOGIE EXPÉRIMENTALE

I — Rapports du physique et du moral.

I. Dans les principales opérations du moi. — 1° *Opérations sensitives.* — Part du corps et de l'âme en ces opérations........ 190
2° *Les passions.* — Concours de l'âme et du corps dans les passions.. 192
3° *Opérations intellectuelles.* — Elles procèdent immédiatement de l'âme, mais dépendent accidentellement du corps.......... 193
II. Dans quelques états particuliers. — 1° *Sommeil, rêves.* — Nature du sommeil; les rêves; le somnambulisme naturel et artificiel. 195
2° *Folie, hallucination.* — Nature de la folie, ses causes, ses éléments constitutifs : l'hallucination, l'impulsion, l'idée délirante...... 198

II. — Notions sommaires de psychologie comparée.

I. Les divers états de l'homme. — Utilité de cette étude; méthode à suivre.. 201
1° *L'enfant.* — Ses premiers développements.............. 202
2° *Le sauvage.* — Ce n'est pas l'homme primitif, mais l'homme dégradé... 203
II. L'homme et les animaux. — Importance de cette étude; méthode à suivre.. 205
1° *Les animaux ne sont pas des automates.*............... 207
2° *Les animaux ont des facultés sensitives.* — Similitudes et différences. *ibid.*
3° *Les animaux n'ont pas l'intelligence.* — Objection tirée de l'instinct. 210

NOTIONS SOMMAIRES D'ESTHÉTIQUE

Définition et division.................................... 213

I. — Le beau.

I. Nature du beau. — Ses caractères distinctifs. — Notions fausses et incomplètes. — Notion adéquate de la beauté : l'idée du beau et son expression. — Le joli et le sublime; le laid............. *ibid.*
II. Formes du beau. — Le beau réel et le beau idéal.......... 219
III. Rapports de l'âme avec le beau. — Le goût et l'inspiration.... 221

II. — L'art.

I. L'art en lui-même. — (*a*) Sa *fin*; — (*b*) sa *nature* : Les deux écoles réaliste et idéaliste; vraie nature de l'art. — L'idéal, l'abstrait et la fiction... 223
II. Division des beaux-arts. — Double principe de classification... 227

# LOGIQUE

Définition, importance et division. 229

NOTIONS PRÉLIMINAIRES

I. DE LA VÉRITÉ ET DE L'ERREUR EN GÉNÉRAL. — La *vérité* au double point de vue objectif et subjectif. — L'*erreur*, l'ignorance et le préjugé.. 232
II. DES DEGRÉS D'ASSENTIMENT. — La *certitude,* — l'*opinion,* — le *doute,* ses diverses espèces............................... 234
III. DES DIVERSES ESPÈCES DE CERTITUDE. — Certitude psychologique, physique, métaphysique et morale. — Certitude médiate et immédiate, intrinsèque et extrinsèque. — Certitude de nos diverses facultés... 236

LOGIQUE FORMELLE

Définition, division.. 238

I. — Des termes.

Des *termes en général :* principales divisions. — Des *termes généraux :* leurs propriétés, leurs principales espèces.............. 238

II. — Des propositions.

(a) *Leur nature.* — (b) *Leurs diverses espèces :* Propositions principales et incidentes, complexes et incomplexes, etc. — (c) *Leurs propriétés essentielles :* quantité, qualité, opposition et conversion......... 240

III. — Des arguments. — Le syllogisme.

(a) *Nature :* Définition et principes. — (b) *Règles :* Règles des anciens et des modernes, explications. — (c) *Figures et modes :* Définitions; théorie d'Euler. — (d) *Diverses espèces :* Syllogismes simples et composés, etc. — (e) *Arguments qui se rapportent au syllogisme :* Enthymème, prosyllogisme, dilemme, etc. — (f) *Utilité et abus du syllogisme* 246

LOGIQUE APPLIQUÉE

Définition, utilité et importance, division................... 263

I. — Méthode générale.

I. RÈGLES GÉNÉRALES, empruntées à Descartes et à Bossuet....... 265
II. PROCÉDÉS GÉNÉRAUX. — *Analyse et synthèse;* leurs diverses formes, leurs règles. — Distinction de deux méthodes particulières..... 266

II. — Méthode dans les sciences exactes.

Définition, division.. 271
I. DU PRINCIPE EN GÉNÉRAL. — 1° *Axiomes :* Leur nature, leurs caractères; règles de Pascal................................ 272
2° *Définitions :* Notion générale. — Diverses espèces : définitions nominale et réelle, rationnelle et empirique. — Règles des définitions. 273

TABLE DES MATIÈRES

II. Déduction logique. — Sa nature, ses règles. — Le raisonnement déductif est-il stérile?................................ 278
III. Démonstration. — Sa nature, ses règles, ses diverses espèces. — Effets de la démonstration............................. 280
Observations sur la méthode des géomètres. Règles de Pascal..... 283

III. — Méthode dans les sciences physiques et naturelles.

Définition, division.. 284
I. Connaissance des faits. — 1° *Observation.* — Sa nature, ses conditions, ses règles...................................... 285
2° *Expérimentation.* — Sa nature, ses avantages, ses règles..... 287
II. Détermination des lois. — Différents sens du mot induction.... 288
1° *Induction proprement dite.* — Définition et analyse; théorie logique; tables de Bacon et principe d'induction; — valeur et importance de l'induction; — ses règles................................ 289
2° *Analogie.* — Sa définition, son principe, son emploi......... 295
3° *Hypothèse.* — Sa nature, son emploi, ses règles............. 296
III. Formation des genres. — 1° *Division.* — Définition et diverses espèces.. 299
2° *Classification.* — De la classification en général; — de la classification artificielle et de la classification naturelle........... 300
Observations sur l'usage des divers procédés de cette méthode.... 302

IV. — Méthode dans les sciences morales.

Définition et division... 303
I. Méthode dans les sciences historiques. — *Le témoignage:* son importance et son fondement; ses diverses espèces........... ibid.
1° *Témoignage proprement dit :* Conditions de certitude relatives aux faits et aux témoins. — Application de ces conditions......... 305
2° *Tradition.* — (*a*) *Tradition orale :* Conditions de certitude. — (*b*) *Tradition monumentale :* Valeur historique des monuments. — (*c*) *Tradition écrite* ou *histoire :* Ses diverses sources; conditions de certitude : authenticité, intégrité et véracité...................... 308
3° *Objections :* contre le témoignage en général; contre la certitude des faits passés; contre la certitude des miracles............ 312
II. Méthode dans les sciences morales proprement dites. — Objet complexe de ces sciences; caractère essentiellement mixte de leur méthode.. 314
1° *De la méthode inductive* dans les sciences morales; application de ses divers procédés... 315
2° *De la méthode déductive* dans les sciences morales. — De quelques sciences qui réunissent les procédés de ces deux méthodes...... 316
4° *De la méthode d'autorité* dans les sciences morales.— *Témoignage doctrinal :* Sa valeur selon qu'il porte sur des vérités pratiques ou sur des vérités spéculatives................................... 318

COMPLÉMENT DE LA LOGIQUE

I. — Des erreurs.

Nature de l'erreur... 321
I. Causes de nos erreurs. — Théorie de Descartes. — Causes logiques et causes morales de nos erreurs. — Remèdes à ces erreurs..... ibid.
II. Essais de classifications. — Classifications de Bacon, de Malebranche, des logiciens de Port-Royal......................... 325

II. — Des sophismes.

Définitions... 327
1° *Sophismes de grammaire.* — Ambiguïté des termes; composition et division.. ibid.
2° *Sophismes de logique.* — Ignorance du sujet, pétition de principes, cercle vicieux, fausse cause, dénombrement imparfait, etc. 329
Remèdes à ces sophismes............................... 331

MORALE

Définition et importance. — Rapports de la morale avec les autres parties de la philosophie. — *Morale indépendante :* que penser de cette doctrine?................................... 333
Division de la morale.................................. 335

MORALE GÉNÉRALE

Division.. 336

I. — La loi.

I. DE LA LOI EN GÉNÉRAL. — 1° *Nature de la loi.* — Ses caractères généraux, définitions.. ibid.
2° *Divisions de la loi.* — Loi physique et morale, naturelle et positive, divine et humaine................................. 337
II. DE LA LOI MORALE EN PARTICULIER. — 1° *Caractères de la loi morale.* 339
2° *Son existence* établie : — par la croyance universelle, par le témoignage de la conscience et par le raisonnement............ 340
3° *Son fondement.* — Principe de la *distinction* du bien et du mal, et principe de l'*obligation* qui nous est souvent imposée de faire le bien. 342
III. DES ERREURS RELATIVES A LA LOI MORALE. — 1° *Systèmes qui la font dériver d'une cause extérieure.* — Opinion des hommes, éducation et habitude, volonté des législateurs, contrat social, volonté arbitraire de Dieu.. 344
2° *Systèmes qui en cherchent la raison dans un principe intérieur.* — (a) Systèmes *sensualistes*. — (b) Systèmes *utilitaires :* Intérêt personnel, intérêt général. — (c) Systèmes *sentimentalistes :* Sens moral, sympathie. — (d) Systèmes *rationalistes :* Volonté autonome, raison impersonnelle....................................... 346

II. — La conscience morale.

Définition et division.................................. 356
I. CONSCIENCE MORALE SPÉCULATIVE. — 1° *Des notions morales primitives;* leurs caractères généraux. — (a) Notions du *bien* et du *mal :* le bien absolu, le bien moral; universalité de la notion du bien. — (b) Notions du *devoir* et du *droit :* nature, origine, corrélation et subordination de ces notions. — (c) Notions du *mérite* et du *démérite;* caractères du rapport perçu par la raison..................... 357
2° *Des sentiments moraux* excités par les actions morales dont nous avons été — les témoins — ou les auteurs................ 366
Sens moral... 367

II. Conscience morale pratique. — 1° *De la conscience comme règle prochaine de nos actions.* — Autorité de la conscience; principes de conduite 367
2° *Des principes de la moralité d'un acte.* — Nature de l'acte, ses circonstances, ses motifs 370
3° *Des motifs de nos actions.* — Diverses classifications......... 371
Nos actes sont-ils tous essentiellement intéressés?........... 372
Nos actes doivent-ils être nécessairement désintéressés?....... 374

III. — Les conséquences de nos actes.

I. La responsabilité. — Ses conditions; conséquences des principes posés 375
II. La vertu et le vice. — Analyse de l'idée de vertu; diverses définitions 376
La vertu n'est-elle qu'une science? — qu'un juste milieu? 378
III. La sanction. — (*a*) *Nécessité d'une sanction* tirée de la nature de Dieu et de celle de l'homme. — (*b*) *Des sanctions de la loi morale en ce monde;* leur insuffisance........................ 379

MORALE PARTICULIÈRE

Division 383

I. — Morale personnelle.

I. Devoirs envers l'ame. — Devoirs relatifs : — (*a*) à la *sensibilité*: tempérance; — (*b*) à l'*intelligence :* sagesse ; — (*c*) à la *volonté :* courage. 384
II. Devoirs envers le corps. — Devoirs négatifs et positifs. — Le suicide, sa condamnation 387
III. Devoirs relatifs aux biens extérieurs, corporels ou spirituels. . 390

II. — Morale sociale.

Erreurs de Hobbes et de Rousseau. — L'état de société est naturel à l'homme. — Division................................. 392
I. Morale sociale proprement dite. — 1° *Devoirs de justice.* — (*a*) Attentat à la *vie physique:* Homicide, duel. — Du droit de légitime défense, de la guerre, de la peine de mort. — (*b*) Attentat à la *vie morale:* Ignorance, mensonge, esclavage, servitude temporaire. — (*c*) Attentat aux *biens extérieurs :* Du droit de propriété, son fondement; du droit à la réputation 394
2° *Devoirs de charité* relatifs : — au corps, — à l'âme. 403
II. Morale domestique. — Devoirs des époux. — Devoirs des parents. — Devoirs des enfants. — Relations des maîtres et des serviteurs. . 406
III. Morale civile ou politique.— 1° *Nature de l'État.* — Définitions; l'État: ses éléments constitutifs, son but immédiat, ses diverses formes.. 409
2° *De l'autorité dans l'État.* — Son principe, son étendue. — Réfutation de la théorie du contrat social. — De la séparation des pouvoirs... 411
3° *Des devoirs dans l'État.* — Des droits naturels, civils et politiques.— (*a*) Des devoirs communs aux gouvernants et aux gouvernés. — (*b*) Des droits et des devoirs des gouvernants. — (*c*) Des droits et des devoirs des gouvernés.................................. 414

TABLE DES MATIÈRES

DE L'ÉCONOMIE POLITIQUE
ET DE SES RAPPORTS AVEC LA MORALE

Définitions préliminaires. — Division 419

I. — Production de la richesse.

I. Le travail. — Conditions de sa fécondité : liberté, division, association, sécurité (stabilité des familles, garantie du droit de propriété). 421
II. Le capital. — Sa nature; ses diverses espèces. — Le capital et le travail 426
III. La matière. — La terre et les agents naturels. 428

II. — Circulation de la richesse.

I. L'échange en général. — Nature de la valeur; lois de la détermination des valeurs. 429
II. La monnaie. — Son utilité, sa nature; monnaie adoptée. 431
III. Le crédit. — Sa nature, ses avantages; établissements de crédit. 432

III. — Distribution de la richesse.

I. Le salaire. — Principes de sa détermination, de son augmentation. 434
II. L'intérêt. — Ses lois 436
III. La rente foncière; comment elle varie. 437
IV. Le profit, sa nature; remarques . . . . ibid.

IV. — Consommation de la richesse.

I. Consommations productives et improductives. 438
II. Consommations privées et publiques. — Le luxe, l'impôt, l'emprunt. 439

V. — Rapports de l'Économie politique et de la morale.

Rapports généraux; rapports particuliers : Le travail, l'épargne, le capital, la propriété; autres rapports 441

MÉTAPHYSIQUE

Objet, importance et division. 445

ONTOLOGIE

Division 447

I. — Des propriétés fondamentales de l'être.

Possibilité, — essence, — unité, — vérité, — bonté . . . . ibid.

II. — Des espèces les plus générales de l'être.

(a) Le nécessaire et le contingent. — (b) Le potentiel et l'actuel. — (c) La substance et le mode : définitions, diverses espèces; erreurs relatives à la notion de substance. 450

III. — Des diverses relations des êtres.

I. Rapport de cause. — De la cause en général. — De la cause efficiente. — De la cause finale. 454
II. Rapports d'espace et de temps. 458

CRITÉRIOLOGIE

Division 461

I. — Dogmatisme.

I. Existence de la certitude objective 462
II. Du véritable fondement de la certitude. — L'évidence. 463
III. Diverses opinions relatives au fondement de la certitude. 465
IV. De la légitimité de nos diverses facultés. 468

II. — Scepticisme.

I. Scepticisme absolu ou Pyrrhonisme. — Arguments du Pyrrhonisme. — Le Pyrrhonisme en lui-même. 472
II. Probabilisme. — Scepticisme partiel. 476

III. Idéalisme.

I. Idéalisme simplement dit. — (a) Idéalisme sensible ou immatérialisme. — (b) Phénoménisme absolu. 478
II. Idéalisme transcendantal. — (a) Criticisme de Kant. — (b) Relativisme contemporain. 481

COSMOLOGIE RATIONNELLE

Distinction des corps bruts et des corps vivants. 487

I. — Corps bruts.

I. Atomisme : — (a) Atomisme mécanique. — (b) Atomisme dynamique. 488
II. Dynamisme : — (a) Dynamisme de Leibnitz. — (b) Dynamisme de Boscowich. 490
III. Composition substantielle : — (a) Forme et matière. — (b) Force et étendue. 491

II. — Corps vivants.

I. Existence d'un principe vital. — Réfutation : — (a) du dynamisme, — (b) de l'organicisme, — (c) du transformisme. 495
II. Nature du principe vital dans : — (a) les végétaux, — (b) les animaux, — (c) l'homme : animisme et vitalisme. 499

PSYCHOLOGIE RATIONNELLE

Objet ; division. 502

I. — Nature de l'âme.

I. L'âme en elle-même. — Ses propriétés essentielles : unité, identité, simplicité, spiritualité. .... ibid.

II. L'AME DANS SES RAPPORTS AVEC LE CORPS. — 1° *Distinction de l'âme et du corps.* — (*a*) *Preuves directes tirées :* de la distinction de leurs attributs, du témoignage de l'humanité. — (*b*) *Preuves indirectes* par la réfutation du matérialisme ; *dynamisme, organicisme, transformisme.* — Conséquences du matérialisme. — Phrénologie et physiognomonie 508
2° *Union de l'âme et du corps.* — (*a*) *Mode de cette union.* Divers systèmes : médiateur plastique, causes occasionnelles, harmonie préétablie, influx physique; nature de cette union. — (*b*) *Résultat de cette union :* La personne humaine; doctrine et erreurs opposées; définition de l'homme. 516

II. — Origine de l'âme.

Double problème : Comment et à quel instant reçoit-elle l'existence? . 523

III. — Destinée de l'homme et immortalité.

I. DESTINÉE DE L'HOMME. — Ses conditions, sa nature. 524
II. IMMORTALITÉ DE L'AME. — (*a*) *Existence d'une vie future* prouvée par : la nécessité d'une sanction convenable, la croyance universelle, les tendances de l'homme et la spiritualité de l'âme. — (*b*) *Durée de la vie future :* Considérations rationnelles. — De la résurrection des corps. 527

THÉOLOGIE RATIONNELLE — THÉODICÉE

Définition et division. 534

I. — Dieu en lui-même.

I. EXISTENCE DE DIEU. — Diverses erreurs. .... *ibid.*
1° *Preuves morales* tirées de la croyance du genre humain : — à l'existence de Dieu, — à l'existence d'une loi morale 535
2° *Preuves physiques* tirées : — de l'existence de la matière, — du mouvement de la matière, — de l'ordre du monde. 538
3° *Preuves métaphysiques* tirées : — de l'existence de l'âme, de la nécessité d'une cause première ; — des idées nécessaires ; — de la présence en nous de l'idée d'infini ; — de l'idée même d'être parfait. . . 540
II. ATTRIBUTS DIVINS. — Notions générales. 544
1° *Attributs métaphysiques :* Aséité, infinité, éternité, immutabilité, simplicité, immensité, unité. 546
2° *Attributs moraux :* Intelligence, volonté, puissance, bonté, justice, sagesse. 547
III. ERREURS RELATIVES A DIEU. 549
1° *Athéisme ;* ses diverses formes, ses conséquences 550
2° *Dualisme et polythéisme.* 551
3° *Panthéisme ;* ses diverses formes ; réfutation. .... *ibid.*

II. — Dieu dans ses rapports avec la créature.

I. LA CRÉATION ET LA CONSERVATION DES CRÉATURES. — Possibilité de la création ; sa raison d'être. 554
II. LA PROVIDENCE. — Définition. 556
1° *Existence de la Providence.* — Preuves tirées : — de la notion même de Dieu, — de la croyance universelle, — de l'expérience. . *ibid.*
2° *Objections contre la Providence.* 558
III. LE PROBLÈME DU MAL. — Diverses solutions. 559

1° *Optimisme.* — Ses diverses formes et sa réfutation. 559
2° *Pessimisme.* — Exposé et réfutation. 561
3° *Solution du problème.* — Réponse aux objections tirées : — du mal métaphysique, du mal physique et du mal moral. 563
IV. Religion naturelle. — Définitions 567
1° *Du culte intérieur.* — Sa nécessité; actes qui le constituent 568
2° *Du culte extérieur.* — Sa nécessité 569
3° *Du culte public.* — Sa nécessité, conséquences 570

18808. — Tours, impr. Mame.

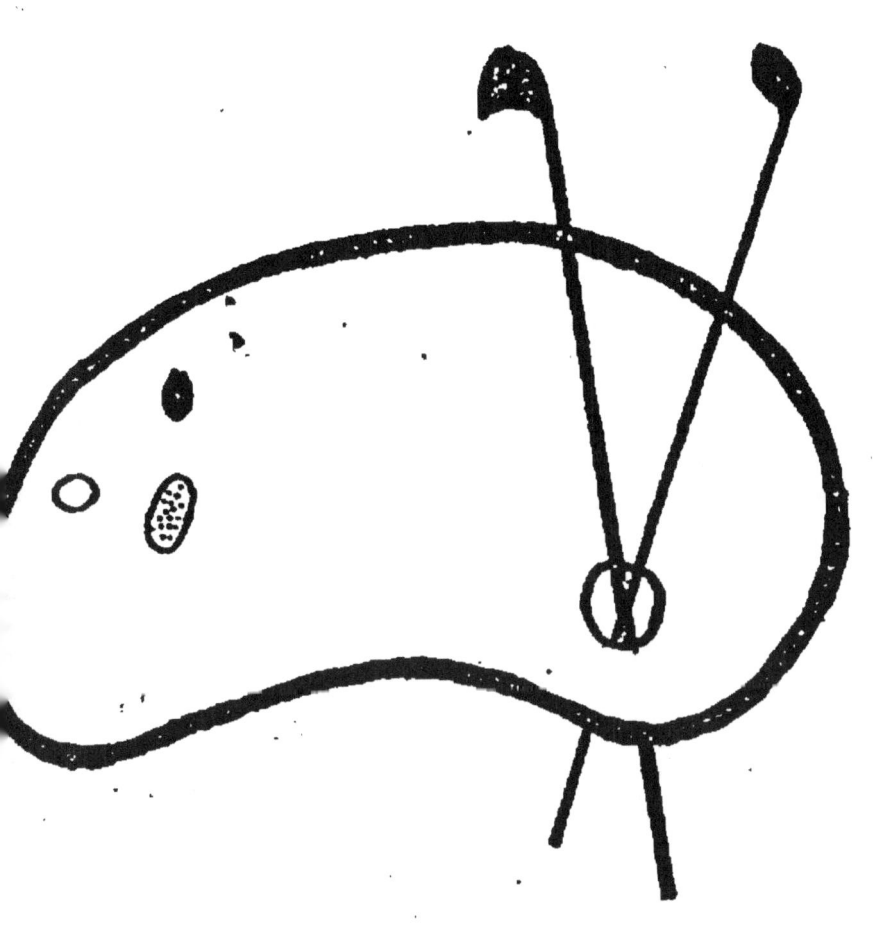

ORIGINAL EN COULEUR
NF Z 43-120-8

www.ingramcontent.com/pod-product-compliance
Lightning Source LLC
Chambersburg PA
CBHW060408230426
43663CB00008B/1421